Illustrierte Geschichte der Gartenpflanzen

vom alten Ägypten bis heute

Penelope Hobhouse

Illustrierte Geschichte der Gartenpflanzen

vom alten Ägypten bis heute

Aus dem Englischen
von Maria Gurlitt-Sartori
und Christiane Bergfeld

Scherz

Die Originalausgabe erschien unter dem Titel
«Plants In Garden History» bei Pavilion Books, London

Einzig berechtigte Übersetzung aus dem Englischen
von Maria Gurlitt-Sartori (Kapitel 1–7)
und Christiane Bergfeld (Kapitel 8–10)
Recherchen: Christoph Gurlitt

1. Auflage 1999

Inhalt

Einführung

Gärtner haben sich zu allen Zeiten durch die Entdeckung und Einführung neuartiger Gartenpflanzen inspirieren lassen, und zwar in einem solchen Ausmaß, daß die Frage erlaubt erscheint, inwiefern die großen Strömungen der Gartengeschichte durch Pflanzenneuheiten beeinflußt wurden. Bis zu welchem Grad sind die jeweiligen Gestaltungsphilosophien auf ganz neue Pflanzen und Pflanzentypen abgestimmt worden? Wie oft sind neue Pflanzen bedenkenlos in vorhandene Konzepte eingepaßt, vertraute und bewährte Gestaltungsmuster einfach mit Neuheiten «möbliert» oder ausstaffiert worden? Und wie oft hat man sie lediglich als Sammlerstücke betrachtet, anstatt sie in eigens auf sie zugeschnittene Entwürfe einzubinden?

Im Zentrum der Geschichte des Gartens – angefangen vom Alten Reich der Ägypter bis hin zur Gegenwart – stehen die Pflanzen, die es geschafft haben, sich unabhängig von ihrer ursprünglichen Umgebung an neue Standorte anzupassen, wenngleich dies manchmal nur durch sachkundige Unterstützung und Pflege gelang. So haben die Pflanzen über die verschiedensten Pfade Eingang in die Gärten gefunden und «unterwegs» nicht selten «Verbesserungen» erfahren. Ganz gleich, wann sie eingeführt und wo sie angesiedelt wurden, immer verfügten sie, zumindest vorübergehend, über einen gewissen Seltenheitswert, sei es durch ihre Schönheit, ihre «Eigenart» oder ihren potentiellen Nutzen. Voraussetzung für die Bereitschaft der

Ein aus dem frühen 16. Jahrhundert stammendes Gemälde von Frederick van Valchenborch (um 1570–1623), das den Deckel eines Spinetts ziert. Es stellt eine typische Gartenanlage der damaligen Zeit dar. Die Gärtner werden vermutlich vom Gartenbesitzer und seiner Frau angewiesen, Bäume zu setzen, «Grünpflanzen» einzutopfen und die durch niedrige Buchseinfassungen in geometrische Felder unterteilten Blumenbeete zu pflegen und in Ordnung zu halten. Die Hecke, die den Gartenbereich umgibt und vom umliegenden Ackerland trennt, erscheint sorgfältig «erzogen» oder verflochten – ein Verfahren, das seit frühester Zeit bekannt ist.

Gärtner, Pflanzenneuheiten anzunehmen und zu ziehen – nur so konnten sie das Bild der Gärten im Lauf der Geschichte prägen –, war die Gartentauglichkeit der Pflanzen. In diesem Buch geht es mir vor allem darum, diesen Prozeß zurückzuverfolgen: Es geht mir also vorrangig um die Pflanzen, die in Gärten wachsen, nicht um exotische Gewächse, die unter künstlichen Bedingungen gefördert oder gleich Mumien in Herbarien konserviert werden.

Die Entwicklung der Gartenstile ist untrennbar verbunden mit der Einführung und Verfügbarkeit neuartiger Pflanzen. Dies gilt ganz besonders für den im Westen entwickelten Lustgarten, der mit seinem unverkennbar ornamentalen Charakter die Schönheit der einzelnen Pflanzen zur Geltung bringen sollte. Für die äußere Gestaltung des Nutzgartens mit seinen Heilpflanzen, Würzkräutern und Gemüsearten war die Einführung von Pflanzenneuheiten weniger bestimmend. Diese beiden Themen lassen sich aber nur vor dem Hintergrund der Geistesgeschichte betrachten, und so habe ich mich beim Verfassen dieses Buches vorrangig am kulturellen Erbe der Vergangenheit orientiert. Dabei fiel mir auf, daß es auf der einen Seite unzählige Abhandlungen über die Geschichte der Gärten und ihre Gestaltung gibt, in denen Pflanzen lediglich am Rande erwähnt sind, und auf der anderen eine Fülle anekdotischer Erzählungen, die sich um das Schicksal einzelner Pflanzen ranken: Sie beschreiben den Zeitpunkt und die näheren Umstände ihrer Entdeckung und Einführung, schildern die Mühen, die einzelne Pflanzensammler oder experimentierfreudige Enthusiasten auf sich nahmen, sowie die vielfältigen Methoden der Händler, die zur Verbreitung dieser Pflanzenneuheiten beitrugen.

Die Geschichte der Pflanzeneinführungen und die Geschichte der Gartenstile bewegen sich aber immer mehr aufeinander zu und verweben sich. Im Bemühen, klarere Einblicke in die Bepflanzung der Gärten aufeinanderfolgender Epochen zu vermitteln, habe ich mir zum Ziel gesetzt, diese unterschiedlichen Informationsstränge zu verschmelzen, die Gestaltungstheorien mit Leben zu füllen und die trockenen Daten in einen größeren Zusammenhang einzubetten.

Angesichts der beträchtlichen Materialfülle mußte ich thematisch allerdings eine Auswahl treffen. So beschloß ich, mich auf diejenigen Epochen und Pflanzen zu beschränken, die sich, unabhängig vom allgemeinen Entwicklungsprozeß des Gartens, durchzusetzen vermochten und prägend wirkten. Ich habe mich auf die Evolution der Gärten im Westen beschränkt. Die Entwicklung der Gartengestaltung und Pflanzenverwendung im Fernen Osten kommt in diesem Buch nicht zur Sprache, da ich mich mit der Philosophie chinesischer und japanischer Gärten und deren Bepflanzung nicht genügend auskenne. Dabei gilt zu bedenken, daß die Darstellung islamischer Gärten, die mir unverzichtbar erschien, selbstredend aus «westlicher» Perspektive erfolgt. Mit der Ausgrenzung der Wüste drückten die Muslime ihre fundamentale Abneigung und Furcht vor den Naturmächten aus, und ohne das zentrale Element des Wassers und seine spezifische Handhabung würde ein solcher Garten verdorren und zugrunde gehen. In unserer westlichen Welt muß, insbesondere in Ländern mit höheren Niederschlagsmengen, die «Natur» ebenfalls in Zaum gehalten werden, aber hier führt eine Vernachlässigung der gärtnerischen Pflichten eben ganz rasch zu einer üppig wuchernden Wildnis, zu einer Art Urwald (was sich heute durch die Ansiedlung fremdländischer Pflanzen noch gravierender auswirkt), keineswegs aber zum Nichts und zur Kargheit arider Zonen.

Dennoch weist der moderne eingezäunte oder mauerumgebene Garten – ob er nun traditionell formal oder landschaftlich naturnah konzipiert ist – als Refugium sowohl Parallelen zum islamischen Paradiesgarten als auch zum christlichen *hortus conclusus* des Mittelalters auf.

Um der Thematik willen bin ich in diesem Buch weitgehend der historischen Chronologie gefolgt, obgleich sich einige Termini überschneiden und zwei Kapitel – das über den islamischen Garten und jenes über Amerika vor dem 20. Jahrhundert – Ausnahmen bilden, die den zeitlichen Rahmen sprengen. Jedes Kapitel endet mit einer Reihe detaillierter, reich bebilderter Essays, in denen im einzelnen auf spezielle Themen, bestimmte Persönlichkeiten und Zeitströmungen sowie deren Wechselbeziehung zu den Pflanzen eingegangen wird.

Die ersten dokumentierten Gärten der westlichen Welt basierten – oftmals aus rein praktischen Erwägungen der Sicherheit und der einfacheren Bewässerung – auf Gestaltungsmustern, die wir heute als formal bezeichnen, mit äußeren Begrenzungen, Blumenbeeten im Inneren und Kanälen in paralleler und quer dazu verlaufender Anordnung. Innerhalb dieser Grundstruktur fanden sich sowohl nützliche als auch dekorative Pflanzen. Und obgleich sich das Erscheinungsbild der Gärten je nach Auswahl der spezifischen Pflanzen geringfügig unterscheiden mochte, wurden die neuerdings aus fremden Ländern eingeführten Gewächse in das bereits vorhandene Schema integriert und spielten somit keine entscheidende Rolle für die Entwicklung der Gartenstile.

Den muslimischen Gärten des Islam lag ein ganz ähnliches Muster zugrunde: Wasserelemente, Obstbäume und Blumen folgten in ihrer Anordnung vorgegebenen religiösen oder auch weltlichen Anforderungen. Kultivierte Ziergehölze und Blumen gehörten zwar allein schon um der Schönheit und des Duftes willen dazu, hatten aber keinerlei Einfluß auf die traditionellen Gestaltungsprinzipien. Dennoch gewinnen wir durch die Identifizierung der gebräuchlichen Pflanzen eine klarere Vorstellung vom Erscheinungsbild der islamischen Gärten bestimmter Epochen und Orte.

Während sich die arabischen Botaniker und Gärtner im Mittleren Osten und auf der Iberischen Halbinsel das ganze Mittelalter hindurch eingehend mit der Erforschung und Kultur von Obstbäumen, Blumen und Zwiebelpflanzen befaßten, plagten sich die westeuropäischen Gärtner mit einer ganz beschränkten Palette von Pflanzen ab, die vorrangig für Heilzwecke oder zum Verzehr bestimmt waren. Dies sollte sich mit der Renaissance jedoch grundlegend ändern: Jetzt entwickelte sich ein ganz neues, wissenschaftlich orientiertes Interesse für Pflanzen, das wesentlich durch die Erfindung des Buchdrucks initiiert wurde. Seitdem lassen sich in der westlichen Welt drei bis vier entscheidende Perioden nachweisen, in denen die wesentlichen Impulse für die Entwicklung der Gartengestaltung von den neu nach Europa eingeführten Pflanzen ausgingen: Im 16. und 17. Jahrhundert war es die Entdeckung der Zwiebelpflanzen vom östlichen Zipfel der Mittelmeerregion; im 17., 18. und frühen 19. Jahrhundert waren es die nordamerikanischen Bäume, Sträucher und Stauden, die zuhauf nach Europa kamen; und dann, um die Mitte des 19. Jahrhunderts, verwandelten die aus Südamerika stammenden farbenfreudigen Einjährigen und frostempfindlichen Pflanzen das Bild der europäischen Gärten. In diese Periode fällt auch die Entdeckung der Pflanzenschätze aus dem Fernen Osten, die vom 19. Jahrhundert an in bisher ungekanntem Ausmaß die Begehrlichkeit europäischer Gärtner weckten.

Um die zweite Hälfte des 16. Jahrhunderts tauchten neue Zwiebeln, Sproß- und Wurzelknollen aus dem Mittleren Osten in Westeuropa auf, vielfach bereits als Gartenpflanzen, die in islamischen Gärten seit Jahrhunderten in Kultur waren. Sie sollten die gärtnerischen Möglichkeiten im Westen, wo sie anfangs aufgrund ihrer eigenartigen Schönheit und Seltenheit wie Kunstwerke geschätzt wurden, ganz entscheidend verändern. Reihenweise in geometrisch geformte Blumenbeete oder eigens angelegte schmale Rabatten gesetzt, konnten sie im einzelnen gebührend bewundert werden. Hinzu kam, daß sie sich ausgezeichnet in die bestehenden Anlagen einfügten, in denen im Lauf des 17. Jahrhunderts formbare Gewächse wie Buchsbaum, Eibe und Hainbuche einen geeigneten Rahmen für die seltenen Zwiebelpflanzen bildeten.

Die zweite große Ära der Einführungen galt den Pflanzen aus der Neuen Welt. Als sich um die Mitte des 18. Jahrhunderts das Konzept des Landschaftsgartens weitgehend durchsetzte – dies gilt zumindest für England –, kam die unüberschaubare Fülle der Bäume und Sträucher aus Nordamerika den neuen naturalistischen Kompositionen ungemein entgegen. Die großen Gartentheoretiker und -praktiker ließen sich nicht dazu hinreißen, in die natürliche Wuchsform dieser Bäume einzugreifen – sie nach Europa zu verpflanzen war bereits Experiment genug –, sondern setzten sie, anstatt in schnurgeraden Reihen, in Gruppen und Hainen zusammen, die die üppige Schönheit der heimischen Arten wirkungsvoll unterstrichen.

Im 19. Jahrhundert folgte dann die dritte Periode des nicht abreißenden Zustroms bisher noch unbekannter Pflanzen, die den gärtnerischen Zeitgeist auf ganz andere Weise beeinflußte. Eine Flut neuer Pflanzen schwappte aus dem Westen Amerikas, aus Mexiko und Südamerika sowie vom Kap der Guten Hoffnung nach Europa, wo die jahreszeitlichen Pflanzungen von nun an durch farbenprächtige Einjährige (dank gezielter Züchtungsverfahren mittlerweile merklich verbessert) aufgefrischt wurden. Die Integration dieser Pflanzen war nicht nur eine Demonstration gärtnerischer Sachkenntnis, sondern vor allem auch ein Bewis für die finanzielle Potenz des Gartenbesitzers. Gleichzeitig trafen dunkellaubige Koniferen aus dem amerikanischen Nordwesten, Chile und dem Himalaja-Gebirge zusammen mit Rhododendren und anderen Waldpflanzen ein. So begann eine ganz neue Ära, die von einer leidenschaftlichen Sammeleuphorie geprägt war und ihren sinnfälligsten Ausdruck in der Vorliebe für das Arboretum findet. Die Fülle anpassungsfähiger neuer Pflanzen, die gegen Ende des 19. Jahrhunderts aus dem Fernen Osten eintraf, gab den entscheidenden Impuls für die Entwicklung großer Sammlungen in Europa und Nordamerika, von denen manche heute noch bestehen. Seit dem Ende der viktorianischen Ära haben die bedeutenden Gartengestalter winterharte langlebige Gewächse, ergänzt durch hervorragende asiatische Arten, in das Blütenwunder der Staudenrabatte eingewoben.

Während der ersten Dekaden des 20. Jahrhunderts strömte noch immer eine beachtliche Anzahl neuer Pflanzen in die westlichen Gärten, und inzwischen hat die Sachkenntnis der Pflanzenzüchter einen neuen Höhepunkt erreicht. Dennoch ist die Auswahl für die Verbraucher in vieler Hinsicht kleiner geworden. Ein Großteil der Neuheiten aus dem 19. Jahrhundert sind nicht mehr erhältlich und einige der besten alten Gartenzüchtungen und Sorten sind inzwischen zu Raritäten geworden. Die modernen Vermarktungsmethoden und wirtschaftlichen Aspekte der Pflanzenproduktion sind für die Züchter kaum Anreiz, ein größeres Spektrum an Pflanzen anzubieten. Da die natürlichen Wachstumsbereiche überall in der Welt durch menschliches Eingreifen zerstört sind, haben manche Pflanzen, die in der Natur selten geworden sind, ökologische Bedeutung gewonnen, so daß gegen Ende des 20. Jahrhunderts praktisch nur noch Pflanzen echtes wissenschaftliches Interesse finden, die aus in der Natur gesammeltem Saatgut gezogen werden können. In vielen Gärten, insbesondere in Teilen Nordamerikas, Brasiliens und Australiens – Ländern also mit außergewöhnlicher Flora –, werden Wildpflanzen gezogen, um «wilde» und «naturnahe» Gärten zu schaffen, die importierten exotischen Pflanzen wenig Raum bieten.

Der französische Calvinist Jacques Le Moyne de Morgues (1530–1588) fand nach dem Massaker in der Bartholomäusnacht am 24. 8. 1572 in England Asyl. Auf diesem Aquarell sind die in Westeuropa und England wildwachsende Trompetennarzisse oder Osterglocke (*Narcissus pseudonarcissus*) und ein Schmetterling, der Rote Admiral, dargestellt. Le Moynes Buch der Aquarellzeichnungen mit seiner Signatur «demorogues» lag bis etwa 1920 im Archiv des Victoria and Albert Museum, ohne daß der Künstler namentlich bekannt war.

Viele der Neuheiten, zu denen nicht winterharte Pflanzen ebenso gehörten wie Gewächse, die auf alpine Bedingungen angewiesen sind, wurden im Lauf der Jahrhunderte zwar enthusiastisch aufgenommen, beeinflußten die Gartengestaltung dennoch kaum nennenswert. Ein Paradebeispiel dafür sind die sensationellen Pflanzenentdeckungen, die das Forscherteam Sir Joseph Banks und Captain Cooks auf der Reise mit der *Endeavour* zwischen 1768 und 1771 machte: Diese Pflanzen, die zwar für Botaniker von größtem Interesse waren, blieben im Hinblick auf die Gestaltung der europäischen Gärten weitgehend bedeutungslos. Faktoren wie extreme Wärme und Kälte, die Länge der Wachstumsperioden und Bodentypen spielen eine entscheidende Rolle für die Frage der Anpassungsfähigkeit an neue Standorte. So ist die Geschichte des Ziergartens zugleich auch die Geschichte aufregender Pflanzexperimente und wachsender gärtnerischer Kenntnisse – Grundvoraussetzung für den Anbau von Pflanzen mit ganz unterschiedlichen und spezifischen Anforderungen. Den Gärtnereien, die diese Gewächse zogen und vermehrten, ist es zu verdanken, daß sie mit der Zeit einem zunehmend bewußteren Publikum zugänglich wurden. Manchmal wurden in der Natur relativ unscheinbare Pflanzen – insbesondere Stauden – durch Selektion und Züchtung derart verbessert, daß sie sich glänzend in das Gesamtbild einer Rabatte einfügen und unter den geschützteren Bedingungen des Kulturraums Garten noch besser gedeihen als an ihrem natürlichen Standort. Manche empfindlichen, aus Nordamerika stammenden Pflanzen, die in ihrer Heimat als Unkraut betrachtet wurden, kehrten, nachdem sie in Europa züchterisch bearbeitet wurden, in amerikanische Gärten zurück, um sich dort in Staudenrabatten nach europäischem Vorbild zu entfalten.

Während die Pflanzensammler Zwiebeln und Stauden oftmals wie Soldaten aufreihten, haben sie nie in die natürliche Wuchsform der exotischen Bäume und Sträucher eingegriffen und somit die Gestaltungsmöglichkeiten des romantischen Naturalismus beträchtlich erweitert. Der Konflikt zwischen der Freude an einer streng rhythmischen Bepflanzung einerseits und weitgehend naturnahen, zwanglosen Effekten andererseits, zwischen der Auffassung der Gartenkunst als «Perfektion der Natur» und einer Gestaltung, die die Rolle der Pflanzen neu interpretiert, indem sie dem Vorbild der Natur folgt, ist heute – angesichts der Gefährdung ganzer Landstriche – aktueller denn je. Aber alte Pflanzen passen ebensogut wie neue sowohl in formale als auch in naturnahe Kompositionen, zumal es bei der Pflanzenverwendung grundsätzlich weder richtig noch falsch gibt. Ein gelungener Garten ist in meinen Augen – ungeachtet des Stils und der Bepflanzung – ein Garten, der eine durchdachte Gesamtplanung erkennen läßt. In den Händen des einzelnen Pflanzenliebhabers, der den Garten als Ganzes betrachtet, bilden die Art der Gestaltung und der Charakter der Pflanzen eine untrennbare Einheit. Ausschlaggebend ist deshalb nicht die Frage des Gestaltungsstils, sondern allein die Auffassung des Gartens als Kunstwerk.

Erstes Kapitel

Die Anfänge westlicher Gartenkultur

Die ersten westlichen Gärten entstanden im mediterranen Raum. In den ausgedehnten Wüstengebieten, die sich von Nordafrika bis zu den Flußtälern des Euphrat – der sogenannten Wiege der Zivilisation – erstrecken, bauten die hier ansässigen Siedlungsgemeinschaften erstmals Pflanzen um ihrer Erträge willen an. Die von ihnen errichteten Gärten, die zum Schutz vor Plünderern und Wüstenwinden mit Mauern oder Palisaden umgeben waren, hatten also vorwiegend einen praktischen Nutzen. Einen Garten allein um der Schönheit willen anzulegen und zu bepflanzen ist nämlich ein gewisser Luxus, der eine gesicherte Existenz voraussetzt. Glücklicherweise erfüllen Bäume und Blumen aber eine Doppelrolle: Die Obstbäume, Kräuter und Heilpflanzen, die aus bewässerungstechnischen Erwägungen in symmetrischen Reihen und Feldern angeordnet wurden, lieferten nicht nur reiche Erträge, sondern wirkten zugleich auch dekorativ. So spiegelte sich im Bild der Gärten auch der Kontrast zwischen den beiden Welten wider – einer äußeren Welt, in der ein unbarmherziger Überlebenskampf herrschte, und einer inneren, die ein künstlich geschaffenes Sanktuarium war, ein Refugium, das Mensch und Pflanze Schutz vor der sengenden Hitze bot, in dem schattenspendende Bäume und kühle Wasserläufe den Geist erquickten und für das Gedeihen der Vegetation Sorge trugen. Aus diesen Anfängen der Gartengestaltung hat sich im Verlauf einer viertausendjährigen Geschichte eine Kunstform entwickelt, die nicht nur der Dekoration diente, sondern auch Ausdruck für symbolische, spirituelle oder religiöse Inhalte war.

Auf einem um 1475 v. Chr. entstandenen Grabgemälde, das eine ägyptische Bestattungszeremonie darstellt, wird die mit einem Baldachin überspannte Totenbarke mit dem Körper des Verstorbenen durch einen Wasserlauf geleitet, in dem Lotosblumen wachsen und Papyrusstauden die Ränder säumen. Dattelpalmen und Sykomoren fassen den Tempelgarten ein. Grabbouquets aus Persea-, Oliven- und Papyrusblättern sind wiederholt bei Ausgrabungen von Totenstätten gefunden worden, ebenso Krüge mit Wein, Früchte und Nüsse, Honig, Kräuter und Gewürze, deren der Leib nach der Vorstellung der Ägypter im Leben nach dem Tode bedurfte. Die Körper wurden mit Ölen, Harzen und Parfums mumifiziert und mit aus Pflanzen gewonnenen Farben bemalt.

Obgleich bis zum zweiten Jahrtausend v. Chr. keinerlei Zeugnisse von Gartenentwürfen existieren, wurden Blumen und Blätter bereits weitaus früher für Dekorationszwecke eingesetzt. Florale Muster verzierten persönlichen Schmuck, Bauwerke und Tonartefakte. Lange vor dieser Zeit verwendeten die alten Ägypter Motive der Lotosblume (der duftenden blauen *Nymphaea caerulea*) und des Papyrus (*Cyperus papyrus*), um ihre Architektur und ihre Schmuckgegenstände aufzuwerten. Ein Goldgehänge, das in einem Grab der frühen minoischen Kultur (um 2800–2400 v. Chr.) gefunden wurde, zeigt die Form einer blühenden Lotosblume, während anderes Geschmeide unverkennbar wie Margeriten, Lilien, Rosen und kleine Olivenzweige gestaltet ist. Es darf also angenommen werden, daß unter den für den Gebrauch bestimmten Nutzpflanzen zumindest einige dieser Zierpflanzen in den damaligen Gärten gezogen wurden.

Diese frühen Stilisierungen von Bäumen, Blumen und Blättern deuten zum einen darauf hin, daß man die Schönheit der Pflanzen zu schätzen wußte, sie sind darüber hinaus aber auch ein Beleg für ihren oft symbolischen Charakter. Denn viele der Blumen und Früchte dienten als religiöse Opfergaben. Am häufigsten erscheint als Ornament (und dies über Jahrhunderte hinweg) die vielgepriesene Dattelpalme (*Phoenix dactylifera*), die dem Garten Schatten bot, schmackhafte Früchte trug und – von ihren zahlreichen Verwendungszwecken (der griechische Geograph Strabo erwähnte 36 nützliche Eigenschaften) abgesehen – von kultischer Bedeutung war. Die Palme wurde als Sinnbild der Fruchtbarkeit verehrt und galt sowohl im sakralen Bereich der Tempelgärten Ägyptens als auch im Zweistromland von Euphrat und Tigris als ausgesprochen wichtiger Baum. Der Papyrus, der für die Ägypter die Erneuerung des Lebens nach dem Tod symbolisierte, ist sowohl Grabbeigabe als auch beliebtes Motiv für Grabmalereien.

Die Existenz dieser dekorativen Pflanzenmotive und ihre Datierung geben Aufschluß darüber, welche Pflanzen in der jeweiligen Epoche als schön, nützlich und symbolträchtig galten. Die Blüten und Stiele des Papyrus, nach deren Vorbild im alten Ägypten die

Säulen des Karnak-Tempels entstanden, Ornamente in Form von Lotosblüten auf Geschmeide und in der Architektur, in Stein gehauene Akanthuskapitelle, Efeu, Eichen- und Weinblätter auf den verschiedensten griechischen Auftragsarbeiten (Motive, die von den Römern kopiert und ausgeschmückt wurden) und später die für die arabische Architektur typischen kunstvoll geschnitzten Holzgitter mit stilisierten Blumenmotiven – Zwergfächerpalmen, Irisgewächsen und Lotos – sind allesamt Ausdruck des jeweiligen Zeitgeschmacks. Obgleich keine Bildnachweise der damaligen Gärten existieren, lassen sie sich als Quelle für die zu jener Zeit übliche Bepflanzung heranziehen. Ein Großteil der Darstellungen bezieht sich auf Pflanzen, die symbolisch mit der Vorstellung der Oase als Schutz vor der Wüstenhitze verbunden sind.

Das Spektrum umfaßte vorwiegend Pflanzen aus dem Mittelmeerraum oder sehr früh schon eingeführte Gewächse und reichte von den zierlichen Zwiebelblumen wie Krokus und Lilie, die nach der Blüte während der heißen Sommermonate einziehen, über den wasserliebenden Lotos und Sumpfpflanzen wie den Papyrus (im südlichen Nubien am Oberlauf des Nils heimisch) bis zu den imposanteren Sträuchern und Bäumen wie Granatapfel, Feige, Dattel und Olive, die – alle mit tiefgehenden Wurzeln ausgestattet – selbst aus den untersten Erdschichten Wasser heraufzubefördern vermögen. Die Zypressen (*Cupressus sempervirens*), Symbole der Sterblichkeit und Ewigkeit (heute findet man sie in Griechenland ausschließlich auf Friedhöfen), wurden sowohl in Mesopotamien als auch in Griechenland in Form heiliger Haine um die Tempel gepflanzt. Die morgenländische Platane (*Platanus orientalis*, Vergils Platanenbaum, «der Trinkenden mit seinem luftigen Schatten ein Dach bot»), wurde bereits von Sargon II. im 8. Jahrhundert v. Chr. in seinem botanischen Garten bei Ninive gezogen. Sie war vermutlich einstmals in den nördlicheren Hügellandschaften heimisch, breitete sich von dort jedoch sehr schnell nach Osten und Westen aus, denn als Schattenbaum *par excellence* war ihr lichtes Laub bei allen, die Schutz vor der Sonne suchten, seien es nun Philosophen oder Schäfer, gleichermaßen beliebt.

Die Gärten Ägyptens

Eine Grabinschrift, die aus der Zeit des Neuen Reiches überliefert ist, dokumentiert sehr anschaulich, wie sehr ein offensichtlich wohlhabender Ägypter seinen Garten liebte. Er bat darum, jeden Tag an den Ufern seines Teiches wandeln zu dürfen, damit seine Seele auf den Zweigen der Bäume, die er gepflanzt habe, ruhe und ihm im Schatten seiner Sykomore Erfrischung zuteil werde.

Das erste überlieferte Zeugnis eines Gartenplans findet sich auf einem Modell, das im Grab von Meketre, Kanzler des Königs Mentuhotep II. um 2000 v. Chr. entdeckt, wurde; im Puppenhausformat aus Holz geschnitzt und grün angemalt, ist ein mauerumgebener Garten mit Fischteich, überschattet von Sykomoren (*Ficus sycomorus*, der Sykomore der Bibel, die auch als Eselsfeige bezeichnet wird) dargestellt. Die Säulen des Eingangsportals gleichen gebündelten Papyrusstielen. In der Zeit der Expansion des Neuen Reiches nach 1085 v. Chr. begannen die Künstler mit großem Geschick Bäume und Blumen zu porträtieren. Obgleich die Grabmalereien keine wirklichen Gärten darstellen, dienten sie der Seele auf ihrer langen Reise durch das Leben nach dem Tod als Symbol der Erquickung – es sind Nachbildungen «irdischer» Gärten, in denen Obstbäume und Blumen als Opfergaben für die Götter Schönes und Nützliches verbinden. Das Gestaltungsschema ist schlicht: Es besteht aus einer hohen Mauer, die den Garten vor Eindringlingen schützt, und einem formalen, rechteckigen Teich mit blühendem Lotos, der, von Blumenbeeten gesäumt, in symmetrischer Anordnung von hoch aufragenden, schattenspendenden Bäumen flankiert wird. Das in diesem Grab konzipierte Grundmuster erscheint im Laufe der Geschichte in abgewandelter Form immer wieder als Gartenplan.

Darstellungen ganzer Gärten finden sich auf den Mauern der Grabkammern, die aus der Zeit um 1400 v. Chr. stammen (vgl. S. 32–33). Sowohl das Gartenbild im Grab eines hohen Beamten zur Zeit des Pharaos Amenhotep als auch das in dem «Garten von Nebamun» dargestellte Bild – «ein Schreiber, der Rechenschaft gibt über das Getreide von Amun» in Theben – zeigen die in den Gärten der Reichen zu jener Zeit übliche symmetrische Anordnung von in Reihen gepflanzten Bäumen und Blumen in quadratischen Beeten oder geraden Rabatten.

Während Bouquets und Kränze aus getrockneten Blumen, Früchten und Samen, die in den Gräbern gefunden wurden, auf die damals verfügbaren Pflanzen hinweisen, vermitteln uns visuelle Darstellungen von Gärten und Blumen eine Vorstellung von ihrem damaligen Erscheinungsbild. Sämtliche Siedlungen wurden, aus Angst vor einer Überflutung, auf Erhebungen angelegt, und Gartenmauern boten Schutz vor den austrocknenden Winden. Wie sehr man auf Schatten angewiesen war, läßt sich daraus ersehen, daß die Häuser und die zugehörigen Gartenhöfe oftmals im Umkreis großer Bäume standen und ausladende Dattelpalmen oder Sykomoren somit von Anfang an das Bild des Gartens prägten. Der mit Lotosblumen – entweder der blaublühenden *Nymphaea caerulea* oder der weißblühenden *N. lotus* – bewachsene Teich war zugleich Lebensraum für Fische und Schwimmvögel; am schlammigen Uferrand gediehen hohe Papyruspflanzen. Häufig führte ein Wasserlauf, der einen Teich speiste oder zur Bewässerung diente, durch ein großes Wasserportal

Die Ägypter stellten eigens Gärtner ein, die sich um Blumen und Kräuter für Arzneien, die Küche, Kosmetika, Parfums und anderes kümmerten. Wie ihre Gartenanlagen aussahen, ist nicht bekannt, wahrscheinlich wurden die erforderlichen Pflanzen aber auf großen Feldern gezogen und über Schwinghebelbrunnen bewässert. Diese sogenannten *shaduf*, die in Ägypten noch heute in Gebrauch sind, wurden auf den Grabmalereien in Theben dargestellt. Eine lange Stange mit einem Schöpfeimer für Wasser an einem Ende und einem mit Schlamm gefüllten Gefäß am anderen wird über eine Rampe im Gleichgewicht gehalten; auf diese Weise läßt sich das Wasser ohne größere Anstrengung verteilen.

in den Garten. Das Wasser wurde mit Hilfe eines sogenannten *shaduf* oder Schwinghebelbrunnens heraufbefördert. Da der Boden ausgesprochen fruchtbar war, wuchsen die Bäume rasch – genügend Wasser vorausgesetzt.

In dem von jeher niederschlagsarmen ägyptischen Klima konnten dank der alljährlichen Überflutung des Nils aber auch Winterkulturen gezogen werden, sobald das Wasser zurückging. Die heimischen einjährigen Pflanzen gediehen gut im feuchten Boden des darauffolgenden Frühjahrs, und manche Pflanzen aus Gegenden mit eher typischem Mittelmeerklima, also Regen im Winter, waren wie geschaffen für diese Wachstumsbedingungen. Im Neuen Reich (um 1500 v. Chr.) vergrößerte sich der Bestand heimischer Bäume und Blumen kontinuierlich durch Neueinführungen aus dem östlichen und südöstlichen Mittelmeerraum. Granatäpfel und Alraunen erwiesen sich als ausgesprochen anpassungsfähig; ihre exotischen Blüten und Früchte fanden in Bouquets, Girlanden und dekorativen Krägen Verwendung, die sowohl von Männern als auch von Frauen getragen wurden. Der Granatapfel (*Punica granatum*) – um 1550 v. Chr. von den Uferrandzonen des Kaspischen Meers eingeführt – wurde mit seiner vielbeerigen Frucht zum Symbol der Fertilität. Die Alraune (*Mandragora officinarum*) ist in einem Grabgemälde um 1000 v. Chr. als Kulturpflanze dargestellt, ebenso frühlingsblühende Kornblumen (*Centaurea depressa*) und Mohn (scharlachrot blühender Klatschmohn, *Papaver rhoeas*, aus dem östlichen Mittelmeerraum). Bäume, die sich mit Hilfe langer Pfahlwurzeln Wasser beschafften oder von Bewässerungskanälen versorgt wurden, brachten Früchte hervor und spendeten den im Sommer unentbehrlichen Schatten. Zu den heimischen Bäumen gehörten verschiedene Sorten der Dattelpalme, die Sykomore und der Echte Feigenbaum (*Ficus carica*), der Johannisbrotbaum (*Ceratonia siliqua*, an dem Johannes der Täufer wohl die Heuschrecken fand, die ihm in der Wüste als Nahrung dienten), der Pferderettichbaum (*Moringa aptera*, syn. *M. peregrina*, aus dem das Bennußöl extrahiert wurde) und Weinreben.

Auch über Experimente mit neuen Pflanzen aus fremden Ländern liegen Belege vor. Während der 18. Dynastie (um 1470 v. Chr.) ließ Königin Hatschepsut, «der ganz Ägypten mit gebeugtem Kopf untertan sein sollte», 31 Weihrauchbäume (*Boswellia sacra*) mit in Körben eingebetteten Wurzelballen aus Somalia, dem Land, das den Ägyptern als Punt bekannt war, mitbringen. Die Herrscherin wollte mit diesen Pflanzen nicht nur ihren Tempel in Deir el-Bahari in Theben-West schmücken, sondern sie war auch an dem geschätzten Balsam interessiert. Die Bäumchen allerdings sollten nicht überleben. Thutmosis III., ihr Mitherrscher und Nachfolger, sammelte auf seinen Feldzügen in Kleinasien weitere Pflanzen. Wenige dürften aber auch nur die Heimreise überstanden haben; dennoch fertigten seine Künstler Zeichnungen an und meißelten sie später in Form von Reliefs in die

Mauern des Amun-Tempels in Karnak – vielleicht die älteste Pflanzendarstellung der Welt, bekannt als der «Botanische Garten». Obgleich sich darin die zu jener Zeit herrschende Sammelleidenschaft exotischer Gewächse äußert, erhält man kaum Aufschluß über die eigentliche Bepflanzung der Gärten. Unter den als neu dargestellten Pflanzen ist der Granatapfel zu sehen, der aber bereits ein Jahrhundert früher in Inenis Garten in Theben gezogen wurde (s. unten).

Die älteste schriftliche Beschreibung eines Gartens ist mehr als ein Jahrtausend älter als die Grabmalereien: Met'en oder Amten, während der Regierungszeit Snofrus (2600–2576 v. Chr., erster Pharao der 4. Dynastie des Alten Reiches) Verwalter des nördlichen Deltagebiets in Ägypten, hinterließ in Form einer Inschrift auf den Mauern seines Grabes eine Bilanz seines Lebenswerks. Sein Garten, auf den er offenkundig besonders stolz gewesen war, erstreckte sich über eine Fläche von 1 ha (hinzu kam ein Weinberg von 405 ha); er bestand aus einem «sehr großen Teich» und einer Pflanzung «schöner Bäume». Den Mittelpunkt seines Anwesens bildeten das Haus, der Teich und die Bäume – letztere in Übereinstimmung mit den geometrischen Konturen der Mauern und des Teiches wohl formal angeordnet. Der Sand Ägyptens hat wesentlich zur Spurensicherung der Grundmauern von Tempeln, Wohnhäusern und Gartenplänen beigetragen. Ausgrabungen des frühen Tempelgartens in Deir el-Bahari lassen Bäume erkennen, die in formaler Anordnung den ansteigenden Weg zum Eingang säumten. Die Pflanzschächte veranschaulichen, daß drei Reihen von jeweils sieben Sykomoren und Tamarisken eine Art Allee-Effekt ergaben. In ihrem Schatten waren Königsstatuen aufgestellt und getrennt davon geometrisch geformte Blumenbeete angelegt. Die Ausgrabungen haben aber auch die Wurzeln von *Persea*-Bäumen (nicht der Avocadobirne, *Persea gratissima*, sondern eines ägyptischen Baums, *Mimusops laurifolia*, dem Dioskurides den Namen «persea» verlieh) freigelegt, die später in Hainen den Weg zum terrassenförmig angelegten Tempel der Königin einfaßten. Ein Teil des Plans für den Tempelgarten war auf einer der Bodenplatten skizziert und zeichnet bis ins einzelne das Muster des noch erhaltenen Wurzelsystems nach. Auf Papyrus festgehaltene Geschichten aus der Zeit des Mittleren Reiches (vor 1600 v. Chr.) erzählen von einem früheren Herrscher, der in einer Barke auf seinem «Teich» dahingleitet; dieser ist so großflächig, daß 20 lediglich in Netze gehüllte Jungfrauen die Ruder führen. Eine andere Bildergeschichte zeigt ein Krokodil, das im Wasser lauert, um nach dem Liebhaber der Gemahlin des Pharaos zu schnappen.

Bilder von Gärten sucht man in den königlichen Gräbern vergeblich, dafür aber wurden im Grab des Tutanchamun aus der 18. Dynastie einige Szenen gefunden – in gerahmte Elfenbeinpaneele geschnitzt und mit einzelnen Blumen geschmückt –, die ihn und seine Frau im Garten zeigen (vgl. S. 34–35). Aber auch Kränze und andere Beigaben aus seinem Grab geben über den Pflanzenbestand Aufschluß.

Nigel Hepper und Lise Manniche haben unabhängig voneinander die Pflanzen im alten Ägypten identifiziert. Während sich Hepper auf die Blumen bezieht, die in irgendeiner Form in Tutanchamuns Grab verwendet wurden, hat Manniche ein Herbarium aus 94 Kräuter- und Baumarten rekonstruiert, die bereits vor der Pharaonenzeit und bis in die Zeit der Kopten kultiviert wurden; es handelt sich um eine Liste sämtlicher Pflanzen, die entweder in der Küche, für kosmetische Zwecke oder als Heilmittel zum Einsatz kamen oder die um ihrer Schönheit willen angepflanzt wurden. Festzuhalten ist, daß diese beiden Quellen viele der Pflanzen namentlich aufführen, die in den Grabmalereien veranschaulicht oder in den Hieroglyphen beschrieben werden.

Ineni, Baumeister von König Thutmosis I. (1518–1510 v. Chr.), führte 200 Jahre vor Tutanchamun seine Obstbäume auf. Er pflanzte *Phoenix dactylifera*, *Ficus sycomorus* und andere schattenspendende Fruchtbäume wie *Mimusops laurifolia*, einen beliebten Gartenbaum, dessen Früchte und Zweige als Dekoration dienten, Johannisbrotbäume, den Christusdorn (*Ziziphus spina-christi*, eine der Pflanzen, die Bestandteil der Dornenkrone gewesen sein soll), aber auch Sträucher wie den Granatapfel, der nicht nur um seiner Früchte, sondern auch um der Blüten und Blätter willen für Bouquets gezogen wurde, sowie die Brautmyrte (*Myrtus communis*) mit ihren duftenden Blüten. Außer den bereits erwähnten Pflanzen kultivierte er eine heute nahezu ausgestorbene Form der Fächerpalme (*Medemia argun*), acht Weiden (*Salix subserrata*), zehn Tamarisken (die heimische *Tamarix nilotica* oder *T. aphylla*) und fünf sogenannte «twn»-Bäume (vielleicht *Acacia nilotica*), deren Gummi ebenso geschätzt war wie das rötliche Hartholz, außerdem fünf weitere namenlose Baumarten. In seinem mauerumgebenen Garten waren das Haus, der Kornspeicher, ein Pavillon und ein Teich angesiedelt; die Bäume standen in akkuraten Reihen, folgten aber keiner besonderen Ordnung. Der Garten des Tempels von Aton, des ägyptischen Sonnengotts, in der Stadt Tell el-Amarna – von Amenhotep IV. Echnaton und Nofretete (um 1367–1350 v. Chr.) erbaut, wurde ausschließlich zur Freude Gottes angelegt und nicht um des Nutzens willen, obgleich es auch hier, wie überall in Ägypten, um den unentbehrlichen Schatten ging. Der mit zahlreichen in Töpfen wachsenden Bäumen ausgestattete Garten ist auf einer Mauer im Grab des Hohepriesters Merye dargestellt. Unter den Sträuchern und Bäumen sind Granatapfel, Dattel- und Dumpalmen (*Hyphaene thebaica*) sowie Weinreben zu nennen. Bei Ausgrabungen in Echnatons Stadt wurden Zimmer von Häusern freigelegt, die Malereien von naturalistisch dargestellten Pflanzen, Vögeln und Wassertieren zeigten, die auf Höfe mit Teichen blickten.

Obgleich es wenige ursprünglich aus Ägypten stammende Pflanzen gibt, wurden Mohnblumen, sowohl der rote Klatschmohn (*Papaver rhoeas*) als auch der Schlafmohn (*P. somniferum*), eine weiße Margerite, wahrscheinlich eine Hunds- oder Ackerkamille (eine Form von *Anthemis pseudocotula*), blaue einjährige Kornblumen (*Centaurea depressa*) und Alraunen gezogen. Zwischen dem 6. und dem 4. Jahrhundert v. Chr. tauchte eine nicht identifizierte Lilienart auf, aus deren Blüten Parfum extrahiert wurde.

671 v. Chr. fielen die Assyrer in Ägypten ein, und ab 526 stand das Land unter persischer Oberherrschaft, bis es 332 v. Chr. von Alexander dem Großen erobert wurde und seine kulturelle Entwicklung fortan unter hellenistischen Einfluß geriet.

Ein Gemälde von Marianne North um die Mitte des 19. Jahrhunderts zeigt die Dattelpalme (*Phoenix dactylifera*) und die verzweigte Dumpalme (*Hyphaene thebaica*) an den Ufern des Nils oberhalb von Philae in Ägypten. Beides sind Datteln tragende, heimische Bäume, die auf den Wandmalereien der ägyptischen Gräber – die Früchte dienten als Grabbeigabe – dargestellt wurden. Theophrast erwähnt, daß die Ägypter aus der Dumpalme Brot backten, das Magenbeschwerden linderte. Heute findet man die dekorative Dattelpalme in vielen mediterranen Gärten.

Fruchtbares Zweistromland: Mesopotamien

Die Entwicklung des Menschen vom Jäger und Sammler zum seßhaften Bauern setzte vor 10 000 Jahren in den vorgelagerten Hügeln im Norden der mesopotamischen Ebene ein. Später zogen die sumerischen Stämme südwärts ins Delta, wo sie die ersten Siedlungen gründeten. Im kühlen Norden gab es Wälder aus Zwergeichen, Morgenländischen Platanen und Buchsbaumarten, Zedern, Zypressen und Pappeln, während Weiden lediglich in den nördlichen Flußebenen wuchsen und Dattelpalmen ausschließlich im Delta. In den Sumpfgebieten zwischen den Flüssen Euphrat und Tigris beschränkte sich die Vegetation auf eine riesige Schilfart, *Phragmites australis*. Bereits 3000 v. Chr. verstanden sich die Sumerer auf den Bau von Kanälen zur Bewässerung der großen Schilfpflanzungen und der wüstenhaften Gebiete in den fruchtbaren Ebenen.

Ur, die Königsstadt Sumers, lag auf der Westseite des unteren Euphrat, der wie der Nil alljährlich das Land überflutete. Die Städte waren von Wehrmauern umgeben, und zwischen den inneren und

Ein Relief aus Sanheribs Palast in Ninive (um 700 v. Chr.) zeigt Tiere, die im Dickicht riesiger stilisierter Schilfrohre (*Phragmites australis*) Deckung suchen – hier ein äsender Hirsch. Die bis zu 7,5 m hoch werdenden Schilfrohre wuchsen ursprünglich im Sumpfgebiet zwischen Euphrat und Tigris und wurden von den Assyrern in die Umgebung der nördlicher gelegenen Städte, wo sie ihre Jagdparks und Gärten anlegten, eingeführt. Wie der Papyrus des Nildeltas wurde dieses Schilfrohr für die Herstellung von Booten und Matten verwendet; darüber hinaus diente es als Futter und Brennmaterial sowie als Refugium für wilde Tiere.

äußeren Befestigungen wurde Obst und Gemüse gezogen. Es sind allerdings keinerlei Zeugnisse über vorhandene Gärten aus diesen frühen Zeiten überliefert, dafür aber wurden die Grundmauern eines typischen Zikkurat, eines erhöhten, in abgestuften Terrassen erbauten Tempels, freigelegt. Es ist anzunehmen, daß auf jeder der Ebenen Schattenbäume wuchsen.

Zu den Schmuckelementen, die in Ur gefunden wurden, gehört der für eine Frau geschaffene, gitterartig durchbrochene goldene Kopfputz mit einem Kranz aus Blättern und Maßliebchen, der auf das dritte Jahrtausend v. Chr. zurückgeht. Ein sumerisches Gedicht, das *Gilgamesch-Epos* um 2000 v. Chr., beschreibt die Stadt Uruk: «Ein Drittel des gesamten Areals ist Stadt, ein Drittel Garten und ein Drittel Feld mit dem eingefriedeten Sakralbereich der Göttin Aschirat.» Das Gedicht erzählt auch von Hainen «der Ebene» mit Weide und Buchsbaum und von Hügeln mit «Wäldern, die sich über 10 000 Meilen in jeder Richtung ausdehnen». Selbstverständlich waren die «Gärten» mit Obstwiesen, Gemüse und Kräutern in erster Linie Nutzgärten. Eine Fabel aus jener Zeit schildert, wie ein König eine Dattelpalme und eine Tamariske in den Hof seines Palastes pflanzte und in deren Schatten ein Festmahl abhielt. In den Tempelgärten wurden Früchte zum Darreichen als Opfergabe gezogen. Ein früher babylonischer Text bekundet: «Ich pflanzte einen reinen Obstgarten für die Göttin, um ihr regelmäßig Früchte darbringen zu können.»

Auf die Sumerer folgten die Akkadier, die bis 2000 v. Chr. regierten. Ein Siegel, auf dem eine Geschichte dargestellt ist, die Ähnlichkeiten mit der Erzählung von Adam und Eva aufzuweisen scheint, unterstreicht die Heiligkeit der Bäume: Zwei gehörnte Gestalten, eine weibliche und eine männliche, sitzen zu beiden Seiten eines Baumes, während eine Schlange in unverkennbar räuberischer Absicht hinter jeder Gestalt lauert. Um die Zeit der Rückkehr der Assyrer, zu Beginn des 10. Jahrhunderts v. Chr., dehnten die kriegerischen Eindringlinge aus den nördlichen Ebenen allmählich ihr Herrschaftsgebiet aus, um einen Großteil des westlichen Asiens, einschließlich Persiens im Osten und im Lauf des 4. Jahrhunderts v. Chr. auch Palästina und Ägypten einzunehmen. Offenbar verband sich mit geheiligten Baumgärten im Umkreis von Tempeln eine besondere Bedeutung. Palmen, Pinien und Granatapfel nahmen symbolischen Charakter an, und spezielle Riten vollzogen sich schlichtweg «unter jedem Gartenbaum». Sieht man von den Bäumen ab, so ist die Madonnenlilie unter den künstlerischen Motiven der Assyrer am häufigsten vertreten.

Die erzählfreudigen assyrischen Flachreliefs des 9. bis 7. Jahrhunderts dokumentieren Krieg und Plünderung, die Landschaftsdarstellungen aber zeichnen ein Bild von Gebirgen und Flüssen, Sumpfge-

Auf einem Relief um 645 v. Chr. ist Sanheribs Enkel, König Assurbanipal (668–627 v. Chr.), abgebildet, der mit seiner Gattin speisend unter einer Laube aus Weinreben und von Pinien umgeben im königlichen Park zu Ninive sitzt. Diener kredenzen ihnen Wein und Speisen. In einem benachbarten Gartenbereich hängt an einem Baum der Kopf des besiegten und enthaupteten Königs der Elamiter. Assurbanipal führte zahlreiche neue Bäume aus fremden Ländern ein.

Ein Relief aus Ninive (7. Jh. v. Chr.) zeigt eine Löwin, die unter einer mit Weinreben umrankten Pinie ruht. Margeriten wachsen unter dem Baum, und links außen ist eine Madonnenlilie erkennbar, eine weitere rechts über dem Löwen. Als importierte Zwiebelpflanze – wahrscheinlich aus Ländern des östlichen Mittelmeerzipfels – war sie so lange in Kultur, daß ihr genauer Ursprung nicht eindeutig nachweisbar ist. Als Rarität wurde die Lilie jedoch hoch geschätzt. Außerdem ließ sie sich vielfach verwenden: Die Ägypter extrahierten den Duft ihrer Blüten, und den Römern dienten die zerkleinerten Zwiebeln zum Verzehr, aber auch Salbe für Hühneraugen wurde daraus bereitet.

bieten, Parks und Gärten, die mit erlesenen Bäumen, Blumen und Früchten ausgestattet sind. Viele der Darstellungen beziehen sich wohl auf Nachbarländer im Norden und Osten, deren Klima ein breiteres Spektrum heimischer Flora begünstigte. Kein Wunder, daß spätere Chronisten den Garten Eden stets in diesen Regionen ansiedelten!

Obgleich keinerlei Aufzeichnungen über kleine, private Gärten, wie wir sie in den ägyptischen Gräbern dargestellt finden, vorliegen, begannen die assyrischen Könige, durch fremde Ländereien angeregt, an den Ufern des Tigris im nördlichen Landesteil große Jagdparks anzulegen. Gegen Ende des zweiten Jahrtausends war das Sammeln neuer Pflanzen offenbar weit verbreitet. König Tiglatpileser I. (1114–1076 v. Chr.) schrieb von «Zedern und Buchs aus den Ländern, die ich erobert habe, Bäume, die keiner meiner königlichen Vorväter besaß: Diese Bäume habe ich genommen und in mein eigenes Land, Assyrien, gepflanzt.» Er nannte Eichen, Zedern, Buchsbaum und seltene Obstbäume sein eigen. Sowohl Wildblumen als auch Kulturpflanzen blühten in seinen Gärten – manche stammten aus dem Westen, andere aus dem Tal am Unterlauf des Euphrat. Das Spektrum dürfte von Jasmin und Rosen, Lilien, Irisarten, Tulpen und Stockrosen über Malven, Anemonen, Hahnenfußgewächse, Margeriten, Kamillen und Strohblumen bis zu Krokussen und Mohnblumen gereicht haben. Oft halten die Könige, Höflinge und Gottheiten eine rote Blume mit einer roten Beerenfrucht in Händen – sie ist unter dem Namen *illuru* bekannt, läßt sich aber nicht identifizieren.

Obgleich die Archäologen kaum Spuren von Palastgärten in Form von Innenhöfen nachweisen konnten, ist anzunehmen, daß die assyrischen Könige auch über private Refugien verfügten, wo Palmen,

Detail eines Reliefs, das Obstgärten, verschiedene Bäume und die Hügellandschaft in der Nähe der 700 v. Chr. durch Sanherib gegründeten Stadt Ninive zeigt. Das Gelände wurde wohl nicht als Jagdgebiet genutzt, sondern vielmehr als Lustgarten und Kulturraum zum Anbau von Feigen, Granatäpfeln und Wein. Um 710 v. Chr. hatte Sanheribs Vorgänger, Sargon II., im Norden um Khorsabad Parks angelegt, in denen er eine ausgewogene Mischung aus Nutzholz-, Obst- und Schattenbäumen pflanzte: Zedern, Zypressen und Wacholder sowie Dattel-, Oliven-, Mandel-, Apfel-, Birn-, Quitten- und Feigenbäume, Weinstöcke und überdies Ebenholzbäume und Eichen, Terpentinpistazien, Eschen und Tamarisken, Morgenländische Platanen, Weiden und Pappeln.

Pinien und Obstbäume Schatten spendeten und die aller Wahrscheinlichkeit nach geometrisch angelegt waren. Das Gros der Häuser bestand aus niedrigen Gebäuden, die zum Schutz vor einer möglichen Überschwemmung auf einer Art Podest errichtet wurden. Immer wieder finden sich Darstellungen von Bäumen und Blumen, die auf Dachgärten wuchsen, zu denen Wasser aus dem Fluß heraufgeleitet wurde – die ganze Anlage erinnert an das pyramidenähnliche Zikkurat in Ur oder die Baukonzepte, die Nebukadnezar II. mit seinen berühmten Hängenden Gärten von Babylon verwirklichte. Der rampenartig erhöhte oder mit Treppen versehene Aufgang war, wie die Tempel in Ägypten, mit Palmen und anderen Bäumen umgeben – frühe Versuche, den Weg in Richtung Haupteingang dekorativ zu gestalten. Ausgrabungen des Tempelgartens in Assur, der ersten Hauptstadt Assyriens, bezeugen die formale Anordnung der Blumenbeete, die im Zentrum des Innenhofes lagen und sich bis zur Peripherie ausdehnten; eine ganz ähnliche Gliederung dürften die königlichen Gärten gezeigt haben. Die Blumen wurden als Opfergaben für die Götter geschnitten.

Gegen Ende des 7. Jahrhunderts v. Chr. wurde das spätere assyrische Zentrum von Ninive durch die Skyther, Meder und Babylonier zerstört, die sich zu Horden zusammenschlossen, um die stolzen Assyrer zu demütigen. So wurden ihre schönen Gärten aufgegeben, und von der Stadt blieben lediglich «Hügel mit Ruinen». Der Enkel des babylonischen Heerführers war der berühmte Nebukadnezar II. (605–562), der seine neue Hauptstadt in Babylon gründete und mit Blick auf den Euphrat seine Hängenden Gärten schuf.

In der Zeit vom 9. bis zum 4. Jahrhundert bauten die Meder und Achaimeniden auf persischem Boden ihre eigenen Zivilisationen aus; und es waren nachweislich ihre Ländereien östlich der mesopotamischen Siedlungen, auf denen erstmals eingefriedete Gartenbereiche entstanden, die die Perser mit dem Begriff *pairidaeza* bezeichneten, von dem sich letztlich unser Wort «Paradies» ableitet. Ursprünglich verstand man darunter ganz einfach eine Abgrenzung oder einen Park. Der persische Begriff wurde als *pardes* ins Hebräische übertragen und in den ersten Übersetzungen der Bibel ins Griechische als *paradeisos* wiedergegeben.

Die frühen persischen Paradiesgärten waren von Mauern umgeben und mit zahlreichen Bäumen bepflanzt. Die Bäume und Obstanlagen wurden durch Bewässerungssysteme mit der nötigen Feuchtigkeit versorgt, und der Garten bildete eine Einheit mit dem zugehörigen Palast oder Pavillon. Es erscheint nahezu sicher, daß Persien – an der Handelsstraße nach China, der Gewürzstraße nach Indien und der Salzstraße nach Arabien gelegen – von Gartenentwicklungen aus dem Okzident und dem Orient beeinflußt wurde. Als man den Palast des achaimenidischen Herrschers Kyros II. des Großen bei Pasargadaae in der Nähe von Isfahan ausgrub, entdeckte man im Zentrum des von Mauern umgebenen Gartens eine rechteckige Säulenhalle, die in der sengenden Hitze offenbar für wohltuenden Schatten sorgte. Der auf das 6. Jahrhundert v. Chr. zurückgehende Residenzpalast und die Audienzhalle mit einem Gartenpavillon aus dem 5. Jahrhundert sind durch ein Netz schmaler, die Schwerkraft nutzender steinerner Wasserführungen verbunden, die in regelmäßigen Abständen in Teiche mündeten. Die Eingangsbereiche der Gebäude waren so gestaltet, daß sie den bestmöglichen Schutz vor der Mittagshitze boten. Über Pflanzen oder Pflanzschemen finden sich keinerlei Belege; dennoch ist anzunehmen, daß sich in den Außenbereichen Alleen mit schattenspendenden Bäumen fanden und die schmalen Wasserläufe von Blumenbeeten umgeben waren. Nach der Einnahme von Babylon im Jahr 538 v. Chr. dehnte das Perserreich seine Macht über die damals bekannte Welt aus, so daß die Grenzen im Westen bis Griechenland und Ägypten und im Osten bis China reichten. Rekonstruktionen der Grundrisse von achaimenidischen Palästen in Pasargadae und dem nur 48 km entfernten südwestlich gelegenen Persepolis zeigen, wie durch ein verzweigtes Bewässerungssystem selbst an den unwirtlichsten Standorten Pflanzen gedeihen konnten. Es besteht kein Zweifel, daß den Gartengestaltern die vielen schönen Blumen ver-

Die bekannten Hängenden Gärten von Babylon, die Nebukadnezar II. für seine aus Medien stammende Frau Amytis anlegte, um ihre Sehnsucht nach den Hügeln und Wiesen ihres Heimatlandes zu stillen, galten als eines der Sieben Weltwunder der Antike. Sie wurden 500 Jahre später, als sie bereits vom Zerfall bedroht waren, von römischen Historikern geschildert. Die Backsteinterrassen erstreckten sich angeblich über eine Fläche von 1,4 ha. Um das Abfließen des Wassers zu verhindern, wurden lagenweise Schilf und Steinplatten eingelassen und ein ausgeklügeltes hydraulisches System geschaffen das laut Diodorus, «zur Freude des Besitzers» eine dichte Bepflanzung mit Bäumen ermöglichte. In diesem Phantasiebild eines französischen Künstlers des 19. Jahrhunderts vermitteln die Kamele einen Eindruck von den Größenverhältnissen.

traut waren, die im Frühjahr in den fruchtbaren, mit Schneewasser überfluteten Tälern zwischen den wogenden Hügelketten wuchsen – Blumen, die nach und nach gesammelt und gezüchtet wurden und später zu den größten Schätzen westlicher Gartenkultur gehören sollten. Auf dem persischen Hochplateau (1200–1500 m ü.d.M.), umgeben von Gebirgszügen, belief sich die jährliche Niederschlagsmenge auf lediglich 50–250 mm; darüber hinaus waren die Gärten das ganze Jahr hindurch rauhen Winden ausgesetzt, und sommers wie winters herrschte hier ein extremer Wechsel von sengender Hitze und beißender Kälte. Vita Sackville-West faßte die unwandelbare Sehnsucht des Wüstenbewohners in folgenden Worten zusammen: «Kühle am Abend: Kühle und Grün; der Klang tröpfelnden Wassers nach der Stille in der Ebene. So stellt er sich sein Paradies vor.»

Die Achaimeniden waren aber auch für den Ausbau der vorhandenen unterirdischen Bewässerungssysteme, die *quanats* verantwortlich, die den Feldern und Gärten noch immer wertvolles Wasser zuführen, selbst wenn sie mittlerweile von mechanischen Brunnen und Staudämmen verdrängt wurden (sofern sie im Mittelalter nicht bereits von Eroberern aus dem Westen zerstört wurden oder austrockneten).

333 v. Chr. zerstörte Alexander der Große das von Darius gegründete Persepolis und verbreitete damit die griechische Kultur bis nach Westasien und Indien – zugleich aber leitete er auch einen fruchtbaren Austausch von Gartenideen und Pflanzen ein, die auf dem Rückweg mit in den Westen reisten. Die früheste Beschreibung eines dieser Gärten stammt sogar von einem Griechen, ein Jahrhundert vor Alexanders Eroberung. Der eingefriedete Park von Sardes in der westlichen Türkei, den Kyros der Jüngere, Prinz von Persien (401 v. Chr. gest.), selbst angelegt hatte, wurde dem griechischen Heerführer Xenophon von Lysander, einem Gesandten aus Sparta geschildert; Kyros selbst hatte ihn durch die Anlagen geführt. Seine besondere Bewunderung galt der formalen Anordnung der Obstbäume im Paradiesgarten: «Die Schönheit der Bäume, alle gleich weit voneinander entfernt [...] in vollendeter Regelmäßigkeit – die rechteckige Symmetrie des Gesamtwerks und darüber der Hauch Tausender von Düften süßer Blumen». Kyros nahm sich aber nicht nur der Planung des Gartens, sondern auch der eigentlichen Bestellung an; so zog er Bäume aus Samen, pflanzte sie in den Garten und wachte über ihr Gedeihen. Als Alexander und sein griechisches Heer im 4. Jahrhundert v. Chr. ostwärts durch Persien zogen, bot sich ihnen die Gelegenheit, die Wildblumen auf den Hochplateaus im Frühjahr (darunter den im östlichen Iran beheimateten Safran) und die kunstvollen Gärten der dortigen Paläste zu besichtigen.

Innerhalb weniger Jahrhunderte waren Bewässerungskanäle, fruchtende Obstwiesen und Blumen so sehr zum Charakteristikum persischer Gärten geworden, daß sich ihre Existenz in Gartenteppichen widerspiegelte, noch bevor die islamischen Gartenideen weitere Verbreitung fanden. In Ktesiphon, am Ufer des Tigris, unmittelbar vor den Toren des späteren Bagdad, errichtete Chosrau im 6. Jahrhundert n. Chr. seinen Sassaniden-Palast. Der berühmte Frühlingsteppich von Chosrau, der bei der Einnahme der Stadt 637 n. Chr. als Beute zerschnitten wurde, soll 55 m² groß gewesen sein und gehörte zu den Sehenswürdigkeiten Ktesiphons. Der Teppich war flach gewoben, nicht geknüpft wie im 6. Jahrhundert üblich, und stellte den Archetyp des persischen Gartens dar, ein Thema, das seither immer wieder auf Gartenteppichen erscheint. Er zeigte das Bild eines Gartens mit den Hauptkanälen, den vier Flüssen des Lebens, die sich, wellenlinienartig dargestellt und in Seide, Gold und Edelsteinen gewirkt, in der Mitte zwischen Blumen und Bäumen kreuzten. Im Schatten ausladender *chenars* (Morgenländischer Platanen) erhoben sich Pavillons an den Schnittstellen der Wasserläufe, an denen eine kühlende Brise und Schwaden von Duft die Sinne erquickten. In den Blumenbeeten wuchsen Zypressen als Symbol der Sterblichkeit und Obstbäume als Verkörperung des Lebens und der Fruchtbarkeit des Frühjahrs. Ausgrabungen bezeugen, daß ein Gartenplan der damaligen Zeit in Imarat-i Khusrau eine bemerkenswerte Zahl dieser charakteristischen Elemente aufwies.

Das antike Griechenland

Obgleich die Griechen nie Gärtner im eigentlichen Sinn waren und das gebirgige Terrain mit den immer wieder ausbleibenden Regenfällen auch kaum dazu angeregt haben dürfte, stellt das ganze Land einen einzigen Naturgarten dar: Im Frühjahr überzieht die hier heimische Wildflora die Hügel – Anemonen, Affodill und Krokus werden von scharlachroten Lilien abgelöst; robustere Sträucher und Kletterpflanzen wie Immergrün *(Cistus)*, Geißblatt (*Lonicera*) und Efeu (*Hedera*) erweitern zusammen mit aromatisch duftender Myrte (*Myrtus*), Geißklee und Ginster (*Cytisus* und *Genista*) das Vegetationsspektrum, das zu allen Jahreszeiten von wohlriechenden Blumen ergänzt wird.

Dennoch bewiesen die alten Griechen Sinn für Landschaftsgestaltung. Sie errichteten ihre Tempel und Theater vor ehrfurchtgebietenden Panoramen und fügten sie in die natürliche Umgebung ein, indem sie das Wachstum der Haine aus heimischen Bäumen förderten. Sagen über griechische Götter und andere mythologische Charaktere wurden häufig mit mächtigen Waldbäumen, buschigen Sträuchern und den vergänglicheren Blumen unterschiedlicher Jahreszeiten assoziiert. Der heilige Hain bot nicht nur Schatten, sondern auch Früchte, so daß das Modell der Tempelgärten Ägyptens und des fruchtbaren Zweistromlands mit Bäumen und Büschen, die wie Götter verehrt wurden, hier erneut aufgegriffen wurde.

Der Lorbeerbaum der Antike war selbstverständlich der aromatische heimische Lorbeer (*Laurus nobilis*), der von alters her Apollo in Daphni bei Athen geweiht war; Daphne selbst hatte sich in einen Lorbeerbaum verwandelt, um der Verfolgung des Gottes zu entgehen. Zahlreiche andere Gestalten aus der Mythologie wurden bei ihrem Tod in Blumen verwandelt.

Homers Dichtung aus dem 8. Jahrhundert v. Chr. ist vom Geist seiner Landschaftsschilderungen durchdrungen. Heilige Haine, Bäume, Grotten, Quellen und Kräuter mit magischen Kräften ziehen sich wie eine rhythmische Begleitmusik durch das Geschehen der *Ilias* und der *Odyssee*. «Der silberhelle Klang» des Wassers über einer Klippe, der «schwarze Wind» über dem Meer und «die mit Affodill überzogene Wiese, der Wohnort der Seelen, der aller Körperlichkeit entledigten Geister des Menschen», haben ausnahmslos beschwörende Naturvorstellungen zum Inhalt, die noch immer Assoziationen an die Dramatik der bewaldeten Bergketten und der mit Kräuterduft erfüllten Täler des griechischen Mutterlandes wecken.

Obgleich in den Epen lediglich zwei Gärten geschildert werden – jene des Alkinoos, König der Phäaken, und des Laërtes, Vater des Odysseus –, finden sich zahlreiche Anspielungen auf ein Gartenkonzept, sei es als Hort göttlicher Erbauung oder als eingefriedetes *Pomarium* (Obstgarten), das im Gegensatz zu dem nicht bestellten Land und den Wäldern der Umgebung von überschäumender Fruchtbarkeit zeugte. Die hier gezogenen Pflanzen sind zwar ausschließlich nützlicher Natur, dennoch bezieht Homer ihre Schönheit in die Beschreibung mit ein. Nachdem er zunächst mit Nausikaa – Homer schildert sie bildhaft als «einen frischen, jungen Palmbaum, der beim Altar des Apollos sprießt» – in einem zwischen Wiesen gelegenen Hain aus stattlichen Pappeln gewartet hatte, besucht Odysseus Alkinoos, dessen eingefriedeter Garten außerhalb des Hofes eine Fläche von etwa 1,5 ha einnimmt. «Hier liegt ein beidseitig mit einer Hecke gesäumter, großer Teich [...] wo an sattgrün belaubten, hohen Bäumen Birne und Granatapfel, die schwere, glänzende Frucht des Apfels, die süße Feige und die delikate Olive reifen. Nie mangelt es an Früchten, winters wie sommers nicht. Zu jeder Jahreszeit kann man sie ernten; gefächelt vom milden Westwind finden sich hier Knospe und reifende Frucht gleichermaßen, so daß Birne um Birne, Apfel um Apfel, Traube um Traube und Feige um Feige zu jeder Zeit vollkommen reifen. In derselben Einzäunung liegt auf einer warmen, etwas höheren Terrasse ein ertragreicher Weinberg, in dem ein Teil der Trauben in der Sonne dörrt, und ein anderer zum Keltern geerntet wird [...] Gemüsebeete vielfältigster Art fügen sich jenseits der äußersten Reihe in sorgfältiger Ordnung aneinander und bieten

Wandgemälde, die auf der Insel Santorin (dem heutigen Thera), nördlich von Kreta, entdeckt wurden, bieten eine einzigartige Darstellung erkennbarer Pflanzen. Die bei einem Erdbeben und durch einen Vulkanausbruch um 1500 v. Chr. nahezu zerstörten Fresken, die religiöse Rituale zeigen, wurden aus Fragmenten vollkommen restauriert und befinden sich inzwischen im Nationalmuseum in Athen. Auf beeindruckenden Felsen wachsen rote Lilien, wahrscheinlich *Lilium chalcedonicum;* an gebogenen Stielen sind sie sowohl in knospigem als auch in erblühtem Zustand dargestellt. Die von oben herabschießenden Schwalben unterstreichen die naturalistische Wirkung. Ein weiteres Fresko zeigt eine Frau, die um des Safrans willen Krokusse (*Crocus sativus*) sammelt; in einem dritten Raum sind die Wände mit Papyrus ausgeschmückt.

das ansprechende Bild eines stets grünenden Fleckens. Der Garten wird von zwei Quellen versorgt, von denen eine in Wasserrinnen zu sämtlichen Bereichen der Einfriedung geleitet wird, während die zweite zunächst eine Wasserstelle für das Volk speist und danach unter dem Tor des Hofes hindurch zum herrschaftlichen Haus fließt. Mit so viel Schönheit hatten die Götter das Heim des Alkinoos ausgestattet. Der unerschrockene Odysseus stand davor und betrachtete die Szenerie. Als er ihre ganze Schönheit in sich aufgenommen hatte, schritt er unvermittelt über die Schwelle und betrat den Palast.» In dieser Beschreibung sind sämtliche Elemente der Gartentopographie aufgeführt – üppige Obstbäume, deren Früchte dem Genuß dienten und Schatten spendeten, ein Weinberg, Gemüsebeete und eine «kanalisierte» Wasserversorgung.

Aber sogar noch früher (zwischen 2100 und 1600 v. Chr) hatte die minoische Kultur auf Kreta, die sich parallel zu jener des damaligen Ägypten und Mesopotamien entfaltete, ihre irdenen Artefakte mit floralen Motiven geschmückt (Zeugnisse wurden sowohl auf Kreta als auch auf anderen ägäischen Inseln gefunden). Unter den immer wieder dargestellten Pflanzen waren nicht etwa Wildblumen von den heimischen Hügeln, sondern die von den benachbarten Ägyptern, mit denen sie Handelsbeziehungen unterhielten, gehegte Dattelpalme, die später Symbol des Sieges wurde, obgleich sie im nördlich gelegenen Attika keine Früchte trug, und der vorwiegend in Sümpfen wachsende Papyrus. Ein Fresko im Palast von Knossos zeigt Lilien, Iris und die im Herbst blühenden Pankrazlilien (*Pancratium maritimum*), die die Uferrandzonen der Inseln überzogen.

Den unmittelbarsten Zugang zu einem historischen Beleg über die Praxis dekorativer Gartengestaltung liefern uns die Archäologen indes mit der Entdeckung, daß Pflanzen auch außerhalb des minoischen Palastes als Schmuck in Terrakottatöpfe gesetzt und durch ein Bewässerungssystem versorgt wurden. Bei den Topfpflanzen handelte es sich höchstwahrscheinlich um exotische Palmen, die heimische Brautmyrte (*Myrtus communis*) mit duftenden Blüten und Blättern, Granatäpfel oder Rosen; selbst die Madonnenlilie (*Lilium candidum*) könnte sich daruntergemischt haben, ebenso die auf dem Fresko dargestellten Irisarten (vgl. S. 23) – beides wahrscheinlich Einführungen aus dem benachbarten asiatischen Festland.

Die Rose wurde im 4. Jahrhundert v. Chr. zu einem beliebten Motiv, obgleich erste Darstellungen in Knossos weit früher zurückliegen. Sowohl die ungefüllte Hundsrose (*Rosa canina*) als auch die Kohlrose (*Rosa centifolia*), die wahrscheinlich aus Makedonien stammt, wurden zusammen mit Krokus, Nelke, Hyazinthe, Iris, verschiedenen Lilienarten, Narzisse, Duftveilchen und all den vertrauten aromatischen Kräutern wie Basilikum, Majoran, Minze, Rosmarin und Salbei gezogen. Die Insel Rhodos, auf der gegen Ende der klassischen Periode eine extensive Rosenkultur betrieben wurde, stand in dem legendären Ruf, vom Duft der Rosenblüten, die zerrieben einen noch intensiveren Wohlgeruch entfalteten, ganz und gar erfüllt zu sein.

Offensichtlich hatten die alten Griechen durchaus Sinn für die Schönheit der Blumen. Seit der Bronzezeit drückt sich in ihrer Literatur und Kunst nämlich eine unverkennbare Wertschätzung der Natur aus. Aber erst nachdem die zurückkehrenden Soldaten Alexanders des Großen im 4. Jahrhundert Geschichten über persische Paradiesgärten verbreiteten, begannen die Aristokraten in Athen, ihre Gärten, die bisher vorwiegend dem Obst- und Weinanbau dienten, mit wohlriechenden Pflanzen zu bestücken.

Die gebildeten Griechen zur Zeit Platons (um 388 v. Chr.) bepflanzten ihre Wege mit Schattenbäumen, um im Freien und vor der Sonne geschützt, ihre philosophischen Fragen zu erörtern. Eine ganz ähnliche Aufgabe erfüllte Jahrhunderte später der Kreuzgang der christlichen Klöster, der den meditierenden Mönchen Schatten und Schutz bot. Die Schüler des Aristoteles, die in den *peripatoi*, den Alleen und Hainen aus Platanen und Pappeln, Oliven und Lorbeerbäumen umherwandelten, wurden als Peripatetiker bezeichnet. Es gab Haine aus heimischen Zypressen (*Cupressus sempervirens* ‹Fastigiata› und der ausladender wachsende *C.s.* ‹Horizontalis›), Oliven, der immergrünen Steineiche (*Quercus ilex*), der laubabwerfenden *Q. robur* und der Kermeseiche (*Q. coccifera*), der Aleppokiefer (*Pinus halepensis*) und der Schirmkiefer oder Pinie (*Pinus pinea*), der Griechischen Tanne (*Abies cephalonica*) sowie weißen und schwarzen Pappeln, die in Verbindung mit niedrigeren immergrünen Sträuchern wie dem heimischen Lorbeerbaum, dem Erdbeerbaum und der Myrte angelegt wurden. Die breitwüchsige *Platanus orientalis* aus Kleinasien bot im Sommer Schatten; der Überlieferung zufolge unterrichtete Hippokrates seine Studenten auf der Insel Kos unter den Zweigen einer Platane.

Platon gründete seine Akademie in einem Tal vor den Mauern Athens. Der Staatsmann Kimon ließ dort einen gutbewässerten Hain mit formierten Alleen und schattigen Wegen anlegen. Später beschrieb Aristophanes das Tal als «rundum erfüllt von duftendem Geißblatt

Überreste der minoischen Kultur, die um 1450 v. Chr. zerstört wurde, finden sich in Knossos auf Kreta. Auf den noch erhaltenen Fresken vom Beginn des zweiten Jahrtausends findet sich die erste bekannte Abbildung einer Rose (oben links im Bild); es könnte die abessinische Rose vom Oberlauf des Nils sein, die den Minoern womöglich über die Handelsbeziehungen mit den Ägyptern in die Hände kam. Unter den weiteren in Knossos abgebildeten Blumen finden sich weiße Lilien, Irisarten, Krokusse, Veilchen und die Lotosblume. Bewässerungskanäle, die bei Ausgrabungen um den Palast des Phaistos freigelegt wurden, scheinen die Existenz von Blumen- und Gemüsegärten zu bestätigen, und die großen, mit einem Loch versehenen Töpfe dürften für dekorative Sträucher und Zwiebelpflanzen gedient haben.

und tiefem Frieden und dem Laub, das die Lindenblüten abwerfen, wenn zur herrlichen Frühlingszeit in dem Hain die Platane der Ulme flüsternd ihre Liebe bekennt». Der kleine Garten des Epikur daneben war einer der wenigen Privatgärten, von denen wir Kunde haben – ein Gemüsegarten, den der Besitzer selbst bestellte, um seine Philosophie in die Tat umzusetzen. Die Kosten für die Anlage beliefen sich auf 7000 Drachmen (eine Drachme entsprach dem durchschnittlichen Tageslohn eines Arbeiters); bedauerlicherweise ist aber über die Pflanzen oder ihre Anordnung im Garten nichts überliefert.

Ein weiteres von Sir Arthur Evans restauriertes minoisches Fresko zeigt einen Krieger mit weitgehend stilisierten Lilien. Es könnte sich um die weiße Madonnenlilie (*Lilium candidum*), die aus den Ländern um das östliche Mittelmeer stammt, oder die scharlachrote Türkenbundlilie von Thera (eine Form von *L. chalcedonicum*) handeln, die sowohl auf den griechischen Inseln als auch in Chalkedon heimisch ist.

Auch die Agora, den Marktplatz von Athen, ließ Kimon durch Platanen beschatten. Sowohl der Bereich der Agora als auch der Tempel des Hephaistos im Westen wurden ausgegraben und teilweise restauriert. Der Tempelgarten stellt die erste formale Anlage dar, die in Griechenland freigelegt wurde. Die Bepflanzung dürfte in den ersten Jahren des 3. Jahrhunderts erfolgt sein. Jedenfalls fand man die zerbrochenen Überreste von Terrakottatöpfen in quadratischen Pflanzschächten, die 88 cm tief in den Fels geschlagen waren und an drei Seiten des Tempels in zwei Reihen verliefen – jeweils durch schmale, ungepflasterte Wege voneinander getrennt. Die verholzten Bäume oder Sträucher für diese Bereiche wurden durch Absenker unmittelbar in den Töpfen vermehrt, die zur Pflanzzeit zerbrochen wurden, auf daß sich die Wurzeln ausbreiten konnten. Cato beschrieb das Verfahren wie folgt: «Um Triebe zu bewurzeln, solange sie noch mit dem Baum verbunden sind, empfiehlt es sich, den Boden eines Topfes mit einem Loch zu versehen und den Zweig, der Wurzeln bilden soll, hindurchzustecken. Dann füllt man den Topf mit Erde, drückt das Ganze gründlich an und beläßt den Trieb am Baum. Nach zwei Jahren schneidet man ihn unterhalb des Topfes ab [...] zerbricht diesen und setzt den Zweig samt Topf in das Pflanzloch.» Der Garten enthielt aber auch schmale Beete für Blütenpflanzen, und die äußeren Mauern des eingefriedeten Bereichs waren vermutlich mit Efeu und Weinstöcken bepflanzt. Der Tempelgarten mit seinem meisterhaften aquäduktartigen Bewässerungssystem blieb bis zur Regierungszeit des Augustus am Ende des ersten nachchristlichen Jahrhunderts bestehen. Im Zug der unlängst erfolgten Restaurierung wurden erneut Myrten und Granatäpfel in die Pflanzgruben gesetzt.

In seinem *Oeconomicus* lenkte Xenophon, eine Generation nach dem Tod des Sokrates, die Aufmerksamkeit auf die Äußerungen des Königs von Persien, der die Landbestellung gleichwertig mit der Kunst der Kriegsführung als «zwei der edelsten und wichtigsten Ziele» erachtete; zugleich erinnerte er den Leser daran, daß der «mächtige König [...] sehr darauf bedacht sei, in sämtlichen Herrschaftsbereichen sogenannte ‹Paradiese› zu finden, die all die guten und schönen Dinge, die der Boden zu schenken vermag, hervorbrächten und in denen er selbst einen Großteil seiner Zeit weile, es sei denn, die Jahreszeit verbiete es».

Der Naturkundler Theophrast (um 372–286 v. Chr.), Schüler des Aristoteles und Autor einer *Naturgeschichte der Gewächse*, erstellte eine systematische Klassifizierung aller bekannten Pflanzen. Seine

Systematik war die erste innerhalb der westlichen Literatur und listete sogar die medizinische Wirkung der Pflanzen auf. Bis zu diesem Zeitpunkt war die Kräuterheilkunde lediglich mündlich und aus dem Gedächtnis von Generation zu Generation weitergegeben worden. Sein Kräuterverzeichnis enthielt Pflanzen aus dem Osten wie Levantebaumwolle oder den Baumwollbusch (*Gossypium herbaceum*, 700 v. Chr. von Sanherib nach Khorsabad am Oberlauf des Tigris eingeführt) und den Banyanbaum (*Ficus benghalensis*), der bereits von Nearchos – dem Befehlshaber der Flotte Alexanders des Großen – beschrieben worden war, nachdem er ihn in den Ebenen Indiens gesehen hatte, aber auch Mangroven, die am Persischen Golf wuchsen, und Euphorbien, die aus Belutschistan bekannt waren. Das besondere Interesse des Theophrast galt aber den Pflanzen aus Ägypten, während ihm seine Studenten, die Alexander den Großen auf seinen Expeditionen begleiteten, von Pflanzen aus dem nördlichen Griechenland und Kleinasien berichteten. Es ist zwar keine mit Bildern versehene Abschrift von Theophrast überliefert, aber Plinius d.Ä. berichtete im ersten nachchristlichen Jahrhundert, daß einige der Pflanzenbücher seiner Zeit illustriert waren, wenngleich selten mit ganz originalgetreuen Abbildungen. Die bedeutendste Heilmittellehre ist selbstverständlich die des Griechen Dioskurides, *De Materia Medica*, die im 1. Jahrhundert n. Chr. in der Regierungszeit Neros und Vespasians (vgl. S. 36–37) verfaßt wurde. Sorgfältig von Hand abgeschrieben und in nahezu jede Sprache einschließlich des Arabischen übersetzt, stellte dieses Herbale bis über das 16. Jahrhundert hinaus ein Standardwerk der Heilkunde dar; den Botanikern sollte es weitere zwei Jahrhunderte als Lehrbuch zur Identifizierung ihrer Pflanzen dienen.

Theophrast überließ seinen eigenen Garten Sklaven, die unter der Bedingung, daß sie sich seiner Pflege annehmen, frei sein sollten. Es dürfte sich um eine frühe Version eines botanischen Gartens gehandelt haben, in dem systematisch klassifizierte Pflanzen als Anschauungsmaterial wuchsen, um das Studium der Medizin und der Heilmittellehre zu erleichtern.

Die Verbreitung des Hellenismus im Osten bis Asien und im Westen bis Italien verlief keineswegs nur in einer Richtung. Im Zug ihrer Bestrebungen, das Herrschaftsgebiet noch weiter auszudehnen, stießen die Griechen in den beeindruckenden Paradiesgärten Persiens auf eine ganz neue Gartenkultur. Lysander war höchst verwundert, als er 408 v. Chr. sah, daß Kyros der Jüngere seinen Garten im türkischen Sardis selbst bestellte, zumal die griechische Oberschicht, die ganz von der Sklavenarbeit abhing, jede körperliche Betätigung, sofern es sich nicht um Kriegsdienst oder sportliche Wettkämpfe handelte, als erniedrigend ansah. Hundert Jahre später brachte Alexander von seinen Eroberungszügen den Samen von exotischen Bäumen und

Im Palast von Knossos auf Kreta wurden Fresken aus der Zeit vor 1500 v. Chr. mit Pankrazlilien (*Pancratium maritimum*) freigelegt. Diese großen Zwiebeln, die laut Theophrast eßbar sind und in verschiedenen Heilmitteln Verwendung fanden, bringen im Sommer süß duftende Blüten hervor, wie man sie an den Ufern vieler griechischer Inseln sieht. Die hier dargestellten (s. rechts) wurden von dem Holländer Emmanuel Sweert gezeichnet und in seinem *Florilegium* im Jahr 1612 in Frankfurt veröffentlicht. Da es sich um Zeichnungen ohne Begleittext handelt – die Namen sind auf lateinisch, deutsch, englisch und französisch angegeben –, ist anzunehmen, daß sie für eine Art botanisches Lexikon bestimmt waren. Links die verwandte *Pancratium illyricum*.

Blumen mit, den er den Gelehrten übergab. Zu dieser Zeit wurden sowohl der Pfirsich- als auch der Zitronenbaum (*Citrus limonia*) in Griechenland eingeführt. Kurz nach Alexanders Tod im Jahr 323 v. Chr. besuchte Megasthenes das Gupta-Reich in Indien und berichtete über die Parks im Umkreis der «königlichen Residenzen», in denen exotische immergrüne Pflanzen, deren «Blätter nie welken und abfallen», von gehölzkundigen Gärtnern «im Bereich der Zweige kunstvoll ineinandergeflochten wurden». In Alexandria, Theben und Antiochia versuchten aus dem Vaterland verbannte Griechen die «Idee» des orientalischen Lustgartens nachzuahmen. Parks mit exotischen Gehölzen wurden angelegt. Der Tyrann Dionysius I. (430–367 v. Chr.) soll in der griechischen Kolonie Sizilien einen Lustgarten im persischen Stil geschaffen haben.

Einer der prächtigsten Gärten wurde von dem griechischen Herrscher Hieron II. (269–221 v. Chr.) in der sizilianischen Kolonie Syrakus auf seinem Boot angelegt. Gartenbeete jeglicher Art, die von Pflanzen überzuquellen schienen, wurden über unterirdisch verlegte Bleirohre bewässert. Auch mit Efeu und Wein umrankte Schattenlauben gab es; diese Pflanzen wurzelten in mit Erde gefüllten Fässern, die ebenfalls an das Bewässerungssystem angeschlossen waren.

Weitaus bedeutender für die Zukunft des ornamentalen Gartenstils war eine griechische Peristyl-Villa mit Garten, die im zweiten vorchristlichen Jahrhundert auf der Insel Delos geschaffen wurde – die Anlage sollte zum Prototyp des Villengartens werden, an dem sich die Römer in Pompeji und dem Umland in den folgenden 100 Jahren und darüber hinaus orientierten.

Die Gartenkultur der Römer

Die Gärten des klassischen Rom, die zur Zeit der italienischen Renaissance schon über 1000 Jahre verfallen waren, stellten für die Gartengestalter eine wichtige Inspirationsquelle dar. Nicht nur ihre Entwürfe wurden imitiert und die noch erhaltenen Statuen geraubt, um neue Anlagen zu schmücken – in jeder Hinsicht ließen sich die Dichter und Denker des neuen, humanistischen Zeitalters vom Geist klassischer Literatur und Wissenschaft anregen. Dabei wird oft vergessen, daß es die Agrarschriftsteller des kaiserlichen Rom waren, die eine Vielzahl an Einzelheiten über Landbestellung und Gartenkunde dokumentierten, die dem Menschen der westlichen Welt im Mittelalter als Orientierung dienten. Immer wieder bezog man sich auf die Werke Catos (234–149 v. Chr.), Varros (116–27 v. Chr.) und Columellas aus dem ersten nachchristlichen Jahrhundert sowie auf die von Palladius, der seine Texte um 380–395 n. Chr. verfaßte. Obgleich Columella der am systematischsten vorgehende Chronist von allen war, beschränkte er sich längst nicht nur auf rein praktische Aspekte. Das Buch X seiner in Hexametern verfaßten *De re rustica* ist nämlich weit eher eine poetische Beschwörung des Frühlings als ein praktischer Leitfaden für den Gartenbau. Jeder Vers bezeugt die große Empfänglichkeit für die Schönheit der Pflanzen:

«Wenn aber nun das Land alle Häßlichkeit verloren hat und in sauberer Ordnung frisiert voll Schönheit seine Einsaat fordert, dann malt man darauf bunte Blumen, die Sterne der Erde: die weißen Levkojen und die gelben Augen der Ringelblume, Narzissen und die grimmigen Mäuler des rachenaufsperrenden wilden Löwen, grünende Lilien mit weißgrauen Kelchen, auch Hyazinthen, weiße oder auch blaue. Ferner säe man Veilchen, solche, die blaß auf der Erde ruhen, und solche, die purpurn und golden emporwachsen, und Rosen, die von Schamrot ein Übermaß zeigen [...]»

Im Gegensatz zu den Gärten Griechenlands, über die uns vergleichsweise wenig Detailliertes überliefert ist, verfügen wir, was die Entwicklung der Gärten während der Zeit des klassischen und kaiserlichen Rom nach dem 2. Jahrhundert v. Chr. anbetrifft, über reiches Quellenmaterial. Archäologische Ausgrabungen legen immer wieder Gartengrundrisse und Pflanzschemen frei. Die Identifikation der Pflanzen wird durch die modernen archäologischen Forschungsmethoden einschließlich der Pollenanalyse, der C–14-Methode (Kohlenstoffmethode) an pflanzlichen Überresten sowie durch Abdrücke des Wurzelverlaufs beträchtlich erleichtert. Obgleich die an der Praxis orientierten Autoren der damaligen Zeit vorwiegend über die Ertragskulturen und handelsmäßig angebaute Blumen berichten und sich im übrigen eher poetisch über die Landschaft äußern, stellen sie eine zuverlässige Quelle für das Studium der bekannten Pflanzen dar, vor allem aber über das Verhältnis des Römers zu seinem Garten. Fresken von Gärten, die in den Villen um Rom und den Peristylgärten in Pompeji, Herculaneum und Stabiae gefunden wurden, bieten wahrscheinlich recht genaue Rekonstruktionen zeitgenössischer Entwürfe, aber auch inspirierende Bilder von eher visionär erfaßten, fernen Landschaften. Außerdem sind da natürlich noch die Herbalisten und Enzyklopädisten wie Plinius d. Ä., ein Zeitgenosse des Dioskurides, sowie die Poeten, denen es vorrangig darum geht, die Verbundenheit mit der Natur als einen Aspekt einer bewußten und positiven Lebensführung zu kultivieren.

Fest steht, daß Pflanzen als Schmuck betrachtet wurden. Die Götterstatuen, die in Marmor gemeißelt oder in Bronze gegossen aus Nischen herabschauten, Säulengänge einrahmten und über mit Farnen bewachsenen Grotten und moosigen Nymphäen in den Gärten residierten, waren häufig mit Girlanden aus Efeu und Wein umrankt. Aus Immergrün, Myrte und Lorbeer wurden Kränze und Kronen gewunden. Viele der römischen Götter wurden als Sinnbild für die Fruchtbarkeit des Bodens, der Blumen oder selbst einzelner Teile der Pflanze verehrt.

In den städtischen Hausgärten umschloß die Architektur des Gebäudes einen «Gartenraum» oder eine ganze Reihe von Räumen, in denen Obstbäume, Gemüse und Blumen gezogen wurden. Exemplarisch für Gärten dieses Typs stehen die regelrecht «mumifizierten» Villen und Gärten von Pompeji, einer Stadt, die beim Ausbruch des Vesuvs im Jahr 79 n. Chr. zerstört wurde, unter der vulkanischen Asche aber erhalten blieb. In diesen kleinen Gärten kommt mit den Wandgemälden, die Gartenbilder darstellen, eine weitere Dimension hinzu. Für uns sind sie ein Schlüssel zum Verständnis der zu jener Zeit herrschenden römischen Idealvorstellung: Denn an vielen Stellen sind diese Wandmalereien mehr als nur eine naturgetreue Abbildung existierender Gärten, oftmals stellen sie exotische Bäume und Tiere dar und beschwören damit das persische *paradeisos* herauf, in das die Römer des zweiten vorchristlichen Jahrhunderts bei ihren Expeditionen in das hellenistische Asien erstmals einen Blick werfen konnten.

Gänzlich anders als diese Hof- oder Patiogärten waren die öffentlichen Anlagen gestaltet, in denen Bäume einen Rahmen für Tempel, öffentliche Gebäude und Amphitheater bildeten und den universalen Charakter griechischer Architektur widerspiegelten. Wie in Ägypten, Mesopotamien und Griechenland boten diese Gärten den so wichtigen Schatten und einen Ort der Ruhe, ein Element, das von nun an zunehmend in die Stadtplanung einbezogen wurde. Die herrschaftlichen Villengärten, die vom ersten vorchristlichen Jahrhundert an von den römischen Patriziern und später von den Kaisern angelegt wurden, führten die Idee des heiligen Hains auf privater Ebene weiter, boten zugleich aber auch die Möglichkeit, mit neuen Pflanzen, die von Expeditionen in fremde Länder mitgebracht wurden, zu experimentieren. Ab dem 1. Jahrhundert n. Chr. wurden zahlreiche Gärten dieser Art in der Umgebung Roms angelegt, andere aber auch in fernen Kolonien.

Als Pompeius 62 v. Chr. wieder nach Rom zurückkehrte, ließ er ein Theater erbauen, Bäume für einen schattigen Wald davor pflanzen und unterhalb des Monte Pincio seinen eigenen Garten anlegen. Auf dem Monte Pincio, wo sich heute die Spanische Treppe und die Villenanlage der Medici aus dem 17. Jahrhundert befinden, besaß Lucullus einen römischen Garten, in den er sich 63 v. Chr. zurückzog. Obgleich seinerzeit als Inbegriff verschwenderisch üppiger Lebensführung und epikuräischen Glücks gerühmt, ist über die Anlage selbst nichts bekannt. Lucullus soll indes im Anschluß an seine Feldzüge Kirsch-, Pfirsich- und Aprikosenbäume aus dem Osten eingeführt haben. Mithridates VI., Herrscher über einen Großteil Asiens bis zur Eroberung durch Lucullus, hatte einen medizinischen Berater, Krateuas, der als Arzt und Magister um die aus Pflanzen extrahierten Gifte wußte. Möglicherweise könnte sich Lucullus durch das Studium der wissenschaftlichen Schriften des Krateuas und dessen berühmte Pflanzenzeichnungen, die der Nachwelt leider nicht erhalten sind, sogar etwas Spezialwissen über Pflanzen angeeignet haben. Immerhin wissen wir, daß der Garten des Lucullus einer von vielen auf dem sogenannten «Hügel der Gärten» war. Der Historiker Sallust, der sich als Statthalter in fremden Ländern ebenfalls große Besitztümer angeeignet hatte, schuf einen Garten etwas östlich von dem des Lucullus, in dem sich nicht nur Gemälde mit Szenen aus dem Niltal, sondern auch eine Sammlung ägyptischer Statuen von Pharaonen und Königinnen fanden. Die Schirmkiefern oder Pinien (*Pinus pinea*), die heute über die Hügel Roms wachen und als Wahrzeichen des Monte Pincio gelten, dürfen zu Recht als Abkömmlinge aus römischer Zeit angesehen werden. Nicht einmal 100 Jahre später wurden Kiefern, hoch aufragende Zypressen und Obstbäume sowie Blumen und Vögel auf die Mauern der unmittelbar vor den Toren Roms angesiedelten Villa von Kaiserin Livia in Prima Porta gemalt. Die Platane, die trotz der Warnungen des Dioskurides aus Griechenland nach Italien eingeführt wurde – er befürchtete Beeinträchtigungen der Atemwege und Lunge –, sollte sich in den Gärten als Prototyp des Schattenbaums etablieren.

Die Entwicklung der Landsitze wurde durch Schriftsteller wie den frühen Cato (*De re rustica* von 160 v. Chr.), Cicero, Catull, Horaz und Vergil angeregt und genährt. Alle priesen in ihrer Dichtung die Schönheit der Natur und ihren positiven Einfluß auf Menschen, die sich ihr in Liebe und Ehrfurcht zuwenden. Sie entsprachen damit dem epikuräischen Credo, das den Rückzug aus dem öffentlichen Leben propagierte. Infolge der römischen Expansion verfügte die Aristokratie nicht nur über die notwendigen Mittel, um sich ein unbeschwertes und luxuriöses Leben auf dem Lande leisten zu können, sondern diese Lebensweise entsprach auch einer tief empfundenen Heimatverbundenheit, die sie während der langen Aufenthalte in fernen Ländern entwickelt hatten. Immer mehr Gutsbesitzer ließen sich kunstvolle Gärten anlegen, in denen sie neben Nutz- auch Zierpflanzen zogen. Sie wollten mehr als die von Säulengängen umgebenen Höfe, sie verlangten nach Gärten, die sich zur Landschaft hin öffneten, Ausblicke auf ferne Gipfel, wogende Hügel, Weinberge, Felder und Wiesen gewährten oder das Meer als Teil

Realistische Darstellungen von Bäumen und Blumen finden sich auf den Fresken, die im 1. Jahrhundert n. Chr. für die Villa der Kaiserin Livia in Prima Porta angefertigt wurden. Dieser Ausschnitt zeigt, deutlich erkennbar, einen Früchte tragenden Granatapfelbaum, aber auch Rosen und Wiesenmargeriten blühen über dem niedrigen, scheinbar zurückweichenden Sockel. Zwischen den Blumen und Baumkronen beleben Vögel die Szene. An anderer Stelle in diesem Raum umgeben Eichen, Pinien und hoch aufragende Zypressen den Garten und erwecken den Eindruck einer landschaftlichen Kulisse.

des Gesamtbildes einbezogen. Was in der Dichtkunst als begeisterte Hinwendung zu einem pastoralen und erdverbundenen Leben und als Sehnsucht nach der Natur seinen Anfang nahm, wurde in Vergils *Georgica* (zwischen 38 und 29 v. Chr. verfaßt) mit ausführlichen Beschreibungen der Jahreszeiten und Ernten weitergeführt.

Vergil preist das Leben auf dem Lande und die Landwirtschaft, die eigentliche Bearbeitung des Bodens als «beglückenden Zwang, der die Arbeit versüßt». Diese Idealisierung des ländlichen Lebens beeinflußte die Entwicklung eines Lebensstils, wie ihn die Patrizier, begünstigt durch entsprechende Besitzverhältnisse, in ihren Villen zu führen pflegten. Im Umkreis dieser Villen spielte die dekorative Gartengestaltung eine größere Rolle als die eigentliche Feldarbeit (obgleich viele Villenbesitzer auch eine richtige Landwirtschaft unterhielten, auf der man die Bauern bei der Bodenbestellung beobachten konnte). An Stelle der ursprünglichen Kleinbetriebe im Umland von Rom entstanden überall in Latium großzügig angelegte Landsitze, deren Besitzer wie Lucullus außerdem über kleine Stadtgärten in Rom verfügten – der Bedarf an Getreide mußte aber dennoch durch Importe aus Sizilien oder Afrika gedeckt werden. Auch an der Peripherie des Römischen Reiches entstanden diese herrlichen Anlagen, und Ausgrabungen im portugiesischen Coimbra (dem römischen Conimbriga), im französischen Vienne und im englischen Fishbourne bezeugen ihre einzigartige Grandeur. Kolonnaden im Schatten von Bäumen bildeten die stilgerechte Kulisse für Statuen, die aus Griechenland oder hellenistischen Städten herangeschafft wurden. Cicero hatte seinen eigenen Landhausgarten, aber aus seinen Briefen wissen wir auch, daß er 54 v. Chr. die Anlage eines Gartens mit Fischteichen und sprudelnden Fontänen für seinen Bruder Quintus auf dem Familiensitz in Arpinum überwachte. «Euer Gärtner hat alles so üppig mit Efeu umwunden, nicht nur die Grundmauern der Villa, sondern auch den Raum zwischen den Säulen entlang der Promenade, daß sich die griechischen Statuen als Landschaftsgärtner zu gefallen scheinen, die Efeu über alles in der Welt anpreisen.»

Während in den poetischen Schilderungen Vergils die Landschaft und die heimischen Pflanzen, aber auch Obstgärten, Olivenbäume und Weinberge dargestellt werden, erweisen sich andere Schriften als zuverlässige Quellen für die Geschichte der Gartenbepflanzung. In den Briefen von Plinius d.J. werden die Gewächse und Bepflanzungen so anschaulich geschildert, daß diese Gärten und ihre besondere Atmosphäre zum Leben erwachen. Die beiden Landsitze des Plinius erfüllten sowohl in bezug auf Schönheit als auch auf Komfort höchste Ansprüche. Wohnbereich und der terrassierte Garten bildeten ein einheitliches Ganzes. Die weitgehend formale und symmetrische Gestaltung außerhalb des eigentlichen Wohnbereichs war ganz auf die Nutzung der Räume abgestimmt. Platanen sorgten für Schatten, und kühl sprudelnde Fontänen ergossen sich in marmorne Becken. Die «gewundenen Alleen» des Plinius, die mit Buchshecken eingefaßt waren, zogen sich kreuz und quer entlang der äußeren Begrenzung des Gartens, die in die mit Wildblumen übersäten Wiesen überzugehen schien (vgl. S. 38–39).

Im Paul Getty Museum im kalifornischen Malibu, wo das Klima etwa dem Neapels entspricht, wurde der zentrale Peristylgarten der aus dem ersten nachchristlichen Jahrhundert stammenden Villa dei Papiri – wahrscheinlich im Besitz von Lucius Calpurnius Piso in Herculaneum – so detailgetreu wie möglich rekonstruiert. Neuerliche Ausgrabungen und Forschungsergebnisse über Gärten in Pompeji aus der gleichen Zeit lassen allerdings darauf schließen, daß der minutiös gepflegte Garten aus gestutztem Buchs, Myrten und Lorbeerbäumen sowie die geometrischen Kompartimente des Blumenbeets mit seinen Efeu-, Rosen-, Oleander- und Irispflanzungen einen ungleich formaleren Charakter zeigen als das Original.

Ausgrabungen in der Provinz Pompeji, die seit 79 n. Chr. unter vulkanischer Asche lag, haben Grundrisse damaliger Gärten freigelegt und die wissenschaftliche Analyse von Pflanzen ermöglicht, die in öffentlichen Stadt- und Privatgärten, Obstanlagen, Erwerbsgärten und Gärtnereien gezogen wurden. Obstbäume, einschließlich der Zitrusgewächse, umgaben den Rand der Peristylhöfe. Die noch erhaltenen Fresken stellen idealisierte Gärten dar, deren äußere Grenzen durch einen Zaun oder eine Mauer markiert sind, sowie romantische, im persischen Stil gestaltete Jagdgründe. In dieser imaginären Gartenszene, einem Gemälde auf den Mauern der Casa del Bracciale d'Oro, schützen hohe Oleanderbüsche und Erdbeerbäume die rankenden Winden, Nelken und weißen Lilien.

Der zweite Landhausgarten in Italien, über den wir Genaueres wissen, ist die Hadrian-Villa in Tivoli, die zwischen 118 und 138 n. Chr. entstand. Unterhalb des antiken Tivoli in der Ebene, die binnen kurzem zur beliebtesten Kulisse für die Villen wohlhabender Römer wurde, entschied sich Hadrian für ein Gelände, das im Winter Schutz und im Sommer Kühle versprach. Ganz in der Nähe stand die im 1. Jahrhundert erbaute Villa des Horaz mit Blick auf den Hain, die aufstrebende Stadt und den Fluß Aniene. Kiefern wuchsen auf den höchsten Hügeln, und Olivenbäume überzogen die Hänge.

Obgleich Hadrians Villa während nahezu zwei Jahrtausenden wiederholt Ziel räuberischer Überfälle war, konnten die Grundrisse bei Ausgrabungen freigelegt werden. Hadrian ging es bei der Errichtung dieser Anlage nicht nur darum, sich ein persönliches Refugium zu schaffen, vielmehr wollte er mit diesem monumentalen Anwesen sein Konzept von Stadtplanung verwirklichen. Sämtliche größeren Bauten wurden durch weitläufige Gartenbereiche aufgelockert, die mit Fontänen und Kanälen versehen Aufmerksamkeit erregten.

Als Ganzes betrachtet, manifestiert sich in diesem Garten sowohl Hadrians als auch Roms imperiale Macht und Überlegenheit, zumal hier sowohl Elemente aus der Architektur griechischer Tempel und der Akademie in Athen als auch des ägyptischen Kanopus integriert waren, die wohl die Vormachtstellung Roms über andere Kulturen zum Ausdruck bringen sollten. Obgleich sich Hadrian an den Gestaltungsmustern griechischer und hellenistischer Traditionen orientierte, stellte seine Vision einen eigenständigen und neuartigen Ansatz dar, der sich nachhaltig auf die Entwicklung der Architektur der Renaissance und des Barock auswirken sollte. Abgesehen davon, daß jedes größere Gebäude mit einem Gartenbereich verbunden war, ist über die Bepflanzung wenig, wenn gar überhaupt nichts bekannt. Heute bilden Gruppen hoher Zypressen, Schirmkiefern oder Pinien und Olivenbäume einen zwanglos malerischen Rahmen für die Terrassen und Ruinen und bieten ein romantisches Landschaftsbild, das sich von den einstmals so peinlich gepflegten Gärten und Obstbaumanlagen allerdings stark unterscheiden dürfte.

Weder Ausgrabungen, noch bildliche Darstellungen, noch die beiden Gartenbeschreibungen des Plinius vermögen mehr als einen Hinweis auf das Aussehen der von Blumen und Obst überquellenden sommerlichen Gärten zu geben. Einige der Lücken lassen sich durch die überlieferten Schriften anderer lateinischer Autoren schließen. Sowohl das von Varro verfaßte *Rerum rusticarum libri III* (um 40 v. Chr.) als auch Columellas *De re rustica* (um 60 n. Chr.) waren landwirtschaftliche Lehrbücher, in denen Pflanzen einschließlich der feldmäßig angebauten Blumen erwähnt wurden. Varro hob besonders hervor, daß die Landarbeit sowohl dem Profit als auch der Freude zu dienen habe. Über den Garten an sich äußerte er sich kaum, wenngleich er die Empfehlung aussprach, erwerbsmäßige Zuchtbeete für Rosen (die Rosengärten von Paestum waren die berühmtesten), Veilchen (in einem späteren Abschnitt erklärte er, wie schwierig es sei, ein erhöhtes Veilchenbeet, das sogenannte *violarium*, bei heftigen Regenfällen vor Erdabschwemmungen zu schützen) und Kräuter anzulegen, um die Versorgung mit Blumen und Girlanden in Rom zu gewährleisten. Eine eindeutige Identifikation von Varros Blumen ist allerdings nicht möglich, denn die Römer bezeichneten mehr als nur eine Pflanze als *viola;* möglicherweise sind auch die duftenden Levkojen (*Matthiola incana*) gemeint gewesen. Er gab die jeweilige Pflanzzeit für Lilien (wahrscheinlich der Madonnenlilie, *Lilium candidum*), Krokusse und Rosenbüsche an und verwies immer wieder auf den Garten als Ort der Erquickung, erwähnte aber auch kunstvoll angelegte Gärten wie jene des Lucullus bei Frascati und in Campania. In seiner Voliere in Casinum (1614 von J. Laurus wiederaufgebaut, um Varros Schilderung in *Roma Vetus et Nova* zu veranschaulichen) gab es ein von einer Kuppel überdachtes Kasino, in dem ein Tisch stand, «der sich von selbst drehte und alles, was an Speise oder Trank aufgetragen wurde, sämtlichen Gästen darbot». Er sprach auch von «Zwergbäumen» zur Auflockerung zwischen den äußeren Steinsäulen des umlaufenden Kolonnadengangs.

Columellas *De re rustica* Buch X enthält trotz seiner poetischen Sprache eine eher praxisorientierte Abhandlung über den Anbau von Gemüse und Blumen. Als Zeitgenosse von Plinius d.Ä. (der ihn häufig zitierte) vermittelte Columella bemerkenswerte Einzelheiten über die Kultivierung der Pflanzen. In Buch XI befaßte er sich mit dem Winterschnitt, nicht nur von Wein, sondern auch von Dornstrauchhecken. Für den Februar empfiehlt er, Pappeln, Weiden, Ulmen und Eschen, noch bevor sie Blätter treiben, zu pflanzen und neue Rosenbeete anzulegen. Im frühen März sollten dann «die Beeren des Lorbeerbaums und der Myrte und die der anderen immergrünen Gewächse breitwürfig in Beete gestreut werden», ebenso «die der aufrecht wachsenden Efeusorten und anderer». Gegen Ende Oktober würde «jeder, der einen Naturgarten, einen Wald also aus verschiedenen Bäumen anzulegen gedenkt, gut daran tun, ihn mit Eicheln und Samen von anderen Bäumen zu bepflanzen». Des weiteren äußerte er sich sogar über bestimmte Aufgaben, die an dunklen November- und Dezembertagen auch bei künstlichem Licht ausführbar seien, wie etwa das Schärfen von Werkzeugen und Anfertigen von Stielen aus bestem Holz, wie dem dafür besonders geeigneten Steineichen-, Hainbuchen- (Plinius beschrieb sie als «Joch-Ulme») und Eschenholz. Seine berühmte Beschreibung über die optimale Anlage einer Hecke aus Brombeersträuchern, Rosen und Christdorn (*Paliurus australis*) findet sich in Buch XI, Kapitel III–8: «Die Samen dieser Dornensträucher sollten so reif wie möglich gesammelt und mit dem Mehl fein vermahlener Linsenwicke gemischt werden [...] die, mit Wasser besprengt [und] entweder auf alte Schiffstaue oder ein beliebiges anderes Seil geschmiert, getrocknet und auf dem Speicher gelagert werden [...] nach der ersten Hälfte des Winters werden die Taue dann heruntergeholt, aufgewickelt, entlang der Furchen gezogen und mit Erde bedeckt, allerdings nur soviel, daß die Samen der Dornengehölze [...] zu keimen in der Lage sind» – eine Methode der Heckenpflanzung, die in England noch bis in die Tudorzeit empfohlen wurde.

In Coimbra sind bei Ausgrabungen der Grundmauern herrschaftlicher Häuser und Gärten aus der Zeit des Septimius Severus (146–211 n. Chr.) auch die Gestaltungsmuster der Blumenbeete freigelegt worden, die als selbständige Inseln in dem von einem Säulengang umgebenen Bassin angeordnet waren. Mit Erde aufgeschüttet, boten sich damit ideale Wachstumsvoraussetzungen für üppige Sträucher und Blumen, denen die kühle Frische zwischen den Wasserspielen zugute kam. Mit ihren formalen Umrissen bietet die Sequenz dieser halbkreisförmigen und rechtwinklig eingeschnittenen Inseln ein ganz und gar geometrisches Bild. Bogenartig hochschießende Fontänen vollenden die architektonische Szenerie.

Plinius d.Ä. (um 23–79 n. Chr.), der Naturkundler, war der Onkel Plinius' d.J.; er starb an einer Rauchvergiftung, als er den Vesuvausbruch beobachtete, der Pompeji im Jahr 79 n. Chr. in Schutt und Asche legte. Seine 37 Bücher umfassende *Naturalis Historia* ist außerordentlich aufschlußreich. Sie zitiert aus sämtlichen ihm vorliegenden früheren Quellen und bietet eine Mischung aus unkritisch übernommenen, abergläubischen Vorstellungen der Vergangenheit und durchaus brauchbaren Anleitungen. Plinius beschrieb die Kunst dekorativen Gärtnerns als *topiara opera* oder *opus topiarum; topia* kommt aus dem Griechischen und bezeichnet die Elemente eines Ortes – ein Begriff, mit dem nicht nur Szenenbilder innerhalb der Peristylgärten Pompejis beschrieben wurden, sondern auch Darstellungen auf den äußeren Gartenmauern und an den Wänden im Inneren größerer Villen. Zur Zeit des Plinius stellten der Formschnitt der Bäume und der Heckenschnitt lediglich *einen* Bereich des gesamten Arbeitspensums dar, woraus sich erklären mag, daß der gewöhnliche Gärtner als *topiarius* bezeichnet wurde. Plinius berichtete über Zypressen, die durch entsprechende Schnittmaßnahmen «in Tableaux eines *opus topiarum* verwandelt wurden, aber auch Jagdszenen, Schiffsflotten und alle erdenklichen Bilder darstellten». Er schrieb die Praxis des Formschnitts bei Bäumen – *nemerosa tonsilia* – einem Römer namens G. Matius zu, der gegen Ende des ersten nachchristlichen Jahrhunderts lebte. Plinius übernahm leichtfertig Gedankengut aus dem Werk des Theophrast, um Gehölze und Pflanzen zu beschreiben, die er selbst wahrscheinlich nie gesehen hatte. So schrieb er über die Platane, einen «Exoten», der ursprünglich von den Ionischen Inseln nach Sizilien gebracht wurde und zusammen mit dem Banyanbaum (*Ficus benghalensis*) zum Begrünen von Lauben gedient haben dürfte, die den Schäfern in Griechenland Schatten boten. Obgleich das Manuskript des Plinius nicht erhalten ist, stieß man im 8. Jahrhundert in England auf eine Abschrift, und im 15. Jahrhundert entstand in Italien eine vortreffliche bebilderte Ausgabe (vgl. Kapitel 3).

Als sich im 15. und 16. Jahrhundert die Architekten der Renaissance in Italien nach Anregungen zur Gartengestaltung umsahen, entdeckten sie nicht nur das Werk des Vitruvius über die Prinzipien der Architektur (*De architectura*, 30 v. Chr.), sondern auch die *Pneumatica* des Heron von Alexandria (im 1. Jh. n. Chr.). Hinzu kamen die landwirtschaftlichen Schriften Varros und Columellas – reichhaltiges Quellenmaterial also, das es in einer neuen, humanistisch geprägten Ausdrucksform weiterzuführen galt.

Die Grabmalereien

Die Gemälde in den Gräbern des Neuen Reiches in Ägypten (zu Beginn des 16. Jh. v. Chr.) vermitteln einen realistischen Eindruck von den damaligen Gärten, auch wenn sie keine exakte Abbildung eines bestimmten Gartens oder einer bestimmten Naturlandschaft sind. Die Pflanzendarstellungen – obgleich der Vegetation der irdischen Gärten nachempfunden – sind vielmehr Symbole, die die Seele des Toten auf seiner geheimnisvollen Reise ins Jenseits erquicken und ihm die Zeit des Wartens auf den Tag des Totengerichts verkürzen sollen. Die fruchttragenden Bäume und Blumen wurden als Gaben für die Götter betrachtet, die in der Mythologie ausnahmslos mit der Fruchtbarkeit der Erde assoziiert waren. Die Freude an den Blumen war vor allem mit dem Sonnengott Amun-Re verbunden.

Die Gräber gehörten wohlhabenden Kaufleuten oder Beamten, und ihre «üppigen» Gärten lagen in der Regel außerhalb der Stadtmauern und waren zum Schutz vor wilden Tieren und gegen den Wind von einer eigenen Mauer umgeben. Ihre formale Symmetrie war teilweise durch die unentbehrlichen Bewässerungskanäle bedingt. Die rechteckigen oder quadratischen Wasserbecken, die meist in der Mitte der Einfriedungen lagen, prägten das Erscheinungsbild, während das seitlich angesiedelte Wohnhaus kaum von Bedeutung schien. Die Nutzgärten, die eigens von Gärtnern bestellt wurden, dienten der Versorgung mit Gemüse und Schnittblumen für religiöse Festlichkeiten, Blättern und Blüten für Kränze bei Begräbnissen und Ölen sowie Parfums zum Einbalsamieren.

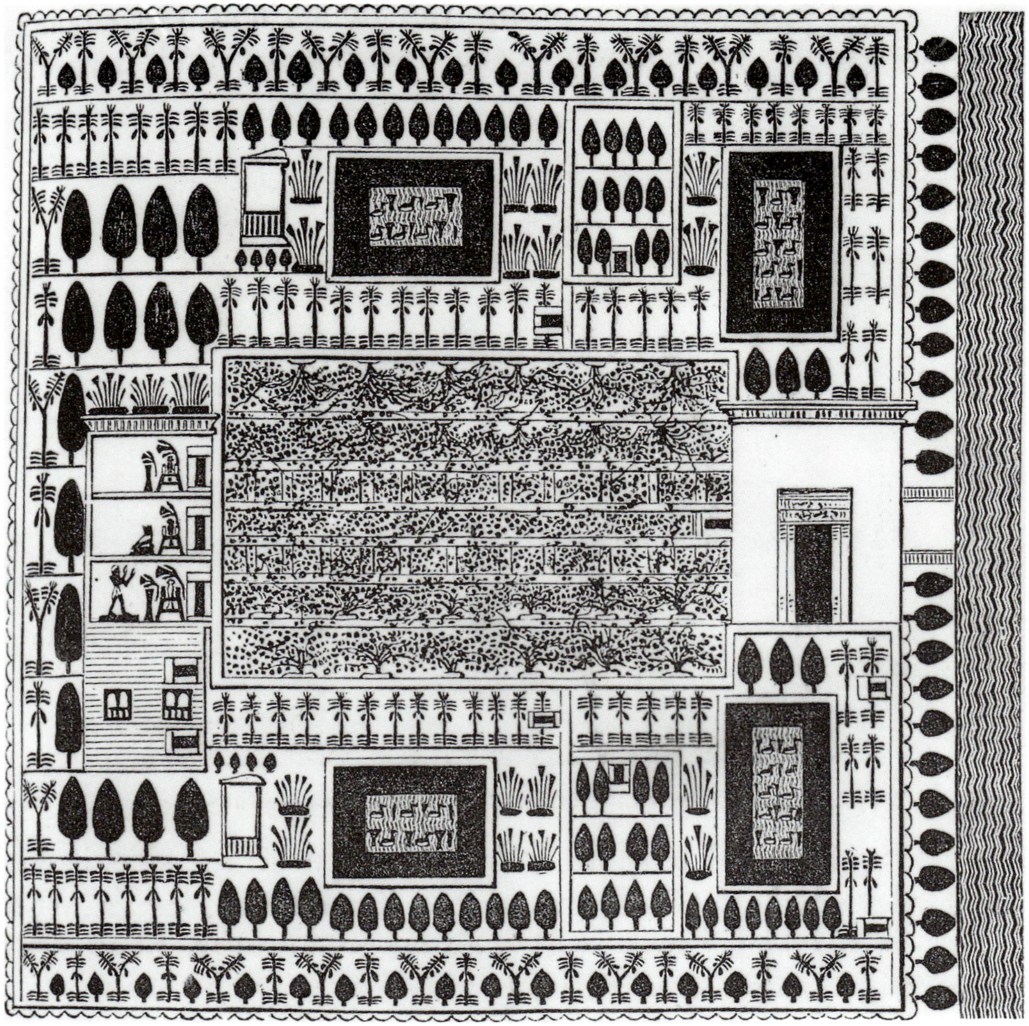

Links: Der mauerumgebene Garten, der in dem Grab eines hohen ägyptischen Beamten des Pharaos Amenhotep II. 1400 v. Chr. dargestellt ist, zeigt eine nahezu symmetrische Anlage mit von Papyrus eingerahmten Teichen. Ein beeindruckendes Portal ist mit dem Boot über einen äußeren Kanal erreichbar, der zugleich zur Bewässerung der Beete und zum Füllen der vier Wasserbecken im Inneren dient. Das Haus selbst befindet sich inmitten des Gartens, und zwei Aussichtspavillons erheben sich über den kleinen Wasserbecken.

Links oben: Der Papyrus (*Cyperus papyrus*), ursprünglich eine Sumpfpflanze aus dem südlichen Nubien am Oberlauf des Nils, kann mit seinen gelbgrünen Dolden, die von grünen Brakteen umfaßt an hohen Stielen stehen, bis zu 5 m Höhe erreichen. Er ist in den Grabmalereien als Gartenpflanze abgebildet, wurde aber auch häufig als dekoratives Motiv auf Kapitellen und Säulen dargestellt – am bekanntesten sind die Säulen des großen Amun-Tempels in Karnak. An Gebrauchsgütern wurden daraus Schreibmaterialien und Segeltuch hergestellt. Das Gemälde mit Papyrushorsten in den Sümpfen südlich Siziliens stammt von Marianne North aus dem Jahr 1865.

Oben: Das Gemälde des Gartens mit dekorativem Fischteich in Nebamuns Grab in Theben stammt aus der Zeit um 1400 v. Chr. Es gehört zu einer Reihe von Wandmalereien, in der die Wertschätzung der heiligen Lotosblume zum Ausdruck kommt. Der Teich ist umgeben von Palmenreihen (sowohl der einstämmigen *Phoenix dactylifera* als auch der verzweigten Dumpalme, *Hyphaene thebaica*), die büschelweise Datteln tragen. Konisch aufstrebende Sykomoren oder Eselsfeigen und Echte Feigenbäume (*Ficus carica*) bieten nicht nur Früchte, sondern liefern auch den unentbehrlichen Schatten. In der oberen rechten Ecke ist die Sykomoren-Göttin Hathor oder Nut zu sehen, die die Früchte zum Darreichen im Jenseits richtet. Der Papyrus, der die Ränder des Teiches säumt, ist Symbol für die Wiederbelebung nach dem Tod.

Geschnitzte Elfenbeinpaneele, die auf einer Schatulle im Grab Tutanchamuns gefunden wurden, zeigen den König und die Königin in einem Garten. Der Rahmen des Paneels ist von scharlachroten Mohnblumen (*Papaver rhoeas*), Kornblumen und Alraunen eingefaßt; im unteren Feld pflücken Kinder Mohnblumen und Alraunen. Die Königin überreicht ihrem Gatten zwei Sträuße aus Papyrus, weißblühenden Lotos- (*Nymphaea lotus*) und vergoldeten Mohnblumen. Hinter den Gestalten umranken mit Trauben behangene Weinstöcke eine Pergola.

Die Pflanzen des Tutanchamun

Die Schätze, die 1922 in Tutanchamuns Grab in Theben entdeckt wurden, hatten über 3000 Jahre im Verborgenen geruht. Als Tutanchamun im Alter von 18 Jahren starb, begrub man ihn mit seinen weltlichen Besitztümern, die ihm im Leben nach dem Tode Freude bereiten sollten. Mit ihm begraben wurden aber auch Dinge wie Brot, Obst und Wein, deren der Leib zum Überleben nach dem Tod bedurfte sowie Salben und andere Dinge pflanzlichen Ursprungs.

Selbst die Pflanzen, aus denen Kränze als Grabbeigaben gewunden wurden, sind namentlich bekannt, da sie in dem trockenen Klima erhalten blieben: Biegsame Olivenzweige wurden mit Weiden (*Salix subserrata*) aus dem feuchten Boden des Nildeltas verflochten, wilder Sellerie, Lotos, Kornblumen und die Früchte der Alraune. Bouquets aus dem Laub von Persea- und Olivenbäumen waren an ein Schilfrohr (*Phragmites australis*) gebunden, das auch der Herstellung von Pfeilen diente. Öle wie Olivenöl, Leinöl, Mandel-, Sesam- und Bennußöl (letzteres aus *Moringa aptera* gewonnen) wurden zum Einölen von Kopf und Körper verwendet. Harz extrahierte man wahrscheinlich aus einer der heimischen Akazien und dem mediterranen Mastixstrauch (*Pistacia lentiscus*) und das für die Mumifizierung erforderliche Koniferenharz aus der Aleppokiefer (*Pinus halepensis*). Weihrauch lieferte der Weihrauchbaum (*Boswellia sacra*) und Myrrhe der Myrrhenstrauch (*Commiphora myrrha*). Zur Ausstattung der Gräber wurden heimische Hölzer wie das weiter südlich wachsende Ebenholz und die Zeder aus dem Libanon verarbeitet, ebenso für die Truhen. Auch andere Weichhölzer wie Zypresse, Wacholder, Tanne und Kiefer wurden verwendet, während die ägyptischen Schreiner unter den Harthölzern importierten Buchsbaum, Eiche und Esche bevorzugten und ihr Werk mit Birkenrinde schmückten.

Auf der Rückenlehne des goldenen Thrones sind Tutanchamun und seine königliche Gemahlin Anchesenamun mit floralen Halskragen, ähnlich denen der Grabfunde, abgebildet. Riesige Bouquets aus Papyrus, Lotos und Mohn sind seitlich des Thrones zu sehen, dessen hölzerner Rahmen mit Blattgold belegt ist. Weitere botanische Motive, die ein Sumpfgebiet mit Papyrus darstellen, sind in das rückwärtige Paneel des Stuhls geschnitzt. Die floralen Halskragen bestehen aus dünnen Streifen von Dattel- und Granatapfelblättern, Beeren goldener Nachtschattengewächse (*Withania somnifera*), den blauen Blütenblättern der Lotosblume (*Nymphaea caerulea*), Kornblumen und einigen Früchten der Persea (*Mimusops laurifolia*).

Die Lotosblume ist ein in Gartenporträts und allen dekorativen Künsten immer wiederkehrendes Thema. Die duftende Blaue Lotosblume (*Nymphaea caerulea*) ist der heilige Lotos des lebenspendenden Nils; seine spitz zulaufenden Petalen öffnen sich morgens und schließen sich abends; nachts gewähren sie dem Sonnengott Amun-Re Zugang zur Blüte, damit diese im Morgengrauen wiedergeboren werde. Die weißblühende oder Ägyptische Lotosblume, Symbol des Gottes Osiris, hat rundliche Petalen und scharf gezähnte Blätter; ihre Blüten öffnen sich nachmittags und schließen sich morgens. Beide sind in Ägypten heimisch; bereits 2000 v. Chr. wurde die Blaue Lotosblume in Stein gemeißelt dargestellt. Dieses römische Mosaik, das heute in Neapel zu sehen ist, zeigt die rosablühende Indische Lotosblume (*Nelumbo nucifera*), die in der hellenistischen Ära nach Ägypten eingeführt wurde und zu Strabos Lebzeiten (64 v. Chr.–23 n. Chr.) bei Alexandria bereits verwildert vorkam.

Die *De Materia Medica* des Dioskurides

Dioskurides, Arzt und Zeitgenosse von Plinius d.Ä., wurde im 1. Jahrhundert n.Chr. in Kleinasien geboren. Obgleich er sein berühmtes Arzneikräuter-Manuskript auf griechisch verfaßte, ist es unter dem lateinischen Titel *De Materia Medica* bekannter. Es führt Namen, Beschreibungen und Heilwirkungen der Kräuter auf; erwähnt sind 500 Pflanzen, die Dioskurides selbst gesehen hat. Darüber hinaus gibt er Empfehlungen zur Überwachung ihres Wachstums im Lauf der Jahreszeiten, Anweisungen zum Ernteverfahren – lediglich bei schönem Wetter –, aber auch zur Lagerung von «Blüten und süß duftenden Ingredienzen» in «trockenen Kisten aus Lindenholz» und «feuchten Heilkräutern» auf entsprechend andere Weise. Die älteste verfügbare Abschrift zeigt großartige ganzseitige Farbtafeln der Pflanzen, die vermutlich aus früheren Abschriften des Werks stammen (das Original war vielleicht nicht einmal illustriert) oder aus der Abschrift des Krateuas. Sie wurde im sechsten nachchristlichen Jahrhundert angefertigt und war um 1560 in Konstantinopel entdeckt worden. Der Gesandte des Kaisers Ferdinand I. beim Sultan, Ogier Ghiselin de Busbecq (1522–1592), bekam das Manuskript erstmals 1562 zu Gesicht. 1569 wurde es schließlich für Kaiser Maximilian II. erworben und nach Wien gebracht. Als *Codex Vindobonensis* bekannt, galt diese Ausgabe der *De Materia Medica* mindestens bis zur Renaissance als autorisiertes Nachschlagewerk. Um das 16. Jahrhundert ging man dann dazu über, in den Kräuterverzeichnissen, die sich allerdings nach wie vor auf Dioskurides stützten, ein größeres Spektrum an Pflanzen (aus nördlicher gelegenen Teilen Europas) aufzunehmen; aber sowohl der Text als auch die Bilder der *De Materia Medica* erschienen noch immer in den frühen mit Holzschnitten bedruckten Kräuterverzeichnissen. Der italienische Botaniker Pietro Andrea Mat-

tioli ist der bekannteste Kommentator; seine *Commentarii in sex libros Pedacii Dioskoridis de medica materia* identifizieren einen Großteil der Originalpflanzen und fügen zugleich neue Pflanzenbeschreibungen (sowie Beschreibungen ihrer Heilwirkung) ein.

Links: Asphodelus ramosus aus der ältesten erhaltenen Abschrift der *De Materia Medica*, dem *Codex Vindobonensis* in der Österreichischen Nationalbibliothek in Wien. Sie wurde um 512 n. Chr. für Juliana Anicia, Tochter des Kaisers Flavius Anicius Olybrius, angefertigt und mit 400 ganzseitigen farbigen Illustrationen von Pflanzen und Darstellungen allgemeinerer Art versehen. Auf einer der Tafeln erhält Dioskurides persönlich eine Alraune, andere zeigen Krateuas und eine weitere stellt einen Maler mit seiner Staffelei dar. Einige der naturalistischeren Pflanzenbilder könnten aus Krateuas' *Rhizotomikon* stammen, das im ersten vorchristlichen Jahrhundert verfaßt wurde und Dioskurides sicherlich bekannt war.

Rechts: Physalis alkekengi franchetii und zwei verschiedene Königskerzen (*Verbascum*-Spezies) sind in dem im 7. Jahrhundert auf griechisch verfaßten *Codex Neapolitanus* abgebildet, der heute in der Biblioteca Nazionale in Neapel einsehbar ist. Die Zeichnungen in dieser Version der *De Materia Medica* sind kleiner als jene im *Codex Vindobonensis;* außerdem sind mehrere auf einer Seite gruppiert.

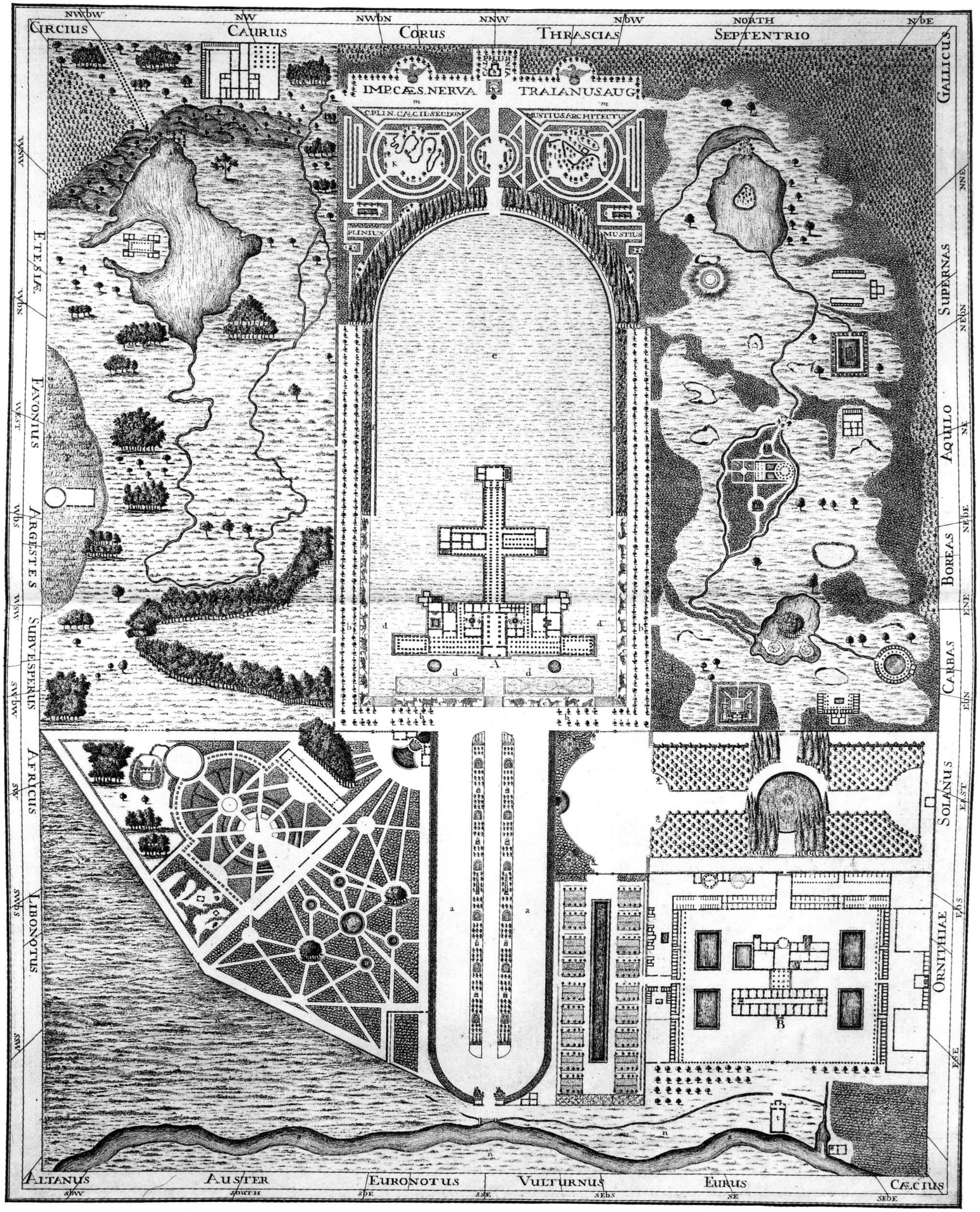
CIRCIUS
CAURUS
CORUS
THRASCIAS
SEPTENTRIO
NW
NNW
NORTH
GALLICUS
SUPERNAS
AQUILO
BOREAS
CARBAS
SOLANUS
ORNITHIÆ
NE
EAST
IMP.CÆS.NERVA TRAIANUS AUG
C.PLIN.CÆCIL.SECUNDO
MUSTIUS ARCHITECTUS
PLINIUS
MUSTIUS
ETESIÆ
FAVONIUS
ARGESTES
SUBVESPERUS
AFRICUS
LIBONOTUS
WEST
WSW
SW
ALTANUS
AUSTER
EURONOTUS
VULTURNUS
EURUS
CÆCIUS
SOUTH
SSE
SE

Die Villengärten von Plinius d.J.

Plinius beschreibt in seinen zwischen 97 und 107 n.Chr. verfaßten Briefen die Gärten seiner beiden Landhäuser in Laurentum bei Rom und in Tusculum bei Tifernum Tiberinum in einem Tal am Oberlauf des Tibers. Umgeben von «Wäldern aus alten Bäumen» – europäischen Kastanien oder Eßkastanien, Eschen, Pappeln, Linden, Ulmen, der Ausläufer treibenden Wildkirschen –, und Wiesen mit Wildblumen, bestand der Garten bei Tifernum aus Obstbäumen, Weinbergen und Flächen zum Lustwandeln: «Vor den Kolonnaden befindet sich eine Terrasse, die, von verschiedenartig formierten Buchsbaumhecken umgeben, in einen abschüssigen Hang übergeht, der ebenfalls kunstvolle aus Buchs beschnittene Tiergestalten zeigt [...] Auf dieser Terrasse wogt, oder besser ausgedrückt: erscheint gleich sich kräuselnden Wellen ein Akanthusbeet. Rundum verläuft ein von Hecken eingefaßter Pfad [...] Büsche, die zu unterschiedlichen Formen erzogen und beschnitten sind, und ein Oval gleich einer Wagenrennbahn, in dessen Zentrum sich verschiedene Figuren aus Buchs und formierten Zwergsträuchern finden.» Der sich an die Villa anschließende «Hippodrom» bot in der Mitte einen offenen Bereich, «ist aber dafür mit efeubekleideten Platanen und einem Ring aus Lorbeer umpflanzt, der seinen Schatten zu dem der Platanen gesellt». Die Bepflanzung im Hintergrund wird zunehmend «dunkler und dicht beschattet von Zypressenbäumen [der spitz zulaufenden *Cupressus sempervirens*]». In den exponierteren, sonnigeren Bereichen wuchsen Rosen. Die gewundenen Alleen waren mit weiteren Buchsbaumelementen, «die in zahlreichen verschiedenen Gestalten erschienen – einige in Form von Buchstaben, die den Namen des Gärtners oder seines Meisters verrieten –, gesäumt». Rankende Weinreben boten einem kreisförmigen Eßplatz und «einer offenen, auf Säulen ruhenden Laube» Schatten; hier konnte «man sich niederlassen und sich wie in einem Wald fühlen».

Gegenüber: In dem 1728 veröffentlichten Buch des Architekten und Altertumsforschers Robert Castell *The Villas of the Ancients* war eine Rekonstruktion der Villa des Plinius d.J. abgebildet, der heutigen Città di Castello. Obgleich sich Castell mehr oder weniger an die detaillierten Beschreibungen des Plinius hält, bemerkt man in seiner Darstellung den Einfluß einer Gartenauffassung, die sich von der strengen Formalität der französisch inspirierten Gärten dem eher zwanglosen Landschaftsstil zuwandte. Der Plan, der die landschaftliche Umgebung zeigt, wie sie sich von der Villa aus gesehen bietet, wird ganz vom «Hippodrom» und den axialen Alleen beherrscht, die durch die seitlich angegliederten Gartenbereiche führen.

Oben: Das Bild eines Gartens am Meer, auf einem Fresko, das bei Ausgrabungen in Pompeji freigelegt wurde, zeigt eine römische Villa, die zahlreiche Charakteristika der am Meeresufer gelegenen Villa Plinius' d.J. in Laurentum in der Nähe von Ostia, nur 27 km von Rom entfernt, vereinen dürfte. Die Bepflanzung war weniger aufwendig als in seinem nördlicher gelegenen Garten, was wahrscheinlich der exponierten Lage zuzuschreiben war. Plinius schrieb, daß «der ganze Aufgang mit einer Hecke aus Buchsbaum eingefaßt [war] oder Rosmarin, um eventuelle Lücken zu füllen, da Buchs [...] dem Wind und Salzwasser ausgesetzt, leicht vertrocknet».

Zweites Kapitel

Die Gärten des Islam

Ein Jahrhundert nach Marco Polos legendären Berichten bestätigte ein weiterer westlicher Beobachter die hohe Kunstfertigkeit und Schönheit der Gärten in den östlichen Grenzgebieten der islamischen Welt. Ruy González de Clavijo war einer der ersten europäischen Reisenden, der seine Eindrücke von der Stadt und den eingefriedeten Obstpflanzungen schilderte, die von dem mächtigen Timur für Empfänge und Festlichkeiten größeren Umfangs angelegt worden waren. In den höfischen Kreisen Kastiliens aufgewachsen, begab sich Clavijo im Auftrag Heinrichs III. von Kastilien und León als Gesandter zu Großmogul Timur nach Samarkand in Zentralasien (heute Usbekistan). Nach monatelanger Reise erreichte der spanische Gesandte Käsch, an das sich in Richtung Samarkand fruchtbare Ebenen anschlossen; hier fanden sich abwechselnd Getreidefelder, die fünf Ernten pro Jahr hervorbrachten, Baumwollplantagen, Weinberge und Melonenpflanzungen, die sich zwischen Obstgärten entlang der Straße ausdehnten. Er und seine Reisegefährten kamen Ende August 1404 in den Außenbezirken von Samarkand an und wurden in einem großen, parkartigen Obstgarten empfangen: «Wir fanden denselben von einer hohen Mauer umschlossen und eine Fläche von sicherlich einer ganzen Quadratmeile umfassend, darin eine Fülle von Fruchtbäumen aller Arten, außer Limonellen- und Zitronenbäumen, deren Fehlen uns auffiel [...] Ferner stehen hier sechs mächtige Behälter, die einen großen Wasserlauf speisen, der sich von einem Ende des Obstgartens zum anderen zieht. Fünf Reihen sehr hoher und schattiger Bäume säumen die gepflasterten Alleen, die die Wasserbecken verbinden, und kleinere Wege zweigen von den Alleen ab, um dem Gesamtentwurf Abwechslung zu verleihen.» In der Mitte waren auf einem von tiefen Gräben umgebenen aufgeschütteten Hügel Paläste erbaut, die nahezu unbezwingbaren Festungen glichen. Jenseits des Obstgartens war eine ähnlich große Fläche, von «hohen und schönen Bäumen» eingerahmt, als Weinberg bepflanzt. Nach seiner beschwerlichen Reise über das wüstenartige persische Hochplateau muß Clavijo von der Schönheit und der verschwenderischen Pracht, aber auch den Ausmaßen der Gartenoase am Hof des Timur regelrecht bezaubert gewesen sein: «So zahlreich sind diese Gärten und Weinberge, die Samarkand umgeben, daß ein Reisender, der sich der Stadt nähert, lediglich eine große bergige Anhöhe mit Bäumen erkennt und die daruntergeduckten Häuser unsichtbar bleiben.» Bei der Ankunft in einem weiteren großartigen Garten, der als Bagh-i Dilguscha oder der «Herzerfreuende Garten» bekannt war, trafen Clavijo und seine Wegbegleiter den Großmogul in seinem Palast an. Timur, der inzwischen 70 Jahre alt und nahezu erblindet war (er starb im darauffolgenden Februar), saß in Kissen auf einem Podest vor einer Fontäne, die sich mit bogenförmigem Strahl in ein Bassin ergoß, auf dessen Oberfläche rote Äpfel schwammen. Ein paar Tage darauf begab sich Timur zum Platanengarten – beide Gärten werden ein Jahrhundert danach von Großmogul Babur beschrieben – und später zu einem weiteren Garten, den man durch ein majestätisches Portal betrat, das mit blauen und goldenen Fliesen geschmückt war. Clavijo schilderte aber auch Festlichkeiten, die in den Gärten stattfanden.

Bald nach Timurs Tod im Jahr 1405 verlegte Shah Roch, einer seiner Söhne, die Hauptstadt nach Herat (heute in Afghanistan) und baute einen weiteren prachtvollen Garten, der sich über 40 ha erstreckte und mit seinen Wasserbecken, roten Tulpen und Rosen später ebenfalls von Babur beschrieben wurde. Sowohl der Garten in Samarkand als auch jener in Herat beeinflußten den jugendlichen Babur so nachhaltig, daß sie Vorbild für seine eigenen Gärten um Kabul und in den indischen Ebenen wurden (vgl. S. 64–65).

In dieser Miniatur aus dem 18. Jahrhundert ist Shah Jahan (1628–1658), Ururenkel des Großmoguls Babur, Gründer der Dynastie und Vater der indischen Gartenbauer, mit einem Siegel in der Hand dargestellt. Unter den Blumen, die den Rand schmücken, sind Lilien, verschiedene Irisarten und Tulpen. Shah Jahan, Erbauer des Tadsch Mahal, eines Mausoleums für seine Lieblingsfrau, war der Vater von Dara Shikoh, der seiner Braut, Prinzessin Nadira, das Album der Mogulminiaturen mit den Blumengemälden schenkte.

Obgleich Timurs Gärten die eines bedeutenden Herrschers waren, ließen sie sich keineswegs als außergewöhnlich für die islamische Welt bezeichnen. Ihre Größe mag den spanischen Gesandten zwar überrascht haben, aber Clavijo dürfte die maurischen Gärten in Toledo, Córdoba und Sevilla zumindest aus Berichten gekannt haben – Städte, die damals alle in kastilischer Hand waren. Selbst das auf dem Papier bis 1492 muslimische Granada war immer wieder mit Kastilien verbündet, und seine Gärten, die in dem relativ kurzen Zeitraum zwischen 1319 und 1390 angelegt wurden, dürften um die Jahrhundertwende bereits ihre volle Schönheit erreicht haben. Ein Vorgänger Heinrichs III., Alfons X. von Kastilien, war ein großer Gelehrter, der sich als Verfasser wissenschaftlicher Traktate, insbesondere der nach ihm benannten Alfonsinischen Tafeln, einen bleibenden Ruf erwarb. Ihm ist es zu verdanken, daß die Werke der großen arabischen Botaniker Ibn Wafid und Ibn Bassal, die im 11. Jahrhundert in den Gärten von Toledo wirkten, in das in Kastilien gesprochene Spanisch übersetzt wurden.

Obgleich sich die christlichen Gärtner ebenso wie die muslimischen durch symbolische Elemente der Bibel beeinflussen ließen, herrschte in Clavijos Europa noch ein weitgehend zweckorientiertes Gartenverständnis. Und doch ließen sich bereits erste zarte Regungen von Wissenschaft und Gelehrsamkeit erkennen, die sich auf die Gartengestaltung wie auf alle anderen Künste auswirken sollten. Als sich mit dem frühen 17. Jahrhundert dann ganz neue Perspektiven eröffneten, konnten die Europäer auf den Grundlagen der Muslime aufbauen. Diese aber hatten – vom Erbe ihrer Vorfahren beeinflußt – eine Kultur geschaffen, die durch die enge Verbindung von spirituellem und alltäglichem Leben einen verfeinerten Sinn für die Schönheit von Blumen und Gärten hervorgebracht hatte.

Die Ausbreitung des Islam

Die Ausbreitung des Islam erfolgte innerhalb kürzester Zeit. Nur 100 Jahre nach dem Tod des Propheten Mohammed im Jahr 632 standen die alten Zivilisationen der Sumerer, Babyloniens und Assyriens, Persiens und Ägyptens alle unter seiner Herrschaft. Die arabischen Eroberer, die von dem Ideal beseelt waren, die neue Religion zu verbreiten, verhielten sich in ihrer Kriegsführung bisweilen ungewöhnlich diszipliniert: Abu Bakr zum Beispiel, der erste Kalif, verbot seinen Soldaten, für ihren Siegeszug Palmen zu fällen, Kornfelder anzuzünden oder Obstpflanzungen zu verwüsten, da es laut den Lehren des Korans Pflicht eines jeden Menschen ist, die Natur zu schützen.

Der Islam übernahm und verbreitete eine Fülle fremdländischen Gedankenguts aus den eroberten Territorien. Bei der Einnahme des sassanidischen Persien im 8. Jahrhundert, trafen die Araber auf eine Vielfalt von Traditionen anspruchsvoller Gartengestaltung (vgl. Kapitel 1); auch entdeckten sie in den fruchtbaren Tälern und Hochebenen zahlreiche ihnen bisher unbekannte Garten- und Wildblumen, die die Perser bereits in Kultur genommen hatten.

Vor dem Hintergrund fundierter botanischer Kenntnisse – um das 9. Jahrhundert wurde der griechische Text von Dioskurides ins Arabische übersetzt – bauten die Muslime auf dem quadrogonalen Grundrißschema des sassanidischen Paradiesgartens auf und entwickelten daraus den islamischen Garten, der entsprechend den Lehren des Korans für all jene, die dem Wort des Propheten folgten, ein sinnliches Erlebnis, ein Paradies auf Erden und einen Vorgeschmack des Himmels darstellen sollte. Der Traum des Nomaden von kühlem Schatten, fließendem Wasser, Früchten und Duft innerhalb geschützter Mauern wurde durch einen neuen Symbolismus ergänzt, der die Bedeutung

Oben: Als Illustration des Gedichtes *Halnameh* aus dem 15. Jahrhundert zeigt die für den künftigen Großmogul Jahangir (1605–1627) zwischen 1603 und 1604 gemalte Miniatur einen typischen islamischen Garten, der hinter hohen Mauern eingeschlossen durch ein beeindruckendes Portal zugänglich ist. In der Mitte vereinen sich die vier Flüsse des Lebens, die den Garten in vier Quadranten teilen, in einem quadratischen Becken. Zypressen und Mandelbäume mit tiefer liegenden Blumenbeeten sind ebenfalls charakteristische Merkmale des sogenannten *chaharbagh* oder quadrogonalen Gartens.

Rechts: Die Rose des Mohammed aus dem 1708 angefertigten türkischen Manuskript *Akhlaq-i Rasul Allah.* Mit der Rose verband der Muslim einen besonderen Symbolwert. Gemäß der Überlieferung war sie aus einem Schweißtropfen entstanden, der sich an der Braue des Propheten Mohammed während seiner Auffahrt in den Himmel gebildet hatte. Im Islam wird die gesamte Natur zum Sinnträger – so gebührt einer Blume nicht vorrangig um ihrer individuellen Schönheit willen Bewunderung, sondern vor allem als Symbol des göttlichen Geistes. Die Vorstellung des gläubigen Muslim vom Paradies als Belohnung wurde im Koran insofern erweitert, als der Garten auf Erden als Vorwegnahme des künftigen Himmels galt.

اسماء النبی
اسماء الحسنی
حلیهٔ شریف

des Gartens als ureigenen Ortes der Kontemplation hervorhob, in dem der Mensch – fern aller Sorgen und Geschäftigkeit – zu einem ausgewogenen Verhältnis zwischen sich und Gott finden möge.

Betrachtet man die Entwicklung der islamischen Gärten, kristallisieren sich vor allem zwei für die Gestaltung maßgebliche Prinzipien heraus: zum einen das systematische Streben nach Wissen und zum anderen der Einfluß des Korans. Bäume und Blumen wurden, sofern keine religiösen oder symbolischen Assoziationen bestanden, nach wie vor hauptsächlich um des Nutzens willen gezogen und beschrieben: die Morgenländische Platane – die mächtige *chenar* – als Schattenspender, Obstbäume um ihrer Früchte willen, Kräuter und Wurzeln als Grundessenz für Arzneien; den Obstblüten und Blumen kam indes eine eher dekorative Rolle im Konzept des vom Propheten verheißenen «Himmels auf Erden» zu. Bereits das Grundrißschema der persischen Gärten wurde im islamisch geprägten Umfeld mit einem vielfältigen Symbolismus in Verbindung gebracht. Die Einteilung des Parks in vier gleiche Quadranten basierte auf der Geometrie der Bewässerungskanäle. Die Gärten wurden in vier Felder aufgeteilt (jedes bisweilen noch einmal in vier Parzellen unterteilt), getrennt durch Wasserläufe, die sich in einem zentralen runden Becken oder einer Fontäne (*haud*) trafen. Die kosmische Bedeutung, die die Araber der Zahl *Vier* zumaßen, basiert auf einer Tradition, die auf babylonische, pythagoreische und hinduistische Quellen zurückgeht. Die Wechselwirkung zwischen irdischer Räumlichkeit und kosmischer Dynamik bestimmte die Entwicklung der ganz im Zeichen Allahs stehenden muslimischen Architektur. Insofern stellt der quadrogonale Garten die Verwirklichung dieser Idee unter freiem Himmel dar – er beinhaltete mehr als einen Ort der Ruhe und Schönheit, er war Ausdruck des spirituellen Einvernehmens mit dem Universum.

Bereichert und durchdrungen von der muslimischen Lehre und Interpretation, blieb dieses Grundschema über Jahrhunderte unverändert erhalten. Im Lauf des folgenden Jahrtausends entwickelten sich in drei Kontinenten – Asien, Europa und Afrika – zahlreiche Gärten, die auf diesem Modell basierten. Sie beeinflußten sogar die spanischen Missionsgärten, die gegen Ende des 18. Jahrhunderts in den heißen und trockenen Weststaaten Amerikas angelegt wurden. Insbesondere auf Territorien, die zum safawidischen Persien, Andalusien und dem Reich der Moguln in Indien gehörten, erreichten die islamischen Gärten ein hohes künstlerisches Niveau, in dem sich religiöse Inhalte und Lehren ebenso wie poetische Vorstellungen mit einer innigen Liebe zu den Blumen und ihrer Schönheit verbanden und in Form vollendeter Kompositionen zum Ausdruck kamen. Die Grundkomponenten der Geometrie und Symmetrie spiegelten innerhalb der gesamten islamischen Welt ein bemerkenswert einheitliches Konzept wider. Wenn in den verschiedenen Ländern dennoch Abweichungen im Erscheinungsbild der Gärten erkennbar sind, so lassen sich diese eher auf die ortsspezifischen Klimaverhältnisse und Pflanzmöglichkeiten zurückführen als auf Abweichungen von charakteristischen Stilelementen. Die frühen Abassiden-Gärten in Bagdad, jene der Omajjaden-Dynastien in Spanien vom 9. bis zum Ende des 15. Jahrhunderts (die letzte arabische Bastion in Andalusien wurde so lange gegen die Christen verteidigt, bis Ferdinand und Isabella 1492 Granada und damit die exotischen Paradiesgärten der Alhambra und des Generalife einnahmen), die Gärten der Timuriden, Sultane in Zentralasien im 14. und 15. Jahrhundert, jene der Safawiden in Westpersien von 1501 bis 1732 und der osmanischen Türken vom Beginn des 15. bis zum 20. Jahrhundert waren alle in dieser Tradition «geschaffen». Mag sein, daß die Großmoguln, Nachkommen von Babur, die ab Beginn des 16. Jahrhunderts im nördlichen Indien über drei Jahrhunderte an der Macht waren, in den Ebenen um Delhi und Agra, aber auch an den Ufern des gleißendhellen Dal-Sees in Kaschmir (vgl. S. 66–67) die atemberaubendsten Gärten von allen schufen.

Das Grundmuster des islamischen Gartens

Das Wasser als fundamentales Element, ohne das keine Vegetation möglich ist, war für den Muslim Reinigungsmedium und Symbol des Lebens schlechthin; gleichermaßen symbolischen Charakter nahm das durch die Bewässerungspraktiken diktierte geometrische Grundrißschema an. Aber der eingefriedete Oasengarten machte sich noch andere Eigenschaften des Wassers zunutze. Ausgrabungen in Pasargadae zeigen, daß Kyros I. bereits im 6. Jahrhundert v. Chr. nach dem Gesetz der Schwerkraft arbeitende Kanäle und Steinbecken allein um ihrer Schönheit willen in den Entwurf integrierte, während ein davon unabhängiges Bewässerungssystem die Pflanzen vor der Trockenheit schützte. In den kunstvoll angelegten islamischen Gärten kam zu den visuellen Freuden nämlich noch eine weitere Dimension hinzu: der Klang und die Bewegung des Wassers, das plätschernd über reliefartig behauene Steine oder mit Mosaikmustern ausgekleidete Kanäle floß, kaskadenartig über eigens erbaute «Wasserrutschen» (*chadars*) fiel, im Strahl von Springbrunnen glitzerte (der Wasserstrahl vertrieb außerdem die Insekten) oder in kleinen Sprudelbecken gurgelte. Die *chabutra*, eine erhöhte Stein- oder Marmorplattform, wurde oft über der Schnittstelle der vier Hauptkanäle angelegt; als Ort des Innehaltens und der Kontemplation war er untrennbar mit der Wertschätzung des Gartens verbunden. Der Besitzer konnte sich über Stunden oder gar Tage seinen Gedanken hingeben, vom Singsang des Wassers eingelullt, umgeben von den Düften und Farben vergänglicher jahreszeitlicher Blumen. Der tiefe

Die während der Herrschaft des Großmoguls Jahangir zwischen 1610 und 1615 geschaffene Miniatur zeigt einen eingefriedeten Privatgarten, in dem Freunde sich am Zusammenfluß der Bewässerungskanäle treffen. In den tiefer liegenden Beeten unterhalb des zentralen Gartenwegs wachsen Zypressen, Obstbäume, Bananen und andere exotische Gehölze. Jahangir war der größte Gärtner und Blumenliebhaber unter allen Mogulkaisern; er beauftragte seinen Lieblingskünstler Mansur, eine Sammlung von Bildern der Wildflora um Kaschmir zu erstellen. Unter der Herrschaft Jahangirs und der seines Sohnes, Shah Jahan, entstanden in der ersten Hälfte des 17. Jahrhunderts an den Seeufern und den vorgelagerten Hügeln von Kaschmir 177 Gärten.

Schatten, den die ausladenden *chenars* boten und der lichtere Schatten unter dem Blätterdach der Obstbäume – im Kontrast zu den dunklen Säulen der Zypressen – ergänzten das Bild vollendeter Gestaltung und Schönheit um eine weitere Komponente.

Von den ersten islamischen «Wüstengärten» haben wir keine genauen Vorstellungen, zumal die früheste Dokumentation in der Miniaturmalerei der Perser und Moguln eine stark idealisierte und poetische Sicht der Gärten widerspiegelt und lediglich bis ins 15. Jahrhundert zurückreicht. Archäologische Rekonstruktionen vermitteln uns jedoch in Verbindung mit handschriftlichen Quellen ein recht klares Bild von der allgemeinen Gliederung und dem Zusammenspiel von Baustrukturen und Wasserelementen. Und wo die Beschreibungen von Bäumen und Blumen – wie im ersten Kapitel erläutert – gelegentlich von noch erhaltenen Zeugnissen ornamentaler Steinmetzkunst ergänzt werden, läßt sich unschwer ausmachen, welches die beliebtesten Pflanzen waren.

John Harveys Analyse von al-Birunis um 1050 n. Chr. erstellten Pflanzentafeln vermittelt uns eine vage Vorstellung von der Pflanzenvielfalt, die in den östlichen Gärten des Islams gezogen wurde. Zu ergänzen sind selbstverständlich die Pflanzen östlichen Ursprungs, die von zwei spanisch-arabischen Botanikern erwähnt werden. Diese Pflanzen waren westwärts gereist wie vormals die vertrauteren Pflanzen des Dioskurides und des Plinius, die den Gelehrten des 9. Jahrhunderts in Bagdad sicherlich bekannt waren.

Zu den Früchten, die Mitte des 11. Jahrhunderts bereits nachweislich in Kultur waren, gehörten Mandeln, Äpfel, Aprikosen, Bananen, Brombeeren, Süßkirschen (*Prunus avium*) und Sauerkirschen (*Prunus cerasus*), Feigen, Weintrauben, Jujuben (*Ziziphus jujuba*), Maulbeeren, Oliven, Orangen und Pflaumen, während die Terpentinpistazie, (*Pistacia terebinthus*) um der Nüsse willen gezogen wurde. Datteln und Granatäpfel waren bereits seit Jahrhunderten in Kultur. Diese Bäume wurden aber nicht ausnahmslos in eingefriedeten Gärten gezogen; manche wuchsen in Reihen auf Obstwiesen und wurden durch Halbröhren, sogenannte *jubes*, bewässert. Al-Biruni beschrieb auch zahlreiche Rosensorten: ungefüllte und gefüllte in Weiß, Gelb (*Rosa hemisphaerica*), Hochrot, «Schwarz» und Rosarot, außerdem Moschusrosen (*Rosa moschata*) und *Hundsrosen* (*R. canina*). Unter den weiteren rein ornamentalen Gehölzen erwähnte er weißen und gelben Jasmin (*Jasminum officinale* und *J. fruticans*), Lavendel, Myrte, Raute, feuchtigkeitsliebende Weiden und natürlich die Morgenländische Platane. Zu al-Birunis Blumen und Kräutern gehören Formen der *Anemone coronaria*, Kamille, Zeitlose, Koriander (*Coriandrum sativum*), Kreuzkümmel (*Cuminum cyminum*), Alant (*Inula helenium*), Erdrauch, Malve, Majoran, Eibisch, Minzen, Beifuß, Narzissenarten, Schlafmohn, Eberraute, Thymian, Pferdeeppich (*Smyr-*

nium olusatrum), Spargel sowie die vorwiegend zum Verzehr bestimmten Kichererbsen, Kohl, Karotten, Sellerie, Gurke, Lauch, Linsen und Wasserrüben. Wirtschaftlich bedeutend waren der Hanf, die zum Färben verwendete Indigopflanze und die Färberdistel (*Carthamus tinctorius*) sowie der Safran (*Crocus sativus*), der als Heilkraut, Würz- und Desinfektionsmittel, aber auch als Farbstoff diente. Diese Liste wurde durch Veilchen, die Madonnenlilie und den Oleander ergänzt. Es ist anzunehmen, daß die «schmalen, von Veilchenblättern gesäumten Wasserrinnen», die Gertrude Bell 1892 im Schatten hoher Platanen und umgeben von «einer Woge weiß und gelb» blühender Heckenrosen in einem alten Garten bei Teheran entdeckte, das Bild der Gärten in dieser Gegend seit 1000 Jahren geprägt haben dürften.

Immerhin vermitteln uns die Pflanzen, die in den tiefer liegenden Beeten im Schatten der Obstbäume wuchsen, eine Vorstellung von den Gärten und ihrem Aussehen in jener frühen Periode. Die Blumen wurden in der Regel einzeln gepflanzt – nicht «massenhaft» in größeren Flächen wie in der modernen Gartengestaltung; sich selbst überlassen, sollten sie sich ausbreiten, manchmal auch, wie Clavijo erwähnte, in den «Rasenflächen» zwischen größeren Flecken Klee. Zu den ersten Frühlingsboten gehörten die Mandelbäume, deren rosa Blüten sich an den noch unbelaubten Zweigen entfalten und ein Symbol für die alljährliche Wiedergeburt der Natur darstellen; in der persischen Dichtkunst und Malerei späterer Epochen sieht man sie häufig in Verbindung mit den dunklen Kerzen der Zypressen als Symbol der Sterblichkeit. Unter den ausladenden Zweigen des Mandelbaums blühten weiße und gelbe Narzissen, denen scharlachrote Kronenanemonen folgten. Im Sommer kann man sich den Garten oder die Obstwiese von großen Flächen Schlafmohn überzogen vorstellen, zwischen denen Rosen oder Jasmin für Duft und Farbe sorgten.

Zum viergeteilten islamischen Garten mit seinen hohen Begrenzungsmauern, die von einem mächtigen Eingangsportal durchbrochen waren, gehörte ein Hauptkanal mit unaufhörlich fließendem Wasser, von dessen Mitte im rechten Winkel schmalere Seitenkanäle ausgingen. Obstbäume, Rosen und andere Blumen wuchsen in geometrischen Beeten, die tiefer als die jeweils seitlich verlaufenden Wege angelegt waren – in der Regel handelte es sich um eine Tiefe von 1 m, für Obst- und Zitrusbäume bisweilen aber auch um 4,5 m wie in dem im 11. Jahrhundert geschaffenen Alcázar in Sevilla – dies vereinfachte nicht nur die Bewässerung, sondern vermittelte dem Betrachter auch die Vorstellung, über einen Teppich aus Blumen zu schreiten. Manche der in «Bassins» gepflanzten Bäume erreichten zwar nicht ihre volle Wuchshöhe, waren aber wie die überall präsente *chenar* und die Zypresse sowie die Obstgehölze, Mandel- und Pflaumenbäume als Schattenspender unerläßlich. Oft umgaben vier *chenars* den zentralen Pavillon oder das Mausoleum. Viele dieser Elemente sind in den kleinen, als Miniaturen bekannten Illustrationen dargestellt, aber auch in den handschriftlichen Erinnerungen des Großmoguls Babur, in denen die Gärten um Kabul geschildert werden, sowie in anderen Manuskripten der persischen und indischen Literatur (vgl. S. 62–63).

Als die Kunde von der muslimischen Gartenkultur den Westen erreichte, wurden zahlreiche charakteristische Elemente im mittelalterlichen Europa aufgegriffen. So fanden sich auch im *hortus conclusus* häufig zentrale Pavillons und mit Weinreben oder von Rosen überwachsene Pergolen und Lauben, wobei die offensichtlichen Unterschiede in der Bepflanzung auf das kältere und feuchtere Klima zurückzuführen sind. Aus praktischen Gründen der Bewässerung waren in Nordeuropa die Blumenbeete häufig erhöht – eine Maßnahme, die schon von den römischen Autoren, die sich mit Landbau und Blumenzucht befaßten, empfohlen wurde.

Ein für den islamischen Garten wesentliches Element – die hohen Schutzmauern, die ein in sich geschlossenes, privates Paradies von der Außenwelt abgrenzen – fand als Stilelement in den europäischen Gärten, die sich nach der Renaissance entwickelten, keine Aufnahme. Im Westen galt es entweder unverhohlen zu demonstrieren, daß man die Natur mit riesigen geometrischen Entwürfen wie jenen Le Nôtres, die sich bis in die Wälder Frankreichs ausdehnten, unter Kontrolle hatte, oder aber die Verbundenheit mit der Natur unter Beweis zu stellen, wie etwa in der romantischen Tradition des englischen Landschaftsgartens. Einen Kompromiß zwischen diesen Extremen fand der Muslim, indem er sein persönliches Paradies in Erwartung des künftigen Himmels zu schaffen suchte. Er nutzte den bereits vorgegebenen Rahmen der Geometrie und füllte diesen mit fließendem Wasser, grünen schattigen Bäumen und ertragreichen Obstgehölzen – nicht nur um seinen *inneren* Garten, den Garten der Seele zu bereichern, sondern auch um im irdischen Garten Bäume und Blumen anzubauen und darin, losgelöst von jeglichem Symbolgehalt, Erbauung und Ruhe zu finden. Diese Sehnsucht nach einem Refugium lebt bei den modernen Menschen der westlichen Hemisphäre erneut auf; sie äußert sich in seinem Bedürfnis, sich zurückzuziehen und abzuschotten von einer zunehmend unpersönlichen und publicitysüchtigen Welt; und auch den städtischen Gärten des modernen Menschen liegt eine oftmals gleichermaßen vorgefertigte Geometrie zugrunde.

Eine Seite aus dem arabischen *Kitab al-Diryaq (diryaq* ist die arabische Übertragung des griechischen *theriak* – ein Serum gegen Schlangengift), einem Antidotarium aus dem 13. Jahrhundert mit außergewöhnlich schönen Miniaturen von Pflanzen und einer kunstvollen Kalligraphie. Die dargestellten Gewächse sind ausschließlich Arzneikräuter. Das auf den Erkenntnissen des Galenus und früheren griechischen Studien aufbauende Manuskript enthält eine Sammlung von Präparaten und Heilverfahren für Vergiftungen bei Schlangenbiß. Es umfaßt dreizehn illustrierte Seiten mit Pflanzenporträts von je sechs Tafeln mit verschiedenen Kräutern.

قردمانا
قنه
دارصيني
دوقو
فو
اصل السوس

Islamische Gelehrsamkeit im Mittleren Osten

Unter dem abbasidischen Kalifat, das sich in der direkten Nachfolge des Propheten sah und von 750 bis 1258 an der Macht war, erfuhren die wissenschaftlichen Forschungen großzügige Förderung – in einer Zeit, in der Europa noch ganz im geistigen Dunkel des Frühmittelalters verharrte. Um 762 hatten die Abbasiden ihr Wirkungsfeld nach Bagdad verlegt, einer Stadt, die für ihr reges intellektuelles Leben allgemeine Hochachtung genoß. Alte griechische Texte, das geistige Erbe von Jahrhunderten, wurden ins Arabische übersetzt und somit den östlichen Lesern zugänglich gemacht. Obgleich man sich gegen philosophische Werke von Ungläubigen verschloß, wurden die wissenschaftlichen Studien der Medizin und Pflanzenkunde nicht als Widerspruch zu den Prinzipien der Religion angesehen. Auch gegen Pflanzenporträts in Form floraler und vegetabiler Motive war nichts einzuwenden, obgleich dem Muslim jede bildliche Darstellung untersagt ist. In der Tat wurden die Pflanzen als wesentlicher Teil der göttlichen Schöpfung betrachtet, die es mit allen Menschen zu teilen galt; christliche und jüdische Gelehrte wurden eingeladen, um zu den Forschungen muslimischer Botaniker über Pflanzen und deren Nutzung beizutragen.

Um das 9. Jahrhundert war die islamische Welt bereits in verschiedene Machtblöcke gespalten. Ihr bedeutendstes kulturelles Zentrum blieb unter den abbasidischen Kalifen zwar weiterhin in Persien, dem Irak und dem nördlichen Syrien, aber die Omajjaden-Kalife in Córdoba begründeten in Andalusien ein europäisches Zentrum für einen regen geistigen Austausch. Auf ihren Reisen brachten Wissenschaftler wie al-Harran nicht nur die neuesten Erkenntnisse in abgelegene Gegenden, sondern nahmen auch lebende Pflanzen und Heilkräuter mit zurück. So ist es nicht verwunderlich, daß Ibn Bassal im 11. Jahrhundert und Ibn al-Awwam (vgl. S. 58–59) ein Jahrhundert später über Pflanzen berichteten, die in den Bergregionen Persiens größtenteils wildwachsend vorkommen, aber auch weitere aufführten, die dort bereits seit langem zum festen Bestand der Gärten gehörten.

Die Mauren in Spanien

Als die Mauren im Jahr 1492 endgültig aus Spanien vertrieben wurden, hinterließen sie ein reichhaltiges kulturelles Erbe, das die Architektur, Landwirtschaft und den Gartenbau auf der Iberischen Halbinsel nachhaltig beeinflussen sollte. Die Pflanzenzusammenstellungen arabischer Botaniker zeichnen ein Bild von Gärten, die alle Sinne anzusprechen vermochten. In vielen der muslimischen Gärten Spaniens, die ab dem 10. Jahrhundert entstanden, machte man sich die

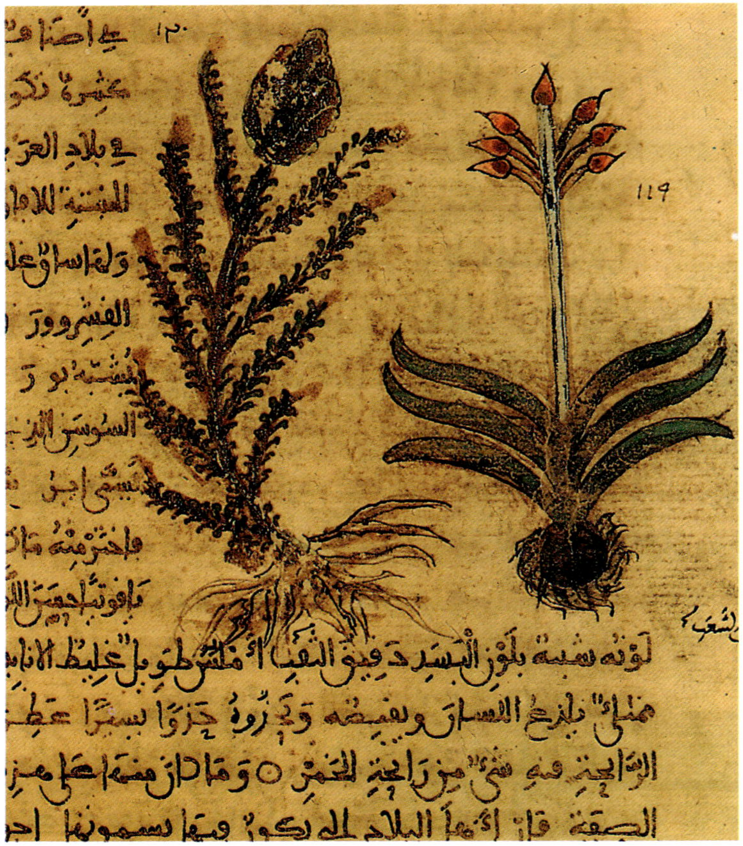

Von der medizinischen Enzyklopädie des Dioskurides *De Materia Medica* sind zwischen dem 9. und 15. Jahrhundert dreizehn Übersetzungen ins Arabische entstanden, die erste unter dem Abbasiden-Kalifat in Bagdad. Eine unvollendete arabische Übersetzung aus Spanien, die in Paris aufbewahrt wird und auf das 12. bis 13. Jahrhundert zurückgeht, ist mit ziemlicher Sicherheit von dem 950 n. Chr. in Córdoba übersetzten Manuskript abgeschrieben worden.

noch aus der Zeit der römischen Belagerung stammenden Bewässerungselemente zunutze oder baute neue nach deren Vorbild. Außer spanischen Wildblumen wuchsen in diesen Gärten zahlreiche Pflanzen aus dem östlichen Mittelmeerraum und einige aus noch weiter entfernten Regionen, wobei insbesondere die Zwiebelpflanzen, die arabische Reisende aus dem fernen Persien mitgebracht hatten, Aufmerksamkeit erregten. Lange vor dem Eindringen der Muslime in Spanien hatten die Römer und die Westgoten zahlreiche orientalische Pflanzen in Südeuropa eingeführt. Sie stammten wahrscheinlich aus fernöstlichen Ländern wie Indien und China oder auch Persien, Äthiopien und anderen Teilen Arabiens und waren im Lauf vieler Jahrhunderte über Ägypten, Griechenland, Rom und das Byzantinische Reich eingeführt worden. Pflanzen, die von Autoren wie Plinius d.Ä. und Columella im 1. Jahrhundert sowie Isidor, Bischof von Sevilla, im 6. Jahrhundert erwähnt wurden, gehörten bereits lange, bevor diese arabischen Botaniker sie aufführten, zum festen Bestand der Gärten. Lorbeer, Tamariske, Kiefer (sowohl *Pinus pinea* als auch die Aleppo- oder Seekiefer *P. halepensis*) und Palmen (einschließlich der Dattelpalme) waren alle schon vor Ibn Bassals Aufzeichnungen im 11. Jahrhundert bekannt. Plinius und Columella erwähnten beide die Platane, Oliven, Artischocken, Feigen, Zypressen, Datteln, Veilchen, Rosen, weiße Lilien und natürlich den Granatapfel. Isidor (um 560–636), der in Sevilla einen Mönchsorden gründete und besonderen Wert auf einen Garten innerhalb des Klosters legte, sprach vom Safran, dem Zuckerrohr, Ingwer, dem Kampferbaum (*Cinnamomum camphora*) und Maulbeeren.

Eine weitere Übersetzung einer edlen, mit Bildern versehenen Abschrift der *De Materia Medica* des Dioskurides wurde im Jahr 950 von Mönch Nikolaus für den Kalifen Abd ar-Rahman III. (912–961) in Córdoba angefertigt. Das Manuskript wurde als Geschenk des byzantinischen Kaisers Konstantin VII. Porphyrogennetos (913–959) überbracht. Eine Vorstellung davon, wie schön dieses Werk gewesen sein muß, vermitteln uns zwei andere erhaltene Abschriften – der *Codex Vindobonensis* aus dem Jahr 512 n.Chr. und der *Codex Neapolitanus*, der auf das 7. Jahrhundert zurückgeht. Es versteht sich von selbst, daß Dioskurides lediglich Pflanzen aus Griechenland und dem südlichen Kleinasien aufführte, aber innerhalb weniger Jahre stellte Juljul, der Leibarzt des Kalifen Hischam II. (976–1009), seinen 983 erschienenen Nachtrag zusammen, der heimische spanische Pflanzen enthielt, die Juljul anhand seiner eigenen «botanisierenden» Expeditionen identifizierte.

939 hatte Kalif Abd ar-Rahman III. mit dem Bau der großen Gartenstadt Medinat az-Zahra, nur wenige Kilometer nördlich von Córdoba auf den vorgelagerten südlichen Hügeln der Sierra Morena (vgl. S. 56–57) begonnen. Die Geschichte dieser Stadt wurde sowohl von arabischen als auch von spanischen Chronisten festgehalten. Bei Ausgrabungen in diesem Jahrhundert wurde indes der detailliertere Grundriß der Gebäude und die Anordnung der Gartenbeete, Teiche und Wasserkanäle freigelegt. Diese grandiosen Gärten in Medinat az-Zahra waren indes nicht die einzigen maurischen Gärten in Spanien, aber sie wurden geplant und angelegt, als die Pflanzeneinführungen aus dem Osten und das wissenschaftliche Interesse an der Garten- und Landbestellung ihren Höhepunkt erreicht hatten. Über ihre Bepflanzung wissen wir nichts Genaues, aber wir verfügen über zwei bedeutende Quellen, aus denen sich ersehen läßt, welche Pflanzen möglicherweise in den Gärten des 10. und 11. Jahrhunderts oder in jenen der unmittelbar darauffolgenden Epoche der Alhambra und des Generalife in Granada, den letzten Bastionen muslimischer Macht in Spanien, kultiviert wurden (vgl. S. 60–61). Das erste Werk wurde im Jahr 1080 von Ibn Bassal, einem Botaniker in Toledo verfaßt, das zweite 100 Jahre später von Ibn al-Awwam. Beide vertraten eine praxisorientierte Haltung in Fragen der Land- und Gartenbestellung, und beide befaßten sich mit dem Setzen und Umsetzen von Pflanzen, wobei jedoch einige der von ihnen aufgeführten Gewächse eher dekorativen Zwecken gedient haben dürften.

Weitere literarische Quellen dieser Zeit, aus der nur wenig überliefert ist, umfaßten auch Zusammenstellungen der in spanischen Gärten kultivierten Blumen. Eine große Enzyklopädie von Ibn al-Baitar (gest. 1248 in Damaskus) hatte die Heilwirkung der Pflanzen zum Thema; sehr viel ansprechender und inspirierender ist indes das von einem spanischen Muslim des 11. Jahrhunderts, al-Himyari, verfaßte Werk *Novelties in Description of the Spring*, das sich weit mehr den gängigen Gartenblumen widmet als den neueren Raritäten. Sein besonderer Reiz besteht darin, daß es auf Pflanzen in bescheidenen Hausgärten und nicht nur in Palastgärten verweist: die Dichternarzisse, die bei den Arabern beinahe ebenso beliebt war wie die Rose, die Trompetennarzisse, gelber und weißer Jasmin, mauvefarbene Levkojen, gelber Goldlack, Veilchen, rote Rosen, Seerosen, Kamille, scharlachroter Mohn und selbstverständlich die zierlichen Blüten der Mandelbäume und süß duftender Myrte zusammen mit den Granatäpfeln (auch in der noch nicht züchterisch bearbeiteten Wildform), die um ihrer Blüten und Früchte willen in nahezu jedem Garten anzutreffen waren. Al-Himyari ruft uns ins Bewußtsein, daß dem Gartenliebhaber in jener Zeit der Duft der Obstblüte im Frühling kaum weniger lieb war als die späteren Früchte.

1031 ging die Vorrangstellung des Kalifats in Córdoba zu Ende (der Palast und die Gärten von Medinat az-Zahra wurden zerstört), und die spanisch-muslimische Welt zerfiel in Einzelstaaten, von denen Toledo und Sevilla die bedeutendsten waren. Der königliche Garten in Toledo, die Huerta del Rey – von Ibn Bassals Vorgänger im 11. Jahrhundert angelegt –, wurde von Ibn Bassal bis zur kastilischen Eroberung 1085 betreut; danach zog er nach Sevilla, wo er im Dienst des Sultans die neu importierten Samen heranzog und seine Studien über den Gartenbau fortsetzte.

Islamische Gartengestaltung im Osten

Nach dem ersten nachchristlichen Jahrtausend werden die Länder Zentralasiens durch heftige Unruhen erschüttert. Umherziehende türkischsprachige Nomaden, die sich 1218 um Dschingis-Khan, einen Vorgänger Timurs scharten, drangen nach Westen vor und zerstörten auf ihrem Weg die alten Bewässerungssysteme und damit die Fruchtbarkeit ganzer Regionen, die man mühsam der Wüste abgerungen hatte. Um so erstaunlicher war es, daß diese vagabundierenden Stammesführer zugleich zu Förderern der Künste wurden, die die heimischen Kunsthandwerker anregten, ihren neugegründeten Höfen Glanz zu verleihen. Dschingis-Khans Nachfolger Timur in Samarkand und dessen Sohn in Herat entwickelten um 1500 ihre eigenständigen Kulturen. Sie nutzten die zur Zeit von Dschingis-Khans Invasion zunächst als *bagh* oder *chaharbagh* bezeichneten Gärten als Raum für Empfänge und Festlichkeiten und verliehen der Grundidee des eingefriedeten Oasengartens somit einen eher öffentlichen Charakter. Die Gärten und Obstpflanzungen von Samarkand waren um 1400 beträchtlich vergrößert worden, und um die Mitte des folgenden Jahrhunderts entwickelte sich Herat zur Hochburg kostbarer illustrierter Handschriften und prächtiger, mit Blumenbildern geschmückter Fayencen. Die aus China eingeführten Päonien erschienen als Motiv auf vielen Artefakten. Weiter westlich in Täbris, im heutigen Iran, legten die Ilchanen 1302 den Garten der Goldenen Horde an – eine quadratische, eingefriedete Wiesenfläche, die dem Kaiser als Ort des Verweilens vorbehalten war. Am Rand des Gartens wurden eigens Alleen aus Weiden und Pappeln gepflanzt, um das gemeine Volk fernzuhalten, während zentrale Pavillons, durch Wasserläufe verbunden, dem Hof zur Verfügung standen.

Fast ein Jahrhundert nach Clavijos Aufenthalt bei Timur besuchte der junge Babur (1483–1530) – ein Nachkomme Dschingis-Khans mütterlicherseits und Timurs über die Linie seines Vaters, des Gründers der Moguldynastie zu Beginn des 16. Jahrhunderts – ebenfalls Samarkand und weilte danach 40 Tage in Herat, der damaligen Hochburg der Kunst und Kultur. Die Gärten, die er später bei Kabul und in den flacheren indischen Ebenen bei Delhi anlegte und liebte, basierten auf dem Grundmuster jener, die er in diesen Städten bewundert hatte: «symmetrisch angeordnet, Terrasse über Terrasse und [...] mit herrlichen *narwan* [edlen Bäumen], Zypressen und weißen Pappeln bepflanzt. Ein höchst angenehmer Aufenthaltsort, dem es an nichts mangelt als an einem großen Wasserlauf.» In den darauffolgenden zwei Jahrhunderten führten seine Nachkommen den *chaharbagh*-Garten sowohl in Indien als auch in Kaschmir zu ungeahnter Blüte. Babur war aber nicht nur Gartengestalter; seine Memoiren manifestieren sein lebhaftes Interesse an Natur und Pflanzen sowie Zierbäumen und Sträuchern, Obstgehölzen und Blumen, die er mit großem Erfolg zu kultivieren verstand. Mindestens 24 Obstsorten waren Babur vertraut, außerdem einige in Indien entdeckte. Er kannte Zypres-

Links: Die Kunst der Seidenweberei erreichte in Persien unter dem Safawidenherrscher Shah Abbas I. (1588–1629) ihre Blütezeit. Ein Ausschnitt aus einem gewobenen Mantel mit einem Design realistisch dargestellter goldener Blumen und frischgrüner Blätter vor einem mit Silberfäden durchwirkten Hintergrund zeigt die neu eingeführte Sammetblume (*Tagetes erecta*), die über Europa aus Mexiko kam. Während seiner Regierungszeit baute Shah Abbas in der Stadt Isfahan mauerumgebene Gärten sowie die große *chaharbagh*-Avenue, die, von Platanen und Pappeln gesäumt und von einem zentralen Wasserlauf durchzogen, über einen Kilometer weit zum Fluß führte. Aber auch entlang der Reisewege zu seinen Sommerresidenzen am Kaspischen Meer, wo ein Großteil der Seide produziert wurde, legte er Gärten an, die 1626 vom Gesandten Karls I. von England und seinem Begleiter, Sir Thomas Herbert, erforscht wurden.

Rechts: Dieses Detail einer aus dem 18. Jahrhundert stammenden Rajput-Miniatur, das eine indische Prinzessin in einem Garten darstellt, zeigt die dem Ideal des Paradiesgartens der Muslime und dem Mogulgarten nachempfundenen typischen Elemente. Innerhalb hoher Einfriedungsmauern mit imposanten Portiken sind Pavillons und mit Lotosblumen bewachsene Teiche, Zypressen und blühende Obstbäume sowie farbenfrohe Blumen in geometrisch angeordneten Beeten zu sehen. Außerhalb der Mauern wächst, dank der Bewässerung durch den Fluß, dichtes Strauchwerk aus Zypressen und Bananenbäumen, möglicherweise Bäume und Blumen aus fremden Ländern, aber auch solche der heimischen indischen Vegetation.

sen, Steineichen, Pappeln und Weiden und erwähnte Oleander, Jasmin und Rosen sowie den Schraubenbaum (*Pandanus tectorius*), Tulpen, Veilchen und Klee, der den Boden zwischen den Wurzeln der Obstbäume wie ein Teppich überzog.

Letztlich bleiben aber nicht allein Baburs Memoiren, um die Gartenaktivitäten dieser Epoche nachzuzeichnen. Sein Zeitgenosse Kasim schreibt ebenfalls über Gartenpraktiken und die Anlage eines typischen *chaharbagh*, den dazugehörigen Pavillon und die Wechselwirkung zwischen den Pflanzen und der geometrischen Grundrißgestaltung. Ein Hauptkanal, der in ein großes Bassin mündet, fließt auf der Symmetrieachse des Gartens an einem Pavillon vorbei; zwei im Abstand von drei Ellen parallele Wasserläufe von jeweils einer Elle Breite (1 Elle entspricht ca. 46 cm) begrenzen den Garten. Pappeln fassen den äußeren Rand des Bewässerungskanals ein und Rosen, Aprikosen und Pfirsiche den inneren. Als Ersatz für Gras soll Klee zwischen den Blumenbeeten gepflanzt werden (wie von Babur für seinen Garten der Treue empfohlen). In den vier Hauptfeldern rät Kasim zu ausschließlich einer Obstart wie Granatapfel, Quitte, Birne und Pfirsich. Höchst aufschlußreich sind seine Empfehlungen für bestimmte Blumen, die die jeweils neun Beete fül-

len sollen; es handelt sich um die erste ausdrückliche Erwähnung von Blumen in der Literatur, die in Beeten gezogen werden, anstatt sich «von selbst» auszubreiten und «zu verwildern».

Um das 17. Jahrhundert lieferten Reisende aus europäischer Sicht realistischere Augenzeugenberichte der Gärten und Pflanzen, indem sie sich von der Detailtreue der Miniaturmalerei lösten und glaubhaft das Gefühl, *im* Garten zu sein, vermittelten. Bis zur Ära des großen Safawiden, Shah Abbas I., unter dem das Land zu ungeheurer Macht zurückfand, blieb Persien für fremdländische Besucher

Die berühmten Gartenteppiche der islamischen Welt sind Abbildungen irdischer Gärten, die als eine Vorwegnahme des himmlischen Gartens angesehen wurden. Mit ihren schönen Farben brachten diese Teppiche im Winter die Freuden des Sommergartens ins Haus. Das Design des Wagner-Teppichs (frühes 17. Jh.) aus der Burrell Collection veranschaulicht das traditionelle Grundrißschema mit zentralem Wasserbecken und strikt parallel angelegten Bewässerungskanälen – Aufenthaltsort von Wasservögeln und Fischen –, die von je einem Paar pyramidenförmiger Zypressen und *chenars*, Morgenländischen Platanen, gesäumt werden. Die blühenden Bäume und Blumen bieten ein Bild üppiger Fruchtbarkeit, ganz im Gegensatz zu den kargen, trockenen Wachstumsbedingungen des Wüstengürtels am Rand.

nahezu unerreichbar. Danach aber brachten Reisende aus dem Westen ebenfalls Pflanzen herein; die bald schon aus der Neuen Welt stammenden sommerblühenden Wunderblumen (*Mirabilis jalapa*) und Tuberosen (*Polianthes tuberosa*) sowie der bereits von Kasim erwähnte tropische Gartenfuchsschwanz (*Amaranthus caudatus*) erreichten Persien und Zentralasien. Sie profitierten von der sommerlichen Hitze und erweiterten die jahreszeitlichen Blumenarrangements, indem sie die vorwiegend winter- und frühlingsblühende heimische Flora ergänzten.

Der Schatten und die Kühle der Wasserläufe waren für die Reisenden ein Anziehungspunkt wie vormals über Jahrhunderte für die Nomaden. Sir Thomas Herbert begleitete den Gesandten Karls I., Sir Dodmore Cotton, 1626 nach Isfahan. Vor einem hastigen Aufbruch zum Kaspischen Meer konnte Sir Thomas noch die neue Gartenstadt Shah Abbas' des Großen begutachten: «Grandeur und Duft beherrschen das Bild dieser Gärten, denen keine andere Stadt in Asien gleichkommt; in geringer Entfernung zur Stadt würde man einen Wald wähnen, so groß ist er und dabei so wohlriechend und grünend, daß man ihn als Paradies bezeichnen möchte, des weiteren erquickend, gemäß dem alten Wort *Horti Persarum erant amoenissimi.*»

Sir John Chardin, ein anglo-französischer Juwelier, der um 1660 durch Persien reiste, beschrieb den persischen Garten nach einem Besuch in Isfahan weit kritischer. Wohlwissend um die Vielfalt der in Persien heimischen Zwiebelpflanzen und Blumen, beklagte Chardin: «Man kann fast schon davon ausgehen, daß in Gegenden, in denen die Natur so leicht lenkbar und ertragreich ist, jegliches Einfühlungsvermögen und Geschick für die Kunst der Gartengestaltung fehlen [...] Es mag sich weitgehend damit begründen lassen, daß die Perser nicht wie wir durch ihre Gärten wandeln, sondern sich vielmehr mit dem bloßen Anblick und der frischen Luft begnügen. Dazu lassen sie sich in irgendeinem Teil des Gartens nieder, ohne ihren Sitz je zu verrücken, bis sie sich wieder erheben.» Es gab also grundlegende Unterschiede zu den europäischen Lustgärten einerseits, die zum Auf- und Abgehen einluden und im Sinn eines Theaters erlebt werden wollten, und den Gärten des Islam andererseits, die Spiegel des Paradieses waren und die innere Vision des gläubigen Muslims reflektierten. An anderer Stelle fuhr Chardin fort: «Die Gärten der Perser bestehen im allgemeinen aus einem großen Weg [...] der von je einer Reihe Bananenbäume eingefaßt wird, einem Wasserbecken in der Mitte und desgleichen zwei weiteren kleinen Seitenwegen. Der Raum dazwischen ist mit einer wirren Mischung aus Blumen, Obstbäumen und Rosenbüschen bepflanzt – das ist aber auch schon alles, was sie an Dekorativem zu bieten haben.»

Unter den Gärten, die Chardin sah, waren jene des Shah Abbas, der das antike Isfahan zu einer der schönsten Städte jener Zeit gemacht hatte. Seine Kuppeln waren mit Ziegeln in floral arabesken Mustern geziert und erhoben sich über breiten, schattigen Alleen und großzügig terrassierten Gärten, die von einem komplizierten Bewässerungssystem versorgt wurden. Am beeindruckendsten war indes die meilenweite *chaharbagh*-Avenue, die durch vier Weinberge zum Fluß führte. Der zentrale, mit Onyx ausgekleidete Wasserlauf, von dem im rechten Winkel kleinere Wasserrinnen ausgingen, wurde von acht Reihen stattlicher Platanen und hoch aufragenden Pappeln eingefaßt, die den mit Rosen und Mohn bepflanzten Blumenbeeten Schatten boten. Eine 200 Jahre später von Sir Robert Ker Porter verfaßte Schilderung des *chaharbagh* veranschaulicht zumindest ansatzweise seine Grandeur. «Wir gingen durch die reizvollsten Bereiche des *chaharbagh*: Unser Weg führte durch seine Alleen ungleicher Platanen, die ihre ausladenden Laubdächer über unseren Häuptern ausbreiteten [...] Ein Dickicht aus Rosen und Jasmin mit Parterres, in denen büschelweise Mohn und andere Blumen den Boden bedeckten; ganz allmählich verbanden sich die tiefgrünen Schatten der Bäume, der Duft, die Frische, das sanfte Gurgeln des Wassers und das zarte Rascheln des Windes mit den blaßgoldenen Strahlen der untergehenden Sonne zu einem Abendbild, das ebenso beruhigend wie schön war.»

Von dem im 17. Jahrhundert lebenden Poeten Ramzi erbat sich Shah Abbas II. ein Gedicht zum Lobpreis des Gartens von Sa'adatabad, zu dem die *chaharbagh*-Avenue gehörte. Außer der verschwenderisch vollen Obstblüte und den mauvefarben blühenden Judasbäumen rühmte Ramzi die duftenden Narzissen, das Veilchen, die Hyazinthe, die wohlriechende Kornblume (*Centaurea moschata*), den Mohn, die Anemone, den Rittersporn, die Iris, Tulpen, weiße und goldene Lilien, Damaszener- und Moschusrosen mit roten und gelben Blütenblättern, den weißen Jasmin, Basilikum, Ringelblumen, Stockmalven und die Wunderblumen (*Jalapa mirabilis*) sowie die Tuberosen, die unlängst erst aus der Neuen Welt nach Europa eingeführt worden waren.

Sämtliche Reisenden, die in Persien und Zentralasien unterwegs waren, erwähnen die sengende Hitze und die Kälte auf den Hochplateaus. Nur wenige kamen über die Gebirgskette des Elburz hinaus, um auf den nördlichen Hängen zum Kaspischen Ufer, das sich 30 m unter dem Meeresspiegel befindet, hinunterzusteigen und dort ein ganz anderes, subtropisches Klima kennenzulernen. Die Gesandten Karls I. nahmen die anstrengende Reise in den Norden auf sich. Entlang der Reiseroute hatte der Shah eine Reihe von Oasengärten erbaut, in denen er bei seinem alljährlichen Ortswechsel Station machte. Einer der Rastplätze, der heute als Tadsch Abad bekannt ist, wurde von Sir Thomas Herbert beschrieben: «Der Garten liegt nördlich vom Haus, schließt aber unmittelbar daran an und besitzt mehrere Parterres, von denen jedes 80 Schritte mißt und 70 in der Breite. Bewässert wird er durch ein klares, wenn auch kleines Flüßchen, dank dessen die Damaszenerrosen und andere Blumen, zahlreiche ausladende *chenar* (ähnlich unserer Buche), Granatäpfel, Pfirsiche, Aprikosen, Pflaumen, Äpfel, Birnen und Kirschen üppig gedeihen [...] er erfreut sich eines ausgezeichneten Gewächshauses, dessen Boden mit weißem Marmor belegt ist. Derartige Gärten sind um so einzigartiger, als sie, von einer Mauer umgeben, innerhalb einer großen flachen Ebene angesiedelt sind, in der es nichts als Salz und Sand gibt.»

Heute markieren nur noch Pappeln die Konturen der bestehenden drei Terrassen, aber knorrige Rosenbüsche und Weinstöcke krümmen sich bizarr über den zerfallenden Wasserkanälen. Die alten *quanats* führen noch immer Wasser von den Bergen; es fließt klar und kühl durch die offenen *jubes* in das Dorf, das im Windschatten der Gartenmauer erbaut wurde. Sobald die Reisenden die felsige Gebirgskette des Elburz passiert hatten, erblickten sie unter sich eine subtropische Wildnis über den mit Schlangen und Malariaerregern verseuchten Sümpfen. Hier hatte Shah Abbas steil abfallende, terrassenförmige Paradiesgärten angelegt, über die sich kaskadenartige Wasserfälle ergossen. Er hieß seine Gäste in Gartenpavillons willkommen; über die Bepflanzung haben wir aber bis auf Chardins spätere Reisenotizen keine Belege.

Chardin, der sich im allgemeinen wenig beeindruckt von Gärten zeigte, äußerte sich voller Begeisterung über einige der Blumen, die er hier, aber auch auf den Feldern in der Natur erblickt hatte: «Die Blumen Persiens sind durch ihre lebhaften Farben in der Regel schöner als jene in Europa und Indien [...] Entlang der Küste des Kaspischen Meers gibt es ganze Wälder von Orangenbäumen, ungefüllt und gefüllt blühenden Jasmin, sämtliche europäischen Blumen und darüber hinaus noch zahlreiche andere Arten. In Richtung Medien und der südlichen Teile Arabiens [auf der Westseite des Hochplateaus] bringen die Felder ganz von selbst Tulpen, Anemonen, ungefüllte Ranunkeln von schönstem Rot und Kaiserkronen hervor. An anderen Orten wie rund um Isfahan wachsen ohne menschliches Zutun Jonquillennarzissen [...] in der entsprechenden Jahreszeit sieben bis acht verschiedene Sorten von Osterglocken und Blumen, die den ganzen Winter über blühen [...] weiße und blaue Hyazinthen [...] winzige Tulpen und Myrrhe [...] im Frühling gelbe und rote Levkojen [...] sowie eine höchst ungewöhnliche Blume, die sogenannte Gartennelke, von der jede Pflanze um die 30 Blüten trägt.» Überdies verzeichnet Chardin «Maiglöckchen, Lilien und Duftveilchen aller Schattierungen, Federnelken und spanischen Jasmin, der in Schönheit und Wohlgeruch alles, was sich in Europa findet, übertrifft [...]

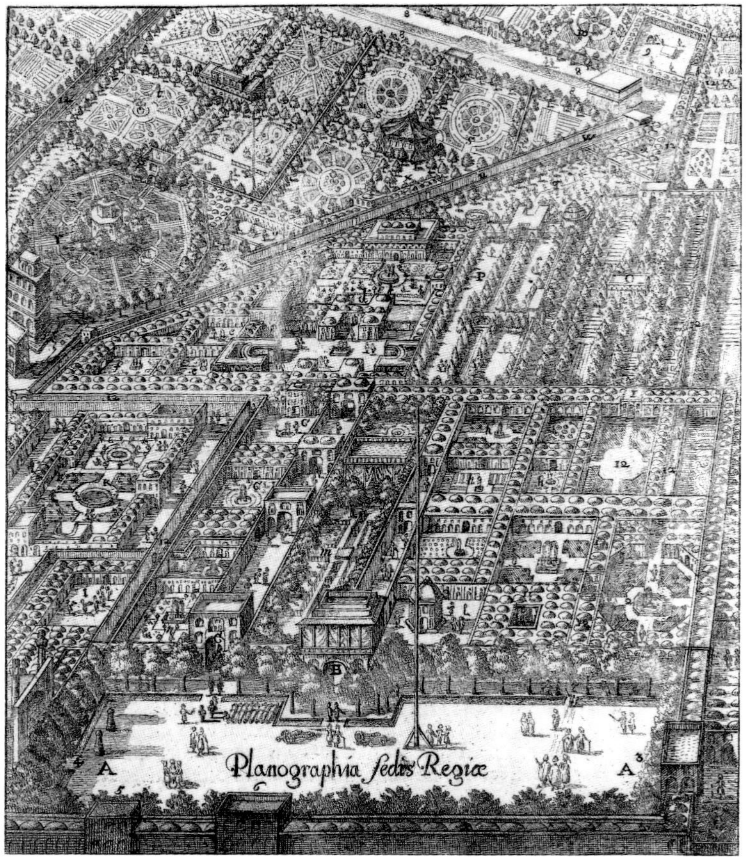

Ein Stich von Engelbert Kaempfer (1651–1715), einem deutschen Botaniker, für sein 1712 verfaßtes *Amoenitatum exoticarum politico* zeigt die Stadt Isfahan mit der großen *chaharbagh*-Avenue und einzelnen von Shah Abbas im frühen 17. Jahrhundert geschaffenen Gärten, die sich um die Paläste und Pavillons gruppieren. Alfred J. Mendelslo beschreibt den königlichen Garten als «[...] einen der feinsten auf der Welt. Er umfaßt eine Fläche von einer halben Quadratmeile und wird durch den Fluß Senderut, der auf beiden Seiten von breiten Wegen gesäumt ist, kreuzförmig unterteilt, so daß dem Anschein nach vier Gärten entstehen.»

Es gibt herrliche Eibische [wahrscheinlich Stockmalven] und in Isfahan bezaubernde kurzstielige Tulpen [...] Die Rose, die sich so häufig zu ihnen gesellt, sieht man in fünf verschiedenen Farben [...] Ich habe einen Rosenbusch gesehen, der an ein und demselben Zweig Rosen in drei Farben trug – einige gelb, einige gelb-weiß und die anderen gelb-rot.» Chardin verzeichnete die größten Exemplare von Zypressen, Platanen und Pinien in den Gärten in Schiras, die er 1674 besuchte. Ein Großteil der Blumen, die er erwähnt, lassen sich anhand persischer Miniaturen aus dieser Zeit identifizieren; als Lieblingsblume des Propheten wird die Rose von allen am häufigsten auf Gemälden dargestellt.

Gartenkultur in der Türkei

Viele der Pflanzen, die Chardin im 17. Jahrhundert gesehen hatte, aber auch ihre kultivierten Gartenformen, waren in Europa seit Hunderten von Jahren über Soldaten, Pilger und Reisende, die durch die Levante und Anatolien zogen, eingeführt worden. Nach dem Fall Konstantinopels 1453 lösten die neuen Kontakte zu den osmanischen Türken einen beschleunigten Austausch von Osten nach Westen und in die Gegenrichtung aus. 1558 pries der Franzose Pierre Belon, der als erster den Kirschlorbeer und den Flieder beschrieb, voller Bewunderung die Gärten, die er zwischen 1546 und 1548 auf seinen Reisen in die Länder um das östliche Mittelmeer gesehen hatte, aber auch die Liebe der Türken zu den Blumen. «Es gibt wohl kein Volk, das ein größeres Vergnügen empfindet, sich mit schönen Blumen zu schmücken, und diese mehr zu schätzen weiß als die Türken. Dabei geht es ihnen weniger um den Duft als um die Freude an ihrem Anblick. Allein in den Falten ihres Turbans tragen sie mehrere Sorten, und nicht selten haben die Handwerker einige Blumen in mit Wasser gefüllten Gefäßen vor sich stehen. Von daher genießt die Betätigung im Garten bei ihnen einen ebenso hohen Stellenwert wie bei uns; auch scheuen sie keine Ausgabe, um fremdländische Bäume und Pflanzen herbeizuschaffen, insbesondere solche mit schönen Blüten.»

Die Türken, Hethiter, die aus dem fernen Asien kamen, um ihr Seldschukenreich zu gründen, waren Nomaden; auf ihren Feldzügen nach Osten fanden sie Gefallen an der Tradition des persischen Paradiesgartens. Ihre Gartenaktivitäten verlaufen also parallel zu denen der türkischsprachigen Dynastien in Zentralasien. Die Gärten waren eingefriedet, durch Wasserläufe symmetrisch gegliedert und mit Zypressen und Platanen als Schattenspender bewachsen. Bereits zwei Jahrtausende v. Chr. hatten die Hethiter Zwiebelpflanzen gezogen – die Speisezwiebel, Lauch, Knoblauch und Safran (*Crocus sativus*) – und alljährlich Frühlingsfeste veranstaltet, sobald die Schneeschmelze einsetzte und die ersten Blumen auf den Gebirgshängen erschienen. Obgleich wir nur wenige Belege über osmanische Gärten vor dem 17. Jahrhundert haben, wissen wir, daß die Türken eine besondere Liebe zu den Blumen entwickelten und sie vor allem um ihrer Schönheit willen kultivierten. Bei den Zwiebeln, die im 16. Jahrhundert nach Europa geschickt wurden, handelte es sich nicht etwa um Wildpflanzen, sondern um schon bewährte Gartenpflanzen. Frühe offizielle Aufzeichnungen lassen auf eine groß angelegte Kultur von Zwiebelpflanzen und Rosen in den Palastgärten in Konstantinopel und Edirne in Adrianopel im letzten Viertel des 16. Jahrhunderts schließen (vgl. S. 68–69). Im Mai 1593 wurden für den Garten in Edirne 50 000 weiße und 50 000 blaue Hyazinthen aus Maras bestellt, und im September 1593 wurden Rosenbäume nach Gewicht geordert: 400 *kantar* rote und 300 *kantar* weiße Rosen ergaben insgesamt nahezu 40 Tonnen. Von legendärem Ruhm sind die Tulpenwiesen bei Manisa. Diese großen Sendungen scheinen Berichte zu bestätigen, nach denen der Sultan in den Gärten des Topkapisaray um des Profits willen Blumen zog und Rosen, Veilchen und Gemüse aus den königlichen Ländereien verkaufte. Die Türken sollten die Tradition ihrer Blumenliebe über den ganzen Balkan bis vor die Tore Wiens tragen. Um 1526 breitete sich das Osmanische Reich über Kleinasien, Ägypten, Griechenland, die Balkanländer und Ungarn aus. Dabei verstand es sich anscheinend ganz von selbst, daß jede osmanische Armee Topfpflanzen im Troß mit sich führte. Während der zweiten Belagerung Wiens 1686 legte Kara Mustafa Pasha einen Garten vor seinem Zelt an.

Mehmed II. hatte um 1451, vor der Eroberung Konstantinopels, bei seinem Palast in Edirne einen Garten geschaffen. Sein zeitgenössischer Biograph Kritovoulos beschreibt, wie er «rundherum Gärten mit Sträuchern aller Sorten kultivierte und Bäume voll köstlicher Früchte pflanzte». Nach der Einnahme der Stadt schuf Mehmed in ganz ähnlichem Stil Lustgärten, die den Topkapi-Palast einrahmten. «Große und schöne Gärten, mit einer Fülle von Pflanzen und Bäumen mit köstlichen Früchten», entstanden zwischen «überaus beeindruckenden Hainen und Wiesen». Mehmeds Wesir beharrte bei der Verschönerung der Stadt Byzanz darauf, daß Gärten und Obst der «Erquickung und Freude und dem Wohl der Allgemeinheit» dienen sollten.

Ogier Ghiselin de Busbecq, der von 1554 bis 1562 als Gesandter des kaiserlichen Hofes bei Sultan Süleiman dem Prächtigen in Wien weilte, entdeckte nicht nur das aus dem 6. Jahrhundert stammende illustrierte Manuskript des Dioskurides (vgl. S. 57), sondern brachte auch die Gartentulpe nach Europa. Die folgenden Jahre sollten für die abendländischen Gärtner zu einer aufregenden Zeit werden, denn Bäume, Sträucher und Zwiebelpflanzen, die der islamischen Welt längst vertraut waren, erreichten nun endlich auch Europa. Da diese Geschichte aber in die Zeit nach der Renaissance (vgl. Kapitel 4) gehört, sei hier nur erwähnt, daß sich die muslimische Gartenkultur, als sie die noch «junge» westliche Zivilisation erreichte, bereits seit Jahrhunderten mit der Erforschung von Pflanzen und ihrer Kultivierung beschäftigt hatte. Die Türken, ein Volk, das ursprünglich aus Zentralasien gekommen war und kulturelle Kontakte zu China, Indien, Afghanistan und Persien unterhielt, waren erstmals um die Wende des 10. Jahrhunderts, als sie Richtung Westen zogen, auf den Islam gestoßen. Die angeblich ehemals in Zentralasien heimischen Tulpen gelangten während der türkischen Völkerwanderung in den Westen (mit Tulpenmotiven geschmückte Fliesen stammen aus der Zeit der Seldschuken im 12. Jahrhundert), aber auch in Anatolien gibt es 20 wildwachsende Arten.

Die riesigen Palastanlagen und Gärten, deren Überreste 10 Kilometer außerhalb Córdobas, der Omajjadenhauptstadt des muslimischen Spanien liegen, erlebten lediglich eine 40 Jahre währende Glanzzeit (zwischen 936 und 976). Sie wurden nach Zahra, der schönsten unter den Frauen des Kalifen benannt. Die unterhalb der südlichen Hügel der Sierra Morena angesiedelten Gärten wurden durch Aquädukte mit reichlich Wasser versorgt und boten somit beste Wachstumsvoraussetzungen für die vielen seltenen Pflanzen und Samen, die aus dem Osten eingeführt wurden.

Medinat az-Zahra

Die Palastanlagen von Medinat az-Zahra wurden von Kalif Abd ar-Rahman III. zwischen 936 und 976 n. Chr. geschaffen, als Córdoba das Zentrum der Wissenschaft im westlichen Europa war. Nach seinem Tod wurden diese Anlagen in Bürgerkriegen zwischen den rivalisierenden Dynastien zerstört. Sie umfaßten eine Fläche von 120 ha, wobei der Großteil der Residenzgebäude einschließlich des Kalifenpalastes und der Dependancen auf drei Hauptterrassen angesiedelt war, auf denen Ertragsgärten, eine Moschee und Gärten mit Teichen und Springbrunnen, aber auch Käfige für wilde Tiere und Vögel im flacheren Bereich am Fuß des Hügels Platz fanden. Die königlichen Residenz- und Empfangsräume, die aus Kalksteinblöcken mit rosa Marmorsäulen erbaut waren, blickten auf einen quadratischen Teich auf der untersten der drei Terrassen. Kolonnaden stützten in Stein gehauene und mit anmutigen floralen Mustern verzierte Bögen, die sich im glitzernden Wasser spiegelten. Von ockerrot gestrichenen Wasserkanälen umgeben, nahmen die Gärten mit ihren über tiefer liegenden Blumenbeeten verlaufenden Wegen ein Drittel des gesamten Areals ein. Auf der Westseite wurden sie zur Bewässerung in tosenden Kaskaden hangabwärts geleitet. Schmale Wasserrinnen, die von den schimmernden Becken im Zentrum gespeist wurden, versorgten die Blumenbeete. Das Wasser für den Garten und einen 20 000 Mann zählenden Hofstaat, Administratoren und Sklaven, die in Medinat az-Zahra lebten, wurde über einen 15 km langen Aquädukt von den Quellen der benachbarten Berge herbeigeleitet.

Die «Rote Festung» in Delhi, die sieben Jahrhunderte später unter der Anleitung des Großmoguls Shah Jahan gebaut wurde, hat große Ähnlichkeit mit Medinat az-Zahra.

Das Gemälde von Dionisio Baixeras stellt die Ankunft des Mönchs Nikolaus aus Konstantinopel dar, der im Jahr 951 n. Chr. in der Absicht, den griechischen Text von Dioskurides' *De Materia Medica* ins Arabische zu übersetzen, nach Spanien kam. 949 n. Chr. hatte ein Gesandter des byzantinischen Kaisers Konstantin VII. Porphyrogennetos (913–959) eine Abschrift von Dioskurides' Werk als Geschenk für den Omajjadensultan nach Córdoba gebracht. Das Bild hängt heute in der Universität von Barcelona. Unter Hischam II. (976–1009) schuf der Leibarzt des Sultans Ibn Juljul 983 einen bedeutenden Nachtrag, in den er bis dahin in Spanien unbekannte Pflanzen aufnahm.

Arabische Botaniker: Ibn Bassal und Ibn al-Awwam

Zwei im 11. und 12. Jahrhundert in Spanien verfaßte Manuskripte befassen sich mit dem Thema Landwirtschaft und Gartenbau. Obgleich sich die Pflanzennamen nicht immer problemlos zuordnen lassen, enthalten diese Handbücher eine bemerkenswerte Aufstellung der bekannten Pflanzen. Unter den exotischeren waren Bananen, der Azaroldorn (*Crataegus azarolus*), die Aprikose (*Prunus armeniaca*) und Zitrusgewächse. An Bäumen war des weiteren der Zedrachbaum (*Melia azedarach*), der heute in ganz Südspanien wildwachsend vorkommt, aufgeführt. Das Buch über die Landwirtschaft wurde um 1080 von Ibn Bassal verfaßt, der – von Berufs wegen viel unterwegs – botanische Exkursionen nach Sizilien, Alexandria, Kairo, Mekka, Khurasan (in Nordpersien) und Valencia in Ostspanien durchführte. Er experimentierte mit dem Anbau von Orangen (der bitterwürzigen Apfelsine, *Citrus aurantium*, die heute als Pomeranze oder Sevilla-Orange bekannt ist). Das zweite Buch über die Landbestellung in Andalusien wurde 100 Jahre später von Ibn al-Awwam verfaßt und enthält ein beachtlich erweitertes Spektrum kultivierter Spezies, darunter Neueinführungen wie Zitronen, den Judasbaum, Oleander, Hibiskus, Malve, Mispeln und die Seerose.

Al-Awwam ist einer der ersten Schriftsteller, der die Gärtner anregt, sich Gedanken über die Gestaltung zu machen. Er empfahl, Zypressen zu pflanzen, um die Eckpunkte hervorzuheben. Reihen von Zedern und Kiefern sollten die Alleen säumen, für exponiertere Bereiche hingegen empfahl er Zitrusfrüchte und Lorbeer. Jasmin sollte an Spalieren oder über Pergolen gezogen werden, während sich als Schattenspender für Teiche am besten Granatapfelbäume zusammen mit höheren Ulmen, Weiden und Pappeln eigneten. Für Hecken empfahl er Buchs und Lorbeer, aber auch miteinander verflochtene Kletterpflanzen wie Efeu, Jasmin und Weinreben. Er regte aber auch zur Verwendung von wildwachsenden Pflanzen im Garten an und schlug vor, Efeu (*kissus*) im Februar umzusetzen und in unmittelbarer Nähe der Bewässerungskanäle zu pflanzen.

Die Felsenkirsche oder Steinweichsel (*Prunus mahaleb*) wird erstmals im *Kitab ab-filaha* von Ibn al-Awwam erwähnt. Sie ist als wildwachsender Baum beschrieben, der im Garten oft zu wuchern beginnt und – einmal gepflanzt – nur schwer auszurotten ist. Selbst das Alter kann ihm nichts anhaben; nur völliger Wassermangel läßt ihn vertrocknen und eingehen. Er scheint ursprünglich in Abessinien heimisch gewesen zu sein und wurde zwischen dem 11. und dem 13. Jahrhundert in den Gärten Sevillas akklimatisiert. Spanisch-arabische Dokumente halten fest, daß er als Pfropfunterlage für fruchtende Pflaumen- und Kirschbäume diente.

Die naturalistische Abbildung der auf den ersten Blick als Kamille erkennbaren Pflanze stammt aus dem um 1120 erstellten Bury St Edmunds Codex, einer Abschrift des auf das 6. und 7. Jahrhundert zurückgehenden Herbariums des Apuleius Platonicus. Das Pflanzenportrait fällt somit also in die Zeit der arabischen Botaniker in Spanien; die Kamille gehört zu den von Ibn Bassal erwähnten Pflanzen. Ibn Bassal und Ibn al-Awwam führen eine ausführliche Liste von Zwiebelpflanzen, Blumen und nützlichen Kräutern auf. Unter den Zwiebeln waren weiße und gelbe Narzissen, Iris, weiße Lilien, Safran und Pankrazlilien. Außer der Kamille wurden zahlreiche weitere «nützliche» Pflanzen wie Anis, Melisse, Basilikum, Koriander, Kümmel, Alraune, Majoran und zwölf verschiedene Sorten der Gartenbohne aufgeführt. *Nigella sativa* oder der Schwarzkümmel wurde wegen seiner aromatisch würzigen Samen gezogen; Veilchen wurden um des Duftes willen kultiviert und der Wermut wegen seiner bitteren Blätter. Goldlack (*Cheiranthus cheiri*) und Levkojen (*Matthiola incana*), Kamille und Margeriten wurden aufgrund ihrer Schönheit geschätzt.

Der Plan eines Obstgartens aus der Handschrift eines Gedichtes, das 1685 abgeschrieben wurde, ist ein typisches Beispiel für die filigranen Bilder, die in der Gegend um Deccani in Indien entstanden. Viele der abgebildeten Pflanzen wurden in den sieben Jahrhunderte zuvor verfaßten Schriften arabischer Botaniker in Spanien erwähnt. Dazu gehören fruchttragende Feigen-, Granatapfel- und Zitrusbäume, unterpflanzt mit Mohn, Lilien und Narzissen; Weiden und Zypressen erheben sich zu beiden Seiten des Gartenpavillons, durch den der zentrale Wasserlauf fließt. Die Grundelemente des islamischen Gartens sind über die Jahrhunderte hinweg unverändert geblieben.

Alhambra und Generalife

Von allen maurischen Gärten in Spanien sind die im 14. Jahrhundert von den Nasridensultanen erbaute Alhambra und der Mitte des 13. Jahrhunderts als Sommerresidenz auf dem darüberliegenden Hügel erbaute Generalife am besten erhalten; selbst wenn die Bepflanzung wohl kaum der ursprünglichen entspricht, haben sie nichts von ihrem Zauber verloren. Der Wind von den schneebedeckten Bergen der Sierra Nevada hält die Gärten im Sommer kühl. Hohe Mauern schützen und verbergen eine Reihe nicht überdachter Patiogärten, in denen Wasser durch marmorne Kanäle fließt oder bogenartig aufsteigend in anmutigem Strahl herunterfällt und mit seiner glitzernden Schönheit Kühle verbreitet. Das Wasser, das für das Ambiente und die üppige Bepflanzung von so elementarer Bedeutung ist, wurde über Kanäle vom Fluß Darro in einiger Entfernung oberhalb Granadas hergeleitet. Obgleich die Gärten des Generalife im Lauf der Jahrhunderte immer wieder Veränderungen erfahren haben, vermitteln sie eine Vorstellung vom wahren Geist des muslimischen Gartens als Inbegriff des Paradieses auf Erden – «ein Ort der Erquickung», wie man ihn in Gärten der westlichen Welt kaum findet.

Der Myrtenhof und der Löwenhof sind Teil des ursprünglichen Gartenkomplexes – ersterer mit einem Wasserlauf, der heute von *Myr-*

tus communis gesäumt wird, letzterer ist in allen vier Ecken ausschließlich mit Orangenbäumen bepflanzt. Ein Großteil des reichen Wabenmusters, das jeden der Innenhöfe schmückt, ist in den vergangenen Jahrhunderten zerstört worden. Die neuerliche farbenfrohe Bepflanzung der äußeren Patiogärten und des Generalife wurde in Anlehnung an die einstmalige zusammengestellt.

Links: Das Gemälde des Patio de la Acequia (bisweilen als Patio de la Riada bezeichnet) in den Gärten des Generalife über der Alhambra stammt von Ludwig Hans Fischer und wurde 1885 gemalt, 40 Jahre nachdem der amerikanische Schriftsteller Washington Irving zur Restaurierung der maurischen Denkmäler und Gärten angeregt hatte. Der Palacio del Generalife wurde gegen Ende des 13. Jahrhunderts als Sommerresidenz für die Kalifen angelegt. Heute sind die hohen Zypressen verschwunden, und ein Großteil der Bepflanzung besteht aus Sommerblumen, die die aromatischen mediterranen Pflanzen aus der Darstellung des Künstlers ersetzt haben. Die vielfältigen Wasserspiele, die in der Regel gezeigt werden, sind erst in neuerer Zeit hinzugekommen.

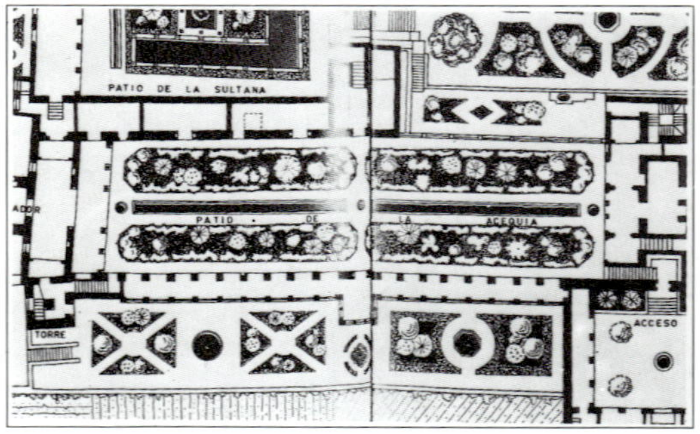

Oben: Dieser Plan des Patio de la Acequia im Palacio del Generalife veranschaulicht seine mittelalterliche Gliederung: beidseitig eines zentralen Wasserlaufs angelegte Beete, die sich durch die kreuzförmige Wasserführung in vier Quadranten gliedern. Die Ausgrabungen des Archäologen Jesus Bermudez im Jahr 1959 legten die Pflasterung der arabischen Wege frei und das Niveau der 50 cm tiefer liegenden Blumenbeete, die unter Schutt- und Erdbergen von fünf Jahrhunderten begraben lagen und nun bedauerlicherweise erneut zugeschüttet werden.

Ein aktuelles Foto vom Myrtenhof, dem Patio de los Arrayanes in der Alhambra, zeigt den zentralen Wasserlauf, der bei der Restaurierung im 19. Jahrhundert stilgerecht mit Büschen aromatischer griechischer oder mediterraner Myrte (*Myrtus communis*) bepflanzt wurde, was authentisch sein dürfte. Im Wasserbecken spiegeln sich die Portiken, die einst die offizielle Residenz der Kalifen schmückten und später in den Renaissancepalast integriert wurden, den Karl V. erbauen ließ.

Persische Literatur und Miniaturmalerei

In Täbris entwickelte sich ein ganz eigenständiger Malstil, der mit Vorliebe Gärten mit frühlingsblühenden Obstbäumen und Teppichen blühender Zwiebelpflanzen auf Miniaturen darstellte, die inspirierende Liebesgedichte und Legenden illustrierten, von denen viele seit Jahrhunderten überliefert wurden. Die feinen Abbildungen von Romanzen oder Kriegen im *Shahnameh*, dem um 1000 n. Chr. verfaßten Buch der Könige von Firdausi, sowie Geschichten über die Liebe Humays zur Prinzessin Humajun zeigen sowohl Porträts von Pflanzen in der «freien Natur» als auch in mauerumgebenen Gärten. Die frühesten Miniaturen gehen auf das Jahr 1396 zurück. Auch einzelnen Bäumen und Blumen wurden in den Geschichten bisweilen Rollen zugeteilt. Nach Ende des 16. Jahrhunderts stellten die persischen Miniaturmaler Szenen aus der Welt der indischen Moguln mit kunstvolleren, formal gestalteten Gärten, Pavillons, Bewässerungskanälen und Blumenbeeten dar, die mit lediglich einer Art von Blumen bepflanzt sind. Häufig spiegelt sich das Gartenbild im Teich wider, in dem sich die Dimensionen des Gartens auflösen. Die herrschaftlichen Besitzer sind auf Kissen ruhend dargestellt, während man vor einer reizvollen Kulisse aus blühenden Obstbäumen die mit der Pflege betrauten Gärtner und im Hintergrund statuarisch aufragende Platanen, Zypressen und

Diese Miniatur wurde um 1590 als Illustration einer Abschrift von Firdausis *Shahnameh* gemalt und zeigt den zu Rudabes Balkon hinaufsteigenden Zal. Der Künstler stellt die Liebenden vor einem Hintergrund aus Blumen, Weiden und zwei hohen Zypressen dar. Um eine Platane windet sich eine mit üppigen Trauben behangene Weinrebe. Der Pavillon ist mit Narzissen, Veilchen, Rosen, Lilien und Jasmin geschmückt. In dem Gedicht wird die Schönheit Rudabes gepriesen, die am Hof ihres Vaters Mihrab weilt: «Ihre Wangen sind wie die Blüten des Granatapfels [...], ihre Lippen wie Kirschen, und die silbernen Brüste bieten die Samen des Granatapfels dar, ihre Augen sind zwei Narzissen im Garten.»

Pappeln erkennt. Zu den abgebildeten Obstbäumen gehören Mandeln, Aprikosen, Kirschen, Feigen, Pfirsiche, Pflaumen, Granatäpfel und Quitten, des weiteren Zitrusfrüchte wie Zitronen, Limonetten und Orangen. Unter den Nüssen waren Haselnüsse und Pistazien dargestellt. Blumen wie die Rose, Iris, Mohn, Päonie und Stockmalve treten nicht nur als Bildmotiv, sondern immer wieder auch als assoziatives Element der Dichtung in Erscheinung.

Miniaturen, die die Romanze von Khusraw und Shirin, einer schönen armenischen Prinzessin darstellen, stammen aus dem Manuskript von Nizamis im 12. Jahrhundert verfaßter *Khamse*. Diese ausgewählte Miniatur zeigt die Liebenden in einer Gartenszene, die Frieden und Ruhe ausstrahlt; sie wurde um 1410 in Schiras geschaffen.

Eine Miniatur, die von Abd al-Hakim Multani 1686 in Punjab gemalt wurde, illustriert die persische Handschrift eines Gedichtes von Muhammad Ibn Husam. Über und über mit Gold geschmückt, stellt sie König Khava, als Gärtner verkleidet dar, der von seinem Feind, Mir Shyyaf, im Namen von Ali, dem Schwiegersohn des Propheten Mohammed, überfallen wird. Im Vordergrund fließt ein silberner Wasserlauf, dahinter erheben sich anmutige Zypressen, Weiden, Granatapfel- und andere Bäume, wie man sie auf den Bildern dieser Periode häufig dargestellt findet.

Die Gärten des Babur

Eine Abschrift von Baburs Memoiren, die während der Herrschaft seines Enkels Akbar entstand, war mit persischen Miniaturen von Gärten und mit Bildern einzelner Bäume und Pflanzen illustriert, die er nicht kannte, bevor er nach Indien ging. Babur schrieb über die Schönheit bewaldeter Hänge und Obstpflanzungen auf den Wiesen in der Nähe des Hindukusch-Massivs. Über Kabul selbst, wo die Rebberge heute beachtliche Erträge an Wein- und Tafeltrauben hervorbringen, sagte er: «Wenn es auf der Welt einen anderen [Ort] geben sollte, der so erquicklich ist, so ist er noch nicht bekannt.» Das Klima Kabuls war für den Gartenbau geradezu ideal, denn auf heiße Tage folgten kühlere Nächte, und im Winter sorgte eine Schneedecke für Schutz. Heute säumen in einem von Baburs Gärten namens Nimla, 40 km von Jalalabad entfernt, hohe grüne Zypressen und alte Platanen die inzwischen trockenen Bewässerungskanäle und ragen über den Lehmmauern auf, um den müden Reisenden willkommen zu heißen. Orangenbäume gedeihen in den einzelnen Bereichen des Gartens, und im Frühling breitet sich ein Teppich duftender Narzissen darunter aus. Für einen anderen Garten in der Nähe von Kabul, der bereits 1505 mit Weiden bepflanzt war, brachte Babur Steckhölzer der Sauerkirsche (*Prunus cerasus* – die sogenannte *alubalu*), der Platane und *tal* (vermutlich Efeu – *Hedera colchica*) und setzte sie um einen großen runden Sitzplatz. Er pflanzte Orangen, Zitronatzitronen und Granatäpfel in seinem Garten der Treue und zusätzlich Bananen, andere Obstbäume und Zuckerrohr. In einem weiteren Garten wies er seinen Obergärtner an, «die vorzüglichsten jungen Bäume zu pflanzen, Rasen anzulegen und Rabatten mit Würzkräutern und Blumen mit herrlichen Farben und Düften zu setzen».

Links: Diese Miniatur zeigt Babur, der sich mit einem Buch in seinem Garten niedergelassen hat, um sich daran zu erfreuen. Als er 1526 nach Agra in Indien kam, schaute er sich in dem unwegsamen Gebiet nach einem geeigneten Ort für einen Garten um. Das gesamte Gelände um den Fluß Jumna war «derart häßlich und verwildert», daß er seinen Plan beinahe aufgegeben hätte. Er beschrieb, wie er mehrere Gärten anlegen ließ und jeden mit Rosen und Narzissen bepflanzte. Er starb 1530 in Agra, wurde aber in einem seiner früheren Gärten bei Kabul beerdigt, wo er die *chenars* (eine der Platanen erreichte einen Umfang von 14 m) wohl selbst gesetzt haben dürfte.

Oben: Baburs Lieblingsgarten war der *Bagh i-Wafa*, der Garten der Treue, der sich wahrscheinlich in der Nähe von Jalalabad befand. Im Oktober 1519 schrieb Babur über die Schönheit des Gartens: «Seine Rasenflächen waren wie ein Laken aus Klee; seine Granatapfelbäume färbten sich im Herbst leuchtend gelb, und seine Früchte waren hochrot.» Er erwähnte «ein paar Pappeln, Bäume von größter Herbstpracht», und stieß im November auf einen jungen Apfelbaum, der so schön war, daß «kein Maler imstande wäre, seine Schönheit wiederzugeben». Das Miniaturenpaar zeigt Gesandte, die vor dem Garten warten, während Babur seine Gärtner anweist.

Oben rechts: Der Oleander (*Nerium oleander*) und der Schraubenbaum (*Pandanus odoratissimum*) sind zwei der Pflanzen, die um 1590 von Ibrahim Nacquash in einer Abschrift von Baburs Memoiren (dem *Vaqi'at i-Baburi*) dargestellt sind – einsehbar in der British Library. Babur beschrieb den Oleander als «zugleich rot und weiß wie die Pfirsichblüte» und «mit Blüten aus fünf Petalen, die bei Regen besonders üppig blühen, ansonsten immerhin fast das ganze Jahr über». Auch über den höchst angenehmen Duft des Schraubenbaums äußerte er sich. Andere Miniaturen in dem Manuskript stellen die Mandelernte bei Khodjand, etwa 240 km von Samarkand entfernt dar.

Die Mogulgärten in Indien

Die islamische Gartenkunst erreichte ihren Höhepunkt mit der Entwicklung der Mogulgärten in Indien. Angefangen hatte alles mit Babur, der im frühen 16. Jahrhundert die Dynastie gründete und der erste «Gärtner» unter seinen fünf Nachfolgern Humajun, Akbar, Jahangir, Shah Jahan und Aurangseb war. In dieser Tradition entstanden bis zum Ende des 17. Jahrhunderts einige der schönsten Gärten, die je angelegt wurden, und zwar sowohl in den heißen Ebenen Nordindiens als auch in der Seenlandschaft um Kaschmir. Es gibt nur wenige Schilderungen der eigentlichen Gärten, aber Bäume, Sträucher und Blumen sowie das Grundrißschema der Gärten, das auf einem quadrogonalen Bewässerungssystem mit tiefer liegenden Blumenbeeten beruhte, sind in den Mogulminiaturen Persiens und Indiens bildhaft festgehalten. In den Gärten der Ebene sorgen hohe Mauern für den unentbehrlichen Schatten. Zu den Bäumen gehörten die Gemeine Zypresse, die Platane und die Weide, aber auch andere, die das Bild der indischen Landschaft prägen, wie der Mangobaum, der Banyanbaum, die Banane und Palmen. Die rosablühende Indische Lotosblume (*Nelumbo nucifera*) mit Iris, Taglilien und Mohn sowie Oleander treten ebenfalls vielfach auf. Die mitten in der Landschaft angesiedelten Gärten um Kaschmir, boten einen Rundblick über tiefer liegende, frühlingsblühende Obstpflanzungen, rote Wildrosen, violette Iris und herbstliche Safranfelder sowie mit Tränenkiefern (*Pinus wallichiana*) bewachsene Berghänge – Akbar schilderte das Bild als «einen Anblick, der selbst höchsten Ansprüchen genügt». Von den 1000 Bäumen, die Akbar pflanzte, um grüne Oasen am Seeufer bei Srinagar anzulegen, haben lediglich seine riesigen *chenars* überlebt. Sein Sohn Jahangir beauftragte immer wieder den Hofmaler Ustad Mansur, Wildblumen, die in seinem Beisein gepflückt wurden, zu zeichnen.

Eine Seite aus dem Album der Dara Shukoh, einer Sammlung herrlicher Miniaturen und erlesener Kalligraphien, die der Prinz, ältester Sohn Shah Jahans, 1635 für seine Braut anfertigen ließ, zeigt exotische Blumen und Insekten (*rechts*). Eine weitere Miniatur (*ganz links*) stellt eine rote Lilie dar. Keines der Bilder ist mit dem Namen des Künstlers signiert.

Oben links: Unter allen Bauwerken und Gärten, die die Mogulkaiser in Indien geschaffen haben, sind der Pavillon und die Gärten des Tadsch Mahal, die Shah Jahan als Grabstätte für seine Lieblingsfrau (1632–1654) erbauen ließ, am prunkvollsten. Der auf dem traditionellen viergeteilten Grundrißschema basierende Garten im Süden des Hauptpavillons ist von mit weißem Marmor verkleideten Kanälen durchzogen, die die vier Flüsse des Lebens symbolisieren. Von einer höher gelegenen Terrasse aus betrachtet, scheint das Grabmal zwischen dem Paradiesgarten und der darunter ausgebreiteten Landschaft zu schwimmen. Ursprünglich umgaben Zypressen und Obstbäume – erstere Symbole des Todes und der Ewigkeit, letztere Inbegriff des Lebens und der Fruchtbarkeit – das Hauptbecken, während Zwiebelpflanzen und andere Blumen die tiefer liegenden Beete schmückten.

Die Gärten von Konstantinopel

Obgleich aus den ersten Jahren nach der türkischen Eroberung keine zuverlässigen Quellen über Gärten in Konstantinopel vorliegen, scheint sich die Liebe zu den Blumen in der Spezialisierung auf ein paar wenige Arten geäußert zu haben. Besonders geschätzt waren bei den Gärtnern Rosen, Nelken, Tulpen, Narzissen, Jonquillennarzissen und Cyclamen; andere hingegen wurden als *Unkraut* betrachtet. Ebusuud Effendi (gestorben 1574), ein angesehener Mufti unter Süleiman dem Prächtigen, wurde Narzissenspezialist und züchtete in seinem Garten bei Edirne (Adrianopel) sowohl gelbe als auch weiße Sorten. Um 1630 beschrieb der berühmte türkische Reisende Evliya Chelebi die Stadt als einen Ort mit 80 Blumenläden und 300 Floristen sowie ausgedehnten Weinbergen und Obstpflanzungen.

Am 1. April 1717 schrieb Lady Mary Wortley Montagu an den Satiriker Alexander Pope (1688–1744) aus Adrianopel: «Im Umkreis von Adrianopel ist das Land meilenweit mit Gartenanlagen überzogen, und die Ufer des Flusses sind mit Reihen von Obstbäumen bepflanzt, unter denen die angesehensten Türken allabendlich Zerstreuung suchen – nicht auf- und abgehend, denn daran finden sie keinen Gefallen, sondern vielmehr in gemütlicher Runde beim Kaffeetrinken, nachdem sie an einem grünen Fleckchen im tiefen Schatten ihren Teppich ausgebreitet und sich niedergelassen haben.»

Die aus dem 16. Jahrhundert stammende Miniatur veranschaulicht das Innere des Kubbealti Turms und die Gärten des Topkapisaray. Mit dem Bau von Palast und Gärten wurde im 15. Jahrhundert, nach dem Fall Konstantinopels 1453 begonnen. Obgleich die Szenerie mit Zypressen, Mandel- und anderen Obstbäumen sowie den über das Gras verstreuten Blumenhorsten konventionell wirkt, wurden 1593 laut Quellenangaben 5000 weiße Rosen zur Bepflanzung einer Reihe offener Höfe bestellt. Busbecq berichtet, daß der Großwesir Rustem Pasha mit Rosen, Veilchen und Gemüse beträchtliche Gewinne machte. Im 18. Jahrhundert fanden in den Gärten Tulpenfeste statt.

Leider werden ihre Aussagen von Reisenden, die einige Jahre danach das Land besuchten, stark angezweifelt – die Szenen sollen allein ihrer Phantasie entsprungen sein. Höchstwahrscheinlich sind die Gärten aber nach der Revolution von 1730 in Verfall geraten. Vorher hatte Ahmed III. seine persönliche Version der «Tulpomanie» ausgelebt, indem er in Kultur genommene europäische Tulpen für seine Präsentationen in die Stadt zurück importierte.

Links: Auf Iznik-Fliesen aus dem 16. Jahrhundert im Harem des Topkapisaray sind elegante lyraförmige Tulpen mit Tupfenmuster dargestellt, die den wildwachsenden Arten weitaus ähnlicher sind als die nahezu kugeligen Formen, die in Europa nach der Einführung der Tulpe in der zweiten Hälfte des Jahrhunderts entstanden.

Oben: Ein Ausschnitt aus einem im 18. Jahrhundert geschaffenen Wandgemälde im Appartement der Königinmutter (Harem des Topkapisaray in Istanbul) zeigt einen idealisierten Garten mit rechteckigen Rosenbeeten und vertikal aufragenden Zypressen, zwischen denen Mandelblüten leuchten – ein typisches Motiv des islamischen Gartens. Der zentrale Kiosk, das Wasserbecken und der Garten scheinen eine untrennbare Einheit zu bilden. Im Bild des formalen Gartens, der von einer «Wildnis» umgeben ist, tritt der Kontrast zwischen geordnetem und naturbelassenem Bereich deutlich zutage. In der Grundkonzeption vieler muslimischer Gärten kommen die Lebensgewohnheiten einer Gesellschaft zum Ausdruck, die sich mit Vorliebe in Zelten – in Form von Gartenpavillons vertreten – und nicht etwa in Häusern aufhielt.

DRITTES KAPITEL

Die mittelalterlichen Gärten des Christentums

Außer den Gärten, die die Mauren in Spanien schufen, existiert in Europa heute kein Garten mehr, der aus der Zeit zwischen dem Verfall des Römischen Reiches und seinem Wiedererstehen (500–1500 n. Chr.) stammt. Aber auch in dem Bereich des Kontinents, der durch die römisch-katholische Kirche und eine gemeinsame lateinische Sprache verbunden war, finden sich keinerlei Überreste mittelalterlicher Gartenbeete, die den Archäologen als Interpretationsmaterial hätten dienen können – ganz anders die vielen Gärten des klassischen Rom, die wie in Pompeji durch die vulkanische Asche regelrecht konserviert oder wie im fernen Vienne in Frankreich, Coimbra in Portugal und Fishbourne im Süden Englands einfach überbaut wurden. Während sich in Spanien die Grundrisse römischen Ursprungs unschwer von den späteren islamischen Gartentypen unterscheiden lassen, scheinen Gärten wie Fishbourne im Norden des Reiches keine erkennbare stilistische Kontinuität zu zeigen. 300 Jahre anarchischer Zustände tilgten nicht nur sämtliche Spuren der kunstvollen Konzepte römischer Lustgärten, sie bewirkten auch, daß man sich heute kaum eine konkrete Vorstellung vom damaligen Stand der Gartengestaltung machen kann. Was an Erkenntnissen vorhanden war, wurde ausschließlich mündlich weitergegeben oder vielfach den nur spärlich verbreiteten Abschriften der Manuskripte klassischer Landwirtschaft und Gartenbestellung entnommen.

Da diese Texte ursprünglich an ein weitläufiges Reich gerichtet waren, sind sie sehr umfassend gehalten und auch für nördliche Klimazonen gültig. So konnten Beete etwa zur Verbesserung der Drainage durch Bretter oder Weidenflechtzäune erhöht werden, ganz wie Columella es für niederschlagsreichere Gegenden und für die Kultur spezieller Pflanzen (wie Knoblauch) empfahl. Über diese Maßnahmen fehlt indes jeglicher Nachweis, und alles, was wir aus den 1000 Jahren bis 1400 über die Pflanzenverwendung und die gärtnerischen Praktiken in Europa wissen, ist nur dürftig durch schriftliche Zeugnisse belegt, zumal auch die späteren Bilddokumente bis zur Mitte des 16. Jahrhunderts oder darüber hinaus lediglich hypothetische Gärten wiedergeben.

Wir wissen jedoch etwas über die Pflanzen, die zusammen mit den in der jeweiligen Gegend heimischen Gewächsen in der Zeit vor dem ersten Jahrtausend verfügbar waren. Glücklicherweise hatten die Römer Obstbäume und Weinstöcke auf die Nordseite der Alpen gebracht; beim Zusammenbruch des Reiches gehörte ein Großteil davon bereits zum festen Bestand der Gärten, der insbesondere in Gegenden mit entsprechend hohen Sommertemperaturen weiterhin kultiviert wurde. Wahrscheinlich haben die Römer die Süß- und Sauerkirschen, Pflaumen (*Prunus domestica*), Maulbeeren, Pfirsiche, Mandeln, Birnen, Feigen, die europäische Kastanie oder Eßkastanie eingeführt und darüber hinaus sogar versucht, die Schirmkiefer oder Pinea (*Pinus pinea*) und Oliven anzubauen, die allerdings beide nicht überlebten. Außerdem führten sie Rosen (vermutlich *Rosa gallica* und möglicherweise verschiedene Typen von *Rosa alba*); Hundsrosen und *Rosa pimpinellifolia* sind in Nordeuropa heimische Pflanzen, die Madonnenlilie (ihre Zwiebeln wurden von den römischen Legionen verzehrt und als Salbe für Hühneraugen genutzt) und Formen des kultivierten Veilchens, das Immergrün (*Vinca*) für Kränze und Girlanden (im Mittelalter trug das Opfer auf dem Weg zum Galgen eine Krone aus Immergrün) und die Christrose (*Helleborus niger*) ein. Unter den eßbaren Gemüseneuheiten waren Dill und Fenchel sowie rote Bete und verschiedene Kohlarten; sie bauten Hanf für Seile und Segeltuch an, soweit wir wissen aber nicht als Droge.

Das Paradiesgärtlein stammt von einem unbekannten Künstler aus dem Rheinland und dürfte zwischen 1410 und 1420 entstanden sein. Im Gras oder der «Blumenwiese» wachsen Borretsch, Schlüsselblumen, Vexiernelke, Maßliebchen, die purpurviolette Schwertlilie, Stockmalven in zwei verschiedenen Farben, Madonnenlilie, Maiglöckchen, Päonie, Nachtviole, Veilchen, Immergrün und Märzbecher (*Leucojum vernum*) sowie blühende und fruchtende Erdbeeren. Schauplatz ist ein mauerumzogener *hortus conclusus*, in dem die Jungfrau Maria und Heilige rituellen Pflichten nachgehen. Die heilige Dorothea pflückt Kirschen vom Baum des Lebens.

CXIIII

ROSA

Rosa frigida est in primo & sicca in secũdo gradu.& ro-
sa uirides & sicce competunt usui medicine. eligende sunt
rose rubee in medicinis. de ros3 uiridibus multa fiunt sc3
mel rosarum: zucarum rosarum & mulsa rosarum: sirup9
ros: oleum ros & aqua rosarum. Mel rosarum sic fit. mel
despumet & coletur cui misceantur folia ros minuti icisa
& aliquantulũ decoquitur. zucarum rosa4 sic fit. recipiãt
folia rosa4 optime ɔtusa uel minuti icisa & cũ zucaro al-
bo & soli presentet pro ipsi9 fermẽtatione. Sirupus rosa4
sic fit. R. succi rosa4 cum zucaro albo misceat penes igñe

p2

Die rote Rose (*Rosa gallica*) und die weiße Lilie, die im Mittelalter wahrscheinlich zu den beliebtesten Blumen zählten, wurden sowohl in der weltlichen als auch in der geistlichen Literatur und in Gemälden gewürdigt. In Verbindung mit der Jungfrau Maria galt die Rose als Sinnbild göttlicher Liebe. Sie wurde über Lauben und Gitterwerk gezogen, während Wildrosen wie *Rosa canina* und *R. rubiginosa*, die Weinrose oder Schottische Zaunrose, für Hecken verwendet wurden. Die hier als Schwarzweißbild dargestellte Illustration wurde nach einem handkolorierten Holzschnitt aus dem *Hortus Sanitatis* (Vicenza, 1491) gedruckt.

Daß sie als erste das Podagrakraut oder den Giersch (*Aegopodium podagraria*) in England zogen – er diente ihnen als Salat –, ist ein eher zweifelhaftes Verdienst.

Nach 280 n. Chr. ließ Kaiser Probus im ganzen Reich Weinberge anlegen, um seine Soldaten zu beschäftigen; bis dahin war der kommerzielle Anbau von Wein außerhalb Italiens verboten gewesen. Weitere Pflanzen wie Orangen und Zitronen, Granatäpfel und die aus dem Mittelmeerraum stammende Myrte (*Myrtus communis*) wurden von den Römern mit der Expansion des Reiches ebenfalls nach Norden gebracht; da sie im dunklen frühen Mittelalter aber weitgehend vernachlässigt wurden, gingen sie ein und wurden erst Jahrhunderte später wieder als Warmhauspflanzen eingeführt. Aller Wahrscheinlichkeit nach dürfte Albertus Magnus sie in seinem Wintergarten, den er 1259 Wilhelm von Holland in Köln zeigte, gezogen haben.

Frühes Quellenmaterial zur Bepflanzung

Obgleich uns bis zum 13. Jahrhundert jeder schriftliche Nachweis über Lustgärten fehlt, wurden Blumen und Obst zweifellos bereits seit langem als Köstlichkeit geschätzt – selbst zu jener Zeit, als Europa erst ganz allmählich aus dem geistigen Dunkel des frühen Mittelalters erwachte. Unsere spärlichen Informationen über die gärtnerischen Aktivitäten dieser frühen Periode stützen sich auf Gesetzes- und Rechtsdokumente, die in Zusammenhang mit Nutzpflanzen stehen, mehrere verbindliche Zusammenstellungen der damals bekannten und kultivierten Pflanzen sowie literarische Quellen.

Der hl. Isidor von Sevilla (um 560–636) begründete ausführlich, warum er einen Garten innerhalb seines Klosters – an die Mauer auf der Rückseite des Gebäudes angeschlossen – für schlichtweg unentbehrlich hielt. Der hl. Fiacrius von Donegal, der später zum Schutzpatron der Gärtner wurde, gründete ein Kloster und legte im 7. Jahrhundert bei Meaux in Frankreich einen schönen Garten an. Obgleich uns jeglicher Beleg über die Bepflanzung der beiden Gärten fehlt, gab es in dem Garten in Sevilla höchstwahrscheinlich die von Plinius d.Ä. gerühmten Zitrusfrüchte, während dem hl. Fiacrius ohnehin die meisten der Pflanzen, die die Römer vormals über die Alpen gebracht hatten, zugänglich gewesen sein dürften.

In den mühsam von Hand abgeschriebenen Herbalen des Mittelalters ging es vor allem um die Heilkräuter, obgleich eßbare Pflanzen und Kräuter zum Würzen auch erwähnt sind (viele Pflanzen hatten zugleich eine nützliche und eine symbolische «Bedeutung»); dennoch aber lassen sich aus diesen und anderen Quellen Rückschlüsse auf eine ansatzweise dekorativ orientierte Gartengestaltung ziehen.

Obst wurde überall angebaut; im Süden von Neapel und in Andalusien ergänzten Granatäpfel, Zedratzitronen und Zitronen das landläufige Repertoire der Äpfel, Birnen, Pfirsiche, Aprikosen und Mandeln. Immer wieder wird die aromatische Myrte erwähnt. Obgleich sich kaum irgendwo ein Hinweis findet, wie die Pflanzen angeordnet waren, verraten einige Berichte eine bemerkenswerte Freude am ästhetischen Bild akkurat ausgerichteter Baumreihen (vermutlich versetzt in Quincunx-Stellung, die den Gewächsen ein Maximum an Licht und Luft gewährte) sowie an den Farben und Düften der Obstblüte im Frühling.

Bezeichnenderweise wurde dem Beginn des Frühlings im Norden in der Regel sehr viel mehr Bedeutung beigemessen als im vergleichbar wärmeren Süden. Selbst in Nordeuropa wurden Bäume gezielt als Schattenspender ausgesucht. 1180 beschrieb William FitzStephen, wie Ulmen, Eichen, Esche und Weide entlang der Wasserläufe gepflanzt wurden und daß für schattige Alleen in London, Deutschland und in Mitteleuropa am häufigsten Linden erwähnt wurden. Praktiken wie der Kopfbaumschnitt und das Verflechten der Bäume zu flachen Baumwänden auf Hochstämmen – letzteres von den Engländern als *to pleach* und den Franzosen als *plessier* bezeichnet, was ineinander verschlingen, ineinandergreifen bedeutet – wurden das ganze Mittelalter hindurch angewandt. In England belegen Aufzeichnungen aus dem Jahr 1324, daß Arbeiter als Lohn für das Einflechten der Äste von jeweils zwei Hochstämmen einen Penny erhielten. Diese ineinander verflochtenen Baumwände waren gegen Ende der Epoche sehr populär; verstärkt durch ein Rahmengerüst aus Latten, entstanden auf diese Weise offene Pavillons und Lauben. Auch mit dem Veredeln – einem Verfahren, das offenbar häufig praktiziert wurde – befassen sich die klassischen Autoren, obgleich seltsame Vorstellungen grassierten; Versuche, Obst auf Platanen zu veredeln sollen sich jedenfalls als wenig realistisch erwiesen haben.

Während die heidnischen Römer Blumen hauptsächlich für Siegeskränze, Girlanden und Blumenringe zogen, wurden sie in Nordeuropa vor allem als Altardekoration geschätzt. So ist es nicht verwunderlich, daß sie vorwiegend in den gepflegten Gärten und Obstpflanzungen von Klöstern oder herrschaftlichen Anwesen erwähnt sind, die groß genug waren, um Raum für den Luxus einer derartigen Bepflanzung zu bieten.

Seit den Anfängen des Christentums werden in den Kirchen als Sinnbild für die Gaben des Heiligen Geistes Rosen verstreut. Die hl. Dorothea wird in Deutschland stets mit einer Krone aus Rosen auf dem Haupt oder einem Strauß Rosen in der Hand dargestellt. Rosen waren aber nicht nur von jeher Symbol der Jungfrau Maria, man schätzte sie auch um ihrer Heilwirkung und um des Duftes willen. Der Dichter Venantius Fortunatus (530–609), ein Italiener, der Bischof von Poitiers wurde, pflegte ein freundschaftliches Verhältnis zu Radegund, der Witwe Chlotars I. (561 gest.) und Äbtissin eines Nonnenklosters in Poitiers. Hier wurden die Tische mit Rosen bestreut, und der Dichter, der den Duft von Apfel- und Birnbäumen zur Blütezeit liebte, sendete der Königin Blumensträuße: «Keines der süß duftenden Kräuter, die ich versende, kommen der Erlesenheit des dunklen Veilchens gleich. Seine Blütenblätter, die in königliches Purpurviolett getaucht zu sein scheinen, vereinen Wohlgeruch und Lieblichkeit.» Fortunatus beschrieb aber auch die Gärten einer anderen verwitweten Königin in Paris, der für ihre duftenden Rosen berühmten Ultrogotha. Als Sinnbild der Jungfrau Maria schilderte Beda Venerabilis (673–735) die Madonnenlilie, die mit ihren weißen

Die weiße Lilie (*Lilium candidum*), die von alters her mit der Jungfrau Maria in Verbindung gebracht wird und in Gemälden der Frührenaissance häufig als Symbol der Verkündigung diente, stammt aus einer Abschrift des *Herbariums* von Apuleius Platonicus, die zu Beginn des 13. Jahrhunderts in Deutschland angefertigt wurde und im Besitz der Eton College Library in Windsor ist. Ein Großteil der Pflanzenporträts ist schwer zu identifizieren. Das Herbar muß ursprünglich sehr viel früher zusammengestellt worden sein – wahrscheinlich im 6. Jahrhundert in griechischer Sprache. Es handelt sich um ein bebildertes medizinisches Lehrwerk, das sich hauptsächlich auf die Schriften des Dioskurides und Plinius' d.Ä. stützt.

Blütenblättern die Unbeflecktheit ihres Körpers und mit den goldenen Staubgefäßen das Leuchten ihrer Seele symbolisiert.

Alkuin von York (um 735–804), Gelehrter und Gründer der kaiserlichen Palastschule Karls des Großen (der ältesten Universität Nordwesteuropas), war ebenfalls ein großer Blumenliebhaber; seine letzten acht Lebensjahre verbrachte er in der Abtei St. Martin in Tours, wo seine Zelle mit weißen Lilien und roten Rosen geschmückt war. Alkuin korrespondierte mit Benedikt von Aniane (bei Montpellier), der aller Wahrscheinlichkeit nach der Autor der Pflanzenliste in dem berühmten *Capitulare de Villis* (vgl. S. 86–87) war, die Karl der Große nach seiner Krönung zum Kaiser des Heiligen Römischen Reiches um 800 verordnete. Das Dekret forderte, daß jede Stadt in «allen Krongütern» einen Garten errichten müsse, in dem «sämtliche Kräuter», insgesamt 73, sowie 16 verschiedene Obst- und Nußbäume gezogen werden sollten.

Es scheint nahezu sicher, daß die Einstellung zum Lustgarten nach der Zeit Karls des Großen durch den Einfluß der Araber Anregungen und Impulse erfahren hat. Die Pflanzenliste Karls des Großen, die mehr als 280 Jahre vor den Listen der spanisch-arabischen Botaniker Ibn Bassal und Ibn al-Awwam vorlag, läßt sich weder als Gartenbuch noch als sorgfältige Aufstellung aller zur damaligen Zeit bekannten Pflanzen bezeichnen. Dennoch stellt sie den ältesten Nachweis über Pflanzen in Nordeuropa nach der Zeit des Frühmittelalters dar. Nimmt man den Klosterplan St. Gallen aus der Schweiz und Walahfrid Stobes Gartengedicht hinzu, so kann man sich in etwa ein Bild von den Gartenpraktiken des 9. Jahrhunderts machen, die sich wenig von jenen unterscheiden, die in den Instruktionen der vier klassischen römischen Handbücher und in der *Naturalis Historia* des Plinius angesprochen werden.

Solche Werke waren lediglich den lateinkundigen Gelehrten in den Bibliotheken der Klöster und ganz wenigen Privatpersonen, die das Glück hatten, im Besitz eigener Abschriften zu sein, zugänglich. Beda Venerabilis konnte im 8. Jahrhundert einen «Plinius» sein eigen nennen, und Alkuin hatte ebenfalls Zugang zu dieser Quelle. Von den vier landwirtschaftlichen Traktaten, die unter dem Titel *De Re Rustica* zusammengefaßt waren, und den aus dem 14. Jahrhundert stammenden Werken des Palladius, die alle spezifische Gartenanweisungen enthielten, waren letztere – in ihren zentralen Aussagen auf Columellas Erkenntnisse gestützt – am weitesten verbreitet. Der Plan von St. Gallen weist getrennte Gärten für Heilkräuter und Gemüsebeete aus, wie Columella erläuterte: «Der Boden wird in Beete unterteilt, die allerdings so einzurichten sind, daß die, die Unkraut jäten, nicht auf die Sämlinge treten müssen, sondern auf Wegen vorgehen und zuerst die eine Hälfte des Beetes und danach die andere mit ihren Händen zu bearbeiten vermögen.»

Der Austausch von Pflanzen und Pflanzenkenntnissen

Wie gut der Austausch von Samen und Stecklingen zwischen den Klöstern im 12. und 13. Jahrhundert in ganz Europa funktionierte, ist durch eine Fülle von Quellen belegt. Ein Großteil der florierenden Beziehungen ging vom Burgund und von den bis nach England vordringenden Normannen aus, die unter der Herrschaft Heinrichs I. Gartenbetriebe errichteten und sich mit Veredelungstechniken und der Anzucht von Sämlingen befaßten. Der Goldlack (*Cheiranthus cheiri*) wurde nachweislich während der normannischen Aufbauphase nach England gebracht; seine erste Erwähnung (zusammen mit anderen Gartenpflanzen wie der Akelei und dem Stiefmütterchen) als Kulturpflanze nördlich der Alpen sollte allerdings erst in dem im 12. Jahrhundert verfaßten niederdeutschen *Glossarium Helmstadtiense* erfolgen.

Obgleich Karl der Große zu den Abbasidenherrschern in Bagdad – dem Zentrum islamischer Wissenschaft im Mittleren Osten – in Kontakt stand und als Zeichen der Verbundenheit von Harun al-Raschid im Jahr 802 sogar einen Elefanten geschenkt bekam, findet sich keinerlei Nachweis darüber, daß Pflanzen oder wissenschaftliche Erkenntnisse aus dieser Quelle in das mittelalterliche Europa vorgedrungen wären. Um diese Zeit wurden jedoch Dioskurides und andere klassische Texte des Altertums, die in Europa nicht zugänglich waren, ins Arabische übersetzt; hinzu kamen botanische Bücher, die durch zusätzliche Informationen auf den zu jener Zeit neuesten Stand gebracht wurden. Diese Schriften verbreiteten sich im 10. Jahrhundert auf dem Weg über das maurische Spanien oder über arabische Siedlungen in Süditalien (u.a. auch über die Universität von Salerno) im christlichen Europa. Im Lauf des 11. Jahrhunderts zogen Gelehrte, Pilger und Kaufleute über die Pyrenäen, um sich in Spanien dem Studium der arabischen Medizin zu widmen; bei ihrer Rückkehr nahmen sie sowohl Pflanzen als auch philosophische Ideen mit auf den Weg nach Norden. In den folgenden Jahrhunderten setzte sich dieser rege Austausch fort, und so fanden Saatgut, Blumenzwiebeln und Rhizome von Blumen wie Lilien, Iris und Narzissen, ja selbst Stecklinge von Pflanzen wie Rosmarin auf diesem Wege ihre Verbreitung.

Gärten wie jene in Granada erfüllten auch christliche Herrscher mit so großer Bewunderung, daß zum Beispiel Peter I. (1344–1369) in Sevilla für den Bau des Alcázar arabische Kunsthandwerker einstellte. Gegen Ende des 14. Jahrhunderts wurden die herrschaftlichen Gärten der Könige von Navarra, deren Reich sich bis über die Pyrenäen und im Norden bis Cherbourg erstreckte, in Olite und Tafalla geschaffen. In den Gärten bei Olite, die Karl III. (1387–1425) – seine Schwester

Die aus einem flämischen Stundenbuch stammende Illustration (um 1500) zeigt einen Schubkarren (erstmals im 13. Jahrhundert als Gartenhilfe erwähnt), der – mit einem großen Korb beladen – eine einzelne rote Gartennelke enthält und von der Frau des Gärtners geschoben wird. Als Geoffrey Chaucer um 1400 die «clowe-gilofre» aufführte, hatte er die orientalische Gewürznelke und nicht die duftende Nelke oder Gartennelke (*Dianthus caryophyllus*) im Sinn, die im letzten Viertel des 15. Jahrhunderts nach Nordeuropa kam. Obgleich Nelken in der Türkei und im Mittleren Osten sicherlich schon früher in Kultur waren, verfügten die Spanier bei Valencia erst um 1460 über Gartennelken, und in Frankreich wird die *œillet* erstmals um 1470 erwähnt.

Johanna von Portugal wurde 1401 die Gemahlin von Heinrich IV. von England – in Auftrag gab, fanden sich Pinien und eine Orangenplantage; die umliegenden Klostergärten wurden mit Zypressen und Granatapfelbäumen bepflanzt. Einige der gärtnerischen Tauschaktionen, die aus dieser Zeit belegt sind, gingen auf solche Verbindungen zurück. Die gefülltblühende Gartennelke (*Dianthus caryophyllus*) gelangte um 1460 von Valencia nach Norden und trat erstmals in Frankreich in Erscheinung, wo sie um 1470 als *œillet* bekannt wurde, während die ungefüllte Federnelke (*Dianthus plumarius*) bereits früher in Kultur war. Auf Bildern aus dieser Zeit ist sie als Topfpflanze mit halbkreisförmigen Ringen aus Weide und durch hohe Stäbe gestützt dargestellt. Pflanzen wurden aber auch als Geschenke zwischen den Königshäusern hin und her gereicht. Die berühmte Pomeranze (*Citrus aurantium*) in Versailles, die als «Grand Connétable» um 1411 von Eleanore, der Gattin Karls III., in Olite gesät wurde, gehörte zu den fünf Bäumen, die Ludwig XII. und Anna von Bretagne 1499 als Hochzeitsgeschenk bekamen. Im 12. Jahrhundert wurde die Beziehung zwischen dem deutschen Kaiser Friedrich I. Barbarossa (Regierungszeit von 1152–1190) und Bagdad wiederhergestellt. Botschaftsberichte von legendären offenen Patiogärten und Fontänen in kristallklaren Becken weckten im Westen phantastische Vorstellungen. Um die Mitte des 13. Jahrhunderts ließ Kaiser Friedrich II. auf dem vorspringenden Gelände seiner Burg in Nürnberg die Hängenden Gärten erbauen und einen Park im orientalischen Stil anlegen (1494 zerstört); er betraute eigens einen fachkundigen Gärtner mit der Pflege der Pflanzen, die er aus wärmeren Regionen über Kontakte mit den Sarazenen und den Spaniern erworben hatte.

Aber auch über Süditalien drang der arabische Einfluß nach Norden, insbesondere als Folge der Handelsbeziehungen mit den Sarazenen im Hafen von Amalfi. Im nahen Salerno, wo wie später in Montpellier eine Medizinschule existierte, scheinen die im islamischen Stil gestalteten Parks die Reisenden aus dem Norden in ihren Bann gezogen zu haben, noch bevor die Normannen im Jahr 1072 Sizilien eroberten.

Die arabischen Botaniker im Spanien des 11. und 12. Jahrhunderts (vgl. S. 58–59) führten zahlreiche Pflanzen auf, die sich nicht einfach nach Nordeuropa versetzen ließen, aber auch andere, die sich problemlos den kälteren klimatischen Bedingungen anpaßten. Ein Großteil der botanischen Abhandlungen entstand in südlicheren Breiten; zu bedenken ist aber, daß das Klima in Nordeuropa zu jener Zeit um einige Grade wärmer war – ein Vergleich der zwischen 500 und 1300 n. Chr. aller Wahrscheinlichkeit nach herrschenden Temperaturen mit Aufzeichnungen für das Jahr 1900 deutet auf eine zusätzliche Vegetationszeit von etwa einem Monat hin. Die höheren Temperaturen dieser Zeit dürften dafür gesorgt haben, daß in nördlichen Breiten auf der Höhe Großbritanniens Oliven und vielleicht sogar Dattelpalmen gediehen, obgleich diese wohl keine Früchte hervorbrachten.

Verbesserungen des Pflanzenmaterials und der gärtnerischen Maßnahmen waren aber nicht weniger wichtig und befaßten sich insbesondere mit der Entwicklung resistenterer Auslesen beim

Die symbolhafte Thematisierung des Gartens und seiner Blumen kam im 15. Jahrhundert in einigen der großen flämischen Madonnenbilder von Künstlern wie Memling, van der Weyden und van Eyck zum Ausdruck. Auf dem Gemälde der Jungfrau mit dem Kinde, das der in der Tradition Memlings stehende Dieric Bouts um 1490 für Isabella von Spanien schuf, ist im Hintergrund ein Anwesen mit einem im formalen Stil der damaligen Zeit gehaltenen flämischen Garten zu sehen. Dieser ist in akkurat aneinandergereihte rechteckige Beete unterteilt, von denen jedes vier Ziegel hoch ist, dazwischen mit Sand bestreute Wege. Des weiteren erkennt man Stufenbäume (in Form geschnittene Pflanzen, die über lagenweise angeordnete Ringe erzogen sind), durch Gitter gestützte Gartennelken und ein Beet mit einer Einzäunung, das man sich über und über mit Lavendel bepflanzt vorstellen könnte. Am Fluß wachsen Iris.

Obst. Obgleich in Valencia Orangen für Heckenpflanzungen verwendet wurden, mußten im nördlichen Europa die Zitrusgewächse in speziellen, mit Kohle beheizten Schuppen überwintert werden; um 1537 gab es bei Llandaff in Südwales einen Garten mit einem in die Mauer eingebauten Ofen.

Der Garten als Quelle der Freude

Seit der normannischen Ära finden sich vermehrt Hinweise auf die Schönheit der Pflanzen. Bezeichnend dafür, welche Wertschätzung der Lustgarten erfuhr, ist die in England wohlbekannte Geschichte von Wilhelm II., der 1092 den Garten der Nonnen in Romsey besuchte. Selbst wenn es in Wirklichkeit eher darum ging, einen Blick auf Edith von Schottland, die Erbin der sächsischen Linie, zu werfen, wurde seiner Bitte, die Rosen und andere Blütenpflanzen sehen zu dürfen, offenbar entsprochen.

Mag sein, daß die Blumenbeete, die er zu Gesicht bekam, «mit Rosen und Lilien [...] Veilchen und Alraune geschmückt» waren, wie uns die Aufstellung des Engländers Alexander Neckam ein Jahrhundert später glauben macht – die Prinzessin bekam er jedenfalls nicht zu Gesicht, denn als Nonne verkleidet entging sie seinem Blick.

Daß Albertus Magnus im 13. Jahrhundert einen Lustgarten schilderte, entsprach kaum den damaligen Gepflogenheiten, obgleich es vorher bereits Pflanzenlisten oder Kataloge gab, in denen Pflanzen aufgeführt waren, die zumindest auch um ihrer Schönheit willen einbezogen wurden. Der 1157 geborene Neckam, der später Abt von Cirencester wurde, verfaßte in jungen Jahren sein Prosawerk *De Naturis Rerum*, in dem er sich dafür aussprach, den Garten mit bestimmten Blumen zu «schmücken». Sein Werk war bereits vor 1200 im Umlauf und sollte in den frommen Häusern Britanniens drei Jahrhunderte lang als Pflanzenenzyklopädie verbindlich sein. Ein Kapitel befaßte sich ausführlich mit im Garten bewährten Blumen, Kräutern und Bäumen. Und obgleich manche der Pflanzen in England wohl gar nicht in Kultur waren, schließt das Spektrum der unterschiedlichen Sorten, die Neckam aufführt, zumindest einen vom Hörensagen vertrauten Bestand ein. Behält man das wärmere Klima bis etwa 1300 im Auge, so führt diese Liste nur eine kleine Zahl neu eingeführter Pflanzen auf, die in seiner Heimat nicht gedeihen sollten. Von den insgesamt 77 Gewächsen waren weniger als 10 Zierpflanzen nicht zuverlässig winterhart. Dazu gehörten der Akanthus und der Granatapfel, die Dattelpalme und die Orange; sie alle waren während der kalten Jahreszeit auf eine Art Wärmequelle angewiesen. Wenn man heute in England immer wieder auf blühende Granatapfelbäume stößt, kann man sich gut vorstellen, daß ihre Früchte im wärmeren Klima des 12. Jahrhunderts ausreiften. Für die Reichen stellten sie jedenfalls eine begehrte fremdländische Delikatesse dar. Neckam löste sich von der allgemein üblichen Fixierung auf Nutz- oder Ertragspflanzen und stützte sich statt dessen auf ästhetische Kriterien, wenn er Blumen ausschließlich um ihrer Schönheit willen empfahl. Zu Rosen, Lilien, Veilchen und Alraune gesellte er Borretsch und Narzissen (bei letzteren handelte es sich wohl um die wildwachsende *Narcissus pseudonarcissus* oder die Türkenbundlilie, die in einigen Quellen des europäischen Festlands als Narzisse bezeichnet wurde), die hiermit beide erstmals in England aufgeführt wurden. Diese nüchtern anmutende Liste erweiterte Neckam durch einen Abschnitt besonderer Pflanzen, die in den zeitgenössischen Abhandlungen häufig miteinander verwechselt wurden: die Zichorie oder Wegwarte (*Cichorium intybus*) mit der Gartenringelblume (*Calendula officinalis*), der Beifuß (*Artemisia vulgaris*) mit dem Mutterkraut (*Chrysanthemum parthenium*, heute korrekterweise *Tanacetum parthenium*) und die Dachwurz (*Sempervivum tectorum*) mit dem Schopflavendel (*Lavandula stoechas*) – Pflanzen, die zu jener Zeit alle ganz ähnliche lateinische Namen trugen. Wenn die Myrte (*Myrtus*) im Zusammenhang mit nördlichen Regionen angeführt wurde, war in der Regel der Gagelstrauch (*Myrica gale*) gemeint, der in torfhaltigen Sümpfen vorkommt, und nicht die klassische griechische oder mediterrane Myrte (*Myrtus communis*), die in Nordeuropa eindeutig frostempfindlich ist. (In den Vereinigten Staaten heißt *Vinca minor* – bei den Europäern als Immergrün bezeichnet – mit Populärname Myrte.) Mit den sogenannten «Dragons» ist in Neckams Liste wahrscheinlich der winterharte Wiesenknöterich (*Polygonum bistorta*, neuerdings dem Genus *Persicaria* zugeordnet) gemeint. In seinem Gedicht *De Laudibus Divinae Sapientiae* führte Neckam eine weitere Anzahl ihm offenbar vertrauter Bäume auf. Zweifellos dürften manche, trotz des damals (um 1200) wärmeren Klimas in England, nicht frosthart und andere vermutlich erst sehr viel später eingeführt worden sein. Offiziell wurden die italienische oder echte Zypresse (*Cupressus sempervirens*) und die Morgenländische Platane (*Platanus orientalis*, die heilige *chenar* der Muslime) erst Ende des 14. Jahrhunderts eingeführt und die Libanonzeder (*Cedrus libani*) nicht vor dem 17. Jahrhundert. Dennoch ist es natürlich durchaus vorstellbar, daß man zu Neckams Zeit versuchte, diese Bäume aus den Samen, die aus den Ländern des östlichen Mittelmeerraums und Italien mitgebracht wurden, zu kultivieren.

Seit dem 12. Jahrhundert liegt uns eine ganz beachtliche Zahl schriftlicher Zeugnisse vor, in denen sehr viel offener auf die diversen Freuden, die Gärten bieten, eingegangen wird. Ein Zeitgenosse des hl. Bernhard schilderte zu Beginn des 12. Jahrhunderts die Anlage der Zisterzienserabtei von Clairvaux im Burgund: «[...] hinter der Abtei, aber innerhalb der Klostermauer, dehnt sich ein ebenes Gelände aus, das, ähnlich einem kleinen Wald, mit vielen verschiedenen fruchttragenden Bäumen bepflanzt ist. Dieser Obstgarten befindet sich unmittelbar beim Spital und hat eine sehr tröstliche Wirkung auf die Brüder, denn er bietet denen, die zu gehen belieben, einen weiten Spazierweg und denen, die die Ruhe vorziehen, ein Refugium der Ruhe. An die Obstpflanzung schließt sich der Garten an, der in

Das *Breviarium Grimani* (um 1510) zeigt einen von Gitterwerk umgebenen Garten inmitten einer Landschaft mit einem Olivenbaum und einem Brunnenüberbau; auf dem Felsen im Hintergrund erhebt sich eine Burg. Dieser *hortus conclusus* mit sorgfältig angelegten Beeten und Wegen bekundete einerseits Wohlstand, andererseits mit der weißen Lilie und der Rose die symbolische Verbindung zur Jungfrau Maria.

mehrere Beete oder (noch besser) durch kleine Kanäle unterteilt ist; obgleich es sich um stehendes Wasser handelt, erscheint es doch mehr oder weniger fließend [...] Das Wasser erfüllt zweierlei Aufgaben: Es ist Lebensraum für die Fische und bewässert das Gemüse.» Im frühen 12. Jahrhundert beschreibt der sächsische Theologe Hugo von St. Victor einen mit einem Wassergraben umzogenen Garten oder *hortus* (vermutlich in Frankreich), der «durch Bäume geschmückt, mit herrlichen Blumen und grünem Gras Erquickung und Freude [...] segensreichen Schatten schenkt und das Ohr mit dem Murmeln einer Quelle verwöhnt, überdies eine Fülle verschiedener

Ein Garten, der unlängst bei Winchester hinter der Great Hall des Schlosses angelegt wurde, ist zwei englischen Königinnen, Eleanore von Aquitanien, Gattin von Heinrich II., und Eleanore von Kastilien, mit Eduard I. verheiratet, gewidmet. Die Bepflanzung besteht ausnahmslos aus Blumen, die nachweislich in der damaligen Epoche in Kultur waren. Darunter finden sich zwei «neue» Pflanzen – die Stockmalve, die Eleanore von Kastilien 1255 aus Spanien einführte, und die Nachtviole, die in Europa erstmals von Pietro de Crescenzi zu Beginn des 14. Jahrhunderts erwähnt wurde. Mit diesem Garten, seinen Pflanzen und typischen Elementen wird an die Vorstellung des mittelalterlichen *hortus conclusus* angeknüpft.

Früchte bietet, die vom Gesang der Vögel gepriesen werden». Um etwa dieselbe Zeit ging Wilhelm von Malmesbury noch einen Schritt weiter in seiner Wertschätzung des Gartens: Er beschrieb «die glatten Stämme der Obstbäume, die sich den Sternen entgegenrecken», und wähnte, daß die Blüten der Pflanzen mit ihrem süßen Atem lebenspendend wirkten. Seine Feststellung, es herrsche «ein Wettstreit zwischen Natur und Kunst – was die eine nicht hervorzubringen vermag, leistet die andere», enthält einen ersten Hinweis darauf, die Gartenbestellung als eine Art «Kunstform» aufzufassen. Obgleich in diesen Schilderungen Blumen selten namentlich genannt werden, scheint sich nicht nur abzuzeichnen, daß im Bereich des Nützlichen die Schönheit entdeckt wird, sondern auch, daß man sich dem Zauber der Blumen kaum entziehen kann.

Die älteste Beschreibung eines mittelalterlichen «herber», eines Paradies- oder Lustgartens, der in Anlage und Bepflanzung allein der Erquickung diente, ist in einem Kapitel des von Albertus Magnus um 1260 verfaßten *De Vegetabilibus et Plantis* (vgl. S. 88–89) festgehalten. Aller Wahrscheinlichkeit nach handelt es sich um eine Abschrift, die auf dem inzwischen nicht mehr erhaltenen Teil eines 1240 vollendeten enzyklopädischen Werks des Engländers Bartholomäus von Glanville basierte. Die Schilderung des Albertus Magnus wurde nahezu Wort für Wort von dem Italiener Pietro de Crescenzi übernommen, der sie im ersten Kapitel des achten Bandes seines Opus *Liber ruralium commodorum* (Über Lustgärten) wiedergibt – von dort unzählige Male abgeschrieben und gedruckt, erfüllte dieses Werk eine Art Brückenfunktion zwischen der Gartengestaltung des Mittelalters und der neuen Ära der Renaissance.

Es war das erste Mal, seit Europa mit dem Ende der *pax romana* während des 6. Jahrhunderts ins Chaos geraten war, daß ästhetische Erwägungen und nicht die Ertragslage für die Beschreibung eines Gartens bestimmend wurden. Bäume und Blumen sollten um ihrer dekorativen Wirkung willen ausgewählt werden.

Die Beschreibungen des Albertus Magnus enthalten viele der charakteristischen Elemente des eingefriedeten mittelalterlichen Gartens, der sich in der Regel an die Burg oder das Herrenhaus anschloß. Solche Gärten dürften aber auch innerhalb der mauerumzogenen Klosteranlagen existiert haben, wo sie, getrennt von den Arzneikräuter- und Küchengärten, eine Art Luxus darstellten. Den exponierten, sonnenbeschienenen Rasen in der Mitte, in dem eine klare Fontäne sprudelte, umrahmten duftende Kräuter und Blumen; es gab erhöhte Rasenbänke und schattenspendende Obstbäume oder Weinreben (vermutlich über eine Art Pergola gezogen). Obgleich bis um 1400 selbst von diesen typischen Gärten keinerlei Abbildungen erhalten sind, wissen wir aus zeitgenössischen Aufzeichnungen und der Literatur, daß es sie tatsächlich gab. Im 15. Jahrhundert übten sich Kolorierer und Maler in der kunstvollen Wiedergabe dieses immer gleichen Themas, um Manuskripte von Gebetbüchern, allegorische Dichtungen und Liebesgeschichten darzustellen, die sich vor der Kulisse symbolischer Lustgärten abspielten – wie etwa im *Roman de la Rose* von Guillaume de Lorris im 13. und in den Werken von Geoffrey Chaucer im 14. Jahrhundert. Glücklicherweise sind viele dieser Zeugnisse, die das Bild von Gärten und Pflanzen zum Leben erwecken, erhalten geblieben. Motive im Hintergrund großer religiöser Gemälde veranschaulichen das Idealbild des *hortus conclusus* mit Blumen, die – deutlich erkennbar – Symbolcharakter innerhalb der Geschichte des Alten und Neuen Testaments aufweisen; auffallend ist dabei, daß die Gartenstrukturen eine zunehmende Verfeinerung erfahren. Eine ständig wachsende Vielfalt an Pflanzen spiegelt sich auf diesen Gemälden oder auch in den mit zarten Pinselstrichen illustrierten Stundenbüchern wider. Bisweilen ist es aufgrund dieser Darstellungen sogar möglich, genauer zu bestimmen, wann die jeweilige Pflanze in die spätmittelalterlichen Gärten Eingang fand. Der historische Garten, der kürzlich unterhalb der Mauern der Great Hall des Winchester Castle angelegt wurde, ist mit Gewächsen bepflanzt, die im 13. Jahrhundert nachweislich bekannt waren.

Das Idealbild des Gartens und Paradiesgartens

Um das Wesen des mittelalterlichen Gartens zu erfassen, genügt es nicht, zu wissen, wie diese Gärten angelegt waren oder welche Pflanzen darin wuchsen; es bedarf vielmehr der Beschäftigung mit einigen Ideen, die dem Gartenverständnis jener Zeit zugrunde lagen. Der Lustgarten war mehr als ein umfriedetes Stück Natur; er war das verschwenderisch üppige Pendant der «bloß» zweckdienlichen Heilkräuter- und Gemüsegärten. Diesem Garten wohnte eine vielfältige symbolische Bedeutung inne, die einerseits religiös orientiert, andererseits aber auch auf die weltlichen Freuden des *locus amoenus* (lieblichen Ortes) ausgerichtet war – beides also unerschöpfliche Quellen, die die Phantasie von Dichtern und Künstlern inspirierte.

Für den Muslim wie für den Christen sind die Ursprünge des idealisierten Gartens im *Hohenlied des Salomon* aus dem Alten Testament verschlüsselt: «Meine Schwester, liebe Braut, du bist ein verschlossener Garten, eine verschlossene Quelle, ein versiegelter Born.» Für das Christentum wurde der zur Wüste hin abgegrenzte persische Garten, der die Heilsbotschaft des Paradieses verhieß – neutestamentlich ausgedrückt –, zum Symbol Christi und der die «Früchte des Geistes» tragenden Heiligen Kirche. Der sorgfältig in Beete und Wege unterteilte, eingefriedete Garten – vordergründig ein Ort verschwenderischen und unbeschwerten Lebens – erfuhr durch den christlichen Symbolismus eine transzendentale Überhöhung; er wurde zum Sinnbild für die Reinheit der Jungfrau Maria. Die Rosen, die einst der Venus geweiht waren, versinnbildlichen nun das Wesen Marias und rote Rosen das Blut der Märtyrer. Weiße Madonnenlilien sind das Symbol der Verkündigung; sie repräsentieren die neue christliche Kirche und sind Zeichen für die jungfräuliche Mutter Gottes, deren Bescheidenheit durch das Veilchen symbolisiert wird.

Abgesehen von dem christlichen Symbolismus, der eng mit dem *hortus conclusus* des frühen Mittelalters verbunden war, ging das Idealbild des Lustgartens auf den Garten Eden des Alten Testaments zurück, in dem immerfort Frühling herrschte – bis zum 17. Jahrhundert wurde er als Garten dargestellt, in dem die Bäume zugleich Blüten und Früchte trugen, ein mildes Lüftchen wehte und Waldlichtungen mit blumenübersäten Wiesen abwechselten, über denen

Der Besuch, ein Altarbild, das im Auftrag der spanischen Monarchen Ferdinand II. von Aragón und Isabella von Kastilien von einem Meister des 15. Jahrhunderts geschaffen wurde, stellt die Begegnung Marias mit Elisabeth dar. Im Gras erkennt man eine Fülle geschätzter Heilpflanzen wie Veilchen, Gänseblümchen und Löwenzahn, an der Hauswand Kletterrosen. Auf dem Fenstersims präsentieren sich kunstvoll formierte Topfpflanzen: Eine als Kugel beschnittene Pflanze kontrastiert mit einem etagenförmig erzogenen Gewächs, während im dritten Topf wohl Gartennelken wachsen, die von einem zierlichen Weidenspalier gestützt werden.

Vogelgezwitscher erklang. Diese Gärten waren mit ihren von Rosen und Weinreben umrankten Lauben ebenso unverkennbar weltzugewandt wie die zauberhaft anmutenden *loci amoeni*, die als Schauplatz für höfische Romanzen und Tändeleien dienten und uns nicht nur in der Dichtung (vgl. S. 90–91), sondern auch in der Bildenden Kunst begegnen.

In der berühmtesten literarischen Verherrlichung des Gartens, dem *Roman de la Rose*, wandert der Liebhaber im äußeren Garten, bis ihm die Tür von der allegorischen Figur der Müßigkeit geöffnet wird; daraufhin betritt er den inneren Garten und findet sich somit an einem Ort, der seinen Geist «glücklich und heiter und freudenreich macht». Der Dichter, Guillaume de Lorris, erwähnte neben heimischen Gewächsen auch den exotischeren Lorbeerbaum (den «laurer», der immer grünt), Linden, die als «firre» bezeichnete Gemeine Fichte (wahrscheinlich die aus Norwegen stammende *Picea abies*) und die Morgenländische Platane. In *The Frankeleyns Tale* wird ein Maiengarten gepriesen: «[...]voll von Blättern und Blumen. Und kraft Menschenhand, die so seltsam diesen Garten gestalten, daß es seinesgleichen nie gab, es sei denn, es wäre ein Abbild des Paradieses.»

Diese der Phantasie entsprungenen Gärten spiegelten jedoch auch Realität wider. Obgleich man lange davon ausging, daß die Anordnung des mittelalterlichen Lustgartens dem Konzept des eingefriedeten Gartens entspricht – um der Sicherheit und Abgeschiedenheit willen innerhalb des von Mauern umgebenen Schlosses oder der Abtei gelegen –, bezeugen zeitgenössische Dokumente, daß es auch außerhalb dieser Mauern von Menschen geschaffene Parks mit Bäumen und Obstpflanzungen gab. Von einer zweiten Mauer oder Hecke eingefaßt, entsprach dieser ungleich größere Gartenbereich, der oft dem Erwerb von Nutzholz und Obst, darüber hinaus aber auch der Freude diente, eher dem weltzugewandten Konzept des *locus amoenus*. Neuere Forschungen haben gezeigt, daß diese Obst- und Gehölzpflanzungen ganz beachtliche Ausmaße hatten. Schlösser, Herrenhäuser und große Klosteranlagen verfügten sowohl über kleine Gärten oder «herber» für Nutz- und Zierpflanzen als auch über weitläufige, ebenfalls eingefriedete Bereiche, in denen sich schattige Alleen, künstlich angelegte Fischteiche und natürliche Bäche fanden, manchmal ergänzt durch weitere Elemente wie Volieren und Menagerien. Bischof Geoffrey de Montbray von Coutances besuchte – noch bevor England von Wilhelm erobert worden war – seine Verwandten in Süditalien; nach seiner Rückkehr in die Normandie begann er Eichen, Buchen und andere Waldbäume in einen Park zu pflanzen, der von zwei parallel laufenden Gräben und einem Zaun umgeben war. Nach 1066 konnte der Bischof, der von seiten Wilhelms des Eroberers mit großzügigen Landzuweisungen in Somerset bedacht worden war, englisches Wild in den Park aussetzen, einen Garten, das *virgultum*, und einen Weinberg anlegen. Darüber hinaus ließ er zwei Teiche ausheben und Mühlräder aufstellen, so daß eine Art frühe *ferme ornée* entstand. Zu Beginn des 12. Jahrhunderts schuf Heinrich I. in Woodstock eine große, von einer Steinmauer eingefaßte Parkanlage, in der er neben exotischen Tieren sogar ein Stachelschwein hielt. Ein Teil dieses Areals wurde von Heinrich II. zu einem Irrgarten umgestaltet, der allerdings vor dem 14. Jahrhundert in keiner überlieferten Quelle Erwähnung findet. Heinrich III. wiederum pflanzte 1264 auf dem Gelände rund hundert Birnenschößlinge um ihrer Schönheit willen. Was Hildebert von Laverdin 1099 in seinem Gedicht *De ornatu mundi* in poetischen Versen zum Ausdruck brachte, scheint hier in höchster Vollendung verwirklicht:

«Dort hat jeder Baum doppelt Ehren;
Sein Zweig trägt Frucht, sein Schatten hüllt die Erde ein,
erfreuen die Menschen mit Frucht und wohligem Schutz
[...] Auf Apfel-, Oliven- und Birnbaum sprießen
Äpfel, frischgrüne Blätter und reifende Birnen.
Der Vögel Lieder, Würze Ruch und Blumen Farben
Füllen die Luft mit Gesang, die Nüstern mit Duft und zieren die Erde.
Zarten Zephyrs Hauch, nicht rauher Ostwind; überall Wohlgeruch,
Nicht Eis; dort wirkt der Frühling, nicht der Winter.»

Hildeberts Vorstellung basiert teilweise auf den südlicher angesiedelten Paradiesgärten des Islam enthält aber auch Anklänge an mythologische Schilderungen vom Garten Eden.

Wie John Harvey berichtet, sorgte der Bischof von Auxerre in Noyers an der Grenze zum Burgund 1190 «für jegliche Freude und Verbesserung, die menschlicher Fleiß auch nur hervorzubringen vermag. Die Wälder, die mit Dornensträuchern und Gestrüpp überwachsen und somit von geringem Wert waren, wurden geputzt und urbar gemacht. Hier legte er Gärten an und pflanzte Bäume verschiedener Sorten, die nicht nur Freude schenkten, sondern auch eine Fülle von Früchten. Er umgab einen großen Teil der Wälder mit einem umlaufenden Zaun, der vom Tor am nahen Ende des Damms beim dritten Teich ausging, um hier eine Vielfalt wilder Tiere zu halten. Diese konnte man innerhalb ihrer Herde vom Palast aus beim Äsen beobachten – ein ergötzender Anblick.» Im Jahr 1150 hatte der Bischof von Le Mans so viele schöne Bäume in sein *viridarium* gepflanzt, daß «diejenigen, die aus den Flurfenstern blickten, um die Schönheit der Bäume zu bewundern, gleichermaßen Freude empfanden wie die anderen im Garten, die hinauf zu dem schönen Bild an den Fenstern schauten».

Der mittelalterliche «herber», das Paradiesgärtlein oder der Lustgarten, war oft nur eine kleine Enklave mit wohlriechenden Blumen und Gras. Diese Abbildung, die einer französischen Übersetzung von Boccaccios *La Teseida* (1460) entnommen ist, zeigt einen von erhöhten Rasenbänken umgebenen Garten. Ein hohes Spalier ist mit Kletterrosen umrankt und eine tonnenartig gewölbte Laube mit Wein überwachsen. Innerhalb des niedrigen Spaliers im Vordergrund erkennt man Garten- und Federnelken, erstere erst neuerdings in Frankreich eingeführt, außerdem Akeleien, Levkojen und wahrscheinlich Schopflavendel, den sogenannten Französischen oder Spanischen Lavendel (*Lavandula stoechas*) sowie Rosmarin.

Gartenpraktiken

Wer sich heute ein Bild vom Aussehen der Gärten des 13. Jahrhunderts und einiger gärtnerischer Maßnahmen dieser Zeit machen möchte, sollte sich in die Schriften des Albertus Magnus und des nur wenig älteren Bartholomäus von Glanville vertiefen. Sie geben nämlich Aufschluß darüber, was zum festen Bestand der Gärten gehörte und wie die verfügbaren Pflanzen in den verschiedenen und spezifischen Bereichen des Gartens angeordnet waren. Sie beziehen sich – wie Pietro de Crescenzi zu Beginn des 14. Jahrhunderts – in ihren Beschreibungen auf Gärten, die sie aus eigener Anschauung kannten. Diese Schriftsteller waren weder Reformer noch Lehrer, sondern Beobachter; ein Großteil ihrer Hintergrundinformationen über Gartenbau (und Landwirtschaft) beruhte noch immer auf jener Handvoll klassischer Autoren. Dennoch begannen sie sich in eine eher wissenschaftlich orientierte Richtung vorzutasten. Bartholomäus kehrte den Unterschied zwischen Bäumen und Tieren folgendermaßen heraus: «[…] denn Bäume ziehen nicht willkürlich von Ort zu Ort wie Tiere; noch ändern sich ihre Gelüste und Vorlieben, auch Sorgen bedrücken sie nicht […] den Bäumen wohnt die Seele des Lebens inne […] aber innerhalb deren keine Empfindung», und Albertus Magnus fragte sich zu jener Zeit noch, ob die Seelen des Efeus und des umrankten Baums vereint sein mochten oder nicht. Sie vermitteln uns zugleich aber auch einen Einblick in die damals praktizierten Anbaumethoden (auch gärtnerische Hilfsmittel wie den Schubkarren, vgl. S. 75), die vielleicht seit Generationen angewandt wurden, bevor sie in Dokumenten Erwähnung fanden. Immerhin waren diese beiden Chronisten für die damalige Zeit weitgereiste Kosmopoliten; im Mittelpunkt ihrer Werke standen die herrschaftlichen Gärten von bedeutenden Klerikern, den Vertretern der Königshäuser und des Adels, die sie auf ihren Reisen durch Europa besuchen konnten.

Ab dem 14. Jahrhundert wurde den dekorativen Pflanzen und ihren Verwendungsmöglichkeiten im Garten zunehmend Beachtung geschenkt. Bäume, Wald- und Obstgehölze aus heimischer Abstammung oder aus anderen Ländern wurden nicht nur in Listen aufgeführt, sondern im einzelnen in ihrer spezifischen Anbauweise und der jeweils sachgemäßen Erziehung beschrieben – ein Thema, das Pietro de Crescenzi eingehend in seinem 1305 vollendeten Buch über die Landwirtschaft *Liber ruralium commodorum* (vgl. S. 94–95) behandelt. Obgleich der in Bologna ansässige Crescenzi um 1300

schrieb, wurde er in den darauffolgenden 200 Jahren so eifrig studiert und interpretiert, daß er zu einem bedeutenden Bindeglied zwischen dem mittelalterlichen und eher landwirtschaftlich geprägten Gartenverständnis und den neuen Gartenstilen der Renaissance wurde, deren Entwicklung sich im 15. Jahrhundert abzuzeichnen begann. Die Bedeutung dieses landwirtschaftlichen Handbuchs, das in Italien zu einer Zeit erschien, in der die Einstellung zur *Mutter Erde* eine entscheidende Wandlung erfuhr, äußert sich nicht zuletzt darin, daß es 1373 vom Lateinischen ins Französische und noch vor Ende des Jahrhunderts ins Italienische übersetzt wurde. Es erschien aber auch früh schon als gedrucktes Buch – 1471 in der lateinischen Originalversion, 1478 in italienischer, 1486 in französischer und 1493 in deutscher Übersetzung – und wurde in der Zeit der Renaissance nach wie vor studiert. Eine mit Illustrationen versehene französische Manuskriptausgabe aus dem Jahr 1485 veranschaulicht die darin propagierten Lehren aus der Sicht der damaligen Zeit. Die Übersetzung ins Französische war 1373 von Karl V. von Frankreich in Auftrag gegeben worden, der Crescenzis Werk für ein äußerst brauchbares landwirtschaftliches Handbuch hielt; wahrscheinlich galt es als der Ideenfundus schlechthin, denn viele der königlichen Gärten in dieser Zeit, insbesondere der 8 ha große Garten des Hôtel de Saint-Paul in Paris, greifen in dem Buch erwähnte Gestaltungsanregungen auf, wie etwa die durch verflochtene Äste entstehenden Baumlauben, tonnengewölbte Laubengänge oder *tonnelles* und lebende Formschnittwände als Rahmenelemente für Wiesen und Weinberge. In Saint-Paul war jeder Gartenbereich von Hecken umgeben, die, durch Spaliere gestützt, mit anderen Pflanzen überrankt waren; rautenförmige Lauben bildeten am jeweiligen Ende einen markanten Abschluß. Stufenartig ansteigende Rasenbänke im Inneren dienten als Sitzgelegenheit. Auch ein Labyrinth gab es – wie das bei Hesdin in Artois, das 100 Jahre früher angelegt wurde –, über die Bepflanzung ist allerdings nichts bekannt. Die Blumenbeete waren mit Rosen, Rosmarin, Lavendel, Goldlack, Majoran, Salbei und Erdbeeren bepflanzt. Nach dem Tod des Königs im Jahr 1380 verwahrloste der Garten in Saint-Paul, wurde aber 1398 von Karl VI. «restauriert» und neu bepflanzt, bevor er vom englischen Herzog von Bedford 1431 endgültig zerstört wurde.

Eileen Power verdanken wir die Veröffentlichung einer für das 14. Jahrhundert ungewöhnlichen historischen Quelle: Sie fand eine Sammlung von Anweisungen, die ein Pariser Familienoberhaupt für sein junges Weib aufgeschrieben hatte, um ihr seine Vorstellungen über die Führung von Haus und Garten darzulegen. Es war ein nützliches Handbuch, das sich mit dem Anbau sowie der Ernte und Lagerung von Obst, Nüssen, Blumen und Kräutern befaßte. Obgleich er kein Wort darüber verlor, wie die Pflanzen im Garten anzuordnen sind, wird deutlich, welchen Gewächsen die Vorliebe des Gatten galt; für bestimmte Pflanzen erteilte er nämlich ganz detaillierte Ratschläge. So sollten Veilchen etwa den Winter über in Töpfen im Haus gehalten und im Frühjahr allmählich wieder an die kälteren Temperaturen im Freien gewöhnt werden. Er beschrieb die Bewurzelung von Stecklingen des Rosmarin, eine ganz besonders geschätzte Pflanze aus den Küstengebieten des Mittelmeers, des weiteren aber auch, wie man sie für lange Reisen am besten rüstet – «in gewachsten Stoff eingewickelt und eingenäht, der mit Honig bestrichen und mit Weizenmehl bestäubt wird»; Rosen sollten veredelt und geschnitten, Ysop im August ausgesät werden.

Oben links: Eine im 15. Jahrhundert angefertigte Abschrift der *Naturalis Historia* von Plinius d.Ä. illustriert Buch XXII «Über die Bedeutung der Kräuter» mit dem Bild eines eingefriedeten Gartens. Auf einer Bank sitzend, kostet der Besitzer den Duft aromatischer Blätter, während ihm ein weiteres Kraut gereicht wird. Im Hintergrund erheben sich Obstbäume und stilisierte Schirmkiefern. Das im ersten nachchristlichen Jahrhundert verfaßte enzyklopädische Werk des Plinius blieb das ganze Mittelalter hindurch als Nachschlagewerk verbindlich, und die von Giuliano Amedeis um 1460 angefertigten Illustrationen stellen typische Szenen aus dem italienischen Alltag der damaligen Zeit dar.

Rechts: Die Einhorn-Teppiche, die um 1500 gewoben wurden und Jagdszenen des legendären Einhorns darstellen, zeichnen sich durch eine minutiöse Authentizität der Darstellung zahlreicher Bäume und Blumen sowie Tiere (insgesamt etwa 100 an der Zahl) aus. Der letzte Teppich zeigt das gefangene Einhorn, angekettet an einen Granatapfelbaum, dessen Frucht als Fertilitätssymbol gilt. In dem mit Blumen übersäten Gras finden sich Lichtnelke, Wiesenknöterich, Knabenkraut (*Orchis mascula*), Aronstab (*Arum maculatum*), Gemswurz (*Doronicum pardalianches*), Levkoje und Frauenmantel (*Alchemilla vulgaris*). Fast alle diese Pflanzen sind eng mit der mittelalterlichen Symbolik verknüpft. Da sie in Nordfrankreich überall wildwachsend vorkamen, konnten die Künstler als Vorlage auf sie zurückgreifen.

Eine Liste, in der die Pflanzen eines Londoner Gartens des 14. Jahrhunderts aufgeführt sind, stellt das Sammeln von Pflanzen und ihre Identifikation auf eine deutlich wissenschaftlichere Basis. In Stepney, nicht weit vom Stadtkern Londons, legte der zwischen 1315 und 1385 lebende Dominikanermönch und Doktor, Bruder Henry Daniel, früh schon einen botanischen Garten an; es sollte einer der ersten in Europa sein. (Die auf Ibn Wafid und Ibn Bassal zurückgehende Huerta del Rey in Toledo aus dem 11. Jahrhundert war 300 Jahre zuvor entstanden.) Daniel zog 252 verschiedene Pflan-

Benozzo Gozzolis Wandgemälde (1459–1463), das im Palazzo Riccardi in Florenz hängt und als Landschaftsbild konzipiert war – es sollte den Weg der drei Weisen nach Bethlehem darstellen –, vermittelt uns einen realistischen Eindruck von der Toskana im 15. Jahrhundert. Weit entfernt von der Darstellung einer ungezähmten «Wildnis», lassen sich unter den in Reih und Glied gepflanzten Bäumen unschwer Pinien und Zypressen ausmachen und dazwischen verstreut Obstbäume sowie die Konturen von Blütenhecken. Daß man sich im Europa des Mittelalters durchaus der nützlichen Eigenschaften der Bäume bewußt war, ist durch Zeugnisse über Nutzholzwälder, Obst- und Nußbaumpflanzungen aller Art belegt. Ein Großteil der Gehölzpflanzungen bestand aus heimischen Sorten oder aus Bäumen, die in der hellenistischen oder der römischen Zeit eingeführt und im Lauf der Jahrhunderte durch Selektion verbessert wurden.

zen, die er sorgfältig beobachtete. Bemerkenswert war nicht nur seine praktische Kenntnis über das Wuchsverhalten der Pflanzen, sondern auch sein Wissen um die Pflanzenwirkstoffe; er war für die nahezu vollständige Übersetzung des im 12. Jahrhundert von Platearius verfaßten Werkes *Circa instans* verantwortlich und bezog sich immer wieder auf die Arbeiten der großen klassischen Herbalisten und mittelalterlichen Pflanzenenzyklopädisten. Sein englisches Pflanzenbuch war nach lateinischen Pflanzennamen geordnet; es befaßte sich eingehend mit dem Habitus der Pflanzen, führte ihren natürlichen Standort auf und beschrieb ihr Wachstum. Auch unterschied er zwischen den Anbaumethoden für heimische und eingeführte Pflanzen.

Das Erwachen des Welt- und Menschenbildes der Renaissance

Die Schilderung der Gärten in Boccaccios Hauptwerk *Decamerone* spiegelt die Freude am Kulturraum Garten wider und ist ein deutliches Zeichen für die Wertschätzung der Natur (vgl. S. 92–93). In dieser Beziehung fühlte sich Boccaccio seinem Zeitgenossen Petrarca verbunden, der den Mont Ventoux in der Provence – zur allgemeinen Verwunderung – lediglich um der Aussicht willen bestieg. Auch Petrarca besaß einen mit Weinreben umrankten Garten in der Vaucluse und erwarb 1348 noch einen bei Parma mit Obstbäumen, Rosmarin und Ysop. Seine Abschrift der Werke des Palladius, die er studierte, ist mit persönlichen Anmerkungen versehen und noch heute erhalten. Später zog er sich – ganz nach Art der römischen Patrizier, die die ländliche Abgeschiedenheit der Geschäftigkeit des städtischen Lebens vorzogen – in einen anderen Garten im euganäischen Hügelland südlich von Padua zurück. Dort fand er die notwendige Ruhe, um seinen Studien nachzugehen und sich einer kontemplativen Naturerfahrung hinzugeben. Er befaßte sich mit der Aussaat und verpflanzte Bäume entsprechend den Mondphasen – wie es scheint mit geringem Erfolg. Er starb im Jahr 1374.

Um die Mitte des 14. Jahrhunderts begannen die reicheren italienischen Adligen, ihre wehrhaften Burgen in Lustschlösser umzuwandeln. Im Zusammenhang mit diesen Transformationen wurden nicht nur neue ornamentale Gärten angelegt, sondern vor allem auch neue Pflanzen gesammelt. Boccaccio hebt dies in seinem *Decamerone* besonders hervor: «Es würde eine ganze Weile dauern, wollte man erzählen, wie viele Pflanzen sich hier darboten, welche Sorten und wie sie arrangiert waren; aber in der Tat fand sich jede schöne Pflanze, die in unserem Klima gedeiht, überreich vertreten.» Auch die wohlhabende Schicht der Kaufleute nahm sich der Förderung der Schönen Künste an und wetteiferte mit dem Adel in Haus- und Gartenarchitektur. In Boccaccios Novellen spiegelt sich die luxuriöse Lebensführung der antiken Römer wider. Zum Vergnügen kommen nun aber Belesenheit und neue Denkansätze hinzu. Seine adligen Herrschaften geben sich im Garten zwar mit Vorliebe dem Gesang und Tanz hin, widmen sich jedoch auch schöngeistigen Themen wie zum Beispiel der Lektüre der klassischen Literatur. So gesehen nimmt Boccaccio in den Grundzügen seines Werks das Gedankengut der Renaissance vorweg.

Albrecht Altdorfers aus dem frühen 16. Jahrhundert stammendes Gemälde der Susanna, die beim Bade von Älteren beobachtet wird, zeigt einen Garten der damaligen Zeit, in dem zahlreiche Wildblumen im Wiesengrund blühen. Mohn, Gänseblümchen, Maiglöckchen, Schlüsselblumen und eine hohe Königskerze am rechten äußeren Rand sind in dieser nordeuropäischen Version einer Blumenwiese deutlich erkennbar. Um diese Zeit gehörten Lustgärten mit dekorativen Fontänen und Balustraden zum gewohnten Bild des Lebens in der Stadt wie auf dem Lande.

Das *Capitulare de Villis*

Die Zahl der Obstbäume, die Karl der Große in seiner um 800 n. Chr. erlassenen Landgüterverordnung, dem *Capitulare de Villis*, anführt, ist weniger umfassend als die des Plinius seinerzeit; dafür aber enthält sie andere Pflanzen, die in der klassischen Literatur nicht erwähnt sind, alle aber in irgendeinem Teil des neuen Reiches wuchsen. Die Blumenliste, die zwar in erster Linie den festen Bestand der für den Verzehr und medizinische Zwecke bestimmten Kräuter gewährleisten sollte, wird von *Lilium* und Rosen angeführt (wahrscheinlich der roten *Rosa gallica officinalis* und der weißen *R. alba*), die zum Teil wegen ihrer Schönheit und ihres religiösen Symbolgehalts, zum Teil aber auch wegen ihres Nutzens gezogen wurden. Zu den weiteren im *Capitulare* genannten krautigen Pflanzen, die uns heute sogar für den Blumengarten dekorativ genug erscheinen, gehören der Muskatellersalbei (*Salvia viridis*), der Fenchel, die deutsche Schwertlilie (*Iris* x *germanica*), die Malve (*Malva sylvestris*), Rosmarin, Raute, Eberraute, Rainfarn und der immergrüne Lorbeerbaum. Einige Pflanzen, die nachweislich zu jener Zeit gezogen wurden, sind ausgelassen, wie zum Beispiel der Schopflavendel, die Melisse, der Gemeine Lavendel und der Ysop. Glücklicherweise verfügen wir als Ergänzung zum *Capitulare* über einen Plan für einen vorbildlichen Klostergarten, der wenige Jahre nach dem Dekret Karls des Großen erstellt wurde. Er wird in der Bibliothek der Benediktinerabtei St. Gallen in der Schweiz aufbewahrt. Einzelheiten wie die schmalen, rechteckigen Bandrabatten, von denen jede mit nur einer Sorte Kräutern oder Gemüse bepflanzt werden sollte, sind charakteristisch für die Gartenpraktiken jener Zeit.

Eine Gruppe von fünf Bildern (*linke Seite*) aus kolorierten Manuskripten des *Tacuinum Sanitatis*, die alle aus Italien stammen und heute in der Biblioteca Casanatense in Rom sowie in Lüttich, Paris, Rouen und Wien aufbewahrt werden, sind mit Texten versehen, die aus botanischen und medizinischen Traktaten wie denen des im 11. Jahrhundert lebenden arabischen Pflanzenkundlers Ibn Botlan stammen. Die als mittelalterliche Gesundheitsbücher bekannten Werke gehen zeitlich auf das späte 14. bis frühe 15. Jahrhundert zurück. Es handelt sich um ausgesprochen schöne Darstellungen von Pflanzen, die über heilende Kräfte oder einen besonderen Duft verfügen.

Auf den kleineren Illustrationen (*von links nach rechts in der oberen Reihe*) sind die Raute, Sauerkirschen, die gefährliche Alraune und der Salbei porträtiert. Darunter (ebenfalls von links nach rechts) ein fruchttragender Granatapfel- und ein Pomeranzenbaum sowie nachfolgend Walahfrid Strabos begehrte Wassermelonen. Strabo, ein Mönch vom Kloster Reichenau am Bodensee, nicht weit von St. Gallen, verlieh seiner Freude an Gärten und Gartenarbeit in seinem Gedicht *Hortulus* Ausdruck. Er pries dekorative Pflanzen wie den Salbei und die Schwertlilie (*Iris x germanica*), die Lilie und insbesondere die Rose als «Königin der Blumen» und erwähnte ihre Schönheit und ihren Duft. In einer Passage schilderte er, wie im Sommer Melonen geschnitten werden: «Wenn die eiserne Klinge in ihr Fruchtfleisch dringt, scheidet die Melone reichlich hervorspritzenden Saft und Samen aus. Der erfreute Gast teilt das köstliche Rund dann in zahlreiche Scheiben.» Strabos Gedicht ist ein Lobgesang auf die Gartenbestellung. Er ermutigte den Gärtner dazu, Mist zu verteilen, Unkraut zu jäten und Maulwürfe zu vertreiben, und ging gegen Nesseln mit «Haue und Rechen» vor. Die großen Rosenbüsche (*oben*) mit roten und weißen Blüten wurden als wirksames Mittel gegen Hirnhautentzündung geschätzt.

Albertus Magnus

Ein Kapitel des um 1260 von Albertus Magnus verfaßten *De Vegetabilibus et Plantis* beschreibt eingangs einen mittelalterlichen Lustgarten. Zum einen erhält der Leser praktische Anweisungen, die sich hauptsächlich auf die klassischen landwirtschaftlichen Traktate stützen, zum anderen aber sind dort auch Details beschrieben, die auf einer Beobachtung der Charakteristika eines Lustgartens beruhen. Dort steht geschrieben: «Es gibt jedoch einige Bereiche, die nicht vorwiegend nützlich oder ertragreich sind [...] die sogenannten Lustgärten. Sie dienen in der Tat hauptsächlich der Ergötzung der beiden Sinne, des Sehens und Riechens.» Über den Rasen «pflanze man jedes wohlriechende Kraut wie Raute, Salbei und Basilikum, aber auch die unterschiedlichsten Blumen wie Veilchen, Akelei, Lilie, Rosen, Iris und dergleichen». Zwischen diesen Kräutern und der Grasnarbe, am Rand des quadratischen Rasens, sei eine höhere Rasenbank voller schöner Blüten und irgendwo in der Mitte eine Sitzgelegenheit, die zum Ausruhen, Innehalten und Kraftschöpfen einlädt. Auf dem Rasen sollten als Schutz gegen die Sonnenhitze aber auch Bäume gepflanzt werden, damit unter dem Blätterdach erquickende Kühle herrsche. Denn unter diesen Bäumen sucht man eher den Schatten als die Früchte; darum sollte man sich auch kaum mühen, sie zu düngen, da die Grasnarbe Schaden leiden könnte. Auch gilt es zu beachten, daß die Bäume nicht zu dicht stehen oder bitter sind (d.h. keine Gerbsäure enthalten), wie etwa der Walnußbaum, weil ihr Schatten ansonsten Krankheiten hervorruft; statt dessen pflanze man also süße Bäume wie Wein, Birnen, Granatäpfel, Lorbeer, Zypressen und dergleichen, die duftende Blüten und wohltuenden Schatten bieten.

Ganz links: Das Bild des Mannes, der die Rasensoden festklopft, erscheint in einer italienischen Abschrift des 1450 von Pietro de Crescenzi verfaßten *Liber ruralium commodorum.* Albertus Magnus schildert das Verfahren wie folgt: «Denn das Auge wird durch nichts so wohltuend erquickt wie durch schönes und dichtes, kurz gehaltenes Gras [...] bevor man einen Lustgarten anlegt, empfiehlt es sich darum, den Boden als erstes von den Wurzeln der Unkräuter zu befreien, was allerdings nur gelingt, wenn diese zu Beginn ausgegraben werden, das Gelände geebnet und die ganze Fläche mit kochendem Wasser übergossen wird [...] danach [...] alles mit guten Soden blühenden Grases belegt und mit breiten hölzernen Hämmern festgeklopft wird.»

Links: Die Illustration von Adam und Eva auf einer blühenden Wiese inmitten von Bäumen stammt aus den gegen Ende des 15. Jahrhunderts in Flandern entstandenen *Warburg Hours.* Der Rand ist mit realistisch dargestellten Blumen auf Goldgrund geschmückt. Alle waren sowohl Bartholomäus von Glanville als auch Albertus Magnus (letzterer erwähnt 270 Arten) 200 Jahre später vertraut. Das Spektrum umfaßte Veilchen, Erdbeeren (als Blüte und Frucht), Borretsch und Gänseblümchen. Wie Albertus anregte, sollten diese «mit ihren unterschiedlichen Blüten das Auge erquicken und [...] mit ihrer Formenvielfalt beim Betrachter Bewunderung erregen».

Rechts: Das mittlere Bild des Portinari-Altars, das 1475 für die Medici in Auftrag gegeben wurde, zeigt Vasen mit einer purpurvioletten und weißen Iris, einer Lilie (*Lilium bulbiferum*), einer Akelei und drei Nelken sowie Duftveilchen, die auf dem Boden daneben verstreut sind. Die purpurviolette oder «blaue» Iris symbolisiert das Königsblau der Jungfrau Maria, der Himmelskönigin. Die Akelei, deren Blütenblätter wie eine Taube geformt sind, versinnbildlicht den Heiligen Geist. Die erst im 15. Jahrhundert aus Spanien nach Nordeuropa eingeführten Gartennelken sind in der Liste des Albertus Magnus nicht aufgeführt. Sie versinnbildlichen die Menschwerdung Gottes, während das Veilchen für die Demut steht. Bei der weißen Iris handelt es sich wahrscheinlich um *Iris florentina,* die von alters her zur Gewinnung der Orriswurzel, des getrockneten und pulverisierten Rhizoms also, kultiviert wird und aus dem Osten nach Europa gelangte. Über den Ursprung von *Iris x germanica* ist wenig bekannt; bereits zur Zeit des Albertus galt sie als Kreuzung.

Maintes gens dient que songes
N'a se fables non et mesonges
Mais on puet bien tels songes songier
Qui ne sont mie mesongier
Ains sont apres bien apparant
Si en puis bien traire a garant
Un acteur qui ot nom Macrobes
Qui ne tint pas songes a lobes
Ainçois descript la vision
Qui avint au roy Cipion
Quiconques cuide ne qui die
Que soit follour ne musardie
De croire que songe aviegne
Qui que vouldra pour fol me tiegne
Car endroit moy ay je fiance
Que songes sont senefiance
Des biens aux gens et des anuis
Que les plusieurs songent de nuis
Maintes choses couvertement

Der Garten in der Literatur

Die höfische Liebe war das zentrale Thema in Prosa und Versdichtung; als Schauplatz des Geschehens dienten die «inneren» und «äußeren» Bereiche der mittelalterlichen Gärten. Seit 1400 wurde der romantische Garten immer häufiger zur Kulisse für das Treiben der literarischen Helden, denn hier wie sonst nirgendwo nahm die wechselseitige Durchdringung von Natur und Kunst – das die Renaissance beherrschende Thema – Gestalt an.

Die berühmteste mittelalterliche Liebesgeschichte ist der im 13. Jahrhundert verfaßte *Roman de la Rose*, ein Versroman, den Guillaume de Lorris 1237 zu schreiben begann und Jean de Meun 40 Jahre später vollendete. Von Geoffrey Chaucers ins Englische übersetzt, wurde der Rosenroman im 15. Jahrhundert immer wieder mit Illustrationen versehen. Wie in der persischen Literatur derselben Periode spielt sich ein Großteil der Handlung in einem Garten ab, in dem beinahe allen Dingen symbolische Bedeutung zukommt; Liebe, Müßiggang, Freude und andere Emotionen werden durch allegorische Figuren dargestellt. Im *Roman* stellt der mauerumzogene Garten den Garten Eden dar, einen überaus lieblichen Ort, der zugleich tief in der christlichen Vorstellung verwurzelt ist. Die Müßigkeit gewährt dem Liebhaber, der auf der Suche nach der begehrenswerten symbolischen Rose ist, Einlaß; sie führt ihn auf einen «von üppiger Minze und grünem Fenchel» gesäumten Weg. Die in gleichen Abständen voneinander gepflanzten Bäume sind im Bereich der Krone so verflochten, daß die Sonnenstrahlen nicht hindurchdringen können. Chaucer bezeichnete in seiner Übersetzung viele der Obstbäume als heimische Gehölze, obgleich auch exotische, aus heißeren Klimazonen stammende Spezies darunter waren, die begehrte Gewürze hervorbrachten.

Linke Seite: Um 1400 wurde der *Roman de la Rose* mit französischen Miniaturen illustriert; auf einem der Bildchen ist ein runder mauerumzogener Garten – frühere «Abbildungen» des Gartens sind, wie im Text nachgewiesen, stets quadratisch – mit Tieren und Vögeln zwischen den Bäumen und Blumen dargestellt. Amant, dem Liebhaber, wird von der Müßigkeit Einlaß gewährt, und Narcissus blickt selbstverliebt in das Spiegelbild seines Antlitzes im Brunnen. Erst nachdem man über blühende Wege in offenen Wiesengründen gewandert ist, erreicht man – laut Gedicht – den Garten der Rose.

Oben: Nicht alle Gärten jener Zeit bestanden aus kleinen eingefriedeten Bereichen. Die Literatur spricht auch von Gärten außerhalb der Umzäunungen, die mit ertragreichen Wäldern und Obstbäumen bepflanzt waren und zugleich zum Lustwandeln einluden. Auf dem im frühen 16. Jahrhundert in Tournai gewobenen Teppich schlagen Holzfäller in einem Wald Bäume, um einen Garten mit fruchttragenden Gehölzen zu schaffen. Die Anwesenheit von Wild läßt darauf schließen, daß der Garten auch Jagdpark war, das *paradeisos* der Perser. Derartige Teppiche dienten im Winter der Wärmedämmung und erinnerten zugleich an die Freuden des Sommergartens.

Linke Seite: Der von Boccaccio geschilderte Garten ist eng mit der Villa Palmieri in Fiesole verbunden, wenngleich die heute bestehende Anlage hauptsächlich auf das 17. und 18. Jahrhundert zurückgeht. Etwas Phantasie vorausgesetzt, vermag man jedoch mittels der Lage der Villa eine Vorstellung von der Atmosphäre zu gewinnen, die der Dichter in seiner Essay-Sammlung schildert. In dem mauerumzogenen Garten, von dem die Protagonisten seiner Erzählung auf den ersten Blick so fasziniert waren, fanden sich «breite Wege, so gerade wie Pfeile und mit weinumrankten Pergolen überdacht [...] die Wegränder waren so dicht mit Jasmin und roten und weißen Rosen bewachsen, daß man im Garten von wohlriechendem und köstlichem Schatten umgeben einherwandeln konnte».

Rechte Seite: Das Cocharelli-Manuskript des ausgehenden 14. Jahrhunderts zeigt Vertreter des Adels neben einem marmornen Brunnenbecken in einem mit Feigen, Orangen, Granatäpfeln und Weintrauben bepflanzten Garten, der an den von Boccaccio geschilderten Garten erinnert. «Und in der Mitte dieses Rasens war ein Springbrunnen aus blendendweißem Marmor, der kunstvoll herausgearbeitet war. Eine Skulptur auf einer Säule in der Mitte ließ das Wasser in die Höhe schießen, das dann erneut mit einem wohlklingenden Laut in das kristallklare Becken fiel [...] das überfließende Wasser [...] tränkte auf verborgenem Wege den Rasen und kam auf umsichtig angelegten kleinen Kanälen am Rand des Rasens zum Vorschein.»

Boccaccio und *Il Decamerone*

Der italienische Dichter Boccaccio zeichnet in seinem 1348 verfaßten *Decamerone* ein lebhaftes Bild von der Villa und dem Garten eines wohlhabenden Florentiners im 14. Jahrhundert. Er schildert, wie eine Gruppe von Adligen aus Angst vor der Pest aus Florenz flieht und in den Gärten eines Landguts auf den Hängen des Fiesole oberhalb der Stadt ein Refugium findet.

Wie Boccaccio sagt: «Der Anblick dieses Gartens, seine Form und Planung sowie die von einer Quelle gespeiste Fontäne, all dies gefiel den feinen Damen und Herren so sehr, daß sie nicht genug betonen konnten, daß wenn es ein Paradies auf Erden gäbe, es in der Tat nicht anders aussehen könne und sich wahrhaftig auch nichts hinzufügen ließe.» Die Anlage weist noch immer sämtliche Charakteristika des mittelalterlichen Gartens auf – eine Fontäne inmitten des mit Blumen übersäten Rasens, umgeben von mit Weinreben umrankten Pergolen und Wegen im Schatten von Zitrusbäumen und Hecken aus Jasmin und Rosen. Dennoch beginnt sich im Schönheitsempfinden der Geist der Renaissance abzuzeichnen, der in Albertis *De re aedificatoria* aus dem Jahr 1452 fast wie ein Echo widerhallt.

Boccaccio erwähnt als erster die terrassierten Gärten, die später ein so typisches Merkmal des italienischen Gartens werden sollten: «Am vierten Tag fand sich die Gesellschaft in einem von sechs Hügeln umgebenen Tal, dessen Seiten wie in einem Theater terrassiert waren – nicht von der Natur, sondern von Künstlerhand.» Auf der Südseite wachsen Weintrauben, Oliven, Mandeln, Kirschen, Feigen und andere Früchte, auf der Nordseite befindet sich indes ein Wald.

Die Blumenwiese ist in unserer Vorstellung untrennbar mit dem mittelalterlichen Garten verbunden. Boccaccios Schilderung des blumenübersäten Rasens in den Gärten der Villa in Fiesole führt dieses Thema weiter aus: «In der Mitte des Gartens befand sich ein Rasen mit sehr schönem Gras, so tiefgrün, daß es beinahe schwarz erschien und von sicherlich tausend verschiedenen Blumen leuchtete […] eingeschlossen von sattgrünen Zitronen- und Orangenbäumen, die zugleich reife Früchte und junge Früchte sowie Blüten trugen, die den Geruchssinn mit Duft erfüllten und die Augen mit Schatten verwöhnten.» Die Illustrationen (*oben*) wurden um 1335 vollendet und zeigen Lilien, Zwergiris sowie rote und weiße Rosen im Kreis zahlreicher stilisierter Blumen.

Links: Die um 1485 entstandene Illustration aus Buch VIII der *Livres des proffits ruraux*, einer französischen Übersetzung von Crescenzis Werk, zeigt einen mauerumgebenen Garten, in dem sich eine Dame der Pflege eines kunstvoll etagenartig formierten Baumes widmet. Gartennelken wachsen an Stützen – während die ungefüllte Federnelke bereits früher in Kultur war, wurde diese gefüllte Form in Frankreich erstmals um 1470 erwähnt.

Unten: Wie fruchttragende Bäume und Blumen in einem Obstgarten auf dem Lande gepflegt werden, zeigt eine französische Miniatur aus dem späten 15. Jahrhundert, die eine Übersetzung von Crescenzis Werk illustriert. Im Vordergrund ist ein tunnelartig gewölbtes, mit Wein überwachsenes Lattenspalier zu sehen. Crescenzi empfiehlt, um einen Sommerpavillon Weinstöcke zu pflanzen, die das ganze Gerüst bedecken, und auch anderswo Lauben aus Holz oder Bäume mit Wein zu umranken.

Das *Liber ruralium commodorum* von Pietro de Crescenzi

Die Abhandlung *Liber ruralium commodorum* von Pietro de Crescenzi aus dem frühen 14. Jahrhundert war im Aufbau nahezu identisch mit Columellas zwölf Büchern der *De re rustica*. Crescenzi vermittelte praktische Informationen über Pflanzen und Pflanzmaßnahmen, einschließlich seiner eigenen Liste nicht fruchttragender Bäume – Buchs, Ginster, Zypresse, Hartriegel, Goldregen, Rosmarin, *Euonymus* oder Pfaffenhütchen und Tamariske –, die er nach dekorativen Gesichtspunkten auswählte. Darüber hinaus befaßte er sich mit Gärten, die er – entsprechend ihrer Größe – in verschiedene Kategorien einteilte. Buch VIII «Über Gärten» beginnt mit der Beschreibung eines kleinen Kräutergartens, einer beinahe Wort für Wort von Albertus Magnus übernommenen Schilderung des Lustgartens. Crescenzis eigene Abhandlungen beschrieben mäßig große Gärten für das Bürgertum und größere Anlagen (von mehr als 4,8 ha Fläche einschließlich der Obstpflanzungen) für Könige und Prinzen. Als Einfassung für den mittelgroßen Garten wurden Gräben und Hekken aus Dornsträuchern oder Rosen, «[...] an warmen Orten eine Hecke aus Granatapfel und an kalten aus Nüssen oder Pflaumen und Quitten empfohlen [...]» Weinreben sollten zwischen die Baumreihen gesetzt und «ständig [...] von jeglicher minderwertigen und nutzlosen Pflanze befreit werden». Die Wiesen sollten zweimal jährlich gemäht werden, «auf daß sie noch schöner und ausdauernder grünten». Die dritte Kategorie befaßte sich mit den Lauben, die sich wenig später in den frühen Renaissance-Gärten großer Beliebtheit erfreuten. Sie konnten aus dünnen hölzernen Latten bestehen und dicht überwachsen sein oder aus lebenden Pflanzen durch Verflechten der Triebe geformt werden. In einem anderen Kapitel schlägt Crescenzi vor, Weiden und Pappelbäume, «dicht mit Weinstöcken und anderen Pflanzen verwirkt», in Form von Türmen und Zinnen zu schneiden.

In der flämischen Miniatur des Meisters der Margaret von York (in einer um 1460 angefertigten Abschrift von Crescenzis Werk) ist ein großer Patiogarten abgebildet, in dem Gärtner mit Spaten und hölzernen Rechen die erhöhten Beete bestellen. Crescenzi empfahl, Bäume entsprechend ihrer Art in Reihen zu pflanzen – Birnen, Äpfel und Palmen sowie an warmen Stellen Zitronen. «Erneut sollen Maulbeerbäume, Kirschen, Pflaumen und so edle Gehölze wie Feigen, Nüsse, Mandeln, Quitten und dergleichen nach Arten gesondert, aber etwa zwanzig Fuß voneinander entfernt gepflanzt werden – zum Gefallen des Meisters.» In dieser Interpretation muß es sich offenbar um Bäume in Zwergform handeln, die sich dem beschränkten Raum anpassen.

VIERTES KAPITEL

Botaniker, Pflanzenkundler und Gärtner im Europa der Renaissance

1554 begab sich der gebildete Flame Ogier Ghiselin de Busbecq als Gesandter des Kaisers Ferdinand I. an den Hof des osmanischen Sultans in Konstantinopel. Auf dem Weg nach Adrianopel glaubte der Gesandte seinen Augen kaum zu trauen, als sich mitten im Winter riesige Blumenfelder vor ihm ausdehnten – Narzissen, Hyazinthen und eine Blume, die die Türken als *tulipand* bezeichneten. Von dem unverhofft schönen Anblick bezaubert, muß Busbecq den Namen wohl nicht richtig verstanden haben; es ist aber anzunehmen, daß sein Reiseführer die Form der Tulpenblüte mit der eines Turbans verglich, denn nicht nur in Persien und Zentralasien, sondern auch in Konstantinopel hießen die Tulpen von jeher *lalé*. Später erwarb Busbecq dann für beträchtliche Summen Zwiebeln und Samen, die er zu Händen des großen Botanikers Carolus Clusius an den kaiserlichen Hof in Wien schicken ließ. Als Clusius 1594 dann Präfekt des Hortus Academicus, des Botanischen Gartens im holländischen Leiden wurde, nahm er seine Tulpensammlung mit. Im ersten Winter wurden viele Zwiebeln gestohlen – offenbar konnten die Holländer, selbst leidenschaftliche Gärtner, einer derartigen Versuchung nur schwer widerstehen. Drei Jahrzehnte später sollten sie für ein paar Tulpenzwiebeln bei wilden Spekulationen ihr ganzes Hab und Gut aufs Spiel setzen.

Gewiß spinnen sich auch andere Geschichten um das Erscheinen der Tulpe auf europäischem Boden. So soll 1562 in Antwerpen ein Schiff mit einer Ladung Zwiebeln an Bord angelegt haben, von denen einige angeblich mit Öl und Essig verzehrt wurden und andere eingingen. Immerhin soll ein Teil der Lieferung von dem Kaufmann George van Rye, einem leidenschaftlichen Botaniker oder – vielleicht zutreffender – einem experimentierfreudigen Gärtner, gerettet worden sein. Er nahm sich der Zwiebeln mit so viel Liebe und Erfolg an, daß ein gewisser John Hogeland sie bereits vor dem Auftreten von Clusius in seinem Garten in Leiden gezogen haben dürfte. Offenbar handelte es sich dabei nicht nur um Tulpen. Professor William Stearn untersuchte 1965, wie revolutionär sich der Kontakt mit dem türkischen Kaiserreich auf die westeuropäischen Gärten auswirkte: «Weder vorher noch nachher läßt sich ein derart erstaunlicher Zustrom farbenprächtiger fremder Pflanzen in europäische Gärten nachweisen wie in der zweiten Hälfte des 16. Jahrhunderts mit der Einführung unscheinbarer zwiebelähnlicher Bulben und unförmiger Knollen aus Konstantinopel, die Tulpen, Kaiserkronen, Iris, Hyazinthen, Anemonen, asiatische Ranunkeln, Narzissen und Lilien hervorbrachten.»

Diese Neuheiten, von denen viele ursprünglich wildwachsend in Westasien vorkamen, waren in Konstantinopel bereits so lange in Gärten kultiviert worden, daß sie längst fester Bestandteil islamischer Gartentradition geworden waren. Auch die bildenden Künstler ließen sich von ihnen anregen: Aus dem 15. Jahrhundert stammende Fresken am Hof des Sultans zeigen einzelne Tulpen mit spitzzulaufenden Petalen, und 1561 wurde die Rustem-Pasha-Moschee mit Tulpenmotiven geschmückt. Zu den Neueinführungen aus dem Osten kamen die aus der Neuen Welt eintreffenden Pflanzen hinzu und lösten im Europa der Renaissance eine wahre Revolution gärtnerischer Gestaltungsmöglichkeiten und Modeströmungen aus.

Bis um 1560 stammten die meisten der in der westlichen Medizin angewandten Pflanzen, die sowohl in «Nutzgärten» als auch in Ziergärten angebaut wurden, aus Europa, wenngleich auch einige, die aus den Ländern des Mittelmeerraumes stammten, etwas weiter gereist waren. Einzelne «tröpfelten» auch aus den Grenzregionen der hellenistischen und römischen Welt nach Europa, und manche, die im Dunkel des Frühmittelalters in Nordeuropa irgendwie in Verges-

Die wahrscheinlich in Persien heimische Kaiserkrone (*Fritillaria imperialis*) wurde gegen Ende des 16. Jahrhunderts aus Konstantinopel in die europäischen Gärten eingeführt und war zunächst als «*Corona imperialis*» bekannt. Ihre «stattliche Schönheit» veranlaßte John Parkinson, sie im Pflanzenkatalog seines 1629 veröffentlichten *Paradisus* an erster Stelle zu nennen, «um hier vor allen anderen Lilien aufzutreten». Wohl im gleichen Jahr dürfte die hier abgebildete Fritillarie von Pieter van Kouwenhoorn in Holland für seine handgeschriebene Anthologie gemalt worden sein.

CORONA IMPERIALIS
Konigs kron mit gelben rohtlichen blumen.

Dieses Originalbild aus einem holländischen Katalog von 1637 zeigt *Tulipa* «Viceroy», für deren Zwiebel 3000 Florins (heute etwa 4000 DM) angesetzt waren. Die «Viceroy» war ein beliebtes Objekt des Tauschhandels; geboten wurden für sie, alten Aufzeichnungen zufolge, zwei Wagenladungen Weizen, vier Ladungen Roggen, vier fette Ochsen, acht fette Schweine, zwölf fette Schafe, zwei Oxhofte Wein, vier Faß Bier, zwei Faß Butter, 1000 Pfund Käse, ein Bett, ein Anzug und ein Silberbecher. Die sogenannte «Tulpomanie» hatte mit dem Gärtnern an sich wenig zu tun; es ging vielmehr um den spekulativen Handel mit «Zucht-Zwiebeln» (vgl. S. 119).

senheit gerieten, waren zusammen mit anderen im Zuge der muslimischen Expansion nach Spanien und von dort erneut in die Gärten nördlich der Alpen zurückgekehrt. Die Entdeckung der noch unbekannten exotischen Flora, die jetzt aus der Levante nach Europa gelangte, beförderte die Studien der Medizin, regte sich aber auch gleichermaßen förderlich auf die Entwicklung der botanischen Wissenschaft aus. Die überwältigende Flora – innerhalb von 100 Jahren kam das 20fache an Pflanzen nach Europa wie in den vorangegangenen 2000 Jahren – verwandelte natürlich auch das Spektrum der dekorativen Gartengestaltung. Zunächst dienten die neuen Pflanzen, die über ein Netz von Ärzten, Botanikern, königlichen Schirmherren und reichen Kaufleuten, aber auch mächtige Kirchenfürsten in Umlauf kamen, hauptsächlich dazu, die Bestände der neuen botanischen Gärten und privaten Gartensammlungen zu vergrößern; erst allmählich wurden sie weiteren Kreisen zugänglich.

Der Gesandte Busbecq nutzte seinen Aufenthalt in Konstantinopel aber auch dazu, das Veilchen und die Roßkastanie nach Europa einzuführen. Überdies machte er noch einen ganz anderen Fund – für die Nachwelt vielleicht seinen bedeutendsten, denn die Pflanzen hätten früher oder später auch ohne seine Vermittlung ihren Weg nach Europa gefunden. 1569 konnte er nämlich für Kaiser Maximilian II. die schönste illustrierte Abschrift der *De Materia Medica*, des von Dioskurides im 1. Jahrhundert verfaßten renommierten Arzneibuches, erwerben; es sollte die wichtigste Quelle der Pflanzenidentifikation in Europa darstellen. Das ursprünglich 1512 n. Chr. für die Tochter eines der letzten byzantinischen Kaiser angefertigte Manuskript ist heute als *Codex Vindobonensis* in der Österreichischen Nationalbibliothek in Wien aufbewahrt (vgl. S. 36–37).

PFLANZENDARSTELLUNGEN

Bereits im 14. Jahrhundert in den Werken von Petrarca und Boccaccio kündigt sich an, was für die Renaissance prägend sein wird: ein Sinn für die Schönheit der Natur. Zu diesem ästhetischen Bewußtsein gesellt sich aber auch ein wissenschaftliches Interesse, das darauf zielte, die Beschaffenheit der Kräuter und Pflanzen wirklich zu durchdringen. Deutliches Kennzeichen dieser neuen Tendenz sind die zunehmend naturalistischen Blumenbilder, die Miniaturen am Rand der Stundenbücher sowie die Details der Heiligenbilder. Überall werden Blumen nun so abgebildet, wie sie in den damaligen Gärten tatsächlich wuchsen. Auch die Blumenzeichnungen des Leonardo da Vinci und die im frühen 15. Jahrhundert von Albrecht Dürer gemalten Aquarelle sind beeinflußt von der Vorliebe für botanisch präzise Abbildungen. Dürer empfahl, die Natur fleißig zu studieren: «Laß dich von der Natur leiten und wende dich nicht ab von ihr in der Vorstellung, es selbst besser zu können. Du wirst in die Irre gehen, denn die Kunst verbirgt sich wahrhaft in der Natur, und dem, der sie zu zeichnen vermag, wird sie gehören.»

Die Erfindung des Buchdrucks in der Mitte des 15. Jahrhunderts trug nachhaltig zur Verbreitung der wissenschaftlichen Erkenntnisse bei. Die alten Pflanzenbücher – aus den klassischen griechischen und

lateinischen Texten wieder und wieder mühsam von Hand abgeschrieben und mit stilisierten Pflanzenbildern von Heilkräutern versehen – wurden von den mittlerweile gedruckt vorliegenden, oftmals mit Holzschnitten geschmückten Ausgaben verdrängt. Ob man sich nun intensiv mit dem Studium der Medizin und der Pflanzen befaßte oder auch nur als Laie Pflanzen für den eigenen Garten sammelte – der Zugang zu den gedruckten Pflanzenbüchern war insgesamt sehr viel leichter. Bisher waren Pflanzen vorwiegend unter dem Aspekt ihrer Heilwirkung betrachtet worden, jetzt aber rückten sie ins Zentrum einer sich schnell entwickelnden Wissenschaft. Der Buchdruck ermöglichte die Wiedergabe von Schwarzweiß-Illustrationen, die Seite für Seite mit dem Originaltext gesetzt wurden, und die im 16. Jahrhundert üblichen Holzschnitte sowie die Radierungen und Stiche ließen sich nachträglich von Hand kolorieren.

So ging von dem Buchdruck der Impuls aus, die klassischen medizinischen und botanischen Standardwerke erneut aufzulegen und herauszugeben; unter anderem erschienen die *Naturalis Historia*

Links: Auf dem Bild *Verkündigung an Maria* (hier ein Ausschnitt), das Leonardo da Vinci um 1470 als kaum 20jähriger gemalt hat – es ist heute in der Galleria degli Uffizi in Florenz zu besichtigen –, ist die Madonnenlilie, das Symbol der Jungfrau Maria, mit großer Naturtreue und botanischer Genauigkeit dargestellt. Im Hintergrund sind etagenartig formierte Bäume zu erkennen, die eher einem formalen Garten als einer ländlichen Gegend anzugehören scheinen. Sowohl Leonardo als auch später Albrecht Dürer erreichten bei der Darstellung von Blumen einen neuen Realismus, der die botanische Illustration eines Hans Weiditz vorwegnahm. Letzterer schuf für Brunfels' *Herbarum Vivae Eicones* (1530–1536) unmittelbar nach der Natur «lebensnahe Pflanzenporträts», die, im Holzschnittverfahren gedruckt, der Veranschaulichung des Textes dienten.

Oben: Im ersten Jahrzehnt des 16. Jahrhunderts hatte Albrecht Dürer in seinen Blumenaquarellen, die er als eigenständige Bilder betrachtete, zu einer ganz neuen Form botanischer Genauigkeit gefunden. Lediglich um die zehn seiner Blumenstudien haben überlebt, unter ihnen die hier abgebildete Akelei (*Aquilegia vulgaris*). Anders als Hans Weiditz (vgl. S. 117), der sich – offenbar von Dürers Realismus beeinflußt – zum Ziel gesetzt hatte, ein Buch über Pflanzen zu illustrieren, porträtierte Dürer die Pflanzen in natürlichen Gruppen, wie er sie auf den Feldern antraf, nicht isoliert als Einzelexemplare. Zur Akelei gesellen sich ein Wiesengras (*Poa trivialis*) und Blätter des Kriechenden Hahnenfußes (*Ranunculus repens*).

von Plinius d.Ä. und die Werke des Dioskurides auf griechisch und lateinisch (und 1516 auf italienisch), aber auch Traktate über die Land- und Gartenbestellung wie Crescenzis *Liber ruralium commodorum*. In den alten botanischen Büchern waren die Pflanzenzeichnungen, die aus älteren Manuskripten über Jahrhunderte hinweg von Hand kopiert wurden, zwar oft sehr schön, in der Darstellung aber mit jedem Mal ungenauer. Ohne den Begleittext, der in der Regel noch immer auf dem Original des Dioskurides beruhte, konnten sie Ärzten kaum mehr als Bestimmungshilfe für die eine oder andere Pflanze dienen, zumal diese wertvollen, von Hand illustrierten Pflanzenbücher ohnehin nur den wenigsten Doktoren oder Pflanzenkundlern zugänglich waren. In jener neuerwachten Welt der Gelehrsamkeit wurden die gedruckten Texte, die schließlich auch Lehrern, Studenten und interessierten Laien zur Verfügung standen, kritisch aufgenommen und studiert.

Der Aufschwung der Botanik als Wissenschaft läßt sich aber nicht allein auf das Interesse an der Flut der neuen Pflanzen, die im 16. Jahrhundert eingeführt wurden, zurückführen, sondern auch auf die «Entdeckung» der eher nördlich angesiedelten und somit heimischen Flora, die den griechischen und römischen Enzyklopädisten gänzlich unbekannt war und schon deshalb der Aufzeichnung und Klassifizierung bedurfte. Eine weitere Herausforderung war die Identifikation der von Dioskurides im 2. Jahrhundert aufgeführten 700 Pflanzen, von denen viele aus den südöstlichen Regionen der Mittelmeerländer stammten und den Botanikern nördlich der Alpen lediglich durch Beschreibungen in den alten Manuskripten bekannt waren.

In den 30er und 40er Jahren des 15. Jahrhunderts, kurz bevor die Zwiebeln und Knollen aus der Levante Westeuropa erreichten, erschienen zwei gedruckte Pflanzenbücher, in denen statt der alten stilisierten Kopien naturgetreue Pflanzenbilder auf die Holzstöcke übertragen und gedruckt wurden: das von Otto Brunfels (1488–1534) verfaßte, auf Erkenntnissen des Dioskurides aufbauende Werk *Herbarum Vivae Eicones* mit Pflanzenholzschnitten von Hans Weiditz sowie die *De Historia Stirpium* des praktizierenden Botanikers Leonhard Fuchs (1501–1556). Beide Bücher waren für die damalige Zeit geradezu revolutionär, und zwar nicht nur im Hinblick auf die Qualität der botanischen Illustration (vgl. S. 116–117), sondern auch aufgrund der umfangreichen Kenntnisse, die die Autoren zusammengetragen hatten. Ihnen folgte eine Reihe edler, mit Holzschnitten versehener Pflanzenhandbücher, von denen das schönste von Pierandrea Mattioli stammte und in verschiedenen Ausgaben und Sprachen um die Mitte des 16. Jahrhunderts (zwischen 1544 und 1560) veröffentlicht wurde, aber auch in späteren Ausgaben bis 1744 erschien.

Auf der Suche nach den Pflanzen des Dioskurides

Es ist keine Frage, daß die lesenswerten Handbücher von Brunfels und Fuchs sowie Mattiolis *Commentarii* und andere gedruckte Werke den Forscherdrang, die Pflanzen des Dioskurides an ihrem ursprünglichen Standort in der Natur zu identifizieren, aufs neue entfachten. Wie außerordentlich nachhaltig der Einfluß des griechischen Herbalisten sein sollte, beweist die Tatsache, daß sich die Botaniker und Ärzte über weitere zwei Jahrhunderte innerhalb der Grenzen des klassischen Wissens- und Erfahrungshorizonts bewegten und immer wieder auf die Präzedenz des Dioskurides verwiesen. Busbecq und sein Leibarzt Quackelbeen zählten indes keineswegs zu den ersten, die auf die faszinierende Flora der östlichen Mittelmeerregion aufmerksam wurden. Für den neuerwachten Wissensdurst der Renaissance geradezu bezeichnend war, daß der Franzose Pierre Belon (1518–1563), der bereits eingehendes Interesse an Bäumen und Heilpflanzen bewiesen hatte und sich mit der Anpassung der «fremdländischen» Neuheiten in Frankreich befaßte, einer der ersten Reisenden war, der ernsthafte botanische Forschungen betrieb. Von einem vermögenden Mäzen gefördert, bereiste er zwischen 1546 und 1549 die Länder des östlichen Mittelmeers und einige griechische Inseln, immer mit dem Ziel vor Augen, die Pflanzen des Dioskurides zu bestimmen, weniger um neue Pflanzen zu sammeln. So lernte er nicht nur seine *«lis rouges»*, die lyraförmigen Tulpen kennen, die Busbecq später sammelte, sondern auch zahlreiche andere beeindruckende Pflanzen, zu denen auch der von den Türken kultivierte Flieder gehörte. Von ihm stammt auch die erste Beschreibung des als *Prunus laurocerasus* bezeichneten Strauches, den Clusius später aufgrund seiner roten Früchte und der glänzenden, lorbeerähnlichen Blätter als «Kirschlorbeer» bezeichnete. Während seiner Reisen lernte er auf Kreta einen weißen Oleander kennen, die schöne Pfingstrose, *Paeonia clusii* und *Cistus ladanifer*. Er berichtete aber auch über Blumen aus Persien und dem Osten, die schon seit langem in den Gärten des Osmanischen Reiches angesiedelt waren. Auf der Insel Kos bewunderte er die Platane des Hippokrates, und in Ägypten stieß er auf den Papyrus und in Kultur wachsende Bananen (*Musa sapientum*), Zuckerrohr (*Saccharum aegyptiacum*) und das «edle grüne Blattwerk» der Sykomore oder Eselsfeige. Die meisten der Pflanzen, die Belon sammelte, gingen verloren, als das Schiff, auf dem er und seine Begleiter die Heimreise antraten, von Piraten überfallen wurde.

Im Gegensatz zu vielen anderen, die sich nur sporadisch mit der Erforschung der Pflanzen befaßten und ihr Wissen auf mehr oder weniger zufällige Entdeckungen stützten, wußte Belon sehr wohl um die Schwierigkeiten, exotische Gewächse von unterschiedlichen Standorten erfolgreich zu kultivieren. Auf seiner Rückreise nach Frankreich entwickelte er ehrgeizige Pläne: Er wollte sowohl die Kork- als auch die Steineiche (*Quercus suber* und *Q. ilex*), die Gemeine Fichte (*Picea abies*), den europäischen Erdbeerbaum (*Arbutus unedo*) und den Gerbersumach (*Rhus coriaria*), der im Herbst die Hügel in Italien scharlachrot färbte, akklimatisieren. Um 1558 war er erneut in Italien, um seine Forschungen der «Domestizierung» von Pflanzen für den französischen Boden voranzutreiben. Er berichtete über seltene Bäume und Pflanzen, die er in den Gärten der Villa Medici bei Florenz gesehen hatte, zu denen auch der Kirschlorbeer und der exotische Banyanbaum (*Ficus benghalensis*) gehörten, wobei letzterer, wie auch die meisten Zitrusgewächse, in der Regel abgedeckt oder als Kübelpflanzen in Orangerien überwintert wurden. Heute gedeiht der Banyanbaum (oder eine akklimatisierte Form) nur im wärmeren Klima von Palermo in Süditalien. Am Comer See war man schon länger dazu übergegangen, exotische Pflanzen mit einem hölzernen Rahmen zu schützen, eine Maßnahme, die sich auch im gemäßigten atlantisch-englischen Klima bewähren sollte, wo Sir Francis Carews berühmte Orangen in Beddington (Surrey) – angeblich die ersten in England – zwar im Freiland wuchsen, im Winter aber mit einem «hölzernen Tabernakel» umgeben und mit Öfen warm gehalten wurden. 1658 fand John Evelyn dieselben Bäume völlig überaltert, aber noch immer abgedeckt, zusammen mit fruchttragenden Granatapfelbäumen; sie überlebten bis zu dem strengen Winter 1739/40. Gewitzte Gärtner wie Sir Francis versuchten, selbst die klimatischen Einflüsse in den Griff zu bekommen; so zögerte Carew im August 1599 anläßlich des Besuchs der Königin in Beddington die Reife der schwarzen Kirschen hinaus, indem er ein großes, mit Wasser gekühltes Segeltuchzelt über dem Baum aufrichtete, um Elizabeth frische Früchte kredenzen zu können.

Das Salomonssiegel (*Polygonatum odoratum*) und die *Rosa gallica* sind Illustrationen auf einer Abschrift, die im frühen 16. Jahrhundert in Paris von dem *Liber de Simplici Medicina* des Platearius angefertigt wurde. Diese mit der Jungfrau Maria assoziierten Pflanzen sind häufig gemeinsam dargestellt; das Salomonssiegel war aber auch als *Sigillum benedictae virginis*, Siegel der segensreichen Jungfrau bekannt. Das Original war im 13. Jahrhundert von Platearius in Salerno für die erste Medizinschule Europas (im ausgehenden 11. Jahrhundert gegründet) zusammengestellt worden. Seine Anthologie für Arzneikräuter stützte sich sowohl auf lateinische als auch auf arabische Quellen und wurde als *Circa instans* bekannt.

Belon war aber nicht der einzige, der im 16. Jahrhundert auf den Spuren des Dioskurides nach Griechenland und in die Länder des östlichen Mittelmeers pilgerte, um nach den «Pflanzen der Antike» zu suchen. 1573 brach auch der Augsburger Arzt Leonhardt Rauwolf (gest. 1596) zu einer Exkursion auf. Auf seinen Reisen begegnete Rauwolf einer «hübschen Tulpensorte mit gelben Streifen»; er berichtete aber auch über «eine Form der Alraune, *Mandragora autumnale*, mit blauen Blüten in großer Zahl». Im Libanon-Gebirge fand er Spuren der einstigen Zedernwaldungen – 26 Bäume, von denen heute nichts mehr erhalten ist. Er vermerkte, daß die Türken «eine Vorliebe für die verschiedensten Blumen haben und sich daran ergötzen, ihren Turban damit zu schmücken, auf daß ich der edlen Pflanzen, [...] Tag für Tag ansichtig werde». Bei Aleppo stieß Rauwolf auf die wildwachsende Hyazinthe, die in Europa bereits als Kulturpflanze bekannt war. Er fand auch den nicht ohne weiteres bestimmbaren Rhabarber (*Rheum ribes*) mit Stengeln «voll köstlich säuerlichem Saft», den echten Rhabarber der Araber. Rauwolf war in erster Linie Botaniker und nicht Sammler, obgleich er Samen eines dornenbewehrten Strauches mitgebracht haben soll, der in Augsburg allerdings nicht überlebte.

Die Spur des Dioskurides sollte bis zum Beginn des 19. Jahrhun-

Joseph Furttenbach stellt in seiner *Architectura Privata* (in Verbindung mit der *Architectura Recreationis* 1640 veröffentlicht) den kleinen Garten eines Städters mit einer Vielzahl der neuen Zwiebelpflanzen dar, die erst ein halbes Jahrhundert zuvor aus dem Mittleren Osten eingeführt worden waren. In den Blumenbeeten lassen sich unschwer Tulpen, Lilien und Kaiserkronen erkennen. Weinstöcke wachsen an schattigen Laubengängen beim Haus. Furttenbachs Bruder Abraham hat eine Liste mit etwa 40 Pflanzenarten zusammengestellt, die für so einen Garten geeignet und zu jener Zeit wohl auch bereits erhältlich waren. Auf anderen Stichen empfiehlt Furttenbach – geprägt durch seinen etwa zehnjährigen Aufenthalt in Italien – streng architektonische Gärten im italienischen Stil mit geometrisch angelegten Blumenbereichen.

derts kontinuierlich weiterverfolgt werden. Denn selbst bis zur zweiten Hälfte des 18. Jahrhunderts waren lediglich 400 der 700 Pflanzen des Dioskurides identifiziert. Um das Spektrum der noch fehlenden zu vervollständigen, hatte sich John Sibthorp (1758–1796), Professor der Botanik in Oxford, zum Ziel gesetzt, Griechenland zu durchstreifen, was ihm allerdings nicht gelang, da viele Teile des Landes unter der türkischen Vorherrschaft in äußerst desolatem Zustand waren und vielerorts die Pest wütete. Als Sibthorp schließlich aufgeben mußte, reiste er zunächst nach Wien, um den berühmten illustrierten *Codex Vindobonensis* von 512 n. Chr. einzusehen. Bei dieser Gelegenheit begegnete er Ferdinand Bauer, der ihn fortan als Zeichner begleiten sollte. Obgleich Sibthorp und Bauer ihr ursprüngliches Vorhaben nicht verwirklichen konnten, kehrten sie mit 2000 Arten, von denen etwa 300 neu waren, zurück. Außerdem hinterließen sie ein außerordentliches Vermächtnis: das zehnbändige, mit Bauers Tafeln illustrierte Werk *Flora Graeca* wurde nach Sibthorps Tod zwischen 1806 und 1840 in einer winzigen Auflage von kaum 30 Kopien herausgegeben.

Pflanzen sammeln und katalogisieren – ein erster wissenschaftlicher Ansatz

Der Drang nach Erkenntnis und der Wunsch, Naturbeobachtungen systematisch zu erfassen, sind bestimmend für den Geist der europäischen Renaissance. Der neuerwachte Wissensdurst war eng mit den klassischen Idealen der Schönheit und der Liebe zur Natur verbunden. Obgleich die Ansicht vorherrschte, daß sämtliche Erzeugnisse der Natur allein dem Gebrauch des Menschen dienten, war man sich gleichermaßen bewußt, daß das «Nützlichkeitsprinzip» die Freude an Blumen und Gärten nicht zwangsläufig ausschließen mußte. So stellte das Europa der Renaissance ein Experimentierfeld dar, auf dem sich Gelehrte, Wissenschaftler und Gärtner im Bemühen, neue Pflanzen zu ziehen und zu akklimatisieren, zusammentaten und Erfahrungen austauschten.

Im 16. Jahrhundert absolvierten die sogenannten Herbalisten, die sich mit der Erforschung und Anzucht von Pflanzen befaßten, ebenso wie in den vorangegangenen 15 Jahrhunderten den Studiengang der Medizin. Viele der bekannteren wie Clusius und L'Obel waren als Schüler von Rondelet an der Medizinschule in Montpellier, während andere wie Mattioli in Padua studierten. Brunfels, Fuchs, Dodoens und Besler waren allesamt praktizierende Ärzte. Der «Vater der englischen Botanik», der Naturkundler William Turner, studierte in Italien Medizin; der erste Teil seines 1551 auf englisch verfaßten und mit Holzschnitten von Leonhard Fuchs versehenen Werkes *A New Herball* bildete einen Meilenstein in der Entwicklung der botanischen Wissenschaft in England, und John Gerard und Parkinson übten den Beruf des Wundarztes und Apothekers aus. Wie Clusius unterhielten alle drei Engländer einen eigenen Garten, in dem sie viele der beschriebenen Pflanzen selbst heranzogen.

Leon Battista Alberti hatte im 15. Jahrhundert die Ansicht vertreten, daß Gärten enzyklopädische Sammlungen darzustellen hätten, und «jede bekannte Frucht, die in irgendeinem Land vorkommt», darin präsent sein solle. Im 16. Jahrhundert wurde dieser Gedanke derart weitergesponnen, daß die Gärten als Spiegelbild der *gesamten* Natur interpretiert wurden; das Katalogisieren alter und neuer Naturprodukte (nicht nur Pflanzen, sondern auch Fossilien, Tiere und Mineralien) wurde zum beliebten Zeitvertreib der Renaissance.

Sammlungen von getrockneten Pflanzen, die zunächst durchaus zutreffend als *hortus hyemalis*, Wintergarten, oder *hortus sicus*, getrockneter Garten, bezeichnet wurden, ergänzten die «lebenden» Gärten. Das erste nachweisliche Herbarium war wohl das des Luca Ghini, der 1551 getrocknete, auf Papier geklebte Pflanzen an Mattioli schickte und selbst noch 300 Arten zusammengetragen haben soll. Er könnte also zu Recht als früher Initiator von Sammlungen getrockneter Pflanzen in England angesehen werden. William Turner berichtet 1562 über eine solche Sammlung, die im Besitz John Falconers war. Ein frühes, noch heute erhaltenes Herbarium ist jenes des Basler Arztes Felix Platter, das Montaigne auf der Durchreise im Jahr 1580 über die Maßen bewunderte. «Unter anderem bereitete er ein Buch über Arzneipflanzen vor [...] im Gegensatz zu anderen Botanikern malte er die Pflanzen aber nicht, sondern klebte sie, ihren natürlichen Farben entsprechend, mit so großer Sorgfalt und Geschicklichkeit auf Papier, daß die kleinsten Blätter und Fasern genau wie in der Natur sichtbar waren [...] er zeigte uns bestimmte Arzneikräuter, die nunmehr seit mehr als 20 Jahren darin fixiert waren.» Platter, der 1554 in Montpellier studiert hatte, nutzte Teile der Blütenblätter des Rittersporns, um das Blau der *Campanula* wiederzugeben, da sich die Korollen der Glockenblumen braun färben, sobald man sie trocknet. Platters Herbarium wurde 1930 in Bern zusammen mit etwa 80 von Weiditz geschaffenen Aquarellen für das Pflanzenhandbuch von Brunfels wiederentdeckt. Neben dem Beifuß (*Symphytum officinale*) ist die hohe silberlaubige Eselsdistel (*Onopordum acanthium*) dargestellt; beide sind noch heute in den Gärten verbreitet.

Grosse Botaniker

Die drei bedeutendsten botanischen Persönlichkeiten Nordeuropas in der zweiten Hälfte des 16. Jahrhunderts waren Dodoens, Clusius und L'Obel; alle veröffentlichten sie Kräuter- oder Blumenhandbücher, die mit Holzschnitten illustriert waren, von denen viele nach Bildern von Pierre van der Borcht (1545–1608) aus der Sammlung ihres Druckers Christopher Plantin in Antwerpen entstanden. Auf der genauen Betrachtung der Pflanzen basierend, lieferten sie einen wertvollen Beitrag zur Botanik der damaligen Zeit, zumal sie auch die natürlichen Wachstumsbereiche aufzeigten und damit wichtige Hinweise über die erforderlichen Kulturbedingungen enthielten. Der Flame Rembert Dodoens (1517–1585) arbeitete mit seinen jüngeren Zeitgenossen Clusius und L'Obel zusammen und veröffentlichte unter dem Titel *Stirpium Historiae Pemptades Sex* 1583 seine gesammelten botanischen Werke. Der Franzose Matthias de L'Obel (1538–1616) – für immer namentlich mit dem Genus *Lobelia* verbunden – verbrachte einen Großteil seines Forscherlebens in England; die Manuskripte für seine Publikationen erwarb der Engländer John Parkinson, Autor des 1629 veröffentlichten *Paradisi in Sole: Paradisus Terrestris* oder *A Garden of Pleasant Flowers* – das erste englischsprachige Werk, das sich mit der Schönheit der Blumen und nicht nur mit den Anwendungsgebieten der Kräuter befaßte.

Obige Illustrationen stammen aus einem bebilderten Herbarium der Tudorzeit (einem Ashmole-Manuskript in der Bodleian Library in Oxford). Eines der Bilder zeigt Osterglocken mit Nelken, einen Besen, eine hölzerne Gabel sowie ein Salzfaß, das andere fruchtende und blühende «Erdbeeren», die sich über einen Flechtzaun ranken, und daneben einen Baum. Viele der Tudor-Illustratoren kopierten frühere Bilder oder Zeichnungen aus dem Gedächtnis; die «Erdbeere» ist mit der Bildunterschrift «Blaubeere» versehen, und der Baum wird als «Birke» ausgewiesen, was auf eine wenig realistische Deutung schließen läßt. Die reizende blaublühende Pflanze am unteren Rand des zweiten Bildes erinnert an Immergrün (*Vinca minor*).

Der faszinierendste unter den dreien ist der flämische Doktor Charles de L'Ecluse oder Carolus Clusius (1526–1609), der, als «le père de tous les beaux jardins» bekannt, seltene Pflanzen aus Südeuropa, von der Iberischen Halbinsel sowie Österreich und Ungarn zog und als erster die Tulpe, die aus Konstantinopel nach Wien gesandt wurde, kultivierte. Clusius verfaßte im Lauf seines Lebens zahlreiche Abhandlungen, betätigte sich aber auch als Übersetzer. Sein umfassendes Werk *Opera Omnia Rariorum Plantarum Historia*, in dem er die Schönheit der einzelnen Pflanzen pries, setzte neue Maßstäbe für die Botanik als Wissenschaft. Clusius war aber auch aktiver Gärtner und keineswegs nur praxisferner Gelehrter. Im Botanischen Garten in Leiden vermochte er ab 1592 Zierpflanzen zu ziehen, nicht nur Heilkräuter, so daß statt des üblichen *hortus medicus* ein echter *hortus botanicus* (vgl. S. 118–119) entstand. Während seiner Zeit in Österreich zwischen 1573 und 1587 forschte er auf den Berggipfeln Tirols und der Steiermark nach alpinen Pflanzen. In Leiden zog er die duftende gelbe Alpenaurikel, die er in den Wäldern um Wien gefunden hatte, verschiedene Irisarten aus Spanien, Gartennelken, Studentenblumen (*Tagetes erecta*), die im frühen 16. Jahrhundert aus Mexiko nach Europa eingeführt, aber bei Tunis «gesammelt» wurden, die ebenfalls aus Mittelamerika stammende, 1593 eingeführte Jakobslilie (*Sprekelia formosissima*) und die amerikanische Agave – es gelang ihm allerdings nicht, letztere zum Blühen zu bringen, obgleich er Berichte aus Rom kannte, in denen es hieß, daß «ein Stamm wie ein Kiefernbaum 20 Fuß über dem Scheitelpunkt aufragt, von dem eine Fülle von Blüten ausgeht».

Eine Reihe nicht ganz so bekannter Persönlichkeiten machte sich auf lokaler Ebene einen Namen. Der Naturkundler William Turner befaßte sich eingehend mit den Pflanzen, die in englischen Gärten bereits bekannt und beliebt waren, obgleich seine Schriften für den Gärtner kaum von Nutzen waren. Turner soll angeblich die alten Maulbeerbäume in Syon House (Middlesex) gepflanzt haben, als er dort seinerzeit Leibarzt des Protektors Lord Somerset war. Dank ihm weiß man, daß Mandeln, Aprikosen, Granatäpfel, Feigen sowie Schwarze Maulbeerbäume zum gängigen Bestand gehörten und wahrscheinlich im Schutz reflektierender Ziegelsteinmauern oder aufgeschütteter Böschungen gezogen wurden, die für zusätzliche Wärme sorgten. Er und L'Obel beschäftigten sich eingehend mit der Frage, welche der seit Jahren eingeführten Bäume als Ergänzung der heimischen Arten im Garten geeignet wären. Morgenländische Platanen, Schirmkiefern oder Pinien, die Gemeine Fichte oder Rotfichte, die frostempfindliche Echte Zypresse (*Cupressus sempervirens*) und der Walnußbaum waren alle bereits vor Mitte des Jahrhunderts eingeführt worden. Aufzeichnungen zufolge gab es 1581 eine immergrüne Steineiche (*Quercus ilex*) in Whitehall. Sträucher wie *Cistus salvifolius*, weißer Jasmin, Binsenginster (*Spartium junceum*), der Lorbeerbaum, Lavendel, Heiligenkraut und Raute sowie der seit dem 15. Jahrhundert angebaute Rosmarin – alle waren im Blumengarten vertreten.

Die hohe Wertschätzung, die John Gerard in England genießt, ist indes kaum gerechtfertigt. Da Gerard in seinem 1597 in London veröffentlichten *Herball* (vgl. S. 120–121) Pflanzen aufführte, die damals bereits überall in den Gärten wuchsen, wird der Zeitraum zwischen 1596 und 1597 fälschlicherweise oft als «Erscheinungsjahr» betrachtet; dennoch bleibt ungewiß, wann sie tatsächlich eingeführt wurden. Obgleich er sich noch vorrangig auf die «virtuellen» Eigenschaften der Pflanzen konzentrierte, bewies Gerard mit seinen Beschreibungen ein profundes Wissen, zumal er auch die dekorativen Vorzüge zu würdigen verstand. Gerard war als Obergärtner von Lord Burghley in Schloß Theobalds mit der Praxis bestens vertraut. Er machte von seinem eigenen Garten in Holborn 1596 eine Bestandesaufnahme und nannte als einen seiner Bäume den Weißen Maulbeerbaum, obgleich im allgemeinen davon ausgegangen wird, daß dieser von Jakob I., der den Seidenhandel zu etablieren suchte, eingeführt wurde und daß Heinrich IV. von Frankreich ihn um die gleiche Zeit in großer Zahl – 20 000 in Fontainebleau und weit mehr in den Tuilerien – orderte, um ihn in seinen königlichen Gärten anzusiedeln. Gerard war der erste, der in England die immergrünen Steinlinden (*Phillyrea*) erwähnte – er unterschied 12 verschiedene Sorten, die

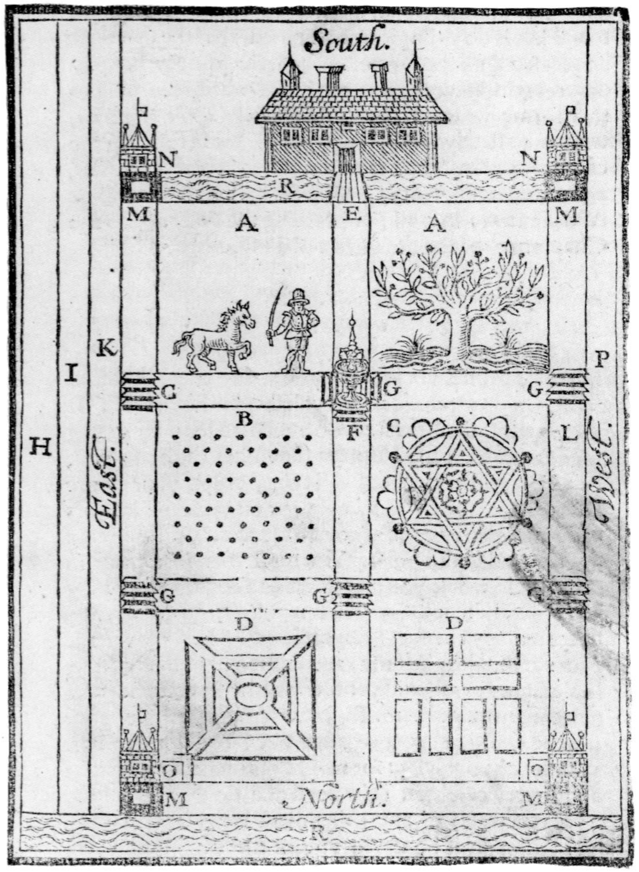

Dieser Plan für einen typischen Herrenhausgarten in England stammt aus William Lawsons 1618 veröffentlichtem *New Orchard and Garden*. Er zeigt einen in sechs Bereiche unterteilten Garten mit Wassergraben und Fluß, in dem jede Einheit durch unterschiedliche Bepflanzung und Gestaltung geprägt ist. In zwei der Bereiche finden sich Formschnittelemente und Spalierobst, in einem anderen Bäume, wahrscheinlich Obstgehölze, die als Quincunx «im Abstand von 20 Yards» gepflanzt sind. Getrennt davon folgt ein Knotengarten, während die beiden restlichen Einheiten für Kräuter und Gemüse vorgesehen sind. Weißdornhecken säumen die Erdböschungen. Lawson schätzte aber auch «hübsche Beeteinfassungen aus Rosen, Lavendel und ähnlichen Pflanzen».

bereits in Kultur waren –, die während der darauffolgenden 100 Jahren insbesondere als Formschnittbäume Akzente setzten. Auch daß er für den Grafen von Essex in Barn Elms eine Steinlinde pflanzte, ist in seinen Aufzeichnungen belegt. Wie viele Chronisten des Mittelalters war Gerard aber noch ganz im Aberglauben verhaftet; obgleich er sich über die furchterregenden Alraunen-Geschichten lustig machte, führte er als glaubwürdig noch immer die Fabel von jenem Baum an, der der keltischen Sage zufolge Weißwangengänse ausbrüten soll (selbst Albertus Magnus hatte sich von diesem Mythos gelöst). Gerards *Herball* enthält reizvolle, selbst heute noch lesenswerte Pflanzenporträts, wenngleich viele seiner Beschreibungen nahezu wörtlich aus dem zuvor veröffentlichten lateinischen Werk Dodoens' übernommen und nur wenige der Holzschnitte neu waren.

1629 wurde in England erstmals nachdrücklich hervorgehoben, was Clusius in Europa bereits auf lateinisch in seinen Pflanzenbeschreibungen anklingen ließ: Daß es vorrangig auf die Schönheit und nicht auf die Verwendung der Pflanzen ankomme. John Parkinsons in jenem Jahr veröffentlichtes Werk *Garden of Pleasant Flowers* markiert sozusagen diesen Wendepunkt (vgl. S. 120–121). Parkinson begann mit einer Einführung über «die Ordnung des Lustgartens», in der er Wesentliches über die damaligen Gartenpraktiken in England verriet und immer wieder auf Pflanzen in bestimmten Gärten hinwies. So beschrieb er etwa, wie er in Cobham in Kent auf eine Linde stieß, die wie ein Festpavillon erzogen und sehr viel größer als das Baumhaus der Villa Castello war (vgl. S. 155). Die Zweige waren so miteinander verflochten, daß sie eine niedrige Laube bildeten; das Geäst eines um 2,4 m höheren Baums war ebenfalls ineinandergeführt und bildete eine Art «Haus», in das begehbare Bretter eingelegt waren: «das beeindruckendste Schauspiel, das mir bezüglich der Tragkraft eines einzelnen Baumes jemals vor Augen kam». Eiben sollten «die Ecken der Obstgärten markieren und vor den Fenstern des Hauses aufragen, um zugleich für Schatten und immergrünen Schmuck zu sorgen», Zypressen «in Reihen einen breiten Weg flankieren», «Liguster [Kreuzdorn oder manchmal die begehrte Steinlinde] ausschließlich für Hecken oder Lauben im Garten verwendet» und «in jede beliebige Form, sei es als Tiere, Vögel oder Menschen im Waffenrock beschnitten, aufgeleitet und erzogen werden». Er kannte bereits Mattiolis Flieder (*Syringa vulgaris*), der so groß wie ein Apfelbaum war, und zog den vielgepriesenen Kirschlorbeer (*Prunus laurocerasus*), der in James Coles Garten in Highgate reife Samen bildete. Parkinson behandelte zunächst die heimischen Wildblumen wie den gelben Scheinmohn (*Meconopsis cambrica*) und den inzwischen kaum mehr in der Natur vorkommenden Marienfrauenschuh (*Cypripedium calceolus*), der sowohl in Großbritannien als auch in den USA als begehrte und geschützte Rarität gilt. Parkinson studierte Gaspard Bauhins 1623 veröffentlichtes Werk *Pinax theatrici botanici*, das erstmals die Namen aller bekannten Pflanzen in einen systematischen Zusammenhang einzuordnen versuchte; was die Namensgebung anbetrifft, so ging er zumindest methodisch vor, wenn auch für den heutigen Leser sicherlich noch verwirrend genug. Wie alle seine Zeitgenossen war Parkinson von den neuen Zwiebelpflanzen über die Maßen angetan; aber trotz seiner Anweisungen zu Aussaat, Pflanzung, Wahl und «Anordnung» sowie dem Trocknen während der Ruhephase wissen wir nicht, inwieweit er und seine Leser diese Pflanzen tatsächlich mit Erfolg zogen. Parkinson hatte Kontakt zu Pflanzenkundigen im Ausland wie Jean und Vespasian Robin in Paris, aber ihn verband auch eine innige Freundschaft mit John Tradescant. Thomas Johnsons Veröffentlichung von Gerard (1633) und Parkinsons *Theatrum Botanicum* von 1640 enthalten gleichermaßen wertvolle Auskünfte über Pflanzen, die Vater und Sohn Tradescant in ihrem Garten anbauten. 1632 besuchte Johnson den Garten der Tradescants in Lambeth und erblickte die jungen Morgenländischen Platanen, eine Roßkastanie, die vier Jahre zuvor «aus den Nüssen, die uns aus der Türkei gesandt wurden, liebevoll aufgezogen worden war», sowie «einen frühlingsblühenden großblütigen Enzian» (*Gentiana acaulis*) mit Blüten «von erlesenem Blau».

Pflanzensammlungen in Gärten

Im 17. Jahrhundert verfügten selbst die Garten- und Pflanzenliebhaber über ein recht fundiertes botanisches Wissen: Beslers Gönner, der Erzbischof von Eichstätt, Francesco Caetani in Italien und Sir Thomas Hanmer in England – alle sammelten neue Pflanzen in ihren Gärten. Von den Botanikern abgesehen, beschäftigten auch jene, die über die nötigen Mittel verfügten – wie Papst Paul II. und die Medici-Fürsten in der Toskana –, Experten, die ihre Gärten mit Mutterpflanzen versorgten, und wurden somit zu Schirmherren botanischer Gartensammlungen. Gegen Ende des 16. Jahrhunderts stellten Botaniker wie Clusius in Nordeuropa ganz klar den Unterschied zwischen den «Blumen» und den «Heilkräutern» der Apothekergärten heraus. In Italien legte Agostino del Riccio um 1590 seine Abhandlung über die Landwirtschaft vor, die im Stil der alten klassischen Traktate verfaßt war und sich stark an die Schriften des im 14. Jahrhundert lebenden Crescenzi anlehnten, nur daß er sich bereits explizit zur Differenzierung zwischen Zierpflanzen und gewöhnlichen Heilpflanzen äußerte. Schon 1559 hatte Bartolomeo Tagio in sein Buch *La Villa*, das eigentlich ein Traktat über das Leben auf dem Lande war, Schilderungen von dekorativen Gärten zur Erquickung der Sinne aufgenommen. Autoren wie Riccio empfahlen die neuen exotischen Zwiebelpflanzen einschließlich der scharlachroten Lilien (*Lilium chalcedonicum*) Tazetten-Narzissen, Hyazinthen, der vielgerühmten Tulpen und duftenden Arten des Jasmins, des aus Spanien kommenden *Jasminum grandiflorum*, der ursprünglich aus Asien stammte, selbstverständlich aber auch die Blumen aus der Neuen Welt wie Studentenblumen, Sonnenblumen, Blumenrohr

(Arten der *Canna*) und Rankpflanzen wie Nasturtium (*Tropaeolum majus*), auch als Kapuzinerkresse bekannt, die nach den Zwiebelpflanzen das Blütenschauspiel fortsetzen sollten. 1577 schrieb Thomas Hill in England ein umfassendes Gartenhandbuch mit praktischen Anweisungen, in dem die vertrauten Worte eines Cato, Plinius, Columella und Palladius noch immer widerhallen. *The Gardener's Labyrinth* (zunächst unter dem Pseudonym Didymus Mo-

Die Bildteppiche von Edith Stoke, die formale Gärten des 16. Jahrhunderts darstellen, hängen im Montacute House in Somerset. Ein namentlich nicht bekannter Garten war Vorbild für diese Stickerei; später dienten diese kunstvollen Stickmuster den Gartengestaltern als Inspirationsquelle für ihre Entwürfe. Hier erkennt man vor den Ziegelsteinmauern mit Madonnenlilien unterpflanzte Obstbäume. In schmalen Beeten aufgereihte Tulpen umrahmen die Wasserbassins. Die Rasenparterres werden von Bandrabatten, die vermutlich mit Nelken bepflanzt sind, eingefaßt. Akzente setzen geometrisch formierte Büsche und mit Zitronenbäumen bepflanzte dekorative Vasen.

untain veröffentlicht – eine kürzere Fassung, *The Proffitable Arte of Gardening*, war 1563 erschienen) erwähnte zwar die neu eingeführte Tulpe, im großen und ganzen aber hatte sich der Einfluß der exotischen Arten und Sorten jenseits des Ärmelkanals noch kaum bemerkbar gemacht, bevor sie John Gerard gegen Ende des Jahrhunderts erstmals beschrieb. Von daher ist es um so erstaunlicher, wie rasch sich die Botaniker auf die erforderlichen Akklimatisationsbedingungen und die spezifischen Wachstumsansprüche einstellten. Gewiß, in einem warmen Sommerklima wie dem Italiens wird man die Zwiebeln, die während der Ruhephase auf Trockenheit und Wärme angewiesen sind, im Boden gelassen haben, während sie in Gärten wie dem Hortus Academicus in Leiden ausgegraben, getrocknet und bis zum Herbst gelagert wurden, um den Platz im Blumenbeet mit amerikanischen und tropischen Einjährigen wie dem inzwischen bekannten *Amaranthus* auszufüllen.

Die botanischen Schätze, die ihren Weg nach Europa gefunden hatten, wurden in die Pflanzenbücher der damaligen Zeit aufgenommen; von allen wurden ebenso schöne wie naturgetreue Illustrationen angefertigt: Zu Beginn des 17. Jahrhunderts ermöglichten im Radier- und Ätzverfahren oder mit dem Grabstichel bearbeitete Kupferstichplatten eine detailliertere Darstellung der Pflanzen, als es die derberen Holzschnitte erlaubten. Obgleich die botanische Illustration als Voraussetzung für die Identifizierung in erster Linie auf Genauigkeit abzielt, ließen sich die Gartenliebhaber auch von der Schönheit vieler Bilder und Zeichnungen zum Erwerb einzelner Pflanzen und Blumen für ihre Sammlungen hinreißen; des weiteren dienten diese Darstellungen als Impuls für eine dekorative Gestaltung des Gartens, gleichermaßen aber auch als Anschauungsmaterial für Studenten der Medizin und Botanik. Als sich die Wissenschaft der Botanik dann erstmals klar vom Studium der Medizin abzugrenzen begann, wurden die Herbarien mit ihren Beschreibungen der «nützlichen» Pflanzen von den neueren Florilegien verdrängt, in denen es einzig und allein um die Schönheit und den Zierwert der Gewächse ging. Diese neuen Florilegien trugen im frühen 17. Jahrhundert dazu bei, die unterschiedlichsten Ideen über Gartengestaltung in ganz Westeuropa zu verbreiten.

Die Tradition des Florilegiums, das rein technisch betrachtet aus Beschreibungen einer Reihe «lebender» Zierpflanzen für den Garten besteht, geht ursprünglich auf die Veröffentlichung von Pierre Vallets *Jardin du Roy très Chrestien Henry IV* von 1608 zurück; 75 Radierungen veranschaulichten Pflanzen, die in den französischen Gärten des Königs tatsächlich wuchsen. Obgleich ursprünglich als Stickvorlagen betrachtet, beeinflußten Vallets Ornamente – sie waren mit einer Widmung für Maria de Medici versehen, die nach dem Tod ihres Gatten für die Anlage der Gärten des Jardin de Luxembourg verantwortlich war – die Entwicklung der Muster für die Buchsparterres. Viele der dargestellten Pflanzen wuchsen im Pariser Garten des passionierten Pflanzensammlers und Direktors der königlichen Gärten, Jean Robin (1550–1629). In Emmanuel Sweerts *Florilegium*, das erstmals 1612 in Frankfurt erschien, aber bereits während seiner Zeit in Prag als Betreuer der Gärten Rudolfs II. entstanden war, wurden 250 ausschließlich dekorative Gewächse beschrieben; es stellte eine Art Katalog seiner Pflanzen dar, die er auf der alljährlich in Frankfurt und danach in Amsterdam stattfindenden Messe zum Verkauf bot.

Der vierbändige *Hortus Floridus* von Crispin van de Pass enthielt Kupferstiche von Blumen, die im Frühling, Sommer, Herbst und Winter blühen, und wurde 1614 in lateinischer Sprache herausgegeben; unmittelbar darauf erschienen in Utrecht 1615 eine holländische und eine englische Ausgabe. Das Vorsatzblatt des Werkes zeigt den Frühlingsgarten, in dem, entsprechend dem Zeitgeschmack, in spärlich bepflanzten Beeten Tulpen, Kaiserkronen und Hyazinthen als Raritäten «ausgestellt» sind. Ganz ähnlich aufgebaut und zur leichteren Orientierung des Gärtners der jahreszeitlichen Chronologie folgend, erschien 1613 in Wien die Erstausgabe des mit Kupferstichen versehenen beeindruckendsten aller großen Florilegien, Basilius Beslers *Hortus Eystettensis* mit einer Aufstellung aller im Garten von Eichstätt wachsenden Pflanzen (vgl. S. 122–123). Obgleich mehr als 150 der beschriebenen Arten aus dem Mittelmeerraum stammten, wurden sie in Eichstätt offenbar im Freiland gezogen, darunter viele, die erst unlängst nach Europa gekommen waren. Eine Faksimile-Ausgabe, die 1987 als *L'Herbier des Quatre Saisons* erschien und 1989 vom Französischen ins Englische übersetzt wurde, liefert heute den zuverlässigsten Nachweis über die zu Beginn des 17. Jahrhunderts im Kulturraum Garten angesiedelten Pflanzen und stellt zugleich eine wertvolle Hilfe zur Interpretation der Nomenklatur dar.

Mit der Gründung der botanischen Gärten, die sich in späteren Jahren zu umfassenden Sammlungen entwickelten, begann ein neues Kapitel der botanischen Forschung, das Anspruch auf Wissenschaft-

Der Knotengarten, der Colonnas Blumenbeetmustern aus seinem *Dream of Poliphilus* nachempfunden ist, war ein charakteristisches Element des französischen und englischen Gartens im 16. Jahrhundert. In England bestand er aus einem kleineren, in sich abgeschlossenen Knotenmuster, das von den Fenstern des Hauses aus überschaubar war, und nicht aus jener grandiosen Sequenz von Knoten, die ganze Flächen überzog. Bisweilen waren die Muster wie ein fortlaufender Faden miteinander verwoben und die Zwischenräume mit Sand oder Kies gefüllt; dann wieder umgaben Pflanzen wie Ysop und Thymian die Beete, in denen blühende Kräuter das Schauspiel fortsetzten. In Rosemary Vereys heutigem Garten in Gloucestershire standen Knotenmuster aus dem 17. Jahrhundert Pate für die kunstvoll miteinander verflochtenen Buchsstränge, die von formierten Steinlinden eingerahmt werden.

Eines der brauchbarsten Gartenhandbücher war das in England 1577 von Thomas Hill (unter dem Pseudonym von Didymus Mountain) veröffentlichte *The Gardener's Labyrinth*. Obgleich es keine nennenswert neuen Erkenntnisse über Pflanzen vermittelte (die rechtzeitig eingetroffene Tulpe hätte immerhin eine Erwähnung verdient) und sich in Stil und Inhalt noch eng an die vertrauten römischen Texte über die Landbestellung hielt, beweist Hills Werk eine Praxisnähe, die auf seinen eigenen Erfahrungen mit Pflanzen basiert. Das reicht von Empfehlungen zum Vorbereiten und Düngen des Bodens über Anweisungen, wie und wann gesät wird, bis zu ausgeklügelten Bewässerungsvorrichtungen für schwer zugängliche Beete.

lichkeit erhob. Den Studenten der Medizin boten diese Sammlungen eine breite Palette lebendigen Anschauungsmaterials, das es zu erforschen galt. Aber nicht nur die Botaniker suchten und sammelten Pflanzen – sei es als getrocknete Exemplare für das Studium in Herbarien oder als «lebende» in den botanischen Gärten –, sondern auch die Pflanzenforscher, die den Sammlern die begehrten exotischen Neuheiten für ihre Gärten lieferten. In der Anlage hatten die neuen botanischen Lehrgärten einiges gemeinsam mit den herrschaftlichen Gärten der damaligen Zeit, die überall in Westeuropa entstanden. Hinsichtlich Größe und Bedeutung herrschte eine ständige Rivalität zu denen der Königshäuser und Kirchenfürsten. Luca Ghini (1490–1556) hatte 1528 in Bologna einen *giardino dei semplici*, einen Arzneikräutergarten angelegt; die zwei frühesten botanischen Gärten in Europa waren indes jene von Pisa und Padua, die beide im Jahr 1545 gegründet wurden und in erster Linie der Unterweisung der Studenten an der medizinischen Fakultät der Universität dienten. Auf Leiden in Holland (1587) und Montpellier in Frankreich (1593) folgten 1621 schließlich Oxford in England und der botanische Garten des Jardin du Roi in Paris (1625–1636) (vgl. S. 124–125). 1549 umfaßte der Katalog der in Pisa gezogenen Pflanzen, wie Ulisse Aldrovandi schriftlich festhielt, lediglich 620 Pflanzen, von denen die meisten in Europa heimisch waren. Mit der Flut der Pflanzen aus dem östlichen Mittelmeerraum und der Neuen Welt sollte sich dies innerhalb einer Generation schlagartig ändern; sogar «Kuriositätenkammern» wurden in den Gärten eingerichtet, museale Sammlungen sämtlicher Erzeugnisse, wie sie die Natur hervorbringt.

Die enzyklopädische Sammelleidenschaft hatte aber auch Auswirkungen auf die Gestaltung, wobei über die Anordnung der Pflanzen sorgfältig Buch geführt wurde. Das beliebteste Entwurfsschema sah eine Vierteilung des quadratischen Gartenbereichs gemäß der vier Ecken der Welt vor. Als die Pflanzen nun aus vier Erdteilen in die europäischen Gärten strömten – aus Europa, Asien, Afrika und Amerika (glücklicherweise träumte nur eine kleine Minderheit von Australien als fünftem Kontinent) –, nahm dieses Modell eine noch umfassendere und beinahe biblisch inspirierte Bedeutung an. In *L'Horto de i semplice di Padova* erwähnte Porro, daß Pflanzen, die wie die Zeder, der Lorbeer und die Myrte aus dem Osten kamen, 1591 im östlichen Bereich des Botanischen Gartens in Padua angesiedelt wurden. Auch in Oxford unternahm man während des 18. Jahrhunderts diffuse Anstrengungen, die Bepflanzung gemäß der ursprünglichen Standorte der Gewächse vorzunehmen. Jedes der vier Hauptquartiere wurde dann nach verschiedenen praktischen Gesichtspunkten unterteilt, um anhand der Position der einzelnen Pflanze ihre Identifizierung zu erleichtern.

Botaniker als Gärtner

Der berühmte Garten von John Tradescant dem Älteren und seinem Sohn John Tradescant dem Jüngeren beherbergte eine solche Pflanzenvielfalt, daß die Bestandslisten von Lambeth als Zeugnis nahezu aller zu jener Zeit bekannten Pflanzen, die im nördlichen Europa eine erfolgreiche Kultur versprachen, angesehen werden können. In der Tat bot das ausgesprochen gemäßigte Klima Englands beste Voraussetzungen. Abgesehen von den Pflanzen, die Vater und Sohn selbst entdeckt und nach England gebracht hatten, gingen ihnen weitere über Kontakte nach Europa und über die Virginia Company zu; außerdem siedelten sie viele Pflanzen, die bereits irgendwo bekannt waren, erstmals tatsächlich in einem Garten an und führten in Form von Listen genau Buch darüber (vgl. S. 126–127). Überschüssiges Material wurde wohl unverzüglich zum Verkauf angeboten, was zu einer raschen Verbreitung der neuen Gartenpflanzen beitrug. So trugen die Tradescants, die zunächst im Dienste anderer wie etwa der Cecils im neuerbauten Hatfield und später der königlichen Familie standen, wahrscheinlich ungleich mehr zur Entwicklung der englischen Gartengestaltung bei als irgend jemand in der ersten Hälfte des Jahrhunderts. 1630 ernannte Königin Henrietta Maria John Tradescant zum Leiter der Königlichen Gärten in Oatlands Palace (zu einer Zeit, als André Mollet für die Königin die Gärten von St James Palace anlegte), und 1636, ein Jahr bevor er starb, übernahm er die Funktion eines Beraters bei der Anlage des neuen Botanischen Gartens in Oxford. John der Jüngere ging seinem Vater zur Hand und «erbte» später seine Stelle in Oatlands. Seine bedeutendste Errungenschaft waren Gewächse aus Virginia, wenngleich sein Vater bereits einige über die Virginia Company gewinnen konnte. Was sie in ihrem Museum in Lambeth, Tradescant's Ark (1656 als *Musaeum Tradescantianum* geführt), zusammentrugen, wurde zum Grundstock des Ashmole Museum in Oxford. Die Gründung der Tradescant Society und die Restaurierung der St Mary's Church in Lam-

Pierre Vallet, Maler am französischen Hof, schuf eines der ersten bedeutenden Florilegien. Ursprünglich war es als Album für Stickmuster konzipiert und als solches der Königin Maria de Medici gewidmet. In *Le Jardin du Roy très Chrestien Henry IV* (1608) waren unter den Blumen, die er malte, seltene Arten, die Jean Robin, Baumkundler des Königs, in dessen herrschaftlichem Garten beim Louvre zog, aber auch Raritäten aus seinem eigenen Garten auf der Ile de la Cité. Die exotische *Canna indica* (*oben*) mit roten und gelben Blüten wurde wahrscheinlich erstmals über die Inseln Mittelamerikas nach Europa eingeführt, obgleich sie, wie man heute weiß, in allen tropischen Klimazonen heimisch ist; in den Gärten sieht man sie in vielen Züchtungen.

EXPLANATION.
1. The Green House.
2. The dry Stove in which the Plants are disposed on Stands above each other.
3. The large Bark Stove where the tender Exotic Plants of the hot Countries are kept plung'd into Beds of Tanners Bark.
4. Is a low Bark Stove for raising Young Plants.
5. A Glass Case where are kept the Succulent Plants which require no Artificial Heat.
6. A Glass Case with Flue round it to warm the Air occasionally.
EXPLANATION.
7. A Frame for Sheltering such Exotic Plants as only require to be protected from hard Frost.
8. A Seminary for the tender Exotic Plants.
9.9.9.9. The four large Cedars of Libanus.
10. The place where the Physical Plants are plac[ed] Alphabetically.
11.11. The Bulbous Rooted Flowers.
12. The Annual and Biennial Plants.
13. The Perennial Plants.
14. The Wilderness where many kinds of Trees grow.
Road to London.
OPIFERQUE PER ORBEM DICOR
An Accurate Survey of the Botanic Gardens at Chelsea with the Elevation and Ichnography of the Green House and Stoves, and an Explanation of the Several Parts of the Garden, shewing where the most conspicuous Trees and Plants are Disposed; The Whole Carefully Survey'd and Delineated by John Haynes.
Scale of 1 Chain or 22 Yards

beth, auf deren Kirchhof Vater und Sohn begraben sind, haben zusammen mit der Einrichtung des Museums der Gartengeschichte entscheidend zu ihrem wohlverdienten Ruhm beigetragen.

Trotz des anhaltenden Zustroms von Pflanzen während des 16. und 17. Jahrhunderts blieb der Stil der Renaissancegärten streng architektonisch, wobei besonderer Wert auf Gliederung, Perspektive, Balance und Symmetrie gelegt wurde (vgl. Kapitel 5 und 6); die altbekannten Pflanzen, die sich als winterhart und gartentauglich erwiesen hatten, behielten innerhalb dieser stilisierten Schemen ihren angestammten Platz. Aber im Gleichschritt mit der Entwicklung der Gartenstile konzentrierten sich die einzelnen Sammler in ganz unterschiedlichen Klimazonen auf Liebhaberpflanzen. In gewissem Sinn können die Pflanzenexperten des 17. Jahrhunderts, betuchte Gutsbesitzer, als die Vorläufer der eher bescheidenen *Florists' Societies* angesehen werden, die sich im darauffolgenden Jahrhundert in England formierten und sich auf eine beschränkte Auswahl von Blumen aus acht Kategorien konzentrierten: Anemonen, Alpenaurikeln und Primeln, Garten- und Federnelken, Hyazinthen, Ranunkeln und Tulpen, die alle mit dem Anspruch höchster «Perfektion» kultiviert wurden. In Italien sammelte Francesco Caetani, Herzog von Sermoneta, in seinem Garten in Cisterna südlich von Rom «gefülltblühende samtige Anemonen» sowie andere extravagante Raritäten (vgl. S. 128–129), während John Rea, Samuel Gilbert und Sir Thomas Hanmer in England über stolze Sammlungen von Tulpen und gefülltblühenden Gartennelken verfügten.

Sir Thomas Hanmer (1612–1678) von Bettisfield (Shropshire) an der Grenze zu Wales war ein Freund und Nachbar von John Rea, dessen Buch *Flora* (1665) Sir Thomas gewidmet war, aber auch von John Evelyn. Während des Bürgerkrieges zog er sich auf das Land zurück, um an der Gestaltung seines Gartens weiterzuwirken. Der Geistliche Samuel Gilbert, John Reas Schwiegersohn, veröffentlichte 1682 ein Buch mit dem Titel *The Florist's Vade Mecum*, das nicht nur einen Gartenkalender mit Blumen für jeden Monat enthielt, sondern auch einige Gartenepisoden darbot. Als Züchter stand John Rea im Ruf, über die größte Tulpensammlung in England zu verfügen; in der zweiten Auflage seiner *Flora* (vgl. S. 130–131) erwähnte er mehr als 200 benannte Sorten, einschließlich der berühmten «Semper Augustus» und «Agit Hanmer», die Samuel Gilbert als Varietät mit drei schönen «kontrastierenden» Farben beschrieb: flachsgrau, intensiv scharlachrot und reinweiß. Hanmers Gartenphilosophien kommen in seinem *Garden Book* zum Ausdruck, das zwar 1659 vollendet,

Linke Seite: Der Chelsea Physic Garden an den Ufern der Themse wurde 1673 von der Gesellschaft der Apotheker mit dem Ziel angelegt, die Kenntnis der Heilpflanzen zu vertiefen. Van Huysums Bild von John Haynes' Vermessungsurkunde (1751) wird beidseitig von *Aloe africana* eingefaßt. Die Illustration zeigt, «wo sich die bemerkenswertesten Bäume und Pflanzen befinden» sowie Gewächs- und Warmhäuser, aber auch Frühbeete zum Überwintern frostempfindlicher Exoten und Sukkulenten. Vier Libanonzedern, die zu den ersten gehörten, die in England im letzten Viertel des 17. Jahrhunderts akklimatisiert wurden, markieren die Ecken des großen Wasserbeckens in Flußnähe. Zwei davon überlebten bis ins 19. Jahrhundert.

Oben: Ein Aquarell des französischen Calvinisten Jacques Le Moyne de Morgues (1530–1588) mit Veilchen und einem Schmetterling, dem Roten Admiral, befindet sich im Victoria and Albert Museum in London. Obgleich Le Moyne als darstellender Künstler und Kartograph bei der verhängnisvollen Expedition Laudonnières nach Florida (1564) dabei war, sind keine Bilder nordamerikanischer Blumen erhalten. In seinen späteren Arbeiten, die in Frankreich und nach 1572 im Exil in England entstanden – Porträts von Blumen, wie sie in europäischen Gärten bereits überall vorkamen –, wird deutlich, wie stark er von Jean Bourdichons französischem Miniaturmalstil geprägt war. Viele der Aquarelle dienten als Vorlage für die Holzschnitte von Le Moynes *Clef des Champs* in Blackfriars (1586).

Zu Beginn des 18. Jahrhunderts besaß die Herzogin von Beaufort als ausgezeichnete Kennerin der exotischen Flora in ihren Gewächshäusern in Badminton eine große Anzahl frostempfindlicher Pflanzen. Sie beauftragte den holländischen Künstler Everhard Kick, den sie über Sir Hans Sloane kennengelernt hatte, Pflanzen aus ihrer Sammlung zu malen. Unter diesen Bildern war eines mit einer rotblühenden *Primula polyantha*, einer Kreuzung zwischen Primel und Schlüsselblume, die später von den Floristen hochgeschätzt wurde.

aber bis 1933 unveröffentlicht blieb. Außer Wissenswertem über Birnen und Weintrauben enthält es Beschreibungen und Kulturhinweise, insbesondere in Bezug auf sein Lieblingsthema, die Tulpen, Anemonen, Alpenaurikeln, Narzissen, Primeln und Schlüsselblumen. In einem anderen Manuskript, das ursprünglich wohl als Vorwort zu seinem Gartenbuch gedacht war, wies er nicht nur auf die Pflanzen hin, die in jedem Blumenbeet zu ziehen sind, sondern auch auf den Wandel der Gartenstile, der sich innerhalb ein und derselben Generation vollzogen hatte.

Die ursprüngliche Version von Hanmers Manuskript vermittelt einen Eindruck vom Bild eines Gartens, der dem Schönheitsempfinden der damaligen Zeit entsprach: «Die Knoten oder Viertel fasse man nicht mit Hecken aus Liguster, Rosmarin oder anderen hohen Kräutern ein, die bei der Arbeit hinderlich sind und schädliche Würmer und Fliegen nähren, noch dulde man, daß unsere hochstämmigen Fruchtbäume so groß oder kompakt werden, daß sie die Fenster verdunkeln oder die Fruchtbarkeit des Bodens erschöpfen oder beeinträchtigen; aber alles sei nun überschaubar in Hausnähe angesiedelt, damit man es von den Zimmern aus zu überblicken vermag, und die Knotenbeete und Rabatten seien mit farblich unauffälligen Brettern, Steinen oder Ziegeln eingefaßt. Wo reichlich Platz ist, können die angrenzenden Quartiere des Parterres, wie die Franzosen es nennen, meist aus gepflegtem Rasen bestehen, der wie alle Grünflächen kurz gehalten werde, auf daß die Kugel beim Bowlingspiel rolle.» In einiger Entfernung vom Haus befinden sich noch andere Knotenkompartimente mit Blumenrabatten, die durch Grasflächen unterbrochen und am Rand in regelmäßigen Abständen mit Blumentöpfen oder Zwergzypressen, Tannen oder anderen Immergrünen, in Form kunstvoller Kugeln oder Pyramiden beschnitten, aufgelockert sind. Noch weiter entfernt folgen Labyrinthe aus mannshoch gehaltenen Hecken «mit geraden oder geschwungenen Kieswegen». Andere Alleen könnten mit «hohen Bäumen wie Ulmen, Linden, Pappeln, Tannen, Pinien oder anderen Gehölzen» gesäumt sein, aber auch architektonische Elemente wie Fontänen, Statuen, Lauben, kleine Pavillons und Sitzplätze beherbergen. Hanmer bot darüber hinaus Beschreibungen und Kulturhinweise, die seine Erfahrung mit der Akklimatisation exotischer Zwiebelpflanzen sowie sein Geschick, frostempfindliche «Grünpflanzen» wie Orangen in «Winterquartieren» aufzuziehen, bezeugen. Zu den Sträuchern, die er überwinterte, gehörten Steinlinden, Erdbeerbäume, der Korallenstrauch (*Erythrina crista-galli*), der Peruanische Pfefferbaum (*Schinus molle*), die Myrte und der Oleander.

Sein Interesse an Bäumen war mit dem seines bekannteren Freundes John Evelyn vergleichbar, dessen *Sylva* 1664 veröffentlicht wurde. Hanmer hatte eine besondere Vorliebe für Immergrüne wie die Libanonzeder und die Steineiche. Auch empfahl er allen «Floristen», sich ein separates Stück Land für die Aussaat und Anzucht von Pflanzen und Bäumen zu reservieren, um «derartige Schätze nicht jedermanns Blicken auszusetzen. Im Anschluß daran bedarf es eines schützenden Winterquartiers für die frostempfindlichen Pflanzen». Hanmers eigener Garten war der eines Sammlers, in dem es wohl weniger um «stilvolle» Gestaltung ging als vielmehr darum, seinen geliebten Pflanzen die bestmöglichen Wachstumsbedingungen zu bieten. Immerhin wurden um diese Zeit – wie von Leonard Meager in *The English Gardener* 1670 empfohlen – die «neuen» aufregenden Blumen gesondert von den «Kräutern für die Anlage der Knotenbeete» gehalten, die vorwiegend dem traditionellen Bestand entsprachen. Um 1677 umfaßte der Katalog von William Lucas' Gartenbetrieb Saatgut für 75 Blumenarten und etwa 40 Zwiebel- und Rhizompflanzen – ausnahmslos «benannte» Varietäten.

Meister der Baumschule

Sowohl Gartenliebhaber als auch gewerbsmäßige Gärtner erkannten allmählich, welche Chancen ihnen das englische Klima bot. Gewiß, manche Samen von Pflanzen aus Ländern mit heißeren Sommertemperaturen kamen nicht zur Reife, und bestimmte Gewächse wie die frostempfindlichen Immergrünen, die im 16. Jahrhundert so beliebt waren, benötigten einen Winterschutz (John Evelyn erfand den Begriff «greenhouse» oder Gewächshaus, um solche Schutzmaßnahmen zu beschreiben. Dennoch aber gewährte das gemäßigte Klima, das sich weder durch extreme Kälte noch Hitze auszeichnet, auch ohne spezielle Schutzmaßnahmen und Kulturbedingungen einer ungemein breiten Palette von Pflanzen unterschiedlichster Wachstumsbereiche ideale Voraussetzungen.

Mit der Flut neuer Pflanzen um die zweite Hälfte des 17. Jahrhunderts wandelten sich auch die gärtnerischen Möglichkeiten. Sammler wie Henry Compton, Bischof von London (1632–1713), begannen mit Pflanzen zu experimentieren (vgl. S. 134–135). Er führte nicht nur eine große Zahl neuer, winterharter Gewächse, größtenteils aus Nordamerika, in seinen 13 ha großen Garten in Fulham Palace ein, sondern gewährleistete auch, daß sich diese, indem er sie später der berühmten Brompton Park Nursery überließ, relativ rasch über die namhaften Landgüter verbreiteten. Der Bischof zog aber auch Pflanzen, die über Holland vom Kap der Guten Hoffnung hereinkamen und Winterschutz benötigten; dazu gehörten *Pelargonium inquinans* – ein Vorläufer unserer modernen Geranie. Bevor der Garten von Fulham Palace nach dem Tod des Bischofs verwilderte und die Bäume gefällt wurden, gelang es den Züchtern Robert Furber von Kensington und Christopher Gray von Fulham, ihre eigenen Pflanzensammlungen durch wertvolle Bestände zu erweitern.

George London (1681–1714, auf der Höhe seines Ruhms) und Henry Wise (1653–1738), Gesellschafter der Brompton Park Nursery, waren die bedeutendsten Gartenberater und Züchter der damaligen Zeit. London hatte in jungen Jahren in Fulham gearbeitet, und einen Teil seines wachsenden Erfolgs als Gestalter und Berater verdankte er der Gönnerschaft Comptons, aber auch John Evelyn und Königin Anna. Die Gärtnerei bot ihm eine unerschöpfliche Quelle an Pflanzen unterschiedlicher Sorten; dennoch hielt sich die London & Wise Kompanie streng an den herrschaftlichen französischen Stil (vgl. Kapitel 6), dem man sich in England nach der Restauration 1660 zuwandte. Dies sollte sich erst ändern, als nach 1688 mit Wilhelm von Oranien und Maria Stuart eine unverwechselbare und eher persönlich geprägte holländische Note einzog, die dem englischen Naturell und dem unbewaldeten Charakter der Landschaft weit besser entsprach.

John Evelyn, der berühmte Baumkundler und Gartenexperte, schilderte, wie er im August 1678 nach einem Essen im Garten von Ham spazierenging: «Das Anwesen des Herzogs von Lauderdale vermag sich in der Tat mit nahezu jeder prächtigen Villa zu messen. Das Haus ist ausgestattet wie das einer großen Prinzessin: Die Parterres, Blumengärten und Orangerien, die Haine, Avenuen und Innenhöfe, die Statuen, Perspektiven, Fontänen und Volieren am schönsten aller Flüsse der Welt – all dies ist stets für eine Überraschung gut.» Viele der Blumen in Ham wurden von dem Floristen Alexander Marshall porträtiert, der auch Bischof Comptons Pflanzen in Fulham Palace malte. Die Gartennelken stammen aus Marshalls Florilegium.

Der Chronist und Schriftsteller John Evelyn (vgl. S. 132–133) betrachtete die Forst- und Gartenkultur aus dem Blickwinkel der Ökonomie und der Wissenschaft; er propagierte die Pflanzung von Bäumen sowohl in Waldbereichen als auch zur Auflockerung der maßgeschneiderten Gartenentwürfe von London und Wise. Aber Evelyn hatte auch die Entwicklung der Gartenstile in Europa genauestens verfolgt. Seine umfassende Kenntnis der Pflanzen und Gestaltungsprinzipien bildete den Hintergrund für die experimentelle Kultur von Bäumen und Sträuchern, die nicht als architektonische Elemente dienten, sondern gemäß ihrem natürlichen Habitus das Bild des englischen Landschaftsgartens im 18. Jahrhundert prägen sollten (vgl. Kapitel 7).

Damit wird aber bereits einiges vorweggenommen, was über die Zeit der Renaissance und den Rahmen dieses Kapitels, in dessen Mittelpunkt die bedeutenden Gartengestalter stehen, hinausgeht. Zunächst gilt es nämlich die Grundstrukturen der formalen Gartengestaltung zu umreißen, in der sich Italien und Frankreich als geradezu unübertrefflich hervortaten.

Die Holzschnitt-Herbarien von Brunfels, Fuchs und Mattioli

Das älteste von zahlreichen illustrierten Kräuterbüchern, die einen neuen Stil botanischer Darstellung einleiteten – die Pflanzen waren aufs genaueste der Natur nachgezeichnet und nicht aus früheren Manuskripten in Form stilisierter Kopien übernommen –, erschien in drei Etappen 1530, 1532 und 1536: das *Herbarum Vivae Eicones* mit einem Text von Otto Brunfels (1488–1534) und Pflanzenillustrationen von Hans Weiditz. Auf das Pflanzenbuch von Brunfels folgte 1542 die von Leonhard Fuchs (1501–1556) verfaßte *De Historia Stirpium*, die in Basel veröffentlicht wurde und 400 in Deutschland heimische Pflanzen sowie 100 fremdländische umfaßte, die ebenfalls nach dem Vorbild der Natur gezeichnet waren.

Von größtem gärtnerischem Interesse ist das Holzschnitt-Herbarium des Pierandrea Mattioli (1501–1577), eines italienischen Botanikers und Arztes, der 20 Jahre bei Erzherzog Ferdinand in Prag und danach bei Kaiser Maximilian II. in Diensten stand. Seine Kommentare zur Arzneimittellehre des Dioskurides, die mit bemerkenswert schönen, großen Holzschnitten illustriert waren, wurden in der zweiten Hälfte des 16. Jahrhunderts für die europäischen Ärzte zum Standardwerk der Kräuterheilkunde, das in mehr als 60 Ausgaben auf lateinisch, italienisch, französisch, deutsch und sogar tschechisch erschien. Dank seiner Reisen und seines Briefwechsels mit einem illustren Kreis sachkundiger Botaniker gelang es ihm, viele der ur-

Mattiolis *Commentarii* mit lateinischem Text wurden 1544 zunächst ohne Bilder veröffentlicht. Um 1550 kamen kleinere Illustrationen hinzu; eine mit großen Bildern illustrierte Prachtausgabe wurde indes 1565 in Venedig gedruckt. Der weiße Jasmin (*Jasminum officinale*) No. 85 stammt aus der 1565 erschienenen Ausgabe, in der kunstvoll schattierte Blumen und Blätter den gesamten Raum jedes Holzschnitts ausfüllen. Manche von Mattiolis Birnbaum-Holzstöcken aus der Zeit um 1560 sind noch erhalten.

corum, TOMVS Primus. 129

NARCISSVS. A

De NARCISSO, & Hermodactylo, Rhapsodia Vicesima.

NOMENCLATVRAE.

Græcæ, νάρκισσος. ἀντογνίς. βολβὸς ὁ ἐμετικός. λείριον. ἄνυδρος.

Latinæ, Narcissus, Hermodactylus.

Germanicę, in Marcio, Hornungs blům. In Septembri, Zeytlöslin.

PLACITA AVTORVM de Narcisso.

Historia Narcissi, secundum DIOSCORIDEM, lib. 4.

NARCISSVS folia Porro simillima habet, tenuia, multo minora, & angustiora: caulis uacuus, & sine folijs, supra dodrantem attollitur: flos albus in medio, intus croceus, in quibusdam purpureus: radix intus alba, rotunda, bulbosa: semen uelut in tunica, nigrum, longum. Probatissimum nascitur in montibus suaui odore. Cætera Porrum imitatur, atque hærbaceum uirus olet.

m

Hans Weiditz, der zwischen 1530 und 1536 die Pflanzen für das *Herbarum Vivae Eicones* von Otto Brunfels zeichnete, war aller Wahrscheinlichkeit nach ein Schüler Albrecht Dürers. Er malte seine «lebensnahen» Pflanzen unmittelbar nach dem Original in der Natur; seine Osterglocke (*Narcissus pseudonarcissus*) und der Märzbecher (*Leucojum vernum*) sind hier abgebildet. Brunfels, der von Haus aus Arzt war, interessierte sich lediglich für die von Dioskurides aufgeführten Kräuter aus den südlich gelegenen, mediterranen Zonen; sein Text ist inhaltlich noch ganz dem Mittelalter verhaftet. Weiditz erweiterte das Spektrum durch Pflanzen, die in der nördlicheren Region in der Gegend von Straßburg heimisch waren.

sprünglichen Kräuter des Dioskurides zu identifizieren. Willem Quackelbeen (1527– 1561), Botschafter Busbecqs Leibarzt in Konstantinopel, sandte Mattioli Berichte über mindestens 10 neue Pflanzenarten, die Mattioli in sein Buch einarbeiten konnte. Zu den weiteren neuen Pflanzen, die Mattioli porträtierte, gehörten die Traubenhyazinthe, die Stranddistel, der Stechapfel, die Alpenaurikel, *Arum italicum* und vier verschiedene Pinienarten.

Oben: Die Zeichnungen für die *De Historia Stirpium* des Leonhard Fuchs wurden von Heinrich Füllmaurer und Albrecht Meyer, die Holzschnitte von Veit Rudolph Speckle angefertigt. Für die großen Holzschnitte war eine nachträgliche Kolorierung vorgesehen. Die Lampionblume (*Physalis alkekengi*) ist in Osteuropa heimisch – das aus den Beeren destillierte Wasser galt als Heilmittel bei Gallensteinen. Fuchs, nach dem das Genus *Fuchsia* benannt ist, war nicht nur Arzt, sondern auch Botaniker und somit von jeher an der Beobachtung und Bestimmung der Flora interessiert.

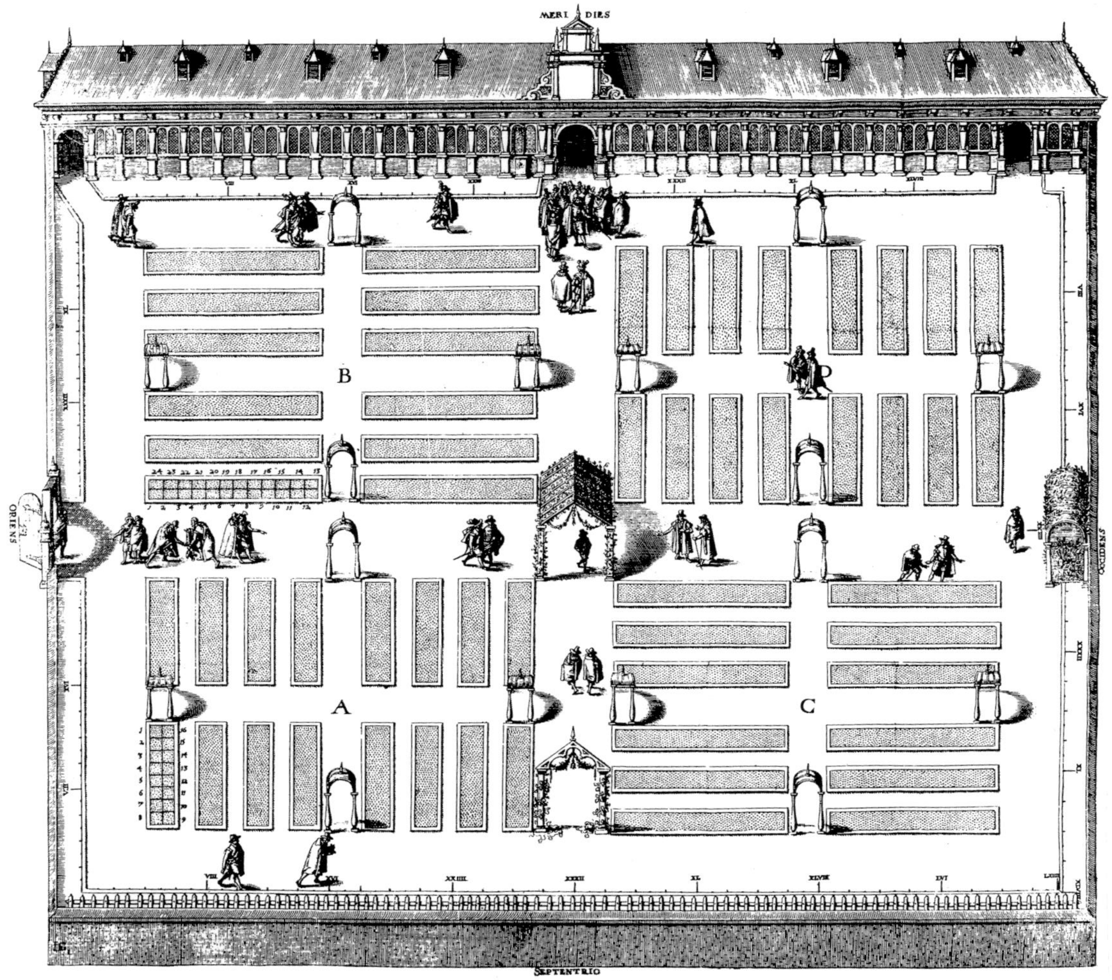

Clusius und der Botanische Garten in Leiden

Carolus Clusius (Charles de L'Ecluse) wurde 1526 in Artois geboren und studierte zunächst Rechtswissenschaft, ging aber später als Schüler von Rondelet an die Medizinschule in Montpellier, wo er viele neue Pflanzen, die im wärmeren Süden wachsen, kennenlernte. Seine erste wissenschaftliche Publikation aus dem Jahr 1557 war eine Übersetzung von Rembert Dodoens' soeben erschienenen *Crŭÿdeboeck* ins Französische. 1571 fuhr Clusius nach London, wo er einige der erst in jüngster Zeit eingeführten amerikanischen Pflanzen erwarb und sich in Nicolas Monardes' Buch über amerikanische Pflanzen vertiefte (er übersetzte es später vom Spanischen ins Lateinische), das Beschreibungen der Sonnenblumen und des Tabaks enthält. (Die Übersetzung ins Englische mit dem vielversprechenden Titel *Joyfull news out of the newe founde worlde* – Erfreuliches aus der Neuen Welt – wurde 1577 vollendet.)

1592 gelang es dem Kuratorium von Leiden, Clusius, der mittlerweile in Frankfurt lebte und bereits über sechzig war, zur Leitung des Botanischen Gartens zu überreden. Zwei Jahre später wurde Dirck Outgaertszoon Cluyt zum Superintendenten der Gärten ernannt, womit er die Oberaufsicht über die Anlage und Bepflanzung des Gartens übernahm, die im September desselben Jahres erfolgte. In den um 1600 herausgegebenen Pflanzenkatalogen waren zahlreiche Neueinführungen verzeichnet: *Argemone mexicana*, *Canna indica*, Nasturtium, *Tagetes patula*, *Zea mays* sowie die Alraune, die italienische Zypresse, *Ricinus communis*, die in Indien heimische Feigenopuntie (*Opuntia ficus-indica*), der Judasbaum, der Flieder (*Syringa vulgaris*), *Philadelphus coronarius*, Tabak und der Echte Ingwer (*Zingiber officinale*) von Ostindien. Um 1608 verfügte man über 600 Tulpenzwiebeln, darunter frühe und späte, seltene und gewöhnliche Sorten. Von dem aus Florenz stammenden Pflanzensammler Matteo Caccini bekam Clusius 1607 Zwiebeln der rosablühenden *Tulipa clusiana*.

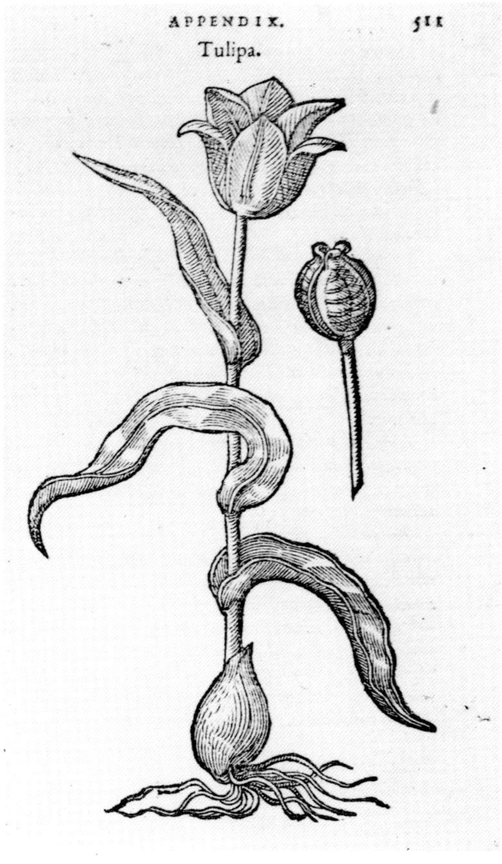

Linke Seite, unten: Seine ersten Tulpen bekam Clusius, als er 1574 in Wien weilte; von da aus nahm er seine aus Zwiebeln und Samen aufgebaute Sammlung 1592 nach Leiden mit. Der Holzschnitt einer Tulpe stammt aus seinem Werk *Rariorum Plantarum Historia*. Bemerkenswert war, daß einige seiner farblichen Züchtungsexperimente mit Tulpen, die später als «Zuchtzwiebeln» bekannt wurden, «ausbrachen» und gestreifte oder gesprenkelte Blüten bildeten – ein Phänomen, das, wie man heute weiß, durch ein von Blattläusen übertragenes Virus verursacht wird. Damals aber löste es eine wahre Explosion von Spekulationen, die sogenannte «Tulpomanie» aus, so daß die Zwiebeln, insbesondere in Holland, zu horrenden Preisen gehandelt wurden.

Trotz unterschiedlicher Größe und Form des Geländes, spiegelt der restaurierte Hortus Academicus (*linke Seite*) in Leiden die wesentlichen Züge des ursprünglichen Gartens wider – dies wird bei einem Vergleich mit Christopher Plantins 1601 gefertigtem Stich deutlich, der Studenten mit ihrem Lehrer, wahrscheinlich Clusius, beim Dozieren darstellt. Der Garten war durch zwei sich kreuzende Wege in vier Quadranten unterteilt; jedes Viereck gliederte sich in zwei Hälften mit einer Reihe von Beeten, die im Lateinischen als *pulvilli*, kleine Kissen oder Pakete bezeichnet wurden. Jeder 40 x 31 m große *pulvillus* war für die verschiedenen Pflanzenfamilien erneut in zahlreiche kleinere Einheiten unterteilt, wobei jedes lange «Paket» auf der Schmalseite 53 cm maß und für die verschiedenen Arten und Sorten vorgesehen war. Diese Beete sind auf dem Foto des heutigen Gartens deutlich erkennbar (*oben*). 1601 erschien ein gedruckter Katalog der Gärten, der den gesamten Bestand und die genaue Position der 1000 verschiedenen Arten und Sorten aufführte. Auch Topfpflanzen, darunter Orangen und Zitronen, waren vertreten; sie wurden «zur Zierde des Gartens in die umliegenden Bereiche gesetzt». Eine in Stein gehauene Inschrift an der Nordfassade (heute restauriert) wies die Besucher in lateinischer Sprache darauf hin, daß es strengstens untersagt sei, über die Beete zu springen, Blumen zu pflücken oder Zweige abzubrechen sowie Zwiebeln und Wurzeln auszugraben.

Gerard und Parkinson

Gerards 1597 veröffentlichtes *Herball* kommt einer gärtnerischen Abhandlung weit näher als William Turners *New Herball* von 1551–1562, obgleich es die Pflanzen noch immer in Katalogform entsprechend ihren «Vorzügen» aufführt. Parkinson unterstreicht in seinem Florilegium *Paradisi in Sole: Paradisus Terrestris*, das zu einem wahren «Bestseller» wurde, aber auch in seinem Herbarium (dem *Theatrum Botanicum* von 1640) nachdrücklich die Idee des Lustgartens und seiner «Gestaltung».

Obgleich Gerard einiges aus den Werken des flämischen Herbalisten Rembert Dodoens übernahm, war sein Hauptwerk, das Anweisungen zur Kultur neuer und alter Pflanzen enthielt, nach wie vor gefragt. Er hatte in Holborn in London einen eigenen Garten, in dem er mehr als 1000 Pflanzen zog.

Auch Parkinson zog einen Großteil der Pflanzen, über die er schreibt, in seinem eigenen Garten in Long Acre in London; Pflanzen aus der Neuen Welt (hauptsächlich über Spanien bezogen), einschließlich der Wunderblume, des Tabaks, «der Indischen Kresse» (*Tropaeolum majus* oder der Gemeinen Kapuzinerkresse) und *Canna* (das Blumenrohr, das Clusius, wie er kommentiert, bereits von den Wegrändern in Spanien und Portugal kannte). *Aster tradescantii*, die Aufrechte Sammetblume, die ursprünglich aus Mexiko stammt (aber bei Karthago wildwachsend entdeckt wurde), die blaue Passionsblume (*Passiflora caerulea*, die im *Horto Farnesiano* von 1625 aufgeführt ist), *Smilacina racemosa* und *Tradescantia virginiana*. Liebevoll nahm er sich einer Yucca (*Yucca filamentosa*) an, einem direkten Ableger einer Pflanze Gerards, die als Schößling zunächst zu Robin nach Paris gelangt war und dann nach Long Acre zurückkam. Im *Paradisus* führte er zahlreiche Anemonen, Alpenaurikeln, Nelken (Garten- und Federnelken), Hyazinthen, Ranunkeln und Tulpen auf, die in der kurzen Zeit seit ihrer Einführung bemerkenswerte züchterische Verbesserungen erfahren hatten. Vertreten waren auch Lilien und «Türkenbund» (noch getrennt klassifiziert), Narzissen, Iris und der schöne Milchstern, *Ornithogalum arabicum*. Er eröffnete seinen Pflanzenkatalog mit der großartigen «Kaiserkrone», die zu jener Zeit als «*Corona Imperialis*» bezeichnet wurde: «[...] um ihrer stattlichen Schönheit willen verdient sie einen Ehrenplatz in unserem Garten der Freude.» Andere «ausländische Blumen» empfahl er,

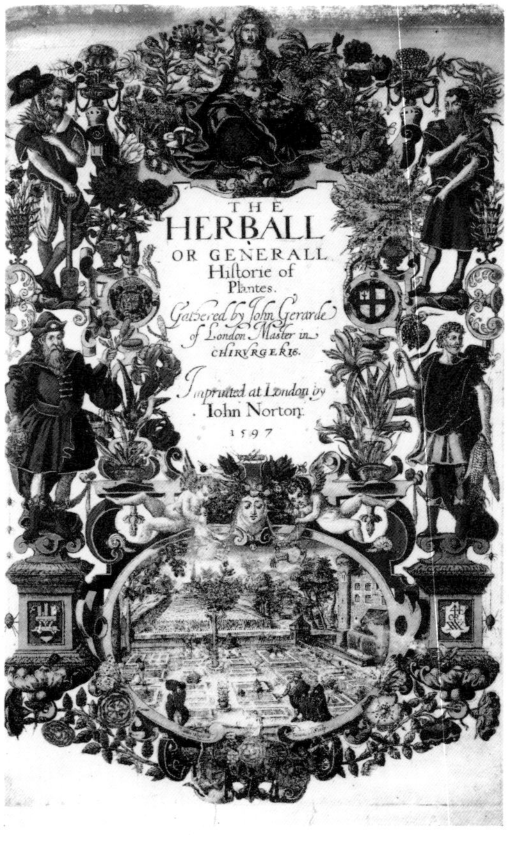

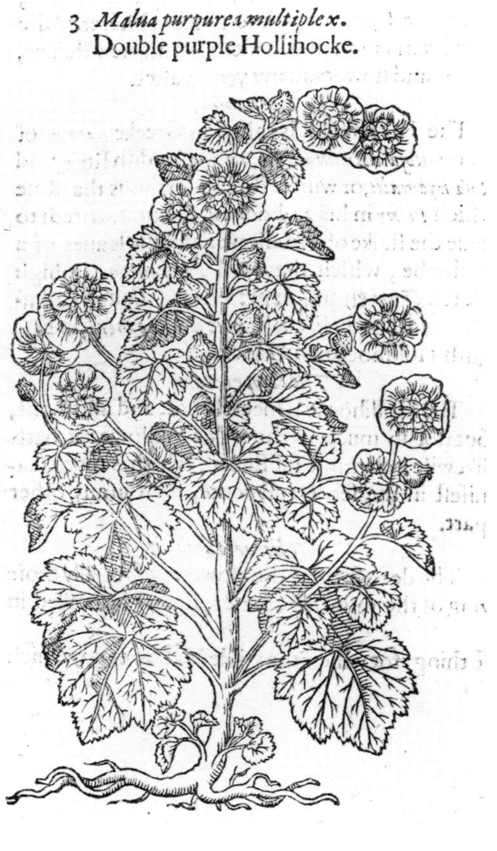

«um dem Garten Anmut zu verleihen, auf daß er einem Stück Tapete in den herrlichsten Farben gleiche».

Linke Seite, links: Die Titelseite von Gerards 1597 erschienenem *Herball*, in dem die Pflanzen als Holzschnitte dargestellt sind, wurde von William Rogers entworfen und aus dem Holzstock geschnitten. Die verschlungene Bandverzierung und das Kartuschendesign, typisch für Entwürfe mit «schildartigem» Motiv, steht ganz im Zeichen der Göttin Flora, die die «weiße Berg- oder Krummholzkiefer», «ein Maiglöckchen» sowie die Gemeine amerikanische Sonnenblume hält und von anderen Pflanzen, die sie und den Titel einrahmen, umgeben ist. Eine männliche Gestalt hält die purpurviolette Küchenschelle (*Anemone pulsatilla*), eine weitere die Kaiserkrone, eine dritte die Madonnenlilie und die vierte die «schachbrettartig gemusterte Narzisse» (*Fritillaria meleagris*) und den Mais (*Zea mays*). Der in dem Emblem dargestellte Garten ist wahrscheinlich der Lord Burghleys Theobalds, bei dem Gerard in Diensten stand.

Linke Seite, Mitte und rechts: Die *Amaranthaceae* werden von Gerard in die «purpurne Federbusch-Celosie» (*Celosia cristata*) und «Floramor» gegliedert. Zwei Holzschnitte aus der Ausgabe von 1597 zeigen den Echten *Amaranthus tricolor* und Gerards «gefüllte, purpurviolett blühende Stockmalve, die als «gezähmte Malve oder Gartenmalve» bekannt ist. Gerards Werk wurde 1633 von Thomas Johnson durchgesehen; auf diese verbesserte Auflage, die mit 2766 Holzschnitten aus der Sammlung des Antwerpener Druckers Plantin illustriert ist, wird in der Regel Bezug genommen. Unter den fremdländischen Bäumen und Sträuchern, die Gerard in seinem eigenen Garten zog, wurden viele wie der Goldregen, der Judasbaum, der Zürgelbaum (*Celtis australis* aus Südeuropa), die Strandkiefer, *Lavatera olbia* und der Laurustinus sowie der Lebensbaum (*Thuja occidentalis*) und die in Amerika heimische *Yucca americana* im *Herball* beschrieben.

Rechte Seite: Das Titelblatt von Parkinsons Florilegium *Paradisi in Sole: Paradisus Terrestris* von 1629 – ein Wortspiel über «Paradies» und «Park». Das Werk ist mit Holzschnitten illustriert, die laut Agnes Arber nicht besonders wertvoll sind; unbestritten ist indes der Zauber der einzelnen Pflanzengruppierungen auf jeder Seite. Das Titelblatt zeigt den Garten Eden, in dem vor dem Sündenfall, wie man glaubte, sämtliche von Gott geschaffenen Pflanzen wuchsen. Man sieht Adam die verbotene Frucht pflücken, während Eva nach einer nicht bestimmbaren Pflanze greift. Unter Dattelpalmen, Tulpen, der Kaiserkrone und der exotischen Ananas erkennt man das im Land der Tataren bekannte Fabelwesen – halb Tier, halb Pflanze –, das aus einem Sproß im Boden entstanden sein soll.

Besler und der Garten von Eichstätt

Basilius Besler (1561–1629) war von 1595 bis 1612 für die Gärten von Johann Konrad von Gemmingen, Prälat von Eichstätt, zuständig. Als Pflanzenliebhaber und Botaniker umgab der Kirchenfürst seinen Palast auf dem Hügel von Willibaldsburg, hoch oben über der Stadt, mit üppig blühenden terrassierten Gärten. Es gab «drei ruhmreiche Ziergärten, die zur Besichtigung standen», als der Katalog über den Garten veröffentlicht wurde. Ein Teil war ganz den Sträuchern vorbehalten; außerdem gab es für verschiedene Pflanzensorten spezielle Bereiche. Bedauerlicherweise verwilderte der Garten nach dem Tod des Bischofs (noch vor der endgültigen Veröffentlichung des Katalogs). Er wurde von den Schweden im Dreißigjährigen Krieg nahezu völlig zerstört. Im 19. Jahrhundert gab es zwar Restaurierungsbestrebungen, aber heute zieht sich nur noch wildes Gestrüpp hügelaufwärts, das die zerfallenden Schloßmauern mit Girlanden aus Blattwerk umrankt.

Besler, der in Nürnberg als Apotheker und Botaniker wirkte, stellte aber nicht nur den großen *Hortus Eystettensis* zusammen, der 1613 veröffentlicht wurde und den gesamten Pflanzenbestand von Eichstätt aufwies, sondern war auch für einen Teil der Bepflanzung zuständig. Allem Anschein nach verfügte der Prälat, der Besler um 1600 beauftragte, die botanische Vielfalt des Gartens in einem mit Bildern versehenen Werk festzuhalten, über den Ehrgeiz, jede zu jener Zeit bekannte Pflanze im eigenen Garten zu ziehen. Besler schuf wohl einige der Originalzeichnungen, die 400 Platten wurden indes von einer Gruppe von Kupferstechern vorbereitet. In seinem zweibändigen Werk stellt Besler mehr als 660 botanische Arten und mehr als 400 vom Typus abweichende Sorten dar, sei es mit gefüllten Blüten oder einer Farbvariante, insgesamt also über 1000 Pflanzen.

Linke Seite, links: Da manche der im Florilegium aufgeführten und geschilderten Pflanzen im süddeutschen Raum wohl kaum winterhart waren, besteht kein Zweifel, daß die Gewächse mittels spezieller Holzvorrichtungen, wie sie damals überall in Gebrauch waren, vor Frost geschützt wurden. Das Bild von der Feigenopuntie (*Opuntia ficus-indica*) – einem frostempfindlichen Kaktus unbekannter, aber zweifellos tropischer Herkunft – zeigt die Pflanze in einem im Boden versenkten Topf, umgeben von einem gezimmerten Holzrahmen, an dem der Winterschutz befestigt wurde.

Linke Seite, rechts: Die Pflanzen im *Hortus Eystettensis* sind entsprechend der Jahreszeiten in vier Gruppen gegliedert, wobei Bäume und Sträucher vor den nicht verholzten Pflanzen stehen; diese werden von Besler in mehrere Kategorien unterteilt, so daß auf ein und derselben Tafel häufig nicht miteinander verwandte Arten erscheinen. Tafel 1 zeigt die purpurviolett- und weißblühenden Formen von *Syringa vulgaris*, den im 16. Jahrhundert aus den Balkanländern eingeführten Flieder, sowie den Buchs (*Buxus sempervirens*), der in Europa, Nordafrika und Westasien heimisch ist. Da die Araber in Spanien seit Jahrhunderten diverse Fliederarten zogen, nannte sie Besler «lusitanica» und «Spanischer Springebaum».

Rechte Seite: Paeonia mascula, eine aus Europa stammende, in blühendem und fruchtendem Zustand abgebildete Pflanze, findet sich leider kaum mehr irgendwo wildwachsend; andere hier gezeigte Arten sucht man heute vergeblich an ihrem natürlichen Standort, und einige Züchtungen sind nicht mehr verfügbar. Besler schilderte 250 Pflanzen, die eigens der Zierde des Gartens dienten; darunter waren viele, die erst unlängst nach Europa gekommen waren.

Die ersten botanischen Gärten

Die ersten offiziellen botanischen Gärten in Europa entstanden im Italien des 16. Jahrhunderts. Errichtet im Auftrag des botanischen Lehrstuhls und der Medizinschulen in Pisa und Padua, standen sie in der direkten Nachfolge der Arzneikräutergärten, die die Mönche im Mittelalter unterhalten hatten. Der Garten in Pisa wurde zweimal verlegt (1563 und 1591), bis er endlich seinen Platz in unmittelbarer Nähe der Kathedrale und der Universität fand. In den Archiven von Pisa wurden Pläne für Parterre-Anlagen in botanischen Gärten gefunden, von denen manche unverkennbare Ähnlichkeit mit jenen des Architekten Serlio im Jahr 1537 zeigten. In Padua wurde das Gestaltungsschema mit den Jahren abgewandelt.

In Paris entwarf Jean Robin 1626 die Pläne für den Jardin du Roi (nach der Revolution von 1789 als Jardin des Plantes bezeichnet), ein Projekt, das erst 10 Jahre später 1636 vollendet wurde. Von Anfang an scheint der Wunsch nach einer reichhaltigen Pflanzensammlung weit größer gewesen zu sein als das Bedürfnis, einen Lehrgarten für Heilkräuter anzulegen. Viele von Robins eigenen Pflanzen wurden integriert, und sein Sohn Vespasian Robin erhielt einen Lehrauftrag unter der Direktion von Guy de la Brosse, dem Leibarzt des Königs. Letzterer veröffentlichte 1636 eine Beschreibung des Gartens und einen Katalog seiner 2500 Pflanzen. Eine nach Süden gehende Terrasse in den Pariser Gärten beherbergte Immergrüne wie die Pinie, Tanne, Eibe, Stechpalme, Stein- und Korkeiche, den Wacholder, Steinlinden und Feuerdorne, des weiteren noch frostempfindlichere mediterrane Sträucher und Kräuter wie den Mastixstrauch, die Terpentinpistazie oder Therebinthe (*Pistacia terebinthus*) und verschiedene Zistrosen.

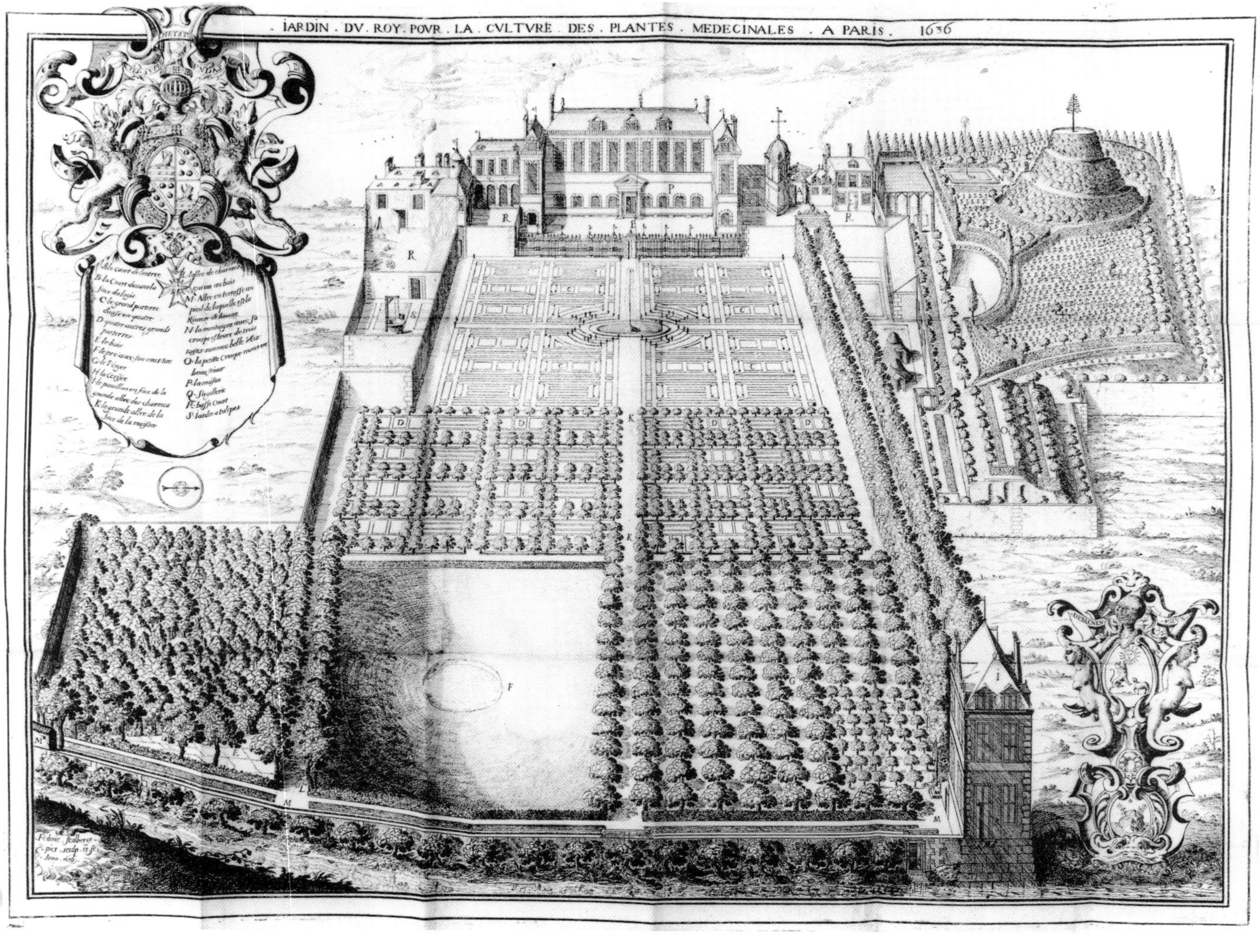

Oben: Der Kaufmann Jan Commelin (gest. 1692), der dem Arzneikräutergarten von Amsterdam vorstand, verwandelte diesen in einen der aufsehenerregendsten Gärten dieser Art in Europa. Sein Katalog des Gartens führte viele neue Pflanzen, die über die Handelsbeziehungen der East Indian Company eingeführt wurden und über das Kap der Guten Hoffnung (seit 1652 holländische Kolonie) hereinkamen. Auf der Titelseite sind im Hintergrund Gewächshäuser erkennbar. Die aquarellartige Kolorierung dieses Werkes stammt von Johann und Maria Moninckx.

Linke Seite: Le Jardin du Roi bestand aus zwei bedeutenden Parterre-Bereichen. Ein Bereich war flach und in schlichte, rechteckige Beete gegliedert, in denen die Pflanzen entsprechend der bekannten und namentlich aufgeführten Arten systematisch angeordnet waren. Die gegenüberliegenden Parterres waren von mit Bäumen flankierten *allées* durchkreuzt. Auf der Nordseite dehnte sich eine Avenue aus Hainbuchen und Linden ostwärts bis zur Seine aus; im Süden ging eine kürzere Allee aus Hainbuchen in einen Waldgarten über. In einem kleinen eingefriedeten Bereich befand sich der *jardin à tulipes*, in dem wertvolle Zwiebeln – vor Dieben gesichert – aufbewahrt wurden; außerdem gab es ein halbmondförmiges Beet für frostempfindliche Zitrusfrüchte, Myrten, Palmen und Zuckerrohr.

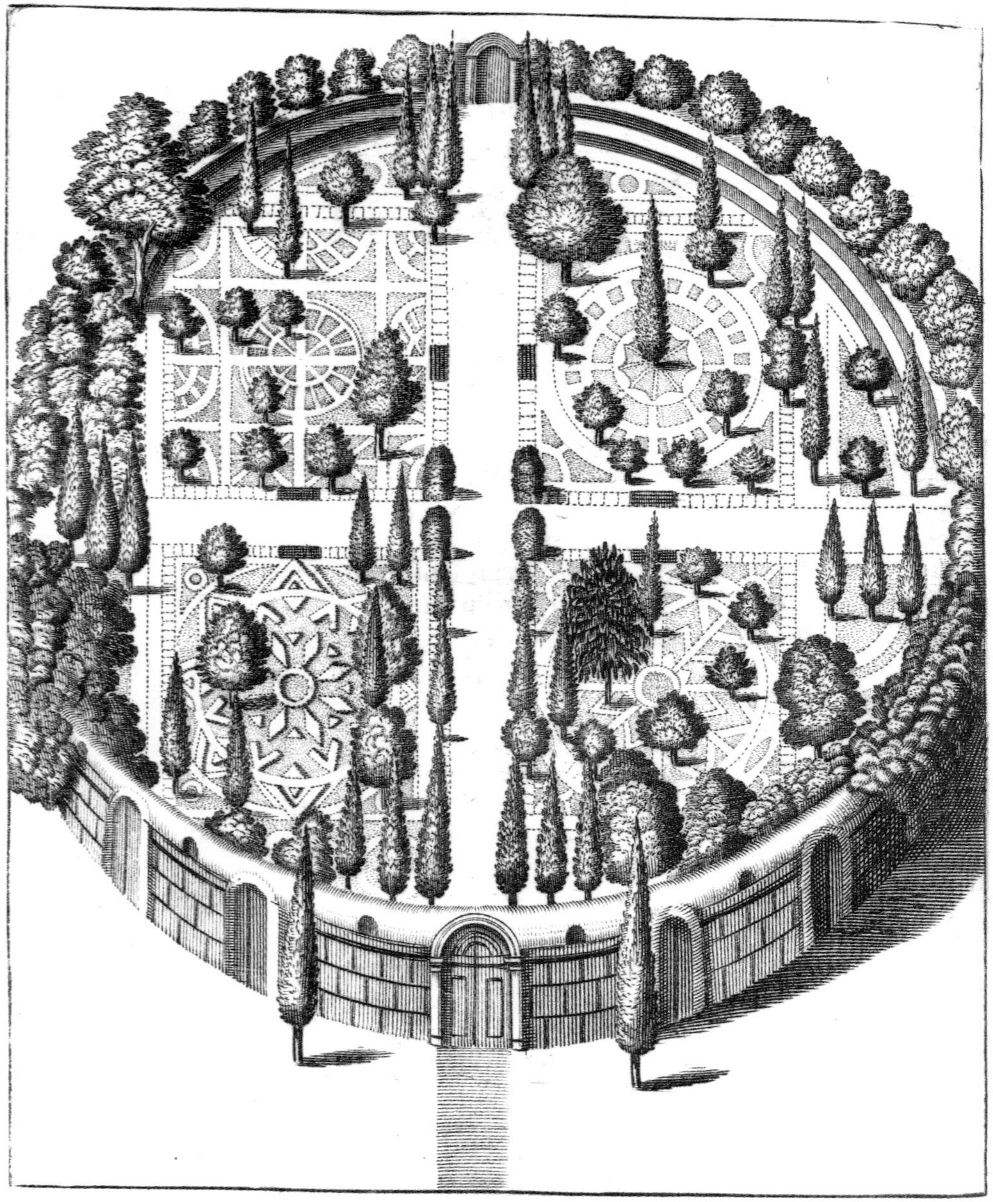

Oben: Im Botanischen Garten in Padua, der von Francesco Bonafede angelegt wurde, war der runde Grundriß in ein komplexes Gefüge dekorativer Quadrate und Kreise gegliedert – Musterstrukturen, die in den öffentlichen und privaten Gärten der darauffolgenden zwei Jahrhunderte immer wieder aufgegriffen wurden. Auf einem früheren Plan war eine noch kompliziertere Kombination vorgesehen. Padua ist im Besitz des ältesten gedruckten Katalogs, dem des Cortuso aus dem Jahr 1591, der 1168 Pflanzen verzeichnet. Die europäische Fächerpalme (*Chamaerops humilis*), für die sich Goethe begeisterte, als er sie bei seinem Besuch 1786 zu Gesicht bekam, wurde von Prospero Alpini, dem Autor des 1581 verfaßten *De Plantis Aegypti*, mit weiteren ägyptischen Pflanzen nach Padua gebracht. Sie und der Mönchspfeffer (*Vitex agnus-castus*), der 1550 gepflanzt wurde und inzwischen 20 m hoch ist, sind noch heute zu sehen.

Die Tradescants

John Parkinsons Zeitgenossen, Vater und Sohn John Tradescant, haben entscheidend zur Einführung und Kultur zahlreicher Pflanzenneuheiten beigetragen. John der Ältere machte Pflanzen in Europa, Nordafrika und Rußland ausfindig, bezog sie aber auch über die Virginia Company in Nordamerika, während John der Jüngere auf seinen drei Reisen nach Virginia Bäume, Sträucher und Stauden sammelte. Zwischen 1610 und 1615 reiste Vater John durch die Niederlande, Belgien und Luxemburg, wo er Kirschen, Quitten, Mispeln und Provence-Rosen für die Gärten in Hatfield (noch im Aufbau) besorgte. In Rußland fand er *Rosa acicularis*, «die Wildrose des Moskowiterreiches», während er in Nordafrika den purpurvioletten Klee (*Trifolium*) und die Zistrose entdeckte und weitere Schätze von Jean und Vespasian Robin und anderen Pflanzensammlern aus Paris mitbrachte.

In ihrer handschriftlichen Kopie von Parkinsons *Paradisus* verzeichneten die Tradescants sämtliche Pflanzen, die sie in ihrem Garten in Lambeth ab 1629 erstmals zogen, aber auch das Erwerbsdatum. John der Jüngere brachte aus Amerika die Platane (*Platanus occidentalis* – in den Vereinigten Staaten gebietsweise noch immer als Sykomore bezeichnet), den Tulpenbaum (*Liriodendron tulipifera*), die Robinie oder Scheinakazie (*Robinia pseudoacacia*), die Sumpfeibe oder Sumpfzypresse (*Taxodium distichum*) und den kanadischen Rotahorn (*Acer rubrum*) mit. Den Tradescants verdanken wir aber auch den Perückenstrauch (*Cotinus coggygria*), silberlaubige Gewächse wie den Gamander, *Teucrium fruticans*, *Atriplex halimus* und die Ölweide (*Elaeagnus angustifolia*) sowie *Aeonium arboreum* aus Madeira, eine Pflanze, die in der Fachliteratur des 16. Jahrhunderts bereits beschrieben war.

Linke Seite: Die Porträts von Vater und Sohn Tradescant wurden von Emmanuel de Critz geschaffen. Das Bildnis John Tradescants des Älteren ist auch auf einem Endpfeiler der großen Treppe in Hatfield eingelassen, wo ein vermutlich von ihm gepflanzter Maulbeerbaum im Garten überlebt hat.
Die aufgeführten Bestände des Tradescantschen Gartens bei Lambeth waren erstaunlich und zeigten, was für ein breites Spektrum an Pflanzen dem passionierten Sammler in der ersten Hälfte des 17. Jahrhunderts bereits zur Verfügung stand. Die Pflanzensammlung war zugleich wohl auch Gärtnerei.

Unten links: Diese Illustration aus dem 19. Jahrhundert, eine unsignierte Lithographie von Gottlieb Prestele (1827–1892), trägt den Titel «Die Tradescantsche Schwarze Herzkirsche». Es handelte sich dabei um die Kirsche, die John Tradescant der Ältere von seiner ersten Expedition nach Holland mitgebracht hatte.

Unten rechts: Neben vielen Bäumen, zu denen auch der Tulpenbaum (*Liriodendron tulipifera*) gehörte – unten in einem handkolorierten Stich nach einem Gemälde von Ehret abgebildet –, brachte John der Jüngere Sträucher, Kletterpflanzen und Stauden aus der Neuen Welt, darunter *Rhododendron hirsutum*, *Rosa virginiana* und *Yucca filamentosa*. Zu den krautigen Pflanzen und Zwiebeln gehörten die Schaumblüte (*Tiarella cordifolia*), der Frauenhaarfarn (*Adiantum pedatum*), *Aquilegia canadensis* mit auffallenden gelben Blütenblättern und rotem Sporn, *Aster novi-belgii*, die als Falsche Narde bezeichnete *Smilacina racemosa*, die zu jener Zeit für eine Form des Salomonssiegels gehalten wurde, die Zephirblume (*Zephyranthes atamasco*), *Solidago canadensis*, *Erythronium americanum*, *Agave americana* und das rotblühende immergrüne Geißblatt (*Lonicera sempervirens*).

Die Horti Farnesiani und Francesco Caetanis Blumensammlung

Die Horti Farnesiani wurden auf Betreiben von Papst Paul III. Mitte des 16. Jahrhunderts von Vignola ange-

legt; ihre Terrassen reichten von der Kuppe des Palatinischen Hügels bis zum Forum hinunter. Obgleich Vignolas Volieren noch heute erhalten sind, ist der untere Bereich bei Ausgrabungen antiker Ruinen verschwunden, so daß von den «Raritäten», die 1620 ihren Ruhm begründeten, nichts mehr zu sehen ist. Die reichhaltige Pflanzensammlung war in dem von Pietro Castelli 1625 zusammengestellten Katalog *Horto Farnesiano Rariores Plantae Exactissime Descriptae* aufgeführt. Darin wurden viele der neuesten exotischen Pflanzen, die in Italien eintrafen, beschrieben, wie etwa die tropische *Acacia farnesiana* aus dem Jahr 1611. Yuccas und Agaven aus Amerika, die als *Maracot indicum* bezeichnete Passionsblume, aus dem Osten der Zimtbaum oder *Laurus indicum*, Rizinuspflanzen aus den Tropen, Narzissen und «lilio-narcissus» (vermutlich die Jakobslilie *Sprekelia formosissima*) und die Ackerwinde (*Convolvulus*) aus Peru sowie Mattiolis Flieder. Sowohl *Yucca aloifolia* als auch *Agave*

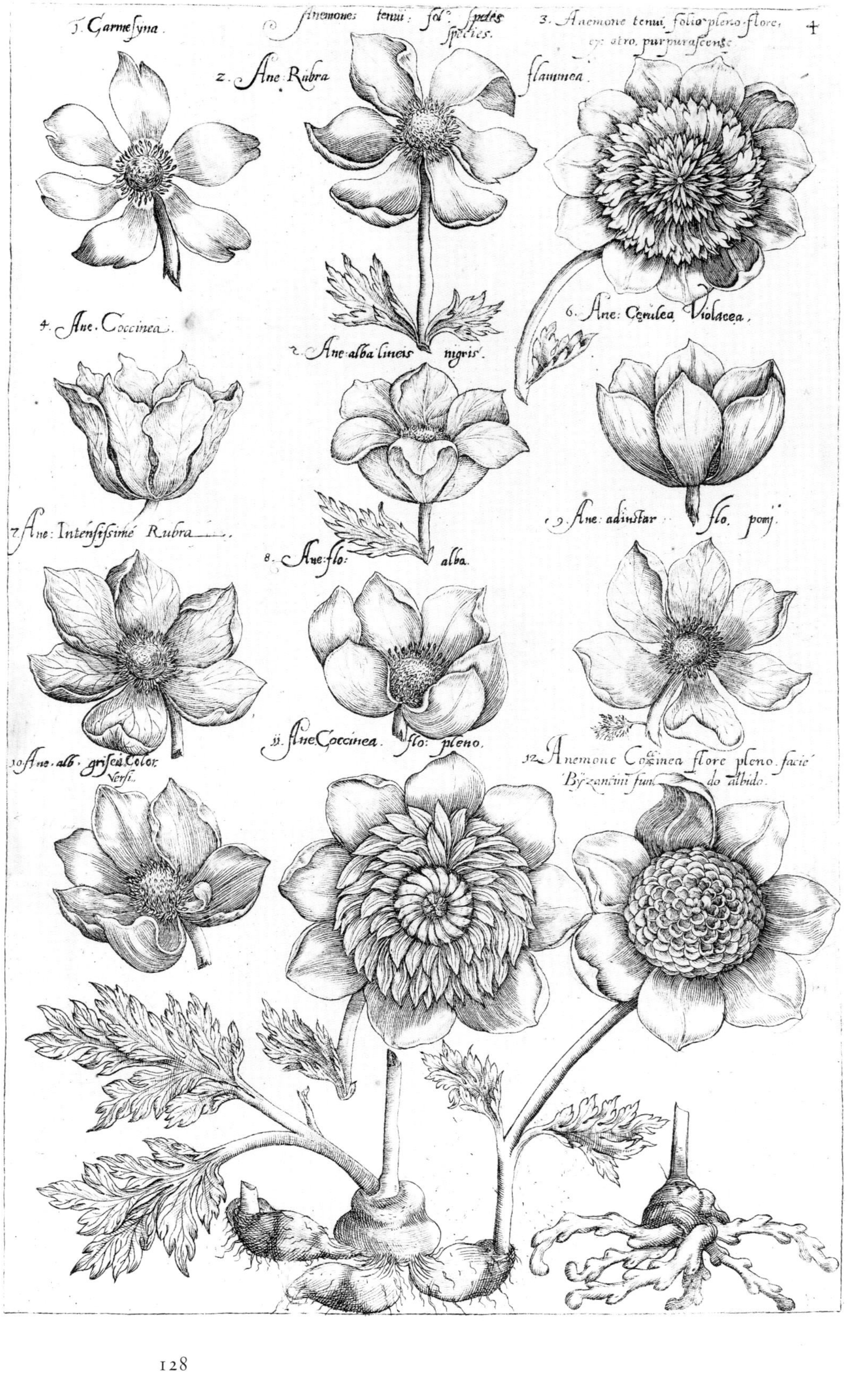

americana blühten auf europäischem Boden erstmals in Rom.

Der enthusiastischste Pflanzensammler unter den Amateuren war Francesco Caetani, Herzog von Sermoneta, dessen Garten bei Cisterna südlich von Rom für seine zahllosen Blumen und exotischen Zwiebelpflanzen berühmt war. Zwei handschriftliche Bücher aus den Caetani-Archiven zeugen von den Pflanzen, die 1625 bereits im Garten angesiedelt waren (der damals erst 31jährige Caetani lebte bis 1683). Die Pflanzen kamen über Konstantinopel, Paris, Avignon, Brüssel, Amsterdam, Wien und Frankfurt herein.

Linke Seite, links: Der Entwurf für die Blumenbeete in Cisterna (*ganz links*) ist in *Flore overo cultura di fiori distinto in quattro libri* (Rom 1638) von Giovanni Battista Ferrari reproduziert worden, «der ihn als beispielhaft für die Bepflanzung dieser Zeit aussuchte». Ferrari beschrieb, wie die Beete in Cisterna mit kleinen Ziegelsteinen – *pianelle* – eingefaßt und mit einer Mischung von zwei bis drei Blumensorten bepflanzt waren, um mit einer vorherrschenden Farbe die Wirkung «eines ansehnlichen Blumenteppichs» hervorzurufen. Zwergwüchsige Orangenbäume und weißblühender Ginster sorgten für vertikale Akzente in den vorwiegend aus niedrigen Zwiebelpflanzen bestehenden Beeten. Tuberosen wurden in Töpfen in die Erde versenkt, um eine zusätzliche Wasserversorgung zu gewährleisten. Caetanis eigene Pflanzenlisten enthalten detaillierte, zum Gesamtentwurf passende Pläne. Eigenhändig beschriftet, erscheinen unter den Namen weißblühende Narzissen aus Konstantinopel, Brancion-Tulpen und Tulpen aus dem Garten von Giulio Altovili. Der Herzog besaß zwar 15 000 Tulpen, seine große Liebe galt indes den Anemonen, von denen er um die Jahrhundertmitte 29 000 von 230 verschiedenen Sorten sein eigen nannte; eine namens «Sermoneta» wurde 1659 von Sir Thomas Hanmer (vgl. S. 130) in seinem Garten in Bettisfield gezogen, und weitere waren in Pierre Morins *Catalogue de Quelques Plantes* verzeichnet, der 1651 in Paris veröffentlicht wurde. Die begehrteste war die aus Italien stammende Anemone «de veluto» mit samtigen Blütenblättern. Manche dürften wohl über Matteo Caccini hereingekommen sein, andere hat möglicherweise Emmanuel Sweert besorgt, dessen erstmals 1612 erschienenem *Florilegium* die Illustrationen der zu jener Zeit als «Hyazinthe» bekannten Scilla (*rechte Seite*) und der Anemonen (*linke Seite*) entnommen sind.

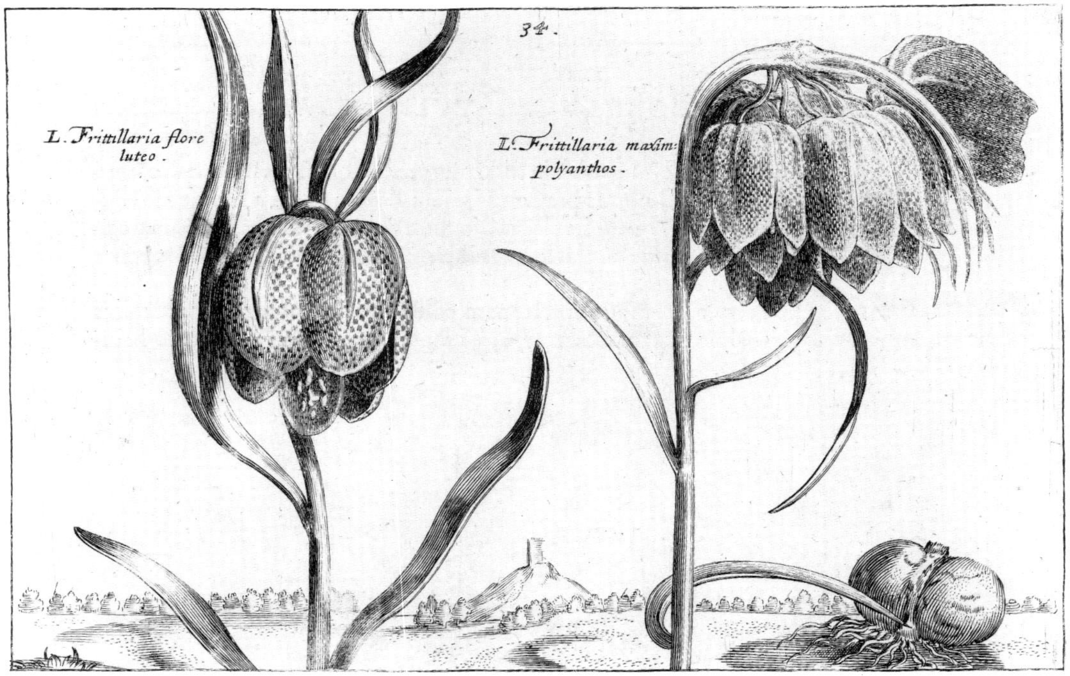

Das zweite Beet in Hanmers Ziergarten war mit gefüllt-blühenden Kaiserkronen in der Mitte und sechs Reihen Iris bepflanzt – letztere aus Samen gezogen, die er über John Rea erhalten hatte. Die vier mit Anemonen eingerahmten Mittelbeete zeigten «Tulpen und Narzissen im Zentrum und einige Gartennelken [...] sowie Cyclamen in den vier Ecken». Hyazinthen, *Scilla peruviana*, *Erythronium*, «eine graue Fritillarien-Narzisse» und Jonquillennarzissen wuchsen in anderen Beeten. Bei Hanmers «grauer Fritillarie» (*Fritillaria persica*) handelt es sich wohl um «*Fritillaria maxima*» (*links*), die in der 1614 veröffentlichten englischen Ausgabe des *Hortus Floridus* von Crispin van de Passe dargestellt wird. Ihre Blüten sind mit einem purpurvioletten Netzwerk «von einnehmender Farbintensität» überzogen.

Rechte Seite: Urnen mit einer Vielzahl der Blumen, die zu jener Zeit in den Gärten enthusiastischer Sammler wuchsen, zieren die Titelseite von John Reas *Flora*. Hanmer, Rea und sein Schwiegersohn Gilbert zogen in ihren Ziergärten mit großer Geduld und Sorgfalt sämtliche neuen Zwiebeln. Als Schutz für Tulpen empfahl Rea mehrere Segeltuchplanen, die sich je nach Wetterlage aufziehen oder abnehmen ließen und den Wind, die pralle Sonne oder Regenschauer abhielten. Darüber hinaus riet er, die Tulpen mit einem langen Hohlspatel auszustechen und zum Abtrocknen in mit Rosten versehenen Lagerräumen aufzubewahren und einzuschlagen, um sie bis Ende September schadlos zu halten.

John Rea und Sir Thomas Hanmer

In Sir Thomas Hanmers Garten in Bettisfield wuchs an Mauern gezogenes Spalierobst in den rechteckigen Blumenrabatten als Begrenzung des mauerumzogenen «Great Garden». Die vier Hauptbeete, die um 1,2 m breit und ebenso wie die äußeren Beete mit Brettern eingefaßt waren – die Erde zur Mitte hin wallartig aufgehäuft –, verfügten entlang der Längsseite über je zwölf bis dreizehn Reihen von Pflanzen und in der Breite über je vier. Das erste Beet auf der rechten Seite in Hausnähe bestand aus dreizehn Reihen mit je vier Tulpen – für Hanmer «die Königin der Zwiebelpflanzen, deren Blüte in ihrer Gestalt so schön und bewundernswert farbenprächtig ist und derart vielfältige Markierungen zeigt»; die Zwiebeln mußten alle drei Jahre herausgenommen und die Tochterzwiebeln an anderer Stelle eingesetzt werden.

John Rea gab in seinem 1665 veröffentlichten Buch *Flora* ausdrückliche Anweisungen zur Gestaltung eines Gartens. Zwei Gartenbereiche sollten durch eine Mauer getrennt werden; auf der einen Seite empfahl er, Obst und «gewöhnliche» Blumen und im eigentlichen Blumengarten die selteneren Pflanzen zu ziehen. Sein Schwiegersohn, der Geistliche Samuel Gilbert, erläuterte, daß mit dem Begriff gewöhnlich «die unbedeutenderen Gewächse [gemeint seien], die das Gefallen der Landfrauen finden [...] für den Floristen, der sein Augenmerk auf Wertvolleres richtet, aber nicht von Belang sind». Im angrenzenden Bereich gelte es, «die erlesensten Schätze der Natur zu hegen», Alleen und Wege in genau gleicher Breite anzulegen und mit dekorativem Gitterwerk einzufassen, an dem Rosen gezogen und die Erde durch 10 cm hohe Latten zusammengehalten werde. Die «Streifenstruktur», von der Rea spricht, kam durch die Unterteilung in eine Reihe von Blumenbeeten zustande, die in der Anordnung sehr an jene des Herzogs von Sermoneta im italienischen Cisterna erinnerten und mit Zwiebelgewächsen bepflanzt waren. Zu einer Sammlung von Stauden empfahl er, ergänzend einige Einjährige wie den Gartenfuchsschwanz und Wunderblumen zu pflanzen. Gilbert, der seine Sammlung erbte, ging noch einen Schritt weiter und schlug vor, Studentenblumen und Kapuzinerkresse anstelle der Tulpen, Ranunkeln und Anemonen zu pflanzen, bis deren Zeit von neuem beginne. «Man verpflanze diese [die Einjährigen] im Juni aus ihren Warmhäusern in nährstoffreichen Gartenboden [...] wo sie sich [während der Sommermonate] entfalten und blühen mögen.»

Oben: John Rea war einer der großen Verfechter der zu jener Zeit beliebten Steinlinden (*Phillyrea*). In seinem Pflanzenkatalog empfahl er insbesondere die gestreifte Steinlinde, «die sich von den schönsten immergrünen Gehölzen abhebt [...] und sich in jede nur beliebige Form stutzen läßt». Der Stich, auf dem panaschierte Formen der *Phillyrea* dargestellt sind, stammt von Abraham Munting. Rea sortierte die Pflanzen aber auch entsprechend ihrer Blütezeit und führte Listen von frostverträglichen Stauden, die wie Stockmalven, Kugeldisteln, Fingerhut, Süßklee (*Hedysarum coccineum*) und die Staudenwicke im Sommer für Farbe sorgten. Für Rabatten im Schutz des mauerumgebenen Blumengartens empfahl er Alpenaurikeln, Primeln, Leberblümchen (*Hepatica*), gefülltblühende Lichtnelken (*Lychnis coronaria)* oder gefüllten Hopfenklee, die gefüllte Nachtviole (die vielgepriesene gefüllte Form von *Hesperis matronalis)*, den schönsten Goldlack und gefüllte Gartennelken (*Dianthus caryophyllus*).

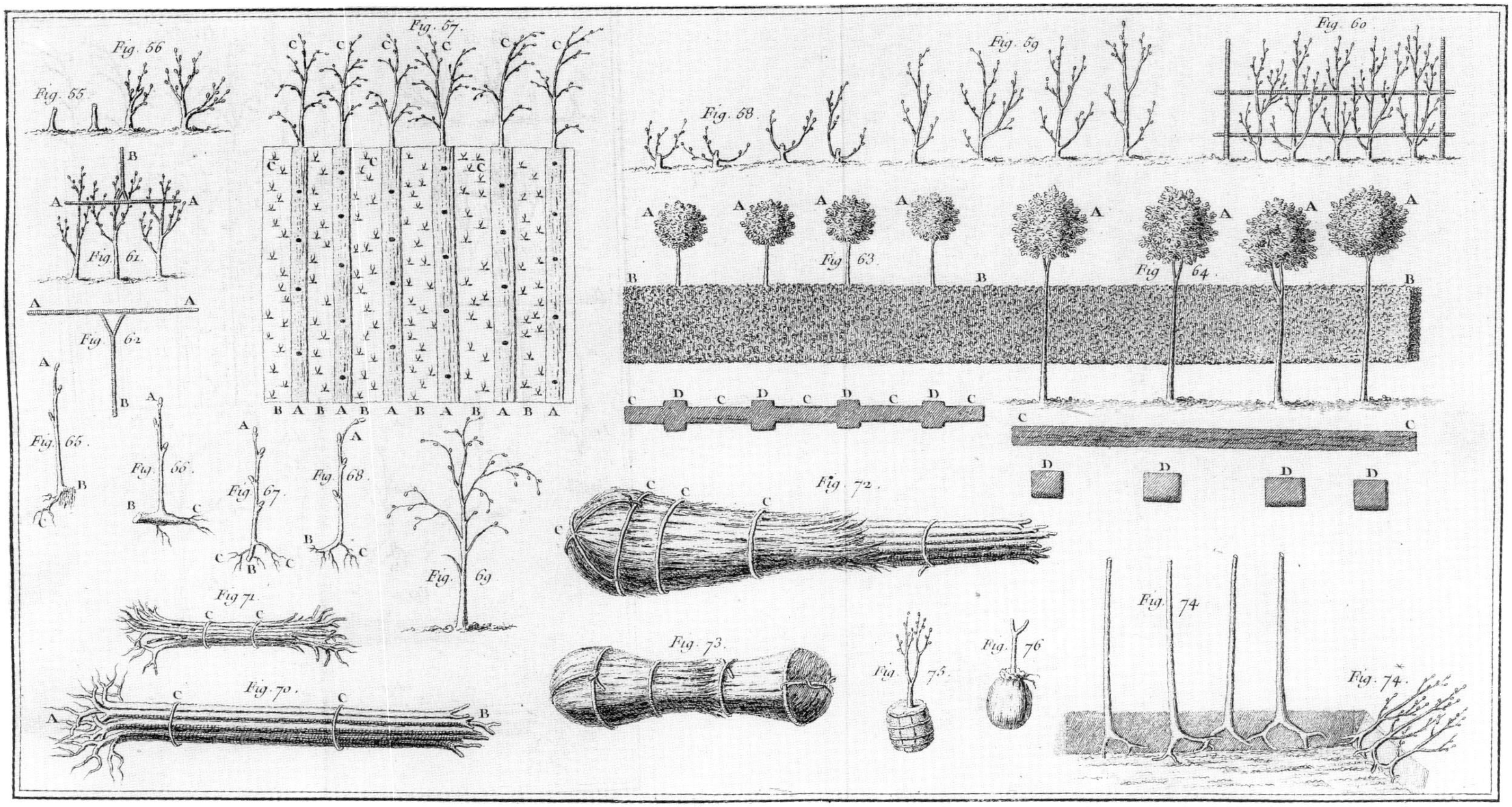

John Evelyn

Das von John Evelyn verfaßte Werk *Sylva or a Discourse on Forest Trees* wurde 1664 veröffentlicht. Dank einer Ausgabe Alexander Hunters im 18. Jahrhundert blieb das Buch über ein Jahrhundert das englische Standardwerk über Bäume. Evelyns umfassende Sachkenntnis ließ sich sowohl für die Verwendung von Gehölzen in bereits bestehenden Gärten als auch in Gartenplänen ausschöpfen. Zutiefst beeindruckt von den europäischen Gärten, machte Evelyn sein englisches Auditorium mit der Gestaltungsphilosophie der italienischen und französischen Gärten der damaligen Zeit vertraut und beeinflußte damit den Geschmack einer ganzen Nation. Nach der Rückkehr von seiner 1653 erfolgten Europareise besuchte Evelyn auch Gärten in ganz England; seine Schilderungen stellen ein wertvolles Zeugnis zeitgenössischer Gartenkunst dar.

Evelyn war aber auch Gärtner. In seinem *Kalendarium Hortense*, einem Gartenalmanach, führte er neben Anweisungen über die in jedem Monat anstehenden Pflichten auch Listen über die Blumen und Früchte der jeweiligen Jahreszeit auf. Im Januar gehörten zu den «blühenden oder ausdauernden» Blumen der Laurustinus, der Seidelbast, *Tulipa praecox*, Hyazinthen und winterblühende Cyclamen. Im Februar empfahl er, «Kreuzdornsamen in Saatkisten oder Beete im Freiland auszubringen und sie mit Dornsträuchern zu bedecken, damit sie das Federvieh nicht aufstöbere». Im März «säe man Nelken, Bartnelken und Gar-

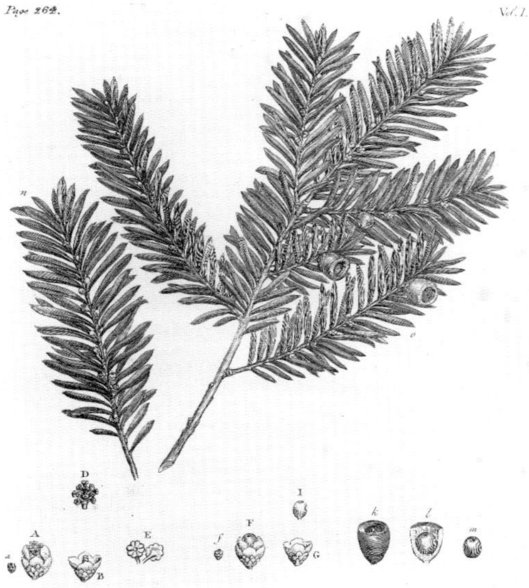

tennelken sowie Samen von Bäumen wie Kreuzdorn und Steinlinde und ausdauerndes Grün»; und «nun, da die letzten Fröste und Ostwinde deinen liebevoll gehegten Tulpen zusetzen [...] bedecke sie mit Matten oder einem Tuch, um Flecken und bisweilen gar ihr Zugrundegehen zu verhindern».

Linke Seite, oben: Im sechsten Band seines umfangreichen Werkes von 1760 *Traité complet des Bois et des Forêts*, das sich mit dem Thema Bäume und ihrer Kultur befaßt, stellt Henri Louis Duhamel de Monceau auf Tafel VI diverse Methoden vor, die bei der Verpackung und Pflanzung junger Bäume hilfreich sind. Wie Evelyn ein Jahrhundert zuvor stützte sich auch Duhamel bei seinen Anweisungen auf die eigene praktische Erfahrung – gerade das macht seine Hinweise zu Klima- und Bodenverhältnissen sowie zur Pflanzenzucht so wertvoll.

Linke Seite: Evelyn war wohl einer der ersten unter den Gartenautoren, der in seinen Schriften die Verwendung von Eiben für Waldbereiche und Hecken empfahl – Parkinson hatte zuvor schon auf ihren Zierwert hingewiesen – und für deren Formschnitt in geometrische Figuren im Garten plädierte, sei es als «Hochstämme, Kuppeln [...] Pyramiden, sich verjüngende Spiralen, Kugeln oder beliebige andere Formen». Der Stich (*links unten*) stammt aus der 1776 erschienenen Hunter Edition von Evelyns *Sylva*. Bei einer Bestandsaufnahme der Bäume im England der zweiten Hälfte des 17. Jahrhunderts, erkannte Evelyn, daß zu den landläufig verwendeten «Neulingen» die immergrünen Steinlinden, die Kork- und Steineichen (*Quercus suber* und *Q. ilex*), die Zypresse (*Cupressus sempervirens*), die Libanonzeder (um 1650) und die Schirmkiefer oder Pinie (*Pinus pinea*) aus dem Mittelmeerraum gehörten (viele gingen in dem strengen Winter 1683–1684 ein) sowie die Blumen- oder Mannaesche (*Fraxinus ornus*) aus Kleinasien. Die Gemeine Fichte (*Picea abies*), die Weißtanne (*Abies alba*) und die Lärche (*Larix decidua*) waren aus den kühleren europäischen Regionen hereingekommen. Zu den Neulingen nach 1600 gehörten die ausnahmslos von der Ostküste Nordamerikas kommende *Robinia pseudoacacia*, der Zürgelbaum (*Celtis occidentalis*), der Lederhülsenbaum (*Gleditsia triacanthos*), *Liriodendron tulipifera*, *Thuja occidentalis* und die Weymouthskiefer (*Pinus strobus*), die bevorzugt für Schiffsmasten verwendet wurde.

Oben: Auf einem Gemälde von Johannes Vorsterman (1643–1699) ist die von Evelyn 1664 erwähnte Ulmenallee im Greenwich Park dargestellt, die unverkennbar französischen Einfluß zeigt. Evelyn rief immer wieder zu ausgedehnten Baumpflanzungen auf, vor allem um Nutzholzbestände für die Britische Marine anzulegen, und reagierte damit zugleich auf die extensive Rodung der Wälder und Parks in den Commonwealth-Staaten; wiederholt warb er aber auch für die Vorzüge großer Avenuen aus Ulmen, Linden und Walnußbäumen, wie er sie auf seiner Rundreise durch Nordfrankreich kennengelernt hatte. Angeblich soll er das Wort «avenue» in die englische Sprache eingeführt haben.

Links: Ein Stich, der den amerikanischen Schwarznußbaum (*Juglans nigra*) in Fulham Palace darstellt; John Claudius Loudon berichtete, daß er 1834 mit einer Höhe von 21 m noch immer überlebte; desgleichen ein 13,7 m hoher Eschenahorn, die alte 15 m hohe Korkeiche (*Quercus suber*) und einige schön gewachsene Robinien. Der Bischof zog aber auch Bäume, die einige Jahrzehnte früher eingeführt worden waren: Tulpen- und *Sassafras*-Bäume, die Hickorynuß (eine Art *Carya*), die «Konstantinopel-Nuß» oder Gemeine Roßkastanie sowie verschiedene Weißdorne und Hartriegel. Während seiner 35jährigen Amtszeit pflanzte er eigenhändig eine der zur damaligen Zeit beliebten Lindenalleen.

Unten: Die reizvolle, in Amerika heimische *Comptonia peregrina*, die, nach Henry Compton benannt, im ausgehenden 18. Jahrhundert von Redouté gemalt wurde. Sie ist mit dem aus Europa stammenden Gagelstrauch (*Myrica gale*) verwandt, wurde aber nicht vom Bischof eingeführt, sondern muß um 1700 wohl irgendwo bei oder in London gezogen worden sein. Es ist der «süße Farn» aus Whittiers Gedicht (1884), dessen Blätter ein angenehmes Lorbeeraroma verströmen.

Bischof Compton und die Brompton Park Nursery

Als Erzbistum von London reichte Comptons Amtsbereich bis Virginia; dort ernannte er einen sachkundigen Botaniker, den Geistlichen John Banister, zu einem seiner Ministerialen. Zu Banisters Aufgaben gehörte der Versand neuer Pflanzenarten nach England. Unter den dem Bischof zugedachten Bäumen und Sträuchern, die bis in die heutige Zeit zu den geschätzten Zierpflanzen gehören, waren die Magnolie (*Magnolia virginiana*), der Eschenahorn (*Acer negundo*), der Angelikabaum (*Aralia spinosa*), *Liquidambar styraciflua*, die Balsamtanne (*Abies balsamea*) und *Rhododendron viscosum*.

In der Brompton Park Nursery, die sich über 40,5 ha erstreckte (in etwa das Museumsareal zwischen Hyde Park und South Kensington) kümmerten sich 20 Männer und zwei Frauen um einen Bestand von 40 000 Pflanzen. Es war der vorbildlichste Gartenbetrieb seinerzeit; der Gipfel der Berühmtheit wurde

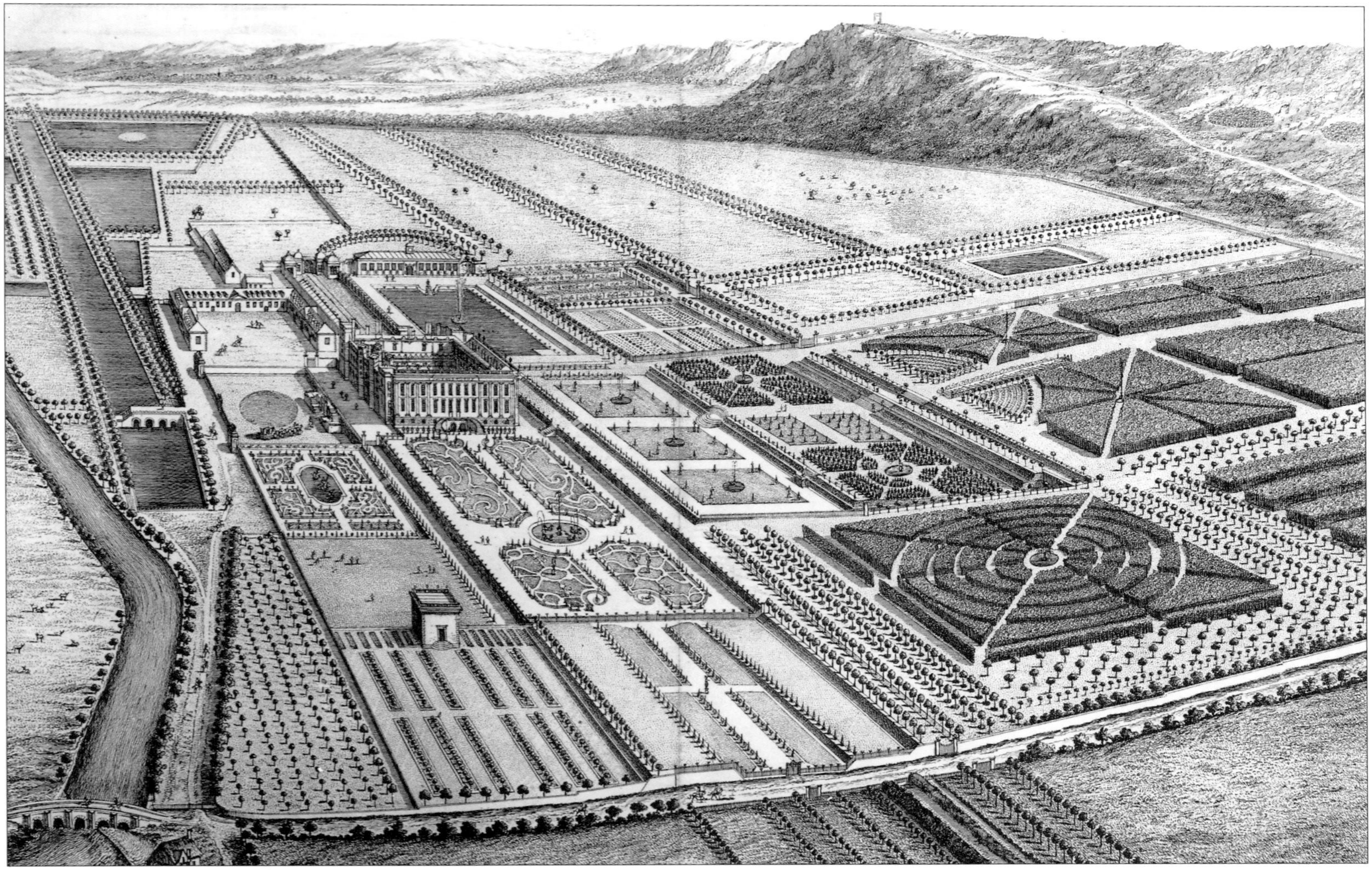

nach 1693 erreicht, nachdem George London Henry Wise zu seinem Geschäftspartner machte. London bereiste als Berater die großen Landgüter, während Wise neben seinen Verpflichtungen für die königlichen Gärten – er wurde oberster Gartenbeauftragter von Königin Anna – die Verantwortung für die Gärtnerei in Kensington, Windsor, St. James und Hampton Court trug. Linden, Ulmen und Kastanien wurden für Avenuen, hochstämmige Ulmen, Hainbuchen und Eiben für Alleen, Eiben und Stechpalmen als Formschnittbäume eingesetzt und Buchs als Einfassung für Blumenbeete und zur Hervorhebung der Strukturen (letzteres allerdings nicht unter Königin Anna, die den Buchs aus dem Bereich des Kensington Palastes gänzlich verbannte). Die Gärtnerei verfügte jedoch auch über «Grünpflanzen» und exotische Gewächse (zahlreiche, auch ganz erlesene Sammlungen von Orangen- Zitronen-, Myrten- und Lorbeerbäumen, verschiedene Jasminsorten und andere frostempfindliche Gewächse), die sich als Formschnittbäume für Töpfe eigneten, und Wise «kannte sich hervorragend mit dem Anbau von Obst aus».

Oben: Zu den großartigsten Gärten Englands dürften wohl jene von Chatsworth gehören, die von London und Wise zwischen 1687 und 1706 im Stil eines Landschaftsgartens angelegt wurden, im Lauf dreier Jahrhunderte aber zahlreiche stilistische Veränderungen und Ergänzungen erfuhren. Der oben abgebildete Stich von Kip und Knyff zeigt die Anlage um 1707. George London hatte sich eingehend mit dem formalen französischen Stil befaßt – kein Wunder also, daß er eine Vorliebe für kunstvoll beschnittene Bäume entwickelte. Er wirkte beratend bei der Umgestaltung herrschaftlicher Anwesen nach französischem Vorbild, die nicht nur Unmengen von Bäumen erforderten – radiale Avenuen und sternförmige Muster durchbrachen die Landschaft –, sondern auch formierte Exemplare für Alleen und Blumen für ausgedehnte Parterres.

Fünftes Kapitel

Die Gärten der italienischen Renaissance

Großherzog Francesco I. war selbst wohl am glücklichsten darüber, als es ihm in der zweiten Hälfte des 16. Jahrhunderts gelang, «einen kahlen Berghang» bei Pratolino in den grandiosesten aller Medici-Gärten zu verwandeln. Dieser wonnigliche Ort war als *il giardino delle meraviglie* bekannt. Die Wiesen waren «mit Tausenden farbenprächtiger Blumen» übersät und sämtliche Wunder der Natur darin vereinigt, ja die Natur selbst Gegenstand menschlicher Kunstfertigkeit. Wann immer der Großherzog einen schönen Garten besuchte, brach er eine Blume und betrachtete ihre erlesene Farbgebung und Schönheit mit größter Freude und Genugtuung.

Manch einer, der vom Zauber der noch erhaltenen Renaissance-Gärten mit ihrer charakteristischen «grünen Architektur» fasziniert ist, mag überrascht sein, daß die heute aufgrund des nahezu fehlenden floralen Schmucks relativ streng wirkenden Gärten einstmals überquollen von den beeindruckend farbenprächtigen exotischen Blumen, die zu jener Zeit erstmals neu nach Westeuropa kamen. Als die Gärten im 18. Jahrhundert von jungen Engländern auf ihren so beliebten Rundreisen «entdeckt» wurden, war ein Großteil dieser Blumenpracht bereits verschwunden. Obwohl diese «Reisenden» die Gärten also erst zu Gesicht bekamen, als deren Glanzzeit bereits vorüber war, zeigten sie sich von ihnen zutiefst beeindruckt. Das Wechselspiel von Licht und Schatten und das Bild des grün und grau texturierten Laubes prägte sich ihnen als unvergeßlicher Eindruck romantischer Grandeur ein.

Fra Angelicos Gemälde *Verkündigung an Maria* aus dem 15. Jahrhundert zeigt Adam und Eva, wie sie aus dem Garten Eden vertrieben werden, einem Garten, der sich mit sämtlichen Blumen und Obstbäumen, die in Angelicos Renaissancewelt bekannt waren, präsentiert. Der damaligen Vorstellung gemäß wuchsen in dem legendären Garten der Bibel alle nur denkbaren Pflanzen; ein Ort, an dem jeder Baum gedeiht, «lieblich zum Anschauen und gut zur Nahrung» (Genesis 2,9). Tiere bewegten sich frei zwischen den Bäumen und dem blühenden Wiesengrund, auf dem die erst unlängst eingeführten Gartennelken neben den altbekannten mittelalterlichen Pflanzen wuchsen.

Dabei mangelte es keineswegs an Blumen, denn in den Gärten der Adligen, Kirchenfürsten und privaten Botaniker und Sammler wuchsen alle nur denkbaren Arten seltener und exotischer Pflanzen sowie eine Vielzahl farbenprächtig blühender Blumen. Agostino del Riccio gehörte zu den Schriftstellern jener Zeit, die die Bedeutung der Blumen hervorhoben. In seinen gegen Ende des 16. Jahrhunderts verfaßten Texten unterschied er ganz klar zwischen den dekorativen Blumen und den gewöhnlichen Heilpflanzen und Kräutern, wie sie von alters her in den Blumenbeeten gezogen wurden. Verächtlich äußerte er sich darüber, daß man Geld auszugeben bereit war, um einen Garten mit gewöhnlichen Feldblumen zu bepflanzen. Anstatt wie üblich einzelne Typen von Blumen zueinander zu gesellen, empfahl er, durch Kombinationen verschiedener Arten, die zu verschiedenen Zeiten Aufmerksamkeit erregen, abwechslungsreichere Beete zu schaffen. Zur Unterstützung der Gartenplaner fügte er eine Liste von Pflanzen an, auf daß Monat für Monat etwas blühe.

In der Bepflanzung des im 15. Jahrhundert angelegten Gartens von Lorenzo de Medici in Careggi dokumentiert sich die damalige Begeisterung für exotische Gewächse. Er pflanzte Bäume aus Süditalien, die in der Gegend um Florenz als selten galten, wie etwa die Hainbuche, die aus der Türkei stammende Zerreiche und die Korkeiche (*Quercus cerris* und *Q. suber*) sowie einen «Balsambaum» – eine Art Wacholder (*Juniperus thurifera*) und nicht den Balsambaum der alten Ägypter, den in Äthiopien heimischen Weihrauchbaum (*Boswellia serrata*). Unter seinen «fremdländischen» Neuheiten war ein «Ebenholzbaum», dessen Identität ungewiß ist; es könnte sich um den Goldregen (*Laburnum anagyroides*) aus den Balkanländern handeln, vorstellbar wäre aber auch der Guajak- oder Pockholzbaum (*Guajacum*) – die Dattel- oder Lotuspflaume (*Diospyros lotus*), die in Beslers *Hortus Eystettensis* später als eine Ebenholzvarietät beschrieben wurden, obgleich berechtigte Zweifel bestehen, daß diese vor Ende des 16. Jahrhunderts von Asien nach Europa kam.

Nahezu fest steht aber, daß viele der exotischen Pflanzen aus dem

Obgleich die geometrische Anlage ganz dem Stil des 16. und 17. Jahrhunderts entspricht, ist die Bepflanzung vieler der im frühen 20. Jahrhundert restaurierten italienischen Villengärten, die oftmals in nicht-italienischer Hand lag, alles andere als authentisch. Dennoch vermitteln die Gärten von Villen wie Gamberaia (*oben*), Cappone und I Tatti in Florenz mit ihren ebenmäßigen grünen Hecken und den Zeugnissen eleganter Steinmetzkunst vor dem Hintergrund von Zypressen, Pinien und Steineichen, mit in großen Urnen wachsenden Zitronenbäumchen einen Eindruck von der Symmetrie der Renaissance. Um eine bessere Vorstellung von der damaligen Bepflanzung der Blumenbeete zu gewinnen, sollten die neuerdings integrierten Einjährigen und Kultivare durch einige der nach ihrer Einführung im 16. und 17. Jahrhundert so beliebten Sammlerblumen ersetzt werden.

östlichen Mittelmeerraum, die in der zweiten Hälfte des 16. Jahrhunderts nachweislich in Wien und Nordeuropa eintrafen, zuvor bereits in Italien gezogen worden und wahrscheinlich über die Republik Venetien hereingekommen waren; andere kamen über weitreichende Kontakte, wie sie zum Beispiel Missionare, insbesondere die Jesuiten, zum Fernen Osten unterhielten. Ganz gleich, ob sie in den im Lauf des 16. und 17. Jahrhunderts angelegten botanischen Gärten, innerhalb größerer architektonischer Einheiten in rasterartig angeordneten Blumenbeeten oder in Obstgärten, *boschi* und Wiesen wuchsen – diese Pflanzen wurden zum Grundstock der enzyklopädischen Sammlungen und somit zum Spiegel der für jene Zeit typischen Interpretation des ursprünglichen Garten Eden, in dem sich die ganze Pflanzenvielfalt Gottes gleichzeitig blühend und fruchtend in einer Art immerwährendem Frühling widerspiegelte. In Italien wurden diese seltenen Neuheiten mit dem gleichen Feuereifer erworben wie in Nordeuropa, wobei kenntnisreiche Botaniker wie Ulisse Aldrovandi, Luca Ghini und Andrea Cesalpino, die ihre Sammelleidenschaft auch in den Dienst der neuangelegten botanischen Gärten stellten, Anregung und Rat vermittelten. Es wäre nämlich nicht nur kostspielig, sondern oftmals auch sehr schwierig gewesen, all diese neuen Pflanzen unversehrt herbeizuschaffen, zumal es der sachkundigen Pflanzung und Akklimatisation bedurfte. Vielfach waren sie auch nur über ein undurchschaubares Geflecht von Verbindungen zwischen den «alten Hasen», europäischen Botanikern und wohlhabenden Sammlern erhältlich, die zugleich über die entsprechenden Möglichkeiten einer experimentellen Bepflanzung verfügten. Viele der seltensten Neuheiten wurden in den Botanischen Gärten Italiens in Pisa, Padua, Bologna und Florenz sowie in den berühmten Horti Farnesiani in Rom gezogen, gleichermaßen aber auch in den Gärten der bedeutenden Adelsgeschlechter wie der Medici und der Kirchenfürsten.

Gemälde, die Jacopo Ligozzi für die Medici und für Ulisse Aldrovandi in Bologna in den letzten Dekaden des 16. Jahrhunderts schuf, zeigen Pflanzen, die in Pisa und Bologna und in den großherzoglichen Gärten der Medici kultiviert wurden. Die Palette reicht von Zierpflanzen aus der Neuen Welt wie *Agave americana*, der Prunkwinde und der Wunderblume bis zu *Muscari macrocarpa* aus der Levante. Aldrovandis Notizen in der Universität Bologna verraten, daß er mit Botanikern und Adligen in ganz Europa korrespondierte und über den jungen Grafen Charles d'Arenberg (der später den berühmten Garten von Enghien anlegte) Samen bekam, selbst aber auch an Jean Robin, der im Dienste Heinrichs IV. dem Garten des Louvre vorstand, Samen versandte.

Gartengestaltung der frühen Renaissance

Die italienischen Gärten, die im Zeitalter der Renaissance die neuen fremdländischen Pflanzen kultivierten, sind sehr gut dokumentiert. Vom 15. Jahrhundert an liegt uns eine Flut schriftlicher Belege und Illustrationen vor, aus denen genau hervorgeht, wie sich die Entwicklung des Gartens im einzelnen vollzog. Nachdem gegen Ende des 16. Jahrhunderts (um 1580) immer wieder Listen der neuerlich verfügbaren Pflanzen zusammengestellt wurden, schuf man in den Gärten erstmals verschiedene Bereiche, um die Neuheiten in den Gesamtentwurf einzugliedern. Allein in der Toskana läßt sich anhand der Lünetten von Giusto Utens für die Villa di Artimino die architektonische Entwicklung des Villengartens chronologisch verfolgen. Das beginnt mit den um die Mitte des 15. Jahrhunderts erbauten Festungen der Medici in den Mugello-Hügeln über Florenz und reicht bis zu den Lustschlössern und Villen – Domizilen inmitten von Äckern und Wiesen, die für ein und dieselbe Familie im 16. Jahrhundert erstellt wurden.

1599 malte Giusto Utens die Lünette der Villa Pratolino. Die für Großherzog Francesco I. nach 1569 von Bernardo Buontalenti angelegten Gärten waren für ihre vielfältigen Wasserspiele berühmt. Utens stellt einen dicht bewaldeten Park dar, wo sich vormals ein kahler Hügel befand. Heimische immergrüne Bäume stehen sowohl in natürlichen Gruppen als auch in schnurgeraden Reihen, ergänzt durch Roßkastanien und Obstbäume – letztere in Quincunx-Stellung. Unten rechts neben dem Baumhaus sind Tannen in kreisrunder Anordnung erkennbar, und schriftliche Zeugnisse erwähnen Labyrinthe aus Lorbeerbäumen und Wiesen mit Tausenden von bunten Blumen.

Die italienischen Gärten des 15. Jahrhunderts waren in ihrer unverkennbar architektonischen Prägung charakteristisch für die Ideale der frühen Renaissance. Inspiriert vom Wunsch nach Symmetrie und ausgewogenen Proportionen, spiegelten die in eine Sequenz geometrischer Abschnitte unterteilten Areale, die durch eine gemeinsame Achse miteinander verbunden waren, eine Beherrschung der linearen Perspektive wider, die sich gestalterisch in doppelten Reihen von Bäumen, Büschen, Pergolen und «lebenden» Tunneln, aber auch Vasen und Statuen ausdrückte. Seitlich abgesetzt von der Villa und auch architektonisch losgelöst von ihr, bildeten die Gärten wie in der Zeit des Mittelalters zunächst zwar getrennte, dennoch aber in sich geschlossene Einheiten; beispielhaft dafür steht etwa der Garten der Medici-Festung Il Trebbio, in dem die mit Wein überwachsene Pergola Michelozzis noch immer erhalten ist. Bei der Bepflanzung der Beete mit jeglicher Art süß duftender Kräuter hielt man sich wohl weitgehend an Pietro de Crescenzis *Liber ruralium commodorum*, das lange nur in Manuskriptform vorlag, bis es 1471 in Italien schließlich erstmals gedruckt erschien. Im selben Jahrhundert entwickelten Autoren mit vorrangig philosophischem Interesse gewisse Richtlinien, die vor allem von zwei Quellen gespeist wurden: zum einen von den Werken der römischen Architekten und zum anderen von den Beschreibungen, die Plinius d.J. von seinen Gärten hinterlassen hatte. Ihre Theorien wurden für die Gartengestalter der Renaissance ebenso zum Leitfaden, wie es die römischen Texte über die Landwirtschaft lange Zeit für die mittelalterlichen Bauern und Gärtner gewesen waren.

So erklärt es sich, daß der Renaissancegarten, in seinem Entwurf an den Anlagen des antiken Rom orientiert, eine axiale Einheit mit dem Haus bildete, das er umrahmte, und daß die Gärten, von der mittelalterlichen Praxis abweichend, fortan wie ein Gefüge zusammenhängender Räume als Erweiterung des Gebäudes erschienen. Zu den Gestaltungsprinzipien gehörte es jedoch auch, die Umgebung außerhalb der Gartengrenzen miteinzubeziehen. Vorbildlich gelang dies im Fall des zwischen 1459 und 1463 von Bernard Rossellino für Papst Pius II. erbauten Piccolomini-Palast in Pienza. Dieses neue Gartenkonzept, das, von humanistischen Anschauungen beeinflußt, einmal mehr die Verbindung zwischen Kunst und Natur herzustellen suchte – Petrarca und Boccaccio hatten sie bereits angestrebt –, wurde auf das im wesentlichen geometrische Modell des mittelalterlichen *hortus conclusus* appliziert, um den klassischen Proportionen Nachdruck zu verleihen. Sämtliche «Bausteine» eines Gartens, das Gelände, die baulichen Komponenten und die Wasserelemente mit Bäumen, Sträuchern und Blumen unterstanden der kreativ ordnenden Hand des Menschen, die auch die «lebende» Pflanze in ihrer Wuchsform, Farbe und Textur als Teil des Gesamtbilds integrierte. Die Natur wurde nicht nur als kosmische Ordnung begriffen, die es in der Gartenkunst nachzuahmen galt, sie wurde, eine bedachte Bepflanzung und Kultur vorausgesetzt, vielmehr als verbesserungswürdig angesehen.

Ein Architekturbuch, in dem das Ideal der Villa erneut aufgegriffen und nahezu wörtlich aus den Briefen Plinius' d.J. und den Werken Vitrivius zitiert wurde, behandelte das Thema weitgehend theoretisch. Leon Battista Alberti empfahl in seinem 1452 verfaßten Werk *De re aedificatoria* (vgl. S. 92–93), die Rolle des Architekten keinesfalls zu unterschätzen, da er das Gestaltungsprinzip des Hauses schließlich im Garten fortzusetzen habe. Manche seiner ausführlicheren gärtnerischen Ratschläge stützen sich ebenfalls auf Plinius, so etwa in Passagen, die sich mit der Position des Hauses und seinem Schmuck befassen. Alberti riet, das symmetrische Design der Gärten durch «Lorbeerbäume, Zedern und Wacholder [zu unterstreichen], deren Zweige ineinanderwachsen und sich verflechten mögen», und erklärte, daß es «Bäume in Reihen zu pflanzen gelte, die in akkurater Ausrichtung einander genau gegenüberstehen sollten [...] die Wege überdies mit immergrünen Gewächsen einzufassen. Eine Hecke aus Buchs habe auf der geschützteren Seite Platz zu finden (denn Windböen, insbesondere auch nur geringfügige Spritzer des Meerwassers, könnten Schaden verursachen). An exponierten, der Sonne ausgesetzten Stellen pflanze man mancherorts Myrten, weil sie in der Sommerhitze angeblich äußerst gut gedeihen. Und Theophrast bestätigt, daß Myrte, Lorbeer und Efeu begehrenswerte Gewächse seien». Portiken und mit Wein überwachsene Lauben sollten überdies für das von Plinius gerühmte Wechselspiel aus Sonne und Schatten sorgen. Zypressen ließen sich ungleich besser als die Platanen des Plinius mit Efeu bekleiden. Auch könne der Garten durch seltene Pflanzen und andere, von Ärzten geschätzte Gewächse bereichert werden. Weitere Schmuckelemente ließen sich, wie Alberti fast wörtlich von Plinius übernahm, schaffen, «indem die Gärtner den Namen ihres Herrn in Buchs oder in Form süß duftender Kräuter zeichneten» und aus Rosenbäumen, Granatäpfeln und Kornelkirschen eine schöne Hecke pflanzten.

In seiner Argumentation forderte Albertis Buch eine Rückbesinnung auf das klassische Konzept des architektonischen Gartens. Von bedeutendem Einfluß war Francesco Colonnas 1467 verfaßte *Hypnerotomachia Poliphili* (vgl. S. 150–151), die allerdings erst 1499 in Venedig gedruckt wurde und in Form von Holzschnitten imaginäre Gartenentwürfe darstellte, in denen Bauten, die unverkennbar den Ruinen der Antike nachempfunden waren, zusammen mit Rosen und von Wein umrankten Lauben und Pergolen das Bild prägten. Albertis Theorien durchdringen Colonnas Romanze, die Allegorie eines Liebestraums innerhalb eines Traums. Die Pflanzanweisungen, die die Holzschnitte ergänzen, stützten sich offensichtlich auf die zeitgenössische Gartenpraxis und waren so klar und detailgetreu dargestellt, daß sie von den europäischen Gärtnern weit über 100 Jahre übernommen und jeweils durch die neu verfügbaren Pflanzen erweitert wurden. Colonnas allegorisches Werk regte im 16. Jahrhundert die Entstehung neuer manieristischer Gärten an, in denen mythologische und klassische Statuen zusammen mit Fontänen und Grotten sowie aus «lebenden» Pflanzen bestehende Elemente wie Haine und Labyrinthe ikonographische Szenerien schufen, die nach einer gleichermaßen intellektuellen wie emotional-assoziativen Interpretation verlangten. Um ihren Aussagegehalt vollends zu erfassen, bedurfte es einer profunden literarischen Bildung. Colonnas Einfluß läßt sich aber bis ins frühe 17. Jahrhundert nachweisen, als die herkömmlichen Jagdparks in allegorische Lustgärten verwandelt wurden.

Eine wertvolle Quelle stellt die Beschreibung von einem der frühesten Renaissancegärten in Florenz dar, die der Besitzer des Anwesens selbst verfaßte. Die Quaracchi-Gärten in Florenz wurden 1459 für Giovanni Rucellai, einen Vertrauten Albertis, angelegt. Der Garten zeichnete sich durch eine Hauptachse aus, die sich von der Villa ausgehend über das ganze Anwesen erstreckte. Im Bereich der ersten 90 m bestand sie lediglich aus einem Weg, der von einer 2,4 m breiten, tonnengewölbten Pergola geschützt war, wobei man sich unter Rucellais *con archie di quercie* wohl eher ein Rahmengerüst aus

Sandro Botticellis Gemälde *La Primavera* entstand 1478 und hing später in der Medici-Villa in Castello. Unter den auf dem Kleid der Göttin Flora dargestellten Blumen sind Gartennelken, Kornblumen und Rosen; weitere 37 Arten finden sich in den Girlanden und über das Gras verstreut sowie bei den anderen Figuren. Im Florenz jener Zeit wurden all diese Pflanzen mit symbolischen oder allegorischen Inhalten assoziiert.

Eichen und *nicht* einen «gewachsenen» Tunnel aus der in Italien als *lecce* bezeichneten Steineiche vorzustellen hat; sie ging schließlich in eine von Bäumen gesäumte Avenue über, die sich über 550 m hinzog und zu den Ufern des Flusses hinabführte, auf daß «ich, sobald ich in der Mitte stehe, die Boote auf dem Arno vorüberziehen sehe». Vier Öffnungen innerhalb der axialen Pergola waren von hohen Bäumen eingerahmt und verschiedene eingefriedete Gartenbereiche, die sich in Form seitlicher Kompartimente links und rechts anschlossen, durch Hecken oder Mauern, aber auch durch weitere Wege unterteilt. Neben in Form geschnittenen Buchsbäumen gab es eine quadratische «Hütte», die aus ineinander verflochtenen Tannen und Pappeln bestand, und eine kleinere Laube aus panaschiertem Wacholder, des weiteren einen Rosengarten und eine von beschnittenem Lorbeer umrahmte Exedra. Die Buchsbaumeinfassungen auf jeder Seite der oberen Loggia waren nahezu einen Kopf hoch und etwa einen Fuß breit. Entlang einer 366 m langen Hecke befanden sich im Schatten von Lorbeerbäumen Sitzgelegenheiten. Rucellai berichtete

Oben: Die Gärten der Villa d'Este in Tivoli wurden nach 1559 von dem Architekten und Archäologen Pirro Ligorio für Kardinal Ippolito d'Este geschaffen. In das komplexe Gefüge der Wasserfälle und Fontänen, das auf den steil abfallenden Hügeln angelegt wurde, waren Rampen und Stufen eingelassen, die, mit niedrigen Hecken aus Stechpalmen, Lorbeer und Buchs gesäumt, die einzelnen Ebenen verbanden. Im untersten Bereich des Gartens fanden sich Obstwiesen und Laubengänge, die formal ausgerichtet auf das Zentrum der Villa zustrebten. Gerolamo Muzianos Gemälde stellt den Garten zu dieser Zeit dar. Um 1611 schilderte Antonio Del Re, daß der kunstvolle, kreuzförmig angelegte Laubengang, der 1573 auch von Etienne Du Pérac illustriert wurde, durch Kompartimente aus Obstbäumen und Heilkräutern ersetzt wurde. Innerhalb weniger Jahre wurden diese erneut von einem Rondell aus Zypressen verdrängt.

Rechte Seite: Im Renaissancegarten entwickelte sich der Irrgarten als Erweiterung von Blumenbeeten, die dem Musterbuch Serlios entsprungen zu sein schienen, zu einem spektakulären Gestaltungselement. Beispiele finden sich in Du Péracs Stich von der Villa d'Este, der Villa Lante und in de Caus' *Hortus Palatinus* von 1618. Auf diesem Gemälde aus der Schule Jacopo Tintorettos, einem luxuriösen Hofgarten in Italien, besteht das «Labyrinth der Liebe» aus konzentrischen Alleen, die mit an Spalieren gezogenen Hecken gesäumt sind. Die Bepflanzung symbolisierte Glück und Unglück, Freude und Leid als Stationen des Lebenswegs.

über «die Blüten der Nachtviolen und dunkelbraunen oder purpurvioletten Majoran, Basilikum und viele andere duftende Kräuter, die sich wohltuend auf die menschlichen Sinne auswirkten». Allein schon die Sammlung der Formschnittfiguren war beeindruckend: Schiffe und Tempel, wilde Tiere und Philosophen, Riesen, Männer und Frauen wurden aus Buchs oder anderen Pflanzen wie Myrte, Lorbeer, Jasmin und Rosen geformt – ein Komplex von Themen der *ars topiaria*, wie sie in den florentinischen Gärten des 15. und 16. Jahrhunderts immer wieder in Erscheinung traten.

Abgesehen von der recht weitläufigen Pergola in Quaracchi gab es in kleineren Bereichen aber auch Pergolen, die entweder als zentraler Blickfang dienten oder einen Rundweg innerhalb des Gartens überdeckten (vgl. S. 152–153). Bisweilen war auch die Struktur des Laubengangs selbst überaus kunstvoll. Jacopo de' Barbaris Blick auf Venedig um 1500 zeigt eine Reihe von Stadtgärten im Hintergrund der Häuser der Giudecca; vom größten von allen ging außerhalb des eingefriedeten, in Beete unterteilten Gartens eine zentrale Pergola aus, die sich über das ganze Areal erstreckte. In Nannas imaginärem Garten in Pietro Aretinos vor 1536 verfaßten *Ragionamenti* dienten mit Wein umrankte Pergolen als Schattenspender für die beiden Hauptwege, die sich in der Mitte kreuzen und mit beschnittenem Rosmarin eingefaßte Blumenbeete unterteilen, in denen Feigen (die vielgerühmte schwarze *Brogiotti*) und scharlachrot blühende Granatäpfel Früchte trugen. An den Mauern wurde duftender Jasmin gezogen, und Nachtviolen, Stockmalven und Rosen blühten zum Ergötzen von Nannas Freunden dicht daneben. Die Paestum-Rose (*Rosa bifera*) des Plinius brachte im September eine Nachblüte hervor.

Sämtliche Illustrationen italienischer Gärten aus dem 15. und 16. Jahrhundert stellen den Garten umgeben von Mauern dar, die, mit an Spalieren gezogenen Gewächsen (Efeu und Weinreben oder selbst Bäumen an Rahmengerüsten aus dünnen Latten) bekleidet, die «Architektur der Natur» präsentierten; wo die Mauern fehlten, umgaben ziemlich hohe Hecken, *tre a quatro braccia* (1,5–2,0 m hoch), den Garten. Hier fanden sich Obstbäume, Weißdorngehölze, Steineichen (*Quercus ilex*), italienischer Kreuzdorn (*Rhamnus alaterna*) und Hartriegel (wahrscheinlich *Cornus sanguinea*), Lorbeer, Jasmin, Efeu, Stechpalmen, Geißblatt, Kirschlorbeer (*Prunus laurocerasus*), der Mastixstrauch (*Pistacia lentiscus*), Eiben und Wacholder. Außerdem gab es Hecken aus kleinwüchsigeren Myrten (sowohl *Myrtus communis* als auch die kleinere *M. c. tarentina*), Lavendel, Buchs, Rosmarin, Ginster (*Genista germanica* und *Spartium junceum* aus Spanien), Granatapfel, Salbei (*Salvia officinalis*) und Heiligenkraut (*Santolina*). Diese bestanden nicht nur aus jeweils einer Art, sondern aus einer Kombination von Pflanzen und dienten als Einfassung der Blumenbeete im Innern, in denen noch immer die altbekannten Kräuter wuchsen, bis um jene Zeit die neuen Zwiebelpflanzen aus den Ländern des östlichen Mittelmeers hereinkamen. Um 1590 empfahl Soderini für unterschiedlich hohe Hecken den Laurustinus. Obgleich kaum ein Zweifel besteht – die zeitgenössischen Gemälde von Giusto Utens (vgl. S. 154–155) liefern den Beweis –, daß einige der Medici-Villen im Umkreis von Florenz von Buchseinfassungen umgeben waren, verunglimpfte Soderini dessen Verwendung als alleinige Heckenpflanze wegen seines unangenehmen Geruchs und schlug statt dessen eine Kombination mit Sträuchern wie Myrte vor. Die Rasenflächen waren häufig mit Obstbäumen bepflanzt, deren ausladende Kronen sich harmonisch mit einer niedrigen Heckeneinfassung verbanden.

Je besser man sich auf die Terrassierung des steilen Geländes verstand, desto häufiger ging man dazu über, an Spalieren vor Stützmauern oder den äußeren Begrenzungen Bäume und Büsche, insbesondere Zitrusgewächse und Granatapfelbäume zu ziehen, deren Früchte auf Sonne angewiesen sind, um auszureifen. Die mit «lebendem» Grün überzogenen architektonischen Holzpergolen hielten sich kaum über einen längeren Zeitraum; um das 17. Jahrhundert traten hohe mauerartige Hecken aus Lorbeer, Myrte, Steineiche und Laurustinus an Stelle der gebauten Laubengänge und flankierten zusammen mit Reihen schlank aufragender Zypressen die axialen Hauptwege und die wenig größeren *viali* – Elemente, die für das Bild des klassischen italienischen Gartens ungleich prägender und charakteristischer sind. Um 1640 schilderte John Evelyn nach einem Besuch römischer Gärten die kopf- und brusthohen Hecken, die die Blumenbeet-Kompartimente im Garten der Villa Medici in Rom umgaben, aber auch andere, die doppelt so hoch die einzelnen Bereiche des Hauptgartens säumten und in Form von Durchbrüchen seitliche Ausblicke freigaben. Venturinis Bild der Stufen der Villa d'Este von 1691 zeigt im französischen Stil gehaltene Heckenwände, die 6 m oder höher zu sein scheinen, wenngleich anzunehmen ist, daß viele dieser «neuartigen» Hecken aus den ursprünglichen Pflanzen bestanden, die diese Höhe erst im Lauf von 100 Jahren erreichten. In Frankreich entsprachen ihnen die *charmilles* aus beschnittener Hainbuche, bisweilen auch Ulmen oder andere kompaktwüchsige laubabwerfende Gehölze, während in Italien meist auf immergrüne Gewächse zurückgegriffen wurde.

Blumen als Blickfang

Die verschiedenen Formen der Blumenbeete, die thematisch nur selten mit denen der angrenzenden «Gartenräume» verbunden waren, konnten lediglich von den Fenstern des Hauses oder von den höher gelegenen Terrassen aus wahrgenommen werden. Auch innerhalb jedes Bereichs gab es keine weiteren Sichtachsen, die das Gestaltungsschema eines anderen Bereichs enthüllt hätten. Diese geometrisch angelegten Blumenbeete (vgl. S. 156–157) unterschieden sich in der Konzeption grundlegend von der Wirkung der flacheren Parterres, die sich im Frankreich des 16. Jahrhunderts (wie bei J. A. du Cerceau etwa) oder in Form der verschnörkelten Buchsmuster eines Mollet und Le Nôtre im späteren 17. Jahrhundert entwickelten (vgl. Kapitel 6). In Italien nutzte man spätere, im französischen Stil gehaltene Entwürfe im nachhinein oft zur Abwandlung früherer Blumenbeete. Die Buchsparterres der Villa Lante sind ein Beispiel für die Integration ursprünglich geometrisch geprägter italienischer Entwurfsmuster in ein vorwiegend geschwungenes Gestaltungskonzept.

Die Empfehlungen Giorgio Vasaris für fürstliche Landsitze (in *La città ideale*) sahen für Blumen und Kräuter jeweils getrennte Pflanzflächen vor. Ziergärten schilderte 1559 auch Bartolomeo Taegio aus Norditalien in *La Villa*, einem Buch, das sich vorrangig mit dem Leben auf dem Lande befaßt. Schriftsteller wie diese vermochten also durchaus, einige der neuen Pflanzen aus der Levante zu propagieren, so etwa die Scharlachtürkenbundlilie (*Lilium chalcedonicum*) – die rote Lilie der Fresken auf Santorin –, aber auch Tazetten-Narzissen sowie neue Arten duftenden Jasmins. Sie empfahlen überdies Pflan-

Giovanni Battista Faldas Stiche, die 1683 in *Li Giardini di Roma* veröffentlicht wurden, bieten für die Erforschung des römischen Gartens im 17. Jahrhundert reichhaltiges Quellenmaterial. Aus der perspektivischen Sicht des päpstlichen Gartens auf dem Quirinal, einem der sieben Hügel Roms, wird deutlich, daß die mit Zypressen gesäumten *viali* und die quadratischen Gärten – jeweils mit einer Hecke umzogen, die höchstwahrscheinlich aus beschnittenem Buchs bestand – im Stil genau dem Zeitgeschmack entsprechen. Die eingefaßten *parterres de broderie* verraten mit ihren Schnörkelverzierungen ausnahmslos französischen Einfluß und ein Abweichen von der eher geometrischen Organisation der Frührenaissance.

zen aus der Neuen Welt wie die Studentenblume (*Tagetes erecta*) und die Kapuzinerkresse (*Tropaeolum majus*), die, ursprünglich in Mexiko heimisch, über Spanien und Nordafrika eingeführt wurden, und erwähnten das Blumenrohr (*Canna*-Arten) von den Inseln Mittelamerikas.

Mit seiner Beschreibung eines imaginären «Idealgartens», *Del Giardino di un Re*, erwies sich Agostino del Riccio am Ende des 16. Jahrhunderts als profunder Kenner der Gartenmoden seiner Zeit, zumal ihm die meisten Anlagen der großen Villengärten in Mittelitalien vertraut waren. Seine Pflanzempfehlungen für den königlichen Garten dürften sich an jenen, die er tatsächlich kannte, orientiert haben (vgl. S. 158–159). Sein umfangreicher Katalog bestätigt die ungeheure Fülle «fremdländischer» Bäume, Sträucher, Pflanzen und Zwiebeln, die das Erscheinungsbild der Gärten entscheidend veränderten; dies gilt insbesondere für die Gärten der Adligen, die es sich leisten konnten, ihre Sammlungen zu vergrößern. Agostino del Riccios Pflanzvorschläge für den imaginären Garten enthielten ganz detaillierte und sorgfältig zusammengestellte Pflanzenlisten, obgleich sein Gebrauch der volkstümlichen Namen die Identifikation bestimmter Gewächse, die nahezu 200 Jahre vor Carl von Linnés vereinfachter Klassifikation in Form des binominalen Systems beschrieben wurden, bisweilen leider erschwert. Gelegentliche Vergleiche zwischen Riccio und dem Werk des Florentiners Giovanvittorio Soderini mit Girolamo Fiorenzuolas zur gleichen Zeit erstellten Listen erwiesen sich im Hinblick auf die Nomenklatur zwar als hilfreich, die Daten der Einführung bleiben aber weiterhin im dunkeln.

Matteo Caccini (um 1573–1640), ein in Florenz lebender Botaniker, der nicht nur mit seltenen Pflanzen handelte, sondern auch

Tulpen, Narzissen, Ranunkeln und Anemonen sammelte, versorgte auch Clusius, nachdem er Präfekt des Gartens in Leiden geworden war, mit Pflanzenlieferungen, darunter *Tulipa clusiana*, einige seltene Formen der Hyazinthe (die *Curae Posteriores* von 1639, ein Band mit Blumenbildern, den Caccini zur Illustration mitsandte, führte *Hyacinthus asiaticus foliato caule* und *Hyacinthus orientalis subvirescente* auf), *Tulipa saxatilis* von Kreta und *T. stellata chrysantha* von Afghanistan. 1608 erhielt Caccini einen Brief von Charles d'Aremberg mit der Bitte um Samen für *Impatiens balsamifera*, Wunderblumen (*Mirabilis jalapa*) und Kapuzinerkresse, die alle als sommerblühende Einjährige zusammen mit dem Gartenfuchsschwanz als Beetschmuck ins Freiland gesetzt werden konnten, sobald man die Zwiebelpflanzen aus dem Boden genommen hatte. Später bat er um den Jasmin (den sogenannten indischen *Jasminum grandiflorùm*, bei Besler 1613 illustriert), den Alamanno Salviati Mitte des vorigen Jahrhunderts aus Spanien nach Italien einführte, tatsächlich aber in gefüllter Form von Caccini aus Alexandria erhalten hatte (*J. sambac*). Die stark gefüllte Form, die als «Mogherina del Granduca di Toscana» bekannt ist, wurde erst 1689 von einem anderen Salviati nach Italien eingeführt.

Boskette und Obstgärten

Die konzentrischen Kreise des in der *Hypnerotomachia Poliphili* beschriebenen Gartens der Insel Kythera mit einem äußeren Ring aus Zypressen und einer Unterpflanzung aus Myrten erinnert an Dantes Hierarchie in der *Göttlichen Komödie*, betont darüber hinaus aber auch die systematische Kategorisierung der Pflanzentypen für die verschiedenen Bereiche eines großen Gartens, wie sie seit dem frühen Mittelalter als verbindlich galt. Dieses Pflanzkonzept der Frührenaissance sollte für weitere zwei Jahrhunderte dominierend bleiben und sowohl die zeitgenössische Auffassung als auch die Beschreibungen von Gärten, an denen sich moderne Interpretationen orientieren, beeinflussen. Die eigentlichen Blumenbeete, Obstgärten oder Waldbereiche ließen sich, obgleich im wesentlichen in regelmäßig geformte Kompartimente unterteilt, um Ausblicke und lineare Perspektiven zu gewähren, stets irgendwo in das Gesamtbild eingliedern. Dichte Waldpflanzungen sorgten für Windschutz; Obstgärten erbrachten an Südhängen die reichsten Erträge, während für Blumen- und Gemüsebeete flaches Gelände, das sich leicht bearbeiten ließ, am besten geeignet war. Obstbäume konnten aber auch die größeren Ziergärten einrahmen. Seltene und exotische Bäume wurden in überschaubaren Reihen gepflanzt, auf daß man sie – Alberti zufolge – «mit Muße zu betrachten und bewundern ver-

Das Bild der mit Orangen bewachsenen Arkaden unter einem schützenden Dach im römischen Garten des Kardinals Pio stammt aus Giovanni Battista Ferraris 1646 veröffentlichtem Buch *Hesperides*, dem ersten, das sich mit Orangen, Zitronen, Zitronatzitronen, Limonellen und ihren Varietäten befaßte. Die Zitrusfrüchte stammten ursprünglich wohl aus dem tropischen Ostasien, wurden aber seit Jahrhunderten in den Ländern um das Mittelmeer gezogen. Alexander der Große führte die Pomeranze oder Bitterorange nach Griechenland ein, und Zitronen (*Citrus limonia*) wurden von den Arabern bereits vor dem 12. Jahrhundert in Sevilla angebaut. Sowohl die Griechen als auch die Römer kannten den Gemeinen Zitronenbaum (*Citrus medica*) und pflanzten wahrscheinlich auch in Pompeji Zitronen. Die süße Orange (*C. sinensis*) wurde im 15. Jahrhundert aus China eingeführt. Diese Bäume trugen südlich der Alpen mit oder ohne Schutz Früchte, weiter nördlich aber konnte «die Orange», wie Parkinson 1629 berichtete, «bei aller Liebe selten als Frucht bezeichnet werden»; verbesserte Heiztechniken sollten dies aber bald schon ändern.

möchte». Giorgio Vasari schilderte in der zweiten Hälfte des 15. Jahrhunderts die dichten Wälder aus Zypressen, Tannen, Steineichen, Lorbeerbäumen und anderen Immergrünen *con bel' ordine partite* über der oberen Terrasse der Villa Castello, während Obstbäume bereits seit Jahrhunderten in Quincunx-Anordnung gepflanzt wurden. Waagrechte Pflanzflächen ließen sich durch eine Terrassierung des steilen Geländes gewinnen. Auf der Insel Kythera gruppieren sich die Blumen- und Kräutergärten dicht um den Kreismittelpunkt; die inneren drei Kreise enthalten Segmente für in kunstvollen Mustern gestaltete Blumenbeete. Diese sind von Obstpflanzungen und Wiesen mit niedrigen Kräutern, den *prati*, eingerahmt, die an die Blumenwiesen auf Gemälden und Illustrationen aus dem 15. Jahrhundert erinnern, in der Literatur aber noch weit früher geschildert werden. Der äußere Ring oder *bosco* war in der Regel mit heimischen Bäumen und Unterholz bepflanzt, wobei sich die Zusammensetzung nach den klimatischen Bedingungen richtete.

Im 16. Jahrhundert mangelt es uns nicht an Beispielen für auf dem Reißbrett entstandene Landschaften, in denen bestimmte Pflanzenkategorien, geometrisch unterteilt, nach wie vor getrennte Gartenbereiche definieren – genau wie im runden Garten von Kythera, wenn auch selbstverständlich nicht in konzentrischen Kreisen. Sangallos Plan aus dem Jahr 1525 für die nie verwirklichten Gärten der Villa Madama in Rom zeigt die weitläufige obere Terrasse in Form eines Hippodroms als «Platz für Tannen und Kastanienbäume», die mittlere Ebene für Orangen und die untere Terrasse mit überschaubar kleineren Gartenbeeten. Mit der Tanne ist wohl «*habeti rossi*» (*Picea abies*) oder «*habeti bianchi*» (*Abies alba*) gemeint, mit der Kastanie die europäische Edel- oder Eßkastanie (*Castanea sativa*). In einem 1542 verfaßten Brief an den humanistischen Philosophen Agostino Brenzone, der am Ufer des Gardasees einen in Kompartimente unterteilten Themengarten angelegt hatte – lateinische Zitate verwiesen auf die klassischen Bedeutungsinhalte –, äußerte sich Pietro Aretino über die wesentlichen Komponenten eines Gartens bei Verona: «Mein Blick schweift über die vielfältigen und unterschiedlichen Blumen, die alten und geliebten Bäume und die zahlreichen und lebenspendenden Obstgärten.»

Oft wurden die Gärten der bisweilen aus ganz bescheidenen Bauernhöfen entstandenen Landhäuser auf dem Terrain der umliegenden Weinberge und Obstwiesen angelegt – hier zog man neue und ungewöhnliche Obstsorten entlang der Blumenbeete, sei es in Kübeln, die im Winter in Schuppen eingestellt wurden oder direkt im Boden, sofern die Bäumchen ausreichend frostverträglich waren. Die selteneren und empfindlicheren Obstarten, insbesondere Zitrusfrüchte und Granatäpfel, gediehen meist im Schutz der Gartenmauern.

In den Obstgärten oder *orti*, in denen es vorrangig um die Erträge ging, wurden Mandel-, Aprikosen-, Kirsch-, Pfirsich-, Birn-, Pflaumen- und Feigenbäume gezogen. Unter den Zitrusfrüchten waren verschiedene Sorten der aus China stammenden Apfelsine (*Citrus sinensis*) und der Pomeranze (*C. aurantium*) sowie zahlreiche seit langem kultivierte Zitronensorten (*C. limonia*). Der sogenannte Adamsapfel oder die Zitronatzitrone (*C. medica*, damals als «*poma Adami*» bezeichnet), von der man glaubte, es handle sich um die verbotene Frucht, die Eva im Garten Eden pflückte, wurde im 17. Jahrhundert über Portugal nach Italien eingeführt. Erwähnenswert sind aber auch kleine Begebenheiten, die die damals herrschende gärtnerische Experimentierfreude verraten: Herzog Cosimo zog auf einer Obstwiese zwergwüchsige Obstbäume, die auf eine Quittenunterlage gepfropft waren

Um die Mitte des 16. Jahrhunderts waren die *boschi*, die bisweilen als Labyrinth oder sogenannte Wildnis (vgl. S. 143) gestalteten und von axialen Wegen durchzogenen Waldbereiche, nicht immer am äußeren Rand eines großen Gartens angesiedelt – sie dienten vielmehr auch als Spannungsmoment innerhalb einer weitgehend formalen Bepflanzung. Hohe Zypressen, von einer Hecke aus Laurustinus umgeben, konnten an Wäldchen aus Erdbeerbäumen (*Arbutus*) und Gruppen regelmäßig angeordneter Tannen anschließen. Bei der Villa Lante (vgl. S. 160–161) wechselten sich Obstgärten, in denen Quitten-, Granatapfel-, Pfirsich- und sogar Feigenbäume wuchsen, mit Olivenhainen, Steineichenwäldern und schattigen Gehölzpflanzungen ab, wobei die Obstbäume vorzugsweise auf den Südhängen angesiedelt waren, aber auch einige der weitläufigen Reitwege im Wald säumten.

Die da und dort integrierten *boschi* setzten sich meist aus heimischen Bäumen wie immergrünen Steineichen, Zypressen, Tannen, Wacholder, Erdbeer- und Lorbeerbäumen sowie laubabwerfenden Edelkastanien, Walnußbäumen, Eichen, Ahorn und Ulmen zusammen – Gehölzen, die ausnahmslos in Vergils *Georgica* erwähnt sind. Als Unterpflanzung dienten duftender Buchs und Myrte, Hartriegel, Laurustinus, der Mastixstrauch und die Terpentinpistazie. Die heimische Schirmkiefer oder Pinie (*Pinus pinea*) und die Gemeine Kiefer oder Föhre (*P. sylvestris*) waren überall anzutreffen; die schattenspendende Morgenländische Platane mit der sich abschälenden Rinde – oft in Verbindung mit Wasser und Grotten zu sehen (bis zum heutigen Tag rahmen Platanenhaine die Fontänen und Grotten der Villa d'Este und der Villa Lante ein) – läßt sich in Italien bis weit über die Zeit von Plinius d.Ä. hinaus zurückverfolgen. Gegen Ende des 16. Jahrhunderts wurden überall exotische Bäume angeboten und mit großem Eifer gesammelt. Über Einzelheiten der Pflanzung ist wenig bekannt. Obgleich die *boschi* in der Regel die äußere Begrenzung der Gärten oder Villenanwesen bildeten, wußte man die schattenspendenden Pinien und Zypressen im Bereich der Terrassen beim Haus sehr wohl zu schätzen; wahrscheinlich wurden den vielgepriesenen neuen Bäumen auch besonders augenfällige Plätze zugewiesen, obgleich sich auf Gemälden und Stichen jener Zeit kaum erkennen läßt, daß bestimmte Gehölze als Solitärbäume gepflanzt wurden. Der aus Indien stammende Banyanbaum (*Ficus benghalensis*) – nicht zu verwechseln mit der in Beslers *Hortus Eystettensis* von 1613 dargestellten Feigenopuntie (*Opuntia ficus-indica*) von den Inseln Mittelamerikas – wurde von Pierre Belon 1558 in den erst kurz zuvor für Herzog Cosimo de Medici angelegten Villengärten bei Castello gesichtet und beschrieben; er fand sich aber auch in nächster Nähe in den Petraia-Gärten, wo ihn Riccio zu einem späteren Zeitpunkt in jenem Jahrhundert zu Gesicht bekam. Viel gerühmt wurde eine weitere frostempfindliche exotische Pflanze, der Zedrachbaum (*Melia azedarach*), der in frühen Dokumentationen aufgrund seiner lilafarbenen süß duftenden Blüten zur allgemeinen Verwirrung oft als persischer Flieder bezeichnet wurde.

Die frühesten in Italien nachgewiesenen Gemeinen Roßkastanien waren jene des 1545 in Pisa angelegten *giardino dei semplici*, die bald schon in den *giardino delle meraviglie* des Großherzogs Francesco I. de Medici nach Pratolino gebracht wurden. Der echte Flieder (*Syringa vulgaris*) aus den Ländern um das östliche Mittelmeer, der allerdings schon seit Jahrhunderten auf der Iberischen Halbinsel gezogen wurde, fand sich im Botanischen Garten in Padua; er war aber auch in Pratolino angesiedelt und wurde dort um 1570 von Ulisse Aldrovandi «neben Stockmalven und anderen seltenen Pflanzen» gesichtet. 1578 sandte er Francesco eine Zeichnung der neu eingetroffenen Kaiserkrone (*Fritillaria imperialis*). Der Kirschlorbeer (*Prunus laurocerasus*) mit seinem glänzenden Laub – in Italien als «*lauro regio*» bekannt, im Gegensatz zu «*lauro silvestro*», der Bezeichnung für den heimischen Laurustinus (*Viburnum tinus*) – war im 16. Jahrhundert ebenfalls ein Neuankömmling, der gegen Ende des Jahrhunderts wohl allgemein gepflanzt wurde. Belon, der ihn auf seinen Reisen durch die Levante kennengelernt hatte, erwähnte ihn in seinen 1558 veröffentlichten *Les Observations* als erstmals auf italienischem Boden angesiedelt; er beschrieb ihn als Baum von Trebizond «*qui porte des cerises*».

Die Blumenstudie wurde 1614 von Girolamo Pini gemalt. Sowohl die Zwiebeln als auch die Stauden sind identifiziert – wie aus der Legende links ersichtlich, gab man sich jedoch keine besondere Mühe, die damals gebräuchlichen botanischen Namen zu verwenden. Unmittelbar erkennbar sind rote und gelbe Tulpen, Narzissen, Schneeglöckchen, rote Anemonen, *Scilla*, *Paeonia mascula*, *Lychnis coronaria*, Iris, Skabiose, Nachtviole, Spornblume, Schwarzkümmel, der weiße Affodill, Krokus und Maiglöckchen.

XI
IX
X
XVIII
XX
XXI
XIII
XXV
XXVI
XXVII
XXXI
XXXIII
XXXX
XXXXI
XXXVIII
XXXIX

Der Traum des Poliphilus

Die in Francesco Colonnas *Hypnerotomachia Poliphili* (1499) dargestellten Bauten erinnern an klassische Ruinen. In einer Reihe von Szenen schildert der Traum, wie die Liebe des Poliphilus zur Nymphe Polia entbrennt – Ort des Geschehens ist der Palast der Königin Eleuterilyda mit dem von stattlichen Zypressen gesäumten Aufgang – und ihren Höhepunkt auf der runden Insel Kythera findet, einem ebenfalls von Zypressen umgebenen Garten, der sich in 20 gleiche Segmente mit Kletterrosen, Jasmin, Geißblatt, Winden und anderen von Reben überwachsenen Lauben und Portiken gliedert. Die Ufer des umlaufenden Kanals sind vom Duft der Orangen- und Zitronenhaine erfüllt. Im Rosengarten finden sich die von Plinius namentlich in seiner *Naturalis Historia* beschriebenen Damaszener-, Provence- und Gallica-Rosen und die berühmten Rosen aus Paestum in der Campagna, die zweimal im Jahr blühen. Obgleich ein Großteil der Gärten mit Kompositionen aus Glas- und Seidenblumen der Phantasie entsprungen zu sein scheint, treten architektonische Elemente auf, die unverkennbar von den römischen Ruinen inspiriert, und praktische Details, die aus zeitgenössischen italienischen Entwürfen und Pflanzschemen übernommen sein dürften. Einige Beete sind abwechselnd mit Zypressen und Buchs bepflanzt und mit Winden umflochtenen Säulen geschmückt. Innerhalb rechteckiger Kompartimente breitet sich hier ein «Parterre» mit verschlungenen Knotenmuster aus, dort ein komplexes Wasserlabyrinth; Bäume wachsen in großen Kübeln, und Rosen umkleiden die Lauben. Auf der Insel präsentiert sich eine Kolonnade mit kunstvollen, aus Buchs geschaffenen Formschnittfiguren – Menschen, Tiere, Vasen und Urnen –, wie sie später, als Versailles in der zweiten Hälfte des 17. Jahrhunderts angelegt wurde, nahezu unverändert in französischen Musterbüchern erscheinen sollten.

Vor den Toren von Florenz erinnert die moderne Pergola der Villa Salviatino an die tonnengewölbten Treillagen, die auf den Holzschnitten in Francesco Colonnas Werk illustriert sind. In Salviatino überzieht die gelbblühende Banksrose (die in England als «Lady Banks rose» bekannte *Rosa banksiae*), die zu Beginn des 19. Jahrhunderts aus China eingeführt und nach der Gattin von Sir Joseph Banks benannt wurde, die Pergola mit Wolken duftenden Flors.

Ganz oben: Illustration einer imaginären Gartenszene: Die Pergola ist aus schlichten Holzlatten erstellt, im Hintergrund sind ein Flechtzaun und eine Reihe hoher Zypressen erkennbar, davor befindet sich eine steingefaßte Quelle. Viele dieser im *Traum* erscheinenden Gestaltungselemente werden noch immer in den Gärten aufgegriffen, wie hier in der Villa Salviatino.

Oben: Ein Ausschnitt aus Francesco Colonnas *Hypnerotomachia Poliphili* zeigt eine blütenumrankte Pergola und Wiesenblumen. Das mit reizvollen Holzschnitten illustrierte, gedruckte Werk diente als «Musterbuch» für die Gestaltung des Renaissancegartens des 17. Jahrhunderts in Italien und – nach der Übersetzung ins Französische um 1540 – auch in Frankreich.

Oben: Im Gegensatz zu der mittlerweile vertrauten Regelmäßigkeit der durch leicht zugängliche Wege umrissenen und begrenzten Blumenbeete, die in den meisten Gartendarstellungen des 15. Jahrhunderts von tonnengewölbten Treillagen umzogen waren, wirkten Colonnas figürliche Musterkreationen, in denen die Pflanzen die Konturen von Wappen und Großbuchstaben nachzeichneten, ungemein abwechslungsreich und komplex. Auch mit Serlios etwas strengeren Ornamenten oder den späten Blumenbeetentwürfen, wie sie Giusto Utens um 1599 in den Lünetten der Medici-Villengärten darstellt, haben die kunstvoll verschlungenen, geometrischen Bögen und Schleifen in ihrer Eigenständigkeit wenig gemeinsam. Colonnas Entwürfe fanden vor allem in Frankreich Nachahmung – *Der Traum* wurde zwischen 1544 und 1546 von Jacques Gohorry und Jean Martin als *Le Songe de Poliphile* ins Französische übersetzt. Mochten die Regeln der Gartengestaltung auch neu sein, die Pflanzen zur Verwirklichung der Blumenmuster entsprachen dem vertrauten Bestand des ausgehenden Mittelalters. Unter den Gewächsen, die Colonna zur Einfassung der Ränder empfahl, waren Immergrüne wie Lavendel, Raute, Heiligenkraut, Poleiminze (*Mentha pulegium*) und Thymian, die auch im Winter mit ihren abwechslungsreichen Texturen einen Blickfang bildeten, aber auch Basilikum, Marienblatt, Zitronenmelisse, Majoran und Eberraute. Als geeignete Gewächse für eine dichte bodendeckende Bepflanzung wurden Haselwurz (*Asarum europaeum*), Günsel, Kamille, Hauswurz, Maiglöckchen, Ringelblume, Minze, Melde (*Atriplex hortensis*), Stiefmütterchen, Immergrün, Levkojen oder Goldlack, Estragon und Veilchen aufgeführt, während in Kugelform beschnittene Pflanzen wie Ysop, Wacholder, Myrte und Rosmarin sowie höhere Stockrosen und Malven Akzente setzten. In der französischen Ausgabe der *Hypnerotomachia* war die Bepflanzung weniger vielfältig.

«Grüne» Architektur: Laubengänge und Pergolen

Laubengänge aus den miteinander verflochtenen Zweigen «lebender» Pflanzen sorgten im Anschluß an die Terrasse oder das Eingangstor der Villa in heißen Sommern für die begehrten schattigen Wege. Die Prototypen dieser Laubengänge – aus über einem Lattengerüst zusammengeführten Trieben von Obstbäumen oder Weiden, Ulmen, Pappeln oder Wein – wurden von Crescenzi bereits 1309 als Schattenspender gerühmt. Mit ihren anschaulichen Holzschnitten unterstrich die *Hypnerotomachia Poliphili* einmal mehr die Bedeutung dieser Gestaltungselemente. Häufig dienten sie als Verbindung zwischen einzelnen Gartenbereichen oder sie bildeten einander kreuzende Wege und schattige Tunnel, die sich über den Pfaden innerhalb der in unterschiedliche Beetformen gegliederten Blumengärten wölbten.

Pergolen aus lebenden Pflanzen über stabilen Rahmen stellen in den vielen Medici-Villen des 17. Jahrhunderts prägende architektonische Elemente dar – bezaubernd anschaulich dargestellt in den für die Villa di Artimino 1599 von Utens gemalten Lünetten. In Ambrogiana umschließen die bogenartigen Pergolen drei Seiten der in Mustern angeordneten inneren Gärten. Jeder Gartenbereich ist mit kleinen Obstbäumen eingerahmt, wobei niedrige Kräuter am äußeren Rand, in Form von Buchstaben arrangiert, unter anderem den Namen «Ferdinandus» erkennen lassen.

In den letzten zwei Dekaden des 16. Jahrhunderts riet Soderini zur Verwendung von Lorbeer, Laurustinus und sogar Myrte, auf daß kein Sonnenstrahl durch den dicht belaubten Tunnel dringe. Die gezimmerten Rahmen boten die Möglichkeit zusätzlicher architektonischer Ornamente wie Kuppeln an den Schnittpunkten sowie klassischer Portale und fensterartiger «Ausschnitte», die, wie Riccio hervorhob, den Blick auf die Blumenbeete freigaben. Diese «grünen» Baustrukturen überlebten zwar kaum die folgenden Jahrhunderte. Binnen 100 Jahren ersetzten hohe mauerartige Hecken aus Lorbeer, Myrte, Steineiche und Laurustinus die architektonischen Laubengänge und flankierten mit Reihen schlank aufragender Zypressen die axialen Hauptwege und die dem Zeitgeschmack entsprechenden *viali*, mit denen wir ungleich mehr das «typische» Bild des klassischen italienischen Gartens verbinden.

Die Lünette der Villa Petraia, eines Gartens, den Ferdinando de Medici zwischen 1591 und 1597 umgestalten ließ, zeigt zwei nahezu kreisförmige «grüne» Laubengänge, die eine symmetrische Obstbaumbepflanzung einschließen, während sich Blumenbeete – die Ecken durch Orangen- oder Zitronenbäume in Kübeln betont – in unmittelbarer Nähe der Villa unterhalb der neu terrassierten Mauern ausdehnen. Für Baumwände eignen sich alle Gehölze mit einigermaßen biegsamen Zweigen; Weiden und Maulbeerbäume waren später sehr beliebt, wurden aber dann von Steineiche oder Lorbeer, die in den Gärten von heute einen fast regensicheren Schutz bieten, verdrängt. Die aus Latten erstellten Rahmengerüste wurden mit Weinreben und immergrünem Efeu sowie mit Blütenpflanzen wie Rosen und Jasmin begrünt.

Rechts: 1576 hatte Ferdinando de Medici, Großherzog und vormals Kardinal in Rom, die Villa Medici auf dem Monte Pincio nicht weit vom Garten des Lukull erworben. Er ließ das Gelände ebnen und durch Hecken und sich kreuzende Laubengänge mit dazwischenliegenden niedrigen Hecken in eine Reihe von Gartenkompartimenten unterteilen. Auf späteren Stichen sind die Laubengänge nahezu ausnahmslos verschwunden und durch hochgewachsene «Wände» aus Lorbeer, Zypressen, Steineichen und Laurustinus ersetzt. Um 1640 beschrieb John Evelyn die Einfassung der Blumenbeetkompartimente als kopf- und brusthoch.

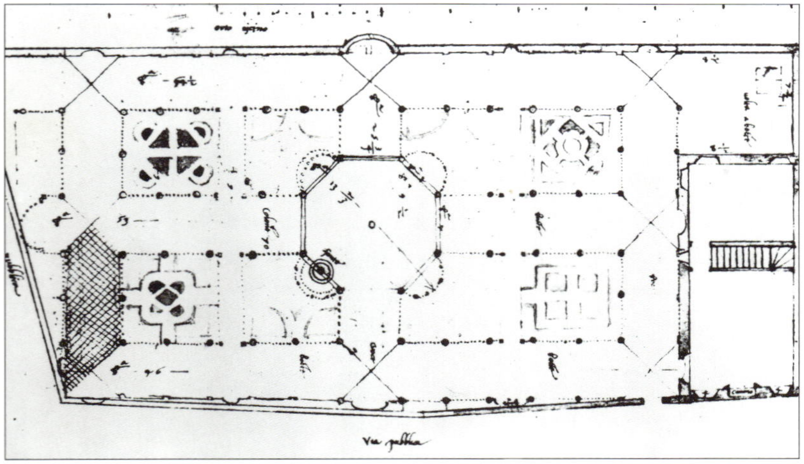

Oben: Einer der frühesten vorhandenen Pläne für einen Garten ist Baldassare Peruzzis Entwurf aus dem Jahr 1527, der heute in der Galleria degli Uffizi in Florenz aufbewahrt ist. Er zeigt einen nahezu rechteckigen Garten mit einem *casino* an einem Ende, zwei von öffentlichen Straßen flankierten Seiten und einem Obstgarten auf der dritten Seite. Eine höchstwahrscheinlich aus dünnen Latten gezimmerte, tonnengewölbte Pergola überdacht den Weg entlang der äußeren Begrenzung. Acht quadratische Kompartimente mit je vier identischen Grundrissen umrahmen den oktogonalen Mittelpunkt des Gartens. Die geometrisch geformten Blumenbeete bestehen aus Quadrat- und Kreissegmenten, wobei die beiden Beete am jeweiligen Ende unterschiedlich gestaltet sind.

Die Lünetten des Giusto Utens

Die berühmten Lünetten der im Umkreis von Florenz angesiedelten Medici-Gärten wurden von dem Flamen Giusto Utens im Auftrag von Großherzog Ferdinando I. um 1599 für die Villa Artimino gemalt. Sie zeigen die Gärten, wie sie sich im 16. Jahrhundert darboten – eine Sequenz von Bildern, die das gesamte Spektrum von Architektur und Bepflanzung widerspiegeln. Alle der 14 erhaltenen, mit Öl auf Holz gemalten Bilder – heute im Topographischen Museum in Florenz – zeigen Gärten, die einer strikten Unterteilung in räumliche Einheiten folgen und, obgleich unterschiedlich im Charakter, ausnahmslos durch eine Art axiale Anordnung verbunden sind. Dies tritt im Lauf des Jahrhunderts noch deutlicher zutage, betrachtet man die Entwicklung von der ursprünglichen festungsartigen Cafaggiolo mit mittelalterlich gestaltetem Garten bis zu den hochraffinierten Gestaltungsschemen, in denen allegorische Inhalte, wie sie Niccolò Tribolo und Buontalenti ersannen, die Bedeutung der Medici-Dynastie dokumentierten. Der Garten der Villa Castello wurde für Großherzog Cosimo, die Boboli-Gärten für Cosimo und seine Frau Eleanora von Toledo geschaffen. Die Restaurierung der Villa Petraia für Großherzog Ferdinando erfolgte nach 1575. Das spektakulärste Projekt war die Villa Pratolino von Francesco I., obgleich heute von der riesigen Gestalt des «Appennino», einer Skulptur Giambolognas, kaum noch etwas erhalten ist. Reisende zu jener Zeit wie etwa Montaigne berichteten von Wunderdingen wie komplexen hydraulischen Systemen, Grotten und Statuen in einer Phase, in der alles noch in den Anfängen steckte.

Im 15. Jahrhundert hatte Lorenzo de Medici die Hainbuche, Zerr- und Korkeiche sowie den Balsambaum (wahrscheinlich *Juniperus thurifera*) in Careggi angesiedelt. Die Großherzöge Cosimo, Ferdinando und Francesco pflanzten exotische Bäume wie den indischen Banyanbaum, die Gemeine Roßkastanie und die Dattel- oder Lotuspflaume (*Diospyros lotus*) in Castello, Petraia und Pratolino.

Linke Seite: Der erste Spatenstich für die weitläufigen Boboli-Gärten, die von Großherzog Cosimo de Medici und seiner Gattin Eleanora von Toledo hinter dem Palazzo Pitti in Florenz angelegt wurden, erfolgte im Jahr 1550. Das Gelände, das ursprünglich aus Olivenhainen und Weinbergen bestand, wurde zunächst geebnet und gedüngt, bevor man es im Frühjahr mit Tannen, Zypressen, Steineichen und Lorbeerbäumen bepflanzte. Weinstöcke, die *vigne di moscadello,* waren bereits im Vorjahr gesetzt worden. Das hufeisenförmige Amphitheater, eine Imitation des antiken römischen Circus und womöglich vom Garten Plinius' d.J. im oberen Tibertal inspiriert, war im steilsten Teil dicht bewaldet und schloß den Blick hinter dem Palast mit ein. Cosimo besaß aber auch einen Obstgarten mit zwergwüchsigen Obstbäumen und gründete um 1563 einen Zuchtbetrieb für Zitrusfrüchte. Die zentrale Grasfläche des Amphitheaters wurde als Wiese beibehalten, bis um 1740 kleine Zypressen und Buchs sowie schmuckvolle Urnen mit Zitrusbäumchen gesetzt wurden. Es ist durchaus denkbar, daß Buchs in Italien bereits zu Utens' Lebzeiten als niedrige Heckeneinfassung verwendet wurde.

Unten: Niccoló Tribolos Gartenplan für Castello – 1537 im Auftrag Cosimos de Medici begonnen – wurde auf einem Südhang verwirklicht. Die Lünette zeigt die konventionellen eingefriedeten Gartenkompartimente, die eine zentrale «Wildnis» umgeben – ein Labyrinth aus Zypressen, Myrte und Lorbeer. Giorgio Vasari schilderte den Garten um 1580 und bezeichnete die Gartenkompartimente, die mit in Reihen angeordneten kleinen Obstbäumen im Wechsel mit Formschnittgehölzen eingefaßt waren, als *orticini.* Die Schnittmaßnahmen für gewöhnliche Büsche und Blumen wurden ausführlich in Soderinis um 1580 verfaßtem *Il trattato degli arbori* erläutert. Vasari erwähnte auch ein Baumhaus in einer ausladenden Steineiche oder *lecce* (*Quercus ilex*). Andere Besucher der damaligen Zeit beschrieben an Spalieren gezogene Zitrusfrüchte: Orangen, Zitronen und die *Adami mali* oder *pomadami* des Clusius. Auf Botticellis *Primavera* (vgl. S. 141), einem Gemälde, das ursprünglich in Castello hing, finden sich keinerlei exotische Neueinführungen, sondern ausnahmslos gängige Gartenblumen. Die Lünette zeigt eine nie fertiggestellte Erweiterung des Hauses, so daß der Garten in seiner axialen Anordnung immer außerhalb des Zentrums blieb.

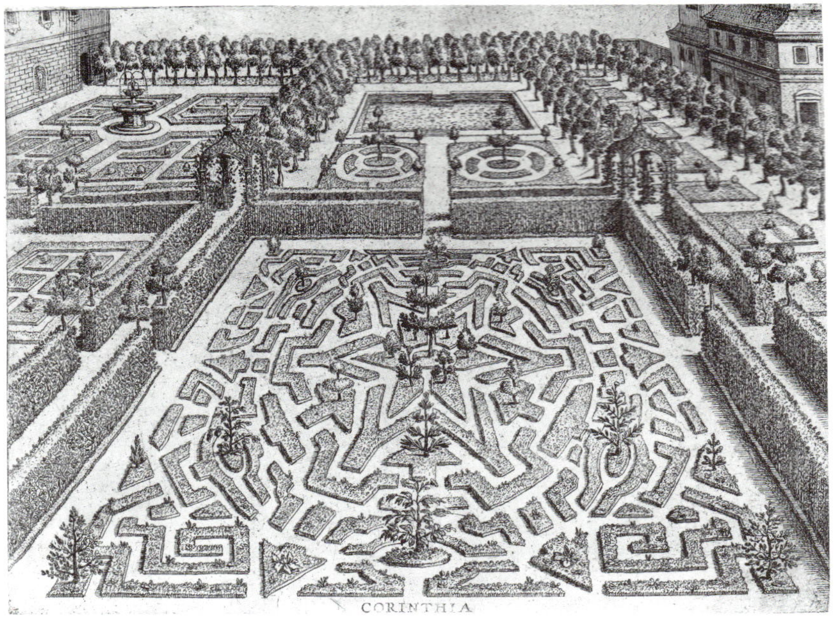
CORINTHIA

Obere Reihe: Die Parterre-Entwürfe des Flamen Hans Vredeman de Vries (1527–1606) wurden im *Hortorum viridariorumque elegantes et multiplicis formae* veröffentlicht und in zahlreichen Städten Nordeuropas verwirklicht. In Diensten des Kaisers Rudolph II. in Prag entwickelte er einen eigenständigen flämisch-italienischen Stil – immerhin bereits 50 Jahre bevor die Musterbücher Claude Mollets und seines Sohns André in Frankreich veröffentlicht wurden. Zu seinen bedeutendsten Beiträgen gehört sein Entwurf für die *parterres de pièces coupées* – in Frankreich auch als *parterres fleuristes* bezeichnet –, in denen die um ein paar Zoll erhöhten Blumenbeete eigens der Präsentation exotischer Pflanzen dienten.

Ganz links: Serlios Entwürfe für geometrische Blumenbeete, die im vierten Band seines Architekturtraktats *De Architetture Libri Quinque* 1569 veröffentlicht wurden, 1537 aber bereits vorlagen, waren in der Tat vom Autor selbst illustriert; sie dürften eine frühe Inspirationsquelle für Parterres dargestellt haben – Porros 1591 geschaffener Stich des Botanischen Gartens in Padua, Parkinsons Muster aus dem Jahr 1629 und viele französische Parterre-Entwürfe scheinen auf Serlio zurückzugehen. Die Entwürfe für die sogenannten «frets» oder sich kreuzenden Bandornamente in John Reas *Flora* von 1665 zeigen ebenfalls eine gewisse Ähnlichkeit. Die hier abgebildeten Illustrationen stammen aus Serlios 1619 in Venedig veröffentlichtem Werk *Tutte l'opere d'architettura et prospettiva*: Sie bestehen aus komplexen Varianten schlichter Dreiecke und Halbkreise. Mit Blumen und Sträuchern bepflanzt, dürften sie einiges an Pflege erfordert haben.

Links: Einer der ältesten noch vorhandenen Gestaltungsentwürfe dürfte der der Villa Ruspoli bei Viterbo sein, in dem Buchshecken ein Motiv aus dem frühen 17. Jahrhundert zeichnen. In den ursprünglichen Pflanzplänen waren an Stelle von Buchs wohl Kräuter wie Rosmarin oder Salbei vorgesehen, und wahrscheinlich wurden auch die neuen Zwiebelpflanzen aus dem Mittleren Osten in den Beeten gezogen.

Muster für Blumenbeete

Passend zu den «grünen» Laubengängen der frühen Renaissancegärten, die ein unübersehbares architektonisches Element darstellten und sowohl richtungsweisend als auch kaschierend wirkten, waren die Blumenbeete gleichermaßen von inneren Hecken umgeben. Zweifellos muß es für diese Muster in italienischen Manuskripten vom frühen 16. Jahrhundert an «Grundrezepte» gegeben haben, denn ähnliche Entwürfe finden sich in verschiedenen Gärten, die auf Gemälden und späteren Stichen dargestellt sind. Innerhalb der darauffolgenden 150 Jahre erschien eine Fülle von Musterbüchern.

Die frühesten Entwürfe bestanden aus schlichten geometrischen Formen, in die sich die durch Sand- oder Kieswege unterteilten Blumenbeete gliederten; im Hintergrund erhoben sich, wie auf Peruzzis Zeichnung, oftmals gewölbte Tunnel oder Pergolen. In den 30er und 40er Jahren des 16. Jahrhunderts waren diese zum Teil bereits recht komplex, aber vereinfachte Versionen sind sowohl in der Anlage der Villa Petraia, die Utens um 1590 porträtierte, erkennbar als auch in G. Lauros Stich von der Villa Medici auf dem Monte Pincio in Rom, der in *Antiquae urbis splendor* (1612–1614) veröffentlicht war.

Die zunehmend gewagten Beetfigurationen der Gärten um die zweite Hälfte des Jahrhunderts reichen von Kreisen bis zu Ovalen, die, bisweilen von einem quadratischen Rahmen umgeben, eigens für die neuen Zwiebeln und Blumen vorgesehen waren, in der geometrischen Gestaltung aber noch immer die Orientierung an den klassischen Vorbildern eines Vitruvius verrieten. Wie in der islamischen Architektur standen Kreis und Quadrat für den von Gott geschaffenen Kosmos. Um 1560 entwarf Giovanvittorio Soderini einen kreisförmigen Garten innerhalb eines quadratischen Rahmens – ein Plan, der wohl für seinen eigenen Garten gedacht war.

Zwei Gartenschriftsteller: Fiorenzuola und Riccio

Der in Florenz lebende Schriftsteller Girolamo Fiorenzuola empfahl 1552 in seiner Abhandlung *La grande arte della agricultura* eine Reihe von Pflanzen für *spaliere*, die sich an niedrigen Lattenzäunen gezogen als Hecken eigneten. Unter anderem nannte er die Zitrusfrucht, Granatapfel-, Mandel-, Aprikosen- und Quittenbäume sowie den Laurustinus, Jasmin, Myrten und rote Rosen, die sich mit anderen Pflanzen wie Thymian, Ysop, Ranunkeln und Hyazinthen kombinieren lassen. Fiorenzuola riet aber auch dazu, zwergwüchsige Obstbäume zu pflanzen, die, auf eine Quittenunterlage gepfropft, in der Gartengestaltung Ende des 16. Jahrhunderts sehr beliebt waren.

Agostino del Riccio machte in seinem 1597 veröffentlichten Traktat über die Landwirtschaft *Del Giardino di un Re* detaillierte Pflanzvorschläge für einen imaginären Garten. Für den Ziergarten empfahl er eine Auswahl von Zitrusfrüchten und zwergwüchsige Obstbaumsorten wie Äpfel, zwei Palmsorten, drei Pfirsichsorten und *fichi d'India tenuta nani*, womit der Banyanbaum oder Beslers *ficus indica*, der Bengalische Feigenbaum gemeint sein dürfte.

Außer den Obstbäumen gehörten zu Riccios Aufstellung für den Patiogarten die heimischen Eichen, Myrten, der Rosmarin, zehn Rosensorten, *Colutea arborescens* sowie Zwiebelpflanzen und einige sommerblühende Stauden. Unter den Zwiebeln waren elf Sorten der Anemone, zwölf verschiedene Lilien, vier Hyazinthen, fünf Narzissen, sechs Varietäten der Tulpe; die Stauden umfaßten sechzehn *Dianthus*-Sorten (wahrscheinlich sowohl Gartennelken als auch Federnelken), acht verschiedene Akeleien, drei Sorten der Glockenblume, fünf verschiedene Knöteriche, die als Korn- oder Flockenblume (*Centaurea*) bekannt waren, vier Rittersporne, Teufelskrallen (*Phyteuma*), Stockmalven, Gänseblümchen, Päonien, neun Sorten des von ihm als *Papaver* bezeichneten Mohns, Levkojen und verschiedene Veilchen. Für den Blumengarten des Königs empfahl er Päonien, Hyazinthen, Narzissen, Primeln und Tulpen, während er für den *bosco regio* zu Zypressen, dem Kirschlorbeer sowie zu Pinien, Wacholder, Oleander und Buchs riet.

Der Künstler Jacopo Ligozzi (1547–1626) wurde 1577 Hofmaler bei Francesco de Medici, Großherzog von Toskana; in Aquarelltechnik und Gouache malte er mit großer Genauigkeit und Kunstfertigkeit lebensgroße Pflanzenporträts, insbesondere die erst kürzlich eingeführten Neuheiten. Viele seiner Bilder wurden im Auftrag des Naturforschers Ulisse Aldrovandi geschaffen, der Ligozzi als einen ausgezeichneten Künstler beschrieb, der Tag und Nacht nichts anderes im Sinn habe, als Pflanzen und Tiere jeglicher Art zu malen. Unter seinen Pflanzenporträts, die größtenteils in der Galleria degli Uffizi in Florenz und der Universität Bologna gesammelt sind, finden sich der heute als Brennender Busch bekannte Dictam (*Dictamnus albus*) (*ganz links*) und *Doronicum*. Aus der Neuen Welt stammen *Agave americana* (*links*), eine Prunkwinde (*Ipomoea quamoclit*) und die aus Peru stammende Wunderblume (*Mirabilis jalapa*) (*rechts*), während die Dame in Trauer (*Iris susiana*) und *Muscari* aus Osteuropa und der Levante sowie der Acaju- oder Kaschubaum (*Anacardium occidentale*) aus Afrika kommen. Aldrovandi, Präfekt des Arzneikräutergartens (il Giardino degli Semplici) in Bologna, widmete sich im Auftrag von Francesco I. de Medici der Erforschung von Neueinführungen, die der Großherzog zum Teil über den Botanischen Garten in Pisa bezog.

Die Gärten der Villa Lante im 16. Jahrhundert

Eine ungewöhnliche Bestandsaufnahme, die in der Villa Lante in Bagnaia nördlich von Rom nach dem Tod Kardinal Gambaras 1587 erfolgte, enthält ein Verzeichnis sämtlicher Bäume, Obstgehölze und Sträucher des Anwesens. Selbst wenn nicht auf jedes topographische Detail eingegangen wird, so kann die Zusammenstellung dennoch als Pflanzliste betrachtet werden. Erwähnt sind alle zwölf quadratischen Blumenbeete, in denen acht verschiedene Obstbäume neben einer zentralen, emporschießenden Fontäne von einer Hecke aus hohem immergrünem Laurustinus eingerahmt waren. Buchs umgibt den mandelförmig geschwungenen Hang über dem Bereich des Hauptparterres. Im Verzeichnis sind die im 16. Jahrhundert gängigen Fachbegriffe verwendet. Die Pflanzen werden als wie geschaffen für die verschiedenen Gartenstandorte *boschetto*, *prato* und *spaliera* beschrieben. Mehrere Reihen zu je sieben Ulmen flankierten den Weg außerhalb der Tore. Auf einer erhöhten Ebene, die als *Piazza dell'auro regia* bezeichnet und wahrscheinlich mit Kirschlorbeer bepflanzt war, befand sich im Schatten von Platanen eine Fontäne. Noch weiter oben auf einem Rasen stieß man beidseitig auf fünf Platanen, während linkerhand ein Hain aus Steineichen und Erdbeerbäumen, damals als *«cerase marine»* bezeichnet, angesiedelt war. Darüber folgten die *boschetti* der Tannen, im Umkreis Wacholder, Erdbeerbäume und Myrte und weiter oben noch ein kleines Waldstück aus Granatäpfeln und Quitten, an das sich oberhalb Eichenwälder, Olivenbäume und ein sonniger, mit Pfirsichbäumen bepflanzter Hang anschlossen. Die Mauern waren mit Obst bewachsen.

Linke Seite: Die von Jacopo Barozzi Vignola im Auftrag von Kardinal Gambara um 1573 entworfene Villa Lante ist nahezu in ihrem Originalzustand erhalten, obgleich sich die moderne Bepflanzung mit Azaleen, Kamelien, Hortensien und Rhododendren wenig harmonisch einfügt. Der Kardinal schrieb 1576 an seinen Verwandten Ottavio Farnese, Herzog von Parma: «Ich bin gerade dabei, eine ebene Fläche in meinem Garten zu gewinnen und im *parco* [dem Park außerhalb des Gartenareals] einen Hain aus Platanen anzulegen.» Platanen prägen noch immer das Bild des Gartens und schützen die Grotte (*links*) auf dem oberen Parterre. Der formale Garten der Villa Lante folgt einem streng architektonischen Schema aus Terrassen, Treppenläufen und Wasserbecken auf den vielen verschiedenen Ebenen und erinnert somit unverkennbar an die Villa d'Este in Tivoli. Der ehemals seitlich gelegene Park bestand ebenfalls aus axial ausgerichteten Alleen, Schattenhainen und hügeligen Obstgründen. Die denkwürdigste aller Veränderungen seit Beginn drückt sich wohl in der Organisation der unteren Parterres aus, die die komplexen Muster der Blumenbeete gegen Ende des 17. Jahrhunderts ersetzten. Ein französischer Gärtner, der von Kardinal Montalto bei der Übernahme der Villa eingestellt wurde – er ertrank später auf tragische Weise in einem Wasserbecken –, schuf die unverkennbar vom französischen Stil geprägten Parterres, deren schnörkelartige Ornamentik mit Hilfe von Buchs und Kies verwirklicht wurde; sie sind noch heute erhalten.

Rechts oben: Der 1596 von Tarquinio Ligustri geschaffene Stich stellt die Gärten nach der Übernahme durch die Familie Montalto, aber noch vor der Umgestaltung der Parterres dar. Die Hügelseite, die teilweise mit Steineichen – Ovids Eichen, «die von Honig trieften» – bepflanzt war, stellte den Parnaß als Sitz der griechischen Musen dar. Avenuen, Quadrate und Kreise sowie Obst- und Olivenhaine zeichnen sich wie Muster zwischen den Fontänen entlang der schnurgeraden Wege ab. Obgleich sich die Pflanzen im einzelnen kaum identifizieren lassen, kann man sich anhand einer 1587 erstellten Liste eine Vorstellung vom Pflanzplan machen.

Rechts: Das Fresko der Villa Lante, zwischen 1574 und 1578 für die Palazzina Gambara – eines der beiden Casinos im Garten – geschaffen, zeigt den unteren, 1568 entworfenen Bereich; er ist in gleichartige Quadrate gegliedert, von denen jedes durch sich kreuzende Wege erneut unterteilt und mit einer Vielfalt von Pflanzen (auf dem Gemälde durch diverse Grüntöne unterschieden) geschmückt ist; sie umrahmen die Fischteiche und die Hauptfontäne. Die Blumenbeete präsentierten sich in Form schlichter geometrischer Figuren, entweder als große Rechtecke oder kleine Segmente, von einem Rand aus Pflanzen eingerahmt. Später wurde diese «lebende» Einfassung durch die als *pianelle* bezeichneten Spezialziegel ersetzt.

SECHSTES KAPITEL

Ursprung und Entwicklung des formalen französischen Stils

In der monumentalen Gartenanlage des Sonnenkönigs in Versailles, ihren Blickachsen, die bis zum Horizont reichen, um des Menschen – oder des Königs – Macht und Herrschaft über die Natur unter Beweis zu stellen, dokumentiert sich die höchste Vollendung eines Gartenstils, der sich im 17. Jahrhundert in Frankreich entwickelte und in der ganzen Welt als Quintessenz französischer Gartengestaltung gilt (vgl. S. 178–179). Damit aber nicht genug: Der Stil breitete sich über die Fürstenhöfe des nördlichen Europa aus und kam schließlich wieder nach Italien zurück, um zunehmend auch in die einfacheren klassischen Gartenentwürfe vorzudringen und seinen beherrschenden Einfluß somit in sämtlichen formalen Gartenkonzepten zu manifestieren. Architekturtheorien, die in Le Nôtres meisterhafter Handhabung der linearen Perspektive ihren Höhepunkt erreichten, spielten eine dominierende Rolle in der französischen Gartengestaltung; für die praktische Verwirklichung der Gärten war jedoch weitgehend die Ausschöpfung der «lebenden» Pflanzen entscheidend, die einem starren Katalog von Regeln folgte. Die niedrigen Pflanzen in Parterres waren für Muster, die von oben betrachtet wurden, die höheren Sträucher und Bäume für «Wände» oder Formschnittelemente vorgesehen; sie wurden zu formalen «grünen» Strukturen erzogen oder ihrem natürlichen Habitus gemäß in schnurgeraden Reihen gesetzt, um der Landschaft einen geometrischen Aspekt zu verleihen. In Versailles waren selbst die in Kübeln wachsenden, beschnittenen Orangenbäume aufgereiht wie auf dem Paradeplatz. In Jean de La Quintinies berühmtem Potager du Roi setzten neue Spaliermuster Maßstäbe für den Obstbaumschnitt, die in ihrer vollendeten Ordnung unübertroffen bleiben sollten. 300 Jahre später orientieren wir uns in Sachen Obstbaumschnitt und *ars topiaria* noch immer am Vorbild Frankreichs.

Pierre Patels Blick auf Versailles (gemalt 1688) spiegelt die ganze Macht und Herrlichkeit der französischen Gartengestaltung wider, wie sie Ludwig XIV. und Le Nôtre vielfach unter Beweis stellten. Lange Avenuen verlieren sich in der Ferne, während in Schloßnähe ansehnlich in Reih und Glied wachsende Pflanzen weite Grünflächen und ausgedehnte Alleen – die Spazierwege des Königs – säumen. Hohe Hainbuchen sind zu vertikalen Szenenbildern beschnitten und erzogen, und *bosquets* umgeben gleich einer geschlossenen Kulisse die dekorativen Elemente und Bepflanzungen im Innern.

Wie vieles in der Theorie der Gartengestaltung ging ein Großteil der neuen Impulse von italienischen Schriftstellern und Architekten aus, dieses Mal nicht von jenen des alten Rom, sondern von den großen Persönlichkeiten der Renaissance, die erkannten, daß es die Villen, ihre Gärten und die angrenzende Landschaft zu einer Einheit zu verbinden galt. Im Hügelland der Toskana und Latiums gaben die terrassierten Gärten einen Blick über die nähere Umgebung frei – wenn auch nicht zu fernen Horizonten. Weiter nördlich aber, in den flacheren Ebenen Venetiens, vermochte sich Andrea Palladio (1508–1580) ein weiteres Blickfeld zu erschließen, das sich in axialen Sichtachsen zu beiden Seiten der Villa auftat. Bei der Villa Emo wird das Auge heute vom Haus ausgehend entlang der Pappelreihen auf ferne Felder im Norden und Süden gelenkt. Die in Italien aufgegriffenen Ideen wurden von André Mollet in *Le Jardin de Plaisir* entwickelt und dargelegt. Mollet empfahl, breite Hauptwege anzulegen und sie durch Baumreihen auf einer oder auch beiden Seiten, eventuell sogar in jeweils doppelreihiger Anordnung zu verschönern. Mollet schlug vor, «rechtwinklig von der Fassade des Schlosses ausgehend, eine große Avenue mit einer zwei- oder dreifachen Reihe weiblicher Ulmen oder Linden (den beiden Baumarten, die dafür erfahrungsgemäß am besten geeignet sind) [zu bepflanzen] [...] in passender und der Proportion entsprechender Breite. Dann sind auf der Rückseite des Hauses die *parterres en broderie* anzulegen, und zwar in unmittelbarer Nähe, so daß sie von den Fenstern aus gut sichtbar sind und der Blick nicht durch Hindernisse wie Bäume, *palissades* oder anderes zu hohes Beiwerk gestört würde, das das Auge daran hinderte, sie in der ganzen Bandbreite zu erfassen. Im Anschluß an die besagten *parterres en broderie* plaziere man an entsprechender Stelle die Rasenparterres und *bosquets*, *allées* und die hohen und niedrigen *palissades;* dabei sei bedacht, daß ein Großteil der besagten

Oben: Israel Silvestres Stich zeigt die neu bepflanzten Tuileriengärten nach der von Le Nôtre zwischen 1665 und 1672 vorgenommenen Umgestaltung. Heute steht der Arc de Triomphe am fernen Horizont. Gleich einer bis ins kleinste geplanten militärischen Operation wurden die Gärten den Empfehlungen Dézallier d'Argenvilles entsprechend angepaßt, die nahezu 40 Jahre später, in *La Théorie et la Pratique du Jardinage* aufgezeichnet, Le Nôtres Theorien für die Nachwelt zusammenfaßten. Einige Elemente wie die Weißen Maulbeerbäume auf der nördlichen Terrasse de Feuillant blieben unverändert erhalten, aber ein Großteil der Anlage wich den grandioseren, im Stil Mollets gehaltenen Mustern, und die zentrale Ulmenallee wurde zur Erweiterung des Blickwinkels gefällt.

Rechte Seite: Eines der ersten Buchsparterres, das weich fließende Linien im Gegensatz zu den altmodischen starren Mustern zeigte, wurde im Jardin du Luxembourg um 1619 angelegt. Evelyn besuchte die Gärten 1644 und schilderte das Parterre als «so vortrefflich entworfen und sorgfältig beschnitten, daß die pflanzliche Stickerei schönste Wirkung entfaltet». Evelyn erwähnt aber auch Alleen und Bäume sowie die 13 Jahre zuvor gepflanzten 2000 Ulmen: «Die einladenden, weitläufigen Wege führen auf abwechslungsreiche Weise hügelabwärts und sind so ansehnlich mit Linden, Ulmen und anderen Bäumen bepflanzt, daß es kaum einen erquicklicheren Anblick gibt, es sei denn den der Hainbuchenhecke, die in ihrer stattlichen Höhe unmittelbar an die Fontäne anschließt.» Der Stich stammt von Gabriel Perrelle.

allées auf ein Ziel zustrebe und stets bei einer Statue oder dem Mittelpunkt einer Fontäne ende.»

Wo immer sie in Erscheinung treten, verraten die vielfältig gegliederten und gepflegten Buchs- und Kiesparterres – aufgelockert und hervorgehoben durch angrenzende Alleen mit hoch aufragenden «lebenden» Baumwänden, «grünen» *cabinets* und *berceaux* und durchzogen von Avenuen, die sich, in ausgedehnte Waldbereiche übergehend, am Horizont verlieren – eine unverwechselbar französische Prägung. Diese Gestaltungselemente sind von geradezu fundamentaler Bedeutung für die Gartenentwürfe, denn obgleich die Franzosen in der zweiten Hälfte des 18. Jahrhunderts ihre eigene pittoreske Variante des englischen Landschaftsstils entwickelten – eine Form von *jardin anglo-chinois* im Wettstreit mit der schlichteren englischen «Landschaftsethik» –, sind es in der Tat Mollets Buchsparterres und Le Nôtres *allées* und Avenuen, in denen sich die Botschaft dieses Stils als das «typisch Französische» ausdrückt, das im frühen 18. Jahrhundert, ein entsprechendes Terrain vorausgesetzt, über Nacht in ganz Europa nachgeahmt wurde.

Um die Mitte des 17. Jahrhunderts hatte der französische Garten zu seiner unverwechselbaren formalen Bepflanzung gefunden und somit zu einer neuen Form gärtnerischer Ausdrucksmöglichkeiten. André Mollet, der nicht nur in seiner Heimat Frankreich, sondern auch in Schweden, Holland und England wirkte, setzte in seinem *Jardin de Plaisir* die Grundpfeiler der klassischen französischen Gartengestaltung, deren Entwicklung sich über andere Schriftsteller und Künstler einschließlich Andrés Vaters Claude, des ersten Verfechters von Buchs als unentbehrlichem Element der ornamentalen Parterre-Systeme, zurückverfolgen läßt. Noch vor Ende des Jahrhunderts hatte André Le Nôtre die wesentlichen Gestaltungskomponenten der *allées*, *bosquets* und *parterres de broderie*, mit denen die ganze

Familie Mollet meisterhaft umzugehen wußte, durch eigenständige, umfassendere Theorien der Perspektive und Proportion erweitert. Obgleich Le Nôtre, von Briefen und Berichten abgesehen, keine seiner Theorien schriftlich fixierte, wurden seine «Regeln» im nachhinein (1709) von seinem ehemaligen Studenten Antoine-Joseph Dézallier d'Argenville (1680–1765) für die Praxis in *La Théorie et la Pratique du Jardinage* veröffentlicht und von John James 1712 erstmals ins Englische übertragen. Es sind nachgerade diese Ausführungen des Theoretikers zu den Regeln der Formalität und der Verwendung der Pflanzen, die die Grundlage für das Verständnis der ganzen Komplexität des Gartens und das Verhältnis der einzelnen Teile zum Ganzen bilden (vgl. S. 174–175 und 180–181).

Die Entwicklung des französischen Stils

Jacques Androuet du Cerceaus Zeichnungen und seine späteren Stiche (letztere wurden um 1570 veröffentlicht) verdeutlichten erstmals ansatzweise unterschiedliche stilistische Merkmale zwischen den italienischen Renaissancegärten und jenen, die sich in Frankreich nach der Rückkehr Karls VIII. aus Italien im Jahr 1495 entwickelten. Die frühesten Arbeiten du Cerceaus zeigen eine Reihe flacher Parterres, von denen jedes zwar einen separaten Knoten oder ein geometrisches Muster aufweist, die direkte axiale Verbindung zum Hauptgebäude aber vermissen läßt. In Amboise waren diese flachen, aber dekorativen Muster von Galerien umgeben, in Blois um einen zentralen Weg und in Gaillon auf einer weitläufigen neuen Terrasse, die an den Schloßhof grenzte, angelegt. Anders als die italienischen Blumenbeet-Kompartimente, in denen jedes Parterremuster von Obstbäumen und Hecken – vertikalen Elementen, die für Höhe und Abwechslung sorgten – flankiert war, scheinen diese französischen Parterres, wie sie bei du Cerceau dargestellt sind, lediglich von niedrigen Einfriedungen umgeben, so daß sich die benachbarten flachen Muster in einer nahezu monotonen Sequenz aneinanderreihten. Zum Glück vermittelten sowohl der Gesandte von Mantua als auch Don Antonio de Beatis 1517 ein farbigeres Bild von der Bepflanzung in Gaillon und bestätigten damit, daß die verhältnismäßig leblos wirkenden Stiche du Cerceaus lediglich als eine Art Einführung in die Grundzüge theoretischer Planung gedacht waren. Von sorgfältig bearbeiteten, grün gestrichenen Holzlatten umgeben, war jedes quadratische Feld unterschiedlich bepflanzt, einige mit Blumen oder Obst wie Pfirsich-, Apfel-, Birn- und Kirschbäumen, andere mit Buchs und Rosmarin, die in Form von Pferden, Schiffen und Vögeln beschnitten waren oder mit niedrigeren Pflanzen, die heraldische Muster, Sinnsprüche oder Labyrinthe bildeten.

Vorrangig mit Entwürfen befaßten sich Primaticcio, Vignola und Serlio aus Italien, die allesamt nach 1526 in Diensten Franz' I. standen und das bestehende Gartenkonzept nachhaltig beeinflußten; ihr größtes Verdienst ist indes die axiale Verbindung von Schloß und zugehörigem Garten, die sich in Italien erst in jüngster Zeit durchzusetzen begann. Die flachen Garten-Kompartimente, die künftig als *parterres* bezeichnet werden sollten und im Lauf der kommenden 200 Jahre jene typisch französische Note anklingen ließen, waren nun auf die Hauptfassade des Schlosses zentriert und unmittelbar unterhalb der Fenster angeordnet. Der Überlieferung gemäß war die Gattin Heinrichs II., Katharina de Medici, Tochter Lorenzos des Prächtigen und Schwiegertochter von Franz, die erste, die am französischen Hof in den Tuileriengärten Blumenparterres einführte, nachdem ihr Gatte 1536 Dauphin geworden war; gewiß, Sebastiano Serlio war zu ihren Lebzeiten in Frankreich nicht nur praktisch tätig – auch seine ersten Entwürfe, wohl die frühesten in Europa für die sogenannten *parterres de pièces coupées pour des fleurs*, wurden 1537 veröffentlicht. Wahrscheinlich dürfte der eigentliche Begriff *parterre* auf das italienische *partire* – «teilen» – und nicht auf den einleuchtenderen französischen Begriff *par terre* – «auf dem Boden» – zurückgehen. Die französischen Buchs- und Kiesbroderien, die um die Wende des 16. Jahrhunderts eingeführt wurden, scheinen mehr von der Idee der komplexen Knotenmuster oder *entrelac*-Strukturen inspiriert zu sein, die wie in Colonnas *Hypnerotomachia Poliphili* (1546 als *Le Songe de Poliphile* ins Französische übersetzt) aufgezeigt, von fortlaufenden Reihen einer einzelnen Pflanzenart leben, als von anderen italienischen Quellen, in denen die Blumenbeete voneinander getrennte Einheiten innerhalb eines Entwurfs darstellen. Die französischen Varianten dieser komplexen Knotenmuster wurden in Traktaten wie etwa *L'Agriculture et Maison Rustique* von Charles Estienne und Jean Liébault empfohlen.

In der 1582 erschienenen Ausgabe von Liébaults Buch befaßte sich ein komplettes, mit Illustrationen versehenes Kapitel mit der Anordnung von Kräutern und Blumen. Das Wort «parterre» stand für den Blumengarten als Ganzes; jeder Teil wurde als *compartiment* bezeichnet, ganz gleich, ob es sich um eine Einheit handelte, die als verbindender Knoten oder *entrelac* (wie in *Le Songe* gerühmt) oder optisch aus separaten *carreaux* (wörtlich «Ziegeln») zu bestehen schien, wie auf Serlios Zeichnungen der Blumenmuster dargestellt. Das französische *compartiment simple* bestand aus einem Quadrat, das von einem fortlaufenden Knotenmuster oder Labyrinth ausgefüllt war. Ein *parterre de carreaux rompus* setzte sich aus einem Entwurf separater Blumenbeete, die durch einen Gesamtplan miteinander verbunden waren, zusammen. Die noch komplexeren Entwürfe bestanden aus einer Kombination separater *carreaux* und *entrelac*-Kompartimente. Was die Bepflanzung dieser Kompartimente anbelangte, schlug Olivier de Serres einige interessante Varianten vor: So galt es etwa, die Pflanzen in den einzelnen Feldern weit genug auseinander zu setzen, damit da und dort die Erde oder ersatzweise verwendetes «farbiges» Material sichtbar bleibe und die Wirkung der Pflanzen entsprechend unterstreiche. Innerhalb von einem halben Jahrhundert wurden in den «idealen» *parterres de broderie*, wie sie Claude und André Mollet veranschaulichten, die Buchskonturen so kunstvoll auf das Bild der sich anschließenden Marmorsplitter, gefärbten Kiesel und kurz gehaltenen Grasbänder abgestimmt, daß andere «lebende» Blumen, die aufgrund ihres üppigen Wuchses das wichtigste Element, die Perfektion des Entwurfes, zu verwischen drohten, in den Bereich der äußeren Begrenzungen oder die sich anschließenden *compartiments* verbannt wurden.

Der Einfluss der Familie Mollet

Die Dynastie der Mollets – die männlichen Vertreter waren zunächst ausnahmslos als Obergärtner und nicht als Architekten tätig – ist geradezu untrennbar mit der Entwicklung des Parterrestils verbunden. Die Rede ist von drei Generationen; die dritte war es schließlich, die ausnehmend zahlreich in vielen der königlichen Anwesen in Paris wirkte. Jacques Mollet stand nach 1576 zunächst im Dienst des Herzogs von Aumale in Anet; sein Sohn Claude, Verfasser von *Le Théâtre des Plans et Jardinages* (1652 posthum veröffentlicht), arbeitete hauptsächlich für Heinrich IV.; seine Söhne André, Autor von *Le Jardin de Plaisir*, Jacques II. und Claude II., befaßten sich alle mit Entwürfen von Parterres und deren Pflegemaßnahmen. Um 1600 erleichterte die zunehmende Verwendung von Buchs zur Markierung des dominierenden Entwurfsmusters (ab 1595 verwendete Claude Mollet hauptsächlich Buchs für seine *broderies*) die Entwicklung kunstvollerer und komplexerer Ornamente wie Buchsarabesken, Schnörkel und Palmetten.

1593 beauftragte Heinrich IV. Etienne du Pérac, ein neues Schloß in Saint-Germain-en-Laye zu bauen, wobei es einen bereits von Philibert de l'Orme für Heinrich II. entworfenen Plan zu integrieren galt. Ursprünglich hatte du Pérac als Erweiterung Wasserspiele ins Auge gefaßt, Wunderdinge, wie er sie von der Villa d'Este kannte, aber Claude Mollets lediglich mit Buchs bepflanzte Parterres sollten einen ganz neuen Stil einleiten. Durch das dichte, äußerst kurz gehaltene Laubwerk des Buchses ließen sich die feineren Muster der Parterre-Stickerei sehr viel klarer herausarbeiten als mit der überkommenen Bepflanzung aus gemischten Kräutern. Später schuf Mollet «lebende» grüne Mauern aus höheren Buchspflanzen, auch wenn er sich mit ihrem langsamen Wuchs kaum abfinden konnte. Nach 1600 wurde er mit der Bepflanzung von Le Jardin Neuf, einem neuen Garten östlich der Tuilerien betraut. Zunächst umgab er den Garten

J. Fouquières Gemälde stellt den Renaissancegarten des Hortus Palatinus in Heidelberg dar, der zwischen 1613 und 1618 von Salomon de Caus für den Kurfürsten Friedrich V. und seine Braut Elisabeth Stuart, Schülerin de Caus' in England, entworfen wurde. De Caus legte fünf schmale Terrassen an – jede Terrasse durch Hecken und Pergolen unterteilt und mit weiteren Bereichen eingefaßter Buchsparterres und einem Labyrinth kombiniert –, insgesamt eine Mischung französischer und italienischer Stilrichtungen. Obgleich de Caus, Enkel J.A. du Cerceaus, durch seine Jahre in Italien geprägt war, ließ er sich auch von der zeitgenössischen französischen Gartenentwicklung inspirieren, insbesondere von der Verwendung niedriger, fortlaufender Buchseinfassungen für Parterres.

mit einem Ring italienischer Zypressen in Form einer gestutzten *palissade*, aber der strenge Winter des Jahres 1608 ließ sie allesamt eingehen. Bis zu jener Zeit hatte Mollet doppelte Hecken mit einem inneren Rahmen aus Holz verstärkt. «Aus diesem Grund», schrieb er, «beschloß ich, niemals Palisaden aus Zypressen, sondern stets Buchs einzusetzen; genauso verfuhr ich, als ich anfing, architektonische Elemente einzig und allein mit der Heckenschere unter Verzicht auf totes Holz oder Einbindungen zu formen. Aber es erfordert Geduld; zehn bis zwölf Jahre für etwas einigermaßen Hohes.» Nach 1608 erfolgte unter Heinrich IV. und Sully die Umgestaltung der Kompartimente von Le Jardin Neuf, wobei die Entwurfsmuster aus niedrigem Buchs und Raute mit *palissades* aus Wacholder eingefaßt wurden.

Von da an sollte der schönste Parterre-Entwurf von dem zwergwüchsigen kleinerblättrigen Buchs (*Buxux sempervirens* «Suffruticosa») dominiert werden, der sowohl Gerard als auch Parkinson in England als holländischer oder französischer Buchs bekannt war, in der Tat aber aus Holland stammte. Die höhere heimische Art, *B.*

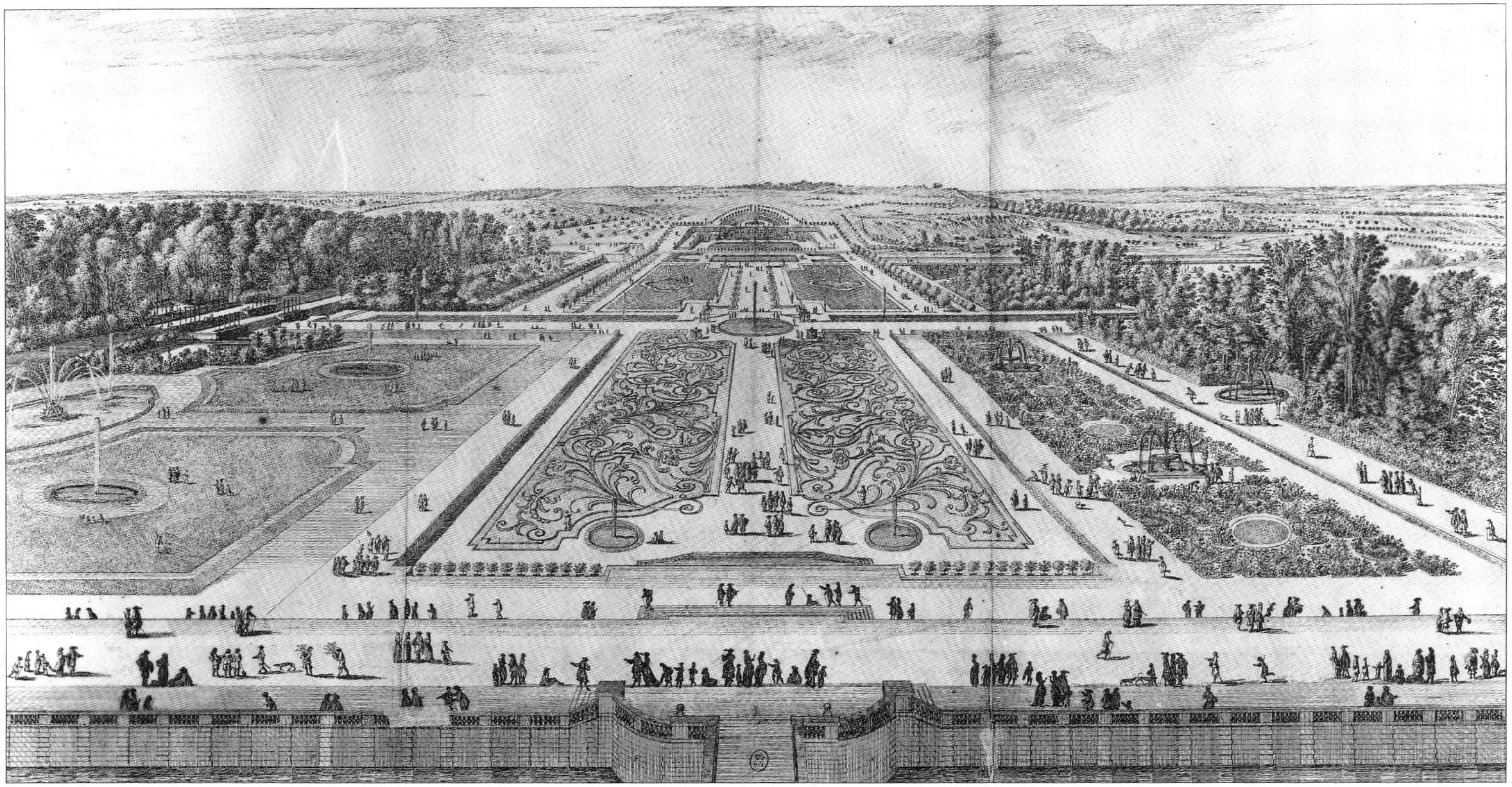

Israel Silvestres Stich von Vaux-le-Vicomte zeigt, wie die abgesenkten Stickereibeete, direkt unterhalb der Fenster des Schlosses zentriert, das Bild prägen. Er stellt aber auch den zwangloseren Blumengarten auf der Westseite dar mit seinen zum Teil kreisrunden, von Blüten überquellenden Beeten. Fouquet hatte sich bereits vor den Entwürfen für Vaux intensiv mit dem Pflanzensammeln befaßt. In seinem keineswegs bescheidenen 12,5 ha großen Garten in Saint-Mande, der sich an den Park von Vincennes anschloß, nahm er den deutschen Gärtner Besseman in seine Dienste, der eine Sammlung seltener Sträucher und Blumen aufbaute, unter denen 200 Orangenbäume waren. Obgleich die neuen *parterres de broderie* wenig Raum für überschäumenden Blütenschmuck boten, enthielten die herrschaftlichen Gärten, die die Mollets und Le Nôtre anlegten, stets Blumenbeete. Die neben den Hauptparterres angelegten Rabatten oder *compartiments* waren für Blütensträucher, Zwiebeln und Sommerblumen reserviert.

sempervirens, wurde nach wie vor für Hecken in Kniehöhe oder darüber verwendet. Damals bereits erkannte André Mollet, daß Buchs in rauheren Klimazonen nicht uneingeschränkt einsetzbar ist, und empfahl deshalb für Schweden die laubabwerfende Heidel- oder Blaubeere (*Vaccinium myrtillus*). Heute ermöglichen Zuchtformen der frostverträglichen, aus Korea stammenden Buchsart (*Buxus microphylla*), die erst im 19. Jahrhundert nach Europa und Amerika eingeführt wurde, mit Buchs eingefaßte Entwürfe selbst in Gärten in Neu-England und Kanada.

Claude Mollets größtes Interesse galt stets weit mehr dem Gartenbau im einzelnen als dem großen Überblick über die Gartenstile. Sein *Théâtre des Plans et Jardinages* ist ein Handbuch für die Praxis: Es behandelt die Anlage der Parterres und die Einteilung der *allées* sowie die Pflege und Erziehung von «Baumwänden» und *palissades* aus Buche und Hainbuche. Abgesehen davon, daß er sich als erster für die Verwendung von Buchs als Grundbestandteil der Parterre-Stickereien einsetzte, besteht sein größtes Verdienst für die Entwicklung des französischen Stils darin, daß er auf den Aspekt der «Abwechslung» aufmerksam machte, wie er von hohen *allées*, Reihen von Bäumen, geschwungenen *berceaux* und messerscharf gestutzten Hecken und *bosquets* als Hintergrund und Kontrast zu den flachen Parterres ausgeht. Einige seiner Ratschläge zur Vorbereitung von Blumenbeeten sind, obgleich von seinem persönlichen gärtnerischen Stil geprägt, hinsichtlich der Verwendung von Blütenpflanzen auch heute noch bemerkenswert aktuell und aufschlußreich. Für die Anlage eines Parterres «bedarf es nach der Einteilung des Gartens in quadratische *compartiments* (*en broderie* oder auf andere Weise) einer umlaufenden Rabatte von sechs Fuß [...], damit der Gärtner hier alle hohen Blumen zu pflanzen vermag, die wie ein Gürtel in ansehnlichem Abstand die vier Quadrate umgeben. Auch an unterschiedliche Kombinationen gilt es zu denken, damit nirgends ein kahler Fleck entsteht und sich das Blütenschauspiel kontinuierlich fortsetzt, auf daß man sich auf der einen wie der anderen Seite des Kompartiments stets ihrer Farbenpracht erfreuen darf; so tragen die hohen Blumen entscheidend zum Schmuck der Kompartimente bei.»

In seinem *Jardin de Plaisir* umriß André Mollet das Spektrum der sogenannten *pleasure grounds*, in denen mehr zähle als nur das «Wachsen», um das sich in der Regel alles drehe: «Der *pleasure ground* besteht aus dekorativen Parterreanlagen, ‹Wildnis›-Bereichen, erlesenen Bäumen, Palisaden und Alleen oder Wegen, aber auch aus Fontänen, Grotten und Statuen, Blickachsen und anderen derartigen Ornamenten, ohne die kein Entwurf vollkommen wäre [...].» Im französischen formalen Garten waren die Wasserelemente, die Architektur und der Skulpturenschmuck Teil des Gesamtarrangements, das ganz auf unvergeßliche, monumentale Effekte abzielte. «Aber nun zu den inneren Verschönerungen [...] sie sollten sich aus Parterrestickereien, Knoten aus Gras, Wildnis-Bereichen, schönen, terrassenartig verlaufenden Alleen und flachen Wegen zusammensetzen, alle auf ein Ziel wie eine Fontäne oder Statue ausgerichtet

Das von Isaac de Moucheron gemalte Aquarell zeigt den Garten von Heemstede in der Provinz Utrecht. Der wahrscheinlich von den Tuileriengärten in Paris inspirierte Garten, der nach 1680 entstand und sich entlang einer zentralen Achse in getrennte Gartenräume gliederte, setzte sich von der angrenzenden Landschaft durch schützende Baumwände und Deiche ab. Das Bild lenkt den Blick entlang der zentralen *allée* zurück zum Haus, flankiert von vertikal aufragenden Hecken – vermutlich aus Hainbuche – sowie architektonischen Elementen und Treillagen, von denen weitere Wege in seitlich gelegene Waldbereiche aus Eschen, Eichen, Ulmen, Buchen, Linden, formierten Eiben und Wacholder abzweigten und ein sternförmiges Muster bildeten.

[...] Alle diese sogenannten Bodenornamente sollten vom Haus aus sichtbar sein und nicht von Bäumen, Palisaden oder anderen hohen Dingen verdeckt werden.» Mollet betonte auch, daß jene Elemente, die dem Blick am weitesten entrückt sind, «größer zu dimensionieren [seien] als die in unmittelbarer Nähe» (ein wichtiger Aspekt, der insbesondere bei Rekonstruktionen und Restaurationen zu beachten ist).

Die Broderie war durch Zypressen aufgelockert, die als Blickfang in Form eines halben Ovals die Rasenflächen umgaben oder in gleichmäßigem Abstand entlang der Ränder der Blumenbeete beziehungsweise mittendrin auf leicht erhöhten Sockeln (eine Handbreit über dem Boden) aufragten. Mollet wandte sich vehement gegen das Einbinden der Zweige bei Zypressen, um das Höhenwachstum zu fördern; «ohne Luft im Innern welken sie und bilden mehr und mehr totes Holz». Statt dessen empfahl er, sie zweimal im Jahr in Form zu schneiden, auf daß «sie sich im Wurzelbereich zu kräftigen vermöchten und besser gegen Witterungseinflüsse gewappnet seien». (Um 1709 äußerte Dézallier d'Argenville seine Vorliebe für die Eibe, *Taxus baccata*, die sich in nördlichen Klimazonen offensichtlich als robuster und frostverträglicher erwies.)

Des weiteren schlug André Mollet vor, für die selteneren Bäume und Sträucher, die größtenteils in Orangerien überwintert wurden, die Bereiche beim Haus zu reservieren. Orangen und andere Zitrusfrüchte, Jasmin und «weitere erlesene Bäume sowie immergrüne Zwerggehölze» zog man in Vasen oder Kübeln, die bald schon als Versailles-Kübel bekannt werden sollten.

Der äussere Garten: «Wildnis» und Avenuen

Um einen Garten anzulegen, gehe man von einem rechteckigen Grundriß aus, der, durch *allées* und Wege in ein regelmäßiges Raster unterteilt, alles einschließlich dessen, was Mollet als System der kunstvoll gestalteten, symmetrisch um eine zentrale Achse angeordneten Parterres bezeichnete, umfaßt. Die Avenuen sollten sich von der Fassade des Hauses ausgehend als «großer Weg in zwei- oder dreifacher Formation» ausdehnen, wobei der im rechten Winkel zum Gebäude verlaufende Weg in der Breite den vorgegebenen Proportionen entsprechen sollte. Genügend Raum vorausgesetzt, könnten auch «große Wege rechts und links davon geplant werden [...] parallel zum besagten Haus verlaufend. Mit der Bepflanzung fange man am besten vor Baubeginn an, damit die Bäume bereits halbe Höhe erreicht haben, wenn das Gebäude errichtet ist.»

Hat man die Knotenmuster der Broderien und die *parterres à l'anglaise* hinter sich gelassen, «folgen der ‹Wildnis›-Bereich, Bo-

Obgleich nicht bekannt ist, welches Haus W. Schellink als Vorlage für sein Gemälde gedient haben könnte, ist die dargestellte Szenerie geradezu exemplarisch für den holländischen Garten um 1670 – eine Weiterführung des französischen Stils, auf überschaubar kleinere Verhältnisse zugeschnitten. Der im Flachland angesiedelte Garten in der Nähe des niederländischen Haarlem ist von hohen Hecken und weiß gestrichenen Zäunen umgeben; Formschnittbäume säumen die Blumenbeete. Zur Rechten erkennt man formierte Büsche in Kübeln und einen wohl eher um der Erträge willen angelegten Obstgarten, der Bäume in mit Holzlatten eingefaßten Beeten zeigt.

skette, Teiche und Rasenflächen, in deren Mitte sich bisweilen Lauben erheben». Für dieses Areal empfahl Mollet eher Linden als Ulmen mit ausladenden Seitenwurzeln zu pflanzen. Am äußeren Rand des Parterrebereichs pflegte Mollet *palissades* aus Buchen zu setzen, die, auf lediglich 60–90 cm Höhe gehalten, weder die Proportionen noch die Sicht über den restlichen Garten beeinträchtigten. Er schilderte, wie die «Wildnis»-Bereiche (*bosquets* auf französisch) im Anschluß an die Parterres anzulegen seien. Diese sogenannte Wildnis bestand allerdings keineswegs, wie die Bezeichnung nahelegt, aus ungezähmtem Wald, sondern vielmehr aus hohen Hecken, die offene Gras- oder Sandwege säumten, so daß sich ein geometrisches Muster abzeichnete. «Am Ende des Grand Parterre sollten drei Alleen von ein und demselben Zentrum ausgehen» – als *patte d'oie* oder Gänsefuß bekannt – «mit in Reihen gepflanzten Buchen als hohe Palissados, zwischen denen im Abstand von sechs Fuß die Pflanzstellen für Zypressen zu markieren sind, die ansehnlich in Pyramidenform gehalten und nicht über sechs bis sieben Fuß hoch werden sollten. An Stelle der Buche für die besagten Palissados könnte aber auch die Steinlinde [wahrscheinlich *Phillyrea* und kein Kreuzdorn], Stechpalme oder der Kirschlorbeer treten, was weit hübscher wäre.» In diesem äußeren Bereich umrahmten die doppelten Palisaden – zwei Reihen aus Pflanzen, in Kopfhöhe an einem zentralen Rahmengerüst aus dünnen Latten gezogen – breite Wege in verschiedenen, strahlenartig von einem zentralen Punkt ausgehenden Mustern, manchmal in Form von Labyrinthen, die so weitläufig waren, daß man sich tatsächlich darin verirren konnte.

Innerhalb der Ecken der Palisaden konnten sich Obsthaine aus Zwergbäumen oder ein Nutzgarten verbergen: «Denn der *Jardin de Plaisir* sollte keinesfalls mit gemeinen Kräutern, geschweige denn mit Obstbäumen durchsetzt sein, es sei denn Spalierobst an Mauern.»

Zur Bepflanzung dieser inneren «Wildnis»-Bereiche eigneten sich auch heimische Bäume oder erlesenere Immergrüne; an den Ecken konnten Lauben stehen, die mit den Palisaden verbunden waren. Hier pflegte man «die Gesellschaft von zwei oder drei Freunden bei einer Flasche Wein und einer kleinen Verköstigung zu genießen».

In diesem eher naturnahen Bereich, der sich unmittelbar an die Parterres anschloß, folgten weitläufige *allées* aus Bäumen – an einem Rahmengerüst erzogen – oder zu kunstvollen Wänden beschnittene Hecken. Die *charmilles*, die innerhalb der nächsten Jahre in ganz Europa zu einem unverwechselbaren Stilelement französischer Gärten werden sollten, ließen sich bisweilen an Rahmen, aber auch freistehend in Reihen angeordnet ziehen.

Dézallier d'Argenville beschrieb, wie die Wege und *allées* in einer solchen «Wildnis» gestaltet waren (vgl. S. 176–177): manche zum Himmel hin offen, andere, etwas schmalere geschlossen, mit im oberen Bereich bogenartig ineinandergeführten Zweigen. Auf Wegen, die von einem einzelnen Paar *palissades*, an Rahmen wachsenden Bäumen oder freistehenden Hecken flankiert waren, erfolgten die Schnittmaßnahmen lediglich bis zu einer bestimmten Höhe, wobei man die Zweige über Kopfhöhe manchmal als Laubdach zusammenkommen ließ. In zweireihig bepflanzten Wegen oder Avenuen säumten Solitärbäume den Hauptweg; in der äußeren Reihe wurden die Bäume jedoch miteinander verbunden und eingeflochten, um einen Rahmen zu bilden. Im Gegensatz zu den niedrigen Buchenhecken, die die Parterre-Bereiche umgaben, dienten diese flachen Wände aus «lebendem» Grün dazu, weitere Ausblicke zu verwehren – Grund genug, den möglichst senkrechten Wuchs zu fördern, wobei das Laubwerk bis auf Bodenhöhe die Latten zu kaschieren hatte. Falls der untere Bereich dünn wurde, ergänzte man ihn durch kompakten Buchs, Eiben oder einige der herkömmlichen Heckenpflanzen. Die vertikalen «Wände» wurden mit Hilfe von Doppelleitern auf «Rollwagen», einer Art Gerüst auf Rädern, gestutzt. Weitere Dekorationen entstanden, indem man die oberen Triebe der Hainbuche etwa über die Palisade hinaus wachsen ließ und, in Kugel- und Vasenform beschnitten, ihre architektonische Wirkung ausschöpfte. Aus dicht belaubten Pflanzen wie der Hainbuche ließen sich auch ohne das übliche Lattengerüst Nischen und geschlossene Lauben schaffen. Die großartigsten Lauben und *cabinets* bestanden aus Bäumen wie (weiblichen) Ulmen und holländischen Linden; im unteren Bereich sorgte die Hainbuche, «kunstvoll eingeflochten», für die erforderliche Dichte. Die Jungbäume ließen sich nach zwei bis drei Jahren einbiegen, solange die Zweige noch geschmeidig waren.

Seit den Zeiten der Römer waren sowohl aus Südeuropa als auch aus ferneren Ländern regelmäßig Bäume in die nördlichen Regionen eingeführt worden; allerdings wußte man seit Pierre Belons frühen Akklimatisierungsversuchen Mitte des 16. Jahrhunderts sachkundiger mit ihnen umzugehen. Bereits 1558 hatte er sich – von seinen Reisen nach Italien und in andere Länder ins heimische Frankreich zurückgekehrt – angeboten, die Steineiche, Korkeiche, Fichte, den Erdbeerbaum, *Pistacia terebinthus* und den sizilianischen Sumach (*Cotinus coriaria*) für Heinrich II. «zu domestizieren», sofern dieser ihm eine jährliche Apanage zusagte; Belon schlug sogar vor, den Schlafmohn für pharmazeutische Zwecke in Kultur zu nehmen. Aus diesem Plan wurde allerdings nichts, aber Belon führte seine geliebte Platane ein, indem er sie regelrecht beschwor, aus einem Sämling zu überleben: «Du mein Platanus, der du dir als Standort in der Natur die Täler Asiens, wahrlich ein rauheres Klima als das unsere auswähltest, warum sollten wir dich nicht hier haben dürfen? [...] Denn seit du aus Samen bis zum fünften Blatt gediehen bist, hoffen wir, dich im Winter nicht zu verlieren [...] haben wir erst ein Dutzend von dir, so werden wir eines Tages Tausende unser eigen nennen.» Seit welcher Zeit die schattenspendenden Platanen das Bild Südfrankreichs nun tatsächlich prägen, ist allerdings ungewiß.

Über die Bepflanzung der neuen Avenuen ist bis zum frühen 17. Jahrhundert wenig bekannt; danach dürften die meisten aus Ulmen oder der breitblättrigen europäischen Sommerlinde (*Tilia platyphyllos*), die in Frankreich und in Deutschland heimisch ist, gestaltet worden sein. Die kleinblättrige Winterlinde (*T. cordata*) wurde selten verwendet, aber die neue Linde (*T.* x *europaea*), eine natürliche Kreuzung zwischen den beiden, wurde in großer Zahl in Holland vermehrt, um sich ganz rasch in Frankreich und England durchzusetzen. Zur Vermehrung der Englischen Ulme (*Ulmus procera*) bedurfte es lediglich der Ausläufer, und die Franzosen verwendeten hauptsächlich die daraufhin als französische Ulme bezeichnete *U. carpinifolia*. Die holländische Ulme (*U.* x *hollandica*, wahrscheinlich eine Kreuzung aus *U. carpinifolia* und *U. glabra*) war in der zweiten Hälfte des 17. Jahrhunderts erhältlich. Um 1669 empfahl der Züchter Jan van der Groen, der als Gärtner in Honselaarsdijk arbeitete, wo

Überall in Europa widmete man sich im Lauf des 17. Jahrhunderts mit wachsender Begeisterung der Anzucht seltener Pflanzen, insbesondere frostempfindlicher Zitrusbäume und Immergrüner, die in Orangerien überwintert werden mußten. Jan Commelin, ein Kaufmann aus Amsterdam, der aufgrund guter Kontakte nach Ost- und Westindien sowie nach Südafrika Zugang zu seltenen Samen und Pflanzen hatte, entwickelte sich zum Experten in der Kultur frostempfindlicher exotischer Gewächse. Sein 1676 veröffentlichtes Buch *De Nederlandze Hesperides* befaßte sich mit dem Bau einer Orangerie und eines offenen Hofes für die Präsentation im Sommer. Seinen Ratschlägen folgend, wurde um 1680 der Garten von Magdalen Poule, Herrin von Gunterstein, angelegt. Hier gediehen Orangen, Limetten, Myrte, Jasmin, der Kampferbaum und gefülltblühende Oleanderbäume sowie andere seltene exotische Bäume und Zwiebelpflanzen.

André Mollet 1633 ebenfalls gewirkt hatte, als geeignete Gehölze für Avenuen die Ulme und die holländische Ulme, die Birke, die englische Eiche (die in Holland noch überall verwendet wird), die Esche, die in Europa heimische Eßkastanie, den Bergahorn, die Linde, Buche, Lärche, Fichte, die Gemeine Kiefer, die Silber- und Schwarzpappel.

Jan van der Groens *Den Nederlandtsen Hovenier* wurde 1669, drei Jahre bevor der Autor starb, in Amsterdam veröffentlicht. Sein Grundprinzip lautete, daß die Anlage des Gartens architektonisch dem französischen Vorbild von «Geometrie und Uniformität» zu folgen habe (vgl. S. 184–185). Für die flachen holländischen Landschaftsgärten, deren Größe und Gestalt häufig von den bereits vorgegebenen Deichen abhing, empfahl van der Groen weitläufige Avenuen aus Eichen, Pappeln oder Ulmen, die als Schema nicht nur ein Gefühl der Geschlossenheit und eine «inwärts gerichtete Orientierung» vermitteln, sondern auch für Windschutz und Schatten in der sommerlichen Hitze sorgen sollten. Holland verfügte, im Gegensatz zu Frankreich mit seinen ausgedehnten Wäldern, im 17. Jahrhundert indes kaum über heimische Waldgebiete. Gegen Ende des Jahrhunderts hatten sich aber bereits so viele Baumschulen etabliert, daß die großen Landsitze bis nach Rußland beliefert werden konnten.

Neue Wege der Pflanzensammlung

Obgleich es zur Zeit der Thronbesteigung Heinrichs IV. noch keinen offiziellen botanischen Garten in Paris gab, hatte Jean Robin (1550–1629) auf der Ile de la Cité bereits seine eigene Pflanzensammlung angesiedelt. Vormals *arboriste et simpliciste du roi* in Diensten Heinrichs III. und Direktor der Gärten des Louvre, hatte er eine Vielzahl neuer Pflanzen durch Handels- und Tauschgeschäfte mit Pflanzensammlern aus Holland, England, der Schweiz und Italien eingeführt. Robins Garten war berühmt für seine seltenen Pflanzen, von denen zahlreiche in Pierre Vallets 1608 veröffentlichtem *Le Jardin du Roy très Chrestien Henry IV* porträtiert sind. Sein Sohn Vespasian Robin (1597–1662) bereiste ganz Europa und Nordafrika, um neue Pflanzen zum Akklimatisieren nach Paris zu bringen, wobei er viele über Kontakte zu anderen Reisenden und nicht an ihrem natürlichen Standort fand. Unter den Samen, die er wahrscheinlich über England aus Virginia erhielt, waren die Robinie oder Scheinakazie, die zu Ehren Jean Robins den Namen *Robinia pseudoacacia* erhielt. Der erste Baum wurde 1601 in Robins Garten gepflanzt, im gleichen Jahr, in dem er seinen *Catalogus stirpium*, der seinen umfassenden Bestand an Pflanzen aufführte, veröffentlichte: Tuberosen, gefülltblühende Anemonen, Tulpen, Hyazinthen und andere exotische Zwiebeln sowie kleine heimische Pflanzen wie Haselwurz (*Asarum europaeum*). John Tradescant traf von einer Reise durch Holland zurückkehrend wohl erstmals Ende November 1611 mit den Robins zusammen. Er erwarb von ihnen einen Granatapfelbaum, den Binsenginster (*Spartium junceum*), acht Töpfe mit Orangen, Oleander, einer Feige, Myrten sowie Birn-, Pflaumen- und Kirschbäume, bekam aber auch einen Topf Gartennelken. Viele andere Pflanzen trafen aus den französischen Kolonien in Nordamerika ein; Missionare, die hinausgingen, um die Indianer zu bekehren, weniger, um sich als Pflanzensammler zu betätigen, hatten sie gesammelt. Jene mit dem Epitheton *canadensis* gehen in der Regel auf diese Periode zurück. Die Frauenhaarfarne gelangten über Pater du Tertre von den Inseln Mittelamerikas in die Hände Vespasian Robins.

An Zierpflanzen oder neuen exotischen Bäumen und Sträuchern fehlte es zu Lebzeiten Le Nôtres keineswegs, so daß die königlichen Gärten Ludwigs XIV. stets reich ausgestattet waren, zumal alljährlich weitere aus Kanada und dem Fernen Osten (vgl. S. 182–183) hinzukamen. Von einer Expedition mitgebracht wurde 1687 die erste chinesische Wisteria (*Wisteria sinensis*), die Sommeraster (*Callistephus chinensis*) und die Nelke (*Dianthus chinensis*), auf die bald schon Rittersporne (*Delphinium grandiflorum*) folgten. Die ersten in China heimischen Rhododendren wurden eigens für den Jardin du Roi überbracht.

Blumen im formalen Garten

Die Bilder, Kupferstiche und schriftlichen Zeugnisse jener Zeit sind detailliert genug, um uns ein klares Bild von der Ordnung der damaligen Gärten vor Augen zu führen. Ungeachtet dessen sind die formalen Gärten Frankreichs mit ihren kunstvoll in Schach gehaltenen *parterres de broderie*, die auf niedrigen, gestutzten Buchshecken und ihren axialen *allées* und *berceaux* basierten, zu Unrecht in den Ruf gekommen, geradezu asketisch auf Blumenschmuck zu verzichten und sich die Natur in Form von Bäumen und Sträuchern durch Schnittmaßnahmen gefügig zu machen, um alles wie auf dem Paradeplatz aufzureihen (vgl. S. 186–189).

Keiner der Mollets vernachlässigte je die Blumen. Im Gegenteil, André Mollet erklärte, daß die Franzosen, was die Bepflanzung mit Blumen anbetrifft, die größten Künstler auf der Welt seien. An die *parterres de broderie* sollten sich die *compartiments* aus Gras und Blumen anschließen, die – sorgsam gepflegt – einen bezaubernden Blickfang bieten. «An Gras eignet sich am besten das, auf dem die Schafe weiden, ohne Unkraut, es sei denn Kamille»; auch nehme man es nach dem Michaelitag herein, oder «bei Dürre im Frühjahr wird nichts mehr bleiben als hartnäckiges Unkraut». Um einen dichten Teppich zu bilden, mußte es mit Holz- und später mit Steinwalzen gerollt und mindestens zweimal wöchentlich gemäht werden.

Le Nôtres Auftraggeber und Schirmherr Ludwig XIV. war ein eifriger Pflanzensammler; neue Bäume und Blumen, die seine Botaniker von ihren Expeditionen mitbrachten und zunächst im 1635 angelegten Jardin du Roi kultivierten, wurden in großer Zahl in die Blumenbeete seiner königlichen Gärten verpflanzt. Weitere Bäume und Blumen wurden in Montpellier «domestiziert». Obgleich Le Nôtre in erster Linie für die Überwachung der riesigen Gartenanlagen zuständig war, seitdem ihm zusätzlich die Hauptverantwortung für sämtliche königlichen Gärten übertragen wurde, gehörte es zu seinen besonderen Pflichten, dafür zu sorgen, daß die Tuileriengärten «selbst im Winter» mit Blumen ausgestattet waren.

Blumen waren immer sehr gefragt, zumal sich die verschwenderische Fülle, die der anspruchsvolle König erwartete, nicht so leicht beschaffen ließ. Die Palette umfaßte hauptsächlich Varietäten aus

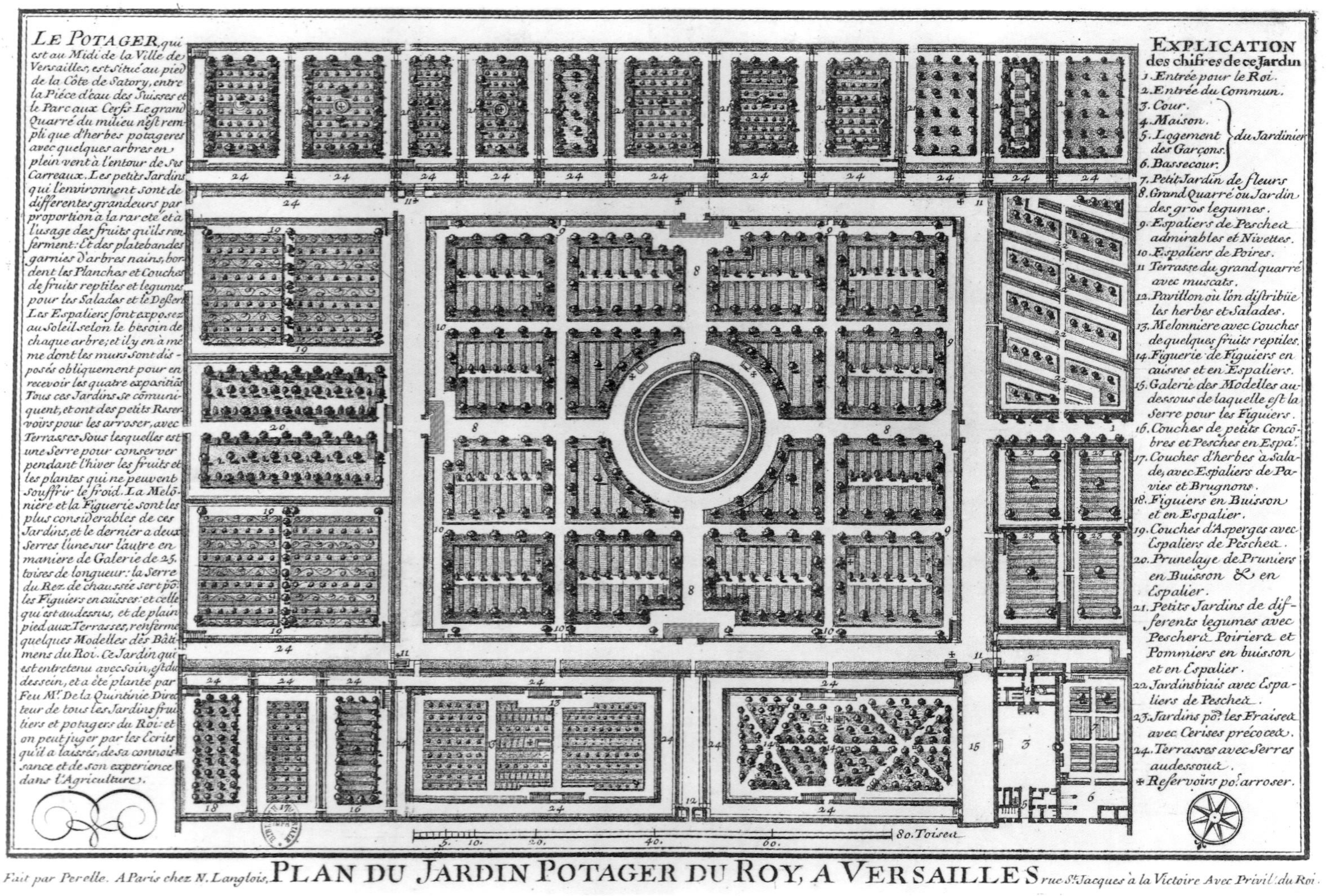

dem Mittelmeerraum und die in Europa altbewährten Pflanzen wie Anemonen, Akeleien, Garten- und Federnelken, Irisarten, Lilien und Päonien, nicht zu vergessen Zwiebelpflanzen wie Tulpen und Fritillarien. Andere kamen aus Amerika – in Kanada heimische Lilien, der Sonnenhut, die Sonnenblume und das tropische Blumenrohr, des weiteren die begehrten frostempfindlichen Tuberosen (*Polianthes tuberosa*) aus Mexiko, die 1629 in Paris eingeführt wurden. Für Versailles wurden viele, einschließlich der Narzissen und Tuberosen, aus Kulturbeständen in der Provence geliefert. Einige andere, von den Inseln Mittelamerikas stammende Blumen waren so frostempfindlich, daß sie in Töpfen unter Glas kultiviert als eine frühe Form der Sommerblumenbepflanzung dienten; manchmal

Der königliche Obst- und Gemüsegarten, der Potager du Roi in Versailles, wurde von Jean de La Quintinie zwischen 1677 und 1683 auf einem Terrain südöstlich des Schlosses angelegt. Nach Fertigstellung umfaßte das Areal 8 ha; es bestand aus 29 getrennten, mauerumzogenen Einheiten für alle Arten von Fruchtbäumen. Der Mittelbereich war abgesenkt und bestand aus 16 erhöhten Beeten und einer Einfriedung aus Mauern, an denen Spalierobst wie Birnen und Pfirsiche gezogen wurde. La Quintinies Buch *Instructions pour les jardins fruitiers* wurde 1690, zwei Jahre nach seinem Tod, veröffentlicht. Es enthielt Anweisungen zum Obstbaumschnitt und Schilderungen seiner bevorzugten Sorten; in zahlreichen Ausgaben und Übersetzungen wurde es für die Nachwelt zum Standardwerk.

sollten sie auch rechtzeitig zu bestimmten Anlässen wie Bällen, Banketts und Festlichkeiten, die in den *bosquets* abgehalten wurden, ihre Blütenpracht entfalten.

Das französische Parterre

In dem 1709 anonym veröffentlichten Werk *La Théorie et la Pratique du Jardinage* faßte Dézallier d'Argenville die Prinzipien Le Nôtres in einer bis ins kleinste Detail geplanten Gartengestaltung zusammen, indem er die Definitionen der verschiedenen Parterre-Typen, die unter dem Einfluß der Familie Mollet im Lauf der letzten 50 Jahre entstanden waren, darlegte. Charakterisiert wurden fünf verschiedene Varianten: das *parterre de broderie*, das *parterre de compartiment* (auch *parterre «à l'anglaise»* oder nach englischer Manier), das *parterre de pièces coupées pour les fleurs* («Stückwerk»-Parterres für Blumen, auch als *parterres fleuristes* bezeichnet), die Wasserparterres und des weiteren die *parterres d'orangerie*.

Dézalliers Prämisse lautete, daß der Platz in unmittelbarer Nähe des Hauptgebäudes dem Parterre «gebühre», da es als erstes die Aufmerksamkeit des Besuchers erregen solle. Die älteste Version war das *parterre de compartiment*, das lediglich entlang der Hauptachse symmetrisch konzipiert war; daraus entwickelte sich das *parterre de broderie*, welches symmetrisch entlang beider Achsen ausgerichtet war. Die *parterres de broderie* setzten sich aus fließenden Pflanzlinien zusammen, die verschiedene Bereiche oder Kompartimente zu einem Muster verbanden. Entsprechend den Entwürfen der Mollets in der ersten Hälfte des 17. Jahrhunderts bestanden die fortlaufenden Konturen aus Buchs, der elegante Motive in Form von Blüten- und Blättern bildete und durch farbige Erde oder kolorierten Sand aufgelockert wurde. Die feineren Linien der Motive konnten mit Marmor- oder Steinsplittern, Material, das sich noch präziser auslegen ließ, nachgezeichnet werden. Integrierte Grasstreifen verbanden die Muster zu einem Gesamtbild. Diesen Parterres mangelte es indes keineswegs an «lebenden» Pflanzen, obgleich diese ganz und gar einer starr festgelegten Gestaltungsform zu folgen hatten, in die sie sich am besten ohne Myriaden von Blüten einfügten. Dennoch markierten in regelmäßigen Abständen mit kleinen Bäumen bepflanzte Blütenrabatten häufig die Ecken.

Oben: Ein Entwurf aus *The Garden of Pleasure*, der 1670 erfolgten Übersetzung von André Mollets Werk. Um die Mitte des 16. Jahrhunderts hatten Claude Mollet und sein Sohn André das *parterre de broderie* aus fortlaufend fließenden Buchsbändern entwickelt. Sowohl das Entwurfskonzept als auch die Verwendung von Buchs als Basisbepflanzung waren neu: Die eleganten vegetabilen Arabesken wirkten beinahe wie ein dreidimensional plastisches Stickmuster, wobei der winterharte Buchs, der anstelle des «grünen» Kräutersortiments trat, nicht nur gepflegter wirkte, sondern auch problemlos gedieh im französischen Klima. Schmale *plates-bandes* faßten die Parterres ein und boten, zwischen vertikalen Akzenten aus kleinen Immergrünen wie Wacholder, Tanne oder Eibe, auch Raum für Blumen.

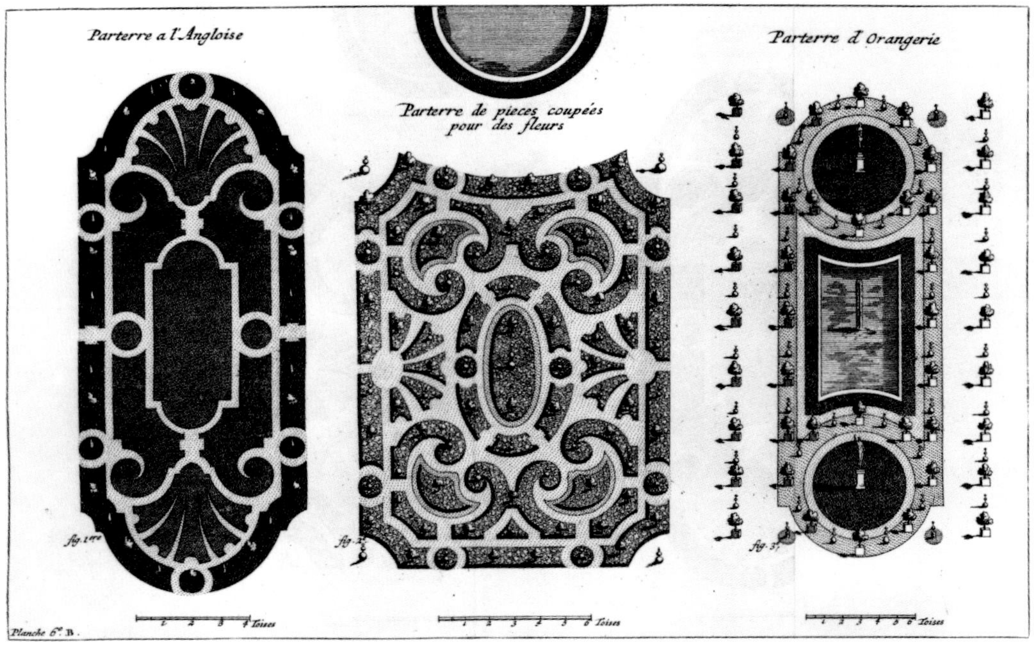

Links: In *La Théorie et la Pratique du Jardinage* von Dézallier d'Argenville – 1712 von John James ins Englische übersetzt – finden sich Illustrationen der verschiedenen Parterres. Das nach englischer Manier gestaltete Muster besteht mit seinem umlaufenden, von niedrigen Buchshecken eingefaßten Blumenbeet aus einem eleganten Arrangement kurz gehaltener Rasenbänder, die von Kieswegen gesäumt sind. Der Entwurf in der Mitte bietet innerhalb der scherenschnittartigen Ornamente zusätzlichen Pflanzraum. Die dritte Abbildung zeigt einen Mustervorschlag für ein Parterre aus Orangenbäumen – ein Sommerspektakel.

Die ursprünglich im 17. Jahrhundert angelegten klassischen *parterres de broderie* von Schloß Vaux-le-Vicomte sind im Originalzustand restauriert worden. Vaux war André Le Nôtres großes Erstlingswerk, das zwischen 1656 und 1661 entstand; es gehört nach wie vor zu den bemerkenswertesten seiner grandiosen formalen Entwürfe und bietet einfallsreiche Arabesken aus zwergwüchsigem Buchs, umrahmt von Formschnittbäumen und eleganten Statuen, sowie überraschende Blickachsen entlang der breiten Rasenwege und Kaskaden.

Die *charmilles* bei Belœil in Belgien entstanden aus Hainbuchen, die an Rahmen gezogen wurden. Die im französischen Stil gehaltenen Gärten wurden zu Beginn des 18. Jahrhunderts unter Anleitung des aus Frankreich stammenden Architekten Jean-Baptiste Bergé angelegt.

Pflanzenarchitektur: Palisaden und Lauben

Im 7. Kapitel von *La Théorie et la Pratique du Jardinage* schrieb Dézallier d'Argenville, daß «Arkaden und Lauben aus lebendem Grün in der Tat Fragmente der Architektur von besonderem Reiz und Zauber darstellen und die natürliche Schönheit des Gartens unterstreichen». Was er damit sagen wollte, war in Wirklichkeit, daß im formalen französischen Gartenstil alle höheren Gehölze eine architektonische Funktion übernahmen und als wesentliche, aber stets in Schach gehaltene Gestaltungselemente eingesetzt wurden. Der bedeutendste Blickfang war die *palissade*, die, wie eine Wand konstruiert, aus Pflanzen bestand und entweder als Hecke eingesetzt oder an einem Rahmen aus Latten, in der Regel aus der in Europa heimischen Eßkastanie, Kiefer oder Tanne gezogen wurde. Sie war, mit seinen Worten ausgedrückt, «vollkommen glatt und ebenmäßig, von der Basis an dicht belaubt [und] beidseitig so lotrecht wie möglich in Form gestutzt». Die aus Hainbuchen (*Carpinus betulus*) bestehenden «Barrikaden» wurden als *charmilles* bezeichnet (vom französischen Begriff *charme* gleich Hainbuche abgeleitet). Kompakte Palisaden dienten als Beschränkung des Blickfelds, konnten aber auch Fensterausschnitte enthalten. Unter den sogenannten *berceaux* und *cabinets* verstand man gewölbte Lauben, die entweder aus miteinander verflochtenen Zweigen bestanden oder aus Spalieren, an denen Hainbuchen und Ulmen so erzogen wurden, daß sie die Struktur vollkommen mit Laubwerk kaschierten. Das *bosquet* blieb in den französischen Gärten etwas Eigenartiges; in Versailles wurde es ganz spezifisch interpretiert als eine Art ornamentaler Hain, ein von Wegen durchzogenes Dickicht aus Bäumen oder Sträuchern. In England wurde es generell als «wilderness» übersetzt, Wildnis also – zu jedermanns Verwirrung, die Gartenhistoriker ausgenommen, denn «wild» war schlichtweg gar nichts darin. In der Regel auf geometrischem Grundriß angelegt und an die flacheren Parterres angeschlossen, folgten die Wege und *allées* einem formalen, sich kreuzenden Muster. Im frühen 18. Jahrhundert wurden diese starr vorgegebenen Raster von gewundenen Pfaden verdrängt, die dem Ganzen eine etwas natürlichere Note verleihen sollten.

Oben rechts: Die von Dézallier d'Argenville übernommenen Illustrationen zeigen verschiedene Gestaltungsmöglichkeiten für dekorative Palisaden. Verwendete man einen Rahmen, so wurden Bäume wie Ulme und Hainbuche oder auch andere Gehölze von unterschiedlicher Wuchshöhe gewählt. Die höheren, die 2,4–3 m maßen, wurden im Abstand von 90 cm gepflanzt, während die kleineren Bäume in halber Höhe dazwischengesetzt wurden. In Frage kamen lediglich Gehölze mit durchgängig dichtbuschigem Wuchs, die so beschnitten wurden, daß sich die Seitentriebe nach außen biegen und an den Rahmen befestigen ließen. Wo kein Rahmen verwendet wurde, mußten die Bäume von Anfang an kleiner sein, etwa 1,8 m hoch, da sie, um eine «Wand» zu bilden, ganz knapp zurückgestutzt wurden.

Rechts: In Zorgvliet in Holland wurden im 16. Jahrhundert Laubengänge oder *berceaux* nach italienischem Vorbild angelegt. Häufig verwendete man dafür eine Kombination verschiedener Pflanzen, was allerdings derber und weniger maßgeschneidert wirkte als die späteren französischen Palisaden. Jean Liébault empfahl Hasel, Geißblatt, Efeu, Schneeball, Stechpalme, Holunder und Weißdorn sowie Obstbäume – ausnahmslos Pflanzen, die im nördlichen Klima frostverträglich sind.

Die Bepflanzung von Versailles

Jeder Bereich des Gartens in Versailles – die Orangerie, die *parterres de pièces coupées pour des fleurs*, der Petit Parc und die *bosquets*, der Grand Parc und der Potager – wurde von den speziell dafür zuständigen Obergärtnern und ihrem jeweiligen Team betreut. Zu ihren Pflichten gehörte es, den Wünschen des Königs gerecht zu werden, vor allem aber, trotz ständiger Wasserknappheit, die zahllosen Pflanzen am Leben zu halten und ihren Wuchs zu fördern. Die als Architekturelemente dienenden Gewächse mußten mindestens einmal pro Jahr beschnitten werden; Buchs für die *broderies* und Hecken, Eiben in Pyramiden- und Kegelform sowie Palisaden und *charmilles* aus Hainbuche und anderen Bäumen bedurften kunstfertiger, von Hand ausgeführter Schnittmaßnahmen. Selbst die Bäume, die die Avenuen säumten, erforderten alle drei Jahre einen Rückschnitt.

In Versailles gab es, außer den Bäumen und Sträuchern, die in den Anfangsjahren um 1670 en gros aus Vaux-le-Vicomte geliefert wurden, längs und quer verlaufende Wege aus Linden und Ahorn (Bergahorn, *Acer pseudoplatanus*, und norwegischer Spitzahorn, *A. platanoides*), die aus den in den Wäldern Frankreichs wachsenden Schößlingen, gezogen wurden. Für weitere Avenuen setzte man Ulmen, aber auch Roßkastanien ein. Die neuen Hecken, die sich über Kilometer erstreckten, die *allées* einfaßten und die *bosquets* in Form architektonischer Mauern umschlossen, bildeten glatte, grüne Flächen, die über 6 bis 7 m aufragten; sie bestanden in der Regel aus Hainbuchen, von denen 1685 nahezu drei Millionen aus den Wäldern um Lyon und der Picardie kamen. Die Hainbuchen wurden in Form von Palisaden beschnitten, die die Waldbereiche ausgrenzten, während einzeln stehende Bäume wie die Fichte, Tanne, Buche, Linde und Steineiche innerhalb der *allées* gepflanzt wurden.

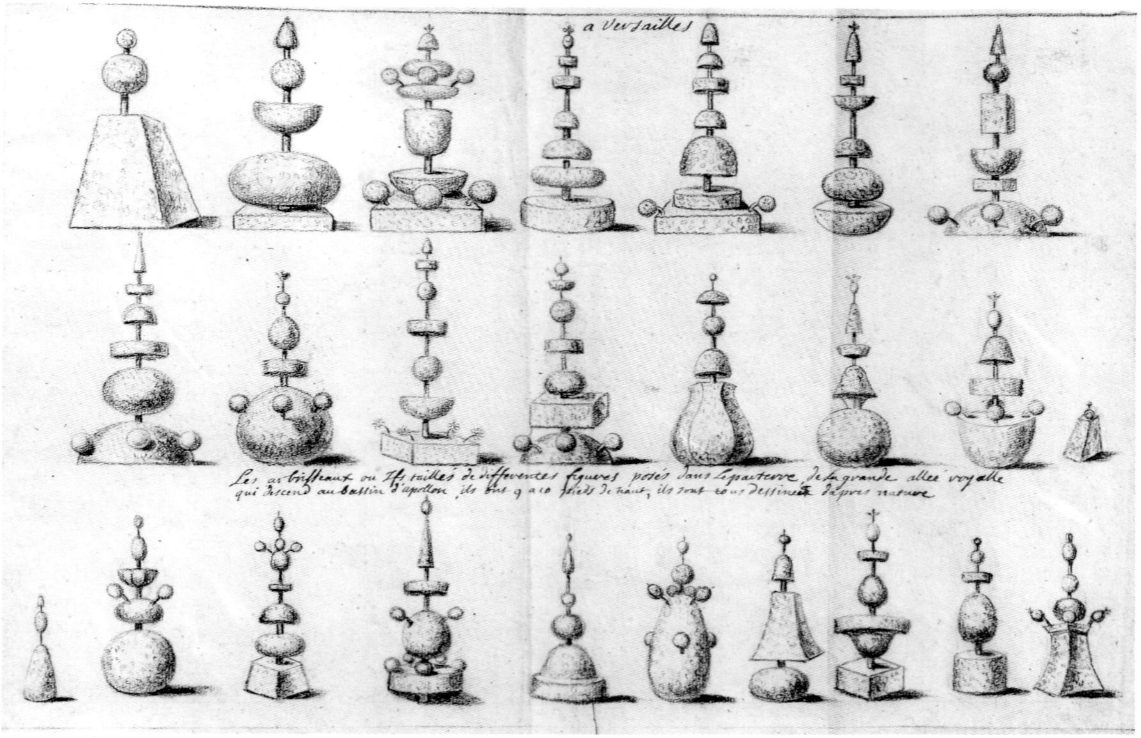

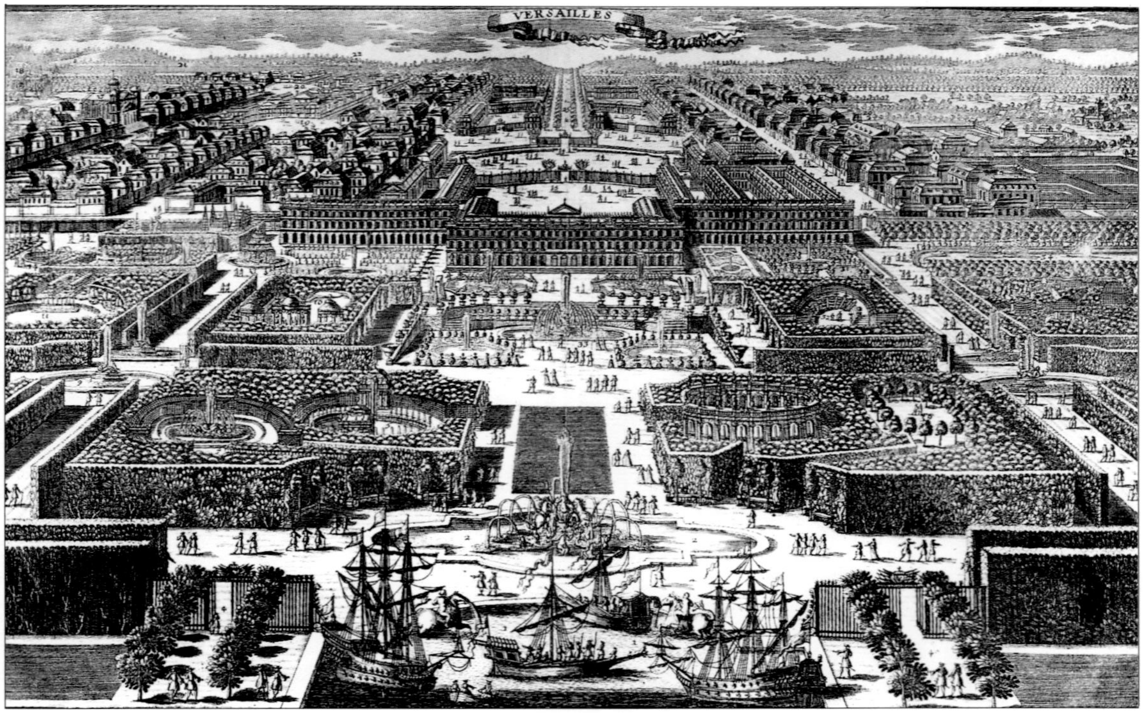

Linke Seite: Jean Baptiste Martin stellt in seinem Gemälde von Versailles die 1677 vollendeten *bosquets* des «Arc de Triomphe» und der «Trois Fontaines» dar, wie sie sich aus der Perspektive des Bassin de Neptune betrachtet darbieten. Die architektonische Formierung der Bäume wird kaum hervorgehoben – was zählt, ist allein die Perspektive.

Oben: Viele zeitgenössische Darstellungen der Gärten von Versailles zeigen Pflanzen, die als Obelisken, Pyramiden und Kugeln, aber auch als kompliziertere, etagenartige Phantasiegebilde beschnitten waren. Viele der Formschnittfiguren aus dem 17. Jahrhundert, die man im Museum in Versailles betrachten kann, sind ganz offensichtlich inspiriert durch die Holzschnitte, mit denen die französische Übersetzung von Columellas *Hypnerotomachia Poliphili (*erschienen 1546*)* illustriert war.

Links unten: Avelines Blick auf Versailles aus dem Jahr 1710 veranschaulicht die regelmäßige Geometrie von Entwurf und Bepflanzung, die ungemein hohe Anforderungen an Ausführung und Pflege stellte: Die Bäume hatten exakt in einer Linie zu stehen, die hohen gestutzten Hecken als ebenmäßige und glatte «grüne» Wände zu erscheinen, zumal jede Unregelmäßigkeit im Entwurfsschema unweigerlich aufgefallen und kaum tragbar gewesen wäre. Auf dem Bild bestehen die Palisaden aus Hainbuchen, während es sich bei den Bäumen, die die zentrale Avenue säumen, wahrscheinlich um Ulmen oder Linden handelt – Lemoine ersetzte sie 1776 durch Roßkastanien. Die Lohnzettel der Gärtner und die Rechnungsbelege für Pflanzen, die Tausende von *livres* verschlangen, dokumentieren das Ausmaß der Pflanzoperationen, aber auch den Arbeitsaufwand, den die sachkundige Erziehung und Formgebung mit sich brachten.

Das Grand Trianon

In einem 1667 bereits vollendeten Garten wurde 1671 für Madame de Montespan, die Mätresse des Königs, das Trianon de Porcelaine errichtet, dessen Dach mit Ziegeln aus Keramik gedeckt war. Um 1687 wurde es abgerissen, um dem Trianon de Marbre – als Grand Trianon bekannt – Platz zu machen, an das sich auf der Nordseite weitere Gärten anschlossen. 1671 bestand hier bereits der obere Garten mit Parterres aus kunstvoll beschnittenen Buchsarabesken, die sich vor dem Pavillon ausdehnten. Die unteren vier mit Buchs eingefaßten *compartiments* waren seitlich von zwei dekorativen *berceaux* aus traditionellen Treillagen, wahrscheinlich mit gestrichenen Latten aus dem Holz der Eßkastanie umgeben; Orangenbäume und Jasmin zierten die inneren Beete und wurden *in situ* durch Holzverschläge vor Frost geschützt. Im selben Jahr wurden 60 Roßkastanien in Reihen zwischen die beiden *berceaux* gepflanzt – die ersten, die in die königlichen Gärten einzogen. Fouquet hatte zuvor schon in Vaux-le-Vicomte Erfahrungen mit Roßkastanien gesammelt, und zehn aus jenem Bestand wurden zusammen mit 2500 aus anderen Quellen herbeigeschafft, um 1690 auf der Nordseite des neuen Trianon de Marbre einen beeindruckenden Baumgarten zu bilden, der später als der Jardin des Marronniers bekannt werden sollte.

Im Trianon de Porcelaine wurden die Blumen in reihenweise aufgestellten Töpfen gezogen, die die abfallenden Ufer eines Arms des 1679 fertiggestellten Kanals und der spektakulären Anlegestelle des königlichen Bootes zierten. Darunter waren frostempfindliche Tuberosen, die den Garten mit derart intensivem Duft erfüllten, daß der König mit seinem Hofstaat einmal gar den Ort meiden mußte.

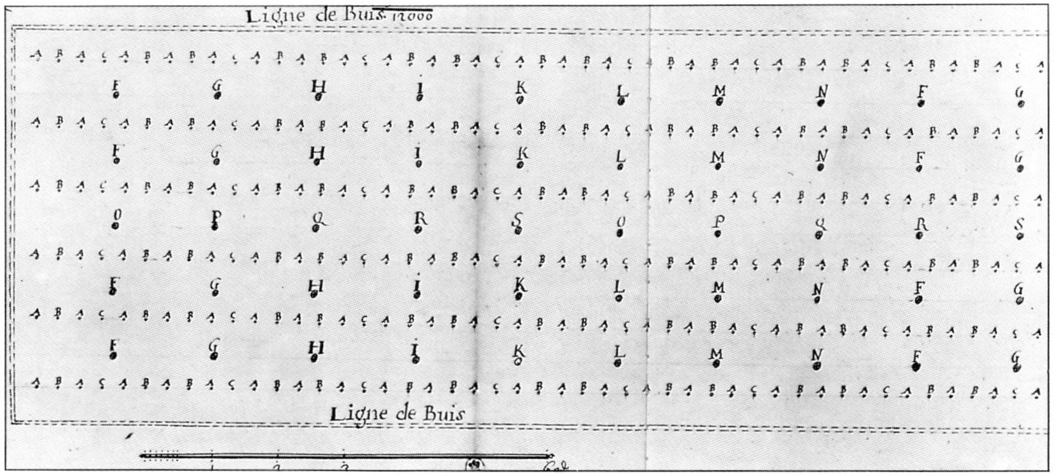

Das Gemälde von Jean Cotelle (*rechte Seite*) zeigt die Blumengärten des Grand Trianon im Sommer 1693, deren Bepflanzung dem hier abgebildeten Pflanzplan entspricht (*linke Seite, unten*). Obgleich der König in all seinen herrschaftlichen Gärten auf Blumenschmuck bestand, klingt in einer Notiz, die Hans Willem Bentinck, Graf von Portland und Botschafter bei Ludwig XIV., 1698 an Wilhelm III. von England sandte, ein Unterton des Triumphes an. Als Superintendent der gesamten Ländereien Wilhelms III. genoß er es, Kritik an den Gärten von Versailles zu üben. «Von all den Tausenden von Blumen, von denen Euere Majestät immer wieder vernommen hat, von denen die Ziergärten zu jeder Jahreszeit überquellen sollen, habe ich kein einziges Blümchen, nicht einmal ein Schneeglöckchen gesehen.» Die für das Pflanzschema vorgesehenen Pflanzen erschienen in recht starrer Anordnung mit symmetrischen Wiederholungen der Hauptblöcke; jedes Beet war mit Buchs eingefaßt. Zu den wichtigsten Frühlingszwiebeln gehörten Tulpen, weiße Narzissen und Hyazinthen; auf sie folgten die gefülltblühende Nachtviole, der Ehrenpreis (*Veronica*), die Bartnelke, Kornblumen, Küchenschellen, Gartennelken aus Spanien und Veilchen. Unter den größeren Stauden und später blühenden Zwiebeln waren die Glockenblume, der hohe Goldlack, das Sperrkraut oder die Jakobsleiter (*Polemonium*) und weiße Lilien.

Links oben: Das Gemälde des Grand Trianon von Jean Rigaud, das 1738 vollendet wurde, veranschaulicht, daß die Gärten noch immer mit frostempfindlichen Bäumen und Sträuchern, wahrscheinlich Zitrusfrüchten aus der Orangerie, ausgestattet wurden. Jacques-François Blondel, Nachfolger von Dézallier d'Argenville, beschrieb das Trianon als «eine glückliche Erfindung und in bester Manier verwirklicht». Er reagierte damit auf die Kritik aus England, die den Franzosen eine unverhältnismäßig große Vorliebe für Symmetrie anlastete und sie bezichtigte, den *genus loci* außer acht zu lassen.

Pflanzen in Morins Gartenbetrieb

René Morin (gest. um 1657), der erste einer Dynastie von Pariser Gärtnern, veröffentlichte 1621 seinen *Catalogus plantarum horti Renati Morini*, eines der frühesten Handelsverzeichnisse. Aufgeführt waren darin «Exoten» aus Nordamerika, einschließlich der Persimone (*Diospyros virginiana*) und des Essigbaums (*Rhus typhina*). Er verzeichnete Neuheiten wie *Pelargonium triste* von den Inseln Mittelamerikas, die er 1631 den beiden Tradescants zukommen ließ, des weiteren aber auch die «große weiße Ranunkel» (*Ranunculus asiaticus*), eine «gefülltblühende grüne» Anemone mit einem kleinen Blatt sowie andere gefüllte Anemonen, die sie 1633 von ihm bekamen. Keine Frage, daß er sich auf die «neuen» Zwiebelpflanzen spezialisierte: Anemonen, Zeitlose, Krokusse, Alpenveilchen, Hundszahn, Schachbrettblumen, Kaiserkronen, Iris, Lilien sowie Tulpen. John Evelyn besuchte den Garten von Pierre Morin im April 1644, einen Tag nachdem er die Gärten am Palais du Luxembourg bewundert hatte: «Ich wurde von einem Freund zum Garten von Monsieur Morin geführt, einer Person, die sich vom einfachen Gärtner zu einer der sachkundigsten und bemerkenswertesten Persönlichkeiten Frankreichs entwickelt hat und über eine seltene Sammlung aus Muscheln, Blumen und Insekten verfügt. Sein Garten besteht aus einem vollendeten Oval, das mit Zypressen bepflanzt ist, die flach und ebenmäßig wie eine Wand beschnitten sind: Die Tulpen, Anemonen, Ranunkeln, Krokusse und derartiges dürften zu den erlesensten und seltensten der Welt gehören. Kein Wunder, daß sie zur Blütezeit die großen Meister dieser Kunst in sein Haus locken, darunter ganz illustre Leute.» Pierre, der mit einer Cousine von Guy de la Brosse, Direktor des neuen Jardin du Roi, verheiratet war, setzte seine Veröffentlichungen mit *Remarques nécessaires pour la culture des fleurs* (Paris 1650) fort. Nach ihm wurde die aus Nepal stammende *Morina longifolia* benannt.

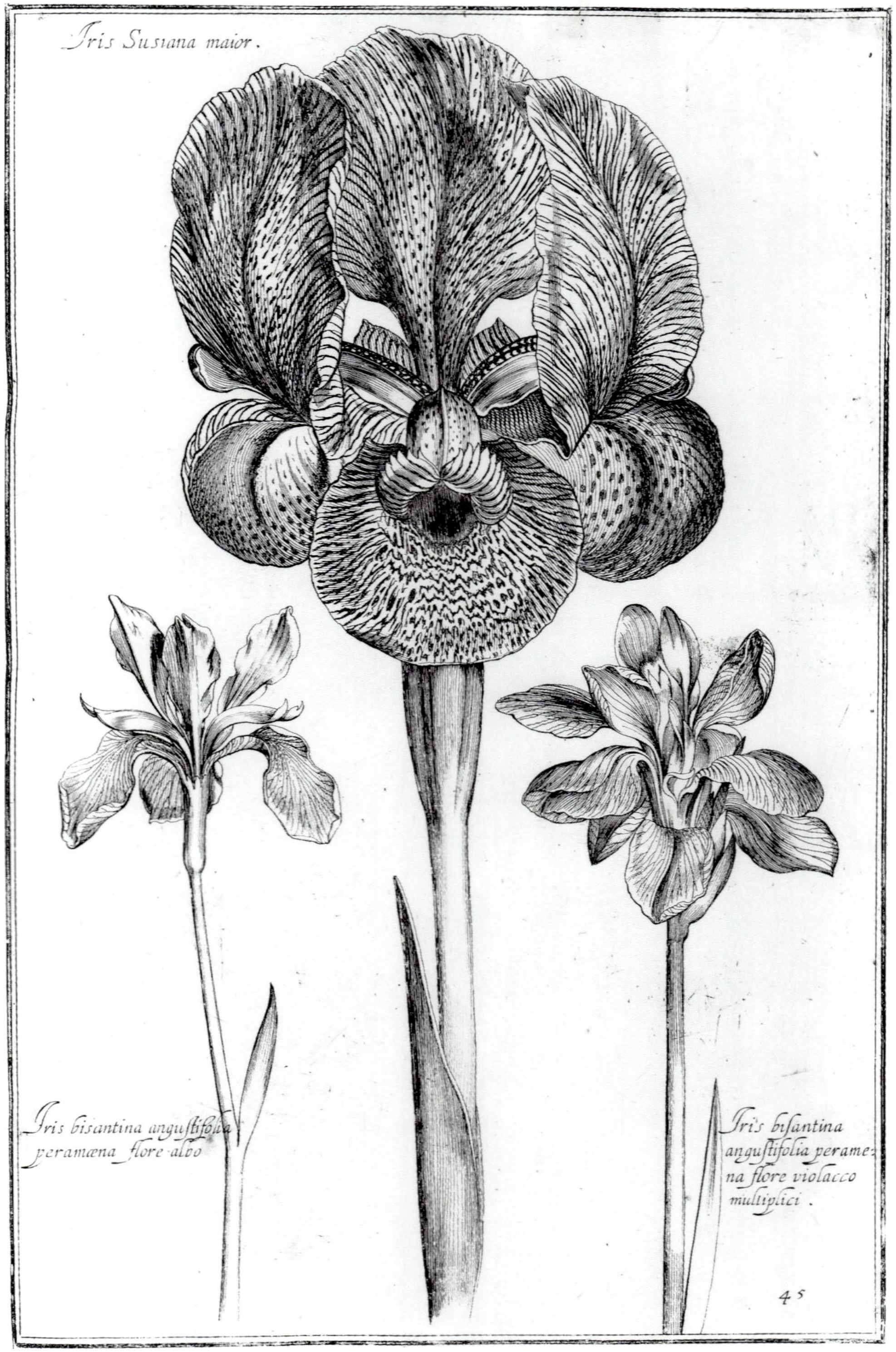

Oben: In der ersten Hälfte des 17. Jahrhunderts gelangten viele der neu gesammelten Pflanzen zunächst in den Garten von Blois, der im Besitz des Bruders von Ludwig XIII., Gaston d'Orléans' war (dem Herzog gehörten um 1640 auch die von John Evelyn erwähnten Pflanzensammlungen im Palais du Luxembourg). Hier wurden sie von Künstlern wie Nicolas Robert (1614–1685), voll erblüht wie die oben dargestellte Sonnenblume (*Helianthus annuus*), detailgetreu porträtiert. Robert arbeitete mit Wasserfarben auf speziellem aus Kalbshaut präpariertem Pergament. Viele seiner Werke finden sich unter *Les Velins du Roy* im Musée National d'Histoire Naturelle in Paris. Der Züchter Morin erhielt die aus Amerika stammende Yucca, die seltene Jakobslilie (*Sprekelia formosissima*), den persischen Flieder und den Gemeinen Schneeball (*Viburnum opulus* «Sterile») im Tauschhandel mit Vater und Sohn Tradescant.

Nicolas Roberts Interesse an der wissenschaftlich botanischen Illustration wurde von dem schottischen Botaniker Robert Morison, der später dem Botanischen Garten in Oxford vorstand, gefördert. Robert arbeitete für Ludwig XIV., nachdem Gaston d'Orléans 1660 gestorben war. 1676 malte Nicolas Robert die aus Amerika stammende «lebensgroße» Passionsblume (*linke Seite*) für Dionys Dodarts von der königlichen Presse veröffentlichte Werk *Mémoires pour servir à l'Histoire des Plantes*. Das Original der blaublühenden *Iris susiana* (*links*), ein Bild des Hofmalers Daniel Rabel (1578–1637), das 1624 in seinem *Theatrum Florae* erschien, befindet sich ebenfalls im Musée National d'Histoire Naturelle in Paris.

WAARE AFBEELDING VAN 'T KONINGLYK LUST-HOF VAN ZYN BRITANNISCHE MAJESTEIT, WILLEM DE DERDE, OP 'T LOO
1 't Konings Huys 2 't Koningins Vertrek 3 de Kerk 4 't Vrouwen Vertrek 5 de Juweele Kamer 6 de Keuken 7 Piceurs huys en Stallingen 8 de Orangery 9 't Wagt huys 10 de Dolfynen Fontein 11 de Groote tuin 12 de Konings tuyn 13 de Koninginne tuyn 14 de Klosbaan 15 't Groene Koningins Kabinet 16 't Hovniers huys 17 't Fonteine maakers huys
18 't Kruid hof 19 't Groote Doolhof 20 de Fontein van Venus 21 de Cascade van Galathea 22 de Cascade van Narsissus 23 de twee Woereld sprongen 24 de Fontein van Hercules met twee Slangen 25 Fontein de Groote Sprong 26 de Galdereien 27 het Oude hof 28 't Iagers huys 29 Bikbergen 30 Elspeet 31 Harderwyk 32 Weg nae Appeldoorn

Der formale Garten in Het Loo

Mit der Anlage der Barockgärten des Palasts von Het Loo in Holland für Wilhelm von Oranien (1650–1702) und Maria Stuart (1662–1694) wurde 1685 begonnen; sie sollten das von dem holländischen Architekten Jacob Roman (1640–1716) erbaute Jagdschloß mit Dekorationen des französischen Hugenotten Daniel Marot ergänzen.

Um 1687 bestand der sogenannte Untere Garten – dessen Größe und Lage durch die diagonal verlaufende Eichenavenue im Norden und die erhöhten Terrassen, die ihn im Süden, Osten und Westen umgeben, definiert war – aus einem großzügigen *salle de dehors* von acht quadratischen Beeten, von denen sich die mittleren als kunstvolle *parterres de broderie* nach Entwürfen von Daniel Marot präsentierten. Der «Garten des Königs» im Westen des Palastes setzte sich aus zwei Bereichen zusammen; der Bereich unmittelbar beim Palast war mit ornamental beschnittenem Buchs, zwei Beete mit Pflanzen und Blumen sowie in gleichmäßigen Abständen plazierten pyramidenförmigen Wacholderbäumen bepflanzt. Der zweite Bereich verband den Garten mit einem Labyrinth und den Menagerien im Westen. Der «Garten der Königin» auf der Ostseite war gleichermaßen in zwei Bereiche unterteilt, wobei sich der nach Norden gerichtete aus drei Beeten zusammensetzte, von denen zwei mit Blumenrabatten gesäumt und mit beschnittenem Buchs und Wacholder eingefaßt waren. Exotische Pflanzen, die in Gewächshäusern überwintert wurden, setzten zusätzliche Akzente. Der zweite Bereich war erhöht und bestand hauptsächlich aus an Treillagen gezogenen Laubengängen aus Hainbuche mit eingeschnittenen Nischen.

Nach 1689 wurden die Gärten nach Norden über die Eichenavenue hinausgehend erweitert, die als eine Art Säulengang zwischen den beiden Bereichen erhalten blieb.

Linke Seite: Der kolorierte Stich des Palastes von Het Loo wurde um 1700 von Petrus Schenk (1660–1719) veröffentlicht. Der Stich gibt den Vorhof und die Eichenavenuen im Vordergrund des Palastes wieder. Der Senkgarten und die beiden seitlichen Gärten – der Garten des Königs im Westen und der der Königin im Osten der Hauptachse – wurden von Napoleon zwischen 1807 und 1809 zerstört.

Oben: Im sogenannten Unteren Garten sind die verschlungenen Parterremuster aus Buchs und Kies authentisch restauriert. In den Blumenbeeten im Umkreis der Hauptparterres stehen die Pflanzen – Zwiebelgewächse, Stauden und Einjährige – wie einzelne Ausstellungsstücke im Museum zwischen den in regelmäßigen Abständen gesetzten Koniferen.

Links: Aufschluß über Pflanzen des 17. Jahrhunderts gaben zur Zeit der Restauration vor allem zwei Quellen: Jan van der Groens *Den Nederlandtsen Hovenier* (Der holländische Gärtner) von 1669 und ein in Florenz aufbewahrtes Manuskript – der Codex *Hortus Regius Honselaerdicensis* –, in dem Pflanzen, die während der gärtnerischen Wirkungszeit van der Groens in der Orangerie in Honselaarsdijk gezogen wurden, dargestellt sind. Das Bild der südafrikanischen Kapuzinerkresse (*Tropaeolum majus*) stammt aus diesem Codex.

Der französische Einfluß in Europa

Für den Rest der Welt bilden Mollets Pläne und Le Nôtres Vaux-le-Vicomte den Inbegriff des französischen Barocks – eine schematische Pflanzordnung und eine Beherrschung der natürlichen Pflanzenformen, die die Fürsten Europas nicht müde wurden, auf jedem geeigneten Terrain nachzuahmen. In England dominierte unter den Stuarts, insbesondere aber nach der Restauration unter Karl II., der französische Stil; ein vielfaches Echo fand er in den Zeichnungen und Stichen der Holländer Leonard Knyff und Johannes Kip, die jene Regelmäßigkeit und Ordnung sowie die sich am Horizont verlierenden Avenuen widerspiegelten. In Holland entwickelte dieser Stil, übertragen auf das unbewaldete, von Kanälen durchzogene Flachland, eigenständige Charakterzüge mit Ausblicken auf ferne Avenuen und im einzelnen vermehrt auftretende Topfpflanzen, Ornamente und Formschnittelemente: Wo der Raum eher beschränkt war, bestimmten Irrgärten, Lauben, Hecken, *bosquets* das Bild, aber, wo immer es möglich war, wurden strahlenförmig von einem zentralen Punkt im Wald ausgehende Avenuen angelegt. Die kunstvollen, dekorativen Broderien und Blumenbeete, die von dem aus Frankreich geflohenen Hugenotten Daniel Marot (1671–1752) unter Wilhelm von Oranien angelegt wurden, waren in ihrem Ursprung französisch geprägt.

La Théorie et la Pratique du Jardinage von Dézallier d'Argenville wurde bald schon in andere Sprachen übersetzt (eine deutsche Ausgabe kam 1731 heraus) und blieb so lange als Gartenhandbuch von Bedeutung, bis sich der Zeitgeschmack dem neuen englischen Landschaftsstil zuzuwenden begann. Im Lauf des 18. und 19. Jahrhunderts ging Wesentliches der einstigen Grandeur verloren, als man den neu entdeckten Bäumen und Sträuchern so viel Platz gewährte, daß sie sich als Solitär uneingeschränkt entwickeln konnten. Die typisch eng-

Rechts oben: In Fertöd in Ungarn, vormals Sitz der Familie Esterházy, scheint der Gartenentwurf von 1760 in seiner Konzeption der formalen Perspektive den Vergleich mit Versailles zu suchen. Dieser Plan aus dem 18. Jahrhundert zeigt drei Lindenavenuen, die, von Buchshecken flankiert, radial vom Zentrum der Fassade des Palastes ausgehen und sich über die *parterres de broderie* und die Wasserbecken bis in die umliegenden Wälder ausdehnen.

Rechts Mitte: In Herrenhausen bei Hannover zeigt ein Stich aus dem Jahr 1720 das sogenannte Gartentheater, umgeben von Bäumen, die über die sauber geschnittenen Hecken hinausragen – ganz gemäß der Empfehlung der Mollets und Dézallier d'Argenvilles. Die kleinen formierten Pyramiden bestehen aus Eiben. Nach 1750 entwickelte sich der Garten zu einer botanischen Sammlung. Bei den nach 1945 erfolgten Restaurierungen wurden die ursprünglichen barocken Konturen der Buchsmuster beibehalten und die Originalbepflanzung instand gesetzt.

Rechts unten: La Granja, für den Enkel Ludwigs XIV., Philipp V., um 1720 erbaut, ist auf einem abschüssigen Hang bei Segovia angesiedelt. Hier Lady Hollands Beschreibung nach einem Besuch im Jahr 1811: «Die Gärten dürften zu den schönsten in ganz Europa zählen; mit ihren hohen beschnittenen Hecken, den *salons de verdures* und den Alleen folgen sie dem klassischen französischen Stil, den ich mehr als jeden anderen schätze.»

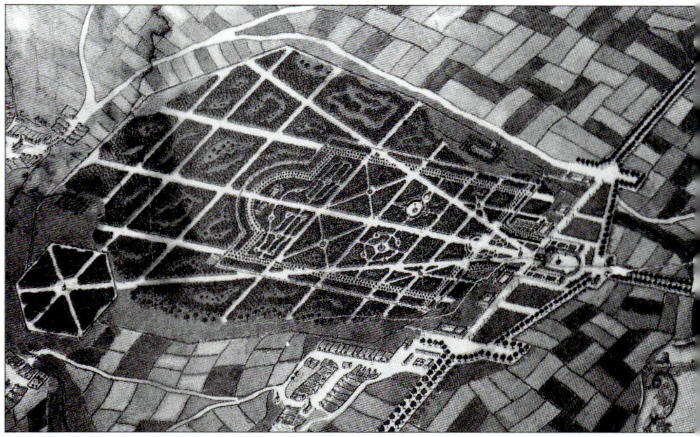

lischen Landschaftsparks waren wie geschaffen um ganze Baum- und Gehölzsammlungen aufzunehmen, in denen sich die Pflanzen, die vormals in stilisierte Formen beschnitten wurden, *in Freiheit* entfalten durften.

Doppelseite: Die Gärten von Schloß Schönbrunn bei Wien, wie sie Bellotto um 1750 malte, weisen mit ihren Parterres, den in Urnen gepflanzten Bäumen und den schlanken Formschnittelementen sämtliche Charakteristika des französischen Gestaltungsstils auf. Die für Franz I. von J. B. Fischer von Erlach nach dem Sieg über die Türken 1699 angelegten Gärten sollten ein Abbild Versailles' darstellen; die *parterres de broderie* wurden von dem Franzosen Jean Trehet entworfen.

Oben: Der Garten, der um 1668 beim Palast von Fronteira bei Benfica in Lissabon angelegt wurde und von den leuchtenden Blaugrüntönen der *azulejo*-Ziegel geprägt wird, zeichnet sich durch die einfallsreiche Geometrie der Parterres aus, die auf den 1576 veröffentlichten Plänen von J. A. du Cerceau basieren. In J. Pillements Illustration von 1785, in der mit einem Laubdach bewachsene Torbögen den Blick in die Ferne einrahmen, scheinen die erhöhten Beete von Blumen überzuquellen.

Rechts: In Hampton Court wurde die *patte d'oie* der strahlenförmig von einem Zentrum ausgehenden Linden – ein Import aus Holland – erstmals von Karl II. nach der Restauration im Jahr 1660 verwirklicht. Um 1662 kam John Evelyn zu Besuch und bewunderte die «ansprechenden Reihen der Lindenbäume und den nunmehr nahezu vollkommenen Wasserlauf». Die entscheidendste Phase für die Geschichte der Gärten fiel in die Regierungszeit Wilhelms III., der nach 1689 einen neuen französisch-holländischen Stil mit komplexen ornamentalen Buchsparterres einführte, die wahrscheinlich auf Entwürfen von Daniel Marot basierten und die Halbkreise des «Gänsefußes» auszufüllen hatten. Eiben, die in Form von Obelisken beschnitten waren, und «weiße Stechpalmen» – gemeint sind wohl silbern panaschierte Varietäten – dienten in Kugelform beschnitten als Beeteinfassung. Leonard Knyffs Gemälde stammt aus der Regierungszeit Georgs I.

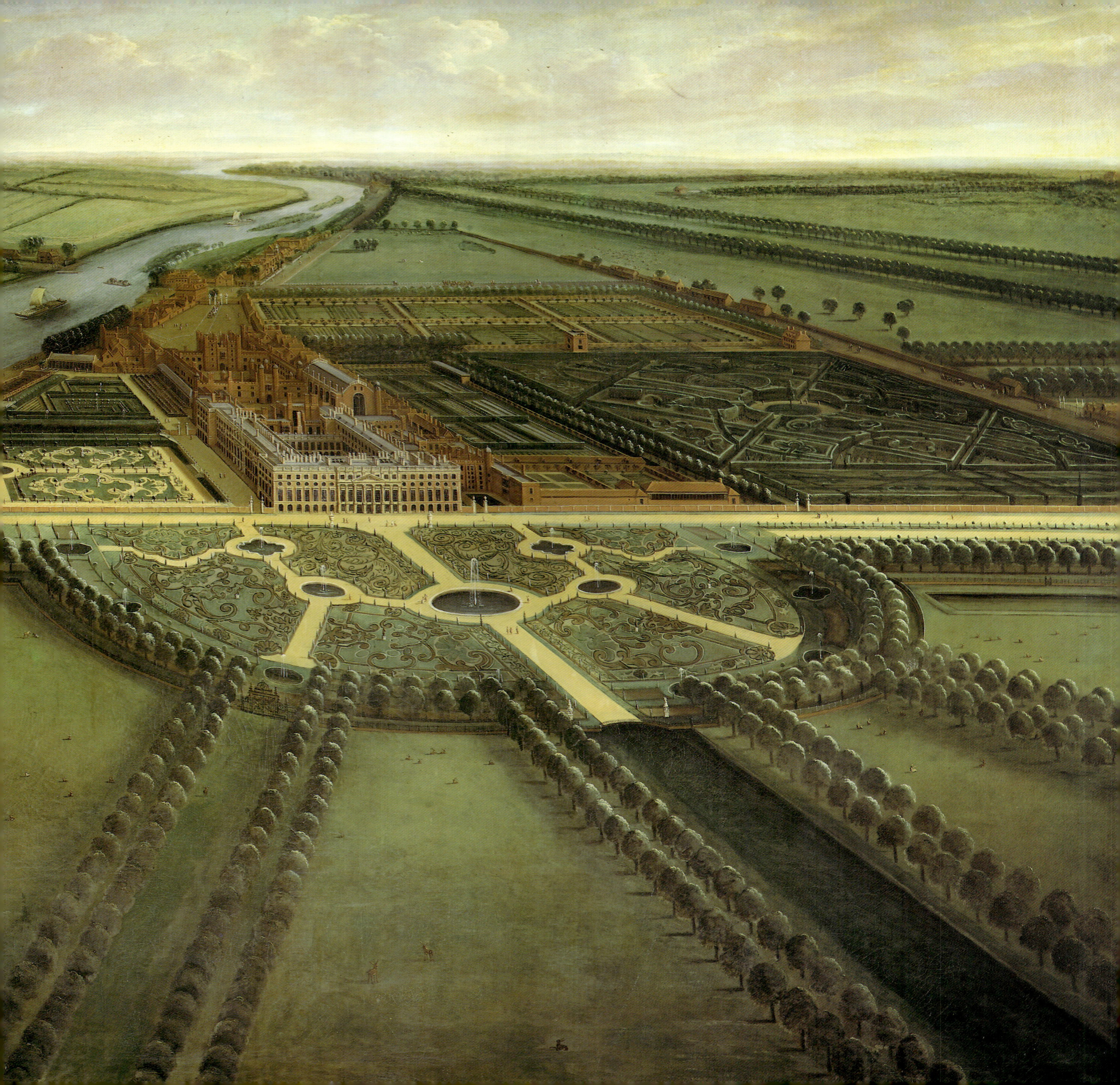

SIEBTES KAPITEL

Der englische Landschaftsgarten des 18. Jahrhunderts

Gegen Ende des 18. Jahrhunderts erreichte die Entwicklung des englischen Landschafts- oder «naturalistischen Gartenstils» seine Reife und fand ebenso große Verbreitung wie ein Jahrhundert zuvor das formale Organisationsschema von Le Nôtres Versailles. Um 1770 wurde der englische Landschaftspark erstmals in Rußland verwirklicht; Katharina die Große bekannte: «Ich bin eine leidenschaftliche Liebhaberin von Gärten im englischen Stil mit ihren geschwungenen Linien, sanften Erhebungen, den Teichen, die wie Seen wirken [...] gerade Linien sind mir höchst zuwider.» In England jedoch schien sich zu Beginn jenes Jahrhunderts wenig zu bewegen, denn man war noch ganz im französischen Formalismus verhaftet. Kip und Knyff zeigen in der zwischen 1707 und 1715 veröffentlichten *Britannia Illustrata* englische Anwesen mit ausgeprägt französischem Charakter: Wege, die geradewegs in die offene Landschaft führen, Parterres und «Wildnis»-Bereiche, die mit in Reih und Glied stehenden, kunstvoll beschnittenen Bäumen und Blumen – wahrscheinlich aus der Brompton Park Nursery – ausgestattet waren. Einige Anwesen verfügen dank dem Einfluß des Holländers Wilhelm von Oranien indes über eine höher entwickelte Formschnittkunst und «Grün» in Kübeln sowie ein mit Hecken eingefaßtes Netz von Wasserläufen – Elemente, die sich von der flachen Deichlandschaft Hollands konturenartig abheben. Alexander Pope traf den Nerv des Ganzen, als er später an Lord Burlington schrieb:

> «Grove nods at grove, each alley has a brother,
> And half the Platform just reflects the other»

Dennoch waren bereits Veränderungen im Gange. Batty Langley (1696–1751) schrieb in der Einführung zu *New Principles of Gardening* 1728: «Es gibt auch nichts Schrecklicheres als einen starr regelmäßigen Garten, in dem sich nach Besichtigung eines Viertels das gleiche Prinzip in den verbleibenden Teilen wiederholt [...] überladen mit Spielereien wie blumengefüllten Knotenmustern, Parterres, Stickereibeeten und ‹Wildnis›-Bereichen aus Immergrünen und bisweilen Waldbäumen.» Obgleich er für einen weniger reglementierten Gartenstil eintrat, hielt er einen formalen Rahmen für unverzichtbar – lediglich die «Füllung» sollte zwangloser gestaltet sein. Die Serpentine und die gewundenen Wege, «grüne Lichtungen wie Wiesen» und weniger gleichförmig gestaltete «Haine» und Gehölzgruppen (zwischen denen sich auch Blumen fanden), begannen die stereotypen «Wildnis»-Bereiche abzulösen; sie wurden nicht mehr wie Obstgärten bepflanzt, «in denen die Bäume in gerade ausgerichteten Reihen standen, sondern im ländlichen Stil, als ob ihnen die Natur eigenhändig ihren Standort zugewiesen hätte».

Nun sollte es nicht mehr darum gehen, die Bäume durch Schnittmaßnahmen zu reglementieren, sondern vielmehr Gehölze, «die angenehmen Schatten bieten wie Platanen, Englische Ulmen, Roßkastanien und Linden, anstatt stereotyper Eiben und Stechpalmen» einzusetzen. Addison hatte bereits 1712 die Moden des Baumschnitts der damaligen Zeit beklagt: «Ich persönlich betrachte mir viel lieber einen Baum in seinem üppig vollen Wuchs und dem Dickicht ausladender Zweige und Äste als eine in Form geschnittene mathematische Figur.» In der Tat wurden, wie Mark Laird aufgezeigt hat, trotz Addisons und Langleys Würdigung der Natur die Bäume im frühen

Pope, Alexander: Epistle to Lord Burlington (1731). «Hain gesellt sich zu Hain, Allee sich mit Allee verbindet,/ Das Bild der Plattform sich noch vielfach wiederfindet.»

Das zwischen 1799 und 1800 vollendete Gemälde von Johann Erdmann Hummel zeigt einen Ausschnitt aus der exotisch anmutenden Bepflanzung des romantischen Landschaftsparks von Schloß Wilhelmshöhe bei Kassel, der nach 1785 von Wilhelm IX. und dem Architekten Heinrich Christian Jussow, einem begeisterten Anhänger von Lancelot Brown fertiggestellt wurde. Der Park war eine Erweiterung des ursprünglichen Barockgartens von 1700 mit seiner großen Kaskade, die nach dem Vorbild der Villa Aldobrandini geschaffen war und teilweise die episodenhafte anglo-chinesische Rokokogestaltung der Zeit um 1770 ersetzte – ein Experiment des Landgrafen Friedrich II. (verheiratet mit Mary, Tochter des hannoveranischen Georg II. von England) und seinem Gärtner Daniel Schwarzkopf, einem ehemaligen Schüler von Philip Miller.

18. Jahrhundert häufig als Hochstamm gepflanzt, ihre Stämme bis zu einer Höhe von 6 bis 9 m von sämtlichen Zweigen befreit, so daß sie die architektonische Wirkung von Säulen erzielten. Auf diese Weise verliehen sie den zwanglos gestalteten Hainen eine «formale» Note. Erst der eher «pittoreske» Geschmack, der sich gegen Ende des Jahrhunderts entwickelte, erfreute sich an «bizarr gekrümmten und knorrigen Baumgestalten», die jenen in der unberührten Natur glichen, so daß Methode und Stil der Bepflanzung und die Wahl des Baumtyps ganz darauf abzielten, «Stimmung» zu erzeugen. Eine hochgewachsene Kastanie implizierte unbändige Grandeur wie etwa in Salvator Rosas Gemälden; mit einer Zypresse verband man noch immer Tod und Begräbnis, gleichermaßen aber auch Erinnerungen an die Italienreisenden des 18. Jahrhunderts. Zu Beginn des 19. Jahrhunderts riet Repton sogar dazu, mehr als nur einen Baum pro Pflanzgrube zu setzen, um wie in der Natur den vielstämmigen Austrieb von Birken und Erlen vorzutäuschen.

Zurück aber zu den frühen Jahren des 18. Jahrhunderts. Alexander Pope hatte für die übermäßige Künstlichkeit nur bissige Bemerkungen übrig. In einer 1713 im *Guardian* veröffentlichten Satire ergoß er seinen Spott über «Adam und Eva in Eibe; Adam leicht angeschlagen durch den Fall des Baums der Erkenntnis beim letzten großen Sturm»; über «St. Georg in Buchs; seine Arme kaum lang genug, aber im April nächsten Jahres wohl stark genug, den Drachen zu töten»; über «ein paar Riesen, im Wachstum etwas zurückgeblieben, weil billiger im Erwerb», und über ein «aus lebendem Grün bestehendes Hausschwein, zu einem Stachelschwein aufgeschossen, weil es eine verregnete Woche lang vergessen wurde», sowie über «Noahs Arche aus Stechpalmen, am Bug wegen Wassermangels leicht demoliert». Dennoch gab es auch in Popes eigenem Garten in Twickenham, in unmittelbarer Nachbarschaft zu Batty Langley, formale Elemente und dies ungeachtet der Freundschaft mit Charles Bridgeman und William Kent und seinen eigenen Anregungen, dem gärtnerischen Zeitgeschmack eine andere Richtung zu geben. Obgleich die Wälder, mit Teichen, Tempeln und Statuen überladen, alle auf literarische Vorbilder anspielten und mit ihren gewundenen Wegen im neuen Landschaftsstil ebenfalls einem Irrgarten glichen, war der Garten nach wie vor von der axialen Ausrichtung beherrscht, die sich um eine exponierte Schneise zentrierte, die Bowling-Allee.

Eine neue Unregelmässigkeit

Ideen zur Verschönerung ländlicher Anwesen waren bereits früher schon von Joseph Addison vorgelegt worden. 1712 schlug er im *Spectator* vor, die Parks und das gesamte ländliche Szenarium harmonisch zu integrieren – Standardthema einer Zeit, in der sich die Grundbesitzer intensiv mit Einfriedungen und landwirtschaftlichen Verbesserungsmaßnahmen befaßten: «Warum sollte nicht ein ganzes Anwesen durch eine vielfältigere Bepflanzung in eine Art Garten verwandelt werden, zumal es sich für den Besitzer nicht nur als gewinnbringend, sondern auch als erquicklich erwiese?» Mit seinen konkreten Anregungen nahm er in gewisser Weise Southcotes Konzeption von der *ferme ornée* vorweg, die dieser in den 30er Jahren des 18. Jahrhunderts entwickelte, um den praktischen Nutzen mit der Schönheit der Bäume, Blumen und heckengesäumten Wege zu verbinden.

Dabei waren Addison und Pope nicht einmal die ersten, die die Möglichkeiten naturnaher oder zwanglos gestalteter Gärten auszuloten versuchten. Während sich Sir William Temple in seinem 1692 veröffentlichten *Garden of Epicurus* mehr mit gewundenen Wegen und zwanglos gestalteten schattigen Gärten befaßte, die mit zerklüftetem Felsgestein anstatt mit Pflanzen geschmückt waren, äußerte sich Timothy Nourse in *Campania Felix* (1700) im Rahmen seiner dritten Abhandlung über terrassierte Gärten explizit über eine naturnahe Bepflanzung. Da sollten die immergrünen Pflanzen in einer «wie wahllos kombinierten Ordnung» erscheinen und «da und dort kleine Böschungen oder Hügelchen mit wildem Thymian, Veilchen, Primeln, Schlüsselblumen, Maiglöckchen, Kornblumen *(Centaurea cyanus)*, Gänseblümchen zusammen mit den vielen verschiedenen Blumen, die auf den Feldern und Wiesen wild vorkommen, gepflanzt werden [...] mit *einem* Wort, man lasse [...] eine richtige Wildnis oder ein Dickicht entstehen [...] um einen nie endenden Frühling wiederzugeben.»

1718 plädierte Stephen Switzer (1682–1745) in seiner *Ichnographia Rustica* ebenso wie Batty Langley 1728 für «Unregelmäßigkeit» in den Gartenanlagen. Beide galten als die maßgeblichen Theoretiker des «neuen Stils», für den Satiriker wie Addison und Pope bereits einstanden, während die Praktiker – angeführt von Charles Bridgeman (gest. 1738) und William Kent (um 1685–1748) in den 20er und 30er Jahren des 18. Jahrhunderts zusammen mit den weniger sachverständigen Grundbesitzern zu Gestaltungskonzepten übergingen, die sich sowohl von der starren Geometrie als auch von dem Formschnitt der Pflanzen lösten und sich allmählich den natürlichen Konturen und frei wachsenden Formen zuwandten. Angeregt durch die neu eingeführten Pflanzen und die Erprobung ihrer Frostverträglichkeit und Akklimatisierung auf englischem Boden, sahen sich die Besitzer herrschaftlicher Anwesen wie Thorndon, Whitton, Goodwood und Painshill nicht länger gezwungen, ihre Bäume in starr vorgegebener Ordnung zu pflanzen; statt dessen legten sie zwanglos gestaltete Gehölzgruppen an, in denen sich die einzelnen Bäume entsprechend ihrem natürlichen Habitus entwickeln konnten. Bei ihren

1728 bot Batty Langley, ein Nachbar von Alexander Pope, mit seinem Buch *The New Principles of Gardening* den Lesern eine Alternative zur Strenge des französischen Stils, indem er der «spiegelbildlichen» Gartengestaltung den Rücken kehrte und sich für eine ansatzweise naturnahe Konzeption einsetzte. Obgleich er die starren, regelmäßigen Gärten mit Spielereien wie blumengefüllten Knotenmustern als überladen anprangerte, beschränkte sich Langleys gestalterische Zwanglosigkeit auf die Einführung der Serpentine und bisweilen gewundener Wege innerhalb eines strukturierten Rahmens; dennoch empfahl er, hinter den strengen Konturen der Hecken «in wilder und ländlicher Manier verschiedene Sorten von Jasmin und Geißblatt» zwischen anderen Sträuchern ranken zu lassen.

Gartenplanungen maßen sie auch dem Zeitfaktor angemessene Bedeutung bei: Zum einen ließ sich oftmals erst nach jahrelanger Wartefrist abschätzen, ob sich die neuen Pflanzen «einleben» würden, und zum anderen können sich erst nachfolgende Generationen ein Urteil über die Bepflanzungen erlauben, die in der Mitte des 18. Jahrhunderts angelegt wurden.

Charles Bridgeman war wie Switzer bei London und Wise in der Brompton Park Nursery in die Lehre gegangen – er übernahm ihren «kontrollierten Stil» also praktisch aus erster Hand. Horace Walpole, der Mitte des Jahrhunderts rückblickend Bilanz zog, sprach Bridgeman dennoch das Verdienst zu, mit vielfach eigenständigen Gestaltungskonzepten das Erwachen eines neuen Zeitgeschmacks eingeleitet zu haben. Sein bedeutendster Beitrag zur Entwicklung des Landschaftsstils war die Anwendung eines «einfachen Zaubertricks», dem des «Hahas» oder der versenkten Begrenzungsmauer, die ebenerdig mit dem Garten abschloß und dadurch den Blick freigab auf die sanfte englische Hügellandschaft. Sowohl er als auch William Kent haben somit ihren Anteil an der allgemeinen Verbreitung des verborgenen «Zauns», an dem Langley die «weitestmögliche Aussicht über das ländliche Panorama» rühmte.

In der Tat war es William Kent, der den eher formalen Plänen eines Bridgeman die neue Unregelmäßigkeit überstülpte, indem er sie leicht modifizierte. Somit nahm er vorweg, was Lancelot Brown Mitte des Jahrhunderts mit seinen Landschaftsentwürfen bewirkte – eine grundlegende Veränderung der englischen Parklandschaft. Kent, der Malerei studiert hatte, reduzierte die Regelmäßigkeit von Bridgemans axialen Plänen in Stowe, Claremont oder Rousham, indem er den linearen Ansatz durch ein Auslichten der dichten Wälder und die Erschließung von Ausblicken geschickt abmilderte. Wie Horace Walpole zwischen 1750 und 1770 in seinem Essay *On Modern Gardening* schrieb, der 1770 veröffentlicht wurde: «Er sprang über den Zaun und sah, daß die ganze Natur ein Garten war.» Mit den Augen eines Malers wußte Kent Effekte in Form dreidimensionaler Bilder, die ganz vom Kontrast aus Licht und Schatten lebten zu schaffen; am liebsten entwarf er seine Gärten ohne Senkblei und Richtschnur, indem er auf unsystematische, aber wirkungsvolle Mittel zurückgriff, die Joseph Spence schilderte: «Mr. Kent pflegte seine Gehölzgruppen vor der Pflanzung stets mit Stäben abzustecken, um die Neigung des Areals überblicken zu können und um zu verhindern, daß drei auf einmal in einer geraden Linie lagen.»

Obgleich Kent sogar ausdrücklich empfahl, die immergrüne Kulisse in Rousham durch eine Unterpflanzung mit Blumen aufzulockern, hatte er im Grunde ebensowenig Interesse an den einzelnen Bäumen oder Blumen wie Lancelot Brown in seinen späteren Parkgestaltungen; Pflanzen waren lediglich im Handel befindliche Werkstoffe, die gleich den Pigmenten des Malers einer Komposition Gestalt und Farbe verliehen – visuelle Werte, die für den Landschaftsplaner weit mehr zählten als die Seltenheit einer bestimmten Gattung. An die Stelle der scharfumrissenen Konturen beschnittener Bäume, glatter Heckenwände, schnurgerader Alleen und Parterres traten wogende Baumgruppen, die in ihrem verschwenderisch üppigen Wuchs

an ein Gemälde von Claude Lorrain erinnerten. Avenuen wurden durch Baumgruppen ersetzt, undurchdringliche Wälder in sonnendurchflutete Lichtungen mit weich fließenden Rasenteppichen verwandelt, und alles verschmolz zu einer einzigen Landschaft mit verschlungenen Wegen, die zu Erkundungen einluden, indem sie mit immer neuen Ausblicken lockten.

Andere Landschaften von paradiesischer Schönheit entstanden in der unmittelbaren Nachfolge William Kents. Studley Royal in Yorkshire, Painshill in Surrey und Stourhead in Wiltshire wurden ausnahmslos von ihren Besitzern entworfen und verwirklicht. Wahrscheinlich wäre nichts von alledem aufgenommen worden ohne jene gänzlich veränderte Einstellung zur Natur, die das romantische Na-

Oben: Zwischen 1753 und 1777 schuf Copleston Warre Bampfylde verschiedene Aquarelle von den Gärten in Stourhead; diese sind noch immer in der Bibliothek von Stourhead verwahrt, neben Abschriften von Vergil und Horaz, deren Werke Henry Hoare bei der Gestaltung des Gartens im Jahr 1745 inspiriert haben dürften. Der Blick auf das Pantheon jenseits der palladianischen Brücke und den Tempel des Apollo mit den 1775 nahezu unbepflanzten Hängen wurde von Horace Walpole als «eine derart *pittoreske* Szenerie [gerühmt], daß man ihresgleichen in der Welt sucht». Ein Großteil der Baumgruppen war mit Kirschlorbeer (*Prunus laurocerasus*) unterpflanzt, den man in den Gehölzpflanzungen des 18. Jahrhunderts bereits als bedeutendes und verbindendes Element zu schätzen begann.

Links: Viele der Bäume für den Park in Stowe stammten aus heimischen Beständen. An die 70 000 Bäume wurden als «Jungpflanzen» – aus Samen gezogen oder als Wassertriebe in den Wäldern und von den Heckenrändern zusammengetragen – herbeigeschafft: 1772 waren es 4500 Ligustér und 1200 Feldahorne zu einem Gesamtpreis von £1 0s. 7d. Ein Großteil des Saatguts wurde in der parkeigenen Gärtnerei gezogen, aber zwei Oxhofte Eicheln der Steineiche wurden 1723 aus Minorca geliefert. Größere Bäume mußten käuflich erworben werden, und im Herbst lieferte ein gewisser Mr. Parker 37 Wagenladungen Eiben sowie Bergahorne, Gemeine Kiefern und Ulmen. Für die regelmäßigeren Avenuen und die Quincunx der Ulmen, Roßkastanien, Weißtannen und Linden waren Bäume von gleicher Höhe Voraussetzung – eine sehr viel kostspieligere Angelegenheit, die sich zwischen 1721 und 1722 auf £10 für 400 holländische Ulmen belief. Das Gemälde von Jean Rigaud zeigt das Theater der Königin von der Rotunde aus.

turverständnis eines Jean-Jacques Rousseau vorwegnahm. Im 18. Jahrhundert zeigte sich, daß die Zähmung der Natur, die «Verbesserungen», die zur Freude des Menschen erfolgten, auch mit einer neuen Freiheit des Denkens und Bewußtseins einhergingen. Die Wirkung dieser Gartenkonzeption auf die Stimmung des Menschen – eine verbesserte und optisch ansprechende Natur vermochte bestimmte Gefühle und Empfindungen zu wecken – wurde zu einer weiteren Komponente der Landschaftsgestaltung. Heiterkeit, Grandeur, Ruhe, vor allem aber auch Melancholie und «Erhabenheit» sollten durch Maßnahmen wie die Auflockerung der Rasenkante durch Baumgruppen und die Verwandlung von schnurgeraden Kanälen in gewundene Wasserläufe oder stille Teiche hervorgerufen werden.

Neue gärtnerische Handelsbeziehungen

All diese Ideen wurden durch die Ankunft einer ständig steigenden Zahl von Pflanzen, die es zu bestimmen, kategorisieren und entsprechend ihren «natürlichen» Bedingungen zu kultivieren galt, regelrecht vorangetrieben. Welten schienen zwischen Popes *Catalogue of Greens* und dem sachkundigen Gärtner und Pflanzensammler Thomas Fairchild zu liegen, dessen *The City Gardener* (1772) zu einer Modifizierung des Gärtnerns im urbanen Bereich riet und Einblicke in das Gebiet der Botanik, Pflanzensammlung und Pflanzenkultur vermittelte.

Seit Beginn des Jahrhunderts waren es die Züchter, die viele Pflanzen erstmals einführten oder zogen. Der Zuchtbetrieb im Brompton Park ging nach 1714 zwar ein, aber andere traten an seine Stelle. Während um 1700 in London etwa 15 Gärtnereien existierten, hatte sich um 1730 die Zahl nahezu verdoppelt, und um die Jahrhundertwende sollten schließlich überall im Land weitere Gärtnereien aus dem Boden schießen. Diese Betriebe kamen dem stetig wachsenden Interesse an «verschiedenartigen» Bäumen entgegen, und als sich die Mode der neuen Informalität in der Gestaltung allmählich durchsetzte, stieg die Nachfrage sprunghaft an. Während ein formaler Entwurf nämlich Unmengen von standardisierten Bäumen und Heckensträuchern, die häufig bereits in entsprechenden Formen erzogen waren, erforderte, konnte der neue Landschaftsstil eine größere Zahl an Einzelexemplaren und natürlich gewachsenen Bäumen beherbergen. 1728 warnte Batty Langley vor dem «Züchter, der aus Profitdenken [...] zu gewissen Formen und Bäumen rät und kein anderes Interesse verfolgt, als aus seinem Gartenbetrieb eine Goldgrube zu machen». Dies klingt wie eine Anklage der Brompton Park Nursery, die sich dadurch hervortat, daß sie formierte Bäume und Sträucher als bedeutende Komponenten der Gartenkunst anpries. In der Tat waren Reibungen zwischen dem Gartengestalter und dem Züchter aber an der Tagesordnung. Um 1730 schrieb Stephen Switzer einen verärgerten Brief an seinen Kunden Henry Ellison, in dem er Henry Woodham, einen achtbaren Londoner Pflanzenzüchter und Subskribenten von Millers *Gardeners Dictionary* beschuldigte, dunkle Geschäfte mit Ellisons Verwalter zu tätigen. Switzer beklagte, daß die Pflanzen «alle ausgesprochen klein seien, der Preis, mit Verlaub, aber um so größer».

Die neuen Züchter, die sich auf die einzelnen Bäume und Sträucher konzentrierten, die aus fremden Ländern eingeführt wurden, scheinen an der Anzucht (in der Regel aus Samen) ebenso interessiert gewesen zu sein wie am Akklimatisieren und Verkaufen. So beeinflußten die Experten für exotische Gewächse, ganz gleich ob für das Freiland, das Warmhaus oder die mit «Öfen» beheizten «Verschläge»,

Robert Furber (1674–1756), von etwa 1700 an Gärtner in Kensington Gore, wurde durch seine Stiche berühmt, die er in Form von Gartenkatalogen unter dem Titel *Twelve Months of Flowers* und *Twelve Plates of Fruit* zwischen 1730 und 1732 herausgab. Jeder Monat des Jahres wurde durch das jeweils passende Arrangement repräsentiert, wobei die einzelnen Blumen für die Kundschaft mit «Bestellnummern» versehen waren. Furbers Gärtnerei war die erste bekannte Bezugsquelle für die *Moosrose*. Die von Peter Casteels gemalten Originale wurden von Henry Fletcher und anderen gestochen und später von Hand koloriert.

die experimentelle Bepflanzung der großen Anwesen ebenso nachhaltig wie die Ausstattung der kleineren Gärten in Stadt und Land. Die Pflanzenlisten, die auch dem Gartenliebhaber zugänglich waren, wie etwa der von der Gesellschaft der Gärtner zusammengestellte, 1730 veröffentlichte und von Philip Miller geführte *Catalogus Plantarum*, gaben der experimentellen Bepflanzung weitere Impulse (vgl. S. 206–207). Seit Beginn des Jahrhunderts galten allein schon die Listen der Bäume, Sträucher und Blumen aus Nordamerika als aufre-

1771 ernannte Georg III. Sir Joseph Banks – wissenschaftlicher Schirmherr und Pflanzensammler – zum inoffiziellen Direktor der Gärten in Kew, den späteren Royal Botanic Gardens, die die Fürstinwitwe von Wales auf etwa 4 ha Sand- und Kiesboden bei der Themse anlegen ließ. Banks' Ernennung bedeutete zugleich, daß ganz gezielte Anweisungen an die Pflanzensammler im Ausland ergingen. Von den Pflanzen, die Banks von seiner eigenen Expedition mit Captain Cook nach Australien (1768–1771) mitgebracht hatte, gediehen allerdings nur wenige im englischen Klima – subtropische Gärten wie die von Tresco Abbey auf den Scilly-Inseln ausgenommen. In Gärten in Florida und anderen geeigneten Regionen werden seither aber das aus Australien stammende Geißblatt und Formen des Genus' *Banksia* kultiviert. *Banksia integrifolia* wurde während der Reise von Sydney Parkinson porträtiert.

gende Lektüre. Christopher Grays zweisprachiger Katalog von 1737, der für den Verkauf amerikanischer Pflanzen, die Mark Catesby auf seinen Reisen gefunden hatte, zusammengestellt wurde, richtete sich an Kunden in Frankreich und im übrigen Europa, aber auch in England. Peter Collinsons Einführungen von John Bartram in Philadelphia, die von etwa 1730 an über eine Zeitspanne von 30 Jahren hereinkamen, wurden umgehend den gut sortierten Gartenzuchtbetrieben angeboten; manchmal setzte Collinson aber auch selbst Züchter ein, die das Saatgut zum Keimen brachten. So merkte er bald, daß sich James Gordon (um 1708–1780) von der Mile End Nursery meisterhaft auf nur schwer keimende Exemplare wie «den staubigen Samen der Kalmia, Rhododendren oder Azaleen aus Nordamerika» verstand, aber auch auf den Erdbeerbaum, *Arbutus andrachne* (das Saatgut wurde von den Hängen über Aleppo geliefert), der 1765 in Fothergills Garten blühte. Die berühmte Lee and Kennedy Vineyard Nursery in Hammersmith, die nach 1745 ihren Betrieb aufbaute, gebrauchte um 1760 bereits das binominale System Linnés zur Klassifizierung der Pflanzen. Gegen Ende des Jahrhunderts fluteten noch mehr Pflanzen von orientalischen Handelsposten in Indien und dem Fernen Osten (insbesondere der East Indian Company), aus Südafrika und Südamerika herein, was zwischen den Gartenbetrieben im ganzen Land zu extensiven Handelsbeziehungen führen sollte. Aitons *Hortus Kewensis* von 1789 vermittelte nicht nur kurze Porträts der Pflanzen, die zu jener Zeit in Kew angesiedelt, sondern auch sämtlicher Arten, die damals in England in Kultur waren, während das *Botanical Magazine*, das William Curtis 1787 ins Leben rief, Zeichnungen von Pflanzen aller herausragenden Züchter des Landes, die diese Raritäten anbieten konnten, führte und veröffentlichte.

Um 1770 tauchten erstmals Pflanzen aus Australien auf. Obgleich die meisten der etwa 1000 neuen Pflanzen, die Joseph Banks auf Cooks Expedition mit der *Endeavour* zwischen 1768 und 1771 entdeckte, als getrocknete Exemplare nach Europa eingeführt wurden, überlebten einige Samen die Reise. Bald danach wurden die ersten Pflanzen aus Neuseeland und Australien in den Gärtnereien angeboten; so waren in Malcolms Gartenbetrieb etwa *Sophora microphylla* sowie *Leptospermum scoparium* (1772) und *L. lanigerum* (1774) erhältlich. In der Praxis erwiesen sich viele der austral-asiatischen Pflanzen aber lediglich in vergleichbaren Klimazonen wie Kalifornien, Teilen Südafrikas und mediterranen Gegenden als überlebensfähig. Pflanzen von der windgepeitschten Südseite Neuseelands und von Tasmanien tolerierten ein sehr viel größeres Spektrum verschiedener Standorte.

Im letzten Viertel des 18. Jahrhunderts bis zum Ende seines Lebens übernahm der wohlhabende Sir Joseph Banks (1743–1820), eine herausragende Persönlichkeit, die Präsidentschaft der Royal Horticultural Society und die Funktion des *ex officio* Direktors von Kew Gardens (der späteren Royal Botanic Gardens) unter Georg III.; er erwies sich als einflußreicher Schirmherr der Gärtner und Pflanzensammler, aber auch der aufblühenden botanischen Wissenschaft. 1804 war Banks einer der sieben Gründerväter, die sich in John Hatchards

Buchhandlung in Piccadilly trafen, um eine Institution ins Leben zu rufen, die heute als Royal Horticultural Society bekannt ist. Er selbst war mit der *Endeavour* von 1768–1771 um die Welt gesegelt und hatte die ersten Zylinderputzer (*Callistemon*) aus Australien und die Ruhmesblume (*Clianthus puniceus*) aus Neuseeland mitgebracht. Später wurde ein Genus frostempfindlicher Pflanzen, die ausschließlich in Australien angesiedelt waren und der gleichen Familie wie den aus Afrika stammenden Proteen angehören, ihm zu Ehren als *Banksia* bezeichnet.

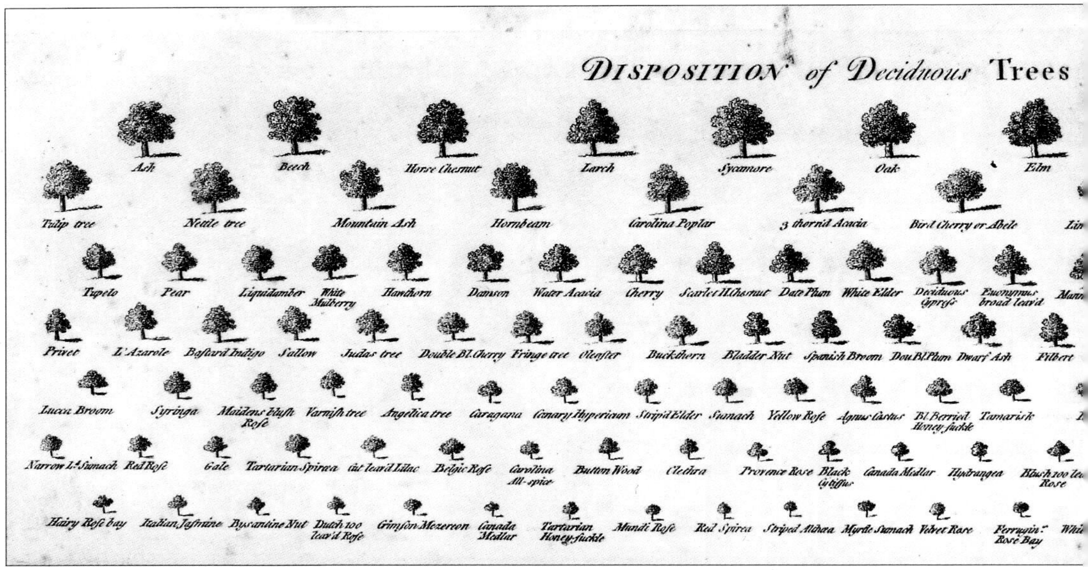

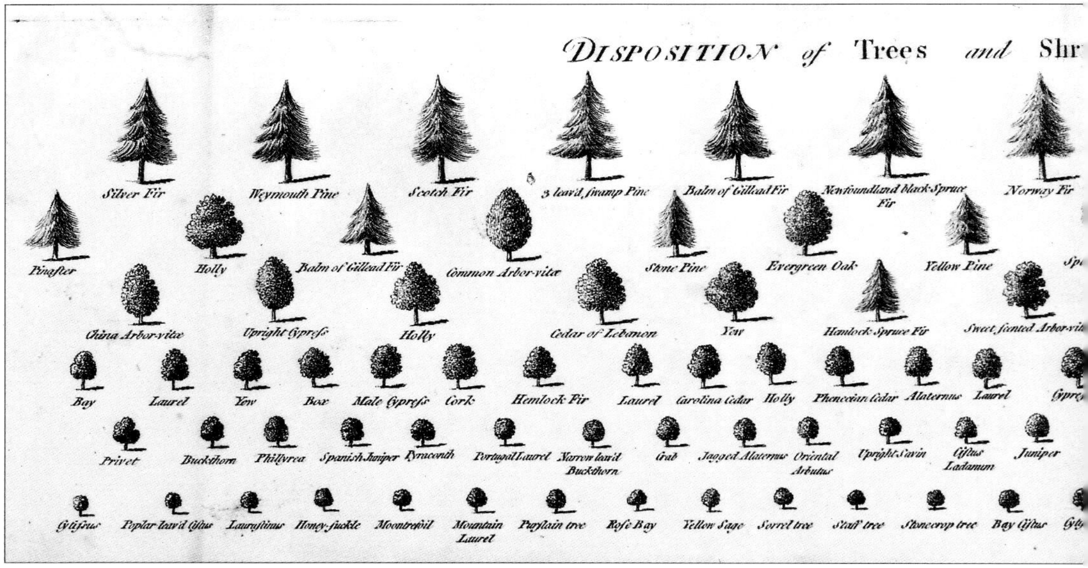

Glücklicherweise sind Belege über die Art der experimentellen Pflanzungen von Bäumen und Sträuchern erhalten, die in der ersten Hälfte des 18. Jahrhunderts in vielen großen Anwesen durchgeführt wurden. Einer von Peter Collinsons enthusiastischsten Freunden war der junge Lord Petre, der in Thorndon Hall in Essex, aber auch andernorts weitläufige Gärten und Warmhäuser anlegte (vgl. S. 208–209). Seine Pläne für Thorndon, die nach 1732 erstellt, aufgrund seines frühen Todes (er starb an Pocken) im Jahr 1742 allerdings nicht vollendet wurden, lassen jedoch den für das fortschreitende Jahrhundert typischen Stil zwischen Regelmäßigkeit und natürlichem Landschaftsverständnis erahnen. Collinson machte sich Notizen über Lord Petres Pflanzung, und frühe Ausgaben von Millers *Dictionary* führen Kommentare dazu auf. Miller stellte aber auch einen Katalog der Bestände des Gartens im Jahr 1736 zusammen. Die erste größere Pflanzaktion in Thorndon war eine Avenue aus Ulmen: Die Bäume wurden umgepflanzt, als sie bereits 15–20 Jahre alt und 12–18 m hoch waren, wobei «jeder [Baum] von 20 starken Pferden gezogen werden mußte». In der Octagon Plantation zog Petre die amerikanischen Pflanzen, die er über Collinson als Samen von Bartram bekam und die in den bedeutenden Zuchtbetrieben gezogen wurden. Zwischen 1740 und 1742 wurden mehr als 60 000 Bäume gepflanzt, darunter Zedern, Lärchen, Pinien, schwedische Wacholderbäume, Weißtannen und Kirschlorbeer, aber auch aus Spanien stammende Eßkastanien und Gemeine Roßkastanien, holländische Ulmen und viele andere Gehölze. In Collinsons Abschrift von Evelyns *Sylva* finden sich Eintragungen vom Mai 1740 über die Baumpflanzungen am oberen Ende des Parks und auf den beiden Erhebungen. In einem Brief an Bartram erwähnte er, daß 10 000 «Amerikaner» eingefügt wurden. Darunter waren 70 «pennsylvanische Kirschen», 107 Schwarznußbäume, 109 Hahnendorne (sein Name für *Crataegus crus-galli*), 69 Tulpenbäume, 76 virginische Schönmalven, 59 virginische Lederhülsenbäume (sein Name für *Gleditsia triacanthos*), 230 Eichen aus Carolina, 124 Morgenländische Platanen, 10 aus Gilead stammende Balsamtannen (*Abies balsamea*) und insgesamt über 1000 *Juniperus virginiana*.

Nach Lord Petres Tod wurde Philip Miller vom Herzog von Bedford beauftragt, den Bestand der in die Tausende gehenden Bäume

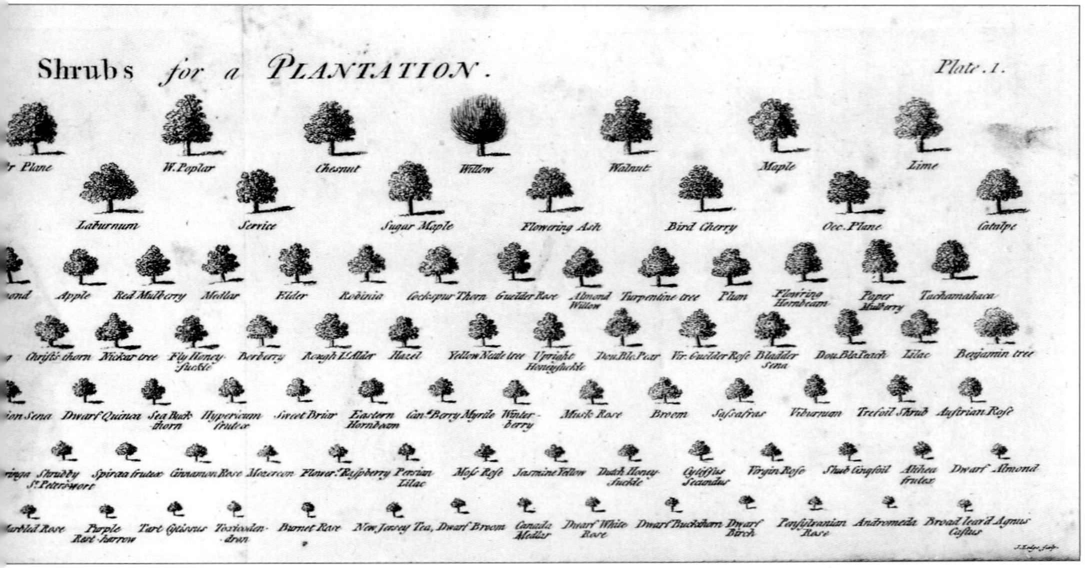

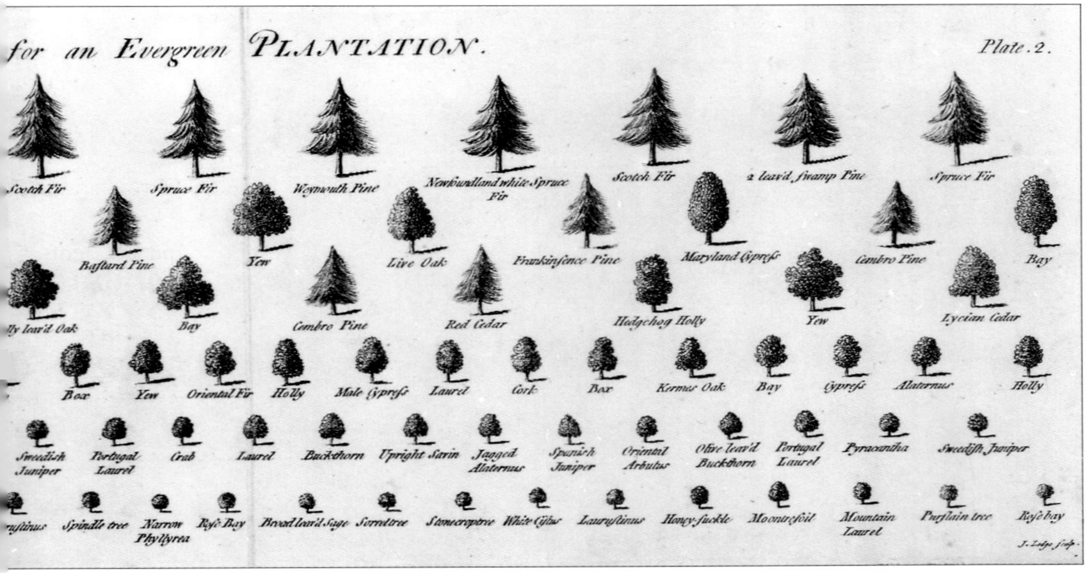

Vor 1779 war James Meader Gärtner des Herzogs von Northumberland in Syon House bei Kew, wo bereits eine umfangreiche Baumschule bestand (die Erstbepflanzung erfolgte im 16. Jahrhundert unter William Turner im Auftrag von Protektor Somerset), bis er England verließ, um für Katharina die Große im Peterhof-Palast bei St. Petersburg zu arbeiten. Meaders *The Planter's Guide* wurde 1779 veröffentlicht. Stich 1 zeigt die Anordnung der laubabwerfenden Bäume und Sträucher für eine Pflanzung; Stich 2 zeigt die Anordnung der immergrünen Gehölze. Meader empfahl, bei der Bepflanzung von einer «unpassenden Mischung» abzusehen und darauf zu achten, daß die Bäume «auch im unteren Bereich begrünt seien – gleich einer Theaterstaffage – und im Sommer kein Stamm ins Auge falle».

zu schätzen und die für Woburn geeigneten zu erwerben. 1737 hatte der Herzog eingewilligt, Miller «20 Guineen pro Jahr für die Überwachung meiner Gärten, Warmhäuser, Baumschnittaktionen etc. [zu bezahlen] und im übrigen für eine mindestens zweimal jährlich stattfindende Inspizierung von Woburn, falls erforderlich aber auch öfter». Zu seinen Aufgaben gehörte die Beratung des herzöglichen Kommissionärs hinsichtlich der Montage eines abnehmbaren Daches für die Orangenbäume im Herbst. Der Herzog hatte eine ganz besondere Vorliebe für Immergrüne aus Amerika, die in seinem sauren Boden ausgezeichnet gediehen. Viele von ihnen wie etwa die Balsamtanne – «lediglich in Woburn hat sie sich behauptet» – und die virginische Pechkiefer oder «Pitch pine» (*Pinus rigida*, 1739) wurden aus dem Saatgut, das Bartram mitbrachte, gezogen (obgleich sich letztere bereits 1686 in Bischof Comptons Garten in Fulham fand).

In Goodwood waren die Vertreter der zweiten und dritten Generation der Herzöge von Richmond eifrige Sammler; in einer Abschrift der dritten Auflage von Philip Millers *Gardeners Dictionary* (vgl. S. 210–211) verzeichneten sie jeweils das Datum der Pflanzung. Unter den neuen amerikanischen Pflanzen, die der zweite Herzog (1701–1750) kultivierte – bis sie in dem kalten Winter von 1740 eingingen –, waren die frostempfindliche Zeder von Goa (*Cupressus lusitanica*) aus Mexiko und die immergrüne *Magnolia grandiflora*. Sie gehörten wohl zu seiner Sammlung Immergrüner auf dem *bowling green* oder im Arbor-Vitae Grove, zu der auch die frostempfindliche immergrüne Virginische Eiche (*Quercus virginiana*) zählte. In Longleat pflanzte Lord Weymouth eine so große Anzahl weißer Kiefern (*Pinus strobus*), daß sie bis zum heutigen Tag als Weymouthskiefern bezeichnet werden. Probleme der Akklimatisierung und der entsprechenden Bodenbedingungen machten jede «neue» Bepflanzung zu einem Glücksspiel – kein Wunder, daß private Zuchtbetriebe, in denen die aus Samen gezogenen Bäume und Sträucher ein geschütztes Dasein führten, den Bestand dieser *pleasure grounds* sicherten. Peter Collinson schrieb von 1000 Libanonzedern, die an die 500 Jahre alt (für eine Gesamtsumme von £79 1*s.* erworben) als Ergänzung des immergrünen Waldes, mit dem der Herzog «die nackten Hügel» in Goodwood zu bekleiden suchte, in den Park gepflanzt wurden. Gewächse aus dem Nordosten Amerikas, die an sehr viel heißere Sommer und kältere Wintertemperaturen gewöhnt waren – es handelte sich hauptsächlich um calcifuge Pflanzen (sogenannte Kalkflieher) –, ließen sich besonders schwer ansiedeln; gegen Ende des Jahrhunderts schufen Gartengestalter wie Humphry Repton Bereiche für spezifisch «amerikanische Gärten», mit saurem Boden und Wachstumsbedingungen wie in den Sümpfen, die als Ergänzung der Landschaftsparks in Mode kamen.

1738–1773 schuf der ehrenwerte Charles Hamilton mit den Landschaftsgärten von Painshill in Surrey, wie Horace Walpole sich 1748 ausdrückte, «aus einem elenden Hügel einen herrlichen Ort», der heute gerade instand gesetzt wird (vgl. S. 212–213). Gleichermaßen naturnah und pittoresk im Stil, sind die Gärten im Umkreis eines Sees arrangiert; klassische Bauelemente beschwören literarische Assoziationen an Rom herauf. Hamilton befaßte sich mit Gemälden von Claude Lorrain, Poussin und Salvator Rosa und versuchte, ihre Bildwelt in seiner dreidimensionalen Landschaftskreation einzufangen. Thomas Whately schilderte 1770 die üppige Bepflanzung: «Die dichten Gehölzgruppen bestehen aus Blütensträuchern, und die exponierten Bereiche sind mit kleinen luftigen Kombinationen der grazilsten Bäume bepflanzt, die die Lichtungen bekleiden oder durchkreuzen.» Auch viele andere Stimmen zeugen von der Schönheit des Gartens. Die noch heute erhaltenen Libanonzedern sind eng verwandt mit denen in Goodwood und Whitton. Durch Peter Collinsons Vermittlung erhielt Hamilton einen Großteil seines amerikanischen Saatguts von John Bartram. Painshill war zwischen 1773 und 1794 im Besitz von Benjamin Bond Hopkins, der in dieser Zeit einen umfassenden Bestand neuer Pflanzen ansiedelte, einschließlich Roßkastanien, Zedern und Blutbuchen (nun erstmals in Europa erhältlich), die er auf den Hügeln unterhalb des Hauses und südlich des Teichs pflanzte. Er ergänzte Hamiltons Linden durch Platanen, Buchen und Eichen und dürfte wohl auch Bäume wie die Labrador-Kiefer oder Jack pine (*Pinus banksiana*) und *P. nigra var. caramanica* zu seiner Sammlung der Koniferen gesellt beziehungsweise zwischen 1785 und 1790 eingeführt haben.

Obgleich keine schriftlichen Bestandslisten von Hamiltons Bepflanzung vorliegen, verrät sein Briefwechsel mit Abbé Nolin in Paris, was 1755 an Pflanzen in Kultur war. Der Abbé war Berater von Ludwig XV. und Ludwig XVI. und Superintendent der königlichen Gärtnereien. Wie Hamilton war er begeisterter Sammler, insbesondere der amerikanischen Arten, für die er in Paris eigens einen Handelsbetrieb gründete. 1756 sandte ihm Hamilton, der über eine eigene Baumschule für Painshill verfügte, Samen, erinnerte aber daran, daß einige wohl erst im dritten Jahr keimen würden: Es handelte sich um «20 Strandföhren [...] 6 Weymouthskiefern, 6 Balsamsträucher, 6 *Pinus taeda*, 2 zweiblättrige amerikanische Pinien (*P. echinata*), 6 amerikanische Schimmelfichten (*Picea glauca*), 20 Rotfichten (*P. rubens*), 6 weiße Zedern oder Lebensbäume (*Thuja occidentalis*), 3 chinesische Lebensbäume (*T. orientalis*), 6 virginische Zedern (*Juniperus virginiana*) und 6 wächserne Gagelsträucher (*Myriaca cerifera*)». All die erwähnten Pflanzen wuchsen neben anderen in Amerika heimischen Gehölzen in Painshill: Robinien, Lavendelheide, *Gordonia lasianthus*, *Bignonia capreolata*, *Gelsemium sempervirens*, Rhododendren und Kalmien, *Clethra*, *Liquidambar*, die Weideneiche (*Quercus phellos*), der Trompetenbaum (*Catalpa bignonioides*), mehrere Formen des Sumach, *Liriodendron* und der Gewürzstrauch aus Carolina (*Calycanthus floridus*).

Sträucher und Blumen

Trotz der Entwicklung des neuen Landschaftsstils wurden die Blumen keineswegs vernachlässigt. Blütensträucher, darunter viele der aufregenden neuen «Amerikaner», waren nämlich wie geschaffen, um der formalen, französisch gestalteten «Wildnis» eine naturnähere Note zu verleihen, wobei nun gewundene Pfade die schnurgeraden Wege ersetzten. Es läßt sich wohl kaum genau festlegen, in welcher Periode eine vorwiegend aus Sträuchern bestehende Bepflanzung stilistisch relevant wurde – fest steht aber, daß sie sich grundlegend von der sehr viel geordneteren «Wildnis» nach französischer Manier unterschied. In Verbindung mit William Shenstones Gestaltung der Leasowes im Jahr 1748 wird erstmals ein mit Sträuchern bepflanzter Bereich erwähnt. Wahrscheinlich vollzog sich die Hinwendung zu einer eher naturnahen Bepflanzung aber erst im Lauf der Zeit. «An sämtlichen Schnittpunkten eurer Wege werde eine Fontäne oder ein kleiner Garten angelegt [...] diese Gärten scheinen selbst in ein bis zwei Meilen Entfernung zum Haus zu gehören», schrieb Stephen Switzer 1715; «solche Herren werden auf kleine Hecken, Bereiche mit niedrigem Gestrüpp und Rasenflächen stoßen, die den Eindruck erwecken, von der Natur kombiniert zu sein; denn hier läßt sich leicht ein etwa sechs bis acht Fuß breiter Weg einschneiden [...] und unter diese Heckenränder mische man Primeln, Veilchen und solchermaßen duftende und schöne Blumen; die Wege, die hindurchführen, versprechen nicht weniger Freude als [...] ein überaus kunstfertig ersonnener Garten.» 1728 ging Langley in seinen Aussagen noch weiter, indem er für schattige Wege in Hausnähe «Haine mit Weinrosen, weißem Jasmin, Geißblatt und als Unterpflanzung einen kleinen Kreis zwergwüchsiger Levkojen, Schleifenblumen und Nelken» forderte, alles von vorn nach hinten in der Höhe gestaffelt. Philip Miller, der dieses Thema in seinem *Dictionary* 1731 weiterführte, befaßte sich im einzelnen mit einer ganz ähnlichen Bepflanzung, um die starre Linienführung der Hecke, die für die formalen «Wildnis»-Bereiche früherer Epochen typisch war, zu brechen. Für den äußeren Garten empfahl Miller, Blumen wie Primeln, Veilchen, Narzissen und «viele andere Waldpflanzen» zu setzen, «nicht geradlinig, sondern dem Anschein nach wie zufällig in einem natürlichen Wald gruppiert», und im Hintergrund mit Blütensträuchern wie *Philadelphus*, *Cytisus*, *Lavatera*, *Daphne* und in allmählich ansteigender Höhe «*Laburnum*, Flieder und Schneeballbüschen das Bild fortzusetzen; dann sollten andere hochwüchsige Blütensträucher [...] und dahinter die verschiedensten Bäume folgen».

Wir sind bereits weit entfernt von der Interpretation der «Wildnis» gemäß der Brompton Park Nursery, obgleich Miller zunächst weiterhin immergrüne und laubabwerfende Sträucher in gesonderten Hainen hielt und erst allmählich dazu überging, sie als getrennte Bereiche einer Bepflanzung zu sehen. In einer späteren Ausgabe seines *Dictionary* erwähnte er ausdrücklich: «Wo Blumen erwünscht sind, können sich die Rabatten rund um den Rasen und im Schatten der Sträucher ausdehnen, die dank sorgfältig ausgewählter Stauden das ganze Gartenjahr hindurch für Farbe sorgen und somit ein sehr viel ansprechenderes Gesamtbild bieten.» Obgleich Mitte des Jahrhunderts verfaßt, scheint diese Auffassung von separaten Blumengartenbereichen die Pflanzpraktiken des 19. Jahrhunderts vorwegzunehmen. Zugleich erinnern Millers immergrüne Bepflanzungen aber auch an die John Evelyns und vermitteln somit einen Vorgeschmack auf die düsteren viktorianischen Gehölzgruppen. An der Tradition, immergrüne Pflanzen auf separate Bereiche zu beschränken, wurde aber offensichtlich nicht überall festgehalten; bereits 1750 belebte man die Bepflanzung in Rousham durch Rosen, die aus den Lorbeerbüschen hervorkamen, Sommerjasmin (*Philadelphus*), der durch Stechpalmen, und Flieder, der aus einer Eibe herauszuwachsen schien. Auf diese Weise entstand der Eindruck – vorausgesetzt man darf den Beschreibungen Henry Phillips in seinem *Sylva Florifera* von 1823 Glauben schenken –, daß «jedes Blatt der Immergrünen die eine oder andere Blüte hervorbrachte».

Joseph Spence (1699–1768), der von 1736–1766 Gärten von vorwiegend kleinerem Grundriß entwarf und *stets* ein entschiedener Verfechter von Blumen war, sprach sich für die altbewährten Pflanzen in den Rabatten aus: «Levkojen, gefülltblühende und einfache Nelken, Adonisröschen und gefülltblühende Nachtviolen, Bartnelken, Goldkamille, Rosen, *Dianthus chinensis* in verschiedenen Farben, Geißblatt, Rittersporn, einige Astern, Alpenaurikeln, besagte Nelken und Kapuzinerkresse». In der Verwendung der Sträucher war er kaum experimentierfreudiger, denn er empfahl nahezu keine der neu eingeführten exotischen Gewächse. Für einen Kunden um-

Elisa Baciocchis, die Schwester Napoleons, hatte den sehnlichen Wunsch, den im Stil des 17. Jahrhunderts gehaltenen Garten ihrer Sommerresidenz, der Villa Marlia, in einen *giardino pittoresco* nach dem Vorbild des Parks in Malmaison zu verwandeln – deshalb wandte sie sich ratsuchend an Josephines Gartengestalter Louis Berthault. Überall wurden Trauerweiden, Akazien, Ginkgos sowie amerikanische Tulpenbäume und Thujas gepflanzt, und heute rahmen schöne Solitärgehölze den Blick von der Villa über das Arno-Tal bis zum Monte Pisano ein.

pflanzte er das Haus mit einem Dickicht aus «den niedrigsten und schönsten Immergrünen wie *Laburnum*, drei Fliedersorten, Schneeballbüschen, abwechselnd gefülltblühenden Pfirsich- und Kirschbäumen, Eberesche, *Laurustinus*, *Arbutus*, *Prunus lusitanica*, *Cytisus*, *Phillyrea* und in der Tiefe, Akazien, Lärchen, Mandelbäume, Wildkirschen, Weymouthskiefern, Gemeine Kiefern, Weißtannen und Fichten [...] die schönsten und niedrigsten Exemplare sollten im Randbereich verstreut, die hübschesten Wildblumen überall großzügig über den Hain verteilt werden, insbesondere an Wegen und Rändern: Primeln, Veilchen, Schlüsselblumen und Walderdbeeren».

Mit «seinen kleinen Gruppen blühender Sträucher» verriet Spence, wie sehr er sich an Philip Southcotes zwanglos gestalteter Heckenpflanzung in Woburn Farm orientierte (vgl. S. 214–215). Es war eine Art Pionierarbeit, als Southcote (1699–1768) in den 30er Jahren des 18. Jahrhunderts seinen Bauernhof in einen Landschaftsgarten verwandelte, in dem dekorative Stauden und Blüten die Wege und Pflanzungen umsäumten sowie entlang der Hecken wuchsen. In seiner *ferme ornée* schuf er im Umkreis der Gebäude, die in genau festgelegten Abständen plaziert waren, einen originellen Garten, indem er wie ein Maler, der mit dem sicheren Gespür für richtige Dimensionen ein Bild komponiert, die Pflanzen im Vorder-, Mittel- und Hintergrund gezielt für ein Wechselspiel aus Licht und Schatten einsetzte, wobei «die immergrünen Gewächse, die im Sommer Schatten spenden, im Winter aufhellend wirken». Die diversen Wege waren so angelegt, daß sie den Besucher in einem Rundgang um den Garten durch gepflegte Weideflächen und die herkömmlich bestellten Felder führten. Southcotes Verwandter, Lord Petre, beriet ihn bei der Bepflanzung und führte wohl auch einige der neueren Gewächse in Southcote ein.

Spence beriet Sir William Chambers in Gartenfragen und dürfte wahrscheinlich auch einen bemerkenswerten Einfluß auf dessen *Dissertation on Oriental Gardening* von 1772 ausgeübt haben, die veröffentlicht wurde, als William Mason und George Harcourt den Blumengarten in Nuneham anzulegen begannen. Diese Arbeit, die wohl vom chinesischen Stil inspiriert war, förderte die Verbreitung von Zierpflanzen. Baumgruppen sollten mit «Rosenbäumchen, Weinrosen, Geißblatt, Feuerbohnen, Kapuzinerkresse, Stauden- oder Duftwicken [*Lathyrus odoratus* – ein «Vorfahr» unserer modernen Duftwicke, war gerade erst aus Sizilien eingetroffen], gefülltblühender Baumheide und anderen aromatischen Sträuchern, die die kahlen Teile der Pflanze kaschieren und die Luft mit Wohlgeruch erfüllen», umgeben werden.

Um 1770 half William Mason bei der Anlage des Blumengartens in Nuneham innerhalb einer separaten, unregelmäßig geformten Einfriedung, in der Blumenbeete, Tempel und Grotten für ein bezaubernd pittoreskes Bild sorgten. Nuneham gilt als der schönste aller Blumengärten des 18. Jahrhunderts, der sowohl für Repton (in seinen 1803 veröffentlichten *Observations on the Theory and Practice of Landscape Gardening*) als auch für Loudon in Vorahnung des *gardenesken* Stils Modellcharakter hatte. «Ohne formal zu sein», schilderte ihn Repton als «in hohem Maß dekorativ, dennoch aber nicht überladen mit Sitzgelegenheiten, Tempeln, Statuen, Vasen oder anderen Ornamenten, die als Kunstwerke wunderbar mit der üppigen Blumenpracht und der verschwenderischen Bepflanzung harmonieren, die den Ziergarten von der natürlichen Landschaft unterscheiden, obgleich die Wege nicht schnurgerade ausgerichtet sind.» Jahrelang stand Nuneham für das Neue *par excellence;* die Forschung zeigt jedoch, daß es im Grunde nichts völlig Neues gab, nicht einmal was die informelle Gliederung anbetrifft. Ohne den Einfluß dieses Blumengartens schmälern zu wollen, seine gewisse «Feinsinnigkeit» und seinen Reiz in Frage zu stellen, lassen sich sowohl seine unregelmäßige Struktur als auch die da und dort wie wahllos in den Lichtungen und im Gras verstreuten Beete auch in Gärten nachweisen, die bereits 40 Jahre zuvor angelegt worden waren. Thomas Robins' Gemälde des Grove House in Old Windsor – im Besitz des ehrwürdigen Richard Bateman –, das 1751 vollendet wurde, zeigt einen ähnlich asymmetrischen, eingefriedeten Bereich wie Nuneham, der, vom übrigen Garten getrennt, aus willkürlich verteilten (aber formal gestalteten) Blumenbeeten und vereinzelten Töpfen mit Blumen bestand. 1765 beschrieb Walpole Batemans Garten in einem Brief an Lady Hervey als ein «Königreich aus Blumen», in dem sich «Wagenladungen voll Akazien, Geißblatt und Flieder» finden.

Repton war der einflußreichste Landschaftsgärtner – er führte übrigens als erster diesen Titel ein –, der die Blumen in Teile der herrschaftlichen Gärten zurückbrachte. Er vereinigte sie in abgeschlossenen Bereichen, in denen er sich etwa für ein Rosarium (wie das «Rosary» in Ashridge) aussprach, oder Gärten, die eigens für amerikanische oder chinesische Pflanzen wie Hortensien, Aukuben und *Camellia japonica* (in Woburn für den Herzog von Bedford zusammen mit baulichen Elementen im gleichen Stil empfohlen) angelegt wurden. Im «Rosary» in Ashridge schwebten an Ketten gezogene Rosengirlanden über den kleinwüchsigeren Rosen. In Wirklichkeit waren die Blumen aber eigentlich nie verschwunden. Selbst in den vorwiegend einheitlich grünen Landschaftsanlagen von Lancelot Brown wurden in den mauerumzogenen Küchengärten in einiger Entfernung zum Haus Blumen gepflanzt, und zu Beginn seines beruflichen Werdegangs um 1750 in Petworth und gegen Ende in Cadlands sprach sich Brown für vermehrten Blütenschmuck in den entsprechenden Bereichen aus.

Um 1790 empfahl Charles Marshall (1747–1818), die Wege in den entfernteren *pleasure grounds* mit «ausdauernden Blütenpflanzen» sowie kleineren Sträuchern zu säumen und da und dort reizvolle Blumenkompartimente zu integrieren.

William Cobbetts Abschnitt über Blumen in *The English Gardener* (1829) zeigte, daß ihre Kultur nie ganz aus der Mode gekommen war, sondern sich irgendwie von selbst verstand, während die größeren Entwürfe diskutiert und verwirklicht wurden. «Blumen», schrieb Cobbett, «werden in Beeten gezogen, die gänzlich mit ein und derselben Sorte zu bepflanzen sind, oder in Rabatten, in denen sich eine unüberschaubare Vielfalt zusammengesellt, so kombiniert, daß sie in Farbe und Statur miteinander harmonieren». Lediglich die Floristen zeigten eine gleichbleibende Vorliebe für Beete, «aber der Zeitgeschmack tendierte *seit einigen Jahren* zu Rabatten, in denen Blumen von größter Leuchtkraft so arrangiert wurden, daß sie in kontinuierlicher Folge in Richtung Hintergrund oder Mitte der Rabatte allmählich höher wurden und von den ersten Frühlingsmonaten bis zum Frosteinbruch eine Blütenphase die andere ablöste». Cobbett empfahl auch Raum zwischen den einzelnen Pflanzen zu lassen, um jene, die «wild herumstreunen», unter Kontrolle zu halten, damit sie nicht unansehnlich wirkten («eine Matte der schönsten Blumen der Welt wird sich – dicht zusammengedrängt und ohne die geringste Ordnung – nie von einer Ansammlung leuchtenden Unkrauts unterscheiden»), und ging ausführlich auf Maßnahmen wie das Anstäben und Aufbinden ein: Diejenigen, die es ablehnten, Blumen an Stöcke zu

Die Idee, einen gesonderten Bereich des Gartens als «Amerikanischen Garten» zu gestalten, kam in England gegen Ende des 18. Jahrhunderts auf und entwickelte sich dann zu einer wahren Modeströmung. Calcifuge Pflanzen (sog. Kalkflieher) aus Nordamerika (Pflanzen mit ähnlichen Ansprüchen von anderen Kontinenten kamen später hinzu) wurden in tiefgründigen, sauren Lehm gepflanzt. Autoren wie Uvedale Price förderten die pittoreske Verwendung von Sträuchern wie Lorbeerrosen und Rhododendren in der Landschaft. Humphry Repton wies in Gesamtplänen auf geeignete Standorte hin. «Amerikanische Gärten» gab es in William Beckfords Fonthill Abbey (Bild), in Milburn Tower bei Edinburgh und in Woburn Abbey; 1843 entwarf J. C. Loudon einen «Amerikanischen Garten» als Teil seiner Pläne für Coleshill in Berkshire.

binden, warnte er, «wer in dieser Hinsicht nachlässig ist oder untätig, muß wissen, daß ein kräftiger Wind die hohen Pflanzen wie Stockmalven, Studenten- und Wunderblumen umreißt und sie zum Schläger und Zerstörer der schwächeren und vielleicht auch edleren unter ihnen macht». Mit dieser Ausführung vermittelt Cobbett einen Einblick in die Pflanzpraktik des 18. Jahrhunderts, zugleich aber auch einen Vorgeschmack auf die Kunstfertigkeit des 19. Jahrhunderts. In der sich anschließenden Liste der Blumen schlug Cobbett vor, viele der erst neuerdings eingeführten Exemplare einzusetzen, und schloß sogar die einjährige *Clarkia* ein, die von Douglas erst vor kurzem aus Kalifornien mitgebracht worden war.

Selbstverständlich zog man in der Blütezeit des Landschaftsgartens sowohl die altbekannten als auch die neuen Blumen, die in den folgenden Ausgaben von Millers *Dictionary* aufgeführt wurden. Gleichermaßen kultivierten das ganze 19. Jahrhundert über nicht nur die Gartenliebhaber, sondern auch die Botaniker blühende Stauden in ihren bescheidenen Gärten, während die größeren Landsitze den Kurs der Mode vorgaben, indem die Beete mit den immer gleichen Sommerblumen bepflanzt und viktorianische Gehölzbereiche aus Immergrünen favorisiert wurden. Auf diese Weise hielt man im letzten Jahrhundert an einer im Grunde «simplen» Gestaltungsform fest, obgleich die Philosophie des Brownschen «Naturalismus» überall propagiert und gepriesen wurde. Wie Mark Laird andeutet, ging die Tradition der Rabatten und ihrer Bepflanzung, einer richtigen Blumengartenbepflanzung, wahrscheinlich auf die barocken *plates-bandes* zurück, die die *parterres de broderie* und *parterres à l'anglaise* vor 1700 umgaben, ähnlich jenen, die in Het Loo die verschnörkelten Parterres im Unteren Garten einrahmten (vgl. S. 184–185). Die allmählich weniger formal gestalteten Blumenbeete, die sich in Anpassung an den Zeitgeschmack von der starren, rasterartigen Bepflanzung lösten, wurden von Spence, Miller, Mason, Marshall und schließlich Repton und Loudon zu Beginn des 19. Jahrhunderts in Anlehnung an den pittoresken Stil reinterpretiert.

DER ENGLISCHE LANDSCHAFTSSTIL

Um die Jahrhundertmitte verwirklichte Lancelot Brown in Petworth seine Visionen von Landschaftsgestaltung. Sie sind auf den Park- und Seenbildern, die William Turner 1828 in Öl schuf, festgehalten. Turners Eichengruppe besteht noch immer. Neben den Zedern, Pinien und Buchengruppen und Kastanien, die auf den Hügeln in der Ferne wie «hingetupfte» Wälder erscheinen, besteht der Reiz von Browns Werk in Petworth in der ungewöhnlichen Verwendung blühender Bäume und Sträucher innerhalb der Parklandschaft. Die in einem noch erhaltenen Gärtnereiverzeichnis aufgeführten Gattungen sind allerdings enttäuschend dürftig, zumal Philip Miller damals eine Vielzahl neuer Pflanzen beschrieb. Zu den Ausnahmen gehören 8 Gagelsträucher (*Myrica pensylvanica*), 10 virginische Stachelbeersträucher, 10 virginische Sumach und 4 Trompetenblumen (*Campsis radicans*), alle aus Nordamerika.

Als sich um 1750 die serpentinenartigen Linien und das nichtformelle Bepflanzungskonzept immer mehr durchsetzten, schien alles auf den aus bescheidensten Verhältnissen stammenden, in Northumberland geborenen Gärtner Lancelot Brown (1715–1783) zu warten, der das Gesicht Englands durch grandiose Entwürfe nachhaltig prägen sollte. Man nannte ihn auch «Capability» Brown, weil er davon überzeugt war, daß jede Landschaft ihr eigenes Potential berge. Er verbreiterte die Flüsse, schuf ganze Seen und setzte größere Erdbewegungen in Gang, um die Konturen des Parklands zu verändern, indem er Haine, Gehölzgruppen und an der Peripherie einen Gürtel aus Bäumen anlegte. Während die einen Brown als den großen Kontrahenten der Gartengestaltung sehen – um diese «sprechenden» Szenerien aus luftigen Gehölzgruppen und leicht anschwellenden Hügeln zu schaffen, zerstörte er sämtliche Spuren des französisch formalen Stils –, sind andere ihm dankbar für die unzähligen heimischen und exotischen Bäume, die er gepflanzt hat. Viele von diesen Bäumen haben ihre ganze Schönheit erst im Verlauf der nachfolgenden Jahrzehnte und Jahrhunderte entfaltet, und einige von ihnen fielen den ungewöhnlich heftigen Stürmen, die 1987 und 1989 wüteten, zum Opfer. Brown ging es nicht vorrangig um die Kultur seltener Arten, sondern vielmehr um die Wirkung, die man mit Pflanzen erzielen konnte. Ein Brief, den er 1775 an den Geistlichen Thomas Dyer richtete, verrät, daß er sehr viel planmäßiger vorging, als es beim Anblick seiner Gärten den Anschein hat: «Um die Eleganz zu erreichen […] und um dem Menschen das Wohlbefinden zu vermitteln, das er in der Landschaft sucht, […] dazu bedarf es eines ausgewogenen Plans, einer adäquaten Umsetzung und einer genauen Kenntnis der Landschaft […] einer ungeheuren Sensibilität der Bepflanzung etc.; denn soviel Schönheit hängt von der Größe der Bäume und der Farbe ihres Laubes ab, um exakt die Wirkung von Licht und Schatten zu erzielen, die so wesentlich für die Vollendung eines gelungenen Plans ist.»

Um 1770 vermochte Thomas Whately Browns Gedanken über

den neuen Stil in *Observations on Modern Gardening* zusammenzufassen: «Die Gartengestaltung [...] endlich von der starren Regelmäßigkeit befreit [...] die schönsten, schlichtesten und edelsten Szenerien der Natur zählen zu ihrem Wirkungskreis.»

Schon zu Lebzeiten wurde Brown jedoch auch heftig kritisiert – seltsamerweise aber vorwiegend wegen seiner Pflanzpläne und weniger, weil er im Zuge seiner Arbeit seit Urzeiten «gewachsene» Landschaftsbilder hinwegfegte. Überdies hatten viele seiner «Nachfolger» keinen Sinn für das feine Wechselspiel seiner Bepflanzung. Sie ließen die Zeit, die die Bäume für den Reifeprozeß benötigen, um gewisse Wirkungen zu erzielen, außer acht, stellten sein «belting, clumping and dotting» – das gürtelartige Einfassen, die Pflanzung geschlossener Gehölzgruppen und die Wirkung feiner tupfenartiger Akzente – in Frage. Sein Vorgehen wurde später von Humphry Repton, der Brown bewunderte und ihm nacheiferte, erläutert. Brown pflanzte eine Reihe von «Ammenpflanzen», um andere Gewächse zu schützen und den Wuchs jener zu fördern, die langfristig das Bild prägen sollten – eine bewährte Methode zur Aufforstung. In dem Jahr, in dem Brown starb, heftete Walpole einen anonymen Nachruf in sein Notizbuch, der der oft verkannten Größe dieses Landschaftsgärtners und seinen Visionen Rechnung trug: «Von solcher Art war die Wirkung seines Genius, daß von der Zeit, in der er der glücklichste Mensch war, am wenigsten in Erinnerung bleiben wird; so eng hielt er sich an die Vorlage der Natur, daß seine Werke unweigerlich mißverstanden werden dürften.»

Der englische Landschaftsgarten war, aus der Perspektive des Auslands betrachtet, am erfolgreichsten, wenn er sich auf entsprechendem Gelände, in Verbindung mit botanischen Sammlungen wie jenen in Caserta und Malmaison präsentierte (vgl. S. 216–217 u. 218–220). Die französische Version des englischen Stils, der *jardin anglais* oder *anglo-chinois*, der später in seinen eher pittoresken Formen auf dem ganzen europäischen Kontinent übernommen wurde, erschien oft wie eine Art Zerrbild des Brownschen Ideals, zumal man sich kaum die Mühe machte, die Landschaft mit erlesenen Bäumen zu verschönern. Mit geradezu manischem Eifer schienen in Europa die Schlängelpfade, Brücken und Tempel aus dem Boden zu schießen. Gegen Ende des 18. und im Lauf des 19. Jahrhunderts fand eine weitere «englische» Passion Nachahmung: Viele der privaten Gutsbesitzer ließen sich von einer wahren Sammelleidenschaft schöner Bäume erfassen – parallel dazu kam es zur Gründung zahlreicher öffentlicher Parks in Europa und Amerika. George Washington las Batty Langley und führte in Mount Vernon im ausklingenden 18. Jahrhundert die gewundene Linienführung ein. Thomas Jeffersons Rundreise durch englische Gärten im Jahr 1785, vor allem sein Besuch der Woburn Farm, schlug sich in Monticello in Virginia, insbesondere in der Bepflanzung der Blumenbeete nieder. Der Birkenhead Park in Liverpool, einer der ersten öffentlichen Parks in England, wurde 1843 von Joseph Paxton mit Hilfe von Edward Kemp angelegt. Von seinem naturalistischen Stil ließ sich Frederick Law Olmsted weitgehend leiten, als er seine Pläne für den Central Park in New York verwirklichte.

Redoutés Darstellung der *Stuartia ovata* (damals als *S. pentagyna* bezeichnet), eines Strauches, der in den Wäldern und Uferrandzonen Virginias heimisch ist, erschien als Tafel 6 in Band I des *Nouveau Duhamel*, einem Nachschlagewerk, das erstmals in sieben Bänden zwischen 1800 und 1819 erschien und 1825 sowie 1852 in zweiter und dritter Auflage herauskam. Der *Nouveau Duhamel* basierte auf dem ursprünglich zweibändigen Werk *Traité des Arbres et Arbustes*, das 1755 von Duhamel de Monceau verfaßt worden war, erfuhr jedoch durch die Bilder von Pierre Joseph Redouté und Pancrace Bessa eine erhebliche Erweiterung. Die Bände I-V waren Exkaiserin Josephine in Malmaison gewidmet; der *Nouveau Duhamel* blieb *das* Standardwerk für Bäume, die in Westeuropa wachsen, bis 1838 Loudons *Arboretum et Fruticetum Britannicum* folgte.

Die Gesellschaft der Gärtner und Züchter Londons

Seit 1725 traf sich diese Gesellschaft, eine Vereinigung der 20 führenden Gärtner und Züchter Londons, allmonatlich, um sich über Pflanzen, darunter auch Neueinführungen, auszutauschen und zu einer klaren und einheitlichen Namensregelung zu gelangen. Ihr *Catalogus Plantarum*, von dem in der Tat nur Band 1 über Bäume und Sträucher herauskam, wurde 1730 veröffentlicht. Zur Illustration steuerte Jacob van Huysum 21 Aquarelle bei, die einzelne Pflanzen darstellten, von denen 7 in Farbe gedruckt und die anderen 14 Stiche von Hand koloriert waren. Einige dieser Pflanzen wie die Lilie oder die gefülltblühende Kapuzinerkresse waren für weitere Bände über Blumen, Gewächshauspflanzen und Obstbäume vorgesehen. Die beschriebenen Pflanzenarten konnten bei der Gesellschaft bestellt werden. Hervorzuheben ist hier vor allem der Schriftführer der Gesellschaft, Philip Miller (1691–1771) – ab 1722 Leiter des Chelsea Physic Garden –, der wesentlich zur Aufzeichnung der Pflanzenbeschreibungen des Katalogs beitrug (die erste Auflage seines *Gardeners Dictionary* erschien 1731).

Unter den Mitgliedern der Gesellschaft waren Thomas Fairchild (1667–1729), Robert Furber (1674–1756) und Christopher Gray (1694–1764). Thomas Fairchild, der praktische Erfahrungen mit theoretischem Wissen verband (er war der erste, der durch gezielte Kreuzung einer Gartennelke mit einer Bartnelke die Hybride *Dianthus caryophyllus* x *barbatus* schuf, die als «Fairchild's mule» bekannt wurde), gründete im Jahr 1690 seinen Gartenbetrieb. Sein Buch *The City Gardener*, in dem er sich mit Bäumen, Obst, Wein und anderen Pflanzen befaßte, kam 1722 heraus. Es enthielt Vorschläge für die Bodenverbesserung von Ödland durch eine gezielte Bepflanzung mit immergrüner Stechpalme, Buchs, Liguster, Lorbeer, laubabwerfendem Gold-

Das unkolorierte Titelblatt von Teil I des *Catalogus Plantarum* von 1730 wurde 1729 von Henry Fletcher gestochen und geätzt. Der von der Gesellschaft der Gärtner veröffentlichte Katalog war dem Grafen von Pembroke, einem Gönner der Gartengestaltung gewidmet. Das Titelblatt, das wenig über die im Innern aufgeführten Schätze an Bäumen und Sträuchern verrät, zeigt in perspektivischer Sicht einen schmalen Garten, der von hohen beschnittenen Hecken umgeben ist und mit Gruppen von Blumen und Früchten in den beiden unteren Ecken die damalige Vorliebe für Gärten im französischen Stil widerspiegelt.

regen, Flieder, Sommerjasmin und verschiedenen Schneeballarten; er schlug vor, sie eher in Form einer «Wildnis» zu pflanzen, als sie in Rasen-Parterres und Kieswege zu integrieren, und empfahl sie mit scharlachroten Grasnelken, mehrjährigen Sonnenblumen, Bartnelken und Astern zu umgeben. Außerdem bot Fairchild die damals neue – inzwischen aber weitverbreitete – Bastardplatane oder Gewöhnliche Platane (*Platanus* x *hispanica*, heute *P.* x *acerifolia)* an – eine Kreuzung zwischen der orientalischen *P. orientalis* und der amerikanischen *P. occidentalis*, die sich aufgrund ihrer Unempfindlichkeit gegenüber Schadstoffen und Rückschnitten als idealer Stadtbaum bewährt hat.

Robert Furber und Christopher Gray hatten nach Bischof Comptons Tod im Jahre 1713 einen Teil seiner Sammlung erworben; ihre Gartenbetriebe wurden für ihr Sortiment exotischer Pflanzen berühmt.

Links: Robert Furbers handkolorierter Stich eines «Tulpenbaums, einer Magnolie und eines Kapokbaums», die alle im Garten des Grafen von Pembroke in Wilton blühten, stammt aus dem Jahr 1720. Der Tulpenbaum (*Liriodendron tulipifera*) war etwa 20 Jahre alt und trug 500 Blüten. Die Magnolie mit nahezu immergrünen Blättern – damals als die «Weiße Tulpe» (*Magnolia virginiana*) bekannt – wurde von John Banister eingeführt und in den Garten von Bischof Compton in Fulham gebracht; sie kam nach neun Jahren zum Blühen. Der frostempfindliche südamerikanische *Bombax ceiba* blühte im Warmhaus nach elf Jahren. Alle diese neuen exotischen Pflanzen waren um 1730 in Furbers und Grays Gärtnerei erhältlich.

Die von Jacob van Huysum geschaffene Tafel 13 (*rechts*) im *Catalogus Plantarum* der Gesellschaft der Gärtner porträtiert zwei der in Virginia heimischen Weißdorne (wahrscheinlich *Crataegus phaenopyrum* und *C. pedicellata*), beide mit roten Früchten. Der von Hand kolorierte Stich stammt von Henry Fletcher.

Der große Austausch: Peter Collinson, Lord Petre und ihre Verdienste um die Pflanzen

Der Quäker Peter Collinson, Gartenfachmann und Freund von Philip Miller und Carl von Linné, war ein bedeutender Pflanzensammler und Chronist neuer Pflanzen. Aitons *Hortus Kewensis* verband mit Collinsons Namen 42 neue Pflanzeneinführungen. Aber dessen eigenes Werk, *Hortus Collinsonianus*, das erst 1809 gefunden und veröffentlicht wurde, beweist, daß Pflanzen, die vormals Sherard, Catesby und Miller zugeschrieben wurden, in Wirklichkeit durch ihn eingeführt worden waren, so daß sich die Zahl auf insgesamt 170 beläuft. Die meisten stammten aus den amerikanischen Kolonien und wurden ihm von seinem Freund und Pflanzensammler John Bartram aus Philadelphia zugesandt. Im Gegenzug wanderten aber auch Pflanzen über den Atlantischen Ozean nach Amerika. Collinson und eine Reihe renommierter Subskribenten einschließlich Miller bezahlten Bartram 5 Guineen pro Kiste, bei einem vereinbarten Lieferkontingent von 20 Kisten pro Jahr. Collinson selbst pflanzte eine große Anzahl dieser Raritäten in seinem eigenen Garten, zunächst in Peckham, wo er bis 1749 lebte, dann in Ridgway House in Mill Hill. In einem Brief an Linné schreibt er von 40 großen Immergrünen, mit denen er ohne jeglichen Verlust umzog. Sein Katalog führt die Pflanzen in seinem Garten (nicht nur die von ihm eingeführten) auf, gibt aber auch seine Kommentare über ihr Gedeihen in seinen beiden Gärten und anderswo wieder, besonders im Anwesen des großen Baumsammlers Lord Petre in Thorndon Hall (Essex).

Weitere Pflanzen erhielt Collinson aus Asien: den Götterbaum (*Ailanthus glandulosa*, heute *A. altissima*), für den er die Samen 1751 aus Nanking von Pater d'Incarnille erhielt; den Papiermaulbeerbaum (*Broussonetia papyrifera*), die buschige Hain- oder Weißbuche *Carpinus orientalis* – gezogen aus Samen, die 1735 aus Persien eingeführt wurden –, aber auch Einjährige wie den Kugelamarant aus Indien und Zinnien aus Mexiko.

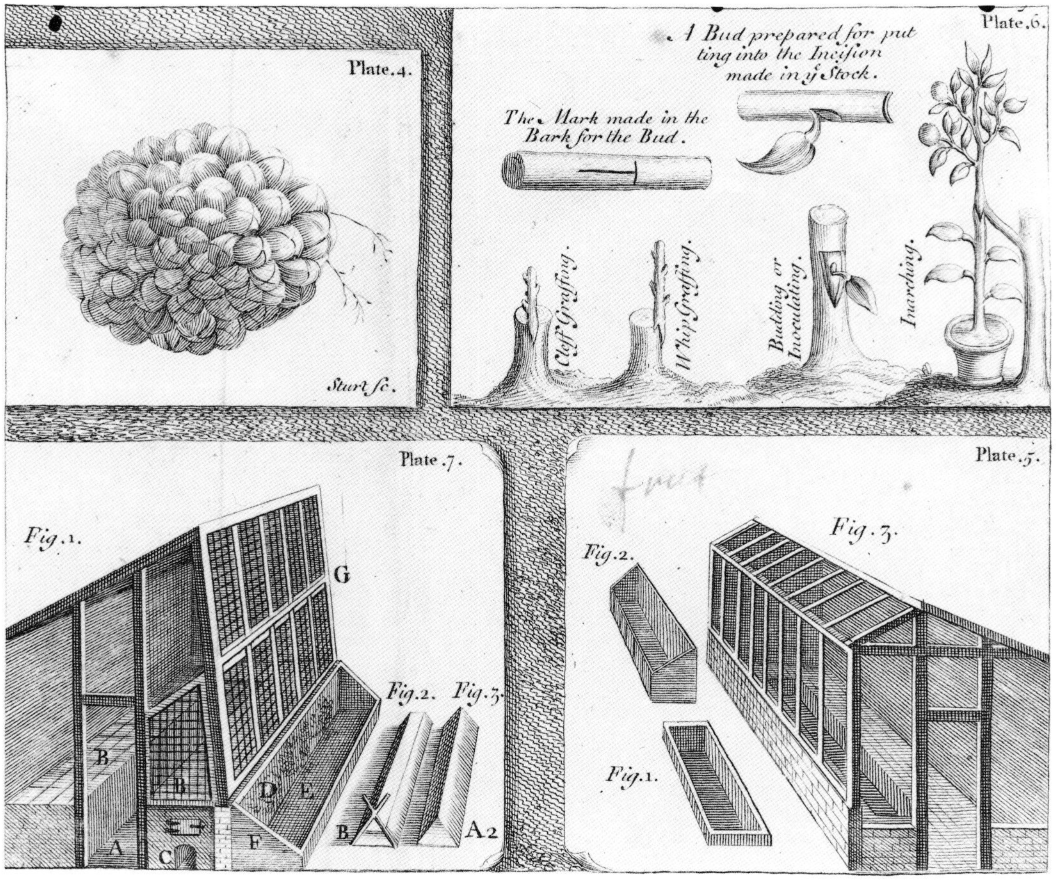

Die Warmhäuser in Thorndon, deren Innentemperatur sich regeln ließ, hatten Ähnlichkeit mit den hier abgebildeten Modellen. Neuheiten wie Limetten, Bananen, Guaven, Papayas und Passionsblumenarten fanden hier einen Lebensraum und entwickelten Früchte. Eines der Gewächshäuser beherbergte die erste in England blühende Kamelie – Collinson beschrieb die beiden schönen Exemplare der *Camellia japonica* als «immergrüne Sträucher mit lorbeerähnlichem Laub; eine der Pflanzen trug weiße Blüten, die andere rote». Im August 1740 brachte die eine von ihnen eine «überaus reizvolle karmesinrote, gefüllte Blüte hervor». 1742 verfügte die Gärtnerei laut Collinsons Schätzungen über 219 925 Pflanzen, meist Exoten, die aus Samen, Absenkern und durch Okulier- und Pfropfverfahren gezogen waren.

Oben: Das Titelblatt von *New Improvements of Planting and Gardening* (1717) von Richard Bradley, später Professor der Botanik in Cambridge, zeigt Schutzrahmen für an Mauern gezogenes Spalierobst. Bradley betrieb intensive Studien über die Praxis von Gewächshäusern und veröffentlichte regelmäßig Informationen für den Gärtner. Unter den Bäumen und Sträuchern, die über Collinson von Amerika kamen, waren Formen der Felsenbirne, *Rhododendron nudiflorum*, der Schneeflockenstrauch (*Chionanthus virginicus*) und der Gewürzstrauch (*Calycanthus floridus*), der in Mill Hill von 1756 an jedes Jahr blühte. Der Berglorbeer (*Kalmia latifolia*), der 1734 eingeführt wurde, brachte im Juli 1740 vereinzelt Blüten hervor. 1759 sah Collinson in Enfield erstmals den aus Amerika stammenden Dogwood oder Blumenhartriegel (*Cornus florida*) im Stadium der Blüte.

Rechts: Collinson gelang aber auch die Anzucht kleinerer Pflanzen aus Nordamerika; die Götterblume (*Dodecatheon meadia*), hier zusammen mit der amerikanischen Waldschnepfe auf Mark Catesbys Gemälde dargestellt, die Indianernessel oder der Bergamoth (*Monarda didyma*) und *Phlox subulata* sowie den Frauenschuh in diversen Arten. Auch die ungewöhnlichen und schwierig anzubauenden Schlauchpflanzen und Zephirblumen (*Zephyranthes atamasco*) – letztere von John Clayton aus Virginia in Töpfen verschickt, damit sie im April blühen sollten – und *Comptonia peregrina*, ein von Bartram erneut eingeführter, aber schon früher bekannter Farn.

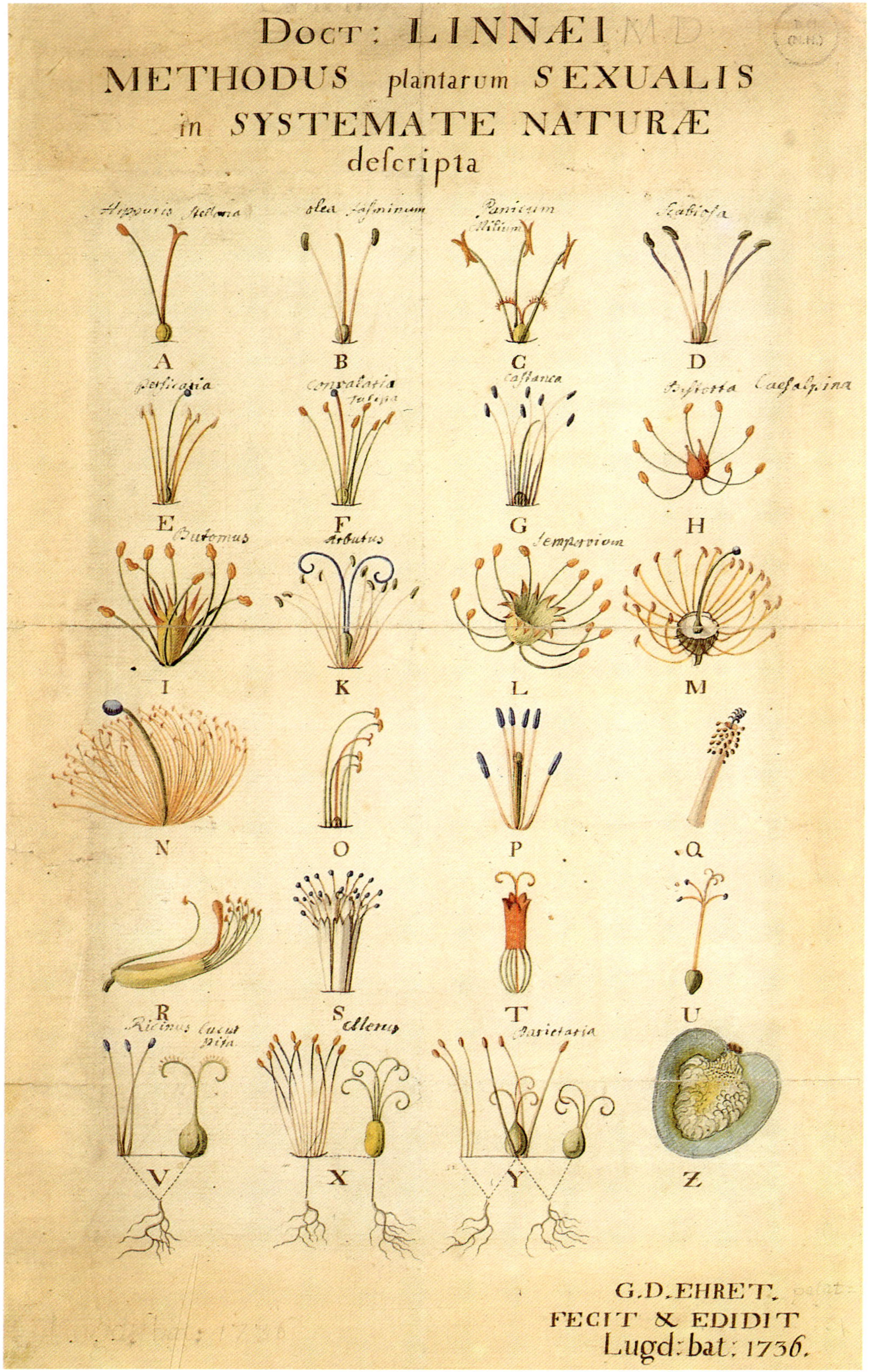

Miller, Linné und Ehret

In einer Studie über Pflanzen in Landschafts- und Gartenentwürfen im 18. Jahrhundert werden drei eng miteinander verbundene Experten genannt, von denen jeder in seinem Fachbereich herausragend und von nachhaltiger Bedeutung für die Geschichte der Gartenkultur ist: Philip Miller (1691–1771) vom Chelsea Physic Garden – Autor, Gärtner und Botaniker, Pflanzensammler und Berater der Reichen; der schwedische Naturkundler Linnaeus (1707–1778) – später als Carl von Linné geadelt –, der das binominale System der botanischen Nomenklatur einführte; und der außergewöhnliche Pflanzenmaler Georg Dionysius Ehret (1708–1770), vielleicht der größte aller botanischen Illustratoren.

Philip Miller beeinflußte die Gartenwelt weit über seinen damaligen Wirkungskreis als Präfekt des 1676 gegründeten Chelsea Physic Garden hinaus. Während seiner Amtszeit von 1722 bis 1770 verwandelte er den Garten, der 1722 von Sir Hans Sloane vor dem Verwildern gerettet wurde, in einen der pflanzenreichsten Gärten der Welt. Sein berühmtes *Gardeners Dictionary*, erstmals 1731 veröffentlicht, erreichte zu Millers Lebzeiten acht Auflagen und acht weitere bis zum Jahr 1830; in der achten Auflage von 1768 übernahm er die binäre No-

Obgleich im frühen 19. Jahrhundert das von Carl von Linné entwickelte «Sexualsystem» zur Klassifizierung der Pflanzen, das auf der Anzahl der Staubfäden und Narben, die sich in einer Blume finden, aufbaute, angesichts der Annahme von natürlicheren Systemen der Klassifikation als veraltet galt, bildet sein neues binominales System, das vollständig erstmals als *Species Plantarum* 1753 veröffentlicht wurde, den noch immer verbindlichen Ausgangspunkt für jede botanische Nomenklatur. Er wandte seine Methode spezifischer Namen erstmals während der Vorbereitung des *Hortus Cliffortianus* von 1735–1738 an, eines systematischen Katalogs der Pflanzen im Garten des anglo-holländischen Kaufmanns George Clifford bei Haarlem. Dieser Katalog war mit Zeichnungen von Georg Dionysius Ehret illustriert, die von J. Wandelaar (auch einige der Zeichnungen stammen von ihm) gestochen wurden.

menklatur, wie sie von Carl von Linné in dessen *Species Plantarum* von 1753 empfohlen wurde. Demzufolge wurden die Pflanzen mit einem aus einem einzelnen Wort bestehenden Gattungsnamen und einem artspezifischen Epitheton benannt. In der Zeit zwischen der ersten und achten Auflage von Millers *Dictionary* war die Zahl der in England kultivierten Pflanzen auf das Fünffache angestiegen – nicht zuletzt dank Millers unermüdlicher Sammelleidenschaft. Er erhielt Schätze aus Amerika, von den Westindischen Inseln, dem Kap der Guten Hoffnung und Europa. Das *Dictionary* war aber nicht nur ein Katalog aller Kulturpflanzen; zusammen mit dem *Garden Calendar*, der mit der dritten Auflage herauskam, stellte es ein umfassendes Handbuch dar, das die wichtigsten Aspekte des Gärtnerns der damaligen Zeit wiedergab.

Carl von Linné, der in Uppsala Medizin studiert hatte, kehrte, nachdem er die binominale Klassifikation in die europäische Botanik eingeführt hatte, als Professor in seine Heimat Schweden zurück. Ehret heiratete 1738 Millers Schwägerin und blieb «zum Malen stimuliert» in England. Denn die vielen neuen Pflanzen boten ihm eine Fülle an Anschauungsmaterial, von dem er auch weiterhin Illustrationen auf Papier und Pergament sowie in Form von Kupferstichen für seine eigene Publikation *Plantae et Papiliones Rariores* (1748–1759) anfertigte.

Georg Dionysius Ehret malte das Bild der *Magnolia grandiflora*, der immergrünen Magnolie aus Amerika, das in Mark Catesbys von 1729 bis 1747 veröffentlichter *Natural History of Carolina* wiedergegeben wurde. Die weißen und duftenden Blüten der Magnolie und die aufregend rotgrüne Färbung der Fruchtwand sowie ihre Eigenheit, die glänzenden Blätter selbst im Winter beizubehalten, ließ sie zu einer der begehrtesten Errungenschaften aus der Neuen Welt werden. Schon bevor ihn Linné darauf aufmerksam machte, hatte Ehret dank seines Gönners Dr. Christoph Jacob Trew in Nürnberg gemerkt, wie sehr es auf die genaue Betrachtung der Pflanzen ankam und welche Teile einer Blüte oder Frucht der exaktesten Darstellung bedurften, um Aufschluß über ihren Fortpflanzungsmodus zu gewinnen.

Die Bepflanzung in Whitton und Painshill

In seinem *Hortus Kewensis* schreibt William Aiton dem Herzog von Argyll das Verdienst zu, verschiedene Arten der Gränke und die Papierbirke (*Betula papyrifera*), *Betula populifolia*, den winterharten Geweihbaum (*Gymnocladus dioicus*, 1748), die aus Amerika stammende Stechpalme (*Ilex opaca*), *Itea virginica* und die Felsenbirne (*Amelanchier canadensis*) in die britischen Gärten eingeführt zu haben. Er zog diese Pflanzen zusammen mit vielen anderen in Whitton, den Gärten, die mit einer 3,5 ha großen Gärtnerei nach 1725 auf dem Ödland der Hounslow Heath angelegt wurden. Die Gärten boten beste Voraussetzungen, um in England eine experimentelle Pflanzung im Freiland zu wagen, zumal die Bäume aus ganz verschiedenen Klimazonen stammten. Miller besuchte Whitton immer wieder und beschrieb, wie sich die schmalblättrige *Kalmia angustifolia* rasch zu einem kompakten Strauch entwickelte. John Claudius Loudon bemerkte, daß das Anwesen nach Argylls Tod zwar in drei Teile zerfallen sei, bei seinem Besuch um 1830 aber dennoch viele schöne Zedern, Weymouthskiefern, Weißtannen, sommergrüne Zypressen, Walnuß- und Hickorynußbäume sowie amerikanische Eichen aufwies. Eine lombardische Schwarzpappel (*Populus nigra*), eine der ersten in England, erreichte 1835 eine Höhe von 35 m.

Painshill, Charles Hamiltons Anwesen in Surrey, dessen Gebäude und Bepflanzung inzwischen restauriert wurden, beherbergte, wie spätere Gartenbesucher verzeichneten, einen großen Bestand an Bäumen. Loudon schilderte seine Eindrücke von «Pains Hill» im Jahr 1837: «Unter den Bäumen [...] befinden sich einige bemerkenswert schöne Zedern mit silbrig schimmerndem Laub, Strandföhren und andere Vertreter der Gattung Pinus, amerikanische Eichen, Korkbäume und Stechpalmen, ein Tupelobaum (*Nyssa sylvatica*), Tulpenbäume, Akazien, sommergrüne Zypressen, lombardische und andere Pappeln etc.

Linke Seite: Hamilton experimentierte mit einer Vielzahl exotischer Pflanzen, sowohl Bäumen als auch Sträuchern, um wirkungsvollere Effekte zu erzielen. Er fand heraus, daß außer Koniferen auch Pflanzen aus Nordamerika (einschließlich Rhododendren und Azaleen) auf seinem sauren Boden gediehen. Entgegen dem starren «Modediktat» des 18. Jahrhunderts pflanzte er Blütensträucher in seine Waldbereiche und als Rahmen für seine baulichen Gartenelemente. Die Gärten in Painshill wurden unlängst restauriert: Das Foto bietet einen Blick auf den Gotischen Tempel.

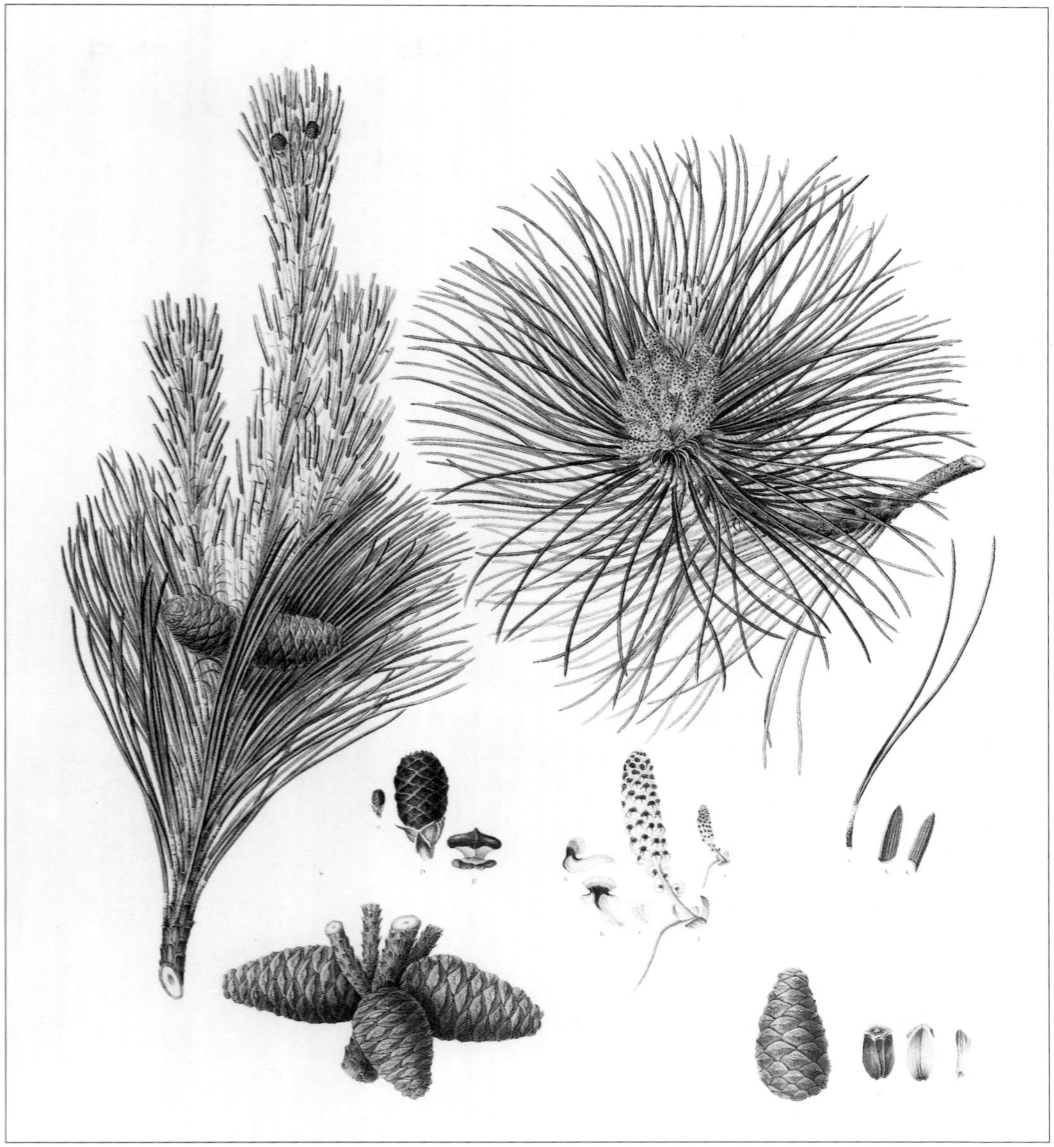

Links: Nach einem Besuch in Whitton im Jahr 1760 beschrieb Joseph Spence aus Amerika stammende Kiefern, Tannen und Zypressen, eine Avenue aus Libanonzedern, Haine aus Sumpfeichen (*Taxodium distichum*), amerikanische Traubenkirschen, schwedische Ahorne und Rotahorne aus Virginia. Nach dem Tod des Herzogs (1761) wurden viele Pflanzen nach Kew gebracht, um dort den Grundstock für eine ständig wachsende Sammlung unter der Schirmherrschaft der Fürstinwitwe Augusta, Mutter von Georg III., zu bilden – eine männliche *Gingko biloba* (*links*), die um 1730 nach Europa und um 1754 nach England eingeführt wurde, ist noch immer erhalten.

Oben: Ferdinand Bauers Zeichnung der Zapfen einer amerikanischen Rotkiefer (*Pinus resinosa*) diente als Illustration von *A Description of the Genus Pinus* von Aylmer Bourke Lambert, ein Werk, das in den Jahren 1803 und 1804 in zwei Bänden herausgegeben wurde (sämtliche Koniferen wurden dem Genus *Pinus* zugeordnet). Lambert verfügte über eine umfassende botanische Bibliothek und ein aus 30 000 Exemplaren bestehendes Herbarium. Unter den Kiefern, die Lambert in Painshill beschrieb und Loudon später zu Gesicht bekam, waren *Pinus taeda*, *P. virginiana* und die Pechkiefer oder «Pitch pine» (*P. rigida*), die alle aus Nordamerika eingeführt wurden.

Blumenpflanzung im 18. Jahrhundert

In seinen 1770 veröffentlichten *Observations on Modern Gardening* schrieb Thomas Whately über Philip Southcotes *ferme ornée* in Woburn Farm, wie er sie in der Blütezeit des Gartens erlebt hatte: «Die Gebäude bilden nicht [...] den einzigen Schmuck am Weg; von der Landschaft abgegrenzt [...] durch eine dichte, hochaufragende Hecke, die mit Geißblatt, Jasmin und jeglichen wohlriechenden Pflanzen verschönert ist [...] führt ein gewöhnlich mit Sand und Kies belegter, gewundener Weg [...] und der Rasen zu beiden Seiten ist mit kleinen Gruppen aus Sträuchern oder Tannen, aber auch kleinsten Bäumen und häufig mit Blumenbeeten durchsetzt [...] in einigen Teilen [...] zwischen größeren Horsten immergrüner Pflanzen, dichten, sommergrünen Sträuchern oder noch bemerkenswerteren exponierteren Pflanzungen [...] und in jeder Ecke, an jeder freien Stelle sieht man Rosen in dichten oder aufgelockerten Gruppen oder auch ein Blumenbeet.» Einzelheiten über den Blumenschmuck in einer der Rabatten liefert Joseph Spence, der sogar eine grobe Skizze davon entwarf. Die Bepflanzung ist insofern interessant, als sie sehr konventionell ist und nur wenige der damals neu eingeführten Sträucher und Blumen aufweist. Die Blumen in den 75 cm breiten Rabatten sind nach Höhen abgestuft in Reihen angeordnet – im Hintergrund Bäume und Sträucher in ähnlicher Staffelung, aber doppeltem Abstand. Im Vordergrund dienen Federnelken als Einfassung, dahinter befinden sich in der ersten Reihe Zwiebelpflanzen – Krokusse, Schneeglöckchen und Jonquillennarzissen (*Narcissus jonquillus*) –, gefolgt von Himmelsschlüsseln und nicht eindeutig identifizierbaren, als «hypia» bezeichneten Gewächsen. Levkojen, Bartnelken, Marienglockenblumen, Goldlack, Leimkraut (*Silene*), Gartennelken, Lavendel, Skabiosen, Majoran und Heiligenkraut zieren die nächste Reihe – ausnahmslos Pflanzen, die die welkenden Blätter der Frühlingsblumen verdecken sollten. Lilien, Stockrosen, Goldrute, Akelei, Astern (wahrscheinlich eine der amerikanischen Neueinführungen), Silberblatt, Kaiserkronen, Sonnenblumen (vermutlich die Staudensonnenblume *Helianthus multiflorus*), die Baumpäonie und das Schinkenkraut oder die Rapontikawurzel erheben sich als höhere Pflanzen im Hintergrund: «Alle erfüllen die Luft mit ihrem unterschiedlichen Wohlgeruch» und verleihen «jedem Windhauch köstlichen Duft».

Linke Seite: Thomas Robins, dessen Malerlaufbahn von 1747 bis 1766 währte, stellte Gärten und Blumen in dem ihm eigenen Rokokostil dar. In diesem Bild von Woodside House führen gewundene Wege durch den Wald, während doppelte Baumreihen einen exponierten Rasen umgeben, auf dem Gärtner mit Rolle und Rechen beschäftigt sind. Ein chinesischer Chippendale-Pavillon ist von kunstvollem Gitterwerk umzäunt. Robins umrahmte seine Bilder gern mit den Blumen, die damals in den Gärten wohl Mode waren.

Rechts oben: Der Blumengarten in Nuneham wurde durch die skizzenhaften Aquarelle von Paul Sandby (später überall als Stiche verbreitet) berühmt, die 1777 das Bild der blumenbepflanzten Rabatten wiedergaben. Der vom übrigen Garten gesonderte, asymmetrische Bereich war von einem dichten Gehölzrand umgeben und zeigte in zwanglos naturnahem Stil bepflanzte, vielgestaltige Beete. Außer den hohen Sonnenblumen in den Beeten und einigen wahllos über den Rasen verteilten Schwedischen Wacholderbäumen (*Juniperus communis* var. *suecica*), lassen sich die Blumen auf den Aquarellen kaum identifizieren. Die verschiedenartigen Gruppen dürften den Empfehlungen des Gärtners Nathaniel Swinden entsprechend das ganze Gartenjahr über für Farbe und Duft gesorgt und dank ihrer Vielfältigkeit ein ansprechendes und erfreuliches Bild geboten haben.

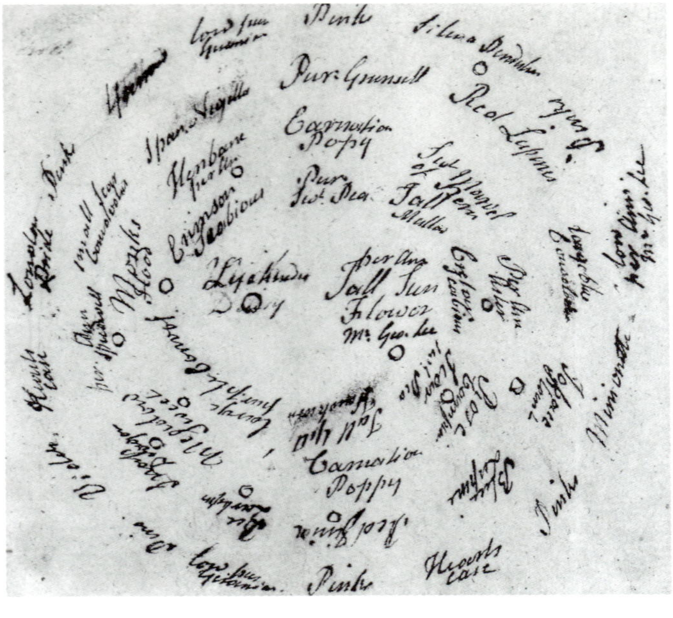

Links: Detaillierte Pläne von der Bepflanzung der Blumenbeete in Hartwell (Buckinghamshire) aus dem Jahr 1799 wurden in der Bodleian Library in Oxford gefunden. Die runden, ovalen oder nierenförmigen Beete sind vorwiegend mit Stauden bepflanzt, von denen einige als Geschenke aus Nuneham kamen; nach Größen gestaffelt, sind die höchsten in der Mitte der Beete angesiedelt. In einem runden Beet finden sich Schleifenblumen, wohlriechende Reseden und Zwergnelken, im Hintergrund Jungfer im Grünen, Lupinen, Mohn- und Wunderblumen, Malven und Duftwicken und in der Mitte hohe Sonnenblumen, Phlox (*Phlox paniculata* oder *P. maculata*) und der rotblühende einjährige Orientknöterich (*Polygonum orientale*).

Der Englische Garten in Europa: Caserta

Der Englische Garten beim königlichen Palast von La Reggia bei Caserta nördlich von Neapel wurde in der zweiten Hälfte des 18. Jahrhunderts entworfen und angelegt. Angrenzend an die barocken, im französischen Stil gehaltenen Gärten, die von Luigi Vanvitelli und seinem Sohn Carlo geplant (allerdings nur teilweise verwirklicht) wurden, sollte durch die gänzlich andere, naturalistische Linienführung ganz bewußt ein Kontrast gesetzt werden. Der britische Gesandte Sir William Hamilton trug wesentlich dazu bei, daß die in Österreich geborene Königin Maria Carolina, Gattin des Regenten Ferdinand IV. und Schwester der unglücklichen Marie Antoinette von Frankreich, die Verschönerung der Landschaft durch einen «Englischen» Park ins Auge faßte, der sich mit dem Petit Trianon ihrer Schwester in Versailles durchaus zu messen vermochte. Der neue Garten war aber nicht nur als *pleasure ground* gedacht; exotische Bäume und andere Pflanzen, von denen einige in Gewächshäusern gezogen wurden, bildeten einen Teil des Gestaltungsschemas, das Experimente der Akklimatisierung vorsah und in der Ferne in Getreidefelder und Weideflächen überging.

Um 1786 umfaßte das gesamte Gelände eine Fläche von 20 ha fruchtbaren Landes, so daß man den Bau einer Mauer als Einfassung in Betracht ziehen konnte. Über Sir Joseph Banks in Kew lernte Hamilton John Andrew Graefer, einen in Österreich geborenen Gärtner, ken-

Links: Jacob Philipp Hackerts Gemälde von La Reggia in Caserta zeigt den Englischen Garten vor dem bemerkenswerten szenischen Hintergrund des Vesuvs. Dieses Naturpanorama schien wie geschaffen, um seltene Bäume und Sträucher aus kälteren Klimazonen wie Amerika und dem Fernen Osten, aber auch aus wärmeren, tropischen Regionen zu pflanzen. Die von den klassischen Autoren vielbesungene fruchtbare Ebene der Campania mit ihrem nährstoffreichen vulkanischen Boden, relativ milden Wintern und heißen Sommern (einschließlich zweier sengendheißer Monate) und außergewöhnlich reicher Wasserversorgung aus den Kalktuffhügeln im Nordosten garantierten optimale Wachstumsbedingungen.

Oben: 1794 blühte der aus China stammende sommergrüne Baum *Firmiana simplex* – bei seiner Einführung aus China im 18. Jahrhundert als *«Sterculia platanifolia»* bekannt – unter der Obhut des Gartengestalters Graefer im Freiland des Englischen Gartens von Caserta. (Um 1876 hatte er eine Höhe von 27 m erreicht.) Mit seinen großen ahornartigen Blättern war der frostempfindliche Baum eine Rarität. Obgleich er in England auf das Gewächshaus angewiesen war, übersandte Graefer Sir Joseph Banks auf seine Bitte hin eine Jungpflanze nach Kew. Heute sieht man den Baum häufig in den Südstaaten Nordamerikas. Graefer behielt seine Kontakte mit Gärtnereien wie Gordon und Lee sowie Kennedy in London bis um 1790 bei; über Quellen wie diese, aber auch über Holland erhielt er viele neue Pflanzen.

nen, der als Schüler Philip Millers im Chelsea Physic Garden war und seitdem in der Mile End Nursery von James Gordon im Osten von London arbeitete. Der erfahrene Graefer traf 1786 in Neapel ein, um die Leitung des Gartens zu übernehmen. Um 1793 hatte er trotz diverser Anfangsschwierigkeiten das Erscheinungsbild des Gartens durch Haine aus heimischen und exotischen Bäumen und exponierte Rasenflächen bereits entscheidend geprägt. Wie Hamilton in einem Brief an Banks 1788 vorgeschlagen hatte, entstand hier «der Prototyp einer englischen Parklandschaft – ein botanischer Garten, der nichts zu wünschen übrig ließ – ein Nutzgarten und eine Art *ferme ornée* für landwirtschaftliche Experimente mit Weideflächen für Tiere. Hinzu kamen ein Blumengarten und eine Gärtnerei sowie Warm- und Gewächshäuser für tropische Raritäten und zum Überwintern frostempfindlicher Pflanzen. Nachdem 200 Jahre seit der Planung vergangen sind, bedarf der Englische Garten heute einer Restaurierung.

Der Englische Garten in Europa: Malmaison

Marie Josèphe Rose Tascher de la Pagerie (1763–1814) von der Antilleninsel Martinique vermählte sich 1796 mit Napoleon Bonaparte und erwarb 1798 Malmaison, bevor sie 1804 zur Kaiserin gekrönt wurde. Josephines Hang zur Botanik und ihre Sammelleidenschaft waren mit dem ihrer Zeitgenossen vergleichbar – keineswegs also nur eine Laune, sondern vielmehr eine ernstzunehmende wissenschaftliche Betätigung. Josephine nahm nicht nur Etienne Pierre Ventenat (1757–1808) als Botaniker in ihren Dienst, sondern verpflichtete auch den Pflanzenmaler Pierre Joseph Redouté (1759–1840).

Redouté, als Belgier in Frankreich tätig, war seinerzeit der berühmteste botanische Maler. 1803 betraute Josephine Ventenat mit der Veröffentlichung von *Le Jardin de la Malmaison* mit 120 Illustrationen von Redouté. Danach kam eine Reihe großer loser Blätter (Folianten), die Redouté mit der Punktiernadel gestochen und als Farbdruck geschaffen hatte, unter ihrer Schirmherrschaft heraus. Das Werk *Les Liliacées* (1802–1816) in acht Bänden mit 508 herrlichen Tafeln von Pflanzen aus den Gärten in Malmaison ist das kostbarste von allen, obgleich sein späteres Buch *Les Roses* (1817–1824), in dem die Rosensammlung der Kaiserin dargestellt ist, aufgrund der überaus zahlreichen Reproduktion der Bilder bekannter wurde. Einige der im Auftrag Josephines gesammelten Rosen in Malmaison stammten aus dem Rosengarten von Schloß Wilhelmshöhe in Kassel, wo bereits im Jahr 1766 für den Landgrafen Friedrich II. ein Rosarium angelegt wurde – in der Zeit, in der der dortige Barockgarten durch eine naturnähere Bepflanzung «angliziert» wurde.

Josephine gab Unsummen für den Erwerb von Pflanzen (bis zu 3000 Francs pro Zwiebel) für den Garten und die Gewächshäuser aus, aber auch für die Anlage des Geländes und die Illustration ihrer Gewächse (ein Gesamtbetrag von 42 862 Francs teilten sich allein Ventenat und Redouté). Sie hat wesentlich dazu beigetragen, daß viele neue exotische Pflanzen erstmals nach Frankreich eingeführt und auf Versuchsflächen kultiviert und akklimatisiert wurden. In den Außenbereichen pflanzte sie neben widerstandsfähigen, in Europa heimischen Exemplaren Bäume und Sträucher aus Asien und den Staaten, einschließlich der aus China stammenden *Magnolia denudata* (1789) und der amerikanischen *M. macrophylla* mit ihren großen tropisch wirkenden Blättern sowie *M. virginiana*. In ihren weitläufigen Gewächs- und Warmhäusern zog sie Akazien, Korallenrauten, Kasuarinen oder Känguruhbäume, *Grevillea*, Eukalyptusbäume, Myrtenheiden, die erst unlängst aus Australien und Neuseeland (manche durch Kommodore Baudins Expedition im Jahr 1800) eintrafen. Aus Südafrika kultivierte sie an die 50 Pelargonien-Arten und Erikagewächse, außerdem *Sparmannia africana* (1790) und eine Auswahl von Zwiebelpflanzen wie diverse *Ixia*-Arten und die scharlachrote *Brunsvigia josephinae*, die sie selbst als Bulbe auf einem Markt in Paris aufgetrieben und erstmals zum Blühen gebracht hatte. Sie gehörte zu den ersten, die Dahlien heranzogen (um 1789 wurden sie bereits in verschiedenen Sorten im Botanischen Garten in Madrid kultiviert), denn sie hatte über die botanischen Forscher Aimé Bonpland und Alexander Humboldt direkt aus Mexiko neue Samen erhalten.

Die im romantischen Stil angelegten Gärten von Malmaison waren durch Brücken und Tempel verschönert. Das Aquarell von Garneray zeigt den Liebestempel. Zwischen Hainen aus hohen Bäumen fanden sich sattgrüne Rasenflächen, und exotische schwarze Schwäne mit purpurnen Hälsen begleiteten die Ausflugsboote auf den Seen und Wasserläufen. Josephines Vorliebe für den *jardin anglais* wurde von Napoleon keineswegs geteilt. Dennoch bestand sie auf ihrem Recht, einen Garten ihr eigen zu nennen, der der neuen Mode entsprach und sich von dem überholten formalen französischen Stil löste. Louis Berthault, der später Napoleons Schwester Elisa Bacciochi in Marlia bei Lucca beriet, wurde ihr Landschaftsarchitekt.

Viele der Pflanzen kamen aus der Vineyard Nursery (im Besitz von James Lee und Lewis Kennedy) in Hammersmith in London. Kennedy reiste wiederholt nach Malmaison, um Josephine zu beraten. Während des Krieges mit Frankreich verfügte Kennedy sogar über eine besondere Reisegenehmigung; außerdem ergingen detaillierte Anweisungen an den Admiralsstab, die verhindern sollten, daß Pflanzen Schaden erlitten, falls sie abgefangen würden. Lee machte Redoutés Bekanntschaft, als der junge Maler 1786 und 1787 nach London kam und ihm als Präsent ein Bild von einer Glockenblume überreichte. *Kennedia coccinea*, von Redouté für *Le Jardin de Malmaison* porträtiert, war nach Louis Kennedy benannt, und James Lees Name wird für immer mit *Cereus leeanus*, einem aus Mexiko stammenden Kaktus, der aus Samen gezogen im Garten der Kaiserin wuchs, verbunden bleiben.

Rechte Seite: Nach Ventenats Tod 1808 zog Aimé Bonpland, Botaniker und Pflanzenforscher, in dem feinen neoklassizistischen Gewächshaus in Malmaison seltene Pflanzen, darunter viele aus Südamerika und Mexiko, wo er sich mit A. v. Humboldt aufgehalten hatte; aber auch im Freiland experimentierte er mit exotischen Pflanzen. Sein Werk *Description des Plantes Rares Cultivées à Malmaison et à Navarre* kam zwischen 1812 und 1817 heraus. Unter Redoutés Illustrationen für Bonplands Werk war *Paeonia suffruticosa*. Die aus China stammenden Strauchpäonien wurden im Freien gepflanzt, im Winter aber durch ein mit Stroh ausgefüttertes Glasgehäuse geschützt.

Links: Unter den Pflanzen, die Kaiserin Josephine in Malmaison zog, war *Hosta ventricosa* (damals als *Hemerocallis caerulea* bezeichnet); sie wurde von Redouté in seinem 1805 veröffentlichten Werk *Les Liliacées* dargestellt. Obgleich viele der porträtierten Pflanzen den modernen Regeln der Nomenklatur entsprechend neu klassifiziert wurden, gewährleistet die Genauigkeit von Redoutés Zeichnungen eine eindeutige Identifikation. Bevor er nach Malmaison kam, hatte er die Bücher des Amateurbotanikers C. L. L'Héritier, der in der Tradition Linnés stand, illustriert und seine wissenschaftliche Beobachtungsgabe an Pflanzenporträts geschult.

ACHTES KAPITEL

Expansion und Experiment im 19. Jahrhundert

Seit den 30er Jahren des 19. Jahrhunderts hat sich kein eigenständiger Gartenstil mehr herausgebildet, der sich nicht in irgendeiner Weise an Vorbildern uns bereits bekannter Gärten orientiert hätte. Auch scheinbare Neuheiten wie den «naturnah» oder ökologisch gestalteten Garten hat es zumindest in Ansätzen schon früher gegeben, und zwar zuerst bei Joseph Spence und dann 1803 bei John Claudius Loudon. Alle seither entstandenen Anlagen sind – wenn auch in abgewandelter oder erweiterter Form – Varianten von vorangegangenen. Die Gärtner des 20. Jahrhunderts lassen sich von Aufzeichnungen historischer Gärten ebenso inspirieren wie von den authentischen Rekonstruktionen der heute als Epochengärten *(period gardens)* bekannten Anlagen. Im 19. Jahrhundert zeichnet sich die Bepflanzung durch einen allgemeinen Eklektizismus und die Freude am Experimentieren aus. Auch wenn einige Gärtner angesichts der ständig wachsenden Auswahl verfügbarer Pflanzen für eine strikte Beschränkung eintraten, wurde die Palette immer umfangreicher – nicht zuletzt dank erfolgreicher Kreuzungen und Zuchtauslese. Hinzu kam, daß die Fortschritte in der Technik den Gärtnern neue Spielräume eröffneten.

In den 20er und 30er Jahren des 19. Jahrhunderts entwickelten sich neue Zielsetzungen, die für die Gartengestaltung prägend werden sollten: Es ging den Gärtnern nicht länger mehr nur darum, ein idealisiertes Abbild der Natur zu schaffen, vielmehr setzten sie ihre kreative Energie dafür ein, möglichst viele Pflanzen auf dem zur Verfügung stehenden Raum möglichst optimal zu kultivieren. Galt es bis dahin als Herausforderung, neue exotische Pflanzen möglichst kunstvoll zur Schau zu stellen, bestand der Ansporn nun darin, bewußt solche Exemplare auszuwählen, deren erfolgreiche Zucht sehr viel gärtnerisches Können erforderte. Im weiteren Verlauf des Jahrhunderts bestimmten diese beiden Zielvorgaben, die sich nie völlig voneinander trennen ließen, den Gartengeschmack auf dem europäischen Festland, in England und Amerika. Vorstellungen von Landschaften, in denen die Schönheit der «unberührten», «wilden» Natur zur Geltung kommen sollte, für die sich die Verfechter der «pittoresken» Richtung stark machten, wurden beiseite gefegt von jenen, die aufwendige Gartenkonzepte entwarfen, um die Natur mit künstlerischen Mitteln wirkungsvoll zu präsentieren. Diesen Standpunkt hatte zum Beispiel Repton 1808 mit Nachdruck vertreten (vgl. S. 240–41). In Preußen nahm Fürst Pückler-Muskau (1785–1871) 1815 die Erweiterung seines Parks in Angriff, nachdem er während eines Englandbesuchs den englischen Landschaftsstil kennen und lieben gelernt hatte. Besonders gefielen ihm die von Humphry Repton angelegten Parks und Gärten. Nach Reptons Tod im Jahr 1818 stellte er dessen Sohn, John Adey Repton, bei sich ein. Schon als junger Mann hatte er sich vorgenommen, mit dem Muskauer Park ein Kunstwerk zu schaffen, das die Natur in der höchsten Form der Vollendung zeigt (vgl. 242–243). Mit seinem Werk *Andeutungen über Landschaftsgärtnerei* (1834) und mit Erfahrungsberichten aus seiner Gartenpraxis etablierte sich der Fürst als wichtige Gestalt in der Geschichte der deutschen Landschaftsplanung, deren Rat man auch für den Königlichen Park in Babelsberg bei Potsdam einholte. Sowohl Karl Friedrich Schinkel (1781–1814), der deutsche Architekt und Stadtplaner, als auch Peter Josef Lenné (1789–1866) ließen sich bei der Planung ihrer Garten- und Parkanlagen in Deutschland und Polen stark von Fürst Pückler beeinflussen.

Die eher museale Einstellung gegenüber der Gartenkunst, die das Schwergewicht auf das Sammeln von Pflanzen legte – manchmal sogar so weit ging, nur die Verwendung exotischer Pflanzen zu emp-

Das Gemälde *Il Pergolato* von Silvestro Lega zeigt eine weinberankte Pergola, die den Frauen in den Gärten der Brera in Mailand Schutz vor der Sommerhitze bietet. Die Pergola, ein Rankgerüst für Pflanzen, ist in den Gärten des Abendlandes wohlbekannt. Ursprünglich als Schattenspender für Spaziergänger in heißem Klima gedacht, übernahm man sie auch für Gärten in kühleren Regionen als willkommene architektonische Ergänzung, die den Gärtnern eine ideale Rahmenkonstruktion für Rank- und Kletterpflanzen lieferte. Gertrude Jekyll empfahl dafür Wilden Wein (auch Jungfernrebe genannt), Kiwi (*Actinidia chinensis*), Glyzinie, großblättrige *Vitis* und *Ampelopsis* und mehrere Rosen und Klematis-Arten.

Im Garten von Thomas Fishs *cottage orné* in Sidmouth waren die runden Blumenbeete auf der Rasenfläche mit Flechtwerk eingefaßt, das passend zu den Tür- und Fensterrahmen des Hauses türkisfarben gestrichen war. Dadurch ähnelten diese Beete den *corbeilles*, den Blumenbeetkörben, die John Adey Repton für die Gärten bei Potsdam entwarf (später bezeichnete man sie in Anlehnung an den deutschen Staatskanzler als «Hardenberg»-Körbe). Ursprünglich hatte Humphry Repton diese Form für die Gärten des Prinzregentenpavillons in Brighton vorgeschlagen. J. C. Loudon erwähnte in seinen Reiseberichten, die *The Gardener's Magazine* in den 30er und 40er Jahren veröffentlichte, daß er derartige Blumenbeetkörbe in vielen kleinen Villengärten gesehen habe.

fehlen –, wurde noch verstärkt durch das Aufkommen des als «gardenesque» bezeichneten Stils. Die Anhänger dieser Stilrichtung stellten einzelne Exemplare seltener Pflanzen aus, als ob sie Bilder in einer Galerie aufhängen würden. Bäume und Stauden wuchsen – dem Blick potentieller Bewunderer von allen Seiten zugänglich – freistehend auf Rasenflächen und wirkten dabei oftmals ein wenig verloren (vgl. S. 246–247). Nichts davon war eigentlich vom Stil her innovativ. Seit Ende des 16. Jahrhunderts und selbst früher schon hatten sich einzelne Sammler Exotika beschafft, sobald sie verfügbar waren, hatten Tulpen in Reihen, vereinzelte Sträucher und Solitärbäume angepflanzt. Neu daran war das verbreitete Interesse an Gartenkultur und die Tatsache, daß die expandierenden Gärtnereibetriebe in der Lage waren, die Pflanzenneuheiten einschließlich ihrer Kultursorten und Auslesen einem stetig wachsenden Kundenkreis zur Verfügung zu stellen. Diese Interessenten bildeten sich auf gärtnerischem Gebiet mit Hilfe von Fachzeitschriften und Büchern weiter, die speziell zu diesem Zweck geschrieben wurden. Die explosionsartig wachsende Nachfrage nach Fachliteratur kam der wissenschaftlichen Botanik zugute, denn alle Veröffentlichungen machten sich das von Linné begründete botanische Klassifizierungssystem zunutze.

Nach Reptons Tod im Jahre 1818 tat sich in der zeitgenössischen Gartenwelt insbesondere John Claudius Loudon als Fachjournalist, Pflanzenhistoriker und Enzyklopädist sowie als Berater in Planungs- und Stilfragen hervor. Er propagierte spezifische Gartentechniken und machte das Gärtnern überhaupt erst populär. Seine wichtigsten Bücher waren die *Encyclopaedia of Gardening* (1822), in der er die Entwicklungsgeschichte kontinentaleuropäischer (und auch russischer) Gartenstile darstellte, eine *Encyclopaedia of Plants* (1829), *The Suburban Gardener and Villa Companion* (1836–1838) sowie sein 1838 veröffentlichtes monumentales Werk über Bäume und Sträucher, *Arboretum et Fruticetum Britannicum,* das acht Bände umfaßte. Dieses Opus ist noch immer ein wertvolles Nachschlagewerk für alle Gehölze, die damals kultiviert wurden, darüber hinaus sind die Daten, die er im Zusammenhang mit Pflanzeneinführungen nennt, sorgfältig recherchiert. Loudons wertvollstes Vermächtnis war vermutlich die Gründung einer Reihe von Gartenfachzeitschriften. 1826 lancierte er *The Gardener's Magazine*, ein aktuelles Journal, das viele Beschreibungen zeitgenössischer Gärten im In- und Ausland mitsamt den Inventarlisten ihrer Bäume und

Blumen lieferte. Andere Themen waren: neue Pflanzen, Gartenplanung und die Auseinandersetzung mit «Stilfragen» im allgemeinen. Loudon war beseelt von dem Gedanken, die Methoden sowohl in der Landwirtschaft als auch im Nutz- und Ziergartenbau zum Wohle der Menschheit zu verbessern. Sein journalistischer Eifer blieb nicht auf die Ereignisse in seiner eigenen Heimat beschränkt, er beschäftigte sich auch mit Entwicklungen auf dem europäischen und dem nordamerikanischen Kontinent. In den 40er Jahren des 19. Jahrhunderts wurde es dank billigerer Druckverfahren und besserer Versandsysteme möglich, noch andere Journale aufzulegen, die sich an ein breiteres Lesepublikum richteten. Dazu gehörten: *Gardener's Chronicle*, das *Horticultural Magazine* und der *Cottage Gardener* (das spätere *Journal of Horticulture*). So kam man einem Bedürfnis nach, das dem allgemeinen viktorianischen Ethos entsprach und das Loudon bereits verkörperte: erziehen, verbessern und informieren.

Die professionellen Pflanzensammler

Das Pflanzensammeln – einstmals eine Domäne eifriger Amateure – entwickelte sich gegen Ende des 18. Jahrhunderts zu einer Profession: Botanische Gärten und Baumschulexperten schickten ausgebildete Botaniker mit genauen Anweisungen in alle Welt. Diese Tatsache änderte freilich nichts daran, daß sich bis zum Ende des 19. Jahrhunderts auch viele Missionare und andere Reisende gleichzeitig als Naturforscher betätigten.

Institutionen wie die Horticultural Society und die neu entstehenden Kew Gardens entsandten eigens Botaniker oder animierten Sammler auf der ganzen Welt, nach exotischen Pflanzen zu suchen. Dabei ging es ihnen weniger um dekorative Schönheit als vielmehr um den praktischen Nutzen oder die wissenschaftliche Erkenntnis. Auch Baumschulen engagierten zunehmend eigene Sammler, um ihre Bestände aufzustocken. David Douglas (1799–1834) war ein in Schottland ausgebildeter Gärtner und Sammler. W. J. Hooker nahm ihn zum Botanisieren auf Exkursionen ins schottische Hochland mit – und Hookers großartige *Flora Boreali-Americana* von 1833 gründeten sich weitgehend auf Sammlungen von Archibald Menzies, Douglas und Thomas Drummond. In der Zeit von 1824 bis 1827 bekam Douglas von der Horticultural Society den Auftrag, Pflanzen im fernen Nordwesten Amerikas zu sammeln. Von seinen drei Expeditionen an diese Küste, die in klimatischer Hinsicht den Britischen Inseln ähnlich ist, brachte er wunderbare neue Pflanzen mit, die in britischen Gärten bis zum heutigen Tag eine wichtige Rolle spielen. Damals beeinflußten sie das Erscheinungsbild und die Entwicklung des Gartenstils so nachhaltig, wie es im weiteren Verlauf des Jahr-

Der großblättrige Ahorn (*Acer macrophyllum*), heimisch an der Nordwestküste Amerikas, wurde zuerst von Archibald Menzies entdeckt und 1812 von Pursh nach England eingeführt. Schon in den 30er Jahren war er über Loddiges zu beziehen, obwohl er – wie Loudon in seinem *Arboretum et Fruticetum Britannicum* von 1838 bemerkt – noch nicht geblüht hatte und durch Absenker vermehrt wurde. Loudon führte den Ahorn in Band V seines Werkes auf, und die hier abgebildete Tafel ist einer der insgesamt 25 Ausgaben entnommen, die mit farbigen Abbildungen erschienen waren. David Douglas schickte Exemplare des getrockneten Blattes und das Holz nach England und beschrieb den Baum als einen, «der irgendwann in der Zukunft wohl zu unseren schönsten Waldbäumen zählen wird».

hunderts nur noch die Pflanzen tun sollten, die aus den entlegensten Teilen Asiens in immer größeren Mengen eingeführt wurden.

Trotz großer Mühen und beschwerlicher Reisebedingungen sammelten Douglas und seine Gefährten eine breite Palette von Pflanzen – von den sonnenhungrigen in Kalifornien heimischen Arten bis zu Samen von Baumriesen aus den nordwestlichen Regenwäldern. 1827 hatte er die Douglastanne (*Pseudotsuga menziesii*) eingeführt, die heute ein forstwirtschaftlich wichtiger Baum in Europa ist, und noch vor 1830 die Edeltanne (*Abies procera*); darüber hinaus brachte er auch Zapfen der Zuckerkiefer (*Pinus lambertiana*), der größten aller Kiefern, mit. Auf seiner zweiten Expedition lernte Douglas die große Schönheit kalifornischer Vegetation kennen, vor allem die berühmten von *Sequoia sempervirens* dominierten Redwoodwälder. Leider jedoch gingen später viele der Samen und Pflanzen, die er dort gesammelt hatte, bei einer abenteuerlichen Flußfahrt auf dem Fraser River verloren. Ab 1833, auf der dritten und letzten Expedition, suchte Douglas hauptsächlich in Kalifornien, wo sich die von den Spaniern gegründeten Missionen gastfreundlich und hilfsbereit zeigten. Er konnte wertvolle Pflanzen (einige davon hatte Archibald Menzies bereits in den 90er Jahren des 18. Jahrhunderts entdeckt) einführen – darunter die wunderschöne Monterey-Kiefer (*Pinus radiata*) aus Nordkalifornien und immergrüne Gehölze wie den empfindlichen *Arbutus menziesii*, den amerikanischen Erdbeerbaum, die schattenverträgliche *Garrya elliptica* und die gemeine Mahonie (*Mahonia aquifolium*). Die Blutjohannisbeere (*Ribes sanguineum*) erachtete man als einen derart bedeutsamen Fund, daß er allein schon die Kosten der gesamten Expedition – bescheidene £ 400 – zu rechtfertigen schien. Kleinere Pflanzen waren u.a. *Camassia esculenta*, *Lupinus polyphyllus* und andere Baumlupinen (*L. nootkatensis* wurde bereits seit 1823 im Katalog der Baumschule Loddiges geführt). Einige der einjährigen Pflanzen, die Douglas aus dem Westen einführte, und andere, die wegen ihrer farbenprächtigen Blüten aus Südamerika importiert wurden, sollten im Verlauf des Jahrhunderts beliebte Rabattenpflanzen werden. Neben der einjährigen *Eschscholzia californica*, die die Berge Kaliforniens im Frühling orangefarben überzieht, führte er *Clarkia elegans* in prächtigen Farben, rote und gelbe Kokardenblumen, die Sumpfblume (*Limanthes douglasii*), *Mimulus moschatus* und *Phacelia tanacetifolia* mit blauen glockenförmigen Blüten ein. 1834 fand Douglas mit nur fünfunddreißig Jahren ein tragisches Ende, als er auf einer der Hawaii-Inseln in eine Falle stürzte.

Noch im selben Jahrzehnt reiste Theodor Hartweg, ein Deutscher, der ebenfalls für die Horticultural Society arbeitete und in Mittel- und Südamerika sammelte, nach Kalifornien, um Samen der Riesen- oder immergrünen Scheinkastanie (*Castanopsis chrysophylla*) zu suchen, den Douglas zuerst im Kropf eines von ihm erlegten Vogels entdeckt hatte. Hartweg wird auch die Einführung des Mammutbaums oder Redwood (*Sequoia sempervirens*) zugeschrieben, dessen Samen Douglas verloren hatte, und er war es, der als erster die imposante Monterey-Zypresse (*Cupressus macrocarpa*) fand. Nach seiner Expedition zog er sich zurück und wurde Hofgärtner des Herzogs von Baden in Schwetzingen. Dort, in einer ursprünglich barocken Gartenanlage, die allerdings von 1776 von Friedrich Ludwig von Sckell in einen Park im englischen Stil verwandelt worden war, experimentierte Hartweg mit seinen Baumnovitäten. 1850 bildete eine Gruppe schottischer Grundbesitzer einen Verband und schickte John Jeffrey aus, nach Samen von Douglas' Bäumen zu suchen, da sie nach neuen Koniferen für ihre Ländereien Ausschau hielten. Auf dieser Expedition sammelte Jeffrey Samen der Kalifornischen Hemlocktanne (*Tsuga heterophylla*), die sich zu einer weiteren wichtigen Gartenkonifere entwickelte.

Andere Botaniker forschten in Indien und China und sammelten Pflanzen für europäische Gärten. Der Däne Nathaniel Wallich wurde Direktor des Botanischen Gartens in Kalkutta, gegründet 1786 mit Unterstützung der East Indian Company, als Nachfolger William Roxburghs (1751–1815), dessen *Flora Indica* posthum von 1820 bis 1824 veröffentlicht wurde. Wallichs Sammlungen gingen nach Kew Gardens und enthielten auch nepalesische Samen von *Rhododendron arboreum*, geschickt verpackt in Dosen mit braunem Zucker. In Kalkutta besuchte ihn unter anderen der französische Naturforscher Jean-Baptiste Leschenault (1773–1826), der mit Kapitän Baudins Expedition 1800 nach Australien gereist war und der Kaiserin Josephine Samen mitgebracht hatte, die sie in Malmaison aussäte. In Indien sollte er Nutzpflanzen für die französische Regierung sammeln und einen botanischen Garten in Pondicherry anlegen. Ein anderer Franzose, Victor Jacquemont (1801–1832), reiste 1829 nach Indien. Obwohl er für den Jardin des Plantes sammelte, war er auch auf die East Indian Company angewiesen, die ihren Hauptsitz in England hatte und ihn den Gouverneuren der britischen Besitzungen vorstellte. Nachdem er die Mogul-Gärten in Kaschmir besucht hatte, sammelte er über 600 Exemplare, darunter einige vom japanischen oder chinesischen Zürgelbaum (*Celtis sinensis*), eine Hauseberesche «mit apfelgroßen Früchten», Azaleen, Rhododendren und viele krautige Pflanzen. Er starb in Indien, aber seine Notizbücher, in denen er festgehalten hatte, wo er welche Pflanze unter welchen Bedingungen gefunden hatte – insgesamt waren es 4700 Gewächse –, wurden an das Herbarium des Musée National d'Histoire Naturelle in Paris zurückgeschickt. Die weißrindige Himalaja-Birke, die erst 1880 in Europa eingeführt wurde, ist für immer mit Jacquemont verbunden, denn sie erhielt ihm zu Ehren den Namen *Betula utilis jacquemontii.*

1824 schickte die Londoner Horticultural Society David Douglas (1799–1834) zum Pflanzensammeln nach Nordwestamerika. Die Douglastanne, die ihm ihren Namen verdankt und die in Europa ganze Landschaften prägte, ist sicherlich die bekannteste der von ihm eingeführten Pflanzen. Darüber hinaus brachte er aber auch viele kleinere Gewächse aus Kalifornien mit. Dazu zählen der mehrjährige *Lupinus polyphyllus*, Mutterpflanze der Staudenlupine – hier gemeinsam mit *Cyclobothra pulchella* und *C. alba* (jetzt zur Gattung *Calochortus* gerechnet) von Miss Drake gemalt –, und die einjährige Pflanze *L. nanus*. Der amerikanische Botaniker Charles Sprague Sargent behauptete, daß kein anderer Sammler in Amerika so reiche Ernte eingefahren habe wie Douglas und keiner so vielen Nutzpflanzen seinen Namen gegeben habe.

Es gab viele andere Pflanzenforscher: Robert Fortune wirkte in Japan und China; der Baumschulfachmann Veitch schickte seine Sammler (u.a. die Brüder Lobb) um die ganze Welt; und Forscher aus europäischen Ländern durchkämmten die südamerikanischen Staaten, die gerade erst von Spanien und Portugal unabhängig geworden waren. Gegen Ende des Jahrhunderts konnten sich Abonnenten an der Finanzierung spezifischer Expeditionen beteiligen und die reiche Ausbeute an Samen oder Pflanzen unter sich verteilen.

Die Pflanzenzuchtbetriebe

Seit Beginn des 19. Jahrhunderts sorgte eine stetig wachsende Anzahl professionell geführter Gartenbaubetriebe für eine immer raschere Verbreitung der neu eingeführten Pflanzen. Schon in den letzten beiden Jahrzehnten des 18. Jahrhunderts gab es in unmittelbarer Nähe von London 58 Pflanzenzüchter und 35 Saatguthändler; im Jahre 1822 hielt Loudon 36 Betriebe in und um London für erwähnenswert, und im Jahr 1837, dem Jahr der Thronbesteigung Königin Viktorias, führte *The Floral Calendar* 11 führende Saatguthandlungen sowie 19 Baumschulen auf, «deren Betriebe im Laufe eines Vormittags bequem zu erreichen» waren. All diese Unternehmen spielten eine wichtige Rolle für die Entwicklung der britischen Gartenkultur, weil sie Zeit, Geld und Wissen in die Erforschung und Akklimatisierung von Pflanzen investierten, um sie einem breiten Publikum zugänglich zu machen.

Einer der einflußreichsten Pflanzenzüchter vor 1800 war Conrad Loddiges, ein Deutscher mit einer Pflanzschule im Londoner Stadtteil Hackney; sein erster Pflanzenkatalog erschien 1777, und zwar dreisprachig – auf lateinisch, englisch und deutsch; dies zeigt, wie wichtig sowohl der kontinentaleuropäische als auch der britische Markt waren. Zu jener Zeit war seine Pflanzschule vor allem für die amerikanischen Spezies bekannt, die er von William Bartram erhielt, der die Forschungsarbeit seines Vaters John Bartram nach dessen Tod fortsetzte. Von den 1500 Pflanzen, die in Curtis' *Botanical Magazine* als neue Sorten abgebildet waren, konnte dieser Pflanzenzuchtbetrieb in den Jahren 1800 bis 1818 ungefähr 200 liefern. Darüber hinaus schrieb man der Baumschule Loddiges auch die Einführung vieler Sorten zu. Loudon lobte dieses Unternehmen ganz besonders für sein extensives *Botanical Cabinet*, das zwischen 1817 und 1833 in 20 Bänden herauskam. «Dieser Katalog stellt eine derartige Masse von Pflanzen vor [...] die Gesamtzahl der Sorten beläuft sich auf über 8000, alles Pflanzen, die man kaufen kann, und mehr als 2000 Varietäten sind noch nicht mitgezählt.» In seinem *Arboreticum et Fruticetum Britannicum* (1838) beschrieb Loudon den Grundriß des Arboretums, das alphabetisch angeordnet war, als «einen Schnörkel wie die ionische Volute, der sich nach oben über sieben Morgen Land erstreckt, beginnend mit dem Buchstaben A am äußeren Rand und mit einem Z (Ziziphus) endend». Begeistert lobte er: «Ein derart mutiges Unterfangen kann man gar nicht genug würdigen.» George Johnson meinte in seiner 1829 erschienenen *History of English Gardening*, daß der überaus wertvolle Pflanzenbestand (Schätzwert £ 200 000) von Loddiges in Hackney ein «besseres Kriterium zur Beurteilung unseres Gartenbaus und der Bemühungen um die Vermehrung unserer Gartenpflanzen bietet als alles, was ich sonst anführen könnte».

Walter Fitchs Lithographie *Rhododendron griffithianum* ist die zweite Tafel aus *The Rhododendrons of Sikkim-Himalaya* von Joseph Hooker (erschienen 1849–1851), die Hooker selbst vor Ort zeichnete. Hooker entdeckte diese Rhododendronart und nannte sie *R. aucklandii.* Von den duftig-weißen glockenförmigen Blüten war er derart angetan, daß ihm eigenen Angaben zufolge die Worte fehlten, um ihre «entzückend-sorglose Form» zu beschreiben. *R. aucklandii* – für das nordeuropäische Klima von wenigen Ausnahmen abgesehen zu empfindlich – ist die Mutterpflanze für viele beliebte Hybriden, insbesondere für «Pink Pearl», die Waterer in Bagshot in den 90er Jahren des 19. Jahrhunderts anbot. Hookers Expedition nach Sikkim war ein Meilenstein in der Geschichte der Rhododendronzucht.

Loddiges erhielt auch Pflanzen auf Tauschbasis von der neugegründeten botanischen Gesellschaft in Übersee, wodurch er sich das Risiko und die Kosten sparte, selbst Expeditionen auszustatten. Zu ihrer Glanzzeit im Jahr 1836 umfaßte die Pflanzenliste 67 verschiedene Eichen- und 29 verschiedene Birkenarten, 91 verschiedene Dornengewächse, 180 Weiden- und 1549 verschiedene Rosensorten.

Einige der Bäume, die zu dieser Zeit entdeckt wurden, fanden nicht nur als Gartenpflanzen große Verbreitung, sondern verwandelten letztlich ganze Landschaften. Viele der im 19. Jahrhundert eingeführten Koniferen, besonders jene aus Nordwestamerika, werden im 20. Jahrhundert extensiv zur Aufforstung verwendet. Dazu gehören die Douglasie und die Sitkafichte (*Picea sitchensis*) und viele Kiefernarten, wie zum Beispiel die Monterey-Kiefer und die Stachelkiefer (*Pinus muricata*), aber auch die Monterey-Zypresse, die sich vor allem in Küstenregionen, die vom Atlantik beeinflußt werden, als nützlicher und dekorativer Schutzgürtelbaum erwiesen hat. Die Monterey-Kiefer von der kalifornischen Küste, die in den meisten Ländern Europas nicht gut gedeiht, fühlt sich in Australien und Neuseeland heimisch, während der aus Australien stammende Eukalyptus jetzt die Silhouette der beliebten portugiesischen Küste beherrscht und ebenfalls an der Pazifikküste Kaliforniens wächst. Die Erfolgsgeschichte dieser Pflanzeneinführungen darf jedoch nicht darüber hinwegtäuschen, daß sich nicht jede Akklimatisierung ausländischer Gewächse in ökologischer oder ästhetischer Hinsicht als Nutzen erwies.

Für die derzeitige Gartengestaltung sind vor allem die unzähligen Zuchtformen von Lawsons Scheinzypresse (*Chamaecyparis lawsoniana*) von Bedeutung, deren Samen 1854 in Lawsons Baumschule in Edinburgh eingeführt wurde. Die Leyland-Zypresse (x *Cupressocyparis leylandii*), ursprünglich 1888 aus Wales als Sämling aus *Cupressus macrocarpa* und *Chamaecyparis nootkatensis* gezogen und zur schnellstwachsenden Konifere der Britischen Inseln avanciert, eignet sich als Windschutz, wenn man sie richtig beschneidet.

Der Zustrom von Pflanzen und die Zunahme von Gartenbaubetrieben machten das Gärtnern auch in den Vorstädten äußerst populär – freilich in etwas bescheideneren Ausmaßen. Obwohl sich die Anzahl von Pflanzen, die an europäische Bedingungen akklimatisiert waren, um ein Tausendfaches erhöht hatte, erwies sich die Kundschaft im weiteren Verlauf des Jahrhunderts als weniger wählerisch. Offenbar wurde eine Qualitätssteigerung bei schon vertrauten Pflanzen höher bewertet als die Möglichkeit, mit ständig neuen Arten zu experimentieren. Das führte nach Meinung der damaligen Gartenexperten dazu, daß sich die Bandbreite lieferbarer Spezies verringerte, während sich für den Gebrauch von nicht verholzenden und einjährigen Pflanzen in den mittleren Jahren des Jahrhunderts eine Reihe von festen Regeln herausbildete. Pflanzenzüchter boten allmählich weniger Abwechslung, was die Realität der damaligen Nachfrage widerspiegelte.

NEUE ANLAGEN FÜR NEUE PFLANZEN

Während die «Landschaftsgärten», wie sie Brown propagiert hatte, aus der Mode kamen, bildete sich eine erstaunlich vielseitige Palette von Gartenstilen heraus, um die neuen Raritäten zur Schau zu stellen.

Zu Beginn des Jahrhunderts führte Repton den Blumengarten wieder ein, den er entweder auf Terrassen in der Nähe des Hauses oder in separaten, eigens dafür vorgesehenen Beeten anlegte. Darüber hinaus schuf er «amerikanische Gärten», deren Böden speziell auf die Bedürfnisse der säure- und sumpfliebenden ostamerikanischen Pflanzen abgestimmt waren. Indem er seinen Garten als «amerikanisch» bezeichnete, leistete er der schon bestehenden Tendenz Vorschub, jeden Garten mit einem bestimmten Etikett zu belegen und ihn auch entsprechend dieser Etikettierung zu gestalten: Gärten sollten entweder einem historischen Vorbild verpflichtet sein, einem bestimmten Stil entsprechen oder aber einem speziellen Pflanzthema gewidmet sein. Auf einmal gab es also niederländische und französische, gotische und «pittoreske», italienisierende und elisabethanische Gärten – in Elvaston gab es sogar einen Atrium-Garten namens Alhambra als Huldigung an islamische Stile –, keiner davon war historisch gesehen sonderlich authentisch, doch sie alle wiesen Elemente eines früheren Stils auf, der sich leicht modifiziert für eine weit breitere Pflanzenpalette als die ursprünglich vorhandene anbot. Loudon unterteilte diese an historischen Vorgaben orientierten Gartengestaltungskonzepte in vier Kategorien: Er sprach von den geometrischen (sie schöpften aus französischen, italienischen, niederländischen und englischen Quellen der Tudorzeit), den rustikalen (die sich ohne besonderes Format, jedoch mit der Schlichtheit eines Bauerngartens herausbildeten), den «pittoresken» (sie ahmten die Naturlandschaft nach, brachten einzelne Bäume, alte wie junge, jedoch nicht zur Geltung) und den «gardenesquen». Diese zuletzt genannte Stilrichtung wurde zunächst nur in eher kleinen Vorgärten umgesetzt, löste dann jedoch den zeitgenössischen pittoresken Stil ab und trat ihren Siegeszug durch die botanischen Gärten und öffentlichen Parks an (vgl. S. 246–247). Loudon persönlich plante 1839 eine der ersten öffentlichen Anlagen, die seine Auffassung vom «Gardenesquen» veranschaulicht – das Derby-Arboretum, das als Lehr- und Erholungspark konzipiert war; der Besucher sollte aufmerksam werden auf die Schönheit einzelner Pflanzen, aber auch Entspannung finden. Loudons Pläne für eine Art Grüngürtel um London wurden nie verwirklicht.

Natürlich waren auch nicht alle Gärten Landschaftsparks. In den meisten *pleasure grounds* gab es dicht gepflanztes Buschwerk vor der Kulisse hoher Bäume, im Vordergrund wuchsen krautige Pflanzen,

Der Zuchtbetrieb Veitch, von 1808 bis 1914 im Familienbesitz, war im 19. Jahrhundert eine der wichtigsten Bezugsquellen für exotische Gewächse. Die Veitchs kauften winterharte und tropische Pflanzen, die ihnen Sammler – zum Beispiel die Brüder Lobb und E. H. Wilson – von überall auf der Welt anboten. Darüber hinaus züchteten sie viele Hybriden. Über 400 der Veitch-Einführungen waren in Curtis' *Botanical Magazine* abgebildet, u.a. *Caryopteris incana*, eine kleine blaublühende Staude aus Asien, eine der Mutterpflanzen von *C. x clandonensis*, die zwar 1844 von Robert Fortune als Gewächshauspflanze eingeführt wurde, dann aber verlorenging und 1880 erneut von Charles Maries nach Europa gebracht wurde.

ganz im Stil von Wooburn Farm oder den akkurat abgegrenzten Inselbeeten in Nuneham. 1829 erteilte William Cobbett Ratschläge für die Pflanzung von Gehölzgruppen. Er beklagte die neueste Mode, «Klumpen von Sträuchern oder einzelne Gehölzgruppen mitten ins Gras zu plazieren, statt einer ausgedehnten Rasenfläche den Vorzug zu geben, die von passenden Büschen und Blumen eingerahmt und abseits der wunderschönen Kieswege liegt». Cobbetts Credo mutet durchaus modern an.

In der ersten Hälfte des Jahrhunderts entstanden Gärten, in denen Loudons Kategorien derart beispielhaft verwirklicht wurden, daß sie Modellcharakter annahmen. Alton Towers zum Beispiel, im Jahre 1814 begonnen, verfügte bereits über eine verblüffende Anzahl von verspielten Gartenbauelementen, als der Sohn von Lord Shaftesbury noch ein vom italienischen Stil inspiriertes Buchsbaum-und-Kies-Parterre in Form eines riesigen «S» hinzufügte. In Biddulph Grange gab es einen ägyptischen Garten mit Eiben, die zu Pyramiden zurechtgestutzt und von steinernen Sphinxen flankiert waren; hinter ihnen verbarg sich ein Dahlienweg und das «stille Grün» des Pinetums; durchschritt man auch diesen Bereich, gelangte man durch einen Felstunnel in den chinesischen Teil, wo asiatische Bäume und Sträucher ein Teehaus und eine rotlackierte Brücke einrahmten; an wieder anderer Stelle gab es ein Parterre im französischen Stil aus kleinwüchsigen Chilenischen Araukarien (*Araucaria araucana*, zuerst von Menzies 1795 eingeführt, doch in größeren Mengen nur aus keimfähigem Samen verfügbar, den William Lobb 1844 von seiner ersten Chile-Expedition mitbrachte). Eine Allee von Himalaja-Zedern (*Cedrus deodara*), die 1831 aus dem Himalajagebirge kamen, und Mammutbäumen (*Sequoiadendron giganteum*), die man gewöhnlich William Lobbs Sammlung zuschreibt und die Veitch 1853 zum Preis von zwei Guineen anbot (bei Abnahme von einem Dutzend oder mehr reduzierte sich der Preis auf eine Guinee), zog sich über einen Berg und skizzierte die Ränder eines schmalen Pfads, während der Berg von fern wie ein Obelisk anmutete.

In den 40er Jahren pflanzte der Obergärtner William Barron auf Elvaston Castle Koniferenalleen; er veredelte aber auch Bäume und verpflanzte sie. Vereinzelte Eiben, jeweils von hohen Hecken umgeben, beschnitt er in so bizarre Formen, daß man sich ihrem exotischen Reiz kaum entziehen konnte (vgl. S. 248–249). Das Schloß und der Landsitz von Elvaston lagen in der Tiefebene des Flusses Derwent, einer Gegend ohne besonderen landschaftlichen Reiz oder schöne Aussichten. Lancelot Brown, dessen Rat man eingeholt hatte, als er auf dem Höhepunkt seiner Schaffenskraft war, konnte nur wenig Gefallen an dieser Landschaft finden, der es seiner Ansicht nach an «Potential» fehlte. Er lehnte es ab, sie zu verschönern, und schenkte dem Grafen statt dessen sechs Libanonzedern, die dieser in der Nähe des Hauses pflanzte. Das aus dem 17. Jahrhundert stammende Haus wurde 1817 von Wyatt umgebaut, und als der vierte Earl 1830 die Erbfolge antrat, engagierte er den jungen Schotten Barron, der seine Ausbildung im Botanischen Garten in Edinburgh erhalten hatte, und beauftragte ihn mit der Umgestaltung des Gartens. Bis zum Tod des Grafen im Jahr 1851 wurde ein immenses «Verschönerungsprogramm» in Angriff genommen, dem der Bau eines Graben- und Drainagesystems vorausging. Achtzig Gärtner führten die Pflanz-, Pfropf- und Schnittmaßnahmen aus, sie legten einen See mit einem wildromantischen Steingarten an, außerdem Alleen und Wälder und mehrere höchst ausgefallene, dem Wesen nach symbolische Gärten, die nach dem Willen des Grafen sichtbares Zeichen für die Unsterblichkeit seiner romantischen Liebesbeziehung zu einer Schauspielerin sein sollten. Später wurde sie seine Frau. Weitläufige, 18 m breite Alleen, von denen manche sich über anderthalb Kilometer in die Ebene hinauszogen, mit Ausblick auf die Hügellandschaft von Nottingham, waren in Zweier- oder Dreierreihen angeordnet; in einer davon standen senkrecht aufragende Rotzedern und in einem seltenen Verfahren veredelte (seitliches Anplatten) Himalaja-Zedern,

Mit dem Namen des Landschaftsmalers und Gartenarchitekten W. A. Nesfield verbindet man in erster Linie raffinierte Parterres, die dieser in Anlehnung an den italienischen Stil entwarf, um die Terrassen herrschaftlicher Häuser in England zu schmücken. Nesfield verwendete für die «Gänge» zwischen den Buchsreihen nicht nur Kies, sondern auch Ziegelstaub, Mineralien, Kohle, Kalk oder farbige Marmorsplitter – er schenkte Lady Emily Foley in Stoke Edith blauen Spat, der soviel Blei enthielt, daß der Buchs daran zugrunde ging. Eines der wenigen noch erhaltenen Parterre-Muster findet sich in Broughton Hall (Yorkshire), wo Nesfield empfohlen hatte, den Buchs nur etwa 10 cm hoch wachsen zu lassen.

wie sie Loudon in seinem *Arboretum et Fruticetum Britannicum* beschreibt. Jenseits der Alleen standen umfangreiche Sammlungen von Kiefern und anderen Koniferen, von denen einige erst kurz zuvor eingeführt worden waren.

Schon bevor das «Auspflanzen» von Sommerblumen zum Modetrend wurde, hatten viele der größeren Anlagen wieder eine Form des Parterremusters eingeführt, das ganz im Stil der Renaissance auf den flachen Rasenflächen in der Nähe des Hauses angelegt wurde. In Oxburgh Hall in Norfolk wurde ein Parterre (in unserem Jahrhundert vom National Trust restauriert) nach den Prinzipien Le Nôtres und nach einem Plan von Dézallier d'Argenville angelegt. Der bei weitem bedeutendste Verfechter des «italienischen» Stils aber war William Andrews Nesfield (1793–1881), der seit den 30er Jahren des 19. Jahrhunderts gemeinsam mit den Architekten Anthony Salvin (seinem Schwager) und Charles Barry Monumentalpläne für Terrassen und Parterres entwarf. Die Pläne für seine angeblich «italienischen» Parterres waren in Wirklichkeit oft französischen Vorlagen entnommen, was seine Kunden aber nicht störte – im Gegenteil, überall im Land suchten «Gentlemen von gutem Geschmack» bei Nesfield Rat. Er hatte eine Vorliebe für verschnörkelte Buchsbaumelemente, manchmal in Form der Monogramme des Besitzers, die er um des besonderen Effekts willen mit bunten Kies- und Sandflächen kontrastierte. 1862 veröffentlichte er einige seiner Gestaltungsideen im *Gardener's Chronicle*. Während das französische Barockparterre in England beinahe schon ein in Vergessenheit geratener Epochenstil war, hatte es in den vielen kontinentaleuropäischen Ländern wechselnde Modeströmungen überdauert. In vielen Gartenanlagen war den verspielten Ornamentmustern eine kleine Fläche vorbehalten, auch wenn sie in stilistischer Hinsicht einen Gegensatz zu den mittlerweile eher naturalistisch gestalteten Landschaftsparks bildeten. Nesfield schlug auch strahlenförmige Alleen vor – der Broad Walk und die Syon Vista in den Kew Gardens sind sein Werk; er setzte Pflanzen als architektonische Elemente ein, teils in ihrer natürlichen Form – die Säuleneibe, den Gemeinen Wacholder und die Rotzeder –, teils auch streng beschnitten. Gehölze wie großer Buchs, die Steinlinde, die *Portugiesischer Kirschlorbeer* eigneten sich bestens für geometrische Formschnitte und figurative Skulpturen. Für die Gärten der Horticultural Society in South Kensington entwarf Nesfield 1860 ein Labyrinth, das aus dicht gepflanztem Buschwerk, geometrischen Blumenbeeten und Buchsornamenten gestaltet war, die – seinem Stil entsprechend – von eindrucksvollen Kieswegen, Terrassen und Wasserbecken dominiert wurden.

Beetpflanzen

Zu den winterharten Bäumen und Sträuchern gesellte sich eine Vielzahl bunter einjähriger Pflanzen. Ganze Gärtnerscharen pflanzten die in Treibhäusern aus Samen oder Stecklingen vorgezogenen Blumen aus und hegten sie. In den Sommermonaten wuchsen sie in großer Zahl auf eigens dafür vorgesehenen Inselbeeten und entzückten das Auge. 1833 wurde das Tafelglas erfunden, und als 1845 die Glassteuer aufgehoben wurde, schossen Gewächshäuser wie Pilze aus dem Boden. Selbst kleinere Gärtnereien und Privatpersonen konnten es sich jetzt leisten, einjährige und frostempfindliche Pflanzen im großen Stil zu kultivieren. Beliebt waren vor allem Petunien, Pantoffelblumen, Salbei und die in tropischen Farben leuchtende Verbene aus Süd- und Mittelamerika, aber auch viele Arten aus Südafrika, die bis dahin nur in Treibhäusern gezogen wurden. Die Vorstadtvillen des neuen Mittelstands präsentierten sich in einer Blütenpracht, die man bisher nur von großen Landsitzen und öffentlichen Gartenanlagen gekannt hatte.

Im Grunde war die Begeisterung, die in den 30er und 40er Jahren des 19. Jahrhunderts für Sommerbeete aufkam, eine logische Konsequenz der von Repton eingeführten Blumengärten. Schon er hatte sich dafür eingesetzt, so viele Blütenpflanzen wie möglich – und sei es gar in versenkten Blumentöpfen – in den Garten auszubringen, damit sich der Betrachter den Sommer über an einem Meer von Farben ergötzen könne (vgl. S. 250–251). Als immer mehr einjährige und frostempfindliche Arten für die Gestaltung der Sommerbeete zur Verfügung standen, war es nur allzu verständlich, daß man ihnen auch zunehmend mehr Platz in den Gärten einräumte. Mit dieser Art «temporärer» Bepflanzung setzte man Loudons Konzept eines sich im Rhythmus der Jahreszeiten wandelnden Blumengartens um, für den sich mit der Zeit jedoch auch wieder starrere Formen und Regeln herausbildeten: Allmählich wiederholten sich überall die stets gleichen Muster aus konzentrischen Kreisen mit violetten Heliotropen, gelben Pantoffelblumen, scharlachroten Geranien, Salbei und blauen Lobelien, die auf den Blumenbeeten von Juni bis Oktober für Farbenpracht sorgten. Erst nach 1850 empfahlen Gartenbuchautoren (wie z.B. Shirley Hibberd) und praktische Gärtner, die Frühjahrssaison mit Blumenzwiebeln wie Tulpen und Narzissen (die Narzissenzucht begann erst richtig in den 60er Jahren; die heute so beliebten einfarbigen Darwin-Tulpen gab es erst in den 80er Jahren des 19. Jahrhunderts), Hyazinthen, Anemonen, Stiefmütterchen, zweijährigem Goldlack und Vergißmeinnicht zu verlängern. Für die Herbstblüte schlugen sie Pompomchrysanthemen vor.

Ganz gleich, ob das dominierende Gartenthema sich von «alten» italienischen, französischen, niederländischen oder englischen Stilen herleitete, jetzt waren blumengefüllte Parterres en vogue. Bereits 1826 berichtete das *Gardener's Magazine*, daß die im Dubliner Phoenix Park gepflanzten *Alonsoa*, Pelargonien und Heliotrope, die den ganzen Sommer und Herbst hindurch üppig blühen, effektvoller wirken als Bartnelken, Akeleien und Stockrosen mit ihrer lediglich dreiwöchigen Blütezeit – offenbar hatte sich der Zeitgeschmack bereits gewandelt.

Unterstützt wurde diese Entwicklung durch die Züchtungserfolge der Gärtner, denen es gelang, die Blütezeit dieser Pflanzen, die bisher auf die warme Jahreszeit beschränkt war, ständig auszudehnen. Die Züchtung von Hybridformen aus Pelargonien, Lobelien, Petunien, Verbenen und Pantoffelblumen brachte zunehmend Abwechslung; sie waren zusammen mit den scharlachroten Feuersalvien in allen wichtigen Farben zu haben – in Gelb, Violett, Scharlachrot, Blau, Rosa und Weiß. Je populärer sie wurden, desto öfter verdrängten sie andere Pflanzen, die bald nicht mehr lieferbar waren, da die Gartenbaubetriebe ihr Angebot einschränkten, um Platz für die Unterbringung der vielen gefragten Kultivare und Hybriden zu schaffen.

Im Trentham Park und in Shrubland Park zeichneten sich neue interessante Entwicklungen ab. Seitdem mehrere wissenschaftliche Theorien darüber vorlagen, wie sich Farben wechselseitig beeinflussen, machten sich einige Gärtner die Erkenntnisse der Farbenlehre auch bei der Kombination von Blütenpflanzen zunutze. Dies führte vorübergehend zu einem gewissen Dogmatismus, letzten Endes jedoch erwies sich das Farbempfinden – aller Wissenschaft zum Trotz – stets als sehr subjektiv. Lady Middleton verfügte anerkanntermaßen über ein raffiniertes Gespür in bezug auf die harmonische Zusammenstellung und feine «Nuancierung» von Farben; in Shrubland Park schuf sie einen stilistisch vollendeten Sommerblumengarten. Gruppen von Blumen mit sehr zarten Farbabstufungen wurden so angeordnet, daß sie sich wie Reihen in einer Wollstickerei harmonisch miteinander vermischten. In Sichtweite des italienischen Gartens in Trentham legte Fleming ein serpentinenförmiges Beet mit Vergißmeinnicht an, das «Bächlein» genannt wurde, weil es sich wie ein Bach dem See entgegenschlängelte. Während Farbpläne weiterhin Thema intellektuellen Geplänkels blieben, wurden die Formen der Blumenbeete generell vereinfacht und die einzelnen Beete in symmetrischen Mustern angeordnet.

Zunächst fanden sich diese floralen Kompositionen natürlich nur in ausgewählten Gärten, aber die Schau im Kristallpalast von Sydenham 1854 war für die Allgemeinheit gedacht und hatte eine große Breitenwirkung: Die aufwendig und einheitlich angelegten Blumenbeete wurden von gelben Pantoffelblumen und scharlachroten Pelargonien beherrscht. William Robinson sprach ein vernichtendes Urteil über sie: «Das ist ja noch viel gräßlicher als irgendwo in Versailles.»

Als die Öffentlichkeit schließlich bereit war, die Sommerblumenbepflanzung mit ihren grellen Farbkontrasten zu übernehmen, wendeten sich die «Kenner» bereits wieder davon ab oder milderten zumindest deren Auswüchse. In den 70er und 80er Jahren bevorzugten viele Gärtner und die Besitzer privater Grundstücke einen etwas weniger aufdringlichen Stil; ihnen mißfielen die kurzlebigen Effekte einjähriger Pflanzen, die in Massen und nur in einer Phase ihres Lebenszyklus zur Schau gestellt wurden; statt dessen wünschte man sich eine Konzentration auf einzelne standortgerechte Pflanzen. William Robinson, bereits 1870 ein entschiedener Gegner des ständigen Ein- und Auspflanzens, war kein einsamer Rufer in der Wüste, sondern machte sich zum Sprecher einer in Gärtnerkreisen weitverbreiteten Stimmung – wenngleich sein Ton vielleicht auch etwas harsch war.

Was Nesfields italienisierenden Stil in den 40er Jahren so populär machte, war die Überzeugung, daß er sich am englischen Gartenstil orientiere, der sich bereits manifestiert hatte, bevor Kent und Brown alle Spuren formaler Alleen, gestutzter Bäume und Parterres getilgt hatten. Eine andere große Gestalt der viktorianischen Zeit war Joseph Paxton (1803–1865); er entwarf nicht nur Gewächshäuser, die er mit tropischen Exotika füllte – 1849 brachte er als erster die südamerikanische Seerose *Victoria amazonica* zum Blühen –, sondern er war auch ein äußerst versierter Gärtner, der Nesfields italienische Themen auf private und öffentliche Gärten im ganzen Land übertrug. Er experimentierte mit allen fremdländischen Gewächsen, die auf dem Markt erhältlich waren. Als Obergärtner und späterer Agent des Herzogs von Devonshire pflanzte Paxton in Chatsworth Zedern, Araukarien, aus Japan stammende Aukuben und zahlreiche Lorbeerbäume. 1829 brachte Paxton in seinem Hut Sämlinge der neu eingetroffenen Douglasien (*Pseudotsuga menziesii*) aus London nach Chatsworth; 1835 hatten sie eine Höhe von 10,5 m erreicht.

Rustikale Ornamente

In der Mitte des Jahrhunderts gaben Gartenexperten wie Shirley Hibberd (1825–1890) in Fachzeitschriften Anregungen, wie man Blattpflanzen im Kleingarten wirkungsvoll zur Geltung bringen könne. Obwohl Hibberd kein entschiedener Gegner der Sommerbeete war, empfahl er dennoch, an ausgewählte Stellen frostresistente Bäume, Sträucher und mehrjährige Pflanzen sowie winterharte Farne und Efeuarten zu setzen, damit der Garten auch in der kalten Jahreszeit noch ansprechend wirke. Zwar ist Hibberd heute nicht so

Die erste Fuchsie (nach Leonhard Fuchs benannt, dessen *De Historia Stirpium* 1542 erschien) wurde von Charles Plumier in *Nova Plantarum Americanum Genera* (1703) beschrieben, aber anscheinend erst viel später, nämlich 1788, eingeführt. Plumiers Fuchsie war mit an Sicherheit grenzender Wahrscheinlichkeit *Fuchsia coccinea*, die man in Südamerika findet und die um 1800 bereits von Kaiserin Josephine in Malmaison kultiviert wurde. Die hier abgebildete Fuchsie – sie gehört zu den 306 Illustrationen, die Joseph Redouté (1759–1840) für den *Nouveau Duhamel* anfertigte – trägt zwar die Bezeichnung *Fuchsia magellanica*, ist de facto aber wohl *F. coccinea. F. fulgens*, die Mutterpflanze der meisten unserer frostempfindlichen Varietäten. Sie wurde aus Samen gezogen, die Theodor Hartweg Anfang der 40er Jahre des 19. Jahrhunderts aus Mexiko an die Horticultural Society in London schickte.

bekannt wie William Robinson, den er wohlwollend förderte, doch er war ein emsiger Schreiber und Journalist. Während Robinson an seinen Auffassungen eher stur und unflexibel festhielt, ging Hibberd auf seine Leser ein, indem er im Zweifelsfall nicht zu dogmatischen, sondern zu praktischen Lösungen riet. Die meisten seiner Bücher, zu denen *The Fern Garden* (1869), *The Amateur's Flower Garden* (Erstveröffentlichung 1871) und fünf Bände von *Familiar Garden Flowers* zählen, sind aus seinen in der *Floral World* veröffentlichten Artikeln zusammengestellt, deren Herausgeber er seit 1858 war. Hibberd stützte sich beim Schreiben auf die eigene Erfahrung und wandte sich vorrangig an die Besitzer kleinerer Gärten. In der *Floral World* stellte er auch seinen eigenen Garten vor – ein typischer langer, schmaler Stadtgarten am Rand einer Londoner Vorstadt – und berichtete ausführlich und mit Plänen über alle Phasen seiner Entstehungs- und Entwicklungsgeschichte. Und obwohl Hibberd seinen Ausführungen einen kleinen Abschnitt über das Parterre und geeignete Pflanzpläne anfügte, hielt er seine Leser zur Zurückhaltung an. Er warnte davor, einen Garten mit allerlei Pomp und Prunk zu überfrachten, da derartige Effekte in aller Regel zu Lasten der strukturgebenden Maßnahmen gingen, die das Bild eines Gartens nicht nur kurzfristig, sondern das ganze Jahr über prägen. Er beklagte «die Neigung, Gärten als Ausstellungsflächen und frostempfindliche Pflanzen wie Pelargonien, Verbenen und Petunien als ihre einzigen rechtmäßigen Bewohner zu betrachten». Ohnehin könne das Anlegen von Sommerblumenbeeten schnell zur Falle für den Unachtsamen oder Geschmacklosen werden: «Beim Bepflanzen des Parterres unterlaufen so leicht Fehler wie bei der Planung.» Er riet davon ab, vorrangig Primärfarben zu verwenden, und empfahl statt dessen, mit neutralen Farbnuancen zu experimentieren, um die Wirkung zu dämpfen: «Die stereotype Wiederholung von scharlachroten Geranien und gelben Pantoffelblumen ist hochgradig ordinär und geschmacklos, und die gewöhnliche Verteilung von Rot, Weiß und Blau ist besser geeignet, Wilde zu erfreuen, als den künstlerischen Status eines zivilisierten Volkes zu repräsentieren.» Er hielt den zunehmenden Gebrauch von unterschiedlichen Blättern in gedämpfteren Tönen für einen großen geschmacklichen Fortschritt.

Gärtnern, deren Grundstücke hinreichend groß waren, empfahl Hibberd die Anlage eines Rosengartens – dieser sollte allerdings nicht zu nah am Haus gelegen sein, weil er nur während der Blütezeit reizvoll anzuschauen sei. Ferner sprach er sich für Stein- und Farngärten aus und regte seine Leser zur Gestaltung von Amerikanischen Gärten an, da diese mit ihrer speziellen Erde besonders für Erikagewächse wie Kalmien, Rhododendren und Azaleen geeignet seien. Gärtner, die die Möglichkeit hatten, ein Gewächshaus aufzustellen, und in ihren Gärten über geschützte und sonnenexponierte Flächen verfügten, ermutigte er, großblättrige subtropische Pflanzen zu kultivieren – ganz nach dem Vorbild von Mr. Gibson in Battersea Park (vgl. S. 252–253).

Mit dem Eintreten für die winterharte Rabatte kam Hibberd Ro-

Der Gartenbuchautor Shirley Hibberd (1825–1890) empfahl als farbenprächtigen Blickfang eine Pyramide aus zwergwüchsigen Pelargonien (Zuchtformen von *Pelargonium zonale* und *P. inquinans)*. Der Stich stammt aus der *Floral World* von 1866, deren Herausgeber er war. Im *Gardener's Chronicle* schrieb Hibberd 1880, es sei für jeden Züchter offensichtlich, daß sich in diesen Blumen das Blut einer Unzahl von Arten vermische. Zunächst bevorzugte man die Pflanzen mit kreisrunder Blüte und überlappenden Kronblättern, später kamen zweilippige Arten mit separaten Blütenblättern in Mode. Heute gibt es längst nicht mehr so viele Kreuzungen wie im 19. Jahrhundert.

binson zuvor. «Die winterharte krautige Rabatte ist das Beste im Blumengarten, obwohl gemeinhin als das Schlechteste betrachtet. Wenn sie gut ausgeführt, gut bestückt und gut gepflegt ist, beschert sie uns in zehn von zwölf Monaten Blumen in Hülle und Fülle.» Die rechtmäßigen Bewohner der Rabatte waren winterharte Pflanzen; zu ihnen zählten *Achillea*, Eisenhut, Adonisröschen, die Amaryllisart *Alstroemeria*, Akelei, Aster, Astilbe, Kamassie, Götterblume, Hundszahn, Funkie, die Storchschnabelarten, Schleierkraut, Taglilie, Stockrose, Platterbse, Phlox, Lilien (darunter *Lilium candidum, bulbiferum, auratum* und *longiflorum*), Fackellilie, Rittersporn, Nelke, Chrysantheme, Primel, *Pyrethrum*, Fingerkraut, Anemone, Hahnenfuß, Iris, Nachtkerze, Fingerhut, *Campanula*, Päonie, Leimkraut, Schattenblume, Strandflieder, Beinwellarten (auch der Gemeine Beinwell und das graublättrige *Symphytum caucasium*), Wiesenraute, Tradeskantie und die blaublühende Binsenlilie. Wie immer machte Hibberd nicht viel Aufhebens um die Pflege dieser Pflanzen. Er betonte, solange der Boden fruchtbar und tief umgegraben sei, könne man die meisten Pflanzen herausnehmen, versetzen oder teilen, «wie es paßt und nicht nach festen Regeln».

Der Wildgarten – Rückbesinnung auf ein Stück Natur

Viel von dem, was Shirley Hibberd sagte, vertrat auch sein Schützling William Robinson (1838–1935), der sich in den 70er Jahren zum Anwalt des Naturgartens machte. Mit Enthusiasmus setzte er sich in Büchern und Zeitschriften für seine Auffassungen vom Gartenbau ein. Obwohl auch er sich von kunstvoller Gartenarchitektur beeindrucken ließ – insbesondere die Pariser Anlagen hatten es ihm angetan –, verschrieb er sich uneingeschränkt der Planung und Verwirklichung von Naturgärten. Viele seiner Ansichten wurden von seinen Zeitgenossen mit Begeisterung aufgenommen, denn sie trafen den Nerv eines weitverbreiteten Lebensgefühls, das als Reaktion auf die viktorianische Industrialisierung entstanden war. Künstler, Intellektuelle und Mitglieder der Arts-and-Crafts-Bewegung setzten sich aus Opposition zur industriellen Massenproduktion für mehr Individualität und Natürlichkeit ein. Robinson, der für den neuen Mittelstand schrieb, ritt seine wütendste Attacke gegen den formalen viktorianischen Garten, den er als den «häßlichsten Garten aller Zeiten» bezeichnete; den Formschnitt verglich er mit der chinesischen Unsitte, die Füße zu verstümmeln, damit sie in zu kleine Schuhe paßten. Er forderte statt dessen Gärten mit überwiegend winterharten Pflanzen, wobei er ausländische Exemplare tolerierte, solange sie sich ohne speziellen Aufwand an englische Standortbedingungen anpassen konnten. Tatsächlich propagierte er den ökologischen Gartenbau: Der Gärtner sollte verstehen, wo und wie die Pflanzen in freier Natur wuchsen, und sie dann entsprechend ihrer Bedürfnisse kombinieren. Eines seiner Bücher, *The Wild Garden*, erschien 1870 mit bezaubernden Illustrationen von Alfred Parson. Dieses Werk vermittelte dem Leser des späten 19. Jahrhunderts einen neuen Zugang zum «pittoresken Stil», der sich nicht nur in Landschaftsparks, sondern auch im Blumengarten sinnvoll verwirklichen ließ. Robinson verbreitete seine Gartenbaukonzepte mit einem geradezu missionarischen Eifer. Er ermunterte seine Leser, die er mit Büchern und Aufsätzen überhäufte, bewährte winterharte Pflanzen zu züchten, die damals nur noch in schlichten Bauerngärten zu sehen waren. Verbissen trat er dafür ein, alle Form- und Stilvorschriften zu ignorieren und die Architekten von der Gartenplanung auszuschließen. Trotz seiner Radikalität haben die Lehren Robinsons und seiner Schüler die Geschichte des englischen Gartenbaus am nachhaltigsten beeinflußt. So verwandelte zum Beispiel Gertrude Jekyll Rabatten und Blumenbeete gemäß Robinsons Vorgaben in traumhaft schöne Gebilde. In Gebieten mit extremerem Klima lassen sich Robinsons und Jekylls Methoden schwerer nachahmen, doch vor allem in Ländern wie den Vereinigten Staaten, die über eine eigene große Gartenflora verfügen, hat die Wiederbelebung des natürlichen Gartenstils die moderne Gartengestaltung bis zum heutigen Tag bereichert: Der heimische Pflanzengarten Amerikas bleibt ein direkter Nachfahre des robinsonschen Ideals, die Gärten der großen Pflanzensammler, die zur Jahrhundertwende in Europa entstanden, berücksichtigen seine Anweisungen – die Pflanzpläne sind auf die natürlichen Wachstumsbedingungen der Bäume, Sträucher und Blumen abgestimmt.

Robinsons *The English Flower Garden*, 1883 erschienen, erlebte zu seinen Lebzeiten fünfzehn Auflagen, die letzte davon 1933. Das in zwei Themenbereiche gegliederte Buch – der erste Teil enthält einen «allgemeinen» Gartenratgeber, der zweite einen Katalog winterharter Pflanzen, die sich für den Freilandanbau auf den Britischen Inseln eignen – hatte Robinson nicht allein geschrieben. Es enthielt Beiträge über die Spezialgebiete hervorragender Fachleute – so schrieb zum Beispiel Gertrude Jekyll über Farbpläne. Robinsons Bedeutung für die Nachwelt liegt in dem unterschwelligen Einfluß, den er auf Gärtner auszuüben vermag, die nie von ihm gehört haben, geschweige denn wissen, was unter «robinsonisch» zu verstehen ist. Seine Forderung, die Pflanzpläne auf die ökologischen Gegebenheiten abzustimmen, war ein revolutionär neuer Gedanke – insbesondere zu einer Zeit, in der man auf den großen Landsitzen vorwiegend frostempfindliche und einjährige Pflanzen kultivierte, die dann für saisonale Effekte in Beeten dicht zusammengedrängt ausgesetzt wurden.

Im darauffolgenden Jahrhundert wurde Robinsons Plädoyer für die Kultivierung winterharter Pflanzen irrtümlicherweise oft in einen Topf geworfen mit Loudons Auffassung des «Gardenesquen» – diese Art von begrifflicher Ungenauigkeit blieb jedoch kein Einzelfall: Während man einen stilistischen Mischmasch in Kombination mit einer Ad-hoc-Sammlung seltener Pflanzen als «gardenesque» bezeichnete, heftete man das Robinson-Etikett letztlich an jeden vermeintlich «naturnahen», in Wirklichkeit aber ungepflegten Garten, in dem sich das Unkraut ungehindert vermehren durfte.

In *The Art and Practice of Landscape Gardening*, erschienen 1890, beschreibt und illustriert Henry Ernest Milner seine Pläne für den Landsitz des ungarischen Grafen Festetich am Ufer des Balatonsees. Dort in Keszthely modellierte Milner 1885–1886 in flachen Gebieten im Norden und Osten des Schlosses Bodenwellen und pflanzte auf die Erhebungen Bäume und blühende Sträucher. In der Nähe des Hauses legte Milner von Eibenhecken umschlossene Blumengärten an, in denen er einjährige und subtropische Flora präsentierte, die in der Sommerhitze des kontinentalen Klimas prächtig gedieh. Ferner pflanzte er Zwergrhododendren, Azaleen, Erikagewächse sowie *Pieris* und *Pernettya*, und im Südteil legte er einen Senkgarten mit Zwergkoniferen an.

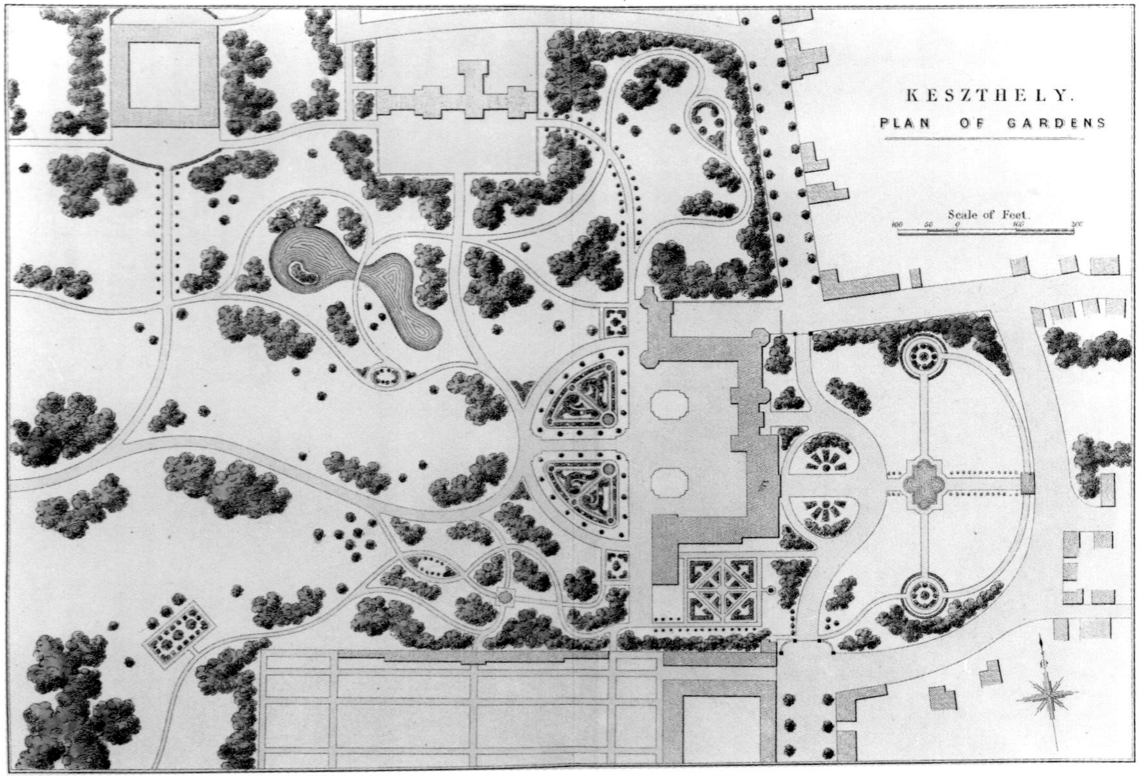

Für Robinson gab es nur zwei Gartenstile, den des vielgeschmähten «formalen» Gartens – ein von seinem Erzfeind Reginald Blomfield 1892 eingeführter neuer Begriff, und zwar in *The Formal Garden in England* – und den von ihm selbst vertretenen, der sich durch «wahre Demut» auszeichnete und dem tief empfundenen Wunsch entsprach, «die Natur als Führerin zu akzeptieren». Blomfield und John D. Sedding (*Garden Craft Old and New*, 1891 posthum erschienen) redeten beide einer Rückkehr zu altmodischer Formalität das Wort. In einer neuen Interpretation des idealen, vom Architekten entworfenen Gartens betonten sie, wie wichtig es sei, Haus- und Gartenstile ganz nach Art der italienischen Renaissance miteinander zu verbinden; dementsprechend wiesen sie dem Gärtner und seinen Pflanzen eine untergeordnete Rolle zu. Obgleich Blomfields historische Thesen ungenau waren, förderten seine Gedanken – nicht nur in England, sondern auch in Amerika – die Entwicklung eines kohärenten Architekturstils, bei dem eine ungeheure Vielfalt an Pflanzen von Mauern, Treppen und Hecken eingerahmt wurde. Diese architektonischen Pläne und jene von Gartenarchitekten wie Thomas Mawson blieben den Anhängern des natürlichen Blumengartens robinsonscher Prägung ein Greuel. Tatsächlich fand man beide Stile im folgenden Jahrhundert in wunderbarer Harmonie miteinander vereint.

Ja, es scheint beinahe so, als habe die unversöhnliche Gegenüberstellung beider Auffassungen im letzten Jahrzehnt des 19. Jahrhunderts die Atmosphäre für einige der schönsten Garteneffekte gereinigt: Die besten Pflanzen, die man in einem Jahrhundert spektakulärer Einführungen aus dem Ausland angehäuft und erprobt hatte, kombinierte man jetzt mit einer kunstvoll auf sie abgestimmten Architektur. Der in unterschiedliche Bereiche gegliederte Garten, für den Biddulph und andere frühere, großzügigere Anlagen des 19. Jahrhunderts Pate standen, sollte im Lauf der Zeit eine Reihe architektonischer und pflanzlicher Themen zu einer Einheit verbinden.

In Gravetye, einem Herrenhaus der Tudorzeit, das in einer Senke der Hügel von Sussex lag, setzte William Robinson 1885 als frischgebackener Gartenbesitzer viele der naturalistischen Themen um, die er als Journalist der Öffentlichkeit seit mehr als zwanzig Jahren gepredigt hatte (vgl. S. 254–255). Da er schließlich erkannte, daß ein Haus einen Rahmen braucht, legte auch er konventionelle Blumenbeete mit geraden Rändern an und füllte sie mit seinen Lieblingsblumen – Veilchen, Nelken, Rosen und Klematis (einige davon nach seinem Gärtner Ernest Markham benannt). Auf der Fläche rund um das Haus behielt er einen moderat traditionell-geometrischen Grundriß bei, die einzelnen Beete jedoch bepflanzte er zwanglos – eine Technik, die sich später Gertrude Jekyll, Lawrence Johnston und Vita Sackville-West zunutze machten, um neue Formen für den Cottage-Stil zu entwickeln. Seinen naturnahen Garten legte er auf den Wiesen hinter dem Haus, an Uferböschungen, in Waldgebieten und am oberen und unteren See an. Robinson beherzigte den Rat von Robert Marnock (1800–1889), für den er im Regent's Park im Garten der Royal Botanic Society gearbeitet hatte und der Gravetye mehrmals seit dem Frühjahr 1886 besuchte. Marnock, ein anerkannter Gartenarchitekt und Pflanzenzüchter, empfahl ihm, den Küchengarten an der Nordseite des Hauses anzulegen und Felder in den Park zu integrieren.

Robinsons gärtnerische Tätigkeit in Gravetye umreißt die Möglichkeiten und Grenzen zeitgenössischer Gartenkunst und -praxis. Hier mußte er unter Beweis stellen, daß sich seine theoretischen und didaktischen Schriften, mit denen er die Gartenkultur einer Nation zu beeinflussen suchte, auch verwirklichen ließen. Auch er war durch Unwägbarkeiten wie Boden, Klima und Krankheiten in manchen Fällen zur Modifikation seiner ursprünglichen Pflanzpläne gezwungen. Die Schwierigkeiten, die er bei der Auswahl der Pflanzen hatte, und die Notwendigkeit, den Entscheidungsprozeß durch einen festen Plan zu rationalisieren, sind Herausforderungen, mit denen sich auch die Gärtner im ausgehenden 20. Jahrhundert konfrontiert sehen.

Robinson hatte Mühe, heimische Stauden von gewerbsmäßigen Züchtern zu beziehen, dennoch gelang ihm die Kultivierung von Schneeball (*Viburnum opulus*), Zwergginster, Schlehe, schlitzblättriger Brombeere (*Rubus laciniatus*, seit 1770 kultiviert, Ursprung unbekannt), Geißblatt, Färberginster (*Genista tinctoria*), Efeu, Tamariske, Spindelbaum, Sanddorn und Gagel, den er zusammen mit dem rotstengeligen Hartriegel (Formen von *Cornus alba*, zu finden von Sibirien bis zur Mandschurei) gepflanzt hatte, um an den Stellen eine verstärkt naturnahe Wirkung zu erzielen, an denen Rhododendren fremd und fehl am Platz gewesen wären. Darüber hinaus gelang ihm 1888 die erfolgreiche Ansiedlung der korsischen Schwarzkiefer (*Pinus nigra maritima*), die bis zum Sturm im Jahr 1987 in riesigen Hainen überdauerte – in einer einzigen Nacht fielen damals mehr als 200 Exemplare, von denen einige 30 m hoch waren. In den Novemberfrösten 1890 starben viele immergrüne Gehölze, darunter Stein-

In Heale House am Avon in Wiltshire überziehen Teppiche von Winterlingen *(Eranthis hyemalis)* und Schneeglöckchen (überwiegend *Galanthus nivalis*) den lockeren Waldboden. In anderen Teilen des Gartens sind Alpenveilchen, sowohl *Cyclamen coum* als auch *C. hederifolium*, heimisch geworden und blühen im Winter noch ebenso üppig wie im September. Seit William Robinson mit großem Engagement für den naturnahen Gartenbau und für die Verwendung von Pflanzen, die von selbst Kolonien bilden, eingetreten war, wurde diese Art der Gartengestaltung in Europa und Nordamerika mit Begeisterung aufgenommen und weiterentwickelt.

eichen, gemeine Mahonien und südamerikanische *Escallonia*, während sich amerikanische Rhododendren wie *R. maximum* und *R. catawbiensis* sowie der Berglorbeer (*Kalmia latifolia*) als winterhart erwiesen – inbesondere wenn sie im Mai oder Juni statt im Herbst gepflanzt wurden. Robinson war begeistert von M. Marliacs Seerosenzüchtungen; ihm war in Frankreich die Kreuzung winterharter und tropischer Seerosenarten gelungen, die nach 1893 eingeführt wurden.

Beim Pflanzen von Bäumen maß sich Robinson mit Landbesitzern des 18. Jahrhunderts. Im letzten Jahrzehnt vor 1900 pflanzte er 1000 Libanonzedern, Douglasien-Haine, Schwarzkiefern (*Pinus nigra* var. *caramanica*), Lärchen, ein paar tausend Zuckerahornbäume (*Acer saccharum*), eine große Kollektion amerikanischer Hickorybäume, die ihm Frederick Law Olmsted geschickt hatte, amerikanische und andere Dornensträucher und Holzäpfel sowie niedrigwachsende Formen der Felsenbirne *Amelanchier* und Sibirische Hartriegel. 1892 pflanzte er eine Hecke aus Hahnendorn (*Craetaegus crus-galli*), den er aus Samen gezogen hatte, darüber hinaus noch hundert *Clematis montana* und *C. viticella*, hundert immergrüne Geißblattpflanzen (*Lonicera sempervirens* aus Nordamerika) sowie Kletter-, Tee- und Dijonrosen. 1894 übergab Veitchs Gartenbaubetrieb Robinson einige Pflanzen, die kürzlich aus dem Fernen Osten eingeführt worden waren und saure Böden bevorzugten. *Rhododendron racemosum* kam 1892 aus der chinesischen Provinz Yunnan, gleichzeitig erhielt er aus Japan *Magnolia hypoleuca*, *M. parviflora* und die japanische Gartenkreuzung *M. x watsonii* aus diesen beiden Ursprungspflanzen. Andere Geschenke von Veitch aus asiatischen Quellen waren *Enkianthus campanulatus, Styrax japonica,* die schöne *Daphne genkwa* aus China, *Daphniphyllum macropodum, Clerodendrum, Cornus macrophylla, Caesalpinia japonica, Lindera obtusiloba, Stachyurus praecox, Cleyera japonica* mit graumarmorierten Blättern und die frostempfindlichen sonneliebenden Arten *Camellia sasanqua* (noch mehrere Jahre nicht allgemein verfügbar) sowie *Caryopteris incana* (die dominante Mutterpflanze der heutigen beliebten Formen von *C. x clandonensis*).

Gleichzeitig machte Robinson «edle winterharte» mehr- und zweijährige Pflanzen heimisch, wie er es in seinen eigenen Büchern empfahl: Ochsenzunge, Kranz-Lichtnelke, Glockenblume, Eisenhut, Geißraute, Eselsdistel (*Onopordum acanthium*), *Buphtalmum speciosum*, Färberhülse, 250 neue Mieren- und riesige Bärenklau-Arten wurden überall dorthin gepflanzt, wo die Aussicht bestand, daß sie sich ohne großen Aufwand akklimatisieren würden. 1896 pflanzte er – wie seine Aufzeichnungen belegen – tausendfach Krokus und *Chionodoxa*, Blutwurz (*Sanguinaria canadensis*), *Scilla bifolia*, 1000 Fritillarien, Tulpen und Narzissen (davon allein über 200 000 in Senken, und zwar dort, wo Vieh den Boden festgetrampelt hatte, und bedeckte sie lediglich mit Schlamm) sowie 50 Stück Hahnenfuß (*Ranunculus aconitifolius*) und 50 blaue Waldreben. Zu den neuen Bäumen gehörten 100 Gleditschien (*Gleditsia triacanthos*) aus Nordamerika, neue Robinien-Klone (meist französischen Ursprungs) und die strauchigen *Exochorda racemosa* aus China. 1908 pflanzte er 30 Ginkgos (*Ginkgo biloba*), die er mit *Narcissus poeticus* aus Bayonne unterpflanzte.

In Les Quatre Vents in Kanada, 150 km nördlich von Quebec, erweiterte Francis Cabot den Garten, indem er hinter dem Haus ein Waldgebiet und Wiesen anlegte. Auf dem Foto sieht man, wie sich «Wildblumen», darunter europäische Pflanzen wie Weiderich und Margerite, zwischen den Gräsern durchsetzen und – ganz im Sinne Robinsons – ein zwanglos beschauliches Bild bieten. Gemähte Pfade durchziehen die Wiese und führen zu dem Musikpavillon, der in der Ferne zu sehen ist.

Humphry Repton

Nach dem Tod des «Landschaftsgestalters» Lancelot Brown (gest. 1783) hatte sich Humphry Repton (1751–1818) selbst als dessen Nachfolger bezeichnet. Seit den 90er Jahren legte er neue Landschaften an oder gestaltete alte um (manchmal auch die von Brown), bis er 1816 über 400 seiner berühmten «Roten Bücher» verfaßt hatte. Jedes dieser in rotes Marokkoleder eingebundenen Bücher enthielt exakte Aufzeichnungen über die Gärten seiner Kunden und Aquarellskizzen, die dokumentierten, wie der Garten vor und nach seiner Arbeit aussah. Diese Bücher sind von unschätzbarem Wert für nachfolgende Generationen, denn auch wenn viele von Reptons Parkanlagen zumindest teilweise erhalten sind, hätten wir heute ohne diese Aufzeichnungen kaum eine Vorstellung von seinem Blumengarten-Repertoire.

Obwohl er der Parkgestaltung von Brown offen Respekt zollte, entwickelte Repton seine eigenen Ansichten darüber, wie die Bepflanzung zu erfolgen habe. Zum einen trat er entschieden dafür ein, Blumen auch in die Nähe des Hauses zu pflanzen; zum anderen empfahl er dort, wo Brown mit Blick auf zukünftige Generationen Haine anlegte, das Blätterdach der Bäume mit dicht gepflanztem Buschwerk aufzufüllen. Auf diese Weise erzielte er binnen kurzem einen zuverlässigen Sichtschutz, aber auch andere überraschende Effekte. Mit dem sicheren Gespür des Künstlers für richtige Proportionen beherrschte er das Spiel mit wechselnden Perspektiven: So konnte man von einer Stelle aus der Ferne das Haus sehen, nur um es dann sofort wieder aus dem Blickfeld zu verlieren, und wenig später tauchte es – schon sehr viel näher – hinter dichtem Pflanzenwuchs urplötzlich wieder auf.

Reptons Anregungen für Blumenbeete bezogen oft in die Erde gesenkte Blumentöpfe mit ein, die sich mit der winterharten Bepflanzung vermischen sollten. Auf Betreiben von Fürst Pückler-Muskau, dem Schwiegervater des Staatskanzlers Hardenberg, plante John Adey Repton Beete in Form von Körben, bekannt unter dem Namen *corbeilles* oder Hardenberg-Körbe.

Repton unterschied sich von Brown hauptsächlich darin, daß er die «Behaglichkeit» des Auftraggebers im Blick hatte: Während er in der Nähe des Hauses elegante Terrassen, Kieswege und eingefriedete Blumengärten anlegte, entwarf er für die Randbezirke des *pleasure ground* «verborgene» Bereiche mit aufwendigen Blumenarrangements oder Rosarien, die den Besucher in ihren Bann ziehen sollten. «Sunshine after Rain» (*links*), ein Aquatintastich aus seinen *Fragments* (erschienen 1816), offenbart Reptons Vorliebe zu Beginn des 19. Jahrhunderts: einen von der Außenwelt abgeschirmten Garten mit blumengefüllten buchsumrandeten Beeten, die alle zusammen von einem Gitterzaun und Spalieren umschlossen sind. Die ständig wachsende Auswahl an Blütenpflanzen nutzte Repton, um gemeinsam mit seinen Kunden nach neuen Verwendungsmöglichkeiten zu suchen, während er den landschaftlich gestalteten parkähnlichen Außenbereich beibehielt.

Unten: Humphry Repton schätzte das neoklassizistische Gewächshaus, das er selbst und sein Sohn Adey Repton 1812 für Sheringham Hall in Norfolk entworfen hatten, als perfekte architektonische Kulisse für seinen Blumengarten. 1803 schrieb Repton in seinen *Observations on the Theory and Practice of Landscape Gardening*: «Ein Blumengarten sollte von der allgemeinen Szenerie des Orts getrennt sein [...] geschützt durch einen inneren Zaun [...] innerhalb dieses Geheges sollte man seltene Pflanzen jeglicher Art wachsen lassen.»

In Endsleigh (Devonshire) gestaltete Repton für den sechsten Herzog von Bedford 1814 das Panorama mit Blick auf das Flußtal des Tamar. Wie die hier abgebildeten «Vorher»- und «Nachher»-Illustrationen zeigen, wurde die Terrasse begradigt, damit durch das Gewächshaus und die langgezogene bepflanzte Mauer eine den Blick fokussierende Achse entstand. Repton sorgte dafür, daß der natürliche Charakter der zerklüfteten Landschaft aus Hügeln und Flußtal erhalten blieb, obwohl er im Vordergrund eine Gartenszenerie anlegte. Auch vertrat er die Ansicht, daß die alpinen Gewächse in speziell angelegten Beeten zwischen zerklüfteten Steinlandschaften wachsen sollten – selbst wenn diese keineswegs von Natur aus vorhanden waren.

Fürst Pückler-Muskau

Eingebettet in eine hügelige Landschaft, floß die Neiße durch den Park des Fürsten Pückler-Muskau. Das enge Tal gab bisweilen Aussichten auf ferne Berge frei, man blickte aber auch auf Ackerland, ein örtliches Aluminiumbergwerk und die Stadt. Trotz des schwierigen, weil sandigen und sumpfigen Geländes beabsichtigte Pückler, alle Faktoren einschließlich der natürlichen Topographie zu nutzen, um ein Gesamtkunstwerk zu schaffen. Er ließ sich dabei von englischen Landschaftsgärtnern und deren Pflanzplänen inspirieren – namentlich von Repton und Nash, deren Parkanlagen er auf seinen beiden Englandbesuchen bewundert hatte. Darüber hinaus holte er sich Rat bei Karl Friedrich Schinkel (1781–1840). Unter Anleitung seines Obergärtners Heinrich Rehder (1790–1852) waren zeitweise bis zu 200 Arbeiter damit beschäftigt, das Flußtal zu verbreitern, Seen anzulegen und die dabei entstehenden Erdmassen zu bewegen. Pückler war jedoch nicht in der Lage, seine Pläne zu vollenden; er hatte sich finanziell übernommen und war 1845 gezwungen, sein geliebtes Muskau zu veräußern. Seine gärtnerischen Ambitionen verwirklichte er daraufhin in einem anderen Park, der zu seinen Besitzungen in Branitz gehörte.

In seinem Buch *Andeutungen über Landschaftsgärtnerei* machte er sich Gedanken über die richtige Anordnung von Bäumen, Sträuchern und Blumenbeeten. Seine Pflanzanleitungen blieben dann jedoch recht allgemein: So empfahl er beispielsweise lieber mehr Pflanzen von ein und derselben Sorte nebeneinander zu pflanzen, als zuviel unterschiedliche und isolierte Exemplare im Garten zu verteilen. Ferner: «Man pflanze lauter solche Exemplare zusammen, die gleich von Anfang an in demselben Verhältnis der Größe stehen, welche sie ausgewachsen erreichen sollen.» Über seine Blumenbeete schreibt Pückler: «Den eigentlichen Blumenbeeten gebe ich immer eine bestimmte, abgegrenzte Form und schließe sie am liebsten durch Körbe ein.»

Linke Seite: Ausblick vom Schloß nach der eigens vom Fürsten vorgenommenen Umgestaltung des Parks. Nachdem Pückler Reptons Buch *Fragments on the Theory and Practice of Landscape Gardening* gelesen hatte, wollte er ihn nach Sachsen einladen, aber zu dieser Begegnung kam es nicht mehr, da Repton bereits verstorben war. An seiner Stelle kam sein Sohn, Adey Repton (1775–1860), im Frühjahr 1822 nach Muskau. Er riet dem Fürsten, um der malerischen Wirkung willen 20 Bäume der formal gestalteten Lindenallee zu fällen, was Pückler auch tat. Außerdem ließ der Fürst den Schloßgraben aufschütten, um eine ebene Fläche zu erhalten, auf der er Blumenbeete anlegte, die in stilistischer Hinsicht die gegen Ende des Jahrhunderts in Mode kommende «Mosaik-Kultur» vorwegnahmen.

Rechts oben: Der orientalische Garten in Muskau weist alle Elemente des Pittoresken auf. Von Bäumen und Büschen eingerahmte Pavillons sind auf kleine Hügel gesetzt und über Treppen und auf verschlungenen Pfaden zu erreichen. Für die Pflanzung des Buschwerks folgte Pückler, der das kalte preußische Klima und die damit verbundenen Einschränkungen bei der Verwendung ornamentaler immergrüner Pflanzen beklagte, den Empfehlungen von Mr. Nash. Jener pflanzte das Buschwerk so dicht, daß das Gras darunter verschwand und keine Erde zu sehen war. Er ließ die Büsche zusammenwachsen und verdichtete sie durch zusätzliche krautige und einjährige Pflanzen; darüber hinaus hatte er eine Vorliebe für Bäume und größere Sträucher, die als Solitärpflanzen die Rasenfläche auflockerten.

Rechts unten: Das Rosarium in Muskau ähnelte stark den Rosarien, die Humphry Repton früher im Jahrhundert entworfen hatte. Statt der «Girlanden» zog Fürst Pückler seine größten Rosen in Kübeln und gruppierte sie um raffiniert gestaltete Beete, die die Form einer voll erblühten Rose hatten; die Staubgefäße in der Mitte wurden durch einen mit Blumen gefüllten Korb symbolisiert.

Loddiges' Pflanzenzuchtbetrieb und das *Botanical Cabinet*

Der Pflanzenzuchtbetrieb von Loddiges nahm unter den Gärtnereien, die gegen Ende des 18. Jahrhunderts wie Pilze aus dem Boden schossen, eine Sonderstellung ein. 1817 verfügte er über derart viele Pflanzen, daß er eine hauseigene illustrierte Monatszeitschrift herausgab, das *Botanical Cabinet*, das 16 Jahre lang bestehen sollte. 1823 verfügte die Firma Loddiges – jetzt unter der Leitung der Söhne des Gründers Conrad Loddiges, George und William – über die wohl größte Pflanzenkollektion, die in Hackney auf einer Fläche von 6 ha zum Verkauf angeboten wurde; englische und kontinentaleuropäische Gärtner bezogen ihre Freiland- und Treibhauspflanzen von dort. Im Jahr 1823 – also dem Jahr, in dem Douglas zur Nordwestküste von Amerika aufbrach – umfaßte der Loddiges-Katalog 48 dreispaltige Seiten, von denen die letzten zwölf den Stauden- und Zwiebelpflanzen vorbehalten waren. Das war noch bevor Robert Fortune in den 40er Jahren des 19. Jahrhunderts nach China reiste und auch noch vor der Einführung der vielen einjährigen Pflanzen aus Südamerika. Trotzdem war das Sortiment der Stauden beachtlich: angefangen bei *Acaena*, darunter 28 *Achillea*-, 53 Eisenhut-, 47 *Allium*-, 22 Anemonenarten, mit einfachen und gefüllten Formen der kleinen Waldanemone *Anemonella thalictroides* aus Nordamerika, 8 Ake-

Die Tafel 1635 aus dem *Botanical Cabinet* zeigt *Eschscholzia californica.* Die meisten der 2000 Abbildungen wurden von George Loddiges gezeichnet und von George Cooke graviert, ein paar stammen von Cookes Sohn Edward, der später George Loddiges' Tochter heiratete und nicht nur als Landschaftsmaler, sondern auch als Gartenarchitekt berühmt wurde und James Bateman in Biddulph Grange beriet: Zu seinen Spezialgebieten zählten Farne und Orchideen und Wardsche Kästen. Vermutlich lernten sich Cooke und Bateman in Loddiges' Gartenbaubetrieb in Hackney kennen, wo Cooke eine Zeitlang wohnte. George Loddiges hatte einen großen Einfluß auf Edward Cookes Entwicklung zum Maler und Gärtner.

leien, u.a. der heute noch seltenen grünlichbraun-blühenden *Aquilegia viridiflora* aus Sibirien und Westchina, 11 Beifuß, 8 Seidenpflanzen, 44 verschiedene Astern und 60 *Campanula*. Es gab auch 25 Nelken-, 16 Wolfsmilcharten und 19 verschiedene Enziane, 37 Wiesenrauten und 33 Veilchen. Der Katalog endet mit der folgenden Bemerkung: «Ein Unternehmen wie das unsere ist notwendig von dem brennenden Wunsch nach Vergrößerung der Kollektion beseelt. Wer in fremden Landen diese Leidenschaft teilt, sei ergebenst zur Korrespondenz eingeladen, die zu beider Vorteil gereicht. Für frische Samen oder lebende Pflanzen, ob neu oder selten, wird stets ein großzügiger Preis gezahlt, von welcher Ecke des Globus sie auch immer stammen mögen.»

Ein schönes Exemplar einer Palme (*Latania borbonica*) aus Mauritius, einst im Besitz der Kaiserin Josephine in Malmaison, auf dem Weg zum Kristallpalast. Der Transport der berühmten 9 m hohen Palme war eine Sache für sich: Es bedurfte eines 3,5 m^2 großen Kastens mit Eisenreifen, der allein schon 760 Kilogramm wog; zusammen mit dem Pferdewagen ergab das ein Gesamtgewicht von 20 Tonnen. Loddiges hatte eine Sammlung von 120 verschiedenen Palmenarten, die Kew Gardens nach dem Niedergang dieses Unternehmens nicht übernehmen wollte. Die meisten davon erwarb Sir Joseph Paxton für die Weltausstellung im Hyde Park; der Rest wurde nach 1851 nach Sydenham gebracht.

Ob die Einführung einer neuen Pflanze gelang, war wesentlich davon abhängig, wie sorgfältig sie im Ursprungsland verpackt wurde. Ein System, das die Bedingungen des Pflanzentransportes grundlegend veränderte, war Nathaniel Wards Erfindung des fest verschlossenen Glaskastens. Die von den Pflanzen abgegebene Feuchtigkeit kondensierte und wurde ihnen in einem Kreislauf wieder zugeführt. Dieser Kasten entstand durch Experimentieren mit Farnen und anderen bereits verfügbaren Pflanzen, und Edward Cooke, der die Illustrationen für Wards *On the Growth of Plants in Closely Glazed Cases* (1852) lieferte, entwarf auch Wardsche Kästen für die Weltausstellung von 1851.

Der «gardenesque» Stil

Der Begriff «gardenesque» hat sich in seiner Bedeutung oft gewandelt, seit Loudon ihn in den 30er Jahren des 19. Jahrhunderts für sich requirierte. Aus der Sicht des 20. Jahrhunderts markiert Loudons Empfehlung, Pflanzen als einzelne Exemplare zu sehen, den Beginn einer Gartenauffassung, der nicht mehr unbedingt ein einheitliches Gestaltungskonzept zugrunde lag. Der Garten war nicht mehr komponierte Landschaft, sondern vielmehr Ausstellungsfläche für eine kostbare Kollektion und der Stil nur ein Mittel, um die neuen exotischen Pflanzen so einzubeziehen, daß man sie einfach bewundern konnte. Doch die grundlegende Inspiration für Loudons Ansichten leiteten sich von der Vorstellung her, daß «die Natur die Vorherrschaft der Kunst anerkennen muß».

Mit dieser Auffassung vertrat Loudon kein tiefgründiges Konzept, sondern vielmehr eine Methode: Sein Ziel war es, daß sich jede einzelne Pflanze ihrem natürlichen Charakter gemäß möglichst ungestört entwickeln konnte. Genau darin aber lag der Vorzug eines Gartens, denn die freie Entfaltung war hier eher möglich als in der «Natur», wo sich die Pflanzen wechselseitig bedrängen und dabei ihre natürlichen Formen «verderben». Loudon prägte diesen Stil nicht; er versuchte ihn vielmehr umzusetzen, indem er sich an bestimmte Regeln hielt, und damit hatte er zeit seines Lebens auch Er-

folg. Doch während der 60er Jahre des 19. Jahrhunderts und später mußte das Etikett «gardenesque» für fast jeden beliebigen freien Stil herhalten, der Zusammenhang vermissen ließ. 1866, 34 Jahre nachdem Loudon diesen Begriff gewählt hatte, definierte John Arthur Hughes den «gardenesquen» Stil so, wie er sich mittlerweile allgemein verwirklicht fand: «Der gardenesque Stil zeichnet sich durch die Bepflanzung mit Bäumen und Sträuchern aus, ob in Massen oder Gruppen, die solcher Art ausgelichtet werden, daß sie einander nie berühren; so daß, von nahem betrachtet, jeder Baum und jeder Strauch bald deutlich zu erkennen wäre, während sie aus der Ferne einen wunderbaren Eindruck von der Kunst ihrer Standortwahl vermitteln.»

Linke Seite: Obwohl Charles McIntoshs *Practical Gardener* 1828 vor dem Aufkommen des Begriffs «gardenesque» erschien, weist dessen Titelbild (*ganz links*) viele der für diesen Stil typischen Merkmale auf: In den wie willkürlich verstreuten Beeten wachsen Stauden und Sträucher in großem Abstand voneinander, damit man sie einzeln betrachten kann. Ein Bild, das den «gardenesquen» Stil exemplarisch darstellt, erschien 1838 im *Gardener's Magazine.* Die Bäume und Sträucher im Garten eines englischen Sommerhauses sind in so großem Abstand gepflanzt, daß man sie einzeln und von allen Seiten bewundern kann.

Oben: Der Zustrom neuer exotischer Pflanzen war so groß, daß es an geeigneten Möglichkeiten mangelte, sie alle zu präsentieren. Der «gardenesque» Stil verband die bisher übliche «gemischte» Beetbepflanzung (mixed planting) mit der «massenhaften» Bepflanzung (massed planting) von Sträuchern und Blumen, die im weiteren Verlauf des Jahrhunderts aufkommen sollte. Zunächst verwendete man den Begriff «gardenesque» vorwiegend, um ausdrücklich auf die Verwendung exotischer Pflanzen hinzuweisen, später jedoch stand er für einen Stil, dessen charakteristischstes Merkmal die Solitärpflanzung von Bäumen, Sträuchern und Blumen war. Dadurch entstand – wie auf George Shepherds Gemälde von den Battlesden Gardens (1818) zu sehen – ein eher zusammenhangloses und unruhiges Bild. Der deutsche Gartenarchitekt Friedrich Ludwig von Sckell (1750–1823) erteilte dem «gardenesquen» Stil eine entschiedene Absage; als erster deutscher Gartengestalter fand er – beeinflußt vom englischen Landschaftsgarten – zu einer Neuinterpretation, die sich in seinen Anlagen in Deutschland und Polen widerspiegelte. Auch als Fürst Pückler-Muskau im Jahr 1817 englische Gärten besuchte, kritisierte er diesen Stil als eine wahllose Ansammlung von Pflanzen, in der der besondere Charme des einzelnen Baumes und Strauches nicht mehr zur Geltung käme. Die englischen Gärten seien ein echtes Chaos aus unzusammenhängenden Schönheiten.

William Barron und die Bepflanzung von Elvaston Castle

Einer der ältesten Gärten war der von Elvaston Castle bei Derby. In den 40er Jahren des 19. Jahrhunderts wuchsen dort – buchstäblich in jeder Form und Größe – Hunderte und Tausende von Koniferen – herkömmliche und neu eingeführte –, die der vierte Earl of Harrington und sein Gärtner William Barron gesammelt hatten.

Das Umpflanzen großer Bäume war eine Spezialität von Barron. Dafür wurde er bekannt, obwohl die Öffentlichkeit selten das private Reich von Elvaston betreten durfte, um seine Erfolge zu bewundern. Er hatte Sir Henry Steuarts Methoden studiert, und mit folgender Verfahrensweise glückte ihm die Umpflanzung der Bäume: Er setzte die sorgfältig kultivierten Wurzelballen auf 60 cm hohe Hügelchen von 2–3 m Durchmesser. Danach häufte er feuchten Lehmboden rund um die Wurzeln. Die Bäume wuchsen ohne Schwierigkeiten an, mit erstaunlichem Erfolg; Zedern, die bereits 13 m hoch waren und einen Kronendurchmesser von 14,5 m hatten, wurden in die Ostallee verpflanzt, und riesige Eiben, die in einer Entfernung von 60 km wuchsen, wurden herbeigeholt, um eine «spontane» Wirkung zu erzielen.

Eiben, goldene und grüne, wurden zu Kegelpyramiden beschnitten; bisweilen gab es über tausend solcher Exemplare. Durch Mutation einer Eibe in Elvaston entstand der Prototyp von *Taxus baccata* «Elvastonensis Aurea» – die einzige «goldene» Eibe mit vollkommen gelben Blättern. Barron hatte auch eine Kollektion von Stechpalmen mit verschieden panaschierten Blättern, fand aber, daß Buchsbaum in dem nährstoffreichen, feuchten Boden nicht gedieh. Als der Graf 1850 starb und von den 80 Gärtnern 72 entlassen werden mußten, gab es

32 ha mit *pleasure grounds*, eine 18 km lange Eibenhecke, ein 6,5 ha großes Pinetum und über 3 ha Küchengärten.

Linke Seite: E. Adveno Brooke porträtierte für *Gardens of England* (erschienen 1856–1857) viele der inneren Gärten in Elvaston, die nach 1840 auf eine zum Teil sehr eigenwillige Weise verschönert wurden. Das Gemälde hier zeigt *The Alhambra Garden.* In diesem Garten wirkte eine goldene Eibe von 13 m Durchmesser wie eine große Pflanzengruppe. Ein Besucher schilderte 1859 goldene Eiben, die so in Form geschnitten waren, daß sie dem Eingang zu einem Hof glichen, wie Säulengänge wirkten oder die Form eines fliegenden Adlers und eines Hahns annahmen. Eine kunstvoll formierte Krone entstand aus gebogenen Zweigen, auf die man eine goldene Eibe gepfropft hatte.

Oben rechts: Ganze Eibenwälder, die zu seltsamen Figuren beschnitten waren, verbargen die vier Gärten «alten Stils», jeder über 1 ha groß, in denen Araukarien und panaschierte Eiben wuchsen. Ein Garten zeigte überdachte Laubengänge aus Lebensbäumen (*Thuja occidentalis*) mit einer Terrasse aus flankierenden Eiben, die eine Bogenreihe bildeten, alle mit Japanischer Scheinquitte (*Chaenomeles japonica*) paneeliert, auf dem Rasen Araukarien in Solitärpflanzung. Ein zweiter Garten war italienisch inspiriert, mit Urnen und Vasen, ein dritter hatte offene Rasenflächen mit Kiefern und Fichten und ein vierter Blumenbeete in architektonischen Formen, die von Hecken aus Gemeiner Mahonie (*Mahonia aquifolium*) umgeben waren (David Douglas hatte sie erst in den späten 20er Jahren des 19. Jahrhunderts aus Oregon eingeführt).

Unten rechts: Auch Barron hatte eine Vorliebe für veredelte und in Form geschnittene Bäume und Sträucher. Er verwandelte aufrecht wachsende Bäume in Trauerformen und bereicherte Gewächse mit grünem Blattwerk durch exotische Streifen und bunte Blätter; außerdem verstand er sich darauf, einfach alles, was in seinem Garten wuchs, in unterschiedlichste Formen zu beschneiden. Himalaja-Zedern pfropfte er auf Libanonzedern (in einer Höhe von etwa 3,60 m), Trauer-Blutbuchen auf Rotbuchen, und auch aus gewöhnlichen Eschen (in einer Höhe von 12 m) entstanden Trauerformen. Zu einer Zeit, als die meisten Gärtner behaupteten, man könne Koniferen nur aus Samen ziehen, vermehrte Barron sie aus Stecklingen und Absenkern und pfropfte Varianten auf ausgewachsene Exemplare, um den Wachstumsprozeß zu beschleunigen.

Sommerblumenbeete

Das stetig wachsende Angebot von immer mehr Pflanzen, mit denen man während der Sommersaison spezielle Effekte erzielen konnte, führte zu Farbstilen, die eher auf Masse als auf Mischung setzten. Dabei pflanzte man Blumen in flache Beete in der Nähe des Hauses. Dahlien, Schmuckkörbchen, *Zinnia elegans* und scharlachrote Lobelien (*Lobelia erinus* war 1752 eingeführt worden), Pelargonien (obwohl die blütenreiche Zwergform von *Pelargonium zonale* erst 1844 kommerziell gezüchtet wurde) aus Südafrika und Zwiebelpflanzen wie Hakenlilien, *Galtonia* und anmutige *Dierama* (die man wie einjährige Pflanzen behandeln und nach der Blüte trocknen konnte) waren alle bereits im 18. Jahrhundert eingeführt; man beachtete sie jedoch erst, als die Sommerblumenbeete in Mode kamen. Jetzt wurden die widerstandsfähigen Einjährigen, die Douglas aus Kalifornien mitgebracht hatte – darunter *Eschscholzia*, *Clarkia* und Sumpfblumen sowie *Collomia*, *Collinsia* und *Platystemon* –, in der Beliebtheitsskala von «beschränkt winterharten» Sorten abgelöst, die überwiegend aus Südamerika stammten. Diese konnte man aus Samen oder Stecklingen in Gewächshäusern ziehen und unmittelbar vor der Blüte auspflanzen. Nach 1820 kamen *Salvia splendens* aus Mexiko und *Calceolaria rugosa* aus Chile; *Petunia nyctaginiflora* gelangte nach Frankreich und *P. violacea* nach Schottland, beide stammten aus Brasilien. 1834 gab es bereits Petunienkreuzungen. Verbenen kamen 1826 aus Buenos Aires nach Europa und erfreuten sich großer Beliebtheit.

Ernest Field, Obergärtner des Alfred von Rothschild zu Halton in Buckinghamshire, hörte einmal den Spruch: «Die Reichen stellen ihren Rang und Wohlstand durch die Länge ihrer Beetpflanzenliste dar, ein Landedelmann hat zehn-, ein Baronet zwanzig-, ein Graf dreißig- und ein Herzog vierzigtausend Pflanzen.» Doch Rothschild selbst stellte mit 41000 Exemplaren die Aristokratie in den Schatten.

Links: Im tschechischen Ledenice (Ledenitz) erinnern makellose Beetanlagen an die konzentrischen Farbkreise aus der Blütezeit der viktorianischen Bepflanzung mit unzähligen Einjährigen. Entlang der Spazierwege wachsen in schmalen Streifen blaue *Nemophila*, gelbe Pantoffelblumen und scharlachrote Frogmore-Geranien. In Enville Hall säumten Bänder aus sieben Streifen einen langen Weg. Weder damals noch heute könnte man den Gärtnern in Lednice vorwerfen, die Natur nachzuahmen.

Berühmt für seine Farbarrangements wurde vor allem John Caie, Obergärtner des Herzogs von Bedford in der Bedford Lodge in Kensington, der bei der Komposition seiner Blumenbeete und der Abstimmung der unterschiedlichen Farbtöne stets ein klares Konzept verfolgte. Die neuen Pflanzen aus heißeren Klimazonen brachten viel prächtigere und sattere Farben hervor als die herkömmlichen aus den gemäßigten Zonen.

Das Parterre in Cliveden ist heute mit Rosmarin und *Santolina* bepflanzt; nichts erinnert an die farbenprächtigen Kompositionen, die John Fleming, Obergärtner des Herzogs von Sutherland, 1850 für diese Anlage plante. Zu den Blumen, mit denen er während der vier Sommermonate spektakuläre Farbeffekte erzielte, gehörten Tulpen, blaue und weiße Vergißmeinnicht, gelbe Jonquillen und rosafarbenes Leimkraut. Seine Beete enthielten vermutlich aber auch mehrjährige Pflanzen wie die Seidenpflanzen (*Asclepias*), *Astroemeria*, japanische Anemonen, Sperrkraut, Phlox, *Silene schafta*, Kultivare von *Anagallis linifolia*, Schildblumen (*Chelone*) und frostempfindliche Gewächse wie *Bouvardia*, Zigarettenblümchen (*Cuphea ignea* und *C. strigulosa*), Fuchsien (die großblütigen Kreuzungen wurden 1849 eingeführt), Hortensien und strauchige und mehrjährige Pantoffelblumen.

Subtropische Blattpflanzen: Parc Monceau und Battersea Park

Nach 1855 änderten Jean-Charles-Adolphe Alphand (1817–1891) und sein Gartengestalter Jean-Pierre Barillet-Deschamps (1824–1875) anläßlich der Rekonstruktion des Englischen Gartens im Parc Monceau in Paris das System der alljährlichen Beetbepflanzung aus niedrigen Sommerblumen, die man Mitte des Jahrhunderts aus allen Teilen Europas bezogen hatte, zugunsten neuer atemberaubender Effekte durch die Verwendung tropischer oder subtropischer Pflanzen mit langen dekorativen grünen oder bunten Blättern. Baumfarn und Bananenbaum überragten in exotischer Pracht Yucca, Agave, Kaladie, *Canna* und Neuseeländer Flachs. Alle benötigten im Winter beheizte Gewächshäuser. Diese neuartigen «Tropenbeete» kamen noch besser durch ihre Unterpflanzung zur Geltung: silberblättriges Hornkraut und Kornblume, violettblättrige Schwarznessel, dunkelblättriger Amarant, *Coleus*, *Iresine* und Formen von dreifarbigen Geranien. Die Franzosen wurden Experten für großblättrige Tropenpflanzen, die als Einzelexemplare oder als «Tupfer» im Zentrum von kreisrunden oder ellipsenförmigen Beeten wuchsen und von einem Kranz niedrigwachsender Pflanzen umgeben waren. 1867 beschrieb William Robinson das System, das man im Parc Monceau mit Begeisterung perfektioniert hatte. Er bewunderte ein Beet aus buntem Pfahlrohr *(Arundo donax)*, das man «aus *Lobelia speciosa* hervorspringen ließ», und *Ficus elastica*, «unter dem das Erdreich völlig durch üppig wuchernde Reseda verdeckt war». Die *Wigandia* aus der tropischen Gebirgsregion Mittelamerikas, mit großem Blattschmuck, «sprang aus dem kleinen Silbermeer heraus, das durch die Mischung von blauen und weißen Varietäten der kleinen australischen Aster *(Brachycome iberidifolia)* entstand». Robinson beschrieb im folgenden *Dracaena*, die über Papageienblatt und *Coleus* emporragten, *Caladium esculentum,* das über einem «dichten Grund blühender Petunien», flammenden Eibisch, der aus Perlpfötchen (*Anaphalis*), Aralien, die aus Köcherblümchen, Korallenbäumchen, die aus «einem lieblichen niedrigen Teppich aus weichen violetten Wandelröschen herauswuchsen». Ein Jahr später kehrte Robinson wieder und bewunderte bunten Eschenahorn (*Acer negundo*), gesäumt von rosenfarbenen Geranien, und einen von gefleckten *Tradescantia* eingerahmten Bananenbaum. Die Zwischenräume waren mit unzähligen Dahlien und Salbei gefüllt. Es gab Palmengruppen (darunter die winterharte Zwergfächerpalme aus Europa und die Palmettopalme aus den amerikanischen Südstaaten), bogenförmige *Fallopia japonica*, Eibisch, *Wigandia macrophylla*, silbriges *Solanum marginatum* und massenweise *Caladium bataviense* mit 90 cm langen Blättern und dunklen Stengeln. Robinson empfahl dieses Modell zum ausgiebigen Gebrauch auch für formalere Gärten, in denen man im Frühjahr und Sommer Einjährige in großer Zahl auspflanzte.

Links: 1864 bewies der Battersea Park unter John Gibsons Leitung, daß die Engländer mit den Franzosen in der Verwendung subtropischer und tropischer Pflanzen konkurrieren konnten. Von allen Seiten – außer zur Seeseite hin – durch dicht gepflanzte Bäume und Sträucher geschützt, wuchsen hier frostempfindliche Pflanzen wie Baumfarne (*Dicksonia*) und *Dracaena*, die wertvolle *Montanoa bipinnatifida* und *Wigandia caracascana*. Für das Gedeihen der tropischen Arten – in Beeten oder auch als Solitärpflanze – war es notwendig, den Boden mit wärmespeicherndem Material zu präparieren. Dazu grub man den Boden 25 cm tief um und warf den Aushub ringsum als Schutzwall auf, verstärkt durch 45–60 cm dicke Ziegelbrocken, die seitlich ein Gefälle von 25° bildeten. Über die Ziegelbrocken breitete man Rasensoden mit dem Gras nach unten, und darüber kam eine etwa 30 cm dicke Kompostschicht, um einen perfekten Wasserabzug zu gewährleisten. Die Ziegelbrocken speicherten an heißen Tagen die Sonnenhitze und gaben sie nachts oder an kalten Tagen wieder ab.

Im Parc Monceau überragten exotische abessinische Bananen (*Musa ensete*), die eine natürliche Höhe von 9–12 m erreichen und lange rotgeäderte Blätter aufweisen, kleinere Exemplare von Neuseeländischem Flachs und Agaven. Diese Bananen waren schon im alten Ägypten bekannt und wurden zu Beginn des 16. Jahrhunderts auch in den Gärten des Kaisers Babur bei Kabul wie auch in den Ebenen Indiens angebaut.

William Robinson und sein Garten in Gravetye

Die Geschichte des Gartens, den William Robinson auf seinem Landsitz von Gravetye selbst anlegte und bepflanzte, verzeichnet Erfolge und Mißerfolge und belegt die Experimentierfreude, die mit der Kultur interessanter neuer Pflanzen aus den verschiedensten Klimagebieten der Welt einherging. In *Gravetye Manor; or Twenty Years' Work round an Old Manor House* (1911) und in diversen Artikeln für *Country Life* schilderte er die Entwicklung der Wälder und des Gartens, die noch präziser in dem Quellenkalender dokumentiert ist, den er von den Gravetye-Pflanzungen seit dem Erwerb des Grundstücks im Jahr 1885 führte. Neben Pflanzen, die mit der Zeit verwildern, wurden in den Anfangsjahren auch Bäume und Sträucher im großen Stil gepflanzt. 1887 wurden silbrige Knackweiden aus Bedford (*Salix fragilis* «Russelliana»), Rhododendren und Koniferen auf der Westseite des Hauses gepflanzt, wo sich in späteren Jahren Varietäten von Glattblattastern, die in amerikanischen Wäldern wild wachsen, wie anmutige Girlanden im Oktoberwind wiegten und das Herbstgrün der frühjahrsblühenden Rhododendren ergänzten. Die großen, von der Form her aber schlichten Beete waren in Gras und Kies eingebettet und mit «Pflanzen, die auf natürliche und malerische Art gruppiert waren», angefüllt. Goldene, silbern panaschierte sowie einheitlich grüne Stechpalmenarten wurden gepflanzt, um die Aussicht auf den neuen, an der Nordseite gelegenen Küchengarten zu verdecken; schon 3,60 m hoch, wurden diese vom Zuchtbetrieb Knaphill als 20 Jahre alte Pflanzen bezogen. 50 junge Silberweiden (*Salix alba «Cardinal»*) wurden auf einen feuchten Hang gepflanzt, «und fortan war es eine Freude, die jungen Bäume wachsen zu sehen»; Mispeln standen im Obstgarten, und 6000 Haselsträucher wuchsen in den Wäldern als Unterholz, die höher gelegene Böschung war mit amerikanischen Azaleen bepflanzt. 1890 wurden in den Hainen statt des wuchernden Kirschlorbeers aufrecht wachsende Lorbeerbäume (*Laurus nobilis*) gepflanzt, die der nächste kalte Winter allerdings arg dezimierte.

Rechts: Obwohl Robinson für eine naturnahe Landschaftsgestaltung eintrat, bevorzugte er in der unmittelbaren Nähe des Hauses terrassierte und geometrisch angelegte Blumenbeete, wie auf Beatrice Parsons Gemälde *The Paved Garden, Gravetye Manor*, zu sehen ist. «Der eigentliche Blumengarten in der Nähe des Hauses erfordert unermüdliche Pflege, denn die Kultur vieler verschiedener Arten ist anspruchsvoll, was das Bedürfnis nach Schutz und die Beschaffenheit des Bodens angeht; manche Pflanzen bedürfen einer Stütze, und Unkraut muß gejätet werden. Hinzu kommen Experimente mit Neueinführungen und die Kunst der farblichen Abstimmung, die oft Wochen beansprucht, die Aussaat und das Mähen zu jeder Jahreszeit.» Robinson pflasterte seine Wege mit alten halbverwitterten Steinplatten und begrenzte sie mit Steinen.

Linke Seite: Zwei von Alfred Parsons Illustrationen für *The Wild Garden* (1870) zeigen das Japanische Windröschen und *Myrrhis odorata* sowie weiße Glockenblumen, die sich zu einem «wunderschönen Ensemble» zusammenfügen. Robinson sprach sich für Rabatten mit winterharten Pflanzen aus, kombinierte jedoch auch vermehrt widerstandsfähige mehrjährige Pflanzen mit einjährigen und frostempfindlichen. Im eigenen Blumengarten säte er Waldvergißmeinnicht und Islandmohn zwischen die Rhizome von Schwertlilien, um die Rabatten zu füllen und die Blütezeit zu verlängern. «Der Naturgarten», meinte Robinson, «ist für diejenigen [Pflanzen], die sich an Ort und Stelle als genügsam erweisen [...] wie Narzissen in fettem Obstgartenboden oder Apenninen-Windröschen in Kalkboden». Von 1885 bis 1886 säte er Welschmohn, und in den Randzonen des Wassers verstreute er Samen von Vergißmeinnicht und blauer Lupine. Als Geschenke erhielt er Dichternarzissen aus der französischen Hafenstadt Bayonne, Märzenbecher (*Leucojum vernum*) und die Wildtulpe *Tulipa sylvestris* von Edouard André aus Touraine, außerdem Weidenschößlinge, die in der ersten Pflanzsaison von Kaninchen angeknabbert wurden. André schickte ihm auch 400 *Cyclamen hederifolium*, und im April das Dreiblatt (*Trillium*) aus Pittsburgh (eine Randnotiz von 1888 erwähnt, daß diese mit Schnecken und zu trockenem Boden zu kämpfen gehabt hätten). Apenninen-Windröschen und die aus Spanien stammenden Hyazinthen (*Endymion hispanicus*) pflanzte er rund um die Stämme von Eichenbäumen sowie Eisenhut («kümmert in diesem Boden») in Wald und Wiese.

NEUNTES KAPITEL

Die Entwicklung der Gartenkunst in Nordamerika

Als die ersten Siedler die amerikanische Flora im Hinblick auf ihr wirtschaftliches Potential und ihren medizinischen Nutzen untersuchten, waren sie von der Schönheit dieser unerschöpflichen Pflanzenvielfalt überwältigt. 1670 schrieb Daniel Denton in seiner *Brief Description of New York:* «Ja, im Mai schauet das Auge Wälder und Felder in einem so seltsamen Kleide aus mannigfaltigen wunderbaren Blumen, angenehm nicht nur dem Blick, sondern auch im Duft, daß einen dünken mag, die Natur wetteifere mit den Künsten und strebe danach, gar manchem Garten in England zu gleichen, wenn ihn nicht gar zu übertreffen.» Andere sahen in dem neuen Land natürlich nur eine «gräßliche, heulende Öde» voller Sümpfe, Steine, blutrünstiger Indianer und Wölfe und in seiner natürlichen Vegetation nur etwas, das man hacken und roden mußte, bevor man lebenswichtige Nutzpflanzen anbauen konnte.

Informationen über Pflanzen waren schon aus spanischen Quellen über den Atlantik gedrungen. Am bekanntesten wurden die botanischen Entdeckungen des Spaniers Nicolas Monardes (um 1493–1588), die er 1574 aufgezeichnet hatte. Es gilt als sicher, daß sich viele Siedler vor ihrer Einschiffung mit diesem seit 1577 in englischer Übersetzung vorliegenden Werk – *Joyfull Newes out of the Newe Founde Worlde* – vertraut gemacht haben. Monardes beschrieb die Sonnenblume oder «das Sonnenkraut», wie er sie nannte, als eine «seltsame Blume, denn sie treibt die größten Blüten aus und hat die mächtigsten Staubgefäße, die man je erblickt hat, größer als eine große Platte oder ein Teller, welcher verschiedene Farben hat […] es blühet wunderschön in Gärten». Von ihm stammt auch die früheste Beschreibung von Tabak und die erste Erwähnung von *Sassafras*, dessen Holz bald in die Alte Welt exportiert werden sollte. Sowohl die Sonnenblume als auch der Tabak sind in Gerards *Herball* (1597) und in allen späteren europäischen Blumen- und Pflanzenfibeln aufgeführt.

Auf dem Gelände der Karmelitermission in Nordkalifornien wächst eine Mischung aus eingeführten und heimischen Pflanzen. Die fälschlich *Calla* genannte *Zantedeschia aethiopica* und der einheimische kalifornische Mohn *Eschscholzia* blühen vor einem Hintergrund aus rotblühenden Spornblumen (*Centranthus ruber*) und einer glyzinienberankten Loggia. In den frühesten spanischen Missionsstationen, die gegen Ende des 18. Jahrhunderts gegründet wurden, bestand die Bepflanzung vorwiegend aus Obst, Blumen und Gemüse, die die Pilgerväter aus der Alten Welt oder aus südlichen Regionen des amerikanischen Kontinents eingeführt hatten.

Obschon England im 16. Jahrhundert enge Beziehungen mit Spanien unterhielt, war die Zusammenfassung einer allgemeinen und naturhistorischen Abhandlung über die Westindischen Inseln von Genzalo Fernández de Oviedo – erschienen 1526 – nicht ins Englische übersetzt worden. Auch das illustrierte Manuskript von Badanius' Pflanzenenzyklopädie – 1552 von zwei Azteken im mexikanischen Santa Cruz zusammengestellt – dürfte englischen Siedlern kaum bekannt gewesen sein. Die großen Werke von Francisco Hernández, Leibarzt Philipps II., von 1571 bis 1577 in Mexiko zusammengetragen, die wertvolle Informationen über mexikanische Pflanzen, Tiere und die dortigen weitläufigen botanischen Gärten enthielten, wurden zur damaligen Zeit nicht veröffentlicht.

SIEDLER IN NEUENGLAND

Die ersten Siedler machten kaum Gebrauch von den Pflanzen, die ihnen das Füllhorn der Neuen Welt so großzügig anbot, sie neigten vielmehr dazu, in ihren umzäunten rechteckigen Gärten nur die Pflanzen anzubauen, die sie mitgebracht hatten oder sich mit späteren Schiffen hatten schicken lassen: Samen vertrauter Arzneipflanzen, Küchenkräuter und Eintopfgemüse, veredelte Gartenfrüchte und ein paar süß duftende Blumen, Rosmarin, Lavendel, Muskatellersalbei sowie die Stockmalve und die Weinrose. Zu diesen gesellten sich nach der Rodung des Bodens Nutzpflanzen, die die Indianer anbauten: Tabak, Mais, Bohnen und Kürbisse. Viele dieser Pflanzen aus Mittel- und Südamerika waren schon mit den Indianerstämmen nach Norden gekommen und wuchsen im kälteren Klima Neuenglands. John Winthrops Garten auf Conant's Island im Bostoner Hafen war als der «Garten des Gouverneurs» bekannt. 1618 kam Winthrop dort an und «ergötzte sich mit seinem Nachbarn George Fenwick gar sehr an jener urtümlichen Beschäftigung der Gartenbestellung». Später wurde er der erste Gouverneur der Massachusetts Bay Colony. 1630 baute er bereits Wein, Maulbeeren, Pflaumen, Himbeeren, «carrance» (vermutlich rote oder weiße Johannisbeeren, vielleicht auch Trauben), Kastanien, «Filberds», Walnüsse, Heidelbeeren und die Mehlbeeren vom Weißdorn an; darüber hinaus half er Fenwick bei der Einrichtung seines Obstgartens. Als sein Sohn John Winthrop Junior 1631 aus England zu Besuch kam, brachte er Samen für den Garten seines Vaters mit, aber die Auswahl war nicht berückend. Neben nützlichen Kräutern und Gemüsepflanzen sind die mitgebrachten Zierpflanzen – Akelei, Muskatellersalbei, Stockrose, Malve, Ringelblume, Eisenhut, Mohn, Rauke, Rosmarin, Winterlevkoje (*Matthiola incana*), Gänsefingerkraut und Goldlack – alle schon seit Jahrhunderten in Europa bekannt. Die Neuenglandsiedler waren immer noch Pioniere und hatten wenig Sinn für Raritäten. Nichts von dem neumodischen Schnickschnack wie Tulpen, Kaiserkronen oder den anderen wunderschönen Exoten, die man erst kurz zuvor in Europa eingeführt hatte, fand bei ihnen Aufnahme.

In den 70er Jahren des 17. Jahrhunderts berichtete John Josselyn sowohl von heimischen Pflanzen, die er wildwachsend gefunden hatte, als auch von Blumen und anderen Gartengewächsen, die er auf früheren Expeditionen gesehen hatte. Zwar seien die leuchtendbunten Tulpen in Amerika kaum bekannt, dafür aber verfügten die Einwohner dieses Kontinents über die amerikanische Ringelblume, die wilde Bohne (*Apios tuberosa)*, die eine königliche Blüte trägt, das wunderschön-blättrige Wintergrün (*Goodyera pubescens)* sowie die blaue Lichtblume und rote Lilien überall im Land; darüber hinaus *Lilium philadelphicum*, die Drachenwurzel (*Arisaema draconitum)*, *Lysichiton phicum*, Schlauchpflanzen (*Sarracenia*), «gelbe Bastard-Narzissen» *(Erythronium)*, den Germer (*Veratrum viride*), die «Einbeere» (*Cornus canadensis*, jetzt Teppich-Hartriegel), Bischof Comptons Amberstrauch (*Comptonia asplenifolia*), den neuentdeckten Mais – den man «Türkischen Weizen» nannte – und Tabak.

Neben einer Fülle von Bäumen, blühenden Sträuchern und für Ziergärten geeigneten Reben gab es in Nordamerika eine Vielfalt an exquisiten Wildblumen, die später weltweit begehrte und robuste Beet- und Rabattenpflanzen wurden. Für die amerikanischen Gärten lieferte die Alte Welt zunächst Blumenzwiebeln, Bäume und Sträucher. Später gelangten auch die aufregenden Pflanzenfunde aus den entlegensten Bergwelten in Asien via Europa in die Neue Welt. Sie paßten sich besonders gut an die Bedingungen in Nordostamerika an, was teilweise darauf zurückzuführen ist, daß die Appalachen erdgeschichtlich mit den asiatischen Gebirgsformationen verwandt sind. Bereits zu Josselyns Lebzeiten war das gemeine Leinkraut aus Europa (*Linaria vulgaris*) verwildert und sollte bald zu einer Landplage werden – dies zumindest teilte John Bartram 100 Jahre später Peter Collinson mit. Auch andere eingeführte Pflanzen wie Löwenzahn, Margerite, Ampfer, Königskerze, Eselsdistel und sogar das Seifenkraut (*Saponaria officinalis*) wurden wegen ihres wuchernden Wachstums bald zum Problem, und manche sind es heute noch. So zum Beispiel der Blutweiderich (*Lythrum salicaria*), der in jüngster Zeit Wasserwege zu blockieren droht, und die Koboubohne (*Pueraria lobata*), die sich in südlichen Gebieten ausbreitet.

Unter den Blumen und Kräutern in den Gärten der Siedler, die Josselyn beschrieb, waren Zypressenkraut, Muskatellersalbei, Gewürznelken, Stockrosen und Alant, Gänsefingerkraut und das Silberblatt (*Lunaria rediviva*). Aufgrund seiner Aufzeichnungen wissen wir, daß sich Lavendel, Rosmarin, Eber- und Gartenraute sowie Lorbeerblatt nur schlecht akklimatisierten. Josselyns Empfehlung, Weinrose und Wacholder dicht nebeneinander zu pflanzen, ist vielleicht der früheste Hinweis auf eine amerikanische Hecke, anderthalb Jahrhunderte bevor Washington den Christdorn oder Jefferson Washingtons Osagedorn anpflanzte. Samuel Sewall pflanzte je eine Rose und zwei Wacholderbüsche im Wechsel, die binnen weniger Jahre zu einer undurchdringlichen Hecke zusammenwuchsen.

Ann Leighton förderte bei ihren Recherchen in Quellen des 17. Jahrhunderts zusätzlich zu Winthrops und Josselyns Listen noch andere Gewächse zutage, die offensichtlich in erster Linie als Zierpflanzen kultiviert wurden; die meisten davon hatten sich bereits akklimatisiert: kriechender Günsel (*Ajuga reptans*), das Schöllkraut (*Chelidonium majus*), der Milchstern (*Ornithogalum umbellatum*) sowie die Wunderblumen – im Englischen auch «four-o'clocks» genannt, weil sie sich nachmittags zu öffnen pflegen –, Pfennigkraut (*Lysimachia nummularia*), die schöne weiße Lilie (*Lilium candidum*), die in den 30er Jahren des 17. Jahrhunderts bereits in den Gärten von Plymouth wuchs, Ringelblumen (*Calendula officinalis*), die große Sterndolde (*Astrantia major*), Königskerzen, Immergrün, Schlafmohn, das Salomonssiegel (vermutlich aber der vielblütige Weißwurz, *Polygonatum multiflorum*), die gemeine Schafgarbe (*Achillea millefolium*) und verschiedene Wermutarten.

Josselyn verwendete Thomas Johnsons 1633 von Gerard überarbeitete Auflage als Nachschlagewerk, und Gärtner nutzten sie wahrscheinlich zusammen mit Parkinsons *Paradisus* (1629) als Bestimmungshilfe – später im Jahrhundert ergänzt durch verschiedene Ausgaben von Culpepers Pflanzenbuch. Parkinsons ganz präzise Anleitungen für die Gestaltung eines lieblichen Blumengartens mö-

In Whipple House in Ipswich, Massachusetts, wurde ein Garten aus dem 17. Jahrhundert rekonstruiert – die rechtwinklige Anlage mit den Muschelwegen und Blumenhochbeeten vermittelt eine Vorstellung von den Gärten der frühen Kolonialzeit. Der Anbau von Nutzpflanzen – Kräutern, Gemüse und Obst – hatte Vorrang vor den wenigen aus der Alten Welt mitgebrachten Zierpflanzen, zu denen Stockmalven und Rosen gehörten. Doch wie John Josselyn bemerkte, konnten viele herkömmliche Pflanzen wie Rosmarin, Salbei und Lorbeer keinen Neuengland-Winter überstehen. Von Indianern empfohlene amerikanische Kräuter und Beeren wurden verwendet, doch nur selten integrierten die Siedler die heimische Flora in ihre Gärten, wenngleich man sie bewunderte.

gen manch einen Gärtner inspiriert haben. *The Countrie Farme*, Richard Surflets englische Version von Etienne und Liébaults *L'Agriculture et Maison Rustique* (1564), erschien im Jahr 1600 und stand in Winthrops Bibliothek neben William Lawsons beiden Handbüchern; das Buch von Leonard Meager, *The English Gardener* (London 1670), war im Besitz des dritten John Winthrop und avancierte im 17. Jahrhundert aufgrund seiner allgemeinverständlichen und leicht umsetzbaren Ratschläge zum Standardwerk für koloniale Gartenarchitektur. Alle diese Ratgeber befaßten sich mit der Anlage von Obst- und Küchengärten sowie mit der Gestaltung von eleganteren Ziergärten.

Weiter südlich, etwa auf der Höhe von New York und entlang des Hudson, im damaligen Neu-Amsterdam und in Neu-Niederland, begannen die Niederländer und Hugenotten schon früh mit dem Anbau von Obstplantagen. 1655 schrieb Adrian van der Donck: «Die Niederländer pflanzen weiße und rote Rosen an, neben verschiedenen Arten von Winterlevkojen, schönen Tulpen, Kaiserkronen, weißen Lilien, Anemonen, Veilchen, Ringelblumen usw.» Der Gewürznelkenbaum war auch schon eingeführt, und van der Donck räumte ein, daß verschiedene einheimische Bäume hübsche Blüten trügen. Hochgeschätzte einheimische Blumen waren Sonnenblumen, rote und gelbe Lilien, Zypressenkraut, *Mentzelia*, rote, weiße und gelbe «maritoffles» und verschiedene Glockenblumenarten. Im weiteren Verlauf des Jahrhunderts vermehrten sich die schönen Ziergärten.

Auf Shelter Island, nördlich des östlichen Teils von Long Island, eröffnete Nathaniel Sylvester 1652 einen Garten, den er mit Buchsbaum einfaßte – nirgendwo sonst gibt es zuvor einen Beleg für die Verwendung dieser Pflanze in der Neuen Welt (vermutlich handelte es sich um *Buxus sempervirens*, jetzt als amerikanischer Buchs bezeichnet, und nicht um den kleinblättrigeren *Buxus «Suffruticosa»*, den man in Nordamerika englischen, in Europa dagegen niederländischen oder französischen Buchs nennt).

PHILADELPHIA

In einem milderen Klima als dem neuenglischen gründete William Penn 1682 Pennsylvania. Über die heimischen Blumen bemerkte er: «Nie sah ich größere, nie abwechslungsreichere und sattere Farben in Englands wundersamen Gärten.» Er setzte sich mit Nachdruck für Gärten ein, die unmittelbar an die Wohnhäuser heranreichten: «Laß jedes Haus», so schrieb er, «wenn der Mensch es möchte, in der Mitte des Grundstücks gelegen sein, so daß zu beiden Seiten Gärten, Obstbäume oder Felder liegen und es eine grüne und stets bekömmliche Wohnstätte werden möge.» Eine Magistratsverordnung von 1700 verfügte, daß «jeder Hauseigentümer einen oder mehrere Bäume vor der Tür zu pflanzen habe, damit die Stadt wohl abgeschirmt sei vor der Gewalt der Sonne in der Hitze des Sommers und dadurch gesünder werde». Penn selbst beschäftigte englische Gärtner auf seinem Land in Pennsbury und gehörte zu den ersten, die den Versuch unternahmen, Weinstöcke anzubauen – ein Experiment, das mit den europäischen Trauben allerdings mißlang. Ansonsten bemühte er sich vor allem um die Kultivierung von Pfirsich- und anderen Obstbäumen (1648 ließ er sich aus England 4000 Obstbäume schicken). Sein englischer Gärtner James zeigte sich erstaunt über das üppige Pflanzenwachstum im Mai: «Bäume und Blumenzwiebeln sind geschossen in fünf Wochen, manche zwei, manche drei, vier, fünf, sechs, sieben, ja sogar elf Zoll [...] und die Saat geht auf; jene Samen, die in England vierzehn Tage zum Keimen brauchen, kommen hier in sechs oder sieben Tagen zum Vorschein.»

DIE ELEGANZ DES SÜDENS

Gegen Ende des 17. Jahrhunderts entstanden in Virginia – der bevölkerungsreichsten Kolonie – Gärten, in denen das Konzept des als Kunstwerk betrachteten formal gestalteten Gartens vermutlich zum ersten Mal ersonnen wurde. Und in Williamsburg, der damaligen Hauptstadt des Staates, findet sich das früheste Zeugnis eines im anglo-niederländischen Stil angelegten Gartens, wie er damals in England *en vogue* war. Im Frühjahr des Jahrs 1694 schrieb John Evelyn an John Walker in Virginia und teilte ihm mit, daß George London, «der Gärtner Seiner Majestät hier am Hampton Court», durch Bischof Henry Compton und Reverend James Blair, «einen sehr begabten Diener schicken werde, damit jener den Garten für das in Eurem Lande neu erbaute College anlege». Der nach Virginia beorderte Gärtner war James Road; man betraute ihn auch mit dem Sammeln fremder Pflanzen, die er von dort ins Mutterland bringen sollte, und stellte ihm mehr als £ 200 zu diesem Zweck zur Verfügung.

Ein Vetter von John Evelyn, Daniel Parke II., übernahm die Bauleitung und die Auswahl der Ziegelsteine für das neue College of William and Mary; Baubeginn war 1695. Später heiratete die eine von Parkes Töchtern John Custis aus Williamsburg und die andere William Byrd II. aus Westover – beides Persönlichkeiten, die in der immer größer werdenden Gartenwelt des 18. Jahrhunderts bald eine wichtige Rolle spielen sollten.

Ein heute in der Bodleian Library archivierter Kupferstich, der vermutlich von Sir Christopher Wren angefertigt wurde, zeigt das College als Modell mit akkuraten Reihen in Form geschnittener, immergrüner Bäume. Wahrscheinlich handelte es sich um englische Eiben, die für die zeitgenössischen Anlagen von London und Wise typisch waren. Ein anderer Kupferstich zeigt den Gouverneurspalast mit ovalen Blumenbeeten und sorgfältig gepflasterten Steinwegen.

Mit den Bildern, die John White 1585 von dem amerikanischen Indianerdorf Secoton in North Carolina gemalt hatte, illustrierte der Deutsche Theodor de Bry 1590 eine Ausgabe von Thomas Harriots *Briefe and true report of the new found land of Virginia* (von Clusius ins Lateinische und Französische übersetzt). Die Abbildung zeigt Cherokee-Indianer bei der Herstellung eines Kanus aus «Rakiock», dem hochstämmigen Tulpenbaum (*Liriodendron tulipifera*). Die weiter nördlich lebenden Irokesen verwendeten die Rinde der Papierbirke (*Betula papyrifera*), verstärkt durch Holzscheiben, zum Bau leichter Kanus.

Bis 1776 blieben kunstvoll beschnittene Bäume und exakt geplante Wege ein Charakteristikum für College-Gärten. Erst nach der Revolution trat allmählich ein Wandel ein. Thomas Jefferson, der den englischen Landschaftsstil bewunderte, war eine treibende Kraft bei der Umwandlung von formalen Anlagen in eher pastorale Landschaften.

Zwischen 1700 und 1704 ließ Francis Nicholson, der Gouverneur von Virginia, das unebene und schluchtenreiche Gelände um Williamsburg in Parzellen unterteilen, die er für den Verkauf von Bau- und Gartenland freigab. Auf diese Weise gab er wohlhabenden Bürgern die Möglichkeit, großflächige Grundstücke zu erwerben, auf denen sie ihre individuellen Landschaftsgärten anlegen konnten. Nicholson interessierte sich auch sehr für die amerikanische Flora. Als er in den 20er Jahren Gouverneur in South Carolina wurde, ermöglichte er die botanische Forschungsarbeit von Mark Catesby, Autor von *The Natural History of Carolina* (1720–1747). Bei verschiedenen Gelegenheiten schickte er auch dem Bischof Compton eine «Kollektion von Pflanzen für das Paradies Ihrer Lordschaft in Fulham». Die Bücher in der Bibliothek des Gouverneurs Nicholson bezeugen sein lebhaftes Interesse an botanischen Themen. Unter den Gartenbüchern, die er besaß, fand sich eine 1693 von John Evelyn angefertigte Übersetzung von La Quintinie, *The Compleat Gard'ner*, das von Evelyn selbst verfaßte Buch *Sylva*, John Worlidges *Systema Agriculturae* (1669), Leonard Meagers *English Gardener* (1670) und Moses Cooks *Manner of Raising, Ordering and Improving Forrest-Trees* (1676) sowie das Manuskript *Treatise on the Flora and Fauna of Virginia* des Botanikers John Banister, datiert 1680.

Schon 1705 beschrieb Robert Beverly den Plantagengarten von Colonel William Byrd in Westover, eine halbe Tagesreise entlang des James River von Williamsburg entfernt, als «den schönsten des Landes». Das Sommerhaus sei umgeben von «indianischem Geißblatt, das den ganzen Sommer über von lieblichen Blüten bedeckt ist, an welchen sich die Hummeln gar sehr ergötzen». Beim «indianischen Geißblatt» handelt es sich um *Lonicera sempervirens*, das bis auf den heutigen Tag die runden Säulen von Washingtons Mount Vernon umrankt. Vor seiner Rückkehr nach England in den 20er Jahren des 18. Jahrhunderts erteilte Mark Catesby Ratschläge zur Gartenverschönerung. Gemeinsam mit anderen Naturforschern wie John Clayton (nach dem die Frühjahrsschönheit *Claytonia* benannt wurde) und Alexander Garden, einem Arzt in Charleston (seinem Namen verdanken wir die Gardenie), brachte er Gärtner dazu, mit ihnen bis dahin unbekannten heimischen Bäumen und Zierpflanzen zu experimentieren. Catesby brachte Samen des Trompetenbaums (*Catalpa bignonioides*) und rosafarbene Formen vom einheimischen Hartriegel (*Cornus florida*) und vom Sauerbaum (*Oxydendrum arboreum*) nach Williamsburg. Als Schattenbaum empfahl er den einheimischen Tulpenbaum (*Liriodendron tulipifera*), der bis zu 60 m Höhe erreichen konnte und bei den Plantagenbesitzern in Virginia sehr beliebt war, während man weiter südlich immergrüne Eichen (*Quercus virginiana*) bevorzugte.

Auf Mount Vernon pflanzte George Washington das immergrüne, in dieser Gegend heimische Geißblatt (*Lonicera sempervirens*), das sich noch heute um seinen Loggia-Anbau rankt. Zu Beginn des 18. Jahrhunderts rahmte William Byrd mit dieser Geißblattart sein Sommerhaus in Westover bei Williamsburg ein. Sie wurde in den 30er Jahren des 17. Jahrhunderts von John Tradescant d.J. in England eingeführt. Die orangeroten Blüten dieses Geißblatts locken Hummeln zur Bestäubung an.

William Byrd, Sohn von Colonel William Byrd und verheiratet mit einer Tochter Daniel Parkes II., setzte sich weiterhin für die Verschönerung des Gartens in Westover ein; er blieb von 1705 bis 1716 in Virginia und kehrte 1726 – nach einem längeren Englandaufenthalt – dorthin zurück. Im Juni 1712 notierte er in seinem Tagebuch: «Mr. Catesby instruierte mich, wie ich meinen Garten, nach der Art, wie sie in England üblich ist, verbessern könnte.» 1726 aber, nachdem er selbst viele englische Gärten besichtigt hatte, entwickelte er ehrgeizigere Pläne. 1740 schrieb John Bartram an Collinson über die

Verschönerungen in Westover: «Colonel Byrd ist sehr verschwenderisch mit neuen Toren, Kieswegen, Hecken und schön gebogenen Zedern und einem kleinen grünen Haus mit zwei, drei Orangenbäumen […] kurzum, er hat den schönsten Landsitz von Virginia.» Nicht alle seine Pflanzen kamen aus Europa, er machte sich auch einheimische Gewächse zunutze, wie zum Beispiel den schönen Tulpenbaum, den er besonders als Schattenspender schätzte. Noch heute stehen in Westover zwischen dem Haus und dem Fluß einige alte Exemplare dieser herrlich anzusehenden Bäume.

In den 30er und 40er Jahren des 18. Jahrhunderts tauschte John Custis aus Williamsburg – ein anderer Schwiegersohn Daniel Parkes II. – Pflanzen mit dem Quäker-Bruder Peter Collinson. Custis zog Blumen aus Zwiebeln, die ihm aus der Levante oder von Floristen geliefert wurden, sowie Roßkastanien, Buchsbaum und Eiben, die er in Form schnitt (vgl. S. 274–275). Sein ziemlich großer Garten war ein formal gestaltetes, in verschiedene Bereiche unterteiltes Areal. Es gab einen Blumen-, einen Gemüse- und einen Obstgarten mit Früchten und Nüssen. Seine Zeitgenossen hielten Custis für einen Sonderling, weil er mit solch einer Leidenschaft Pflanzen sammelte und züchtete. Trotz ihrer Kontakte zu englischen Gartenfachleuten haben vermutlich weder Custis noch sein Schwager William Byrd II. den «natürlichen» Stil übernommen, der gegen Ende der 20er Jahre in England von Pope und Kent mit großem Erfolg propagiert wurde.

Im Süden konnte man mit Hilfe der Sklaverei arbeitsintensive Nutzpflanzen wie Baumwolle, Indigo, Tabak und Reis anbauen, und Plantagen wie Middleton Place, Crowfield, Drayton Hall und Magnolia in South Carolina (alle im Besitz der Familie Drayton) entwickelten sich während des 18. Jahrhunderts zu fast autonomen Königreichen. Hier wurden Ziergärten nach Art großer Landgüter bewirtschaftet. Beschreibungen dieser Plantagengärten zeigen Elemente eines naturalistischen Stils um formale Merkmale herum. Einheimische Bäume – mit der bartflechtenartigen Tillandsie (*Tillandsia usneoides*) bewachsene immergrüne Eichen – lieferten den malerischen Rahmen. In Middleton Place vor Charleston war der steile Hang zum Ashley River für den Reisanbau terrassiert. Die Wasserbecken in Form ausgebreiteter Schmetterlingsflügel, die notwendig waren, um die Reisfelder abwechselnd zu überfluten und zu entwässern, fügten sich malerisch ins Landschaftsbild; die alte Reismühle ist noch erhalten. Ein Brief von Eliza Pinckney Lucas vermag uns eine Vorstellung davon zu geben, wie Crowfield – heute eine durch den Raumbedarf eines Golfplatzes bedrohte Ruine – im Jahre 1743 einmal ausgesehen haben mag: «Zuerst die fruchtbare Rebe, die an der Mauer hochrankt, beladen mit köstlichen Trauben; daneben ein umfangreiches Bassin mit Wasser mitten in einem weiten Grün. Die Gartenfassade war in großzügiger Entfernung vom Haus, von Mauern umgeben, hinter denen jeweils, dem Haus am nächsten, eine Wiese lag, bunt geschmückt, in Serpentinenform, mit Blumen […] auf der rechten Seite – was meine Vorliebe für alles Ländliche sofort ansprach – ein Dickicht junger hoher immergrüner Eichen […] gegenüber auf der linken Seite […] ist eine große Rasenfläche und ein

Der Garten von William Paca – er gehörte zu den Persönlichkeiten, die die Unabhängigkeitserklärung unterzeichneten – in Annapolis wurde 1772 angelegt; 1965 hat man die Restaurierung in Angriff genommen. Obwohl vom Prinzip her formal, reflektierte dieser Garten in Ansätzen neue Anregungen aus England, wie zum Beispiel die eher geschwungenen Formen im «Wildnis»-Bereich, die die formale Strenge auflockern sollten. Keine Belege existieren über die Detailbepflanzung, man konnte sie jedoch anhand von Handbüchern rekonstruieren, die die damalige Gartenpraxis beschreiben. Philip Millers *Dictionary* enthielt explizite Anweisungen für die Anlage von Frühbeeten, Düngung und den Schutz von Pflanzen mit Glasglocken; diese wurden erfolgreich eingesetzt und sind für den heutigen Besucher historisch interessant.

Bowlingplatz, der ein bißchen tiefer liegt als der übrige Garten und von einem Weg umgeben ist, dessen Ränder eine Doppelreihe aus blühendem Berglorbeer (*Kalmia latifolia*) und Trompetenbäumen ziert, die nicht nur Schatten spenden, sondern auch wunderschön sind. Jenseits der Hügel und der Wildnis», so fährt sie in ihrer Beschreibung fort, «[gab es] an diesem bezaubernden Ort einen großen Fischteich, aus dessen Mitte sich ein Hügel erhebt, welcher auf gleicher Höhe wie das Wohnhaus liegt und dessen Gipfel ein römischer Tempel schmückt. Von dort aus kann man nicht nur die Aussicht auf das Wasser und das Haus genießen, sondern auch die in der Ferne liegenden, in lebhaftes Grün gekleideten Felder sehen.» Die Gartenarchäologie der jüngsten Zeit bestätigt diese so malerische Schilderung.

1769 schrieb der Herzog de la Rochefoucauld-Liancourt über Drayton Hall (erbaut um 1738): «Der Garten ist besser angelegt [...] als jeder andere, den ich bisher sah. Um einen schönen Garten zu haben, muß man nichts tun, als hie und da Bäume entweder vereinzelt oder in Gruppen stehenzulassen und sie dann mit Büschen zu unterpflanzen. Dr. Draytons Vater begann den Garten nach diesem Prinzip anzulegen, und sein Sohn, der das Landleben leidenschaftlich liebte, folgte seinem Beispiel.» Einige der hier angesiedelten Pflanzen waren in Europa bereits seit längerer Zeit kultiviert worden; andere aber zählten zu den durch Pflanzensammler wie André Michaux gänzlich neu eingeführten Exoten, mit denen man zum ersten Mal in abendländischen Gärten experimentierte. Der Ginkgobaum (*Ginkgo biloba*), Kamelien, der Zedrachbaum (*Melia azedarach*), *Albizia julibrissin* und indischer Flieder (*Lagerstroemia indica*) – sie alle gediehen prächtig im warmen Süden.

Übernahme des natürlicheren Stils

Noch vor der Revolution machten sich Gärtner überall in den Kolonien daran, die geometrischen Gartenanlagen in naturalistisch gestaltete Landschaften umzuwandeln. Sie studierten Philip Miller, Batty Langley und den späteren Thomas Whately. George Washington gelang ein kluger Kompromiß zwischen altmodischer Formalität und den neuen, pastoralen Stilrichtungen, die in England mittlerweile auf dem Höhepunkt ihrer Popularität angelangt waren. Zwar flankierte er sein elegantes Wohnhaus, Mount Vernon, mit spiegelbildlich angelegten ummauerten Gärten, doch befolgte er einige von Langleys Empfehlungen und ließ die Wege um den Bowlingplatz in Schlangenlinien verlaufen. Er sorgte auch für «freie Sicht» auf den Potomac und das in der Ferne liegende Maryland (vgl. S. 280–281). «Sein großer virginischer Landsitz war ein kleines Weltreich», schrieb Washington Irving in seiner George-Washington-Biographie, und dem Nützlichkeitsprinzip wurde bei der Organisation stets Rechnung getragen. 1759 – Washington hatte gerade Martha Custis, die Witwe von John Custis' Sohn, Daniel Parke Custis, geheiratet – schien er sich im Stil an dem gepflegten Garten mit den buchsbaumumrandeten Beeten ihres Schwiegervaters in Williamsburg zu orientieren. Sein Bestreben war es, die Formalität zu wahren und die «ungestüme» Natur in Schach zu halten. Nach und nach bildete sich sein eigener Stil heraus, der zunehmend naturalistische Züge annahm. Washington, der ein ausgesprochener Baumliebhaber war, widmete sich seinem Garten mit Leidenschaft, aber die Anforderungen und Pflichten des öffentlichen Lebens ließen ihm dazu beinahe 20 Jahre lang keine Zeit. Erst 1785 kehrte er nach Mount Vernon zurück, um seine Gartenpläne zu verwirklichen.

Thomas Jefferson (1743–1826), der in den 80er Jahren einige der neuen Landschaftsparks und malerischen Gärten in Europa besichtigt hatte, entwickelte eine eigene Version des natürlichen Stils für seine im palladianischen Stil erbaute Hügelvilla Monticello. Zwischen heimischen und exotischen Bäumen konnte man auf gewundenen Wegen und inmitten wildwüchsiger Blumenbeete wandeln, aber in den Obst- und Küchengärten (vgl. S. 282–283) behielt er geometrische Formen bei. Jefferson und auch all die anderen großen Plantagenbesitzer waren begierig nach neuen Pflanzen für ihre riesigen Waldgrundstücke und Blumengärten. Schon mit vierzehn Jahren erbte Jefferson das Anwesen von Monticello von seinem Vater. Schließlich zog er im November 1770 dorthin, baute auf den gut 2000 ha zunächst Tabak und ab 1794 vorwiegend Weizen an. Zeit seines Lebens setzte er sich für die Einführung neuer Gemüsepflanzen ein, um den Lebensstandard besonders der Sklaven und der armen Siedler anzuheben. In South Carolina und Georgia experimentierte er mit Olivenbäumen und Reis, darüber hinaus versuchte er – allerdings ohne Erfolg – einen Wein zu produzieren, der dem aus Europa vergleichbar wäre. Die Gärten und Haine von Monticello wurden in gewissem Sinn Laboratorien für die Anzucht neuer Pflanzen; sobald sie sich bewährten, gab er sie an Nachbarn und Freunde in verschiedenen Teilen des Landes weiter. Es war nicht nur ein feinsinniges Gespür für die Schönheit der Pflanzen, die Jefferson antrieb, sondern vor allem auch ein profundes naturwissenschaftliches Interesse. Er setzte sich intensiv mit Botanik und Pflanzenzuchttechniken auseinander und korrespondierte zu diesem Zweck mit vielen der einflußreichsten Männer seiner Zeit. Einmal soll er gesagt haben: «Der größte Dienst, den man einem Land erweisen kann, besteht darin, eine neue Nutzpflanze zu kultivieren, insbesondere ein Brotgetreide; an zweiter Stelle steht das Öl.» Seine eigenen Farmen warfen in jener schwierigen Zeit wirtschaftlicher Instabilität und landwirtschaftlicher Krisen selten Gewinn ab.

1771 hegte er schon zaghafte Pläne für die Gestaltung und Verschönerung seiner Ländereien. Zunächst wollte er den Baumbestand auslichten und Gras aussäen. Anpflanzen wollte er auch die heimische Jasminwurzel (*Gelsemium sempervirens*) sowie «Geißblatt, Weinrose und sogar winterharte Pflanzen, die vielleicht keine Aufmerksamkeit heischen mögen». Im westlich gelegenen Freiland erreichten die vorwiegend heimischen Sträucher nicht mehr als 3 m Höhe: Erle (*Alnus rugosa*), die Färberhülse (*Baptisia australis*), *Amorpha fruticosa*, Berberitze (*Berberis*), die nordamerikanische Stechpalme (*Ilex vomitoria*), Kastanie (*Castanea pumila*) und die Säckelblume (*Ceanothus americanus*). Höher wurden Trompetenbäume, Traubenkirschen, Magnolien, Maulbeerbäume und *Gelsemium*. Während er im Bereich der Obst- und Gemüsegärten formalere Strukturen beibehielt, interpretierte er die europäischen Moden und den «Genus loci» auf ganz eigene Art. Einer seiner meistgelesenen Autoren war Thomas Whately, dessen Werk *Observations on Modern Gardening* ihm auf seiner Besichtigungstour durch Europa als Reiseführer diente. Angeregt von dieser Lektüre, pflanzte er in Monticello Haine aus heimischen und exotischen Bäumen, um das windumtoste Haus auf dem Gipfel des Berges zu beschatten und zu schützen. Jefferson erkannte, daß die exponierte Lage des Hauses und der vorhandene Baumbestand sowie der stets große Bedarf an Schatten in den heißen Sommern Virginias neue Pflanzpraktiken erforderten.

Weitere dichte Aufforstungen mit Bäumen und Sträuchern erfolgten auf den westlichen und nördlichen Hängen, sie säumten Jeffersons «Rundwege», die, vom Gipfel ausgehend, spiralförmig um den Berg herumführten. 1793 schrieb Jefferson aus Philadelphia an seine Tochter Martha Jefferson Randolph: «Nie zuvor konnte ich mir vorstellen, wie wertvoll Bäume sind. Mein Haus [hier] ist gänzlich von hohen Bäumen umgeben, mit gutem Gras darunter, und unter ihnen frühstücke, diniere, schreibe, lese ich und empfange Gesellschaft. Was gäbe ich nicht darum, daß die Bäume rund um das Haus in Monticello schon ausgewachsen wären.» Selbst am Ende seines Lebens pflanzte Jefferson noch immer Bäume. 1822 schrieb er einem Freund: «Ich danke dir für die Samen [...] Zu alt, noch zu eigenem Nutz und Frommen zu pflanzen, will ich es für die Nachfahren tun.»

Jefferson erhielt Pflanzen aus vielerlei Quellen. Sein Freund André Thouin in Paris schickte ihm jährlich ein Paket mit Samen aus dem Jardin des Plantes, aber der größte Teil stammte aus Bernard M'Mahons Gartenbaubetrieb in Philadelphia; einige bekam er von William Hamilton in Woodlands in Philadelphia; und den amerikanischen Weißdorn (*Crataegus phaenopyrum*) für die Hecken, mit denen er seine Obstbäume und Gemüsegärten einfriedete, bezog er von Thomas Main, einem Pflanzenzüchter in Washington. 1803 hatte Jefferson als Präsident die Lewis-und-Clark-Expedition organisiert; sie hatte sich unter anderem zum Ziel gesetzt, in Westamerika Pflanzen zu sammeln, die man im Osten nutzbringend kultivieren könnte, und einige dieser Pflanzen erhielt er dann für seinen eigenen Garten.

Pflanzen sammeln und tauschen

John Bartram (1699–1777), Pflanzen sammelnder Quäker und der erste in Amerika geborene Botaniker, war führend im großangelegten Pflanzenaustausch mit englischen Kollegen. Er begründete seinen botanischen Garten mit Gärtnerei am Schuylkill River außerhalb Philadelphias, wo er sowohl heimische als auch exotische Pflanzen zog (vgl. S. 276–277). Viele Pflanzen fanden den Weg in die Alte Welt, weil er mit Peter Collinson, Philip Miller (dessen *Dictionary* Bartram später besitzen sollte) und vielen anderen in England und Europa Pflanzen tauschte; allein Collinson, mit dem er von 1733 bis 1768 einen regen Briefwechsel führte, schickte er mindestens 200 Pflanzen von der amerikanischen Ostküste; seine Beschreibungen ihrer heimischen Standorte erleichterten den Europäern den Anbau. Alle großen Persönlichkeiten auf dem Gebiet der Pflanzensystematik – Linné in Uppsala, Gronovius in Leiden und Dillenius in Oxford – studierten seine Pflanzen, um ihre Palette zu vergrößern. Linné bezeichnete Bartram als den «größten Naturkundler». 1765 wurde Bartram durch Collinsons Vermittlung zum Botaniker König Georgs III. ernannt – eine Position, die ihm eher Ruhm als Geld einbrachte, denn sein symbolisches Jahresgehalt von £ 50 wurde mit den Frachtkosten verrechnet. Unter den Pflanzen, die er 1735 nach England schickte, waren Enziane, Astern, Kardinalsblumen, Goldruten und eine Lilie (*Lilium superbum*), die bei Collinson 1738 fünfzehn Blüten hervorbrachte, sowie Birken. Er fand auch Rhododendron (*Rhododendron maximum* – später unmittelbar in Collinsons Garten in Peckham verpflanzt) am Schuykill River und an dessen Quelle in den Blauen Bergen. John Bartram begab sich während der Herbstmonate, zur Zeit der Samenreife, auf Expedition. Unterwegs hielt er seine Pflanzen in einer luftdicht verschlossenen Ochsenblase frisch. Auf einer seiner Touren besuchte Bartram die Farm von John Clayton (1694–1773) in Gloucester und entdeckte, daß in dessen Garten nur amerikanische Pflanzen wuchsen; von ihm nahm er sich ein Exemplar des Angelikabaums (*Aralia spinosa*) für seinen eigenen Garten mit. Sie diskutierten über die Götterblume (*Dodecatheon meadia*), eine Pflanze, die Bartram Jahre zuvor (zu Beginn der 40er Jahre) im Shenandoah Valley gefunden hatte und seitdem in seinem Garten kultivierte. Auch von ihr hatte er ein Exemplar an

Horatio Hollis Hunnewell, später Mäzen des Arnold Arboretum, war 1844 einer der ersten in Amerika, die ein Pinetum für eine Koniferenkollektion entwickelten, und zwar für solche, die die Winter in Neuengland überstehen konnten. Doch an den Ufern des Wahan-Sees in Wellesley, Massachusetts, ging Hunnewell über das reine Sammeln weit hinaus: Auf den Steilhängen legte er in italienischer Manier sieben Terrassen an, und die dort wachsenden Bäume, darunter sogar die Weymouthskiefer, schnitt er in unterschiedlichste Formen. Dabei ließ er sich hauptsächlich von Elvaston Castle in Derbyshire inspirieren: Lärchen, Hemlocktannen, Lebensbäume, japanische Eiben und deren Kreuzungen – die englische Eibe war nicht winterhart – formte er zu Kegeln, Kugeln, Pyramiden und etagenartigen Baumgestalten.

Collinson in England geschickt, damit er sie dort zum Blühen brächte. Clayton selbst hatte sie nie in freier Natur gesehen, sondern gemeinsam mit anderen in Amerika heimischen Pflanzen aus Samen gezogen; darunter waren die blaublühende *Amsonia* und eine rotblühende Schildblume (*Chelone glabra*). Bartram bewunderte auch die Gärten von John Custis in Williamsburg und William Byrd in Westover.

Obwohl das Pflanzensammeln seine Hauptbeschäftigung gewesen zu sein scheint, betrachtete Bartram die ganze Natur als sein Studienobjekt. Er erkannte den engen Zusammenhang zwischen Artenschutz und Ökologie sowie die Bedeutung von Ornithologie, Zoologie und Paläontologie. In seinem Arboretum setzte er Pflanzen sorgfältig nach ihren jeweiligen ökologischen Bedürfnissen und ließ sie unter natürlichen Bedingungen, das heißt in Konkurrenz mit durchsetzungsfähigeren Pflanzen wachsen. Alexander Garden beschrieb diesen «Garten» 1754 als ein «vollkommenes Selbstporträt [...] hier trifft man eine Reihe seltener Pflanzen an, fast von Unkraut überwuchert, dort einen wunderschönen Strauch, üppig inmitten von Dornengestrüpp, und in einer anderen Ecke einen eleganten und erhabenen Baum, verloren in einem gewöhnlichen Dickicht [...] auf jedem ebenen Fleckchen ein Parterre, wo er einige seiner geliebten Blumen züchtet und seine Lieblingsexemplare [...] kultiviert.» Gut 25 Jahre nach seinem Tod wurde geschätzt, daß 2000 Arten heimischer amerikanischer Pflanzen auf einem Areal von 6 Morgen wuchsen. 1751 veröffentlichte Bartram eine Liste mit heimischen amerikanischen Arzneipflanzen, die im Anhang zu Thomas Shorts Londoner Ausgabe der *Medica Britannica* erschien.

Bartrams Garten, den nach seinem Tod im Jahr 1777 seine beiden Söhne weiterführten, wurde zum Mekka für reisende Botaniker – dazu zählten Peter Kalm, nach dem der Berglorbeer *Kalmia* benannt ist, und André Michaux (1746–1803), Botaniker in Diensten Ludwigs XVI. von Frankreich, ein häufiger Gast in der Zeit zwischen 1786 und 1794. Andere Besucher, die gelegentlich nach seltenen Pflanzen suchten, sowohl nach ausländischen als auch einheimischen, waren unter anderem George Washington und James Madison, ferner Botaniker wie Benjamin Smith Barton, Gotthilf Muhlenberg aus Pennsylvania, der Engländer Thomas Nuttall und der Deutsche Frederick Pursh. Der Garten zog auch Gärtner an, die nach bestimmten Pflanzen suchten, obwohl inzwischen kommerzielle Gartenbaubetriebe wie jener von Robert Prince – 1735 auf Long Island gegründet – ihr Angebot um heimische und exotische Zierpflanzen erweiterten und nicht mehr nur das bis dahin so sehr gefragte Obst und Gemüse lieferten. Heute leidet das Gelände unter den Folgen der Umweltverschmutzung, und eine völlige Rekonstruktion von Bartrams Bepflanzung wäre nicht denkbar. 1891 wurde es von der Stadt Philadelphia erworben, und die Stadtparkkommission hat ein Wiederbepflanzungsprogramm erstellen lassen.

André Michaux besichtigte John Bartrams Garten erstmals im Frühjahr 1786 – ein Jahr nachdem er in New York angekommen war. Es war ein guter Start für seinen elfjährigen Forschungsaufenthalt, der der botanischen Erkundung der Oststaaten gewidmet war, und er sollte später noch oft hierher zurückkehren. Auch wählte er für seine Reisen ähnliche Routen wie Bartram und sein Sohn William. Michaux interessierte sich besonders für neue Waldbäume, die sich zur Aufforstung der französischen Länder akklimatisieren ließen, darüber hinaus hielt er aber auch nach Obstbaum- und Zierpflanzenarten Ausschau, um sie dem König für dessen neuen Garten nach Rambouillet zu schicken. Er führte auch neue Pflanzen von jenseits des Atlantiks in amerikanische Gärten ein (vgl. S. 278–279).

In der Nähe von Versailles aufgewachsen und am Trianon im Jardin du Roi in Paris von Bernard de Jussieu und André Thouin ausgebildet und angesichts seiner Erfahrungen als Pflanzensammler in Persien war Michaux für seine neuen Aufgaben hervorragend geeignet. Seine erste Handlung nach der Ankunft war der Kauf von ausreichend Land in Bergen's Wood außerhalb von New York für die Eröffnung einer Gärtnerei, wo Samen keimen und junge Pflanzen wachsen konnten, die robust genug waren, um die langen Seereisen in Töpfen zu überstehen. Der Abbé Nolin, Inspektor der Königlichen Gärtnereien unter Ludwig XV. und Ludwig XVI., gab ihm detaillierte Instruktionen, wie er die Pflanzen für die Reise vorzubereiten habe. Binnen eines Jahres hatte Michaux Autoritäten in Frankreich überzeugt, daß noch eine Gärtnerei im Süden notwendig sei, wo er eine andere Auswahl von Pflanzen kultivieren könne, die sich nicht für das kältere Klima New Jerseys eigneten. Er kaufte 90 ha Land vor Charleston, das für ihn und seinen Sohn François André zur Heimat wurde. Bis zum Jahr 1796 hatte Michaux 60 000 lebende Pflanzen und Tausende von Samen verschifft – bis 1789 an die Königlichen Gärtnereien und nach der Revolution an die nationalen Gartenbetriebe. Zu seiner Enttäuschung wurden viele der Pflanzen und sogar einige der getrockneten Exemplare für Herbarien, die er nach Paris gesendet hatte, vernachlässigt und gingen in den Wirren nach dem Sturm auf die Bastille verloren. Michaux leistete nicht nur einen erheblichen Beitrag für die Entdeckung und Klassifizierung amerikanischer Pflanzen, sondern ihm ist auch die Einführung vieler europäischer Pflanzen in amerikanische Gärten zu verdanken. Seine Rückkehr nach Europa geriet zur Katastrophe. Sein Schiff sank in Sichtweite der belgischen Küste – zwar konnte man ihn und einige seiner mitgebrachten Pflanzen retten, aber das Notizbuch mit all seinen Aufzeichnungen ging verloren. 1803 starb er an Fieber in Madagaskar, wo er eine botanische Sammlung aufbauen sollte. Sein Sohn François André kehrte 1801 in die Vereinigten Staaten zurück, um die zwei Gartengrundstücke in New Jersey und Charleston zu veräußern. In Charleston wuchsen immer noch viele der Pflanzen, die sein Vater importiert hatte, und auch amerikanische Pflanzen wie die seltenen Exemplare *Pinckneya pubens*, *Oxydendrum arboreum*, Papaya (*Asimina triloba*) und *Gordonia lasianthus* (mit *Franklinia* verwandt), alle reichlich Samen tragend, die man im Winter 1801/1802 noch vor dem Verkauf der Gärtnerei an André Thouin in Paris schicken konnte. In New York ergriff Samuel du Pont Maßnahmen zur Rettung der Gärtnerei: Er verpachtete sie an den französischen Gärtner Paul Saulnier mit der Auflage, weiterhin nach Frankreich zu liefern. François André Michaux blieb in Amerika, um dort zu arbeiten. In den Jahren 1810 bis 1813 veröffentlichte er die *Histoire des Arbres Forestiers de l'Amérique sep-*

«Woodlands», das Haus von William Hamilton bei Philadelphia, wurde von William Birch zwischen 1787 und 1789 gemalt. Hamilton verbrachte die Jahre nach der Revolution mit der Restaurierung seines Grundstücks am Schuylkill River und stellte eine schöne Kollektion von neuen Kulturpflanzen aus dem In- und Ausland zusammen. Er besaß ein Gewächshaus, ein Treibhaus und ein «Exotengärtchen». Thomas Jefferson war ganz versessen auf seine *Albizia julibrissin* und mußte mehr als einmal um sie bitten. Denn obwohl Hamilton von Jefferson einen Teil der Samen aus der Lewis-und-Clark-Expedition bekam, soll Hamilton selbst sehr geizig gewesen sein. Hamilton gehört zum Kreis jener, die für die Einführung des Ginkgobaums (*Ginkgo biloba*) nach Amerika verantwortlich sein sollen.

tentrionale. Obwohl seine Schrift teilweise von Redouté illustriert worden war, wurde sie in Amerika erst 1841 gedruckt. Sein Lebenswerk, das sich mit dem Nutzen der Bäume befaßte, förderte langfristig die Forstwirtschaft und den Schutz des Waldes sowohl in Amerika als auch in Europa.

Pflanzenneuheiten

Einen sicheren Instinkt für das Aufspüren von Pflanzennovitäten hatte William Hamilton aus Woodlands. Hamilton, ein Freund Jeffersons, bereiste von 1784 bis 1786 England und kommentierte: «Das Grün ist Englands größte Schönheit, und ich werde nicht ruhen, bis Woodlands ähnlich aussieht.» Hamilton schuf freie Stellen für seine neuen Exotika und beschattete sie mit Lauben wilden Weins und Gruppen aus größeren Bäumen wie dem Tulpenbaum, verschiedenen Eichen- und Ahornarten. Er plante voraus. Vor seiner Abreise nach England wies er seine Leute in Woodlands an, eine Baumschule für die Aussaat von Samen einer Reihe amerikanischer Bäume anzulegen, von Hartriegel bis Magnolie, und «hübsche kleine Pflanzen» von anderen heimischen Bäumen und Sträuchern zu besorgen. Er schickte auch viele Pflanzen aus England – mit einer Order über 300 Portugiesischer Kirschlorbeerbäume (*Prunus lusitanica*). Manche gingen auf der Reise ein, und wutentbrannt polterte Hamilton: «Soll das etwa heißen, daß alle [jene] Pflanzen fürwahr dahin sind – sind keine aus dem Osten, die Portugiesischen Kirschlorbeerbäume, die immergrünen Weinrosen, Singletons Rose, die immergrüne Rose [...] jetzt noch am Leben? Ist nichts gekeimt von einem Scheffel Roßkastanien, und 3 Pfund Pistazien [...] sind sie alle vor die Hunde gegangen?»

Hamilton schreibt man die Einführung der Schwarzpappel (*Populus nigra* var. *italica*) und des Ginkgobaums zu, obwohl letzterer auch von André Michaux eingeführt worden sein könnte. Hamilton bemühte sich sowohl um winterharte als auch um Gewächshauspflanzen und wurde zurecht beneidet um seine Kollektionen (er liebte «gefüllte» Sorten, wie jene von Oleander, Winde, Weißdorn und Narzissen). Jefferson bewunderte ihn für seine «neue Geschmacksrichtung», die Woodlands zu seinem einzigen ernstzunehmenden Konkurrenten in Amerika mache. Jefferson mußte auch wiederholt um eine Pflanze von der zarten *Albizia julibrissin* bitten, und Hamilton lieferte vermutlich die *Acacia farnesiana*, die in dem Vitrinenzimmer auf Monticello wuchs. 1803 schilderte Mannaseh Cutler Hamiltons *pleasure grounds* als «Anlage mit einer Vielzahl von Wegen und einer Fülle von Rabatten mit Blütensträuchern und Bäumen. Dazwischen liegen grüne Rasenflächen, häufig gemäht, und in unterschiedlichen Abständen zahlreiche Wäldchen mit heimischen Bäumen, vermischt mit künstlich angelegten Hainen, in denen aus aller Welt gesammelte Bäume stehen.» Über die Gewächshäuser schrieb er: «Jeder Teil ist vollgestopft mit Bäumen und Pflanzen aus den heißen Klimagebieten, von der Art, wie ich sie nie gesehen hatte [...] Er versicherte uns, es gebe in Europa, Asien, Afrika, China und auf den Inseln der Südsee keine ihm bekannte seltene Pflanze, die er nicht beschafft hätte.» Seine Kollektion dürfte für die damalige Gartengestaltung kaum typisch gewesen sein.

Jefferson vertraute Hamilton und Bernard M'Mahon, dem Pflanzenzuchtspezialisten aus Philadelphia, Samen aus der Lewis-und-Clark-Forschungsreise von 1804–1806 an, die den Missouri flußaufwärts bis zum Pazifik geführt hatte; andere Samen gingen an die William-Prince-Gärtnerei auf Long Island. Hamilton soll seinen gekeimten Anteil an die Gärtnerei von David Landreth weitergegeben haben, ebenfalls in Philadelphia, die sich später auf die Zucht von Rhododendren, Azaleen, Magnolien, Kamelien und Rosen spezialisierte; sehr bald kam auch der Osagedorn (*Maclura pomifera*), der ebenfalls während der Westreise in Arkansas und Kansas gefunden wurde, auf ihre Katalogliste. Mitte des 19. Jahrhunderts verwendete man ihn in seinem heimischen Prärieland als Heckenpflanze, so daß bereits 1860 Tausende von «Heckenmeilen» existierten, die erst gegen Ende des Jahrhunderts von billigeren Drahtzäunen abgelöst wurden.

Die Lewis-und-Clark-Expedition, die erste, in der ein Weißer die Rocky Mountains innerhalb der Vereinigten Staaten überquerte, förderte auch viele andere Schätze zutage. Die gemeine Mahonie (*Mahonia aquifolium*, zu Ehren von M'Mahon so genannt), war eine der begehrtesten Einführungen; innerhalb weniger Jahre erzielte man $ 20 für das Stück. Andere wertvolle Zierpflanzen waren unter anderem der gelbblühende Johannisbeerstrauch (*Ribes odoratum*), die westliche Schneebeere (*Symphoricarpos rivularis*) und die westliche Felsenbirne (*Amelanchier alnifolia*), von niedrigerem, strauchähnlicheren Wuchs als ihr östliches Gegenstück; die wunderschöne blaublühende *Camassia* mit einer zwiebelähnlichen Knolle, eine gewöhnliche Gemüsepflanze der Indianer des Westens, eingeführt für Gärtner im Osten. Der Botaniker Frederick Traugott Pursh (1774–1820) arbeitete auf Woodlands, bevor er die Pflege von 2000 Pflanzenarten in David Hosacks Elgin Botanic Garden in New York übernahm. Er erhielt auch Exemplare der Pflanzen aus der Lewis-und-Clark-Expedition und nahm sie ohne Erlaubnis mit nach England. 1814 veröffentlichte er deren erste Beschreibung in seiner *Flora Americae septentrionalis* – 124 Pflanzen aus der Expedition befanden sich darunter, mit dreizehn Illustrationen aus Lewis' Herbarium. Er machte auch eine weitere amerikanische Azalee populär, die John Bartram entdeckt hatte, *Rhododendron arborescens* aus den pennsylvanischen Bergen.

Auch Thomas Nuttall, ein Engländer und Student des Wissenschaftlers Benjamin Smith Barton aus Philadelphia, reiste den Missouri River flußaufwärts nach Westen und erreichte 1834 schließlich die Pazifikküste. Zu Nuttalls bemerkenswertesten Beiträgen für den Gartenbau gehören Arten von ausdauernder *Coreopsis*, der kalifor-

Die botanische Abhandlung *Flora of North America* von Dr. William P. C. Barton erschien in drei Bänden, der erste Band 1821. Sie enthält detaillierte Beschreibungen von jeder Pflanze und ihrem Verbreitungsgebiet – eine für jeden Gärtner wichtige Information. Die Wurzeln der hier abgebildeten *Ixia acuta* brachte der englische Pflanzensammler Thomas Nuttall, ein Schüler Bartons, 1819/1820 aus dem Arkansas-Territorium mit; zum erstenmal blühte sie in Bartrams Garten in Kingsessing, wo der ältere William Bartram sie mit seiner eigenen in Florida gefundenen *I. caelestina* vergleichen konnte.

nische Lorbeer mit den aromatischen Blättern (*Umbellularia californica*), die kalifornische Kastanie (*Aesculus californica*) und eine Esche aus Oregon (*Fraxinus latifolia*), neben einer Beschreibung der edlen (aber selbst in überaus gemäßigten Klimazonen empfindlichen) kalifornischen Platane (*Platanus racemosa*). Nuttalls *Genera of North American Plants* (1818) enthielt Bäume aus dem Fernen Westen, die dem jüngeren Michaux unbekannt waren, und blieb deshalb eine wertvolle Ergänzung zu dessen Buch *North American Sylva*, das 1841 erschien.

Die kommerzielle Seite

Noch fast zweihundert Jahre nach der Gründung der ersten amerikanischen Kolonien waren alle namhaften Gärtner Obstbauern und verkauften oder tauschten bekannte Sorten, die ursprünglich aus Europa importiert waren. Samenhändler verkauften eigens importierte Gemüse- und Blumensamen. Schon 1641 schrieb George Fenwick aus Saybrook, Connecticut, an den Gouverneur Winthrop von der Massachusetts Bay Colony, daß er über einen reichen Vorrat an Kirschen und Pfirsichen verfüge, daß jedoch Würmer seine Apfelbaumschößlinge vernichtet hätten. 1648 verkaufte Henry Wolcott Äpfel, Birnen und Quitten, darunter bekannte Sorten, doch von einem schwunghaften Handel konnte keine Rede sein. Bis Mitte des 18. Jahrhunderts gab es wenige Gärtnereibetriebe, in denen amerikanische Gärtner Bäume und Blumen zu kaufen pflegten, doch allmählich begannen die Samenhändler tatsächlich die Samen, die sie importierten, zu züchten, und die inzwischen bekannten amerikanischen einheimischen Pflanzen konnten Ableger liefern. 1768 orderte der Gärtner William Logan aus Philadelphia noch Gemüse- und Blumensamen, darunter begehrte Arten wie Brokkoli, Hyazinthen und die südafrikanische Geranie *Pelargonium inquinans* aus James Gordons Fachhandel im Londoner Mile End.

1735 exportierte der Gartenbaubetrieb von Robert Prince in Flushing auf Long Island amerikanische Pflanzen nach England und importierte europäische Sorten für den amerikanischen Markt. Auf der ersten Katalogliste seines Sohnes William Prince standen nur Obstbäume, aber bis 1790 bot er die meisten der bekannteren amerikanischen immergrünen Pflanzen an, meist Koniferen, aber auch «Kingsbridge-Lorbeer» zu 2 Schilling sowie Waldbäume und blühende Sträucher, heimische und fremde. Alle sind unter volkstümlichen Namen statt der lateinischen aufgeführt, darum lassen sich manche schwer identifizieren, und eine englische Passionsblume folgt in alphabetischer Reihenfolge gleich auf eine amerikanische, und der «virginische Schneeflockenstrauch» (*Chionanthus virginicus*) oder der «Perückenstrauch» (*Cotinus coggygria*) folgen so dicht aufeinander, als ob sie derselben Spezies angehören würden. Bis 1827 bot die Gärtnerei, die jetzt als Linnaean Botanic Garden firmierte, über 100 Arten amerikanischer Pflanzen und zwei Sorten Eukalyptus und mehrere *Banksia* an.

Bernard M'Mahon (1775–1816) leistete in zweifacher Hinsicht einen Beitrag zur Entwicklung amerikanischer Gartenkunst: Zum einen trieb er Handel mit Pflanzensamen, die er zum Teil in seinem eigenen Arboretum in Chester zog, und zum anderen schrieb er Amerikas erstes praktisches Gartenbuch, den 1806 erschienenen *American Gardener's Calender* – Humphry Marshall (1722–1801) hatte 1785 sein Werk *Arbustum Americanum* geschrieben, das erste in Amerika gedruckte und unter dem Titel *The American Grove* erschienene Buch über heimische Bäume und Sträucher. 1796, unmittelbar nach seiner Ankunft aus Irland, eröffnete M'Mahon eine Samenhandlung in Philadelphia, und schon 1804 stand er einem internationalen Handelsunternehmen vor, das in der Lage war, den größten Teil der Samennachfrage sowohl nach exotischen als auch nach heimischen Pflanzen zu befriedigen. Sogar Enthusiasten wie Thomas Jefferson auf Monticello wandten sich an ihn. M'Mahons Gewächshaus in Germantown beherbergte Samen, die aus der Expedition von Lewis und Clark stammten. Mit wissenschaftlicher Akribie listete M'Mahon am Ende seines Buches das Angebot der bei ihm erhältlichen Samen in einem «allgemeinen Katalog» auf. Er verwendete das Klassifizierungssystem von Linné und führte alle Pflanzen, einschließlich der Gemüsearten, sowohl mit lateinischem als auch mit volkstümlichem, Namen auf. Auch wenn berechtigter Zweifel daran bestehen mag, ob wirklich alle dort genannten Spezies lieferbar waren, vermittelt sein Katalog einen Eindruck davon, welche Pflanzen seinerzeit in amerikanischen Gärten standen. Von den laubabwerfenden Bäumen und Sträuchern waren mehr als die Hälfte der insgesamt 442 Arten einheimische, die östlich des Mississippi gefunden wurden, für die 99 Arten von «winterharten immergrünen Bäumen und Sträuchern» galt Ähnliches, während von seinen 116 Arten winterharter Zwiebel- und Knollenblumen weniger als ein Dutzend amerikanischen Ursprungs waren. Er führte 396 winterharte ausdauernde und zweijährige Pflanzen auf, von denen 50 oder 60 amerikanische Wildblumen waren, außerdem auch viele Gewächs- und Treibhauspflanzen, unter denen manche außerhalb der Südstaaten kultiviert werden konnten. In seinem Buch gab M'Mahon Anweisungen für das Umsetzen von Pflanzen aus Wäldern, Feldern und Sümpfen; es blieb fünfzig Jahre lang das Standardwerk über amerikanische Gartenkunst, erreichte elf Auflagen, die letzte erschien 1857 (vgl. S. 284–285).

Die Verschönerung der Landsitze

Der junge Andrew Jackson Downing machte sich das vor allem in der amerikanischen Mittelklasse aufkeimende Interesse an Ziergärten zunutze. Die erste Auflage seines einflußreichen Werkes *Landscape Gardening* erschien 1841. Downings Ruf gründet sich nicht nur auf dieses Buch, sondern auch auf die von ihm geschaffenen Landschaften, die heute noch in Spuren erhalten sind, sowie auf sein weniger bekanntes Buch *Cottage Residences* von 1844.

Downing, als Sohn eines Gärtners im romantischen Hochland des Hudson River aufgewachsen, entwickelte schon früh ein Interesse für Fragen der Gartengestaltung. Er war ein Anhänger der «gardenesquen» Prinzipien, wie sie von John Claudius Loudon definiert worden waren (nicht wie sie später in der viktorianischen Ära interpretiert wurden), und setzte sie für den amerikanischen Villenbesitzer um. Dabei ließ er sich aber auch von der «naturalistischen» Gartengestaltung im Stil Browns und Humphry Reptons inspirieren. Schon früh setzte er sich für die Errichtung öffentlicher Stadtparks und Friedhöfe ein. Es waren Downings Schriften und sein Einfluß, die die Gründung des Central Park in New York vorantrieben. 1850 brachte er den jungen englischen Architekten Calvert Vaux nach Amerika, der dann Frederick Law Olmsteds Partner in dem Projekt werden sollte. Zeitgenössische Stiche oder Gemälde von Downings Werk lassen statt eines zusammenhängenden Designs eher eine allgemeine «Kleckserei» mit Pflanzen erkennen – vermutlich eine Folge davon, daß er, wie Loudon es gelehrt hatte, einzelne Exemplare als Solitärpflanzen herausstellen wollte. In seinen Schriften jedoch trat Downing dafür ein, daß Gärten und Grundstücke ein künstlerisches «Ganzes» bilden sollten. Diese Forderung war für die Amerikaner – eine Nation, die noch immer «vorwiegend mit den praktischen Anforderungen des Lebens beschäftigt war» – keineswegs selbstver-

Das Titelbild von Andrew Jackson Downings *Landscape Gardening* zeigt Blithewood am Hudson River. «Weichheit und Würde paaren sich in dieser überaus reizvollen Landschaft [...] Der Rasen ist übersät mit Gruppen und Hainen der schönsten Wald- und Zierbäume, unter denen leicht geschwungene Wege zu Landsitzen und Sommerhäusern führen [...] oder zu Lichtungen, die die schönsten Aussichten gewähren.» Downing ermunterte Amerikaner, die heimische Flora zu verwenden; angesichts der mit malerischen Kiefern und Föhren bedeckten Hänge und der schwarzen tiefen Täler aus Eichen und Hemlocktannen war er davon überzeugt, daß man die wichtigsten Lektionen der Landschaftsgärtnerei einzig und allein in der Natur erlerne.

ständlich. Downing gab wirklich wenig konkrete Anweisungen, aber er war der erste Amerikaner, der für seine Theorie über den Unterschied zwischen dem «Schönen» und dem «Malerischen» ein ästhetisches Konzept erarbeitete, das dem von Repton ähnlich war. Zu einer Zeit, als sich der Osten schneller als je zuvor nach Westen hin ausdehnte und eine neue Nation von Gärtnern nach neuen Pflanzen und mehr Informationen verlangte, ermunterte Downing seine Landsleute, ihre unzweifelhaft pittoreske einheimische Landschaft zu würdigen. Das Magazin, das er herausgab, *The Horticulturist and Journal of Rural Art and Rural Trade*, 1845 gegründet, war nur eins von vielen neuen Gartenjournalen, die dieser Aufforderung Geltung verschafften.

Zierpflanzen und Erholungsparks

Drei Gestalten beherrschten die amerikanische Gartenszene in der zweiten Hälfte des 19. Jahrhunderts. Zwei waren eher Pflanzenkundler als Gärtner, sie klassifizierten und züchteten neuentdeckte Spezies aus dem Westen und aus dem Ausland. Asa Gray, Schöpfer der botanischen Abteilung in Harvard und bis 1848 Leiter des angegliederten Botanischen Gartens (jetzt bebautes Gelände), verfaßte auch Standardwerke der Botanik sowie Bücher speziell für die Jugend. Charles Sprague Sargent, ein Schüler Asa Grays, wurde die Aufgabe übertragen, das Arnold Arboretum in der Jamaica Plain in Massachusetts anzulegen, eine der wichtigsten Pflanzensammlungen in Nordamerika. Wie 1872 geplant, «sammelt, züchtet und zeigt sie möglichst alle Bäume, Sträucher und Stauden, seien sie einheimisch oder exotisch, die im Freiland gezogen werden können». Sargent war maßgeblich an der Vorbereitung erfolgreicher Pflanzenexpeditionen beteiligt; außerdem gelang es ihm, viele amerikanische Gärtner für die Einführung der Exotika zu begeistern.

Bei der Entwicklung des Arnold Arboretum arbeitete Sargent eng mit Frederick Law Olmsted (1822–1903) – dem Vater der Landschaftsarchitektur in Amerika – zusammen. Der Name dieses Mannes, der mehr öffentliche Parkanlagen geplant hat als jeder andere Gartenarchitekt, ist zwar in erster Linie mit dem Entwurf für den Central Park verbunden, aber Olmsted hat sich auch – wie Gray und Sargent – in Boston große Verdienste erworben.

Bei einer Ausschreibung für die Anlage des Central Park im Jahre 1858 war der Plan mit dem Titel «Greensward», einer von 13 anonym eingereichten Entwürfen, erfolgreich. Es war der Plan von Olmsted und Calvert Vaux. Die neue städtische Grünanlage sollte zwischen der Fifth und der Eighth Avenue (jetzt Central Park West) und zwischen der 59. Straße im Süden und der 106. Straße im Norden (weitere 26 ha zur 110. Straße hin wurden 1963 erworben) entstehen. Der Plan von Olmsted und Vaux sah die Schaffung einer pastoralen Landschaft vor – ausgenommen die architektonisch gestaltete Mall mit ihren doppelten Reihen amerikanischer Ulmen, die an der Terrasse und am Bethesda Fountain enden sollte –, ein Gelände mit ländlicher Szenerie als Refugium, «wo Rasen, Lichtungen, Wasser und Wildnis sich hinein- und hinausschlängeln, um die turbulente Metropole zurückzudrängen». Olmsted selbst schrieb: «Es ist ein großes Ziel des Parks, den Hunderttausenden müden Arbeitern, die keine Gelegenheit haben, den Sommer auf dem Land zu verbringen, ein Anschauungsobjekt für Gottes Handwerk zu geben, das ihnen billig bietet, wofür Betuchtere teures Geld [...] zahlen.»

Als Schüler von Andrew Jackson Downing ließ sich Olmsted bereitwillig von der Idee eines öffentlichen Parks begeistern, zumal er beeindruckt war von Joseph Paxtons Birkenhead Park in Liverpool, den er 1850 besuchte. Sein Plan für den Central Park war der Tradition des englischen Landschaftsparks verpflichtet, die sich bereits in ganz Europa verbreitet hatte, spiegelte jedoch auch Einflüsse eines originär amerikanischen Romantizismus wider. Olmsteds persönliche Vision, beeinflußt durch umfangreiche Lektüre, war ein Gemisch aus Vergils *Georgica* und Gilpins *Observations on the Picturesque*. Sein Entwurf überzeugte die Jury aber auch deshalb, weil er ungemein praktisch war; er sah ein innovatives System von unterirdischen Durchgangsstraßen vor, um den Park selbst verkehrsfrei zu halten, sowie gewölbte Fußgängerunterführungen, ein Netz, das heute noch existiert und den Park ebenso funktional wie angenehm macht. Olmsted und Vaux mußten zwar viele Schwierigkeiten überwinden, konnten ihren Plan jedoch bis 1877 umsetzen (vgl. S. 286–287), und abgesehen von wenigen Einschränkungen hat der Central Park bis heute seine grundlegende Integrität bewahrt.

In der Mitte des Jahrhunderts, zu einer Zeit, als Joseph Paxton in England die Planung öffentlicher Anlagen weitgehend dominierte und Adolphe Alphand mit Hilfe des Gartenkünstlers Barillet-Deschamps gerade die Haussmann-Boulevards in Paris baute, schuf Olmsted im Stadtzentrum eine pastorale Landschaft. Er kämpfte auch an vorderster Front für den Erhalt der Wälder und für die Entwicklung von Nationalparks – dem Yosemite Park in Kalifornien, dem ersten Staatspark, den der Kongreß 1864 gründete, diente er als Berater. Olmsted interessierte sich aber durchaus auch für private Gärten. 1888 gab er den Vanderbilts in Biltmore, North Carolina, den Rat, einen geometrisch-formalen Garten anzulegen, der – ganz nach französischem Vorbild – als architektonische Erweiterung des Hauses konzipiert war. Seine eigene Gartenbaufirma profitierte von der allgemein verbreiteten Vorliebe für einen ländlichen Lebensstil und florierte noch bis weit ins 20. Jahrhundert hinein.

Privatgärten

In der zweiten Hälfte des 19. Jahrhunderts richtete sich das Interesse des amerikanischen Durchschnittsgärtners vor allem auf die frostempfindlichen Pflanzen, die man in Gewächshäusern ziehen konnte. In Stil und Tendenz unterschieden sich die Gärten kaum wesentlich von denen in der Alten Welt, und auch die Verwendung von Sommerblumen, die Teppichbeete und Bandrabatten folgten ähnlichen Gestaltungsmustern wie in Europa – eine unendliche Vielfalt an Pelargonien und Blattpflanzen wie *Iresine*, *Coleus* und *Alternanthera* verwandelte die Gärten während der heißen Sommermonate in ein bezauberndes Farbenmeer. Großer Nachfrage erfreuten sich auch die subtropischen Pflanzen, die man nach dem Vorbild des Pariser Parc Monceau oder des berühmten Battersea Park in London anpflanzte. Nach Auffassung vieler Amerikaner schufen «Gruppen von Blumenrohr, Kaladien, Drachenbäumen, *Tritonia*, *Wigandia* und einzeln gepflanzte Exemplare von Palmen, Bananen, Baumfarnen und ähnlich exotischen Pflanzen auf dem Rasen ein elegantes, bisher nicht gekanntes Flair». Der amerikanische Gartenbuchautor Peter Henderson schlug vor, Löcher in den Rasen zu graben für eine einzelne Rhizinuspflanze sowie für eine Gruppe von 1,80 m hohen Feuersalvien oder für Pflanzen wie *Amaranthus tricolor gigantea*, die genauso hoch wurden und Blätter hatten, die «an Leuchtkraft alles, was wir an Blattwerk kennen, übertreffen: Scharlachrot, Karmesinrot und Gold sind die vorherrschenden Farben.» In den 80er Jahren bedauerte Henderson, daß die Bepflanzung mit Einjährigen im Central Park nicht übernommen wurde, aufgrund von – wie er meinte – «Inkompetenz oder Mangel an gutem Geschmack». Natürlich fanden sich aber auch viele, die diese extravagante Mode kategorisch ablehnten und die die herkömmliche, mit winterharten Stauden bepflanzte Rabatte – so wie sie von Shirley Hibberd und William Robinson in England empfohlen wurde – bevorzugten.

Der Westen

Pioniere, die auf dem amerikanischen Kontinent gen Westen vordrangen, sahen sich in ihren Möglichkeiten der Gartengestaltung zunächst begrenzt, weil sie mit extremeren klimatischen Bedingungen – heißen Sommern und kalten Wintern – zurechtkommen mußten. Mit zunehmendem Wohlstand richtete man sich aber auch im Westen auf ähnlichem Niveau wie im Osten ein.

1859 begann Henry Shaw in St. Louis, Missouri, mit der Anlage eines Gartens, in dem exotische und heimische Pflanzen wuchsen. Die versammelte Pflanzenauswahl war so reichhaltig, daß aus seinem Park schließlich der Botanische Garten von Missouri wurde. Shaw stellte ihn für wissenschaftliche Forschungszwecke zur Verfügung, bestand aber darauf, daß er auch für die Öffentlichkeit zugänglich blieb. Seit Shaw 1819 aus England nach St. Louis gekommen war, hatte er mit dem Verkauf von Besteck aus Sheffield ein Vermögen angehäuft. Bei der Planung seines Gartens wurde er von Sir William Jackson Hooker von den Kew Gardens und von Asa Gray aus Harvard beraten.

Im Fernen Westen, in San Diego, gründeten die Franziskaner 1769 die erste von 21 kalifornischen Missionen, die zum Schutz der spanischen Herrschaftsgebiete in Mexiko errichtet wurden. Zu den landwirtschaftlichen Nutzpflanzen, die die Franziskaner aus der Alten Welt nach Mexiko einführten, gehörten neben verschiedenen Obst- und Gemüsesorten auch Orangen, Zitronen, Feigen und Oliven sowie viele andere Früchte, die ursprünglich aus Spanien kamen. 1793 fand Kapitän George Vancouver «Äpfel, Birnen, Pflaumen, Feigen, Orangen, Trauben, Pfirsiche und Granatäpfel neben Bananen, Kokosnüssen, Zuckerrohr, Indigo und nützlichen Küchenkräutern» in den Missionsgärten von San Buenaventura. Die klimatischen Bedingungen waren nicht einfach: Anhaltende Dürren konnten mit heftigen Regenfällen und Überschwemmungen abwechseln, so daß aufwendige Bewässerungssysteme mit Dämmen und Aquädukten vonnöten waren. So gab es zwar funktionale Hecken aus dem Feigenkaktus (*Opuntia*), eingefriedete *huertas* (Obstgärten) und Weinberge, aber scheinbar keine Blumen und Sträucher, die allein um ihrer Schönheit willen angepflanzt wurden. Die erste Zierpflanze, die erwähnt wird, ist der Peruanische Pfefferbaum (*Schinus molle*), der in Chile entdeckt und 1825 in San Luis Rey aus Samen gezogen wurde. Doch auch ohne den Luxus von Ziergärten waren die kultivierten Oasen beliebte Orte der Erquickung: Hier gab es Schatten, einen ausreichenden Vorrat an Früchten und Wasser sowie Obdach für all jene, die die öden baumlosen Landstriche durchwanderten. Zu ihnen gehörten zum Beispiel Pflanzenforscher wie David Douglas und seine Gefährten. Als die Säkularisierung einsetzte, fanden sich in den Missionsgärten viele bekannte Zierpflanzen, von denen die meisten über Europa gekommen waren: duftender Jasmin, Kapuzinerkresse, *Zantedeschia*, Wunderblumen, Lavendel, Wicken, Madonnenlilien, Stockrosen, Winterlevkojen, Nelken, Skabiosen, Rittersporn, Baldrian, Iris, Narzissen, Klatschmohn und Studentenblumen, aber auch heimische Pflanzen wie *Romneya coulteri*, der kalifornische Kirschbaum (*Prunus ilicifolia*, von dessen englischer Bezeichnung «hollyleaf» Hollywood seinen Namen bekam), der kalifornische Berglorbeer (*Umbellularia californica*) und die Monterey-Zypresse.

Diese Lithographie des Bayern Joseph Prestele zeigt die einjährige tief kardinalrot blühende Kokardenblume *Gaillardia amblyoden* aus Texas. Sie ist der *Chloris Boreali-Americana* von Asa Gray entnommen, die 1846 erschien. Die Wildblumen aus den westlichen Gebieten Amerikas, darunter *Abronia*, *Eschscholzia*, *Clarkia*, Einjähriger Phlox, Kokardenblumen und *Gilia*, wurden in der ersten Hälfte des 19. Jahrhunderts entdeckt. Thomas Bridgeman empfahl in seinem *Florist Guide* bereits 1847, die orangefarbenen und scharlachroten Kokardenblumen als einjährige Pflanzen zu nutzen. 1865 riet der *Catalogue and Floral Guide* von James Vick & Sohn zur flächendeckenden Beetbepflanzung mit Kokardenblumen, damit sie «von Frühsommer bis zum Frost» blühen mögen.

1946, in dem Jahr, als Kalifornien Teil der Vereinigten Staaten wurde, besuchte Edwin Bryant die Missionsstation San Fernando. Er fand zwei «ausgedehnte Gärten, umgeben von hohen Mauern» vor. Hier waren Früchte aus vielen Ländern und Pflanzen aus gemäßigten und tropischen Klimazonen versammelt. Rosen blühten im Januar, Zitronen, Feigen und Oliven hingen an den Bäumen, und auch die blutrote Opuntie – auch Feigenkaktus genannt – sah sehr verlockend aus.

John Custis: Sammler und Gärtner aus Williamsburg

Nichts mehr ist geblieben von dem wichtigsten Privatgarten in Williamsburg, den der wohlhabende John Custis 1714 erwarb und bis zu seinem Tod im Jahr 1749 bestellte. Allein die Korrespondenz, die Custis mit dem englischen Pflanzenkundler Peter Collinson in den Jahren 1734 bis 1746 führte, ist erhalten geblieben; sie ist heute in der Library of Congress einsehbar und dokumentiert seine Ansichten über den

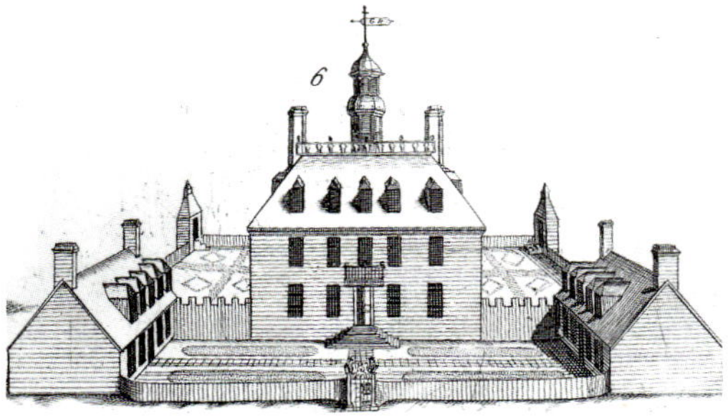

Gartenbau. Custis war für seine Sammlung stets an neuen Pflanzen aus Europa interessiert und bot seinen Briefpartnern im Gegenzug Exemplare der virginischen Flora an. Er beklagte sich über strenge Winter und eine außergewöhnliche Dürre im Jahr 1737, als er «fast überall im Garten für Schatten und Lauben sorgte». Im ersten Jahr seiner Korrespondenz mit Collinson konnte sich Custis eines Gartens rühmen, «mit dem es nur wenige andere, falls überhaupt, in Virginia aufnehmen können [...] er ist mein ganzer Stolz». Es gab keine Garantie, Pflanzen in guter Kondition zu bekommen: «Ich ließ mir 100 Wurzeln von holländischen Zwiebeln von einem Gärtner in Battersy schicken, doch das Schiff kam so spät, daß sich die meisten gespalten hatten; 2 oder 3 kamen durch, die jetzt schöne Blumen sind.» 1726 zerfetzte ein Hund ein langersehntes Paket, Nelken und Aurikeln waren hin, nur ein Teil des Inhalts und die Stachelbeersträucher überlebten. Aus England bezog er Eiben, *Phillyrea* und goldene Stechpalmen, die ihn unversehrt erreichten und in seinen Händen prächtig gediehen, was ihn in der Annahme bestätigte, daß man «jeden Baum transportieren kann, falls man ihn sorgfältig in feuchte Erde einschlägt und behutsam behandelt». 1742 beklagte sich Custis, daß ein strenger Frost die Südseite von einigen seiner zu Figuren beschnittenen Eiben verbrannt habe, die schon seit zwanzig Jahren dort wuchsen.

Linke Seite, rechts: Das William and Mary College, in den 90er Jahren des 17. Jahrhunderts in Williamsburg, der Hauptstadt Virginias, erbaut (später wurde die Hauptstadt nach Richmond verlegt), hatte einen Garten im anglo-niederländischen Stil. Es gab schnurgerade ausgerichtete Alleen mit immergrünen Gewächsen – vermutlich Eiben –, von dem englischen Gärtner James Road angelegt, der von George London, dem Hofgärtner Wilhelms III., nach Amerika geschickt worden war.

Linke Seite, links: Eine Abbildung aus Mark Catesbys *Natural History of Carolina* vom Trompetenbaum *(Catalpa bignonioides)*. Noch heute – wie vermutlich schon zu Zeiten von John Custis – säumt in Williamsburg eine Allee aus Trompetenbäumen den Weg zum Gouverneurspalast. Samen dieses einheimischen amerikanischen Baums brachte Catesby nach Williamsburg. Jener beriet auch Siedler wie William Byrd in Westover und Gouverneur Nicholson, bevor er 1720 nach England zurückkehrte und zum Gebrauch amerikanischer Bäume und Gehölze anregte.

Rechts: Mark Catesby erwähnte John Custis' Garten, weil er dort drei rosablühende einheimische Hartriegel (*Cornus florida*), die viel seltener sind als die weißblühende Art, gepflanzt hatte. «In Virginia fand ich einen der Hartriegelbäume mit rosenfarbenen Blüten, und viele der Zweige hatten Wurzeln geschlagen, und ich verpflanzte sie.» Neben all den importierten Pflanzen, die Custis in seiner Korrespondenz mit Collinson erwähnt, wuchsen in seinem Garten aber auch viele einheimische Bäume: Schwarze Walnuß, Kokosnuß, Gleditschie, *Pinus virginiana,* Roßkastanie, Zuckerahorn, Weihrauchkiefer, Schneeball und Fieberbaum. Die Abbildung aus dem 18. Jahrhundert stammt von Johannes Kerner.

John Bartram und sein Sohn William

Als John Bartram auf seinem heimatlichen Grundstück am Schuylkill River, ein paar Kilometer von Philadelphia entfernt, einen 2,4 ha großen Garten anlegte, um eine der ersten Pflanzensammlungen in Amerika zu begründen – die er später zu einem noch viel größeren Arboretum mit Gärtnerei erweiterte –, verwendete er Pflanzen und Samen, die er aus der Alten Welt erhalten oder in der freien Natur gesammelt hatte. Gefüllte Sorten und Zuchttulpen, Hyazinthen, Schneeglöckchen und Narzissen waren willkommene Geschenke. Darüber hinaus gediehen unter seiner Obhut: Kreuzdorn, Engelwurz, Maiglöckchen, Iris, Akelei, Schlüsselblume, Safran, Eibisch und Veilchen. Pflanzen, die er auf seinen Reisen entdeckte, nutzte er als «Mutterpflanzen» für seine englischen und kontinentaleuropäischen Handelspartner. Jeden Herbst sammelte er in seinem eigenen Garten die Samen amerikanischer Pflanzen, die er für die Verschiffung nach Übersee in Kisten zu je fünf Guineen verpackte.

1734 schickte Collinson an Bartram hartschalige Mandeln aus dem eigenen Garten, später gefolgt von weichschaligen aus Portugal, Stecklingen von Weinreben und dem «großen neapolitanischen Mispelstrauch» (*Mespilus germanica*), wie er ihn nannte. Bald schickte er «spanische Nüsse», einen «Libanonzapfen»

Ein Aquarell aus William Bartrams Fothergill-Album *American Wild Flowers* von der weißblühenden *Franklinia alatamaha*. John und William entdeckten sie 1765 in Georgia, als sie unterwegs nach Florida waren. William kehrte im Januar 1777 dorthin zurück, um den Samen dieses seltenen und «kuriosen Baumes» zu sammeln. Die Anzucht gelang ihm, aber ihre weißen Blüten entfaltete das aus den Samen gezogene Exemplar erstmals vier Jahre nach seinem Tod. William Bartram (1739–1823) ist vor allem für seine Illustrationen von Pflanzen, Vögeln und Muscheln bekannt, die er im Auftrag von Dr. John Fothergill und der Herzogin anfertigte, er verdient jedoch auch Anerkennung für seine Reiseberichte: *Travels, through North and South Carolina, Georgia, East and West Florida* (1791).

und Samen der «China-Aster» (*Callistephus chinensis*). Letztere beschrieb er als die edelste und schönste Pflanze, die man von jener Gattung je erblickt habe. «Sie wurde von den Jesuiten aus China nach Frankreich geschickt; von dort an uns; sie ist einjährig.» Binnen einer Woche schickte er «69 Arten kurioser Samen». Bartram bezog jedoch auch aus anderen Quellen Pflanzen: 1739 erreichte ihn das indische Blumenrohr (*Canna indica*) – eines der wenigen westindischen Gewächse, das die Verpflanzung aus den Tropen verkraftete und bei Bartram eine Höhe von 1,20 m erreichte und eine schöne scharlachrote Blüte hervorbrachte. 1760 besuchte Bartram die Gärtnerei von Martha Logan in Charleston, die ihm später einen Seidenbeutel mit dem Samen der Apfelbeere (*Aronia arbutifolia*) schickte. Er muß seinen Besuch genossen haben, denn er schrieb: «O Carolina, Carolina – eine entzückende Gegend für eine wißbegierige Pflanzenkundlerin!»

Oben links: 1758 fertigte Bartram, der seit über 20 Jahren mit Collinson korrespondierte, eine Skizze des Gartenbereichs an, der sich unmittelbar an das Haus anschloß, und legte sie einem Brief an Collinson bei. Ganz oben ist das zweistöckige Steinhaus zu sehen, das er 1730 eigenhändig erbaute; links geht eine Tür von seinem Arbeitszimmer auf einen Weg hinaus, der von Bäumen gesäumt wird und zum 400 m weit entfernten Fluß führt. Unmittelbar neben dem Weg und hinter dem Haus lag der umzäunte «gewöhnliche» Blumengarten, während links ein «neuer Blumengarten, 25 m lang und 10 m breit», für Pflanzen aus England vorgesehen war – ein zarter Wink an Collinson. Ein kleiner Schuppen im hinteren Teil war Bartrams «Samenhaus». Bartrams eigentliche Baum- und Gehölzsammlung wuchs auf einem anderen 80–120 ha großen Areal.

Viele von Bartrams Pflanzen, die in Collinsons Garten in England blühten, dienten Mark Catesby als Modell für die Illustration des zweiten Bandes seines großen Werks *Natural History of Carolina, Georgia, Florida and the Bahama Isles* (1729–1747). Dazu gehörte auch der Berglorbeer (*Kalmia latifolia*) (*oben*), den man schon früher in England kannte, der sich aber dort nicht akklimatisieren ließ, bis Bartram ihn aus dem klimatisch ähnlicheren Pennsylvania schickte.

André Michaux

André Michaux hatte 1785 in Amerika eine doppelte Mission zu erfüllen: Er sollte nicht nur nach geeigneten Waldbäumen für eine Aufforstung in Frankreich Ausschau halten, sondern auch Nutz- und Zierpflanzen aus der Alten Welt in die Neue bringen. Von Bartrams Garten in Philadelphia fuhr er am 19. Juni 1786 weiter zu George Washington nach Mount Vernon, wo er erstmals eine Plantage sah. Zu seinen Geschenken aus Europa gehörten 20 *Paliurus spina-christi*, der Christdorn, von dem Washington meinte, er sei «sehr gut geeignet für Hecken und Einfriedungen von Feldern», sowie 46 Stück Pistazie (*Pistacia terebinthus*) mit aromatischen Blättern, Samen von Säulenzypressen, 75 an der Zahl, und vier vom Kreuzdorn – eine immergrüne Art *(Rhamnus alaterna* aus dem Mittelmeerraum) –, von denen je einer auf jeder Seite des Gartentors gepflanzt wurde.

Manche der von ihm eingeführten Pflanzen sind mittlerweile wichtige Straßen- und Gartenbäume geworden, zum Beispiel *Lagerstroemia indica,* der Lorbeerbaum (*Laurus nobilis*) oder *Albizia julibrissin* – eine Pflanze, die Michaux aus Persien mitgebracht hatte und die bereits 1806 bei Jefferson auf Monticello wuchs, ebenso wie Granatapfelbäume, *Lindera obtusiloba*, *Akebia quinata* und der «Teebaum» (*Camellia sinensis*). Michaux brachte vermutlich als erster die Kamelie (*Camellia japonica*) und die *Azalea indica «Rhododendron luteum»* in die Südstaaten. Unter den anderen Pflanzen, deren Einführung ihm zugeschrieben wird, sind der Ginkgobaum (*Ginkgo biloba*), oft als Alleebaum genutzt, der erst 1727 nach Europa kam, der Talgbaum aus China (*Sapium sebiferum*), akklimatisiert im Tiefland des Südostens und dort auch unter dem Namen Popcorn-Baum bekannt, wegen seiner weißen Samen, die in Büscheln an den Zweigen haften, sowie der Zedrachbaum, *Melia azedarach* – obwohl wir wissen, daß Bartram diesen Samen schon besaß. Die ältesten Kamelien in Middleton Place sollen ein Geschenk von ihm an die Familie Drayton gewesen sein. Manche seiner Pflanzen sind in geeigneten Klimagebieten inzwischen verwildert.

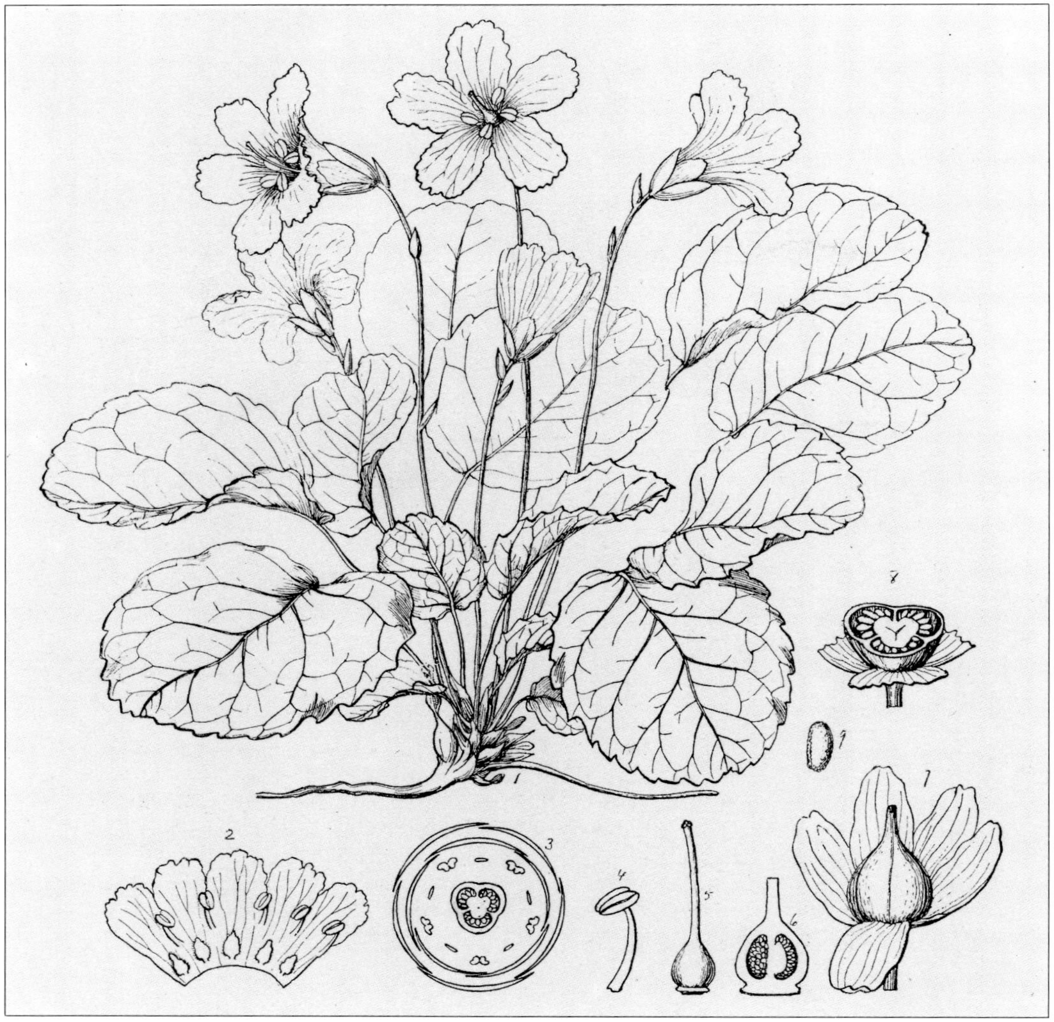

Eine der Entdeckungen von André Michaux hätte man beinahe übersehen: die begehrenswerte *Shortia galactifolia* (*links*) aus dem Quellgebiet des Savannah River. Sie landete als getrocknetes Exemplar im Pariser Herbarium, wo sie Asa Gray 1839 entdeckte. Zunächst war die Pflanze trotz der genauen Ortsbeschreibung im Tagebuch von Michaux nicht auffindbar. Durch Zufall fand man sie 1877 und nach systematischer Suche schließlich auch im Jahr 1886 – fast ein Jahrhundert nach der Erstentdeckung durch Michaux. Heute gedeiht sie in vielen Gärten, kommt wildwachsend allerdings nur selten vor. Die Zeichnung stammt von Charles E. Foxon.

Oben: Die seltene *Pinckneya pubens* – benannt nach Charles Pinckney, einem verdienten Staatsmann und General der amerikanischen Revolution – wurde von Pierre Joseph Redouté als Illustration für die *Flora Boreali-Americana* gemalt. Sie wuchs im Garten von Michaux in Charleston. Sein Sohn schickte 1801 Samen davon an André Thouin in Paris. Die *Pinckneya*, aus deren bitterer Rinde ein Fiebermittel gewonnen wird, läßt sich schwer kultivieren. Sie gedeiht nur in den schattigen sumpfigen Niederungen der Südstaaten.

André Michaux entdeckte und dokumentierte eine große Anzahl heimischer amerikanischer Pflanzen, von denen viele sehr selten waren und nur in bestimmten Gebieten wuchsen. Er führte sie bei amerikanischen Gärtnern ein. Seine Monographie über Eichen, *Histoire des Chênes de l'Amérique* (1801), und die *Flora Boreali-Americana* (1803), das erste Buch über die Flora des nordamerikanischen Kontinents und posthum von seinem Sohn veröffentlicht, wurden beide von Pierre Joseph Redouté illustriert. In beiden Büchern kommen nur Arten vor, die der Autor selbst gesehen oder gesammelt hatte. Die Abbildung (*rechts*) zeigt *Quercus pinus*, die Gerbereiche.

Mount Vernon

George Washington (1732–1799) plante seinen Garten in Mount Vernon selbst. 200 ha seines 3200 ha großen Grundstücks gestaltete er mit backsteinummauerten Blumengärten, die östlich des Wohnhauses lagen, während sich im Westen spiegelbildlich eine Terrasse und eine für den Küchengarten reservierte Fläche erstreckten. Bei der Rekonstruktion der Anlage bezog man Washingtons eigene Pflanzaufzeichnungen mit ein.

1786 ritt er sein eigenes Waldgelände ab und suchte die Bäume aus, die er in seine Pläne für Wege, Haine und die sogenannte Wildnis integrieren wollte. Dabei fand er einige junge Holzapfelbäume und junge Kiefern, eine Reihe sehr schöner junger Pappeln, Robinien, Fieberbäume und Hartriegel, einige Ahornbäume auf einer Erhebung und 2 oder 3 Sträucher (in nassem Boden), die er für den virginischen Schneeflockenstrauch (*Chionanthus virginicus*) hielt. Bis zum Februar pflanzte er in der «Wildnis» mehrere Kiefern, 12 Trompetenbäume, Holzapfelbäume und 2 Magnolien. Es folgten 20 Kiefern (*Pinus virginiana*), 4 Linden (New Yorker Exemplare), Eschen von Samuel Jankins, 4 Roßkastanien von Colonel Lee aus Stratford, 3 Fichten und 2 Hemlocktannen von General Lincoln, Stechpalme, Ahorn, Maulbeere, der Tupelobaum (*Nyssa sylvatica*), der Tulpenbaum (*Liriodendron tulipifera*), Esche und Ulme aus örtlichen Quellen.

Er war glücklich, die große Magnolie (die immergrüne *Magnolia grandiflora)* aus South Carolina sein eigen nennen zu können – im April 1786 pflanzte er 46 Stück dieser Spezies, die ihm sein Neffe in einer Kiste gebracht hatte, und alle Exemplare gediehen prächtig. Im Frühling des Jahres 1792 erhielt er Pflanzen, darunter die heimische *Rosa palustris,* aus Bartrams Gewächshaus, aber viele gingen ein und mußten im November ersetzt werden. Er besaß auch nicht näher bezeichnete Raritäten von William Hamilton in Woodlands. Von seiner Pflanzung sind allerdings kaum Spuren erhalten geblieben.

Oben: The View of Mount Vernon Looking to the North (Der Blick von Mount Vernon nach Norden*)* von Benjamin Henry Latrobe (1796). Latrobe beschrieb George Washingtons Verbindung von Kunst und Natur folgendermaßen: «Läßt man den Blick vom Herrenhaus gen Osten schweifen, so bietet sich die unbegrenzte Schönheit der Natur, die durch die Kunst der Gestaltung nicht etwa beeinträchtigt, sondern bestens zur Geltung gebracht wird.» Im Anschluß an das Säulenportal dehnt sich zu beiden Seiten der Fassade eine Rasenfläche aus, die sich, von einem Hain aus Robinien begrenzt, bis zum Flußufer des Potomac hinunterzieht. Die steil abfallende Böschung ist mit Bäumen und dichtem Strauchwerk bewachsen – alles so niedrig gehalten, daß die Bepflanzung die Sicht nicht behindert, sondern lediglich einen malerischen Rahmen für das Panorama in der Ferne bildet.

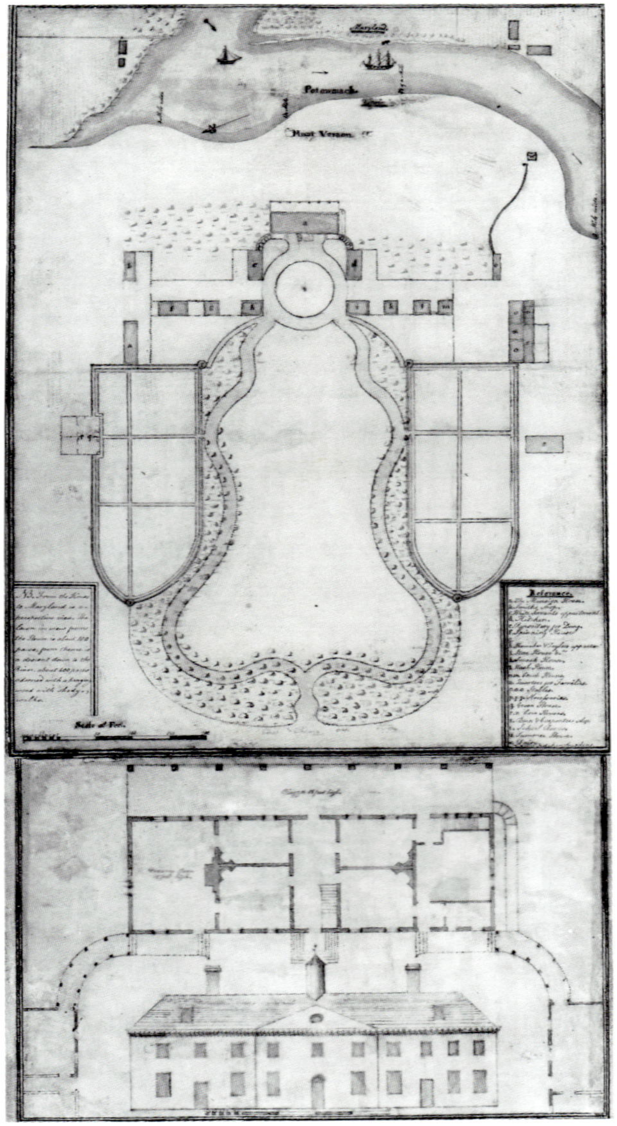

Die Pläne, die Samuel Vaughan 1787 für die Gärten von Mount Vernon (*obere Hälfte*) entworfen hat, zeigen die strenge Regelmäßigkeit von Washingtons Anlage. Allenfalls in den Serpentinenwegen, die sich durch das Buschwerk schlängeln, offenbart sich – noch kaum wahrnehmbar – der Einfluß des neuen, naturalistischeren Stils. Nachdem Washington nördlich und südlich des Hauses Haine gepflanzt hatte, umgab er den Blumen- und Küchengarten mit Mauern. Auf seinem letzten Besuch 1796 äußerte sich Benjamin Latrobe mit bissigem Spott über das altmodische buchsumrandete Parterre im Blumengarten: «Zum ersten Mal seit ich Deutschland verließ, sah ich hier ein Parterre, fein säuberlich in die Form einer blühenden Lilie gestutzt: hoffentlich das letzte Röcheln der Pedanterie unserer Großväter.»

Die Einführung neuer Pflanzen wurde selten mit so großer Spannung erwartet wie im Fall der Augusta-Rose (*oben*). Sie wurde an einem Januartag des Jahres 1844 von Besuchern aus Ohio in den Gärten von Mount Vernon entdeckt. Matthews, ein Rosenfreund, nahm einen Schößling und benannte ihn nach seiner Frau. Die Rose entwickelte sich prächtig, erreichte innerhalb von zwei Sommern eine Höhe von 5–5,5 m und brachte große, gefüllte und duftende Blüten von hellem reinen Gelb hervor. Die unsignierte Lithographie von 1859 stammt von dem bayrischen Künstler Joseph Prestele, der 1843 nach Amerika auswanderte – vermutlich war sie für einen Gärtnereikatalog der damaligen Zeit bestimmt.

Jeffersons Blumengarten in Monticello

Thomas Jeffersons *Garden Book* ist nicht nur ein Gartentagebuch, sondern es enthält auch viele andere private Aufzeichnungen. Er führte es – mit wenigen Unterbrechungen – von 1766 (bevor er nach Monticello zog) bis 1824, zwei Jahre vor seinem Tod. Jeffersons kreatives Genie war so überwältigend, daß man den Garten schon fast aus seinen Briefen hätte rekonstruieren können; der Garden Club of Virginia konnte dank seiner Tagebucheinträge eine außerordentlich authentische Rekonstruktion erstellen.

1807, als Jefferson seinen Rückzug aus dem öffentlichen Leben plante, zeichnete er einen Entwurf für zwanzig ovale Blumenbeete an vier Ecken des Hauses und außerdem für zwanglos gestaltete Beete, die zu beiden Seiten des großen «Kiesrundwegs» lagen, die sich südwestlich des Hauses zu einem Oval bogen. Möglich, daß ihm dabei die Anlage eines Blumengartens vorschwebte, die er 1786 auf Philip Southcotes Wooburn Farm in England gesehen hatte.

Am 26. Mai 1811 schrieb Jefferson an seine Enkelin Anne Randolph Bankhead: «Die Blumen kommen hervor wie die Schönen des Tages, halten kurze Zeit Hof in Schönheit und Pracht und ziehen sich dann wie diese zurück, um sich dem interessanteren Amt, ihresgleichen zu reproduzieren, zuzuwenden. Die Hyazinthen und Tulpen haben die Bühne betreten, die Schwertlilien weichen den Belladonnen, wie jene wiederum den Tuberosen Platz machen werden.» Noch heute ist die Bepflanzung, für die keine präzisen «Anweisungen» überliefert sind, die jedoch alle von Jefferson erwähnten Pflanzen enthält, noch genauso aufregend, wie sie es damals für ihn gewesen sein muß. Sein Gewächshaus, die verglaste Piazza am südöstlichen Ende des Hauses, enthält seine Lieblingspflanzen: *Acacia farnesiana*, *Albizia julibrissin,* Orangenbäume und einen Limettenbaum.

Ein Gemälde von Jane Bradick – fertiggestellt 1826, in Jeffersons Todesjahr – zeigt die Westseite von Monticello mit Blumenbeeten auf der Rasenfläche. Für Jefferson, den Architekten, Philosophen und Staatsmann, war die Arbeit im Garten ein stetes Vergnügen. 1811 schrieb er: «Keine Beschäftigung gereicht mir so zur Freude wie das Beackern der Erde, keine Kultur ist der des Gartens vergleichbar [...] Zwar bin ich ein alter Mann, doch noch ein junger Gärtner.»

Eine neuere Fotografie des «Rundwegs» und der zwanglos gestalteten Beete an der Südwestseite des Hauses. Ohne begehrte einheimische Pflanzen aus dem amerikanischen Osten wie *Aquilegia canadensis*, den Frauenschuh (*Cypripedium acaule*), Zwillingsblatt (*Jeffersonia diphylla*, nach ihm benannt), *Mertensia virginiana*, die Zephirblume (*Zephyranthes atamasco*, 1812 von M'Mahon geschickt) und die Kardinalsblume zu vernachlässigen, die schon zu Beginn der Kolonialzeit kultiviert wurden, sammelte Jefferson auch seltene, ungewöhnliche und exotische Pflanzen. Gegen Ende seines Lebens kultivierte er vermutlich alle damals erhältlichen ein- und mehrjährigen Pflanzen, die in Monticello gediehen. Frühlingsblüher wie Krokus, Tulpe, Kaiserkrone, die «neue gelbe Lilie aus Kolumbien» (*Fritillaria pudica*), Narzisse und Anemone blühten in seinen Beeten. Zu den Sommerblühenden zählten Leopardenblumen, Kornblumen, Diptam, Chinesische Nelken, Schwertlilien, Winterwicken (deren Samen er 1811 von Thouin aus Paris bekam), Lavatera, Lilien, *Lobelia cardinalis,* Lichtnelke und das Seifenkraut (*Saponaria officinalis).* Im Sommer gesellten sich frostempfindliche Einjährige und Zwiebelpflanzen dazu: Texaslupine (*Lupinus subcarnosus* aus der Lewis-und-Clark-Expedition), Hahnenkamm, Amarant und Kugelamarant, Tuberose (*Polianthes tuberosa*), Wunderblume, Heliotrop und Reseda und auf einem ovalen Beet im Südwestwinkel die lebhaften scharlachroten Blüten der Jakobslilie (*Sprekelia formosissima* – M'Mahon hatte 1807 sechs Zwiebeln geschickt).

Frühe Pflanzenzuchtbetriebe und Botanische Gärten

Die amerikanische Gartenkunst entwickelte sich nicht nur durch den Pflanzenaustausch mit europäischen Gärtnern und die allmähliche Integration heimischer Pflanzen. Bedeutsam war auch die Einrichtung sogenannter Botanischer Gärten, die die Gelegenheit boten, etwas über exotische und einheimische amerikanische Pflanzen zu lernen. Der Elgin Botanic Garden – 1801 in New York ungefähr dort gegründet, wo heute das Rockefeller Center steht – hatte seine Pflanzen nach der Systematik von Linné wissenschaftlich geordnet. Der Garten mit einem Gewächshaus war umgeben von einem Gürtel aus Waldbäumen und Sträuchern und einer 2,10 m hohen und 75 cm dicken Steinmauer.

André Parmentier, der 1824 aus Belgien nach New York kam und seinen «Botanischen Garten» in Brooklyn gründete, entstammte einer Familie von Gartengestaltern: Einer seiner Brüder war Gärtner im belgischen Enghien (das 1817 von der schottischen Horticultural

Oben: Der entscheidende Impuls für den Elgin Botanic Garden in New York ging 1801 von Dr. David Hosack aus. Der Professor der Botanik und Materia Medica am Columbia College erwarb auf eigene Kosten 8 ha Land und legte einen Botanischen Garten an, in dem er vorwiegend heimische Gewächse, insbesondere Arzneipflanzen, züchten wollte. Von 1807 bis 1810 übernahm Frederick Pursh die Verantwortung für Hosacks 2000 Arten, zu denen schließlich auch viele Exotika gehörten.

Unten: David Landreth gründete 1784 in Philadelphia ein Samenhaus. Sein Sohn David (1802–1880) eröffnete eine Filiale der Samenhandlung in Charleston und begann in den 20er Jahren des 19. Jahrhunderts unter dem Namen Landreth Nurseries mit der Zucht von Rosen, Kamelien, Rhododendren, Azaleen und Magnolien. Darüber hinaus vertrieb er den hochgeschätzten Osagedorn (*Maclura pomifera*), der vor allem im Mittelwesten für Heckenpflanzungen sehr beliebt war. Die Illustration stammt aus Lamberts *Genus Pinus* (1828); der Anhang zur zweiten Auflage enthielt außer Koniferen auch andere Pflanzen.

Society besichtigt wurde), wo es fast so viele Exotika wie in Kew Gardens oder im Gartenbaubetrieb von Loddiges in Hackney gab, während ein anderer in Frankreich Rosen züchtete. Bei Parmentiers Ankunft in Amerika hatte David Hosack ihn gedrängt, den florierenden Elgin Botanic Garden zu übernehmen. Statt dessen kaufte Parmentier Land und begann auf einem gut 9 ha großen Gelände Obst, Wein und etwa 400 Arten von Zierbäumen und -sträuchern anzubauen, darunter die Blutbuche (*Fagus sylvatica atropurpurea*) sowie 200 Rosen- und viele Blumensorten für Freiland und Gewächshäuser. Sein Garten wurde berühmt für seinen Aussichtsturm, von dem man einen Ausblick auf das Umland hatte. Später übernahm Andrew Jackson Downing diese Idee für seine Pläne. Parmentier, der 1830 starb, bevorzugte den «naturnahen» Gartenstil und hatte großen Einfluß auf Downing – den ersten bedeutenden Landschaftsarchitekten Amerikas.

Die in Amerika heimische Akelei, *Aquilegia canadensis*, mit ihren spektakulären roten Blüten und gelbem Sporn ist eine der schönsten Wildblumen in Nordostamerika. Sie kam ursprünglich durch John Tradescant d.Ä. und die Virginia Company nach England, wahrscheinlich 1637. Die meisten Pflanzen mit Varietäten, die den Beinamen *canadensis* tragen, wurden im 16. oder 17. Jahrhundert von französischen Missionaren oder Forschern entdeckt.

Olmsted und die Bepflanzung im Central Park

Der erste Baum wurde im Oktober 1858 als symbolische Geste gepflanzt. Gleichzeitig wurden Baumschulen für 25 000 Bäume auf dem Parkgelände gepflanzt, mit Sämlingen aus örtlichen Betrieben und einigen aus Schottland. Allein 1862 wurden 74 730 Bäume und Sträucher gepflanzt, bis 1873 hatte sich die Zahl auf vier bis fünf Millionen Bäume, Sträucher und Reben vermehrt, davon 402 verschiedene Spezies von Laubbäumen und -sträuchern, 149 breitblättrige immergrüne Pflanzen auf freiem Feld, 81 verschiedene Koniferenarten und 815 winterharte alpine Pflanzen. Die Pflanzungen unterstanden der Leitung von Ignaz Anton Pilat (1820–1870), einem Österreicher aus den Kaiserlichen Botanischen Gärten von Schönbrunn in Wien.

1870 legten Olmsted und Vaux aus Protest gegen die städtische Politik ihre Ämter nieder, aber schon 1871 übernahmen sie erneut die Leitung und stellten verärgert fest, daß die Bäume schon im zweiten Jahr zu «Pfosten» gestutzt worden waren und «kein Buschwerk oder Unterholz Wertschätzung erfuhr, es sei denn, man könnte es innerhalb einer sauber umgegrabenen Umrandung sehen». 1875 schickte Olmsted dem Superintendenten, Mr. Fischer, eine Kopie von William Robinsons *The Wild Garden* und erklärte, daß Robinson die Auffassungen vertrete, die seinen eigenen Vorstellungen für die Gestaltung des Ramble und des Winter-Drive-Bezirks entsprächen. «Es kann keinen besseren Ort als den Ramble für die vollkommene Verwirklichung des Naturgartens geben, und ich will ihn so vollständig und so rasch wie möglich aufstocken.» In jenen Teilen des Parks, an denen aufgrund von zuviel Schatten oder Steinen eine schöne dichte Grasnarbe an Trokkenheit eingegangen oder nur schwer zu mähen gewesen wäre, empfahl Olmsted ein Dickicht aus niedrigen Bergsträuchern wie Ginster oder Heidekraut oder rankenden Bodendeckern und krautigen Pflanzen wie Astern, Enzian, Lobelien, Leberblümchen, Kamille, Gänsefingerkraut, Eisenkraut, Aronstab, *Epigaea*, Salomonssiegel, Goldrute, Weiderich, Bärlapp, Winde und Immergrün.

Linke Seite: Südseitenansicht vom Central Park in New York aus der Vogelperspektive von John Bachmann (1863). Bereits 1859 säumten Viererreihen von Ulmen die zentrale Promenade. Bei der Auswahl von Pflanzen griff man bevorzugt auf amerikanische Bäume und Sträucher zurück. Die meisten immergrünen Arten wie Kiefer, Fichte, Hemlocktanne, Libanonzeder und Wacholder wurden am «West Drive»– dem sogenannten Winter-Bezirk – nördlich der 77. Straße angesiedelt.

Rechts: Ansicht der Bow Bridge, der Insel und des Ramble aus dem *Valentines Manual* (1861). Olmsted sorgte sich um eine freie Aussicht aus der Mitte des Ramble, zwischen der Terrasse und dem Vista Rock, und empfahl deshalb eine Bepflanzung mit immergrünen Sträuchern, Farnen, Moosen, Efeu, Immergrün, Steingartenpflanzen und gängigen Blumenzwiebeln (Schneeglöckchen, Hundszahn, Krokus usw.), die den Eindruck einer natürlichen Wildnis erwecken sollten. Fichte, Thuja und Koniferen mit langen Seitenzweigen ließ er entfernen, Eiben und Scheinzypressen ersetzte er durch Gehölze wie Berberitze (*Berberis*), Stechpalme (*Ilex verticillata*), Lorbeerrose (*Kalmia)*, *Pieris*, Mahonie, Buchsbaum und Feuerdorn (Pyracantha).

Das Foto zeigt Frederick Law Olmsted (*ganz links*) und neben ihm Calvert Vaux auf der Willowdell Bridge, östlich der Mall. Olmsteds Anweisungen an Mr. Demcker, der 1871 die Ausführungen der Arbeiten überwachte, vermitteln eine Vorstellung von seinen Pflanz- und Baumschnittmaßnahmen. Generell sollten Bäume einzeln oder in kleinen und lockeren Gruppen die North Meadows, The Green und den Playground säumen, sofern es große Steine nicht verhinderten. Sie sollten niedrige Kronen haben – immerhin aber so hoch, daß Schafe darunter grasen konnten. Die Stämme der Eichen sollten bis zu einer Höhe von 2 m von Seitentrieben freigeschnitten werden, während die amerikanische Ulme auch im unteren Bereich Zweige haben durfte. Wo Bäume in regelmäßigen Abständen am Straßenrand standen, sollten sie versetzt werden. Auf den Durchgangsstraßen sollten die Heckenpflanzen reduziert und beschnitten werden.

Zehntes Kapitel

Das 20. Jahrhundert: Naturschutz im Garten

Kurz bevor Ernest Wilson sich im Jahr 1899 auf den Weg nach China machte, um die begehrte, aber seltene *Davidia*, den Taubenbaum, zu finden, erhielt er von dem Baumschulinhaber James Veitch präzise Anweisungen. Veitch war der Ansicht, daß die «besten» Pflanzen in den wilden Gebirgsregionen schon alle entdeckt worden seien und daß Wilson weder Zeit noch Geld darauf verwenden sollte, nach neuen zu suchen – eine krasse Fehleinschätzung, wie sich bald herausstellen sollte. Viele der Pflanzen, die Wilson – Sohn eines einfachen Bahnwärters aus Gloucestershire – schließlich fand, sind heute aus den Gärten des Abendlandes nicht mehr wegzudenken (vgl. S. 302–303); und er selbst zählt zu den bedeutendsten Pflanzenentdeckern. Zeit seines Lebens, das tragisch endete, als er 1930 mit seiner Frau bei einem Autounfall umkam, ermunterte Wilson die Amateurgärtner, mit seinen und anderen neuen Pflanzenentdeckungen zu experimentieren, und die Züchter hielt er an, die vielversprechenden Pflanzen in ihren Gärtnereien auch zu kultivieren. Auch wenn sich Veitch im Hinblick auf die noch zu entdeckende Pflanzenvielfalt geirrt haben mag – seine Einschätzung, daß mit Raritäten keine großen Gewinne mehr zu erzielen waren, erwies sich als richtig. Zwar wurden die neu eingeführten asiatischen Pflanzen mit großer Begeisterung aufgenommen und schnell in die europäischen Ziergärten integriert, aber sie wurden nicht zum Auslöser für weitreichende Stilveränderungen oder ökonomisch bedeutungsvolle Gartenmoden. Fast unmerklich verschob sich der Schwerpunkt von der Pflanzenentdeckung auf die Pflanzenzucht.

1957 begann Prinzessin Sturdza in Le Vaterival bei Dieppe in der Normandie mit der Anlage eines Waldgartens. Aus allen Teilen der Welt wählte sie Spezies aus, die sich in diesem günstigen Seeklima als winterhart erwiesen. Mit großem Geschick gestaltete sie eine naturalistische Gartenlandschaft mit einer Vielzahl von Inselbeeten, die sich durch eine dreifach gestaltete Bepflanzung (Bäume, Sträucher und Stauden) auszeichneten und hangabwärts ganze Täler überzogen. Auf dem Foto sieht man Rhododendren, die mit Glockenblumen und *Tiarella cordifolia* unterpflanzt sind.

Obwohl die Geheimnisse von Chromosomen und Genen bis zur Mitte des Jahrhunderts noch nicht gelüftet waren, konnte man die Nachfrage nach neuen Pflanzen weitestgehend durch Züchtungserfolge befriedigen.

Die zunehmende Konzentration auf die Pflanzenzucht wurde vor allem dadurch begünstigt, daß die Folgen einer allzu leidenschaftlichen Sammelwut allmählich sichtbar wurden: Viele Pflanzen waren an ihren natürlichen Standorten ausgestorben, während verwilderte Exoten ganze Biotope schädigten. Allmählich entwickelte sich ein Bewußtsein dafür, daß der Mensch die Natur bedroht und nicht die Natur den Menschen. Die Gärtner des 20. Jahrhunderts errichten ihre Zier- und Nutzgärten nicht länger als Bollwerk gegen eine feindliche Natur, sondern sie schaffen Refugien in einer zunehmend lebensfeindlichen Umwelt. Die Notwendigkeit von Artenschutz wurde erst in jüngster Zeit erkannt. Selbst Sir Joseph Hooker hatte in seinen Mitte des 19. Jahrhunderts verfaßten *Himalayan Journals* keine Bedenken, die riesige Sammlung von atemberaubenden blauen Orchideen (*Vanda coerulea*) für kommerzielle Zwecke zu empfehlen. In den meisten westlichen Ländern gibt es keine Landschaften mehr, deren Vegetation man als «natürlich» im Sinne von ursprünglich bezeichnen könnte – insbesondere im Umfeld von Städten und Ballungszentren haben ganze Landstriche ihren Charakter durch die Einführung ausländischer Bäume und Blumen verändert. Gegen Ende des vorigen Jahrhunderts entstand in den Vereinigten Staaten eine Bewegung, die dafür eintrat, in Gärten überwiegend einheimische Pflanzen zu verwenden. Später schlossen sich Landschafts- und Naturschützer dieser Argumentation an. Die Ideen dieser Bewegung haben den Gartenbau im ausgehenden zwanzigsten Jahrhundert nachhaltig beeinflußt.

Pflanzen aus Asien

Die ersten Pflanzensammler, die in den Fernen Osten aufbrachen, waren Philipp von Siebold, Robert Fortune und Sir Joseph Hooker. Bis zum Ende des 19. Jahrhunderts waren die asiatischen Regionen für Pflanzensammler sehr leicht zugänglich. Innerhalb von zwanzig Jahren hatte Wilson – neben *Davidia* – Königslilien, Buddlejen und frostempfindliche *Jasminum primulinum* eingeführt. Alle diese Pflanzen werden heutzutage in Massen für amerikanische und britische Gärten gezüchtet. Seine frühen Funde gingen zuerst den Engländern zu, nach 1905 dann dem Arnold Arboretum bei Boston unter der Leitung des großen Charles Sprague Sargent. 1926 brachte Frank Kingdon Ward schließlich den nur vereinzelt vorkommenden blauen Scheinmohn (*Meconopsis betonicifolia*) mit. Er war darüber so aufgeregt wie der französische Missionar Abbé Delavay 1886 beim ersten Anblick dieser Blumen. Obwohl er sich nicht leicht ziehen läßt, braucht man seinetwegen nicht an den Fuß des Himalajagebirges zu reisen. Der erste Himalajamohn war nämlich schon früher eingetroffen; *Meconopsis simplicifolia* gedieh bereits seit 1848 in England und bildete somit eine generische Brücke zu dem noch vor Beginn der Eiszeit vorhandenen kleinen walisischen *M. cambrica*, einer robusten, in Großbritannien beheimateten Pflanze. 1910 entdeckte Reginald Farrer den duftenden winterblühenden Schneeball (*Viburnum farreri* – jetzt abgelöst in der Beliebtheit durch die Hybride *V. x bodnantense*, 1935 in Wales gezüchtet).

Viele der asiatischen Pflanzen erwiesen sich als besonders anpassungsfähig an die Bedingungen in Großbritannien, und gerade weil sie noch aus der Vor-Eiszeit stammten, zeigten sie eine natürliche Affinität zu vielen Pflanzenarten an der Ostküste Amerikas. Oftmals war es da schwieriger, amerikanische Bäume und Sträucher, besonders aus dem Südosten, die im 17. und 18. Jahrhundert sehr begehrt waren, an das englische Klima zu gewöhnen: Kältere Sommer hinderten das Holz am Reifen, und eher kühle als kalte Winter, unterbrochen von häufigen Warmwetterperioden, die vorzeitiges Wachstum förderten, erschwerten den erfolgreichen Anbau. Obgleich einige der besten, sonnenliebenden kalifornischen Sträucher (darunter *Choisya ternata, Carpenteria californica, Ceanothus* und *Romneya*-Arten) problemlos in englischen Gärten gediehen, ließen sich andere mit ganz speziellen Standortansprüchen nur schwer ansiedeln.

Andererseits fanden englische Gärtner, daß sich die ihnen bereits bekannten asiatischen Arten wie *Cornus, Magnolia, Prunus, Betula, Spiraea* und *Viburnum* besser bewährten als ihre seit Mitte des 18. Jahrhunderts bekannten amerikanischen Gegenstücke. *Cotoneaster* verdrängte *Crataegus* und *Weigela Diervilla*; *Chionanthus retusus*

Zu den aufregendsten Funden des ausgehenden 19. Jahrhunderts gehörte der blaue Mohn, den Abbé Delavay 1886 in der chinesischen Provinz Yunnan entdeckte. 1913 schickte Colonel Bailey ein getrocknetes Exemplar dieses ausdauernden blauen Scheinmohns (*Meconopsis betonicifolia)* nach England; 1926 führte ihn Frank Kingdon Ward endgültig aus Südtibet ein. Seine erste Begegnung mit dieser Blume beschrieb er wie folgt: «Plötzlich sah ich dort so etwas wie eine blaue Tafel, die vom Himmel gefallen war – lauter blaue Mohnblumen, die wie Saphire im fahlen Licht glitzerten.»

gedieh besser als *C. virginicus*, und Rhododendren vom Himalaja lösten größtenteils die amerikanischen Arten ab, die im 18. Jahrhundert so großen Anklang in England und Holland gefunden hatten. Obwohl Douglas mit der Einführung der Monterey-Kiefer, der Sitkafichte und der Douglastanne den Charakter europäischer Wälder auf Dauer veränderte, erwiesen sich Laubbäume aus dem Osten Amerikas als weniger geeignet für den forstwirtschaftlichen Anbau. Die Texas-Eiche, der Ahorn, der Schwarznußbaum (der in England selten reife Früchte trägt), der Tulpenbaum und die Scheinakazie hielten dem vergleichsweise zwar extremeren Klima Mitteleuropas stand, kümmerten jedoch in England, selbst in dem sauren Lehmboden, den sie brauchten, und brachten selten die leuchtenden Herbstfarben hervor, für die man sie in ihrem Heimatland so sehr bewunderte. Die Gehölze aus Nordindien, vom Fuß des Himalajagebirges, aus den Bergen und Tälern des westlichen China und viele aus Japan (letztere verlangten im allgemeinen sauren Boden) behaupteten sich in britischen Gärten gleichermaßen wie in den entsprechenden Regionen der amerikanischen Ostküste, selbst so weit nördlich wie im Arnold Arboretum in der Nähe von Boston.

Die Gärten der Pflanzensammler und -experten

Soviel also zu den interessanten neuen Pflanzen, was aber geschah mit den Gärten? In den fetten Jahren bis zum Ersten Weltkrieg entwickelten sich auf dem Land in England, Europa und Amerika weiterhin große Gärten. Einerseits griff die formale Gartenarchitektur gegen Ende des 19. Jahrhunderts überwiegend auf traditionelle Stile zurück, indem sie sich von den historischen Anlagen und von der Überfülle der verfügbaren Pflanzen inspirieren ließ. Andererseits wiesen die Gärten der großen Pflanzenforscher kaum so etwas wie einen erkennbaren Stil auf. Lieber ließen sie die Pflanzen für sich wirken, gemäß Robinsons Plädoyer für eine eher naturalistische Einstellung gegenüber Wald, Steingarten, Wasser und Wiesen; Pflanzen waren wichtiger als die Architektur.

Während Pflanzen in rauhen Mengen aus Übersee importiert wurden, kümmerten sich die Gärtner wenig um Lehrbuchregeln oder vorgefaßte Gestaltungsformeln für ihre Arrangements. Um die Jahrhundertwende entstanden in vom Klima begünstigten Zonen – nämlich in Cornwall, an den Westküsten Schottlands und Irlands und auf dem High Weald in Sussex und Kent – Sammlergärten, in denen sich ein nie zuvor dagewesenes Pflanzenangebot präsentierte. Ein Vorläufer war Holfords 1829 gegründetes Westonbirt Arboretum in Gloucestershire. Die aus dem 18. Jahrhundert stammenden «Amerikanischen Gärten in England», die zum Zeitpunkt ihrer Entstehung besonders für säureliebende Bäume, Sträucher und ausdauernde Pflanzen gedacht waren, konnten auch die neuen Exotika aus dem Fernen Osten integrieren. Generell eigneten sich Waldbereiche, in denen die exotischen Pflanzen sehr vorteilhaft zur Geltung kamen, selten für geometrische Anlagen, obwohl Westonbirt auf einem Reitwegenetz im Wald angelegt war. In Europa und Amerika gerieten Gärten dieser Größenordnung immer mehr zu romantischen Paradiesen, idealisierten Naturparks, in denen die Pflanzen, besonders Bäume und Sträucher, zu prägenden Merkmalen wurden. Neue asiatische Arten von Rhododendron, Ahorn, Magnolie, Hartriegel, Rosen und Buddleja ließen sich alle erfolgreich kultivieren und von Teppichen feuchtigkeitsliebender Primeln, Enziane und Scheinmohnarten einrahmen; dabei harmonierten sie perfekt mit dem amerikanischen Waldphlox, dem Hundszahn und dem Dreiblatt. Das alles entsprach im weitesten Sinne dem robinsonschen Stil, aber den Besitzern dieser Gärten ging es nicht darum, zugunsten eines Gesamteffektes bestimmte Stilmerkmale zu verwirklichen, sondern vielmehr darum, ihren eigenen Stil zu finden und eine möglichst reichhaltige Kollektion unterschiedlicher Pflanzenarten zu präsentieren. Dennoch besteht kein Zweifel daran, daß sie sich von Robinsons Thesen beeinflussen ließen, wenn es zu entscheiden galt, exotische Bäume und Sträucher in Hainen oder lieber als Solitärpflanzen

Reginald Farrer, Pflanzensammler und vor allem Spezialist für alpine Pflanzen, hatte festumrissene Vorstellungen von der Anlage eines Steingartens. Zum einen sollte er so natürlich wie möglich wirken, zum anderen waren eine ausgezeichnete Drainage, helles Sonnenlicht und eine gute Luftzirkulation unabdingbare Voraussetzung, damit die anspruchsvollen Alpenpflanzen überhaupt gedeihen konnten. Vereinzelt auf Felsbrocken zur Schau gestellte Steinpflanzen verunglimpfte er als «Hundegräber», und er verabscheute Gärten, die im Stile eines «Mandelpuddings» hier und da mit Stacheln und Spitzen verziert waren. Der Garten des verstorbenen Lincoln Foster in Connecticut hätte Farrer sicherlich gefallen. Dort breiten sich unauffällige Kolonien von Stein- und Waldpflanzen am Wasser und zwischen natürlichem Gestein aus. Heimischer Phlox, Farne, *Geranium maculatum*, Trollblume und *Caltha palustris* wachsen in schöner Eintracht an Lincoln Fosters Bach.

Bis ins 20. Jahrhundert war der Einfluß der maurischen Kultur auf die spanische Gartenbautradition deutlich erkennbar. Mit der Expansion ihres Königreiches verbreiteten die Spanier auch ihre Art der Gartengestaltung in viele Teile der Welt – zumindest überall dorthin, wo die Übernahme ihres Gartenstils durch die klimatischen Bedingungen begünstigt wurde. So bepflanzten zum Beispiel die spanischen Missionare, die an der pazifischen Küste in Kalifornien weitgehend mediterrane Bedingungen vorfanden, ihre ersten Gärten mit Blumen und Früchten aus der Alten Welt. Ein solcher Adaptionsprozeß verläuft natürlich nicht nur in eine Richtung; und so ist es nicht verwunderlich, daß der französische Gartenarchitekt J. D. N. Forestier für die Gestaltung des Maria-Luisa-Gartens in Sevilla neben der traditionellen Bepflanzung auch auf kalifornische Gewächse und Wildblumen zurückgriff, die in dem andalusischen Klima prächtig gediehen. Der Maria-Luisa-Garten in Sevilla wurde kurz vor dem Ersten Weltkrieg von Forestier entworfen und kürzlich restauriert.

zu setzen. Ganz allmählich entwickelte sich auch ein Bewußtsein für ökologische Zusammenhänge und die wechselseitigen Abhängigkeiten in Pflanzengemeinschaften; man bemerkte, daß kleinere Pflanzen in der Natur vorzugsweise im Schutz höherer heranwuchsen – daß also kleine laubabwerfende Bäume und Sträucher niedrigwachsende Büsche, Stauden und Zwiebelpflanzen wie zum Beispiel die in Waldbereichen vorkommenden Anemonen und Lilien wirkungsvoll schützen konnten.

Die Auswahl «kulturell» zusammenpassender Nachbarn erforderte kaum weniger Geschick als die Adaption an ihre neue Umgebung. Obwohl diese Gärten auf vorgegebene Form- und Strukturelemente verzichteten, fehlte es ihnen keineswegs an einer gewissen Atmosphäre, die sich dem Betrachter im Wechselspiel schattiger Haine und sonnendurchfluteter Lichtungen mitteilte. Den botanisch versierten Pflanzenliebhaber begeisterten sie vor allem wegen der mit großem Sachverstand gezogenen, häufig seltenen Exemplare. In Winterthur, Delaware, bildeten heimische amerikanische Bäume einen Baldachin für ein Meer aus weiß und rosa blühenden Azaleen; der Erdboden darunter war von entsprechenden amerikanischen oder exotischen Pflanzen bedeckt, wie zum Beispiel Maiapfel (*Podophyllum peltatum*), *Mertensia*, Schöllkraut, Zwillingsblatt (*Jeffersonia diphylla*), Waldphlox, europäischen Glockenblumen, *Omphalodes* sowie asiatischen Primeln.

In anderen Gegenden pflanzte man auf weiten Hängen sonnenliebende amerikanische und asiatische *Callicarpa*-Arten, die für ihre türkisfarbenen Früchte bekannt sind, im Verbund mit gelbblühenden Winternarzissen, da beide Arten ähnlicher Standortbedingungen bedürfen.

Andere Gärten hatten sich, besonders nach Sir Joseph Hookers triumphaler Sikkimreise von 1847 bis 1850, zu Rhododendrenparks entwickelt, manchmal wuchsen dort auch noch winterharte Kamelien. In diesen auf einzelne Pflanzenarten spezialisierten Gärten fanden die niedrigwachsenden Pflanzengruppen aufgrund der immergrünen Bodendecker keine optimalen Ausgangsbedingungen. Im Jahre 1887 begann Sir Edmund Loder die Steilhänge bei Leonardslee in Sussex – einer Gegend, wo bisher nur Kiefern, Eichen und Birken wuchsen – mit Kirschen, Magnolien, Holzäpfeln, Speierling, Schneeball und exotischen Koniferen zu bepflanzen. Ferner pflanzte er Rhododendren und Kamelien, und seine Gärten wurden berühmt für die diversen Züchtungsformen von *Rhododendron* «Loderi». Weitere Gärten in Sussex wie Wakehurst und High Beeches gehörten anderen Mitgliedern der Familie Loder, einer Dynastie von Gärtnern – vergleichbar den du Ponts aus Delaware jenseits des Atlantiks (vgl. S. 308–309). Wakehurst (heute den Royal Botanic Gardens in Kew angegliedert) bot mit seinem sauren Boden ideale Standortbedingungen für Pflanzen aus Chile und Neuseeland; High Beeches wurde 1916 mit Pflanzen aus der Auflösung des Gartenbaubetriebs von Veitch in Coombe Wood aufgestockt.

Roberto Burle Marx studierte Musik und Malerei – seine musische Begabung spiegelte sich auch in der kunstvollen Gestaltung seiner Gärten wider. Für seine weitläufigen, geschwungenen Anlagen verwendete Burle Marx viele Spezies aus Brasilien. Er vertrat die Ansicht, daß die Pflanzen in auf dem Reißbrett entworfenen Landschaften Teil eines Gesamtkunstwerks sind, das beweist, wie der Mensch die Natur manipulieren kann: «Ein Garten ist das Ergebnis eines Arrangements natürlicher Materialien gemäß den Gesetzen der Ästhetik; darin verwoben sind die Lebenseinstellung des Künstlers, seine Erfahrungen, seine Stimmungen, seine Bemühungen, seine Fehler und Erfolge.» Burle Marx kreierte den Marina-Stellin-Garten in Petropolis. Für die Bepflanzung seiner bogenförmig ineinander übergehenden Beete kombinierte er gelbblühende Taglilien aus Asien mit *Iresine lindenii* «Formosa» aus Ecuador und grünen *Alternanthera ficoides* aus Brasilien.

In Cornwall waren die klimatischen Bedingungen – reichlich Niederschläge, wenig Frost – sogar noch günstiger für den großblättrigen Rhododendron aus dem Himalaja, die sonnenliebenden Bäume, Sträucher und Kletterpflanzen aus Kalifornien und für die chilenischen und neuseeländischen Arten. *Crinodendron* und *Embothrium* wuchsen neben Magnolien aus dem Himalajagebirge; neuseeländisches *Leptospermum, Hoheria* und *Olearia* wuchsen im Verband mit Eukalyptus, die die Trockenheit bevorzugen; und auch die südlichen Buchen, die auf ausreichend Feuchtigkeit angewiesen sind (Formen von *Nothofagus*), erwiesen sich als anpassungsfähig. Sowohl die Monterey-Kiefer (*Pinus radiata*) als auch die Zypresse (*Cupressus macrocarpa*) bildeten einen Schutzgürtel gegen salzigen Seewind. In Tresco Abbey auf den Scilly-Inseln, wo diese «Windschutzbarrieren» aus dem 19. Jahrhundert inzwischen den Stürmen zum Opfer gefallen sind, erweist sich eine andere Kalifornierin, die Stachelkiefer (*Pinus muricata*), als erfolgreicher Ersatz.

Zwanglose Bepflanzung und formale Kulisse

William Robinsons Plädoyer für eine standortgerechte Bepflanzung mit winterharten Pflanzen wurde bereits erwähnt. Seine Empfehlungen standen jedoch im Widerspruch zu den Ansichten der Architekturschule von Reginald Blomfield und John Sedding. Beide waren nämlich der Auffassung, daß die Gartengestaltung vor allem dazu diene, die Wirkung des Hauses zu betonen. Gertrude Jekyll verwendete – ganz im Sinne Robinsons – vorwiegend heimische Bäume, Sträucher und Stauden, um ihre Gartenanlagen in die Landschaft der Umgebung einzubetten; andererseits aber wurde sie berühmt für die vollendete stilvolle Eleganz, mit der sie ihre Blumenrabatten bepflanzte (vgl. S. 304–305). Durch die Zusammenarbeit mit Architekten gelang es ihr, die beiden entgegengesetzten Vorstellungen miteinander zu versöhnen: Innerhalb eines formal vorgegebenen Rahmens verwirklichte sie eine «naturalistisch» zwanglose Bepflanzung.

Während der Regierungszeit Eduards VII. entstanden sowohl in England als auch in Amerika «alte» englische Gärten, die ganz den Vorstellungen von Sedding und Blomfield entsprachen. Gartengestalter ließen sich vom italienischen Stil inspirieren und kamen dabei zu neuen Interpretationen. Bedeutungsvoll in diesem Zusammenhang ist zum Beispiel das Buch *Italian Villas and their Gardens* (1904) von Edith Wharton oder *Art of Garden Design in Italy* (1906) von Inigo Triggs. Harold Peto, der in England und in Südfrankreich, und Charles Platt, der in Amerika arbeitete, entwarfen architektonische Gärten als perfekte Kulissen für eine breite Palette von alten und neuen Pflanzen. In den 30er Jahren entwarf Edith Whartons Nichte, Beatrix Farrand, die immer wieder durch Europa gereist war, in Washington (DC) den Park Dumbarton Oaks – eine amerikanische Adaption des italienischen Gartens (vgl. S. 312–313). Diana Kostial McGuire, die das Vorwort zu Beatrix Farrands *Plant Book for Dumbarton Oaks* schrieb, betont die Bedeutung dieser Parkanlage für Amerika: «Die Gärten von Dumbarton Oaks stellen eine einzigartige amerikanische Adaption der klassischen mediterranen Gartenform dar.» In ihnen spiegele sich das Staunen und die Bewunderung der Amerikaner wider, die im ausgehenden 19. Jahrhundert nach Europa gereist waren. Das *Plant Book* ist ein einzigartiges Dokument, denn es enthält nicht nur sämtliche Maßnahmen zur artgerechten Pflege der Pflanzen, sondern gibt auch Aufschluß darüber, welche Ideen und Konzepte bei der Anlage der Gärten verwirklicht werden sollten. Zusätzlich sind 42 Pflanzenlisten beigefügt, die die wissenschaftlichen Namen der Pflanzen anführen, die 1941 in den Gärten wuchsen. Dank der peniblen Arbeitsweise von Beatrix Farrand können wir uns heute eine recht genaue Vorstellung über die Entwicklung der amerikanischen Landschaftsgärtnerei im 20. Jahrhundert machen. Obwohl das Buch 1941 geschrieben und seitdem auch von Gartenkünstlern, die für Dumbarton Oaks arbeiteten, benutzt wird, erschien es erst 1980 in einer von McGuire redigierten Fassung.

Ungewöhnlich für eine Gartenarchitektin war Beatrix Farrands botanisches Interesse an den Pflanzen – in dieser Hinsicht war sie ganz dem Einfluß von Charles Sprague Sargent im Arnold Arboretum verpflichtet. Für den Campus von Princeton empfahl sie die Verwendung einheimischer Laubbäume, die die ehrwürdigen Gebäude besonders gut zur Geltung bringen würden, wie zum Beispiel die Amerikanische Roteiche, die Amerikanische Linde (*Tilia americana*), den Zuckerahorn, die Abendländische Platane (*Platanus occidentalis*), den Amerikanischen Amberbaum (*Liquidambar styraciflua*) und Tulpenbäume. Selbstverständlich bezog Farrand auch immergrüne Pflanzen mit in ihre Pläne ein, und zwar einschließlich der Exotika, die Douglas von der Westküste mitgebracht hatte.

In diesen italienisch inspirierten Gärten kletterten Glyzinien und unzählige Rosen (wobei die Einführung der wuchernden japanischen *Rosa multiflora* und *R. wichuraiana* weitere Neuzüchtungen ermöglichte) über Begrenzungsmauern und Pergolen. Formierte Eiben- und Buchsbäume wurden zum prägenden Merkmal in den Gärten herrschaftlicher Häuser, sowohl in den Cotswold Hills als auch in der Neuen Welt. Der englische Gartenarchitekt Thomas Mawson plädierte dafür, grüne Eibe mit golden panaschierter zu veredeln, um zweifarbige Halbkugeln zu kreieren, ferner empfahl er die Verwendung von goldenblättrigen Stechpalmen. In Neuengland nahm der robustere koreanische Buchs den Platz des europäischen ein, und japanische Eiben erwiesen sich als sehr viel robuster als englische; in Maryland mußte der traditionelle Buchsbaum aufgrund der südlichen Hitze häufiger beschnitten werden. Terrassierungen und Trockenmauern boten den Steingartenpflanzen eine neue «natürliche» Heimstätte, und in den Wasserbecken «schwammen» die neuen winterharten Seerosenkreuzungen, die M. Marliac in Frankreich am Ende des 19. Jahrhunderts gezüchtet hatte.

Trotz der robinsonschen Kritik und den Blumenrabatten à la Jekyll rund um die glatten Rasenflächen hielt man am Bepflanzen der Beete mit Einjährigen für einen entsprechenden Frühjahrs-, Sommer- und Herbstschmuck fest – zumindest bis zum Ausbruch des Krieges 1914. Danach wurde die Gestaltung von Beetanlagen aus Saisonpflanzen zunehmend zur Domäne der Stadtgärtner, die herrliche Arrangements mit spektakulären Farbeffekten kreierten. Nicht zuletzt ihnen ist es zu verdanken, daß man weiterhin Saisonpflanzen züchtete und noch immer eine breite Palette bereithält, auch wenn sich die Auswahl heute – gemessen an den Gartenkatalogen der frühen viktorianischen Zeit – eher bescheiden ausnimmt.

Einige der wichtigsten Impulse der Pflanzenverwendung gingen von Hobbygärtnern aus: Hidcote in Gloucestershire, auf dem Gipfel eines windgepeitschten Hügels, wurde von seinem amerikanischen Besitzer Lawrence Johnston in unterschiedliche geometrische Flächen unterteilt, die jeweils von Mauern und Hecken umgeben waren und nur an zwei Stellen den Ausblick auf die Umgebung freigaben. Als erstes ließ Johnston Steineichen aus Frankreich herbeischaffen, um Haus und Grundstück mit einem Schutzgürtel zu umgeben. Einer von Wilsons hohen Taubenbäumen erhob sich wie ein Wachposten am Hofeingang. Anders als viele von Gertrude Jekylls Gärten hat Hidcote – jetzt im Besitz des National Trust – die Zeiten überdauert und nachfolgende Generationen entscheidend beeinflußt; der Gartenstil von Hidcote wurde nicht nur überall in England, sondern auch im übrigen Europa und in Amerika kopiert oder in abgewandelter Form übernommen; er zeichnete sich durch eine Kombination aus Würde und Schlichtheit aus. Auf den abgegrenzten Flächen wuchsen wie in einem Bauerngarten auf engstem Raum Pflanzen in leuchtenden oder zarten Farben. Die üppige Bepflanzung sollte vor allem mit der architektonischen Strenge der Renaissance-Linien des Gartens kontrastieren; während hinter dichten Hecken Formalität regierte, waren andere Flächen am Bach mit robinsonscher Hingabe bepflanzt.

Seit den 30er Jahren wurden die traditionellen Staudenrabatten nicht mehr entlang gerader Linien gepflanzt, die parallel zu Wegen

Warren Manning (1860–1938), Landschaftsarchitekt aus Boston, arbeitete einige Jahre in Olmsteds Büro. Sein eigener naturalistischer Stil war der Topographie des Gartens verpflichtet, bezog jedoch auch traditionelle Entwürfe mit ein. In Stan Hywet in Akron, Ohio, kombinierte Manning Rasenflächen und Gehölzgruppen mit schnurgerade ausgerichteten Alleen. Auf dem Foto ist die nördliche Birkenallee abgebildet, die die Achse vom Haus um 150 m verlängert.

und Mauern verliefen, sondern in sanften Bögen unter dem Blätterdach der Bäume, um sich am Ende eines Gartenpanoramas dem Blick zu entziehen. Auf diese Weise konnte man auch in kleineren Gärten mehr Pflanzen unterbringen. In rechteckigen Stadtgärten verdeckte ihre unregelmäßige Kontur die meist gerade verlaufenden Grenzen des Gartenraums. Oft ersetzte man die Rabatten auch durch zwanglos bepflanzte Inselbeete, so daß anstelle von Hecken und Mauern zunehmend Pflanzenformen und -farben das Bild eines Gartens prägten. In gewissem Sinn reflektierten diese weicheren Formen ein Gefühl für Landschaft und den Wunsch, sich ein Stückchen Natur im Garten zu bewahren, verkamen allerdings ohne sorgfältige Planung rasch zu ziemlich formlosen Kompositionen. Percy Cane gab mit seinen «mäandrischen Rabatten», die anläßlich der Chelsea Flower Show in den 30er Jahren gezeigt wurden, den neuen Modetrend vor. Seine standardisierte Pflanzenauswahl war konventionell, sie konzentrierte sich auf Rosen, Flieder und viel blühenden Goldregen, Kirschen und Ginster. In den Ecken setzte er architektonische Akzente mit Pflanzen wie *Viburnum plicatum* mit waagerecht ausladenden Zweigen. Für seine Inselbeete – die von allen Seiten sehenswert sein sollten – verwendete Cane im Zentrum höhere Sträucher, die er dann mit Stauden umgab. Der Falkland Palace in Schottland wurde vom schottischen National Trust entsprechend seiner ursprünglichen Pflanzpläne restauriert.

Auch die neuen mehrjährigen Pflanzen, die aus dem Fernen Osten importiert wurden, konnten den robusten amerikanischen Sorten nicht den Rang ablaufen, zumal deren Qualität mittlerweile durch Zuchtauswahl von britischen, niederländischen und deutschen Gärtnern «verbessert» worden war; dennoch wurden sie bereitwillig in die traditionellen Blumenrabatten aufgenommen. In Amerika bestand eine besonders hohe Nachfrage nach Astilben, Schwertlilien und *Kirengeshoma palmata*. In vom Klima begünstigten Gebieten gediehen sie vor allem in naturalistischen Waldgärten, wo sie sich mit der heimischen Flora vermischten. Manche der asiatischen mehrjährigen Pflanzen – wie Funkien und chinesische und japanische Anemonen und Taglilien – erwiesen sich bereits als Kultivare, die seit Jahrhunderten chinesische und japanische Gärten zierten.

Pflanzen für bestimmte Standorte

Ein ökologischer Gärtner läßt sich bei seiner Gartenplanung nicht von architektonischen Überlegungen leiten, sondern von den Bedürfnissen der Pflanzen. Da sich die asiatischen Pflanzen hervorragend für Sumpf- und Wassergärten eigneten, erweiterten sie die Spielräume der Gartengestaltung: Astilben, Schwertlilien, *Kirengeshoma palmata*, Primeln, Rhabarber, Rodgersien, Krötenlilien und Funkien, die meisten mit reichem Blattwerk, schufen eine tropisch anmutende Atmosphäre und revolutionierten zusammen mit den Einjährigen das Erscheinungsbild der Sumpfgärten. An günstigen Stellen beherrschte immer – wie auch heute noch – der sogenannte Riesenrhabarber (*Gunnera manicata*), 1867 aus Brasilien eingeführt, die Bepflanzung am Wasser.

Allerdings waren so manche dieser Sumpfgärten in Wirklichkeit längst nicht so naturbelassen, wie es erscheinen mochte; denn nicht selten entsprangen sie dem Wunsch des abendländischen Gärtners nach einem Hauch japanischer Exotik. Diese «konstruierten» Wassergärten – nicht anders als die Steingärten, in denen Pflanzen «ganz natürlich» über wahllos verstreute Steine und Felsbrocken wachsen – nehmen sich in England meist etwas fremd aus, obwohl die Pflanzen an sich durchaus gedeihen. Der Steintümpel von Sizergh Castle in Cumbria, 1926 aus «örtlichem» Kalkstein gebaut und umgeben von Gruppen wasserliebender mehrjähriger Pflanzen, Steingartenpflanzen, Zwergahorn und Koniferen und einer schönen Kollektion von Farnen, kommt der ursprünglichen Idee dieses Konzepts näher als die meisten anderen. Moderne Stein- und Waldgärten in Neuengland mit natürlichen Felsen und einem Bach, der durch eine Steilschlucht braust, vermitteln mühelos die notwendigen ästhetischen Effekte und geben den Pflanzen optimale Bedingungen. Im Garten des verstorbenen Lincoln Foster in Connecticut überziehen heimischer Waldphlox und weißblühende Wiesenanemonen (*Anemone canadensis*) das Bachufer mit einem dichten Teppich. Eine Mischung aus heimischen und exotischen Pflanzen, zwischen denen sich ein stabiles ökologisches Gleichgewicht eingependelt hat, wächst in einem Waldgarten in der Nähe von Boston – dem Garden in the Woods (vgl. S. 316–317).

Ausgesprochene Alpenpflanzen, die ziemlich spezielle Bedingungen brauchen, werden in diesem Buch nicht berücksichtigt, aber Steingartenanlagen als Kulisse für winterharte Bergpflanzen – ursprünglich eingeführt aus den europäischen Alpen, aus den Bergen Burmas und den Rocky Mountains – sind aus vielen Gärten heute nicht mehr wegzudenken. Gegen Ende des 19. Jahrhunderts wurden die Pläne für den Anbau dieser Pflanzen von der Konzeption her naturalistischer, da große Firmen wie James Pulham aus Hertfordshire und James Backhouse aus Yorkshire speziell ausgebildete Fachleute damit beauftragten, aus Kalkstein künstliche Felsen zu bauen. (In den 70er Jahren des 19. Jahrhunderts hatte Pulham das Pulhamite, eine Art Beton, verwendet). Reginald Farrer wandte sich gegen die Auswüchse der Steingartenmode und empfahl eine gewisse Schlichtheit. Die Steine sollten den Alpenpflanzen, ohne aufdringlich zu wirken, tiefe Erdtaschen bieten, um sowohl eine ausreichende Wasserversorgung als auch Schutz vor Staunässe zu gewährleisten. Interessanterweise versuchen Gärtner in jüngster Zeit immer öfter diese Alpenpflanzen außerhalb ihres natürlichen Umfeldes zu kultivieren; sie ziehen sie unter mikroklimatischen Bedingungen in Gewächshäusern auf oder in Hochbeeten mit besonders aufbereiteten Böden.

Im weiteren Verlauf des 20. Jahrhunderts entwickelte sich die robinsonsche Gartenethik, die ursprünglich als Gegenbewegung zum viktorianischen Formalismus entstanden war, zu einer beinahe verbindlichen Norm für die Gartengestaltung. In einer Zeit, in der die letzten Überbleibsel einer noch unberührten Natur unendlich kost-

Einen neuen Gartenstil mit einem Maximum an Zwanglosigkeit innerhalb eines formellen Rahmens verwirklichte der Amerikaner Lawrence Johnston ab 1907 in Hidcote (Gloucestershire). Er gliederte den Garten in eine Reihe grüner «Räume», unterteilt durch hohe Hecken, die mit farbenprächtigen Kletterpflanzen überwachsen wie Wandteppiche wirkten. Jeder einzelne «Gartenraum» war einem bestimmten Pflanzen- oder Farbthema gewidmet und mit einer Zwanglosigkeit à la Gertrude Jekyll bepflanzt. Heute untersteht Hidcote, von dem sich viele Gärtner inspirieren ließen, dem englischen National Trust.

bar wurden, stieß insbesondere die Verwendung von künstlich in Form geschnittenen Pflanzen auf breite Ablehnung. Während Percy Cane in den 30er Jahren die traditionelle englische Rabatte mit vielen Bogenlinien aufbesserte, stellte Karl Förster (1874–1970), ein deutscher Gärtner, Pflanzenzüchter und Schriftsteller, die Bedeutung von nichtverholzten Pflanzen für die Gartengestaltung heraus. Er empfahl die Verwendung von höheren Stauden, Farnen und Gräsern, die ihrem natürlichen Wachstum entsprechend beim Haus, nicht in eigens angelegten Beeten wachsen sollten. In den Niederlanden entwarf J. P. Tijsse in den 20er Jahren öffentliche ökologische Gärten; angesichts der schnell fortschreitenden Zerstörung natürlich gewachsener Landschaften wollte er mit seinen Gärten ein Bewußtsein für die Schönheit der Natur wecken.

Amerikanische Designer hatten das Thema «Natur» schon weit früher aufgegriffen. Architekten wie Frank Lloyd Wright machten sich Gedanken über eine harmonische Verbindung von baulichen und landschaftlichen Aspekten, die sich schließlich auch in ihren Gartenkonzepten niederschlugen. Jens Jensen begründete mit Lloyd Wright im Mittleren Westen den Präriestil, in dem heimisches Pflanzenmaterial eine größere Rolle spielte (vgl. S. 310–311). Jensen, ein dänischer Einwanderer, der zuerst in ganz untergeordneter Stellung als Gärtner für die West Parks arbeitete, einem Teil des Chicago Public Park, stieg zum Direktor des Humboldt Park auf, um dann 1900 entlassen zu werden, weil er sich gegen Korruption und politischen

Der National Trust rekonstruierte die Gärten von Westbury Court bei Gloucester nach dem Originalplan im typisch niederländischen Stil. Mit seinen Kanälen und Pavillons, Obstgärten und einem formalen Parterre (es enthält ausschließlich Pflanzen, die Ende des 17. Jahrhunderts bekannt waren) ist der Garten vor allem für diejenigen interessant, die sich mit der Geschichte des Designs und der damaligen Flora befassen. Die hier abgebildeten buchseingefaßten Parterrebeete sind mit Stauden und mit Sommerblumen bepflanzt: *Nigella damascena*, Schleifenblume (*Iberis sempervirens*), *Lilium pyrenaicum*, Gartenringelblume (*Calendula officinalis*) und Salbei. Portugiesischer Lorbeer, Stechpalme und *Phillyrea* sind zu Kugeln, Pyramiden oder Kuppeln formiert und illustrieren, wie sehr man sich in den Niederlanden und England an französischen Modeströmungen der damaligen Zeit orientierte.

Filz zur Wehr gesetzt hatte. Danach gründete er einen privaten Betrieb, obwohl er 1906 zum Landschaftsarchitekten der ganzen West Parks ernannt wurde. Diese Position bekleidete er bis 1920. Jensen war davon überzeugt, daß es möglich sei, Landschaften so zu gestalten, daß sie mit der Natur in Einklang stünden. Dafür war es seiner Ansicht nach vor allem nötig, auf exotische Pflanzen zu verzichten und statt dessen einheimische zu verwenden, die aus ökologischer Sicht für einen bestimmten Standort geeignet waren. Jensen, der fundierte Kenntnisse über die in Amerika heimischen Bäume, Stauden und Wildblumen besaß, rief die Bevölkerung auf, sich für den Schutz der letzten Naturlandschaften einzusetzen – insbesondere für die bedrohten Prärien. In dieser Hinsicht leistete er Pionierarbeit. Seine Vorliebe für naturalistisch gestaltete Landschaften war vermutlich

Mit dem bunten Bild einer von Stauden und Sommerblumen durchsetzten Wiese kommt ein Stück Natur in den Garten. Das Foto zeigt Sir John Thourons Garten in Glencoe, Delaware, wo einjährige Kornblumen und Klatschmohn (*Papaver rhoeas*) weite Felder mit Farbe überziehen – eine Bepflanzung, die sich auch in gemäßigteren Breiten mit kühleren Sommern erzielen läßt. Im Frühling leuchten die blaue texanische Lupine (*Lupinus texensis*), *Castilleja,* Kokardenblume und Mädchenauge an Straßenrändern oder in eigens angelegten Wiesen; im wärmeren Kalifornien bringt der Goldmohn (*Eschscholzia californica*) noch mehr Farbe ins Bild.

durch einen Besuch des Englischen Gartens in Berlin inspiriert, den er kennenlernte, als er der Reichswehr als Rekrut diente. Sein dauerhaftestes öffentliches Werk, der Lincoln Memorial Garden in Springfield, Illinois, ist der Natur so perfekt nachempfunden, daß nichts mehr an einen von Menschenhand gestalteten Park erinnert. Gegen Ende seines Lebens veröffentlichte Jensen eine Essaysammlung mit dem Titel *Siftings*, in denen er seine Gedanken darstellt. Das einzige architektonische Element, das Jensen bereit war, in seine Gärten zu integrieren, waren kreisrunde Steinringe, die sogenannten *Counsel Rings*, die auf die indianische Kultur zurückgehen und die er bewußt als Treffpunkt oder geselliges Zentrum konzipierte. Trotz seiner Überzeugungen vertrat Jensen die Ansicht, daß es dem Menschen niemals gelingen könne, die Natur nachzuahmen: «[...] die Natur läßt sich nicht kopieren – der Mensch kann Gott nicht ins Handwerk pfuschen. Er kann nur die Botschaft in den Kompositionen lebendiger Farben interpretieren.» Sein schlichtes Landschaftsideal scheint gespeist von der Bewunderung, die er für seine Wahlheimat empfand, und seine vielfältigen Anregungen inspirieren noch heute die modernen Ökolandschaftsgärtner. «Es gibt zwei Gründe, warum ich mich vom formalen Stil abgewandt habe, der ausländische Pflanzen miteinbezog. Der erste war eine zunehmende Unzufriedenheit mit den Pflanzen und dem starren Design [...] und der zweite, daß ich immer besser lernte, die Schönheit und die dekorativen Eigenschaften der heimischen Flora dieses Landes zu würdigen.» Jensen sprach einer wachsenden Anzahl von Amerikanern aus dem Herzen, die ein Bewußtsein für die Großartigkeit und Schutzwürdigkeit ihrer natürlichen Umwelt entwickelt hatten.

Naturschutz-Bewegungen haben die Einstellung vieler Hobbygärtner zu Natur und Umwelt nachhaltig beeinflußt. Durch die Verwendung heimischer Pflanzen und eine naturnahe Gartengestaltung kann der Einsatz von umweltschädlichen Herbiziden und anderer Chemikalien reduziert werden. Die Einrichtung von Gartenbiotopen schafft auch neue Lebensräume für Insekten, Vögel und Schmetterlinge (vgl. S. 318–319).

In den Privatgärten der Vereinigten Staaten hat man seit geraumer Zeit – inspiriert vom Vorbild der Prärielandschaft – die Schönheit von Blumenwiesen wiederentdeckt. Lady Bird Johnson beflügelte die Phantasie der Umweltschützer, als sie entlang den Highways texanische Blumen anpflanzen ließ. In England hatte Robinson das ständige Rasenmähen bereits 1881 verurteilt: «Wer würde nicht lie-

ber das wogende Gras sehen, mit unzähligen Blumen, statt einer dichten Rasendecke ohne eine einzige Blüte?» Zwar ist es nicht ganz leicht, mehr- und einjährige Blumenzwiebeln im Gras anzusiedeln, denn allzuoft setzen sich starke Gräser durch und verdrängen die Blütenpflanzen; erfahrenen Gärtnern gelingt es jedoch – und das Ergebnis ist optisch wie emotional gleichermaßen befriedigend. Gärtner, die sich eher der Schönheit als dem Umweltschutz verpflichtet fühlen, müssen sich nicht auf die heimische Flora beschränken und können das Wiesenthema mit unzähligen Exotika auflockern. Sehr effektiv, wenn auch nicht unbedingt umweltverträglich für einjährige Blumenwiesen, ist die Säuberung des Bodens mit dem Rotovator.

In Amerika haben Wolfgang Oehme und Jim van Sweden beeindruckende Beispiele dafür geliefert, wie man auf großen Flächen ganze Bänder von Gräsern und Stauden ansiedelt, und damit sowohl Foersters als auch Jensens Ideen aufgegriffen. Nicht nur die Arten der heimischen Flora sind bedroht. Viele seit Jahrhunderten kulti-

Wolfgang Oehme und Jim van Sweden eroberten Amerika mit ihrem «Neuen Stil» des Staudengartens: Breite Bänder aus blühenden Gräsern und Blattpflanzen bilden in jeder Jahreszeit Formationen, während die Verwendung von Pioniergehölzen und Schattenbäumen abgelehnt wird. Gleichermaßen für öffentliche wie für private Gärten geeignet, sorgen die vielfältigen Blattformen und dekorativen Blütenköpfe für spannende Kontraste in der Textur. Dieser Stil wirkt zwar «natürlich», besonders während ein Pflanzplan zur Reife kommt, doch tatsächlich läßt die sorgfältig geplante Bepflanzung keinen Raum für zusätzliche Exemplare, die das Bild stören würden.

vierte Gartenblumen sind entweder sehr selten geworden oder auch schon ganz verschwunden. Über einen langen Zeitraum erschienen zahlreiche Gartenzüchtungen mit so wünschenswerten Eigenschaften wie langer Blütezeit, großen Blüten und Blättern und allgemeiner Robustheit und Anpassungsfähigkeit. Viele davon verschwanden im Lauf der Jahre wieder, zumindest vorübergehend, wenn sich die Gartenmoden wandelten und wissenschaftliche Züchtungsmethoden weitere beliebte Novitäten hervorbrachten. Gesellschaften wie das National Council for the Conservation of Plants and Gardens in Britain und Fachverbände in den Vereinigten Staaten wie die Thomas Jefferson Memorial Foundation in Monticello haben sich jetzt der Suche und dem Erhalt alter Sorten verschrieben. Historisch authentische Blumen werden für die Rekonstruktion alter Gärten in Europa und Amerika gesucht.

Im 20. Jahrhundert findet man überall in der Welt Gärten mit eklektischen Pflanzenkollektionen, die entsprechend dem Klima und dem Gusto des Gärtners ausgewählt sind. In Barnsley House (Gloucestershire) verwendet Rosemary Verey interessante Blüten- und Blattpflanzen aus vielen Erdteilen zur Bereicherung eines Gartens, der in seiner formalen Anlage an den strengen axialen Linien des 17. Jahrhunderts orientiert ist. Das Bild zeigt den Wassergarten in Barnsley, wo Neuseeländer Flachs (*Phormium tenax*) mit asiatischen Bergenien unterpflanzt ist.

Der Pflanzensammler: E. H. Wilson

Veitch gab präzise Anweisungen: «Zweck der Reise ist das Sammeln einer Anzahl von Samen einer uns bekannten Pflanze. [...] Zu diesem Behufe werden Sie zuvörderst danach trachten, Dr. A. Henry in Szemao, Yunnan, aufzusuchen und von ihm genaue Daten über den Standort dieser besonderen Pflanze und Informationen über die Flora von Zentralchina im allgemeinen zu erhalten.» So lauteten Veitchs Weisungen an Ernest H. Wilson, der Dreijahresvertrag wurde im März 1899 unterzeichnet. Bei der Pflanze handelte es sich um den Taubenbaum. Wilsons Erfolg in dieser Mission begründete seinen Ruf; er schickte Samen (es war ein außerordentlich fruchtbares Jahr) an Veitchs Coombe Wood Nursery, von der die meisten Exemplare abstammen, die gegenwärtig in Gärten wachsen. Mit einer gewissen Bitterkeit registrierte Wilson, daß auch M. Maurice de Vilmorin 1897 Samen eines Taubenbaums bekommen hatte, aus denen allerdings 1898 nur eine einzige Pflanze in seinem Arboretum in Les Barres hervorging. Von dieser Pflanze, die zum erstenmal 1906 blühte und die sich als die glattblättrige Form *Davidia involucrata* var. *vilmoriniana* erwies, wurde je ein bewurzelter Ableger an die Kew Gardens, an den Jardin des Plantes in Paris und an das Arnold Arboretum geschickt.

Wilson reiste 1903 noch einmal für die Gärtnerei Veitch nach China, und ab 1906 setzte er seine Pflanzenexpeditionen für das Arnold Arboretum fort, wo er 1919 stellvertretender Direktor wurde. Wilsons populärste Entdeckung sollte die Königslilie (*Lilium regale*) werden, die er 1910 nach fürchterlichen Strapazen von seiner vierten China-Expedition mitbrachte. Hunderte von Lilienzwiebeln wurden von Wilsons Helfern in Erde eingeschlagen und verpackt (später bettete man Lilienzwiebeln für die Verschiffung in Lehm) und dann auf dem Rücken zu den wartenden Booten geschleppt.

Links: Unter den Neueinführungen Wilsons sollte sich die Königslilie (*Lilium regale*) am besten im Garten bewähren – das Arnold Arboretum bekam sie 1910 aus der chinesischen Provinz Hubei. «Hoch auf dem Berg [...] begrüßt diese Lilie in voller Blüte den müden Wanderer [im Juni] zu Hunderten, zu Tausenden, ja Zehntausenden. Ihre schlanken Stengel, jeder 6–12 m hoch, [...] krönen mehrere trichterförmige Blüten, außen mehr oder weniger weinfarben, innen reinweiß und leuchtend, kanariengelb im Kelch, und jedes Staubgefäß zieret ein güldener Staubbeutel.» Wilson brach sich ein Bein in einer Lawine und hätte diese Expedition fast mit seinem Leben bezahlt.

Rechts: Im Mai 1902 keimten nach Monaten bangen Wartens endlich die bereits im April des Vorjahres ausgesäten Samen von Wilsons *Davidia involucrata*. Nur die im Freien in besonderen Beeten dem Winterfrost ausgesetzten Exemplare gingen auf. Wilson konnte aus dieser ersten Ernte 13 000 Pflanzen in Töpfen ziehen. Er brachte auch drei oder vier lebende Pflanzen mit zurück, von denen eine im Mai 1911 erstmals in Coombe Wood blühte. Der Taubenbaum hat hängende, unterschiedlich große Hochblätter; das größte maß 20 x 10 cm und verfärbte sich von grünlich-weiß zu schneeweiß und flatterte und wiegte sich in einer leichten Brise. Die Abbildung ist Franchets *Plantae Davidianae* entnommen.

Nouvelles Archives du Muséum. 2e Série.

Mémoires. T. VIII. PL. 10.

d'Apreval ad nat. del. et lith.

Imp. Becquet fr. Paris.

Davidia involucrata, H. Baillon.

Ihren eigenen Garten in Munstead Wood in Surrey plante Miss Jekyll in Übereinstimmung mit den Besonderheiten der einzelnen Jahreszeiten: Ein Frühlingsgarten, in dem vorwiegend Blumenzwiebeln blühten, bekam mehr Fülle durch das prächtige Blattwerk von Nieswurz und Wolfsmilchgewächsen; eine Mairabatte war Pfingstrosen vorbehalten, die sich über frühjahrsblühende Christrosen erhoben; Rosen kombinierte sie mit anderen Pflanzen. Anders als die meisten Sommerrabatten ihrer Zeitgenossen, die für ein auf zwei Monate beschränktes Blütenfest im Juli und August geplant waren, pflanzte sie im Hintergrund ihrer Beete Dahlien und spätblühende Gewächse, um die Farbenpracht auch im September und frühen Oktober noch fortzusetzen.

Gertrude Jekyll und die Rabatte

Es war Gertrude Jekyll, eine Kollegin von William Robinson, der es gelang, durch ihre Zusammenarbeit mit dem begabten jungen Architekten Edwin Lutyens die Kluft zwischen Architekten und Gärtnern zu überbrücken. Miss Jekyll, ausgebildete Künstlerin, jedoch in mittlerem Alter immer kurzsichtiger, widmete sich der Gärtnerei und der Gartenschriftstellerei. Durch ihre insgesamt etwa 400 Gartenanlagen – darunter zwei in den Vereinigten Staaten – sind ihre Gestaltungsideen Gärtnern von heute nach wie vor gegenwärtig. Am bekanntesten sind ihre Pflanzpläne für Rabatten, für die ihr jede Pflanze recht war, solange sie nur ihrer Farbvorstellung entsprach. Kleine Bäume und Sträucher, ein-, zwei- und mehrjährige Pflanzen, Zwiebeln und im Boden versenkte Topfpflanzen, die unliebsame jahreszeitlich bedingte Lücken schlossen, wurden alle so gruppiert, wie sie es geplant hatte. Jekyll interessierte sich nur am Rande für die Besonderheiten der neu eingeführten Exotika – für sie waren Pflanzen «Werkzeuge». Wie der Künstler einzelne Farbpigmente auf der Leinwand zu einem einheitlichen Ganzen verbindet, so verfügte sie über das kompositorische Geschick, aus einzelnen Pflanzen ein Gesamtbild zu formen.

Obwohl Miss Jekyll bekannter wurde, hielten auch ihre Zeitgenossinnen Louise Beebe Wilder und Mrs. Frances King im Ostteil Nordamerikas das «Farbbanner» hoch und rieten zu einer den Jahreszeiten entsprechenden Bepflanzung, die auf das durch Extreme gekennzeichnete amerikanische Klima abgestimmt war. Sie empfahlen Pflanzen, die trotz intensiver Sommerhitze prächtig gediehen.

Louise Beebe Wilders *Color in my Garden*, das 1918 zum erstenmal erschien, wurde vor kurzem mit aktualisierten Pflanzennamen versehen neu aufgelegt. Der Garten Mabel Cabot Sedgwick befand sich in der Nähe von Boston in der kleinen Stadt Beverly am Nordstrand. Ihr Buch *The Garden Month by Month*, 1906 erschienen, bleibt eine wertvolle Quelle der Inspiration für Gärtner in Neuengland, obwohl die Pflanzennamen, die noch aus der Zeit der Jahrhundertwende stammen, im Interesse einer leichteren Orientierung und besseren Handhabung aktualisiert werden müßten.

Der Garten in Upton Grey (Hampshire), in den 20er Jahren von Gertrude Jekyll entworfen, wurde nach ausgiebiger Recherche liebevoll mit authentischer Bepflanzung rekonstruiert. Jekyll ließ sich bei der Anlage dieses Gartens vom Spiel der Farben inspirieren: Sie kombinierte die «warmen» Blütentöne – Orange, Rot, Scharlach- und Karmesinrot – in abgestuften Sequenzen mit den «kühleren» Blau- und Gelbtönen. Sie interessierte sich aber nicht nur für die Farben der einzelnen Blumen, sondern auch für die Textur von Blatt, Blüte und Pflanzenhabitus, so daß jede ihrer Rabatten vom Wechselspiel aus Balance und Wiederholung lebte.

Der Zusammenarbeit von Lutyens und Jekyll verdanken wir Gartenanlagen, die vermutlich zu den schönsten in England gehören. Innerhalb eines strengen architektonischen Rahmens kam das verschwenderisch üppige Bild der Bepflanzung bestens zur Geltung – eine Synthese, die den Verfechtern des formalen Stils ebenso entsprach wie den Liebhabern naturnah gestalteter Gärten. Die vor dem Ersten Weltkrieg entstandene Gartenanlage Hestercombe in Somerset ist ein Paradebeispiel für das Gemeinschaftswerk von Jekyll und Lutyens. Lutyens gliederte das Gelände in unterschiedliche geometrische Flächen, die sich über mehrere Ebenen erstrecken. Wo immer es möglich war, verwendete er herkömmliche und für die jeweilige Region typische Materialien. Jekylls weichfließende Arrangements aus Blumen und Blättern umspielen das strenge Bild der Terrassen und Wasserrinnen.

Linke Seite: Ansicht von Middleton Place mit der berühmten Cherokee-Rose (*Rosa laevigata*) und Azaleen zwischen den Bäumen. Die «französische» Gärtnerei, 1786 von André Michaux in Goosecreek – vor den Toren von Charleston – gegründet, hat viele Siedler mit exotischen Pflanzen vertraut gemacht. Dazu gehörten die japanische Kamelie (seit 1786 in Middleton kultiviert), die duftende *Rosa banksiae*, die Jasminart *Trachelospermum jasminoides* und indische Azaleen. Besonders die von E. H. Wilson im Jahre 1920 nach Amerika eingeführte Kurume-Azalee wurde von den Plantagenbesitzern und Gärtnern mit Begeisterung aufgenommen.

Rechts oben: Exotische Pflanzen wie die *Rosa laevigata* aus Asien (der Zeitpunkt der Einführung ist ungewiß) haben sich zwischen der einheimischen Flora angesiedelt. Die Rose klettert in hohe Bäume hinauf und schlingt sich um die heimische Glyzinie. Andere heimisch gewordene Exoten sind die *Albizia julibrissin*, die 1785 zum ersten Mal aus Samen gezogen wurde, den André Michaux in Persien gesammelt und William Bartram geschenkt hatte, und der Zedrachbaum (*Melia azedarach*), der 1761 eingeführt wurde. Diese Pflanzen wurden zuerst in südlichen Gärten kultiviert und verwilderten später in der Nähe von Wäldern.

Rechts unten: Das Benjamin Philips House mit seinem kleinen Garten steht in Charleston an der Church Street 55; es wurde 1818 von Hugh und Mary Palmer Dargan entworfen. In diesem ummauerten Garten sind die buchsumrandeten Beete geometrisch angeordnet und durch mit Sand und Muscheln bedeckte Wege voneinander getrennt. Die Beetbepflanzung besteht im Frühjahr aus weißblühenden Stiefmütterchen und Kamelien – vorwiegend alte Varietäten. Bei den blühenden Bäumen handelt es sich um eine Holzapfelkreuzung (*Malus x zumi*). Darüber hinaus gedeihen hier viele Exotika, obwohl viele ausländische Pflanzen sich nur schwer an die Hitze und Feuchtigkeit des Sommers gewöhnen können (besonders an die heißen Nächte). Indischer Flieder, Gardenien, Mispeln (*Eriobatrya japonica*), australischer Klebsame (*Pittosporum undulatum*), rotblättrige Glanzmispeln, japanischer Liguster (*Ligustrum japonicum*) und *Podocarpus andinus* gesellen sich zum einheimischen Kirschlorbeer (*Laurocerasus caroliniana*), *Gelsemium sempervirens*, zur nordamerikanischen Stechpalme und traditionellem europäischen Buchs.

Die Gärten von Charleston in South Carolina

Charleston in South Carolina verfügt über ein mildes Winterklima, heiße Sommer, fruchtbaren Boden und genügend Regenfälle, um eine beneidenswerte Palette natürlicher Vegetation hervorzubringen, darunter immergrüne Eichen (*Quercus virginiana*), meist mit den graugrünen Trieben von *Tillandsia usneoides* behangen. In Middleton Place steht eine alte Eiche, 26 m hoch, mit einem Umfang von 9 m, die vermutlich noch aus präkolumbianischer Zeit stammt. Es gibt auch Sumpfzypressen, Hartriegel, immergrüne Magnolien, Azaleen, Palmettopalmen (*Sabal palmetto*), Sternanis (*Illicium floridanum*), *Persica borbonia*, den kanadischen Judasbaum (*Cercis canadensis*), Glyzinien (*Wisteria frutescens*) und die Jasminwurzel (*Gelsemium sempervirens*). Diese Pflanzen, wie auch Arten aus der Alten Welt, Originaleinführungen und «neue» Exotika, waren in Charleston schon lange heimisch; sie wuchsen sowohl in den kleinen ummauerten Gärten als auch in den großen Anlagen, mit denen die reichen Plantagenbesitzer ihre mondänen Wohnhäuser umgaben.

Gegen Ende des 19. Jahrhunderts hatte die Firma Olmsted, jetzt unter der Leitung der Söhne Charles und Eliot, einen Plan für den Cannon Park in Charleston entworfen. Dazu gehörten Pflanzen wie die Cherokee-Rose und ihre rosafarbene Form (*Rosa laevigata* 'Anemonoides'), europäischer Efeu und Immergrün, Bambus, 3 verschiedene Yucca-Arten (*Yucca filamentosa*, *Y. gloriosa* und *Y. angustifolia*), Gruppen von Stechpalmen (*Ilex opaca*), *Ligustrum lucidum*, die immergrüne amerikanische Duftblüte (*Osmanthus ilicifolius*), portugiesischer Lorbeer, amerikanischer Kirschlorbeer (*Laurocerasus caroliniana*) und der winterharte fruchttragende dreiblättrige Zitronenbaum (*Limonia trifoliata*). All diese Pflanzen erfreuen sich auch heute noch großer Beliebtheit in Charleston. Andere einheimische

Bäume und Stauden dieses Parks waren die Weideneiche (*Quercus phellos*), *Magnolia grandiflora*, *Gordonia lasianthus*, die nordamerikanische Stechpalme (*Ilex vomitaria*), die Torfgränke (*Chamaedaphne calyculata*), *Illicium floridanum* und die kleine heideähnliche Sandmyrte (*Leiophyllum buxifolium*), die Bartram 1736 an Collinson schickte, die aber selten in britischen Gärten gedeiht. Heute beabsichtigt man, den Cannon Park unter Verwendung der noch vorhandenen Originalpläne in Teilen zu rekonstruieren.

Die Familie du Pont

Die American Horticultural Society verlieh 1990 einer ganzen Familie – den du Ponts nämlich – in Anerkennung ihrer Verdienste den besonderen National Achievement Award. Auf der Liste von Gärten, die diese Familie gründete und die auch heute noch von Bedeutung sind, stehen unter anderem Crowninshield, Doe Run, Hagley, Longwood, Nemours, Mount Cuba und Winterthur, alle in Delaware und Pennsylvania. Den ersten Garten gründeten Eleuthère Irénée du Pont (1771–1834) und seine Frau Sophie im Jahre 1803 bei den Eleutherian Pouder Mills.

Um 1800 wanderten die du Ponts aus Frankreich ein und ließen sich in New Jersey nieder. Als gelernter Pulvermacher hatte du Pont in Paris für die Regierung gearbeitet und außerdem Vorlesungen im Jardin des Plantes besucht. So bildete denn auch das Pulver und weniger die professionell betriebene Gartenkunst oder Botanik die Grundlage des Familienvermögens.

Sowohl Longwood als auch Winterthur zeichneten sich durch schöne Pflanzenkollektionen aus und waren stark durch architektonische Elemente geprägt. In Longwood ist der italienische Einfluß offenkundig, denn die Wasserparterres der Villa Gamberaia und auch das Theater der Villa Gori in Siena wurden exakt nachgebaut – allerdings umgeben von Hemlocktannen anstatt von hohen italienischen Zypressen. Im zentralen Brunnengarten bringen Hecken aus *Buxus sempervirens* «Suffruticosa» und der japanischen Stechpalme (*Ilex crenata*) sowie zu «grünen Wänden» verflochtene Spitzahornbäume die plastischen Strukturelemente und Statuen besonders gut zur Geltung.

In Chandler Woods in Winterthur gibt es einen herrlichen Hochwaldbestand aus einheimischen Bäumen, Sträuchern, Wildblumen und Farnen. Ein 300 Jahre alter Tulpenbaum ist der höchste Baum in Delaware. Neben den Waldbereichen und den Wiesen gibt es formale Gärten, die Marian Coffin in den 50er Jahren entwarf; Buchsbaum und Azaleen säumen dort steile Treppen, die zu einem spiegelnden Weiher hinabführen.

Oben links: Ein *Cornus kousa* in Longwood (Pennsylvania). Amerikas größter *pleasure ground*, der aufgrund seiner Schönheit, seines spektakulären Gewächshauses und der italienischen Wasserspiele Weltruhm erlangte, ist das Werk von Pierre S. du Pont, dem Urenkel E. I. du Ponts. 1906 erwarb du Pont das beachtliche 12 ha große Arboretum, das die Quäkerzwillinge Joshua und Samuel Pierce nach 1798 angelegt hatten. Du Pont erweiterte das Areal um das Zehnfache mit zusätzlichen 265 ha Wald und Wiesen. Von der ursprünglichen Bepflanzung ist noch eine Reihe von Sumpfzypressen (*Taxodium distichum*) erhalten, außerdem der Schnurbaum (*Sophora japonica*), Ginkgos, und eine kolossale Gurkenmagnolie (*Magnolia acuminata*).

Rechts oben: Winterthur, seit 1839 in Familienbesitz, wurde seit den 70er Jahren des 19. Jahrhunderts von Henry Algernon du Pont gestaltet, doch die größte Bereicherung verdankt das Gelände dem Genie seines Sohnes Henry Francis (1880–1969), dem die naturnahe Bepflanzung zu verdanken ist. Letzterer setzte auch als einer der ersten die von E. H. Wilson 1920 eingeführten immergrünen Kurume-Azaleen ins Freiland und verwandelte den Garten in einen Traum aus rosa und weißen Azaleen unter den einheimischen hohen Tulpenbäumen. Steile Böschungen sind von «Waldbewohnern» wie Maiapfel, *Mertensia*, europäischen Glockenblumen und Dreiblattlilien bewachsen. Seine Sammlung von Saunders' Pfingstrosen, Stouts Taglilien und Dexters Rhododendronkreuzungen neben einer eklektischen Bepflanzung mit Kirsche, Hartriegel, Flieder, Magnolie, Judasbaum, Schneeball, einem Pinetum mit Föhren, Fichten, Hemlocktannen, Kiefern und Zedern sind für die Botanik von größtem Interesse. Außerdem blühen dort Lilien und Schwertlilien, dazwischen liegen frühjahrsbunte Blumenwiesen.

Louise du Pont Crowninshield war Henry Francis du Ponts ältere Schwester. Gemeinsam mit ihrem Ehemann restaurierte sie das Haus in Eleutherian Mills, das eine Explosion 1890 zerstört hatte. Nach 1921 legten sie auf dem Grundstück der alten Pulvermühlen und auf dem Steilhang, der in Richtung Brandywine River abfiel, einen neuen romantischen Garten im italienischen Stil an. Formale Terrassen und kunstvoll arrangierte «Säulenruinen» bilden ein harmonisches Ganzes mit der naturalistischen Bepflanzung aus Hartriegel und Azaleen. Die Crowninshields säumten die gefliesten und mit Mosaiken verzierten Wege mit Buchs und konisch aufragenden Koniferen, was dem Garten ein unverkennbar mediterranes Flair verlieh.

Jensen entwarf den Lincoln Memorial Garden am Ufer des Lake Springfield in Illinois. Weißdorn, Holzapfel, Amerikapflaume, Essigbaum, grauer Hartriegel – alles heimische Pflanzen – säumen die Reitwege im Wald und füllen die weite Ebene der für den Mittelwesten typischen Landschaft. Dazwischen – dem flüchtigen Blick verborgen – tun sich mit Wildblumen übersäte Lichtungen auf, finden sich Wege, die zum Seeufer führen. Bäume, Sträucher und Blumen, die ursprünglich aus Setzlingen oder Samen gezogen wurden, vereinen sich zu einem natürlich wirkenden Gesamtbild. Das Foto zeigt einen Steinring, den sogenannten Counsel Ring – eines der immer wieder aufgegriffenen architektonischen Motive, die Jensen in Anlehnung an indianische Traditionen in seine Landschaften integriert hat.

Jens Jensen und der Präriestil

Jens Jensen (1860–1950) wurde in Dänemark geboren und wanderte 1884 in die Vereinigten Staaten aus. Seine Pläne für öffentliche Gartenanlagen zeichnen sich durch weite offene Wiesenflächen aus, die – von waldigen «Halbinseln» und verschlungenen baumgesäumten Pfaden eingerahmt – zu «Entdeckungsreisen» einladen. In seinen Privatgärten erkannte Jensen die Notwendigkeit formalerer Elemente in der Nähe des Hauses: Zuchtbeete, Rosen- und Küchengärten konnten an geeigneter Stelle integriert werden, und am Ende seines Lebens verwendete er alte Favoriten wie Taglilien, Stock- und Pfingstrosen sowie Flieder, um seiner Leidenschaft für heimische Gartenblumen zu frönen.

Wenige seiner Gärten sind noch intakt. Er arbeitete viele Jahre für Mitglieder der Familie Ford in Detroit und schuf in deren Auftrag zwei Meisterwerke der Landschaftsgärtnerei. Während seiner über Jahre andauernden Freundschaft mit Mr. und Mrs. Henry Ford in Fair Lane entwickelte er seinen berühmten «Pfad der untergehenden Sonne» – ein Netz aus Spazierwegen, die durch dichtes Pflanzwerk in die offene Weite von Wiesen und Seeufern führten. Seine Genialität zeigte sich im geschickten Spiel mit Licht und Schatten: So pflanzte er Zuckerahorn- und Essigbäume an Stellen, wo die warmen roten Strahlen der untergehenden Sonne die Farben ihres Herbstlaubes intensivierten, aber auch Papierbirken und Felsenbirnen, deren silbrige und graue Rinden in der frühen Morgensonne vor dem Panorama eines in Nebel gehüllten Sees aufleuchteten.

Als Mrs. Ford indes einen formalen Rosengarten mitten in eine seiner Wiesenlandschaften «hineinzupflanzen» gedachte – eine Idee, der sich Jensen energisch widersetzte –, wollte er mit den Fords nichts mehr zu tun haben. Die Landschaft jedoch, die er Ende der 20er und Anfang der 30er Jahre in Gaukler's Pointe am Ufer des St.-Clair-Sees für den Ford-Enkel Edsel und dessen Frau Eleanor entwarf, ist bis heute ein lebendiges Denkmal seiner Kreativität.

Oben: Der Garten, den Jensen für Edsel und Eleanor Ford gestaltet hat. Zuckerahornbäume und amerikanische Weißulmen, durch die man einen Blick auf das im Cotswolds-Stil erbaute Haus erhascht, wachsen auf einer sonnendurchfluteten Wiese, ihre Baumkronen sind entweder der auf- oder der untergehenden Sonne zugewandt. Um ein harmonisch auf die Umgebung abgestimmtes, steingefaßtes Wasserbecken (zum Baden gedacht) gruppieren sich mit Wildblumen unterpflanzte Papierbirken, graustengeliges *Viburnum acerifolium* und dunkle Hemlocktannen. *Mertensia virginica*, Dreiblatt, *Cornus canadensis*, *Claytonia*, Hundszahn und Maiäpfel vereinen sich zu einer zauberhaft schönen Waldlandschaft im kleinen Maßstab.

Unmittelbar nach ihrem ersten Besuch in Dumbarton Oaks, im Jahr 1922, hatte Beatrix Farrand eine genaue Vorstellung davon, wie sie den Garten gestalten wollte. Ein kleines Areal dicht unter der Brunnenterrasse, wo Zwiebelblumen und einjährige Pflanzen im Schutz von winterharten Sträuchern und Reben wachsen, wird von einer Holzlaube dominiert, deren Konstruktion sich an Montargis' Pergolen anlehnt, wie sie du Cerceau im 16. Jahrhundert zeigte. Ursprünglich als geheimer oder privater Garten gedacht, wo sich das beruhigende Geplätscher des Wassers mit dem Duft der Kräuter mischt, betont er den Kontrast zwischen Sonnenlicht und Schatten. Heute besteht die Dekoration überwiegend aus Kübelpflanzen, die neben der glyzinienberankten Laube stehen. Farrand pflanzte an der Nord- und Ostseite des Fountain Garden eine luftige Hecke aus Leconte-Birnen (*Pyrus x lecontei «Kieffer»*).

Beatrix Farrands Bepflanzung in Dumbarton Oaks

Beatrix Farrands vorwiegend auf der architektonischen Wirkung der Pflanzen basierende Gestaltungsideen vereinen sich in Dumbarton Oaks mit Pflanzplänen, die eine heitere Leichtigkeit vermitteln, und verwandeln den ganzen Garten in einen Essay über Kontraste von Stil, Textur und Farbe, die so dicht miteinander verwoben sind, daß keine jähen Wechsel das unmerkliche Hinübergleiten von einer Harmonie zur nächsten stören. Die zwanglose lockere Bepflanzung, mit der Farrand die formalen Elemente einrahmte, ermöglichte sanfte Übergänge von starkem Sonnenlicht zu tiefem Schatten, von beruhigendem Grün zu großflächigen Kombinationen dezenter Blütenfarben. Insgesamt war sie sparsam mit der Verwendung «leuchtender» Töne – weiße Azaleen und Glyzinien auf den oberen Terrassen, Rosen im Rosengarten und frühjahrsblühende Bäume, unterpflanzt mit Kissen blauer *Scilla* und Teppichen aus goldenen Narzissen auf den Hängen jenseits der formaleren Bereiche. Mildred Bliss persönlich beschrieb einmal «das große wogende Meer von Forsythien, das sich über zwei in Gold getauchte Berghänge ergießt».

Das *Plant Book for Dumbarton Oaks* enthält ganz detaillierte Anweisungen. Beatrix Farrand verwendete Bäume in Trauerform, um abrupte Höhenunterschiede zu kaschieren; Kirschen, Holzäpfel und Weiden fand sie für diesen Zweck am geeignetsten. Es gefiel ihr, Wege mit Bäumen und Sträuchern einzurahmen, die wie Skulpturen wirkten. Ein paar Himalajazedern (*Cedrus deodara*), nicht die sonst von Farrand bevorzugten stattlicheren Libanonzedern, säumten die Stufen der zentralen Terrasse am Nordende. Um im unteren Bereich Akzente zu setzen, verwendete sie breitblättrige immergrüne Pflanzen: verschiedene Buchsbaumsorten, kleinblättrige japanische Stechpalme, amerikanische Stechpalme (*Ilex opaca*) und japanische Eibe (*Taxus cuspidata*). Über den Buchsbaumweg, der eine Rampe hinaufführt, schrieb sie 1941: «Es gibt nichts Schöneres als die zerzausten Büsche von Buchs, wie sie der Form des Hangs folgen.»

Beatrix Farrand war fast fünfzig, als Robert und Mildred Bliss sie baten, die 11 ha um das ursprünglich aus der föderalistischen Periode stammende Haus in Georgetown neu zu gestalten. Sie fand keine vollkommen leere Leinwand vor: Eichen, Zuckerahorn, japanischer Ahorn und Kuchenbäume (*Cercidiphyllum japonicum*) waren schon vorhanden. Auch war das Gelände nicht eben; vielmehr war der sich nach Norden erstreckende Hang durch tiefe Täler und Hügel gekennzeichnet. Dadurch entstand eine Vielzahl sich überschneidender Perspektiven, die die Erstellung eines effektvollen Pflanzplans erschwerten. Tatsächlich aber war es gerade die Unebenheit des Terrains, die es Farrand ermöglichte, formal gestaltete Bereiche mit eher zwanglos erscheinenden Flächen zu kombinieren: Geometrische Einfriedungen und gerade Alleen wurden von «natürlich» wirkenden Hainen umrahmt. Das Aquarell (*oben*) stammt von Ernest Clegg (1935).

Oben: Ninfa, am Fuß der Lepini-Berge südlich von Rom an einem Flußlauf gelegen, war seit dem 14. Jahrhundert ein verlassenes Dorf. Anfang des 20. Jahrhunderts erhoben Mitglieder der Familie Caetani – Nachfahren von Francesco Caetani, der im 17. Jahrhundert Pflanzen sammelte – Anspruch auf das Land, das berühmt war für seinen Reichtum an Wildblumen.

Rechts: Im Verlauf von drei Generationen hat die Familie Caetani in Ninfa einen der romantischsten Gärten der Welt geschaffen. Zuerst restaurierten sie die Ruinen und kanalisierten die Wasserläufe – Ninfa bezieht sein Wasser aus oberirdischen Quellen, die reichlich fließen; heute säumen *Zantedeschia aethiopica* die Wassergräben und bescheren Ninfa einen wunderschönen und unvergeßlichen Mai. Darüber hinaus pflanzte man Platanen, Zypressen, Zedern, Steineichen und Pinien – Bäume, die den Charakter des Gartens auf ganz besondere Weise prägten.

Ninfa

Im 18. Jahrhundert schrieb der deutsche Kulturhistoriker Gregorovius, daß «über Ninfa ein duftiges Meer von Blumen wogt». Später schilderte Augustus Hare Ninfa als einen Ort, wo «Blumen reichlich wachsen, wo Geißblatt und Jasmin ihre Girlanden durch die Fenster eines jeden Hauses winden und wo die Altäre der Kirchen Throne für flammendroten Baldrian sind». Bis zum Jahr 1920 pflanzten die Herzogin von Sermoneta, Ada Wilbraham Caetani, und ihr Sohn, Fürst Gelasio Caetani, in diesem Garten eher sporadisch ein paar seltene Pflanzen – vorwiegend Rosen. Die nächste Generation, Roffredo Caetani und seine aus Amerika stammende Frau Lelia, ihre Tochter und deren englischer Ehemann Hubert Howard, waren leidenschaftliche Gartenliebhaber. Mit den Augen der Künstlerin – Lelia war auch Malerin – verlieh sie dem Garten sein romantisch-üppiges Erscheinungsbild, wie es sich uns heute präsentiert. Sie legten auch ein Naturschutzgebiet in der Umgebung an.

Die Pflanzen, die Lelia Howard für den Garten aussuchte, stammten aus aller Herren Länder. Ab 1950 bis zu ihrem Tod im Jahr 1972 führte sie Listen über die jährliche Bepflanzung. Glyzinien, *Caesalpinia japonica*, *Trachelospermum*, Kletterhortensien, *Schizophragma* und duftender Jasmin aus dem Osten und *Ceanothus* von der amerikanischen Westküste bekleiden die Mauern; frostempfindliche Kiefern aus Mexiko (*Pinus montezumae*, *P. patula* und *P. jeffreyi*), herrliche Hartriegel und Magnolien aus Amerika und Asien, Buddlejen, Ahorn, Schneeball und seltene Bäume wie *Cladastris sinensis*, das Chinesische Gelbholz, das erst nach zwanzig Jahren blüht, wachsen als Nachbarn nebeneinander.

Ninfa kann sich nicht nur des romantischen Gartens im alten Dorf rühmen, sondern auch des Geländes unterhalb des mittelalterlichen Castellos, das hohe Mauern aus dem 17. Jahrhundert umgeben.

In Ninfa konnten sich viele Pflanzen von sehr unterschiedlicher Herkunft akklimatisieren. Die formale Anlage des Gartens, der im Grunde englisch anmutet, ist nur durch die Überreste der mittelalterlichen Straßen bestimmt. Andere strukturgebende Merkmale sind die hohen Mauern, über die Kaskaden von Glyzinien und Rosen herabfallen, sowie eine Zypressenallee (um jeden Baum schlingt sich eine Rose), die von einer der zerfallenen Kirchen zum Flußufer hinabführt. Dort wächst die tropische *Gunnera*. Hier umrahmen Rosmarinhecken die gemähten Rasenwege, dort vereinzelte Pinien oder Zypressen – das alles aber wirkt eher zufällig und nicht wie eigens gesetzte formale Akzente.

Der Garten in den Wäldern

Will Curtis und Howard «Dick» Stiles schufen 1934 einen Waldgarten, den Garden in the Woods bei Framingham in Massachusetts. Für ihr Blumenrefugium sammelten sie Wildblumen von den unterschiedlichsten Standorten in ganz Amerika – jeder Pflanze sollten die ihr entsprechenden Wachstumsbedingungen gewährt werden. Um der völligen «Ausrottung unserer schönsten einheimischen Pflanzen» entgegenzuwirken, wollten sie ihre Erfahrungen, die sie bei der Anzucht und Pflege der Pflanzen erwarben, weitergeben. Es sollte ihr dauerhaftester Beitrag zum Artenschutz sein.

Curtis war von Beruf Landschaftsarchitekt, ein Schüler des Gartenarchitekten Warren Manning (er arbeitete in Mannings Büro), aber letztlich wollte er nur Gärten mit einem streng naturalistischen Erscheinungsbild schaffen. Dick Stiles war ein passionierter Gartenkünstler. Gemeinsam sammelten sie über vierzig Jahre lang Tausende von Wildblumen, Farnen, Sträuchern und Bäumen, für die sie in ihrer Gartenlandschaft eine Vielzahl von Standortvarianten einrichteten. Naturnah anmutende Bereiche grenzen an eigens angelegte Stein- und Kiesgärten, Sümpfe und Seerosenteiche

Die Blumen, die man auf diesem Foto sieht, werden nicht einzeln, sondern an Standorten, die ihren Bedürfnissen entsprechen, in langen, natürlich wirkenden Bändern arrangiert. Der Garden in the Woods soll auch nicht wie eine botanische Sammlung aussehen, obwohl es sich um eine solche handelt – eher schon wie eine Ausstellung, die ganz im Stil des 20. Jahrhunderts nach ökologischen Gesichtspunkten zusammengestellt ist. Er ist aber auch, wie sein Name verrät, ein richtiger «Garten», der durch seine sorgfältige Gestaltung Aufmerksamkeit erregt, zugleich aber auch ein Paradebeispiel für angewandten Naturschutz ist. Während Le Nôtre im 17. Jahrhundert mit seinen riesigen Anlagen die Herrschaft des Menschen über die Natur demonstrieren wollte, indem er die Pflanzen zurechtstutzte, sollen den Pflanzen hier nach Möglichkeit die ihnen entsprechenden Wachstumsbedingungen gewährt werden, damit sie sich frei entfalten können. Leicht zugängliche verschlungene Pfade trennen Flächen mit verschiedenen «Kulturen».

oder gehen über in sanft bewaldete Hügel, Haine und Wiesen.

1965 vertrauten sie die Zukunft des Gartens der Wild Flower Society New England an, die sich gemäß ihrer Satzung für die Förderung der Gartenkunst und den Schutz heimischer amerikanischer Pflanzen einsetzt. Heute ist der Garten das Hauptquartier der Gesellschaft und berühmt für seine Sammlung seltener Pflanzen, die kaum noch in freier Natur vorkommen. Dazu zählen die nur ganz vereinzelt vorkommende Rarität *Shortia glacifolia*, nach der die Botaniker des 19. Jahrhunderts so lange suchten und die sie nur aus dem Herbarium von Michaux in Paris kannten, und die wuchernde Trollblume (*Trollius laxus*) aus den Sumpfgebieten Delawares, nördlich von Michigan.

Der Garten erstreckt sich auf eine Fläche von über 18 ha und beherbergt mehr als 1500 Pflanzenvarietäten.

Rechts oben: Curtis und Stiles schufen mit ihrer Art der Landschaftsgestaltung eine Heimat für die größte Kollektion von Wildblumen in Nordamerika. Auf dem Gelände, das sie sich für ihr ehrgeiziges Vorhaben ausgesucht hatten, gab es bereits einen alten Baumbestand: Haine aus Hemlocktannen, Zuckerahorn und Birken sowie die typische Neuenglandvegetation aus Schneeball, Federbuschstrauch, amerikanischer Heidelbeere, Blaubeere und Hartriegel gediehen auf dem vorwiegend sauren Boden.

Rechts: Das besondere Interesse von Curtis und Stiles galt schon früh den «Albinoblumen» (Pflanzen mit anormal weißen Blütenblättern) und anderen Mutanten wie den «gefüllten» Sorten. Dazu zählen jetzt weiße Kardinalsblumen (*Lobelia cardinalis* «Alba»), weiße Sorten der amerikanischen wilden Rosen (*Rosa virginiana* und *R. setigera*), weißes Dreiblatt (*Trillium erectum*) und die doppelt gefüllte *T. grandiflorum petalosum*, weiße wildwachsende Geranien (*Geranium maculatum*), weißfrüchtige Rebhuhnbeeren (*Mitchella repens*), doppelt gefülltes kanadisches Blutkraut (*Sanguinaria canadensis* «Flore-Pleno»), bunter Wildhafer (*Uvularia sessifolia*) und ein hängender Erdbeerbaum (*Epigaea repens*) mit stark gefüllten Blüten, der inzwischen in seiner ursprünglichen Heimat – den Waldgebieten an der Ostküste – eine Seltenheit ist.

Pflanzen, die die Trockenheit lieben

Der «Trockengarten» (engl. *xeriscape*) ist eine neue Variante der Gartengestaltung, die speziell für trockene oder wüstenähnliche Gebiete entwickelt wurde. Erklärtes Gestaltungsprinzip ist der Versuch, nach Möglichkeit ohne künstliche Bewässerung auszukommen und das wenige zur Verfügung stehende Wasser optimal zu nutzen. Die Herausforderung von Trockengärten besteht darin, daß sie sich den ökologischen Bedingungen ihrer Umgebung vollständig anpassen. Dadurch ist die Auswahl der Pflanzen natürlich beschränkt, denn es können nur die gedeihen, die in diesem Umfeld heimisch sind und infolgedessen auch wenig Pflege brauchen. Eine tiefgründige Bodenbearbeitung und die Verwendung von Mulch wirken dem Verdunsten der Feuchtigkeit entgegen und garantieren eine optimale Nutzung der spärlichen Niederschlagsmengen.

Die *Xeriscape*-Bewegung entstand 1981 in Denver, Colorado, einer Region mit nur 355 mm jährlichem Niederschlag, in Erwartung des drohenden Wassermangels kommender Jahre. Bis zu dem Zeitpunkt hatten Gärtner im trockenen Kalifornien, in Arizona und Teilen Colorados – wüstenähnlichen Landstrichen also – beharrlich darauf bestanden, europäische Gärten mit grünen Rasenflächen anzulegen, obwohl allein die Rasenbewässerung fast die Hälfte ihres Wasservorrats verschlang. Zahlreiche heimische und importierte Pflanzenvarietäten lassen sich für diese Art der Landschaftsgärtnerei einsetzen; das einzige Kriterium ist ihre Genügsamkeit. Für Rasenflächen, falls sie denn nötig sind, kann man das übliche Schwingelgras durch Büffel- und andere Gramagräser ersetzen. Im Bewußtsein der Wasserknappheit erwartet inzwischen eine breite Öffentlichkeit auch von Gartenbaubetrieben einen sparsamen Umgang mit Wasser und die Verwendung von dürreverträglichen Pflanzen. Voraussagen vom «Treibhauseffekt», den man weltweit fühlen soll, machen diese Art die Wasser sparenden Gärtnerns bedenkenswert, selbst in Regionen, in denen man in der Vergangenheit an hohe durchschnittliche Niederschlagsmengen gewöhnt war.

Links: In Santa Fe, New Mexico, schaffen heimische Kokardenblumen (*Gaillardia aristata*), mahagonifarbene und gelbe *Ratibida columnaris* gemeinsam mit blauem Flachs (*Linum lewisii*) und heimischen Gräsern naturalistische Garteneffekte vor *Pinus edulis*. Diese Pflanzen und Gräser brauchen auch in den heißesten Sommern wenig Wasser und Pflege.

Unten: Lotus Land in Santa Barbara wurde von Lockwood de Forest, einem bekannten Gartenarchitekten, und Ralph Stevens, einem Spezialisten für Wüstenpflanzen, entworfen. Den wunderschönen Palmfarngarten mit über 50 verschiedenen Arten von *Encephalartos* entwarfen Charles Glass und Robert Foster 1975. Es gibt auch einen Aloegarten mit hochgewachsenen Blüten in Orange und Gelb und einen Garten für Kakteen und Wolfsmilchgewächse (Wolfsmilcharten sind Sukkulenten und nicht mit Kakteen verwandt), in dem ein *Cereus peruvianus* «Monstrosus» blüht. Das Foto zeigt den Garten der blaublättrigen Pflanzen. *Festuca glauca* wächst unter der Atlaszeder und der blauen Palme *Erythea armata*.

Im Grier Garden in Lafayette, nördlich von San Francisco, sind heimische Gewächse Grundlage des Pflanzplans. Verschiedene blaublühende *Ceanothus*-Arten und weißer *Ceanothus thyrsiflorus* «Snow Flurry», unterpflanzt mit niedrigwachsender *Baccharis pilularis*, schimmern durch die roten Zweige von *Cornus stolonifera*, der an der amerikanischen Ostküste beheimatet ist. Seine Blätter schlagen erst später aus. Gärten mit ausschließlich heimischen Pflanzen erregen kaum das ganze Jahr über Aufmerksamkeit. Dort, wo Wasserspaßen unverzichtbar ist, verwendet man neben den heimischen Gewächsen wie *Ceanothus*, *Arctostaphyllos* und *Baccharis* zusätzlich auch Pflanzen aus dem Mittelmeerraum, die bei ähnlichen Bedingungen gedeihen.

Danksagung der Autorin

Colin Webb von Pavilion bin ich zu großem Dank verpflichtet, denn er ermutigte mich, ein Buch über die Geschichte der Gartenkunst zu schreiben. Helen Sudell von Pavilion half mir, das Thema zu strukturieren und gewährte mir stets ihre sachkundige Unterstützung. Ihr und dem Gartenarchitekten Bernard Higton gebührt Anerkennung, denn ohne ihren unermüdlichen Eifer wäre dieses Buch niemals so schön geworden. Besonderen Dank schulde ich auch Sandra Raphael und Penny David. Sandra beantwortete Fragen, half bei aufwendigen Recherchen und verbesserte Irrtümer; ihre fundierte Sachkenntnis, vor allem auf dem Gebiet botanischer Illustration, war für mich unersetzlich. Penny, eine erfahrende Redakteurin, hat die Entstehung dieses Buches in allen Phasen begleitet und ihren Lektoratsauftrag mehr als ernst genommen. Caroline Taylors Korrektorat des Umbruchs war von unschätzbarem Wert. Jenny de Gex war unermüdlich bei der Suche nach Illustrationen, ohne ihr Engagement würde diesem Buch eine optische Dimension fehlen.

So viele andere haben mir geholfen. Dr. Brent Elliot und die Bibliotheksassistentinnen an der Lindley-Bibliothek waren unermüdlich; ihre fundierten Kenntnisse haben die Recherche erleichtert. Gartenhistorikern habe ich ganz allgemein ungeheuer viel zu verdanken; ihre Gelehrsamkeit und ihre Studien kamen mir zugute. Dr. John Harvey hat mir sowohl im persönlichen Gespräch als auch durch seine Bücher und Artikel immer wieder wertvolle Hinweise für die weitere Lektüre gegeben. Einer zufälligen Begegnung mit Professor William Stearn in den Botanischen Gärten von Kew verdanke ich bedeutsame Anregungen. Außerdem berieten mich Georgio Galleti aus Italien, Louise van Everdingen, Dr. Wernt Grimm, Liliane de Rothschild, Pierre-Ebbers, Mrs. van de Greer von Het Loo, Lord Bridges, Esme Howard, Paul Miles, Elizabeth McLean in Philadelphia, John Kirkpatrick und Peter Hatch in Monticello und viele andere sowohl in Virginia als auch in Charleston, Ken Brinkley, Wesley Green und Robin Wooley in Williamsburg, Dean Norton in Mount Vernon, Sarah Hammond und Kristin Jacob in Kalifornien, Mary Ellen Ray in Savannah, William Frederick in Delaware, Bernadette Callery in der Bibliothek des Botanischen Gartens von New York und Londa Lotta, Bibliothekarin in Dumbarton Oaks. Die verstorbene Elizabeth Woodburn aus New Jersey führte mich in die amerikanische Gartenliteratur ein und stand mit zur Verfügung, wenn ich auf Hilfe angewiesen war. In England haben Mavis Batey, Anthony Huxley, Mark Laird, Hazel Le Rougetel, Jean O'Neill und Patrick Taylor und viele andere meine Fragen beantwortet und meine Recherchen tatkräftig unterstützt.

Penelope Hobhouse

Quellenverzeichnis

Alberti, Leon B.: *Zehn Bücher über die Baukunst.* Wien und Leipzig, 1991

Androuet du Cerceau, Jacques: *Les plus excellens bastiments de France.* Paris, 1576–1607

Bartram, William: *Travels through North and South Carolina...* Philadelphia, 1791, London, 1792

Belon, Pierre: *Les Observations de plusieurs singularitez...* Paris, 1554

Besler, Basilius: Hortus Eystettensis, Nuremburg, 1613 – *The Besler Florilegium*. Hrsg. von Gerard G. Aymonin, New York, 1987

Boccaccio, Giovanni: *Der Decamerone*. Zürich, 1997

Caus, Salomon de: *Hortus Palatinus*. Frankfurt, 1620

Cobbett, William: *The English Gardener*. London, 1829 (reprint, Oxford, 1980)

Colonna, Francesco: *Hypnerotomachia Poliphili.* Venedig, 1449

Columella: *De re rustica. 12 Bücher über die Landwirtschaft*. Hrsg., bearbeitet und übersetzt von W. Richter. Düsseldorf und Zürich, 1983

Del Riccio, Agostino: *Il Giardino del Re*. (Manuscript of the late 16th century in the Biblioteca Nazionale, Horence)

Dézallier d'Argenville, Antoine-Joseph: *La Théorie et la Pratique du Jardinage*. Paris, 1709

Dioskurides: *De Materia Medica (Codex Vindobonensis facsimile)*. Graz, 1965–70

Duhamel Du Monceau, H. L.: *Traité des Arbes.* Paris, 1880–91

Estienne, Charles: *L'Agriculture et maison rustique*. Translated by J. Liébault. Paris, 1570.

Evelyn, John: *Diary*. Hrsg. von Esmond de Beer. Oxford, 1955

Farrand, Beatrix: *Beatrix Farrand's Plant Book for Dumbarton Oaks*. Hrsg. von D. McGuire. Washington, D.C., 1980

Gerard, John: *The Herball or General Historie of Plants*. London, 1597

Gonzalez de Clavijo, Ruj: *Embassy to Tamerlane 1403–1406*. Übersetzt von Guy Le Strange. London, 1928

Groen, Jan van der: *Der Nederlandtsen Hovenier.* Amsterdam, 1669

Hanmer, Sir Thomas: *The Garden Book (1659), with an introduction by Eleanur Sinclair Rohde.* London, 1933

Homer: *Die Odyssee*. Frankfurt, 1996

Lawson, William: *The Countrie Housewifes Garden*. London, 1617

Loudon, John Claudius: *Arboretum et Fruticetum Britannicum*. London, 1835–38

Markham, Gervase: *The Countrie Farm*. London, 1916

Mattioli, P.A.: *Commentarii in sex libros. Pedacil Dioscoridis. Anazarbei de medica materia ...* Venedig, 1565

Michaux, André: *Histoire des Chênes de l'Amérique*. Paris, 1801

Michaux, François-André: *Histoire des Arbres forestiers de l'Amérique*. Paris, 1810–13

Miller, Philip: *The Gardeners Dictionary*. London, 1731

Milner, H. E.: *The Art and Practice of Landscape Gardening*. London, 1890

Mollet, André: *Le Jardin de Plaisir*. Stockholm, 1651

Mollet, Claude: *Théâtre des Plans et Jardinages.* Paris, 1652

Parkinson, John: *Paradisi in Sole: Paradisus Terrestris*. London, 1629

Pass, Crispin van de: *Hortus Floridus*. Utrecht, 1614

Plinius der Ältere: *Naturkunde/Naturalis Historia.* Hrsg. von R. König, K. Bayer, J. Hopp. Düsseldorf und Zürich, 1997

Plinius der Jüngere: *Briefe*. Hrsg. und übersetzt von Helmut Kasten. München, 1997

Price, Uvedale: *An Essay on the Picturesque as compares with the Sublime and the Beautiful.* London und Hereford, 1794–8

Pückler-Muskau, Hermann, Fürst: *Andeutungen über Landschaftsgärtnerei*. Stuttgart, 1834 (Nachdruck, Stuttgart, 1977)

Rauwolf, Leonhart: *Aigentliche Beschreibung der Raiss inn die Morgenlaender. (Frühe Reisen und Seefahrten in Originalberichten.)* Graz, 1971

Rea, John: Flora Ceres & Pomona. Second Edition. London, 1676

Repton, Humphry: *The Art of Landscape Gardening*. Hrsg. von John Nolen. Boston, 1907

Robinson, William: *The English Flower Garden*. London, 1883

Serlio, Sebastiano: *The Book of Architecture*. London, 1611 (reprint, London, 1970)

Strabo Walafrid. *Hortulus*: Übersetzt von Reaf Payne, mit einem Kommentar von Wilfrid Blunt. Pittsburgh, 1966

Switzer, Stephen: *Ichnographia Rustica*. London, 1718

Vallet, Pierre: *Le Jardin du Roy très chrestien Henri IV.* Paris, 1608

Veitch, James: *Hortus Veitchii*. London, 1900

Vergil: *Georgica*. Hrsg. und übersetzt von O. von Schönberger, Stuttgart.

Walpole, Horace: *Über die englische Gartenkunst.* Heidelberg, 1993

Whately, Thomas: *Observations on Modern Gardening*. London, 1770

Xenophon: *Oikonomikos oder Xenophon vom Hauswesen*. Hrsg. von K. Grüske, H. Hax; A. Heertje; B. Schefold. Hamburg.

Bibliographie

Allan, Mea: William Robinson: *Father of the English Flower Garden*. London, 1982
Allinger, Gustav: *Der deutsche Garten 1950*

Brickell, Christopher: *Enzyklopädie der Garten- und Zimmerpflanzen*. München, 1990
Brookes, John: *Gardens of Paradise*. London, 1987
Brunner-Traut, Emma: *Ägypten*. Stuttgart, 1978
Buttlar, Adrian von: *Der Landschaftsgarten*. München, 1980

Cogliati Arano, Luisa: *The Medieval health Handbook: Tacunium Sanitatis*. Translated and adapted by Oscar Ratti and Adele Westbrook. London und New York, 1976
Cole, Theodor, C.H.: *Taschenwörterbuch der Botanik*. Stuttgart, 1994

Dutton, Joan: *Plants of Colonial Williamsburg*. Williamsburg, Virginia, 1979

Emde, Ruth B.; Hermann, Winfried: *Fürst Pückler und die Gartenbaukunst*. Dortmund, 1992
Encke, Fritz; Buchheim, Günther; Seybold, Siegmund: *Zander Handwörterwörterbuch der Pflanzennamen*. Stuttgart, 1994

Farrer, Reginald: *The English Rock Garden*. London, 1922

Fisher, John: *The Origin of Garden Plants*. London, 1982

Gothein, Marie Luise: *Geschichte der Gartenkunst*. Jena, 1914

Harvey, John: *Gardening books and plant lists of Moorish Spain'*, Garden History, 3 no. 2, 1975, pp. 10–21
Hausman, Wilfried: *Gartenkunst der Renaissance und des Barock*. Köln, 1983
Hayden, Peter: *Biddulph Grange, Staffordshire*. London, 1989
Hennebo, Dieter: *Geschichte der deutschen Gartenkunst* (3 Bände). Hamburg, 1965 ders. *Gärten des Mittelalters*. München und Zürich, 1987
Hobhouse, Penelope: *Gärten in Italien*. Basel, Berlin, 1999

Jacques, David; Horst, Arend van der (editors): *The Gardens of William and Mary*. London, 1988
Jekyll, Gertrude: *Pflanzenbilder aus meinen Gärten*. Stuttgart, 1988

Küster, Hansjörg Olf (Hg.): *Garten und Wildnis im 18. Jahrhundert*. München, 1997

Laird, Mark: *Der formale Garten*. Stuttgart, 1994

Langley, Batty: *New Principles of Gardening*. London, 1728

MacDougall, E.B.; Ettinghausen, R. (editors): *The Islamic Garden*. Washington D. C., 1976
Manniche, Lise: *An Ancient Egyptian Herbal*. London, 1989
Markham, Gervase: The Countrie Farm. (Based on various editions of C. Estienne and R. Liébault, *La Maison rustique*.) London, 1916
Mühle, u.a.: *Technik-Wörterbuch Landwirtschaft, Forstwirtschaft & Gartenbau*. Berlin, 1990

Pareys illustriertes Gartenbaulexikon (2 Bände). Berlin und Hamburg, 1956
Petruccioli, Attilio (Hrgs.): *Der islamische Garten*. Stuttgart, 1995

Savage, H.; Savae, E.: *André Michaux and François-André Michaux*. Charlottesville, Virginia, 1988
Schubert, Rudolf; Wagner, Günther: *Botanisches Wörterbuch*. Stuttgart, 1993
Sitwell, Sir George: *An Essay on the Making of Gardens*. London, 1909
Spence, Joseph: *Observations and Characters of Books and Men*. Edited by J.M. Osborn. Oxford, 1966
Stroud, Dorothy: *Capability Brown*. London, 1975

Vercelloni, Virgilio: *Historischer Gartenatlas. Eine europäische Ideengeschichte*. Stuttgart, 1994

Register